Schwedhelm
Die Unternehmensumwandlung

Beratungsbücher für Berater

Rechtsschutz und Gestaltung
im Unternehmensrecht, Steuerrecht
und Steuerstrafrecht

herausgegeben von

Rechtsanwalt
Dr. Michael Streck

4

Die Unternehmensumwandlung

*Verschmelzung, Spaltung
Formwechsel, Einbringung*

von

Dr. Rolf Schwedhelm
Rechtsanwalt
und Fachanwalt für Steuerrecht

5. neu bearbeitete Auflage

2006

Verlag
Dr. Otto Schmidt
Köln

Bibliografische Information Der Deutschen Bibliothek

Die Deutsche Bibliothek verzeichnet diese Publikation in der Deutschen Nationalbibliografie; detaillierte bibliografische Daten sind im Internet über <http://dnb.ddb.de> abrufbar.

Verlag Dr. Otto Schmidt KG
Gustav-Heinemann-Ufer 58, 50968 Köln
Tel.: 02 21/9 37 38-01, Fax: 02 21/9 37 38-943
e-mail: info@otto-schmidt.de
www.otto-schmidt.de

ISBN 3-504-62312-8

© 2006 by Verlag Dr. Otto Schmidt KG

Das Werk einschließlich aller seiner Teile ist urheberrechtlich geschützt. Jede Verwertung, die nicht ausdrücklich vom Urheberrechtsgesetz zugelassen ist, bedarf der vorherigen Zustimmung des Verlags. Das gilt insbesondere für Vervielfältigungen, Bearbeitungen, Übersetzungen, Mikroverfilmungen und die Einspeicherung und Verarbeitung in elektronischen Systemen.

Das verwendete Papier ist aus chlorfrei gebleichten Rohstoffen hergestellt, holz- und säurefrei, alterungsbeständig und umweltfreundlich.

Umschlaggestaltung: Jan P. Lichtenford, Mettmann
Gesamtherstellung: Bercker, Kevelaer
Printed in Germany

Vorwort

Rechtsschutz und Gestaltung im Unternehmensrecht, Steuerrecht und Steuerstrafrecht

Die Beratungsbücher wenden sich an die steuerberatenden Berufe, vornehmlich also an Steuerberater, Rechtsanwälte und Wirtschaftsprüfer. Sie bezwecken einmal die Stärkung des Rechtsschutzes im Steuerrecht und Steuerstrafrecht angesichts einer zunehmenden Macht und Effizienz der Finanzverwaltung, zum anderen wollen sie konkrete Beratungs- und Gestaltungshilfen zur Unternehmensberatung geben.

Die Bücher sind aus der Sicht der Steuerbürger und ihrer Berater geschrieben. Diese Einseitigkeit steht dem sorgfältigen Bemühen um Objektivität nicht entgegen. Einseitig heißt, dass die Blickrichtung die des Bürgers, seines Rechtsschutzes und seiner Interessen ist. Dies umschließt die Notwendigkeit, auch nachteilige Positionen zu kennzeichnen, Verteidigungsansätze realistisch einzuschätzen, unausgewogene Fiskalansichten aufzudecken und auf Beratungs- und Gestaltungsrisiken einzugehen.

Liegen die Maßstäbe der systematischen Vollständigkeit und Geschlossenheit einerseits und des Praxisbezugs andererseits im Streit, geben wir dem praktischen Beratungsbezug den Vorzug.

Die Auswahl der Rechtsprechung, Anweisungen und Literatur verfolgt zwei Zwecke: Sie hat Belegcharakter, insoweit wird eine klassische Funktion erfüllt. Darüber hinaus werden gerade solche Urteile und Ansichten vorgestellt und analysiert, die zu den juristischen Instrumenten des Rechtsschutzes und der Gestaltung zu zählen oder zu formen sind.

Die Beratungsbücher sollen in sich eigenständig sein. Dies führt zu Überschneidungen, die, auf das Notwendige beschränkt, Querverweisungen dort einsparen, wo sie in der Beratung lästig und zeitraubend wären.

Die Bücher vermitteln Wissen und versuchen, Beratungserfahrungen weiterzugeben. Sie sind auf Kritik, Anregung und Erfahrungsbereicherungen angewiesen. Für jede Zuschrift danken wir. Anschrift ist die des Verlags: Gustav-Heinemann-Ufer 58, 50968 Köln.

Michael Streck

Die Unternehmensumwandlung

„Ein Unternehmen ist kein statisches Gebilde, sondern ein dynamischer Prozess, der eingebunden ist in sich verändernde wirtschaftliche, rechtliche und steuerliche Rahmenbedingungen. Dieser Dynamik dient das Umwandlungsrecht." (Einleitung S. 1). Und – so ergänze ich – dieses Umwandlungsbuch.

Das Umwandlungsrecht verwöhnt den Berater nicht eben mit benutzerfreundlichen Instrumenten. Das handelsrechtliche UmwG ist durch seine systematische Strenge wenig „komfortabel". Das UmwStG ist von schlechter Qualität. Mit ihrem Anspruch auf Vollständigkeit und Reichtum im Detail sind Kommentare, allen voran der *Widmann/Mayer*, an der Seite jener Gesetze auch nicht gerade von helfender Freundlichkeit, sondern eine geniale Last, an der allerdings in der Problembewältigung kein Weg vorbeiführt. Gesetze und Großkommentar bedürfen in der Alltagsarbeit eines Führers, sie im Einzelfall zu erschließen oder – je nach der Beratungsaufgabe – sie in ihrer Problem- und Detaillast zu umgehen. Das sind die Aufgaben dieses Beratungsbuchs. Es soll – auch unterstützt durch die CD-ROM (im hinteren Umschlag) – der unmittelbaren benutzerfreundlichen Information über Umwandlungsvorgänge dienen. Der Berater will prüfend wissen, ob und wie das Unternehmen „jetzt" zum Unternehmen „Zukunft" werden soll. Dieser Regel folgt das Buch von *Schwedhelm*. Aus dem derzeitigen Unternehmen – aufzuschlagen im ABC – entfalten sich die – ebenfalls im ABC – gegebenen Möglichkeiten der zukünftigen Unternehmensformen.

Die Informations-, Gestaltungs- und Problemhinweise sind auf den Zugriff durch den in der Tagesarbeit stehenden Steuerberater, Rechtsanwalt, Wirtschaftsprüfer und Notar zugeschnitten. Der große Zuspruch, den die Vorauflagen gefunden haben, zeigt uns, dass wir auf dem richtigen Weg sind, der mit der fünften Auflage fortgesetzt wird. Das Buch erscheint mit dem Ende der 15. Wahlperiode des Deutschen Bundestags. Dies gibt dem Umwandlungsrecht ein wenig Ruhe. Der Bundestag der 16. Wahlperiode wird nicht gerade mit dem Umwandlungsrecht beginnen.

Köln, im August 2005   Michael Streck

Wegweiser

	Seite
Vorwort	V
Inhaltsverzeichnis	IX
Abkürzungsverzeichnis	XXI
Literaturverzeichnis	XXIX
Einleitung	1
Begriffe: Umwandlung – Verschmelzung – Spaltung – Vermögensübertragung – Formwechsel – Einbringung – Realteilung	5

ABC der Umwandlung

	Tz.	Seite
Aktiengesellschaft	1	7
Einzelunternehmen (EU)	136	38
Europäische Wirtschaftliche Interessenvereinigung (EWIV)	477	105
Gesellschaft des bürgerlichen Rechts (GbR)	493	107
Genossenschaft (Gen.)	541	114
Gesllschaft mit beschränkter Haftung (GmbH)	603	124
GmbH & Co KG	1540	311
Kommanditgesellschaft (KG)	1581	318
Kommanditgesellschaft auf Aktien (KGaA)	2043	399
Körperschaft des öffentlichen Rechts (KöR)	2068	403
Offene Handelsgesellschaft (OHG)	2088	406
Partnerschaft	2105.1	409
Societas Europaea (SE)	2105.23	412
Stiftung	2106	415
Stille Gesellschaft (StG)	2146	421
Verein	2181	426
Versicherungsverein auf Gegenseitigkeit (VVaG)	2216	431
Stichwortverzeichnis		435

Eine CD mit dem Text des Buches sowie den hinterlegten Texten des UmwG, des UmwStG, des UmwE und der wichtigsten Rechtsprechung zum Umwandlungsrecht in Form einer komfortablen Datenbank befindet sich im hinteren Umschlag.

Inhaltsverzeichnis

	Seite
Einleitung	1
Begriffe	5

ABC der Umwandlung

Aktiengesellschaft	Tz.	Seite
AG → AG, Spaltung	1	7
AG ↔ AG, Verschmelzung	30	11
AG ↔ Einzelunternehmen (EU), Verschmelzung	49	14
AG → EWIV	55	15
AG → GbR, Formwechsel, Spaltung, Verschmelzung	56	15
AG → Genossenschaft, Formwechsel, Spaltung, Verschmelzung	61	15
AG → GmbH, Formwechsel, Spaltung, Verschmelzung	64	16
AG → GmbH & Co KG, Formwechsel, Spaltung, Verschmelzung	94	21
AG → KG, Formwechsel, Spaltung, Verschmelzung	95	21
AG → KGaA, Formwechsel, Spaltung, Verschmelzung	100	22
AG → Körperschaft des öffentlichen Rechts (KöR), Vermögensübertragung	110	23
AG → OHG, Formwechsel, Spaltung, Verschmelzung	128	26
AG → Partnerschaft	129	26
AG → SE, Umwandlung, Spaltung, Verschmelzung	129.1	27
AG → Stiftung	130	37
AG → Stille Gesellschaft	131	37
AG → Verein	132	37
AG → VVaG, Vermögensübertragung	133	38

Inhaltsverzeichnis

	Tz.	Seite
Einzelunternehmen (EU)		
EU → AG, Ausgliederung, Einbringung	136	38
EU → EU, Spaltung, Verschmelzung	144	40
EU → EWIV, Ausgliederung, Einbringung	147	40
EU → GbR, Einbringung	148	41
EU → Genossenschaft, Ausgliederung	171	46
EU → GmbH, Ausgliederung, Einbringung	174	47
EU → GmbH & Co KG, Ausgliederung, Einbringung	367	84
EU → KG, Ausgliederung, Einbringung	369	84
EU → KGaA, Ausgliederung, Einbringung	447	100
EU → Körperschaft des öffentlichen Rechts (KöR)	451	101
EU → OHG, Ausgliederung, Einbringung	452	101
EU → Partnerschaft, Einbringung	453	101
EU → SE	453.1	101
EU → Stiftung, Übertragung	454	101
EU → Stille Gesellschaft	470	104
EU → Verein	475	105
EU → VVaG	476	105
Europäische Wirtschaftliche Interessenvereinigung (EWIV)		
EWIV → AG, Umwandlung	477	105
EWIV → EU	478	105
EWIV → EWIV, Spaltung, Verschmelzung	479	105
EWIV → GbR	480	105
EWIV → Genossenschaft	481	106
EWIV → GmbH	482	106
EWIV → GmbH & Co KG	483	106
EWIV → KG	484	106
EWIV → KGaA	485	106
EWIV → KöR	486	106
EWIV → OHG	487	106

Inhaltsverzeichnis

	Tz.	Seite
EWIV → Partnerschaft	488	106
EWIV → SE	488.1	107
EWIV → Stiftung	489	107
EWIV → Stille Gesellschaft	490	107
EWIV → Verein	491	107
EWIV → VVaG	492	107

Gesellschaft des bürgerlichen Rechts (GbR)

	Tz.	Seite
GbR → AG, Einbringung	493	107
GbR → Einzelunternehmen (EU)	496	107
GbR → EWIV, Einbringung	499	108
GbR → GbR, Realteilung	500	108
GbR ↔ GbR, Verschmelzung	503	109
GbR → Genossenschaft	504	109
GbR → GmbH, Einbringung	508	109
GbR → GmbH & Co KG, Einbringung	523	112
GbR → KG, Einbringung	524	112
GbR → KGaA, Einbringung	527	112
GbR → Körperschaft des öffentlichen Rechts (KöR)	528	112
GbR → OHG, Einbringung	529	113
GbR → Partnerschaft, Einbringung	531	113
GbR → Stiftung	535	113
GbR → Stille Gesellschaft	536	114
GbR → Verein	539	114
GbR → VVaG	540	114

Genossenschaft (Gen.)

	Tz.	Seite
Gen. → AG, Formwechsel, Spaltung, Verschmelzung	541	114
Gen. → Einzelunternehmen (EU)	564	118
Gen. → EWIV	566	118
Gen. → GbR	567	118
Gen. → Genossenschaft, Spaltung	568	118

Inhaltsverzeichnis

	Tz.	Seite
Gen. ↔ Genossenschaft, Verschmelzung	572	119
Gen. → GmbH, Formwechsel, Spaltung, Verschmelzung	589	122
Gen. → GmbH & Co KG, Formwechsel, Spaltung, Verschmelzung	590	122
Gen. → KG, Formwechsel, Spaltung, Verschmelzung ..	592	122
Gen. → KGaA, Formwechsel, Spaltung, Verschmelzung .	595	123
Gen. → Körperschaft des öffentlichen Rechts (KöR)	596	123
Gen. → OHG, Formwechsel, Spaltung, Verschmelzung .	597	123
Gen. → Partnerschaft	598	123
Gen. → Stiftung	599	123
Gen. → Stille Gesellschaft	600	124
Gen. → Verein	601	124
Gen. → VVaG	602	124

Gesllschaft mit beschränkter Haftung (GmbH)

	Tz.	Seite
GmbH → AG, Formwechsel, Spaltung, Verschmelzung .	603	124
GmbH ↔ Einzelunternehmen (EU), Verschmelzung ...	665	133
GmbH → EWIV, Formwechsel, Spaltung, Verschmelzung	689	138
GmbH → GbR, Formwechsel	690	138
GmbH → Genossenschaft, Formwechsel, Spaltung, Verschmelzung	694	139
GmbH → GmbH, Spaltung	726	143
GmbH ↔ GmbH, Verschmelzung	972	192
GmbH → GmbH & Co KG, Formwechsel, Spaltung, Verschmelzung	1192	240
GmbH → KG, Formwechsel, Spaltung, Verschmelzung .	1199	242
GmbH → KGaA, Formwechsel, Spaltung, Verschmelzung	1517	307
GmbH → Körperschaft des öffentlichen Rechts (KöR), Vermögensübertragung	1518	307
GmbH → OHG, Formwechsel, Spaltung, Verschmelzung	1519	307

Inhaltsverzeichnis

	Tz.	Seite
GmbH → Partnerschaft	1521	308
GmbH → Stille Gesellschaft	1529	309
GmbH → Verein	1538	311
GmbH → VVaG	1539	311

GmbH & Co KG

	Tz.	Seite
GmbH & Co KG → AG, Formwechsel, Spaltung, Verschmelzung	1540	311
GmbH & Co KG ↔ Einzelunternehmen (EU), Verschmelzung	1541	312
GmbH & Co KG → EWIV	1544	312
GmbH & Co KG → GbR	1545	312
GmbH & Co KG → Genossenschaft, Formwechsel, Spaltung, Verschmelzung	1549	313
GmbH & Co KG → GmbH, Formwechsel, Spaltung, Verschmelzung	1550	313
GmbH & Co KG → GmbH & Co KG, Spaltung	1567	316
GmbH & Co KG ↔ GmbH & Co KG, Verschmelzung	1568	316
GmbH & Co KG → KG, Spaltung, Verschmelzung	1569	316
GmbH & Co KG → KGaA, Formwechsel, Spaltung, Verschmelzung	1572	317
GmbH & Co KG → Körperschaft des öffentlichen Rechts (KöR)	1573	317
GmbH & Co KG → OHG, Umwandlung	1574	317
GmbH & Co KG → Partnerschaft	1576	317
GmbH & Co KG → Stiftung	1577	318
GmbH & Co KG → Stille Gesellschaft	1578	318
GmbH & Co KG → Verein	1579	318
GmbH & Co KG → VVaG	1580	318

Kommanditgesellschaft (KG)

	Tz.	Seite
KG → AG, Formwechsel, Spaltung, Verschmelzung	1581	318
KG → Einzelunternehmen (EU)	1600	322
KG → EWIV	1601	322

Inhaltsverzeichnis

	Tz.	Seite
KG → GbR	1602	322
KG → Genossenschaft, Formwechsel, Spaltung, Verschmelzung	1608	323
KG → GmbH, Formwechsel, Spaltung, Verschmelzung	1622	325
KG → GmbH & Co KG, Formwechsel, Spaltung, Verschmelzung	1849	364
KG → KG, Spaltung, Realteilung	1856	365
KG ↔ KG, Verschmelzung	1938	379
KG → KGaA, Formwechsel, Spaltung, Verschmelzung	2025	396
KG → Körperschaft des öffentlichen Rechts (KöR)	2033	397
KG → OHG, Spaltung, Verschmelzung	2034	398
KG → Partnerschaft, Spaltung, Verschmelzung	2037	398
KG → Stiftung	2038	398
KG → Stille Gesellschaft	2039	398
KG → Verein	2040	399
KG → VVaG	2041	399

Kommanditgesellschaft auf Aktien (KGaA)

	Tz.	Seite
KGaA → AG, Formwechsel, Spaltung, Verschmelzung	2043	399
KGaA ↔ Einzelunternehmen (EU), Verschmelzung	2047	400
KGaA → EWIV	2048	400
KGaA → GbR, Formwechsel, Spaltung, Verschmelzung	2049	400
KGaA → Genossenschaft, Formwechsel, Spaltung, Verschmelzung	2050	400
KGaA → GmbH, Formwechsel, Spaltung, Verschmelzung	2053	401
KGaA → GmbH & Co KG, Formwechsel, Spaltung, Verschmelzung	2054	401
KGaA → KG, Formwechsel, Spaltung, Verschmelzung	2055	401
KGaA → KGaA, Spaltung	2059	402
KGaA ↔ KGaA, Verschmelzung	2060	402
KGaA → Körperschaft des öffentlichen Rechts (KöR), Vermögensübertragung	2061	402

Inhaltsverzeichnis

	Tz.	Seite
KGaA → OHG, Formwechsel, Spaltung, Verschmelzung	2062	402
KGaA → Partnerschaft	2063	402
KGaA → Stiftung	2064	402
KGaA → Stille Gesellschaft	2065	402
KGaA → Verein	2066	403
KGaA → VVaG, Vermögensübergang	2067	403

Körperschaft des öffentlichen Rechts (KöR)

	Tz.	Seite
KöR → AG, Formwechsel, Ausgliederung	2068	403
KöR → EU, Umwandlung	2072	404
KöR → EWIV	2073	404
KöR → GbR, Umwandlung	2074	404
KöR → Genossenschaft, Ausgliederung	2075	404
KöR → GmbH, Formwechsel, Ausgliederung	2077	404
KöR → GmbH & Co KG, Ausgliederung	2078	405
KöR → KG, Ausgliederung	2079	405
KöR → KGaA, Formwechsel, Ausgliederung	2081	405
KöR → KöR, Spaltung, Verschmelzung	2082	405
KöR → OHG, Ausgliederung	2083	405
KöR → Partnerschaft	2084	406
KöR → Stiftung	2085	406
KöR → Verein	2086	406
KöR → VVaG, Vermögensübertragung	2087	406

Offene Handelsgesellschaft (OHG)

	Tz.	Seite
OHG → AG, Formwechsel, Spaltung, Verschmelzung	2088	406
OHG → Einzelunternehmen (EU)	2089	406
OHG → EWIV	2090	406
OHG → GbR	2091	406
OHG → Genossenschaft, Formwechsel, Spaltung, Verschmelzung	2092	407
OHG → GmbH, Formwechsel, Spaltung, Verschmelzung	2093	407

Inhaltsverzeichnis

	Tz.	Seite
OHG → GmbH & Co KG, Formwechsel, Spaltung, Verschmelzung	2094	407
OHG → KG, Formwechsel, Spaltung, Verschmelzung	2096	407
OHG → KGaA, Formwechsel, Spaltung, Verschmelzung	2097	407
OHG → Körperschaft des öffentlichen Rechts (KöR)	2098	408
OHG → OHG, Spaltung	2099	408
OHG ↔ OHG, Verschmelzung	2100	408
OHG → Partnerschaft	2101	408
OHG → Stiftung	2102	408
OHG → Stille Gesellschaft	2103	408
OHG → Verein	2104	408
OHG → VVaG	2105	408

Partnerschaft

	Tz.	Seite
Partnerschaft → AG, Formwechsel, Spaltung, Verschmelzung	2105.1	409
Partnerschaft → Einzelunternehmen (EU)	2105.2	409
Partnerschaft → EWIV	2105.3	409
Partnerschaft → GbR	2105.4	409
Partnerschaft → Genossenschaft, Formwechsel, Spaltung, Verschmelzung	2105.5	409
Partnerschaft → GmbH, Formwechsel, Spaltung, Verschmelzung	2105.6	410
Partnerschaft → GmbH & Co KG	2105.10	410
Partnerschaft → KG, Spaltung, Verschmelzung	2105.11	411
Partnerschaft → KGaA	2105.14	411
Partnerschaft → Körperschaft des öffentlichen Rechts (KöR)	2105.15	411
Partnerschaft → OHG	2105.16	411
Partnerschaft → Partnerschaft, Spaltung	2105.17	411
Partnerschaft ↔ Partnerschaft, Verschmelzung	2105.18	411
Partnerschaft → Stiftung	2105.19	412
Partnerschaft → Stille Gesellschaft	2105.20	412

Inhaltsverzeichnis

	Tz.	Seite
Partnerschaft → Verein	2105.21	412
Partnerschaft → VVaG	2105.22	412

Societas Europaea (Europäische Gesellschaft – SE)

	Tz.	Seite
SE → AG, Formwechsel, Spaltung, Verschmelzung	2105.23	412
SE ↔ Einzelunternehmen (EU), Verschmelzung	2105.26	413
SE → EWIV	2105.27	413
SE → GbR	2105.28	413
SE → Genossenschaft	2105.29	413
SE → GmbH	2105.30	413
SE → GmbH & Co KG	2105.31	413
SE → KG	2105.32	413
SE → KGaA	2105.33	414
SE → Körperschaft des öffentlichen Rechts (KöR)	2105.34	414
SE → OHG	2105.35	414
SE → Partnerschaft	2105.36	414
SE → SE, Spaltung	2105.37	414
SE ↔ SE, Verschmelzung	2105.38	414
SE → Stiftung	2105.39	414
SE → Stille Gesellschaft	2105.40	414
SE → Verein	2105.41	415
SE → VVaG	2105.42	415

Stiftung

	Tz.	Seite
Stiftung → AG, Ausgliederung	2106	415
Stiftung → Einzelunternehmen (EU)	2107	415
Stiftung → EWIV	2115	417
Stiftung → GbR	2116	417
Stiftung → Genossenschaft	2117	417
Stiftung → GmbH, Ausgliederung	2118	417
Stiftung → GmbH & Co KG, Ausgliederung	2121	417
Stiftung → KG, Ausgliederung	2122	417

Inhaltsverzeichnis

	Tz.	Seite
Stiftung → KGaA, Ausgliederung	2125	418
Stiftung → Körperschaft des öffentlichen Rechts (KöR)	2126	418
Stiftung → OHG, Ausgliederung	2129	418
Stiftung → Partnerschaft	2130	418
Stiftung → Stiftung	2131	418
Stiftung → Stiftung, Zweckumwandlung, Zusammenschluss	2132	419
Stiftung → Stille Gesellschaft	2143	421
Stiftung → Verein	2144	421
Stiftung → VVaG	2145	421

Stille Gesellschaft (StG)

StG → AG	2146	421
StG → Einzelunternehmen (EU)	2147	422
StG → EWIV	2153	422
StG → GbR	2154	422
StG → Genossenschaft	2155	422
StG → GmbH	2156	423
StG → GmbH & Co KG	2159	423
StG → KG	2160	423
StG → KGaA	2161	423
StG → Körperschaft des öffentlichen Rechts (KöR)	2162	423
StG → OHG	2163	424
StG → Partnerschaft	2172	425
StG → Stiftung	2173	425
StG (typische) → StG (atypische)	2174	425
StG → Verein	2179	426
StG → VVaG	2180	426

Verein

Verein → AG, Formwechsel, Spaltung, Verschmelzung	2181	426
Verein → Einzelunternehmen (EU)	2182	426

Inhaltsverzeichnis

	Tz.	Seite
Verein → EWIV	2183	427
Verein → GbR	2184	427
Verein → Gen., Formwechsel, Spaltung, Verschmelzung	2185	427
Verein → GmbH, Formwechsel, Spaltung, Verschmelzung	2186	427
Verein → GmbH & Co KG, Spaltung, Verschmelzung	2203	430
Verein → KG, Spaltung, Verschmelzung	2204	430
Verein → KGaA, Formwechsel, Spaltung, Verschmelzung	2207	430
Verein → KöR	2208	430
Verein → OHG, Spaltung, Verschmelzung	2209	430
Verein → Partnerschaft	2210	430
Verein → Stiftung	2211	431
Verein → StG	2212	431
Verein → Verein, Spaltung	2213	431
Verein ↔ Verein, Verschmelzung	2214	431
Verein → VVaG	2215	431

Versicherungsverein auf Gegenseitigkeit (VVaG)

	Tz.	Seite
VVaG → AG, Formwechsel, Spaltung, Verschmelzung, Vermögensübertragung	2216	431
VVaG → GmbH, Ausgliederung	2230	434
VVaG → Öffentlich-rechtliches Versicherungsunternehmen	2231	434
VVaG → Partnerschaft	2232	434
VVaG → VVaG, Spaltung	2233	434
VVaG ↔ VVaG, Verschmelzung	2234	434

		Seite
Stichwortverzeichnis		435

Eine CD mit dem Text des Buches sowie den hinterlegten Texten des UmwG, des UmwStG, des UmwE und der wichtigsten Rechtsprechung zum Umwandlungsrecht in Form einer komfortablen Datenbank befindet sich im hinteren Umschlag.

Abkürzungsverzeichnis

aA	anderer Ansicht
ABl. EG	Amtsblatt der Europäischen Gemeinschaften
Abs.	Absatz
Abschn.	Abschnitt
aE	am Ende
aF	alte Fassung
AfA	Absetzungen für Abnutzung
AG	Aktiengesellschaft; auch Die Aktiengesellschaft; auch Amtsgericht
AgrarR	Agrarrecht
AktG	Aktiengesetz
Anh.	Anhang
Anm.	Anmerkung(en)
AnwBl.	Anwaltsblatt
AO	Abgabenordnung
Art.	Artikel
AStG	Außensteuergesetz
Aufl.	Auflage
Az.	Aktenzeichen
BAG	Bundesarbeitsgericht
BauGB	Baugesetzbuch
BaWürt.	Baden-Württemberg
BayObLG	Bayerisches Oberstes Landgericht
BB	Betriebs-Berater
Bd.	Band
BdF	Bundesminister der Finanzen
betr.	betreffend
BetrVG	Betriebsverfassungsgesetz
BeurkG	Beurkundungsgesetz
BewG	Bewertungsgesetz
BezG	Bezirksgericht
BFH	Bundesfinanzhof
BFHE	Entscheidungen des Bundesfinanzhofes
BFH/NV	Sammlung amtlich nicht veröffentlichter Entscheidungen des Bundesfinanzhofes
BGB	Bürgerliches Gesetzbuch

Abkürzungsverzeichnis

BGBl.	Bundesgesetzblatt
BGH	Bundesgerichtshof
BGHZ	Entscheidungen des Bundesgerichtshofes in Zivilsachen
BMF	Bundesminister der Finanzen
BNotO	Bundesnotarordnung
Bp.	Betriebsprüfung
BRAGO	Bundesgebührenordnung für Rechtsanwälte
BR-Drucks.	Bundesrats-Drucksache
BStBl.	Bundessteuerblatt
BT-Drucks.	Bundestags-Drucksache
Buchst.	Buchstabe(n)
BVerfG	Bundesverfassungsgericht
BVerfGE	Entscheidungen des Bundesverfassungsgerichts
BWNotZ	Baden-Württembergische Notar-Zeitschrift
bzw.	beziehungsweise
DB	Der Betrieb
DBA	Doppelbesteuerungsabkommen
DDR	Deutsche Demokratische Republik
ders.	derselbe
dh.	das heißt
Diss.	Dissertation
DMBilG	D-Mark-Bilanzgesetz
DNotI	Deutsches Notarinstitut
DNotZ	Deutsche Notar-Zeitschrift
DStPr.	Deutsche Steuer-Praxis
DStR	Deutsches Steuerrecht
DStRE	Deutsches Steuerrecht Entscheidungsdienst
DStV	Deutscher Steuerberaterverband
DStZ	Deutsche Steuer-Zeitung
DtZ	Deutsch-Deutsche Rechts-Zeitschrift
EFG	Entscheidungen der Finanzgerichte
EG	Europäische Gemeinschaft
Einf.	Einführung
Einl.	Einleitung
ErbStG	Erbschaftsteuer- und Schenkungsteuergesetz
Erl.	Erlass
ESt.	Einkommensteuer
EStB	Der Ertrag-Steuer-Berater

Abkürzungsverzeichnis

EStDV	Einkommensteuer-Durchführungsverordnung
EStG	Einkommensteuergesetz
EStR	Einkommensteuer-Richtlinien
EU	Einzelunternehmen
EuGH	Europäischer Gerichtshof
evtl.	eventuell
EWIV	Europäische Wirtschaftliche Interessenvereinigung
EWIVG	EWIV-Ausführungsgesetz
f.	folgende(r)
FA	Finanzamt
ff.	fortfolgende
FG	Finanzgericht
FGG	Gesetz über die Angelegenheiten der freiwilligen Gerichtsbarkeit
FGO	Finanzgerichtsordnung
FinMin.	Finanzminister
FinVerw.	Finanzverwaltung
FM	Finanzminister
Fn.	Fußnote
FR	Finanz-Rundschau
GBl.	Gesetzblatt der Deutschen Demokratischen Republik
GbR	Gesellschaft des bürgerlichen Rechts
Gen.	Genossenschaft
GenG	Genossenschaftsgesetz
GewArch.	Gewerbearchiv
GewO	Gewerbeordnung
GewSt.	Gewerbesteuer
GewStG	Gewerbesteuergesetz
GewStR	Gewerbesteuer-Richtlinien
GG	Grundgesetz
ggf.	gegebenenfalls
glA	gleicher Ansicht
GmbH	Gesellschaft mit beschränkter Haftung
GmbHG	Gesetz betreffend die Gesellschaft mit beschränkter Haftung
GmbHR	GmbH-Rundschau
GmbH-StB	Der GmbH-Steuer-Berater
GrdstVerKG	Grundstücksverkehrsgesetz

Abkürzungsverzeichnis

GrdstVKO	Grundstücksverkehrsordnung
GrESt.	Grunderwerbsteuer
GrEStG	Grunderwerbsteuergesetz
hA	herrschende Ansicht
HFR	Höchstrichterliche Finanzrechtsprechung
HGB	Handelsgesetzbuch
hM	herrschende Meinung
HRefG	Gesetz zur Neuregelung des Kaufmanns- und Firmenrechts und zur änderung anderer handels- und gesellschaftsrechtlicher Vorschriften (Handelsrechtsreformgesetz)
HRegGebV	Handelsregistergebührenverordnung vom 30. 9. 2004
HS	Halbsatz
HWO	Handwerksordnung
idR	in der Regel
IDW	Institut der Wirtschaftsprüfer
INF	Die Information über Steuer und Wirtschaft
InvZulG	Investitionszulagengesetz
IStR	Internationales Steuerrecht
iSd.	im Sinne des/der
IStR	Internationales Steuerrecht
iVm.	in Verbindung mit
IWB	Internationale Wirtschaftsbriefe
JbFSt.	Jahrbuch der Fachanwälte für Steuerrecht
JurBüro	Das juristische Büro
JW	Juristische Wochenschrift
JZ	Juristenzeitung
KapErhStG	Gesetz über steuerliche Maßnahmen bei Erhöhung des Nennkapitals aus Gesellschaftsmitteln
KapESt	Kapitalertragsteuer
KFR	Kommentierte Finanzrechtsprechung
KG	Kammergericht; auch Kommanditgesellschaft
KGaA	Kommanditgesellschaft auf Aktien
KO	Konkursordnung
KöR	Körperschaft des öffentlichen Rechts
KöSDI	Kölner Steuerdialog

Abkürzungsverzeichnis

KostO	Kostenordnung
KSt.	Körperschaftsteuer
KStG	Körperschaftsteuergesetz
KStR	Körperschaftsteuer-Richtlinien
LAG	Gesetz über die strukturelle Anpassung der Landwirtschaft an die soziale und ökologische Marktwirtschaft in der Deutschen Demokratischen Republik – Landwirtschaftsanpassungsgesetz
LöschG	Gesetz über die Auflösung und Löschung von Gesellschaften und Genossenschaften – Löschungsgesetz
LPG	Landwirtschaftliche Produktionsgenossenschaft
LG	Landgericht
LSt.	Lohnsteuer
LStDV	Lohnsteuer-Durchführungsverordnung
MDR	Monatsschrift für Deutsches Recht
mE	meines Erachtens
Mio.	Million(en)
MitbestG	Mitbestimmungsgesetz
MittBayNot	Mitteilungen des Bayerischen Notarvereins, der Notarkasse und der Landesnotarkasse Bayern
MontanMitbestG	Montan-Mitbestimmungsgesetz
mwN	mit weiteren Nachweisen
Nds.	Niedersachsen
nF	neue Fassung
NJ	Neue Justiz
NJW	Neue Juristische Wochenschrift
Nr.	Nummer(n)
nrkr.	nicht rechtskräftig
NRW	Nordrhein-Westfalen
NStZ	Neue Zeitschrift für Strafrecht
nv.	nicht veröffentlicht
NWB	Neue Wirtschafts-Briefe
NZA	Neue Zeitschrift für Arbeitsrecht
OFD	Oberfinanzdirektion
OHG	offene Handelsgesellschaft
OLG	Oberlandesgericht

Abkürzungsverzeichnis

p.a.	per anno
PartGG	Partnerschaftsgesellschaftsgesetz
PGH	Produktionsgenossenschaft des Handwerks
PGHVO	Verordnung über die Gründung, Tätigkeit und Umwandlung von Produktionsgenossenschaften des Handwerks
phG	persönlich haftender Gesellschafter
RAO	Reichsabgabenordnung
RdA	Recht der Arbeit
Rev.	Revision
RFH	Reichsfinanzhof
RFHE	Entscheidungen und Gutachten des Reichsfinanzhofes
RG	Reichsgericht
RGBl.	Reichsgesetzblatt
RGZ	Entscheidungen des Reichsgerichts in Zivilsachen
RHeimStG	Reichsheimstättengesetz
rhpfl. StiftG	rheinland-pfälzisches Stiftungsgesetz
RIW	Recht der Internationalen Wirtschaft
rkr.	rechtskräftig
Rpfl.	Der Deutsche Rechtspfleger
RStBl.	Reichssteuerblatt
RVSt.	Verordnung über die Rechnungsführung und Statistik vom 11. 7. 1985 (DDR)
RWP	Rechts- und Wirtschaftspraxis
s.	siehe
S.	Seite; auch Satz
SE	Societas Europaea (Europäische Gesellschaft)
SfF	Senator für Finanzen
sog.	so genannt(er)
SpTrUG	Gesetz über die Spaltung der von der Treuhandanstalt verwalteten Unternehmen
StändG	Steueränderungsgesetz
StB	Der Steuerberater
StBerG	Steuerberatungsgesetz
Stbg.	Die Steuerberatung
StBGebV	Steuerberatergebührenverordnung
StbJb.	Steuerberater-Jahrbuch
StbKongrRep.	Steuerberaterkongress-Report (ab 1977)

Abkürzungsverzeichnis

StBp.	Die steuerliche Betriebsprüfung
StEK/StEK-Anm.	Steuererlasse in Karteiform bzw. Anmerkungen dazu
StKongrRep.	Steuerkongress-Report (bis 1976)
StMBG	Steuermissbrauchsbekämpfungsgesetz
StPO	Strafprozessordnung
StRK/StRK-Anm.	Steuerrechtsprechung in Karteiform bzw. Anmerkungen dazu
StuW	Steuer und Wirtschaft
StVj	Steuerliche Vierteljahresschrift
StWa.	Die Steuerwarte
TreuhG	Treundhandgesetz
Tz.	Textziffer(n)
ua.	unter anderem; auch und andere
uä.	und ähnliches
UmwBerG	Umwandlungsbereinigungsgesetz
UmwE	Umwandlungssteuer-Erlass (BMF-Schreiben vom 25. 3. 1998, BStBl. 1998 I, 268 = GmbHR 1998, 444 zu Zweifels- und Auslegungsfragen zum UmwStG)
UmwG	Umwandlungsgesetz
UmwG 1969	Umwandlungsgesetz vom 6. 11. 1969
UmwStG	Umwandlungs-Steuergesetz
UmwVO	Verordnung zur Umwandlung von volkseigenen Kombinaten, Betrieben und Einrichtungen in Kapitalgesellschaften
UR	Umsatzsteuer-Rundschau (ab 1985)
USt.	Umsatzsteuer
UStG	Umsatzsteuergesetz
UStR	Umsatzsteuer-Rundschau (bis 1984); auch Umsatzsteuer-Richtlinien
usw.	und so weiter
uU	unter Umständen
UVR	Umsatzsteuer- und Verkehrsteuer-Recht
VAG	Versicherungsaufsichtsgesetz
VEB	Volkseigener Betrieb
VEK	Volkseigenes Kombinat

Abkürzungsverzeichnis

VerschmG	Gesetz zur Durchführung der Dritten Richtlinie des Rates der Europäischen Gemeinschaften zur Koordinierung des Gesellschaftsrechts – Verschmelzungsrichtlinie-Gesetz
Vfg.	Verfügung
vGA	verdeckte Gewinnausschüttung
vgl.	vergleiche
VIZ	Zeitschrift für Vermögens- und Investitionsrecht
VSt.	Vermögensteuer
VStG	Vermögensteuergesetz
VStR	Vermögensteuer-Richtlinien
VVaG	Versicherungsverein auf Gegenseitigkeit
WM	Wertpapier-Mitteilungen
Wpg.	Die Wirtschaftsprüfung
WPK-Mitt.	Wirtschaftsprüferkammer-Mitteilungen
zB	zum Beispiel
ZEV	Zeitschrift für Erbrecht und Vermögensnachfolge
ZfG	Zeitschrift für das gesamte Genossenschaftswesen
ZG	Zeitschrift für Gesetzgebung
ZGR	Zeitschrift für Unternehmens- und Gesellschaftsrecht
ZHR	Zeitschrift für das gesamte Handels- und Wirtschaftsrecht
ZIP	Zeitschrift für Wirtschaftsrecht
ZKF	Zeitschrift für Kommunalfinanzen
ZPO	Zivilprozessordnung
zT	zum Teil
zzgl.	zuzüglich

Literaturverzeichnis

Das Verzeichnis enthält die abgekürzt zitierten Kommentare und Lehrbücher. Spezialschrifttum ist in den Fußnoten angegeben. Aufsätze sind mit Namen und Fundstellen zitiert.

BALSER/BOKELMANN/PIORRECK/DOSTMANN/KAUFMANN, Umwandlung – Verschmelzung – Vermögensübertragung, 1990

BAUMBACH/HOPT, Handelsgesetzbuch, 31. Aufl. 2003

BAUMBACH/HUECK, GmbH-Gesetz, 17. Aufl. 2000

BECK'SCHER BILANZ-KOMMENTAR, 5. Aufl. 2003

BERNDT, Stiftung und Unternehmen, 7. Aufl. 2003

BEUTHIEN, Genossenschaftsgesetze mit Umwandlungsrecht, 14. Aufl. 2004

BINZ/SORG, Die GmbH & Co. KG, 10. Aufl. 2005

BLAUROCK, Handbuch der stillen Gesellschaft, 6. Aufl. 2003

BLAUROCK, Unterbeteiligung und Treuhand an Gesellschaftsanteilen, 1981

BLÜMICH, EStG/KStG/GewStG (Loseblatt)

BORUTTAU, Grunderwerbsteuergesetz, 15. Aufl. 2002

BRÖNNER, Die Besteuerung der Gesellschaften, des Gesellschafterwechsels und der Umwandlungen, 17. Aufl. 1999

DEHMER, Umwandlungssteuererlass 1998, 1998 (zitiert UmwStErlass)

DÖTSCH/EVERSBERG/JOST/PUNG/WITT, Die Körperschaftsteuer – Kommentar zum KStG (Loseblatt)

ENGELMEYER, Die Spaltung von Aktiengesellschaften nach dem neuen Umwandlungsrecht, 1995

ENGL, Formularbuch Umwandlungen, 2004

ERMAN, BGB Handkommentar, 11. Aufl. 2004

FORMULARBUCH RECHT UND STEUERN, 5. Aufl. 2004

FRITZ, Die Spaltung von Kapitalgesellschaften, 1991

Literaturverzeichnis

GECK, Die Einbringung von Einzelunternehmen in Personenhandelsgesellschaften, 1986

GESSLER/HEFERMEHL/ECKARDT/KROPFF, Aktiengesetz, 1973 ff.

GLANEGGER/GÜROFF, GewStG, 5. Aufl. 2002

GOUTIER/KNOPF/TULLOCH, Kommentar zum Umwandlungsrecht, 1996

HACHENBURG, GmbHG, Großkommentar, 8. Aufl. 1990 ff.

HARITZ/BENKERT, Umwandlungssteuergesetz, 2. Aufl. 2000

HERRMANN/HEUER/RAUPACH, Einkommensteuer- und Körperschaftsteuergesetz (Loseblatt)

HESSELMANN/TILLMANN/MUELLER-THUNS, Handbuch der GmbH & Co. KG, 19. Aufl. 2005

HEYMANN, Handelsgesetzbuch, 2. Aufl. 1995-99

JANNOTT/FRODERMANN, Handbuch der Europäischen Aktiengesellschaft, 2005

KALLMEYER, Umwandlungsgesetz, 3. Aufl. 2006

KIRCHHOF/SÖHN, Einkommensteuergesetz (Loseblatt)

KÖLNER KOMMENTAR ZUM AKTIENGESETZ, 2. Aufl. 1989 ff.

LADEMANN, Kommentar zum Einkommensteuergesetz (Loseblatt)

LANG/WEIDMÜLLER/METZ/SCHAFFLAND, Genossenschaftsgesetz, 33. Aufl. 1997

LANGENFELD, GmbH-Vertragspraxis, 5. Aufl. 2006

LITTMANN/BITZ/PUST, Das Einkommensteuerrecht (Loseblatt)

LUTTER, Kommentar zum Umwandlungsgesetz, 3. Aufl. 2004

LUTTER/HOMMELHOFF, GmbH-Gesetz, 16. Aufl. 2004

MEYER-LANDRUT/MILLER/NIEHUS, GmbH-Gesetz, 1987

MÜNCHENER HANDBUCH ZUM ARBEITSRECHT, 2. Aufl. 2000

MÜNCHENER HANDBUCH DES GESELLSCHAFTSRECHTS, Band 1, 2. Aufl. 2004; Band 2, 2. Aufl. 2004; Band 3, 2.Aufl. 2003; Band 4, 2. Aufl. 1999

MÜNCHENER KOMMENTAR ZUM AKTIENGESETZ, 2. Aufl. 2000 ff.

Literaturverzeichnis

MÜNCHENER KOMMENTAR ZUM BÜRGERLICHEN GESETZBUCH, 3. Aufl. 1992 ff.; 4. Aufl. 2000 ff.
MÜNCHENER VERTRAGSHANDBUCH, Band 1, 5. Aufl. 2000; Band 2, 5. Aufl. 2004; Band 3, 5. Aufl. 2004; Band 4, 5. Aufl. 2002; Band 5, 5. Aufl. 2003; Band 6, 5. Aufl. 2003
MÜTHLING/FOCK, Gewerbesteuergesetz (Loseblatt)

NEUFANG/HENRICH, Rückumwandlung, 1995
NEYE/LIMMER/FRENZ/HARNACKE, Handbuch der Unternehmensumwandlung, 1996
NIRK/REUTER/BÄCHLE, Handbuch der Aktiengesellschaft (Loseblatt)

OTT, Die Realteilung einer Kapitalgesellschaft im Ertragsteuerrecht, 1989

PALANDT, Bürgerliches Gesetzbuch, 64. Aufl. 2005
PAHLKE/FRANZ, GrEStG, 2. Aufl. 1999
POSDZIECH/SCHWEDHELM/MACK/STRECK, Neues Umwandlungsrecht, 1999
POSDZIECH/STRECK/RAINER/MACK/SCHWEDHELM, Steuerbelastungs- und Steuerentlastungsgesetze 1993, 1994
POST/HOFFMANN, Die stille Beteiligung am Unternehmen der Kapitalgesellschaft, 3. Aufl. 1997
PRÖLSS, Versicherungsaufsichtsgesetz, 11. Aufl. 1997

ROWEDDER/SCHMIDT-LEITHOFF, GmbHG, 4. Aufl. 2002

SAGASSER/BULA/BRÜNGER, Umwandlungen, 3. Aufl. 2002
SCHAUB, Arbeitsrechts-Handbuch, 11. Aufl. 2005
SCHAUM, Steuerpolitik durch Aufdeckung stiller Reserven, 1994
SCHAUMBURG/RÖDDER, UmwG, UmwStG, 1995
SCHICK/RÜD, Stiftung und Verein als Unternehmensträger, 1988
SCHLEGELBERGER, HGB, 5. Aufl. 1973 ff.
SCHMIDT, EStG, 24. Aufl. 2005

Literaturverzeichnis

SCHMITT/HÖRTNAGL/STRATZ, Umwandlungsgesetz, Umwandlungssteuergesetz, 3. Aufl. 2001

SCHÖNE, Die Spaltung unter Beteiligung von GmbH, 1998

SCHOLZ, GmbH-Gesetz, 9. Aufl. 2000/02; 7. Aufl. 1988 (zitiert SCHOLZ[7])

SCHOOR, Die GmbH & Still im Steuerrecht, 4. Aufl. 2005

SCHWEDHELM, Die GmbH & Still als Mitunternehmerschaft, 1987

SEIFART/VON CAMPENHAUSEN, Handbuch des Stiftungsrechts, 2. Aufl. 1999

SEMLER/STENGEL, Umwandlungsgesetz, 2003

SOERGEL, BGB, 12. Aufl. 1990 ff.; 13. Aufl. 2000 ff.

STAUB, HGB, Großkommentar, 4. Aufl. 1990 ff.

STAUDINGER, Kommentar zum Bürgerlichen Gesetzbuch

STEINACKER, Die GmbH & atypisch Still im Steuerrecht, 1993

STRECK, KStG, 6. Aufl. 2004

THOMAS/PUTZO, ZPO, 26. Aufl. 2004

TROLL/GEBEL/JÜLICHER, Erbschaftsteuer- und Schenkungsteuergesetz (Loseblatt)

WACHTER, Stiftungen, 2001

WAGNER/RUX, Die GmbH & Co. KG, 10. Aufl. 2004

WASSERMEYER/MAYER/RIEGER, Umwandlungen im Zivil- und Steuerrecht, in Festschrift für Siegfried Widmann, 2000

WIDMANN/MAYER, Umwandlungsrecht (Loseblatt)

Einleitung

Ein Unternehmen ist kein statisches Gebilde, sondern ein dynamischer Prozess, der eingebunden ist in sich verändernde wirtschaftliche, rechtliche und steuerliche Rahmenbedingungen[1]. Dieser Dynamik dient das Umwandlungsrecht. Ein Rechtskleid, das gestern noch passte, kann morgen zu groß, zu klein sein oder nicht mehr ausreichend schützen.

So ließ die Einführung der allgemeinen Publizitäts und Prüfungspflicht für Kapitalgesellschaften eine verbreitete Flucht aus der Kapitalgesellschaft in die Personengesellschaft erwarten[2]. Nach wie vor ist es die ausufernde Rechtsprechung zur verdeckten Gewinnausschüttung (Angemessenheit von Geschäftsführerbezügen, hoher Formalismus bei beherrschenden Gesellschaftern und ihnen Nahestehenden), die zur Umwandlung aus der Kapitalgesellschaft veranlasst. Hieran hat auch die Abschaffung des Anrechnungsverfahrens nichts geändert.

Drohende Überschuldung mit dem Zwang zur Insolvenzanmeldung (§ 64 GmbHG)[3], die Anrechnung der Gewerbesteuer bei der Einkommensteuer (§ 35 EStG), Vorteile der Personengesellschaft bei der Erbschaftsteuer, mangelnde steuerliche Verlustausgleichsmöglichkeiten, die Vermeidung der unternehmerischen Mitbestimmung (im Aufsichtsrat) nach dem BetrVG sowie die Entschärfung derjenigen nach dem Mitbestimmungsgesetz sind weitere Beispiele individueller Motive für einen Wechsel von der Kapital-zur Personengesellschaft[4]. Die Erweiterung des § 8a KStG auf inländische Kapitalgesellschaften hat diese Tendenz noch verstärkt. Bei Einzelunternehmen und Personengesellschaften ist es vornehmlich der Wunsch nach Haftungsbegrenzung, die steuerliche Berücksichtigung von Pensionszusagen an Gesellschafter-Geschäftsführer und die gerin-

---

1 Siehe ROSE, Betriebswirtschaftliche Überlegungen und Unternehmensrechts formwahl, in Festschrift für Heinz MEILICKE, 1985, 111 ff.; WÖLLERT, Umwandlung von Unternehmen zur Abwendung von Krisen, StB 1997, 11.
2 BADER/PIETSCH/SCHULZE ZUR WIESCHE, Flucht aus der Publizität, 1988. Bis heute ist die Massenflucht allerdings nicht eingetreten. Trotz zwischenzeitlicher Sanktionierung besteht nach wie vor eher die Tendenz, die Publizität zu ignorieren als eine Umgestaltung der Gesellschaftsform vorzunehmen.
3 Allerdings besteht dann der Zwang zu einer Rechtsform mit unbeschränkter Haftung einer natürlichen Person. Die GmbH & Co KG ist kein Ausweg, da auch hier Insolvenzantragspflicht besteht (§ 177 a HGB).
4 Zur Rechtsformwahl nach der Unternehmenssteuerreform 2001 siehe HÖFLACHER/WENDLANDT, GmbHR 2001, 793; HERZIG, Wpg. 2001, 253; BOLIK/LANGE, DB 2002, 1897; TILLICH, BB 2002, 1515.

Einleitung

gere Steuerbelastung bei thesaurierten Gewinnen, der den Weg in die Kapitalgesellschaft veranlasst. Die Anpassung der Rechtsform an veränderte Verhältnisse ist jedoch nicht der alleinige Anwendungsbereich des Umwandlungsrechts. Die Umwandlung ist ein Gestaltungsinstrument. Klassischer Anwendungsfall ist die Nachfolgeregelung[1].

Erhebliche Bedeutung hat das Umwandlungsrecht bei der steuerlich optimalen Gestaltung von Unternehmenskauf[2], Zusammenschlüssen und Entflechtungen[3] oder auch nur der Vermeidung von Grunderwerbsteuer[4]. Auch die Verbesserung der Eigenkapitalquote[5] oder die Beschaffung von Finanzierungsmitteln spielte bisher eine Rolle, sei es durch den Weg an die Börse (Going Public)[6] oder durch den Einsatz stiller Reserven (leveraged buy-out, roll-over-Modell)[7]. Derzeit sind diese Wege konjunkturell (Börse) bzw. durch den Gesetzgeber (§ 3 c EStG, § 8 b KStG) nicht gangbar[8].

Durch das Gesetz zur Bereinigung des Umwandlungsrechts vom 28. 10. 1994[9] wurden die bis dahin in unterschiedlichen Gesetzen verstreuten zivilrechtlichen Vorschriften in einem Gesetz zusammen-

---

1 Einzelunternehmen sind beispielsweise als „Erbmasse" ungeeignet, K. Schmidt, NJW 1985, 2485.Mit einer GmbH oder GmbH & Co KG kann die zukünftige Unternehmensstruktur hingegen weitgehend vorgegeben werden (Beteiligungsverhältnisse, Mehrheitsregeln etc.); siehe zB Spiegelberger, Stbg 2002, 245; Amandi, GmbH-StB 2002, 323; v. Elsner/Geck, Stbg 2002, 197.
2 Siehe Kallmeyer, DB 2000, 568; Kempf/Schiegl, DStZ 2002, 107; und Tz. 1446 GmbH → KG.
3 Dies sind keineswegs Ausnahmegestaltungen. Der Zusammenschluss zweier Freiberufler unterfällt ebenso dem Umwandlungsrecht wie die Verschmelzung von Großunternehmen. Eine personenbezogene GmbH, in der sich zwei Familienstämme streiten, hat ebenso Bedarf nach einer Spaltung wie Konzerne bei der Umstrukturierung, siehe zB Herzig, DB 2000, 2236. Allerdings werden gerade große Fusionen auch außerhalb des UmwG vollzogen, siehe Fleischmann, DB 2001, 1528 (Allianz-Dresdner Bank); Fleischmann, DB 1998, 1883 (Daimler-Chrysler); siehe auch den Überblick bei Hansen, AG 1999, R 4, 6 (AG-Report); zu solchen „Business Combination Agreements" AHA, BB 2001, 2225.
4 Kroschewski, GmbHR 2001, 707.
5 Schmitt, DStR 2004, 936.
6 Hennerkes/May, DB 1989, 1709; Werner/Kindermann, ZGR 1981, 30; Schürmann/Körfgen, Familienunternehmen auf dem Weg zur Börse, 2. Aufl. 1987; Koch/Jensen/Steinhoff, Going Public, 1991.
7 Streck, BB 1992, 685; Otto, DB 1989, 1389.
8 Zum „Going Private" siehe Richard/Weinheimer, BB 1999, 1613; Steck, AG 1998, 460.
9 BGBl. 1994 I, 3210; zum Gesetzgebungsverfahren Neye, DB 1994, 2069; Schwarz, DStR 1994, 1694.

Einleitung

gefasst[1] und grundlegend reformiert. Wichtige Änderungen bzw. Ergänzungen sind durch das Gesetz zur Änderung des Umwandlungsgesetzes vom 22. 7. 1998[2] und das Handelsrechtsreformgesetz vom 22. 6. 1998[3] eingefügt worden. So wurde die Partnerschaft in die umwandlungsfähigen Rechtsträger einbezogen und verschiedene Auslegungsfragen geklärt (siehe zB Tz. 678 *GmbH → EU*). Die durch das Euro-Einführungsgesetz vom 9. 6. 1998[4] eingefügte Regelung des § 318 Abs. 2 UmwG bestimmt, ab wann in Umwandlungsfällen die neuen Nennbetragseinteilungen anzuwenden sind[5]. Mit dem Gesetz zur Neuordnung des gesellschaftsrechtlichen Spruchverfahrens[6] sind die bisher im UmwG dazu enthaltenen Regeln in ein gesondertes Gesetz überführt worden.

Bedauerlich, ja ärgerlich ist, dass der Gesetzgeber nicht die gleiche Sorgfalt und Mühe auf die Reform des Steuerrechts verwandt hat. Das UmwStG vom 28. 10. 1994[7] stimmt weder begrifflich noch systematisch mit dem UmwG überein[8]. Das Auffinden der für eine Ausgliederung oder eine Auf- bzw. Abspaltung von Personenhandelsgesellschaften anzuwendenden Vorschriften bleibt der Phantasie des Gesetzesanwenders überlassen. Bei den Vorschriften zur Spaltung von Kapitalgesellschaften (§§ 15, 16 UmwStG) wäre begrüßenswert gewesen, wenn auf die Regelung der regulären Rechtsfolgen gleiches Augenmerk gerichtet worden wäre wie auf die Missbrauchsstatbestände. Die bloße Verweisung auf die Verschmelzungsvorschriften ist hier ebenso unbefriedigend wie die Beschränkung der Buchwertfortführung auf die Fälle der Teilbetriebsfortführung.

---

1 Ausnahme bleibt das SpTrUG.
2 BGBl. 1998 I, 1878.
3 BGBl. 1998 I, 1474; siehe hierzu Schaefer, DB 1998, 1269; Schön, DB 1998, 1169.
4 BGBl. 1998 I, 1242.
5 Hierzu Seibert, ZGR 1998, 1, 14.
6 Spruchverfahrensgesetz vom 12. 6. 2003, BGBl. 2003 I, 838.
7 BGBl. 1994 I, 3267.
8 Wie wenig die Gesetze aufeinander abgestimmt sind, zeigen die Regelungen zur zeitlichen Anwendung (§ 318 Abs. 1 UmwG; § 27 Abs. 1 UmwStG). Eingehend hierzu die Vorauflage sowie BFH I R 7/98 vom 19. 5. 1998, GmbHR 1998, 952 gegen FG Köln 13 K 1110/97 vom 25. 11. 1997, GmbHR 1998, 504; dazu Haritz/Slabon, GmbHR 1998, 530. Zum Verhältnis von Übernahmerecht und Umwandlungsrecht Weber-Rey/Schütz, AG 2001, 325.

Einleitung

Zwischenzeitliche Gesetzesänderungen, insbesondere durch das Gesetz zur Fortsetzung der Unternehmenssteuerreform vom 29. 10. 1997[1], das Steuersenkungsgesetz vom 23. 10. 2000[2] und das Unternehmenssteuerfortentwicklungsgesetz vom 20. 12. 2001[3] haben die ohnhin gegenüber dem Zivilrecht bestehenden Einschränkungen der Umwandlungsmöglichkeiten nicht beseitigt, sondern nur noch verschärft. War das Steuerrecht früher in erster Linie ein „Spaltungshindernis" (siehe Tz. 845 ff. *GmbH → GmbH*), ist es nunmehr auch eine „Umwandlungsbremse" bei dem Weg aus der Kapital- in die Personengesellschaft (siehe Tz. 1347 ff. *GmbH → KG*). Auch der Umwandlungssteuererlass vom 25. 3. 1998[4] enthält mehr Ausführungen zu angeblichen Missbrauchsfällen als Hinweise zu streitigen Rechtsfragen.

Ziel der 1. Auflage dieses Buches war es, Rechts-und Steuerberatern, auch soweit sie nicht täglich mit Umwandlungen befasst waren, den Weg durch den bis zur Reform bestehenden Gesetzes-und Literaturdschungel zu weisen.Diese Aufgabe stellt sich heute, sieben Jahre nach der Reform des Umwandlungsrechts neu und keineswegs einfacher. An der ABC-Form, ausgehend von einer bestehenden im Hinblick auf eine gewünschte Rechtsform, habe ich – bestärkt durch die positive Resonanz der bisherigen drei Auflagen – festgehalten.

Die zitierte Literatur und Rechtsprechung hat nicht nur Belegfunktion, sondern weist zumeist auf vertiefende oder ergänzende Darstellungen hin. Die bereits erwähnten Änderungen des UmwStG und des UmwG sind berücksichtigt.

Mit der Einführung der SE (siehe Tz. 129.1 ff.) hat die Diskussion um das internationale Umwandlungsrecht eine neue Dimension erlangt. Die Umwandlungsmöglichkeiten in und aus der SE sind neu aufgenommen worden.

---

1 BGBl. 1997 I, 2590; hierzu Dötsch, DB 1997, 2090, 2144; Korn/Strahl, KÖSDI 1997, 11282; Füger/Rieger, DStR 1997, 1427; zur zeitlichen Anwendung Olbing, Stbg. 1998, 111.
2 BGBl. 2000 I, 1433.
3 BGBl. 2001 I, 3858.
4 BStBl. 1998 I, 268.

Begriffe

Umwandlung Verschmelzung, Spaltung, Vermögensübertragung, Formwechsel

Verschmelzung Übertragung des gesamten Vermögens eines Rechtsträgers auf einen anderen, schon bestehenden (Verschmelzung durch Aufnahme) oder neugegründeten (Verschmelzung durch Neugründung) Rechtsträger im Wege der Gesamtrechtsnachfolge unter Auflösung ohne Abwicklung gegen Gewährung von Anteilen oder Mitgliedschaften des übernehmenden oder neuen Rechtsträgers an die Anteilsinhaber der übertragenden Rechtsträger.

Spaltung

– Aufspaltung Ein Rechtsträger teilt sein Vermögen unter Auflösung ohne Abwicklung auf und überträgt die Teile jeweils als Gesamtheit im Wege der Sonderrechtsnachfolge (teilweise Gesamtrechtsnachfolge) auf mindestens zwei andere schon bestehende (Aufspaltung zur Aufnahme) oder neugegründete (Aufspaltung zur Neugründung) Rechtsträger gegen Gewährung von Anteilen oder Mitgliedschaften an den übernehmenden oder neuen Rechtsträgern an die Anteilsinhaber des sich aufspaltenden Rechtsträgers.

– Abspaltung Der übertragende Rechtsträger überträgt im Wege der Sonderrechtsnachfolge einen Teil oder mehrere Teile seines Vermögens jeweils als Gesamtheit auf einen oder mehrere andere, bereits bestehende oder neugegründete Rechtsträger. Die Anteilsinhaber des sich spaltenden Rechtsträgers erhalten eine Beteiligung an dem übernehmenden oder neuen Rechtsträger.

– Ausgliederung Übertragung eines Teils oder mehrerer Teile des Vermögens im Wege der Sonderrechtsnachfolge eines Rechtsträgers auf einen oder mehrere andere, bereits bestehende oder neugegründete Rechtsträger gegen Gewährung von Anteilen

Begriffe

oder Mitgliedschaften dieser Rechtsträger an den übertragenden Rechtsträger.

Vermögensübertragung

– Vollübertragung Übertragung des gesamten Vermögens eines Rechtsträgers auf einen anderen bestehenden Rechtsträger im Wege der Gesamtrechtsnachfolge unter Auflösung ohne Abwicklung gegen Gewährung einer Gegenleistung an die Anteilsinhaber des übertragenden Rechtsträgers, die nicht in Anteilen oder Mitgliedschaften bestehen.

– Teilübertragung Aufspaltung eines Rechtsträgers durch gleichzeitige Übertragung von Vermögensteilen im Wege der Sonderrechtsnachfolge auf andere bestehende Rechtsträger

oder

Abspaltung eines Teils oder mehrerer Teile des Vermögens eines Rechtsträgers im Wege der Sonderrechtsnachfolge auf einen oder mehrere bestehende Rechtsträger

oder

Ausgliederung eines Teils oder mehrerer Teile des Vermögens eines Rechtsträgers im Wege der Sonderrechtsnachfolge auf einen oder mehrere bestehende Rechtsträger

jeweils gegen Gewährung einer Gegenleistung, die nicht in Anteilen oder Mitgliedschaften besteht.

Formwechsel Änderung der Rechtsform unter Wahrung der rechtlichen Identität des Rechtsträgers.

Einbringung Übertragung von Vermögen gegen Gewährung von Gesellschaftsrechten.

Realteilung Verteilung des Vermögens einer Personengesellschaft auf die Gesellschafter unter Ausschluss der Liquidation.

ABC der Umwandlung

AG → AG, Spaltung

A. Übersicht	1	D. Abspaltung	
B. Aufspaltung zur Aufnahme		I. Zivilrecht	26
I. Zivilrecht	2	II. Steuerrecht	27
II. Steuerrecht	17	E. Ausgliederung	
C. Aufspaltung zur Neugründung		I. Zivilrecht	28
I. Zivilrecht	18	II. Steuerrecht	29
II. Steuerrecht	25		

A. Übersicht

Siehe Tz. 726–744 *GmbH* → *GmbH*. 1

B. Aufspaltung zur Aufnahme

I. Zivilrecht

Es gelten die Tz. 745–840 *GmbH* → *GmbH* mit folgenden **Besonder-** 2
heiten[1]:

Eine Spaltung innerhalb der ersten zwei Jahre nach Eintragung der 3
AG im Handelsregister (sog. **Nachgründungsperiode**, § 52 AktG) ist
ausgeschlossen (§ 141 UmwG).

Der Spaltungs- und Übernahmevertrag bzw. sein Entwurf ist für jede 4
der an der Spaltung beteiligten AG **prüfungspflichtig** (§ 125 iVm. § 60
Abs. 1 UmwG). Für jede AG ist vom Vorstand mindestens ein Prüfer zu
bestellen (§ 125 iVm. § 60 Abs. 2 UmwG). Auf Antrag der Vorstände
kann durch das zuständige Registergericht für mehrere AGs ein Prüfer
bestellt werden (§ 125 iVm. § 60 Abs. 3 UmwG). Die Prüfung ist auch
dann erforderlich, wenn sich alle Aktien der übertragenden AG in der
Hand der übernehmenden AGs befinden (§ 125 UmwG schließt § 9
Abs. 2 UmwG aus). Allerdings können die Aktionäre durch notarielle
Erklärung auf die Prüfung verzichten (§ 125 iVm. §§ 9 Abs. 3, 8 Abs. 3
UmwG).

---

1 Umfassend ENGELMEYER, Die Spaltung von Aktiengesellschaften nach dem neuen Umwandlungsrecht, 1995; ENGELMEYER, AG 1996, 193; zur Rechtsstellung von Vorzugsaktionären KIEM, ZIP 1997, 1627.

AG → AG

5   Der Spaltungs- und Übernahmevertrag bzw. sein Entwurf ist vor der Einberufung zur Hauptversammlung zum **Register** einzureichen und bekannt zu machen (§ 125 iVm. § 61 UmwG).

6   Befinden sich mindestens neun Zehntel des Grundkapitals der übertragenden AG in der Hand der übernehmenden AG, so kann bei ihr auf den **Zustimmungsbeschluss verzichtet** werden, soweit nicht 20%[1] des Grundkapitals eine Hauptversammlung verlangen (§ 125 iVm. § 62 UmwG).

7   Zur **Vorbereitung der Hauptversammlung** siehe § 125 iVm. §§ 62 Abs. 3, 63 UmwG, zur **Durchführung** § 125 iVm. § 64 UmwG und zu den Mehrheitserfordernissen bei der Beschlussfassung § 65 UmwG.

8   Über wesentliche **Veränderungen des Vermögens**[2] bei der übertragenden AG[3] zwischen Abschluss des Vertrags oder Aufstellung des Entwurfs und Beschlussfassung hat der Vorstand die Aktionäre und die übernehmenden Gesellschaften zu informieren (§ 143 UmwG).

9   Erhöht die übernehmende Gesellschaft zur Durchführung der Spaltung ihr Grundkapital, so darf die Verschmelzung erst eingetragen werden, nachdem die Durchführung der **Erhöhung des Grundkapitals** im Register eingetragen worden ist (§ 125 iVm. § 66 UmwG).

10 Die **Kapitalerhöhungsvorschriften**, §§ 182 Abs. 4, 184 Abs. 2, 185, 186, 187 Abs. 1, 188 Abs. 2 und 3 Nr. 1 AktG, sind nicht anzuwenden (§ 125 iVm. § 69 UmwG), wohl aber § 183 Abs. 3 AktG (Prüfung der Sacheinlage, § 142 UmwG). Auf die Prüfung der Sacheinlage ist im Spaltungsbericht hinzuweisen (§ 142 Abs. 2 UmwG).

11 **Ausgeschlossen** ist eine Kapitalerhöhung bei der übernehmenden Gesellschaft, soweit sie Anteile eines übertragenden Rechtsträgers innehat, ein übertragender Rechtsträger eigene Anteile innehat oder ein übertragender Rechtsträger Aktien dieser Gesellschaft besitzt, auf die der Ausgabebetrag nicht voll geleistet ist (§ 125 iVm. § 68 Abs. 1 S. 1 UmwG).

12 Die übernehmende Gesellschaft braucht ihr Grundkapital nicht zu erhöhen, soweit sie **eigene Aktien** besitzt oder ein übertragender

---

1 Oder ein nach der Satzung bestimmter geringerer Teil.
2 Was „wesentlich" ist, bestimmt das Gesetz nicht; siehe hierzu SCHMITT/HÖRTNAGL/STRATZ, § 143 UmwG Rz. 5 ff.; HOMMELHOFF/SCHWAB in Lutter, § 143 UmwG Rz. 12 ff.
3 Eine entsprechende Informationspflicht für die übernehmende Gesellschaft kennt das Gesetz nicht.

Rechtsträger Aktien dieser Gesellschaft besitzt, auf die der Ausgabebetrag bereits voll geleistet ist (§ 125 iVm. § 68 Abs. 1 S. 2 UmwG).

Dies gilt entsprechend, wenn Anteile **treuhänderisch** gehalten werden (§ 125 iVm. § 68 Abs. 2 UmwG). 13

Zur **Anmeldung** siehe § 125 iVm. § 69 Abs. 2 UmwG. 14

Wird der Spaltungs- und Übernahmevertrag in den ersten zwei Jahren 15
seit Eintragung der übernehmenden Gesellschaft in das Register geschlossen, so ist § 52 Abs. 3, 4, 7 bis 9 AktG über die **Nachgründung** entsprechend anzuwenden. Dies gilt nicht, wenn auf die zu gewährenden Aktien nicht mehr als der zehnte Teil des Grundkapitals dieser Gesellschaft entfällt (§ 125 iVm. § 67 S. 2 UmwG). Wird zur Durchführung der Spaltung das Grundkapital erhöht, so ist der Berechnung das erhöhte Grundkapital zugrunde zu legen.

Zur Geltendmachung von **Schadensersatzansprüchen** siehe § 125 16
iVm. § 70 UmwG, zur **Bestellung eines Treuhänders** für den Empfang der Aktien § 125 iVm. §§ 71, 72 UmwG.

II. Steuerrecht

Es gelten die Tz. 841–899 *GmbH* → *GmbH*. Wegen der **Missbrauchs-** 17
regel des § 15 Abs. 3 S. 2–4 UmwStG dürfte die Aufspaltung oder Abspaltung bei börsennotierten AGs praktisch ausgeschlossen sein[1].

C. Aufspaltung zur Neugründung

I. Zivilrecht

Es gelten die Tz. 900–910 *GmbH* → *GmbH* mit folgenden **Besonder-** 18
heiten[2]:

Eine Spaltung in der **Nachgründungsperiode** ist ausgeschlossen 19
(§ 141 UmwG).

Hinsichtlich der **Prüfungspflicht** gilt Tz. 4, zur Bekanntmachung des 20
Spaltungsplans Tz. 5.

---

1 Zu Ausweichgestaltungen bei der Spaltung börsennotierter Aktiengesellschaften BLUMERS, DB 2000, 589.
2 Eingehend BRUSKI, AG 1997, 17; zum sog. „Kalten Delisting" einer börsennotierten AG: OLG Düsseldorf I-19 W 3/04 AktE vom 30. 12. 2004, DB 2005, 252.

21 Für die **Vorbereitung** und **Durchführung** der **Hauptversammlung** gelten die §§ 63–65 UmwG (§ 125 iVm. § 73 UmwG).

22 In die **Satzung** der neu zu gründenden AG sind Festsetzungen über Sondervorteile, Gründungsaufwand, Sacheinlagen und Sachübernahmen, die in den Gesellschaftsverträgen, Satzungen oder Statuten übertragender Rechtsträger enthalten waren, zu übernehmen. § 26 Abs. 4 und 5 des AktG bleibt unberührt (§ 125 iVm. § 74 UmwG).

23 Ein **Gründungsbericht** (§ 32 des AktG) und eine **Gründungsprüfung** (§ 33 Abs. 2 AktG) sind stets erforderlich (§ 144 UmwG). In dem Gründungsbericht (§ 32 AktG) sind auch der Geschäftsverlauf und die Lage der übertragenden Rechtsträger darzustellen (§ 125 iVm. § 75 Abs. 1 UmwG).

24 Zur **Bekanntmachung** der Eintragung siehe § 125 iVm. § 77 UmwG.

II. Steuerrecht

25 Es gelten die Tz. 841–899 *GmbH → GmbH*.

D. Abspaltung

I. Zivilrecht

26 Es gelten die Tz. 912–922 *GmbH → GmbH* mit den Besonderheiten gemäß vorstehender Tz. 3–16. Zur **Herabsetzung des Grundkapitals** siehe § 145 UmwG[1], zur Anmeldung § 146 UmwG. Zur Kapitalerhöhung und dem Rückkauf eigener Aktien siehe Tz. 33.

II. Steuerrecht

27 Siehe Tz. 923–928 *GmbH → GmbH*.

E. Ausgliederung

I. Zivilrecht

28 Es gelten die Tz. 929–939 *GmbH → GmbH* mit den **Besonderheiten** gemäß Tz. 3–16 entsprechend[2].

---

1 Sowie Zeidler, Wpg. 2004, 324, zur Frage, aus welchen Rücklagen ein Spaltungsversuch gedeckt werden darf.
2 Speziell zum Vergleich Ausgliederung – Einzelrechtsnachfolge bei einer AG Engelmeyer, AG 1999, 263.

II. Steuerrecht

Siehe Tz. 940–946 *GmbH* → *GmbH*. 29

AG ↔ AG, Verschmelzung

A. Übersicht 30	C. Verschmelzung durch Neugründung
B. Verschmelzung durch Aufnahme	I. Zivilrecht 45
I. Zivilrecht 31	II. Steuerrecht 48
II. Steuerrecht 44	

A. Übersicht

Siehe Tz. 972–982 *GmbH* ↔ *GmbH*. 30

B. Verschmelzung durch Aufnahme

I. Zivilrecht

Es gelten grundsätzlich die Tz. 983–1101 *GmbH* ↔ *GmbH*[1], jedoch mit folgenden **Besonderheiten**[2]: 31

Wird der Verschmelzungsvertrag in den ersten zwei Jahren nach Eintragung der übernehmenden AG im Handelsregister abgeschlossen, so sind die **Nachgründungsvorschriften** des § 52 Abs. 3, 4, 7–9 AktG zu beachten (§ 67 UmwG). 32

Anstelle des § 54 UmwG gilt für die **Kapitalerhöhung** (siehe Tz. 1012 *GmbH* ↔ *GmbH*) der inhaltsgleiche § 68 UmwG. Soweit eine Kapitalerhöhung zulässig ist, erleichtert § 69 UmwG die Durchführung. So sind die §§ 182 Abs. 4, 184 Abs. 2, 185, 186, 187 Abs. 1, 188 Abs. 2 und 3 Nr. 1 AktG nicht anzuwenden. Problematisch ist der gleichzeitige Rückkauf eigener Aktien (§ 71 AktG)[3]. 33

Der Verschmelzungsvertrag ist **prüfungspflichtig** (§ 60 UmwG), es sei denn, alle Aktionäre verzichten in notarieller Form oder alle Aktien der 34

---

1 Vertragsmuster: RIEGER in Widmann/Mayer, Anh. 4, M 49 ff. (März 2002).
2 Zur Streitfrage, ob eine Verschmelzung zu einem Pflichtangebot nach dem WpÜG führen kann, J.VETTER, WM 2002, 1999.
3 Eingehend BUNGERT/HENTZEN, DB 1999, 2501.

AG ↔ AG

übertragenden Gesellschaft befinden sich in der Hand der übernehmenden AG (§ 9 Abs. 2 UmwG).

35 Der Verschmelzungsvertrag ist vor Einberufung der Hauptversammlung, die über die Zustimmung beschließt, zum **Handelsregister** einzureichen und die Einreichung vom Register bekanntzumachen (§ 61 UmwG).

36 Befinden sich mindestens 90% des Grundkapitals der übertragenden AG in der Hand der übernehmenden AG, so braucht auf der Ebene der AG kein **Zustimmungsbeschluss** gefasst zu werden (§ 62 Abs. 1 UmwG), es sei denn, mindestens 5% des Grundkapitals verlangen dies (§ 62 Abs. 2 UmwG)[1]. Die Information der Aktionäre erfolgt über § 62 Abs. 3 UmwG.

37 Findet – wie regelmäßig – eine Hauptversammlung statt, dh. muss ein Verschmelzungsbeschluss gefasst werden, müssen zuvor und bis zur Hauptversammlung die in § 63 UmwG genannten **Unterlagen** ausgelegt werden. Auf Verlangen ist außerdem jedem Aktionär von der Einberufung der Hauptversammlung an unverzüglich und kostenlos eine Abschrift dieser Unterlagen zu erteilen (§ 63 Abs. 3 UmwG).

38 Die auszulegenden und ggf. zu übersendenden Unterlagen sind:
 – der **Verschmelzungsvertrag** oder sein Entwurf,
 – die **Jahresabschlüsse** und die **Lageberichte** der an der Verschmelzung beteiligten AGs für die letzten drei Geschäftsjahre,
 – falls sich der letzte Jahresabschluss auf ein Geschäftsjahr bezieht, das mehr als sechs Monate vor dem Abschluss des Verschmelzungsvertrags oder der Aufstellung des Entwurfs abgelaufen ist: eine Bilanz auf einen Stichtag, der nicht vor dem ersten Tag des dritten Monats liegt, dem der Abschluss oder der Aufstellung vorausgeht **(Zwischenbilanz)**,
 – **Verschmelzungsberichte** nach § 8 UmwG sowie
 – **Prüfungsberichte** (§ 60 iVm. § 12 UmwG).

39 In der Hauptversammlung hat der Vorstand die Verschmelzung zu erläutern (§ 64 Abs. 1 UmwG). Jedem Aktionär ist auf Verlangen **Aus-**

---

[1] In der Praxis werden die Voraussetzungen des § 62 Abs. 1 UmwG (früher § 352 b AktG) bewusst herbeigeführt, um die Verschmelzung zu vereinfachen; siehe zu dieser „zweistufigen" Konzernverschmelzung, deren Zulässigkeit sehr streitig ist, HENZE, AG 1993, 341; BAYER, ZIP 1997, 1613, mwN.

AG ↔ AG

kunft über die anderen an der Verschmelzung beteiligten Rechtsträger zu erteilen (§ 64 Abs. 2 UmwG).

Bezüglich der **Mehrheitserfordernisse** gilt: Der Verschmelzungsbeschluss der Hauptversammlung bedarf einer Mehrheit, die mindestens drei Viertel des bei der Beschlussfassung vertretenen Grundkapitals umfasst (§ 65 Abs. 1 UmwG). Soweit gegenseitige Beteiligungen bestehen, schließt dies das Stimmrecht nicht aus[1]. Die Satzung kann eine größere Kapitalmehrheit und weitere Erfordernisse bestimmen (§ 65 Abs. 1 S. 2 UmwG). 40

Sind **mehrere Gattungen von Aktien** vorhanden, ist der Beschluss der Hauptversammlung über die Drei-Viertel-Mehrheit hinaus nur wirksam, wenn alle stimmberechtigten Aktionäre jeder Gattung zugestimmt haben (§ 65 Abs. 2 UmwG). 41

Erhöht die übernehmende Gesellschaft zur Durchführung der Verschmelzung ihr Grundkapital, darf die Verschmelzung erst eingetragen werden, nachdem die Durchführung der **Erhöhung des Grundkapitals** im Register eingetragen worden ist (§ 65 UmwG). 42

Jeder übertragende Rechtsträger hat für den Empfang der zu gewährenden Aktien (und evtl. barer Zuzahlungen) einen Treuhänder zu bestellen. Erst wenn der **Treuhänder** dem Gericht angezeigt hat, dass er im Besitz der Aktien und der im Verschmelzungsvertrag festgesetzten baren Zuzahlungen ist, darf die Verschmelzung eingetragen werden (§ 71 UmwG). 43

II. Steuerrecht

Es gelten die Tz. 1102–1185 *GmbH ↔ GmbH*. 44

C. Verschmelzung durch Neugründung

I. Zivilrecht

Es gelten die Tz. 1186–1190 *GmbH ↔ GmbH*[2]. Zum **Inhalt** der Satzung siehe § 74 UmwG. 45

---

1 Anders als bei der Verschmelzung unter Beteiligung einer GmbH unstreitig, siehe RIEGER in Widmann/Mayer, § 65 UmwG Rz. 12 (September 1996); KRAFT in Kölner Kommentar zum AktG, § 340c Rz. 21; zur Zustimmung im Konzern siehe auch OLG Köln 22 U 72/92 vom 24. 11. 1992, ZIP 1993, 110, mit Anm. TIMM.
2 Vertragsmuster: KRASU/TRABL in Engl, Formularbuch Umwandlungen, S. 178.

AG ↔ AG

46 Erforderlich ist ein **Gründungsbericht** und eine **Gründungsprüfung** gemäß §§ 32, 33 Abs. 2 AktG (§ 75 UmwG).

47 In der **Bekanntmachung** der Eintragung sind außer den sonst erforderlichen Angaben die Zahl und die Gattungen der Aktien aufzunehmen (§ 77 UmwG).

II. Steuerrecht

48 Es gelten die Tz. 1102–1185 *GmbH* ↔ *GmbH* entsprechend.

AG ↔ Einzelunternehmen (EU), Verschmelzung

A. Übersicht

49 Eine AG kann auf eine natürliche Person verschmolzen werden, wenn sie **alleiniger Aktionär** ist (§ 120 UmwG).

50 Eine **Spaltung** oder ein **Formwechsel** kommen nicht in Betracht. Soll eine AG in der Weise gespalten werden, dass ein Teil des Vermögens auf eine natürliche Person übergeht, so muss zunächst in eine Einzelpersonen-Kapitalgesellschaft gespalten und diese dann auf den alleinigen Gesellschafter verschmolzen werden.

B. Verschmelzung

51 Es gelten die Tz. 666–679 *GmbH* → *EU* entsprechend. Soweit § 121 UmwG auf die Vorschriften der §§ 60–72 UmwG verweist (siehe dazu Tz. 4–16 *AG* ↔ *AG*), gilt Folgendes:

52 Eine **Prüfung** ist nicht erforderlich (§ 9 Abs. 2 UmwG).

53 Die §§ 61 **(Bekanntgabe des Verschmelzungsvertrags)** und 63 **(Vorbereitung der Hauptversammlung)** UmwG finden mE keine Anwendung. Die Vorschrift dient der Information der Aktionäre[1], die hier selbstverständlich gegeben ist. Ebenso hat § 64 UmwG keine praktische Bedeutung. Die §§ 66–72 UmwG finden bei der Verschmelzung auf den Alleinaktionär keine Anwendung.

54 **Steuerlich** gelten die Tz. 680–688 *GmbH* ↔ *EU*.

---

[1] Zimmermann in Kallmeyer, § 122 UmwG Rz. 3; aA Heckschen in Widmann/Mayer, § 121 UmwG Rz. 16 (Mai 2003).

AG → EWIV

Siehe Tz. 689 *GmbH → EWIV*. 55

AG → GbR, Formwechsel, Spaltung, Verschmelzung

Eine AG kann durch **Formwechsel** in eine GbR umgewandelt werden (§ 226 UmwG). Es gelten die Tz. 690–691 *GmbH → GbR* entsprechend. 56

Die **Spaltung** – gleich in welcher Form – auf eine GbR ist ausgeschlossen (siehe § 124 UmwG). 57

Möglich ist die **Spaltung** in Kapitalgesellschaften **mit anschließendem Formwechsel** der Kapitalgesellschaften in eine GbR. 58

Die Rechtsfolgen einer Ausgliederung können erreicht werden, indem Wirtschaftsgüter im Wege der **Einzelrechtsnachfolge** auf eine GbR gegen Gewährung einer Beteiligung an die AG übertragen werden (zum Steuerrecht Tz. 1304 *GmbH → KG*). 59

Die **Verschmelzung** einer AG auf eine bestehende GbR oder die Verschmelzung einer AG mit einem anderen Rechtsträger zu einer GbR ist ausgeschlossen (siehe § 3 UmwG). Denkbar ist nur der Formwechsel einer AG zu einer GbR mit anschließender „Verschmelzung" dieser GbR durch Einbringung in eine andere bestehende oder zu gründende GbR. 60

AG → Genossenschaft, Formwechsel, Spaltung, Verschmelzung

Der **Formwechsel** einer AG in eine eingetragene Genossenschaft ist möglich (§§ 191, 226 UmwG). Es gelten die Tz. 695–700 *GmbH → Genossenschaft* entsprechend. 61

Die **Spaltung** einer AG in eingetragene Genossenschaften ist zulässig (§ 124 UmwG). Es gelten die Tz. 702–714 *GmbH → Genossenschaft* entsprechend. 62

Eine AG kann mit einer eingetragenen Genossenschaft verschmolzen werden. Es gelten grundsätzlich die Tz. 715–725 *GmbH → Genossenschaft*, für die AG zudem die Tz. 31–43 *AG ↔ AG*. 63

AG → GmbH

AG → GmbH, Formwechsel, Spaltung, Verschmelzung

A. Übersicht 64	C. Spaltung
B. Formwechsel	I. Aufspaltung zur Aufnahme
I. Zivilrecht	1. Zivilrecht 79
1. Voraussetzung 68	2. Steuerrecht 83
2. Umwandlungsbericht .. 69	II. Aufspaltung zur Neugründung
3. Umwandlungsbeschluss 71	1. Zivilrecht 84
4. Handelsregisteranmeldung 75	2. Steuerrecht 85
5. Rechtsfolgen der Handelsregistereintragung . 76	III. Abspaltung 86
6. Kosten 77	IV. Ausgliederung 89
II. Steuerrecht 78	D. Verschmelzung
	I. Zivilrecht 90
	II. Steuerrecht 93

A. Übersicht

64 Eine AG kann durch **Formwechsel** in eine GmbH umgewandelt werden (§§ 191, 226 UmwG). Steuerlich ist der Vorgang ohne Relevanz.

65 Eine AG kann in eine GmbH gespalten werden. Zu den Möglichkeiten der **Spaltung** siehe Tz. 726–744 *GmbH → GmbH*. Steuerlich ist eine Buchwertfortführung möglich, wenn eine Spaltung in Teilbetriebe iSd. § 15 Abs. 1 UmwStG erfolgt.

66 Eine AG kann auf eine bestehende GmbH **(Verschmelzung durch Aufnahme)** oder mit einem anderen Rechtsträger zu einer neuen GmbH **(Verschmelzung durch Neugründung)** verschmolzen werden. Steuerlich ist idR eine Buchwertfortführung möglich.

67 Siehe ferner Tz. 606–608 *GmbH → AG*.

B. Formwechsel

I. Zivilrecht

1. Voraussetzung

68 Notwendig sind
- ein **Umwandlungsbericht** (§ 192 UmwG),
- ein **Umwandlungsbeschluss** (§ 193 UmwG)
- und die **Anmeldung** zum Handelsregister (§ 198 UmwG).

AG → GmbH

Der Formwechsel einer AG in eine GmbH ist auch bei einer buchmäßigen **Unterbilanz** möglich[1].

2. Umwandlungsbericht

Siehe Tz. 611 *GmbH → AG*. 69

Ein **Sachgründungsbericht** ist nicht erforderlich (§ 245 Abs. 4 UmwG). 70

3. Umwandlungsbeschluss

Der Formwechsel bedarf eines **Umwandlungsbeschlusses** (§ 193 Abs. 1 UmwG)[2]. 71

In dem Umwandlungsbeschluss muss bestimmt werden, 72
- dass die AG durch den Formwechsel die **Rechtsform** einer GmbH erhält (§ 194 Abs. 1 Nr. 1 UmwG),
- die **Firma** der GmbH, wobei die bisherige Firma beibehalten werden kann (§§ 194, Abs. 1 Nr. 2, 200 Abs. 1 und 2 UmwG),
- in welchem Umfang den Gesellschaftern anstelle der Aktien GmbH-Anteile gewährt werden (§ 194 Abs. 1 Nr. 3 und 4 UmwG). Dabei kann der **Nennbetrag der Anteile** abweichend vom anteiligen Betrag des Grundkapitals festgesetzt werden (§ 243 Abs. 3 UmwG). Beispiel: Bei einem Formwechsel werden für zweihundert Aktien à Euro 50 zwei Geschäftsanteile von je Euro 2500 gewährt. Der Nennbetrag muss mindestens Euro 50 betragen und durch zehn teilbar sein (§ 243 Abs. 3 S. 2 UmwG)[3],
- die **Feststellung** der Satzung der GmbH (§ 243 Abs. 1 iVm. § 218 Abs. 1 UmwG), erforderlich ist insoweit die Abfassung eines vollständigen Gesellschaftsvertrags, die Aufnahme bloßer Textänderungen genügt nicht[4]. Festsetzungen über Sondervorteile, Gründungsaufwand, Sacheinlagen und Sachübernahmen, die im Gesellschaftsvertrag der AG enthalten sind, müssen in den Gesellschaftsvertrag der GmbH übernommen werden (§ 243 Abs. 1 S. 2 UmwG),

---

[1] Rieger in Widmann/Mayer, § 245 UmwG Rz. 46 f. (Juni 2002); Dirksen in Kallmeyer, § 245 UmwG Rz. 5; Happ in Lutter, § 245 UmwG Rz. 12 ff.
[2] Vertragsmuster: Kallmeyer in GmbH-Handbuch, M 710 (Februar 2002); Vossius in Widmann/Mayer, Anh. 4, M 188 ff. (Dezember 2001).
[3] Aktionäre, deren Anteil nicht 50 Euro erreicht, bilden eine Bruchteilsgemeinschaft, vgl. eingehend Flesch, ZIP 1996, 2153.
[4] So die Gesetzesbegründung zu § 243 UmwG, BT-Drucks. 12/6694.

AG → GmbH

- die Fortgeltung, Änderung oder Aufhebung etwaiger **Sonderrechte** (§ 194 Abs. 1 Nr. 5 UmwG),
- ggf. die **Änderung** des Grundkapitals (§ 243 Abs. 2 UmwG),
- ein **Abfindungsangebot** nach § 207 UmwG (§ 194 Abs. 1 Nr. 6 UmwG); hierzu Tz. 1242–1251 *GmbH → KG*,
- die **Folgen** des Formwechsels **für die Arbeitnehmer** sowie die insoweit vorgesehenen Maßnahmen (§ 194 Abs. 1 Nr. 7 UmwG); siehe hierzu Tz. 799–803 *GmbH → GmbH*),
- **unbekannte Aktionäre** sind durch Angabe ihrer Aktienurkunde zu bezeichnen (§ 213 iVm. § 35 UmwG)[1].

73 Weitergehende Regelungen sind nicht erforderlich. Insbesondere findet **keine Vermögensübertragung** statt[2].

74 Für die **Vorbereitung der Beschlussfassung** gilt Tz. 616–618 *GmbH → AG*, zur **Mehrheit** und **Form** der Beschlussfassung siehe Tz. 619–626 *GmbH → AG*. Dem Zustimmungserfordernis nach § 241 Abs. 1 UmwG (siehe Tz. 620 *GmbH → AG*) entspricht hier die Regelung des § 242 UmwG. Zur **Barabfindung** und **Anfechtung** siehe Tz. 1242–1253 *GmbH → KG*[3]. Der Regelung in § 71 AktG entspricht § 33 Abs. 3 GmbHG.

4. Handelsregisteranmeldung

75 Siehe Tz. 640–641 *GmbH → AG*.

5. Rechtsfolgen der Handelsregistereintragung

76 Es gelten die Tz. 642–646 *GmbH → AG*, mit Ausnahme Tz. 644. **Aufsichtsräte** verlieren mit der Eintragung grundsätzlich ihr Mandat[4].

6. Kosten

77 Siehe Tz. 1268–1270 *GmbH → KG*.

---

1 Siehe hierzu BAYER, ZIP 1997, 1613; BayObLG 3 ZBR 114/96 vom 5. 7. 1996, ZIP 1996, 1467.
2 Gesetzesbegründung zu § 194 UmwG, BT-Drucks. 12/6699.
3 Zur Sicherung von Betriebsrenten siehe BAG 3 AZR 397/95 vom 30. 7. 1996, DB 1997, 531.
4 Zu Ausnahmen und dem Erfordernis eines Statusverfahrens gem. § 97 AktG, KRAUSE-ABLASS/LINK, GmbHR 2005, 731.

II. Steuerrecht

Steuerrechtlich ist der Vorgang **ohne Relevanz**. 78

C. Spaltung

I. Aufspaltung zur Aufnahme

1. Zivilrecht

Es gelten die Tz. 726–840 *GmbH* → *GmbH* mit folgenden **Besonderheiten:** 79

Eine Spaltung innerhalb der ersten zwei Jahre nach Eintragung der AG im Handelsregister (sog. **Nachgründungsperiode,** § 52 AktG) ist ausgeschlossen (§ 141 UmwG). 80

Der Spaltungs- und Übernahmevertrag ist für die AG **prüfungspflichtig** und zum Handelsregister einzureichen (§ 125 iVm. §§ 60, 61 UmwG). Die Prüfung ist nicht erforderlich, wenn alle Aktionäre in notarieller Form verzichten (§ 125 iVm. §§ 9 Abs. 3, 8 Abs. 3 UmwG). Werden alle Anteile der übertragenden Gesellschaft von einer der übernehmenden Gesellschaften gehalten, befreit dies nicht von der Prüfungspflicht (siehe § 125 UmwG, der § 9 Abs. 2 UmwG ausnimmt). 81

Zur **Vorbereitung der Hauptversammlung** siehe § 125 iVm. §§ 62 Abs. 3, 63 UmwG, zur **Durchführung** § 125 iVm. §§ 64, 143 UmwG, zur **Beschlussfassung** § 125 iVm. § 65 UmwG. 82

2. Steuerrecht

Die Tz. 841–899 *GmbH* → *GmbH* gelten entsprechend. 83

II. Aufspaltung zur Neugründung

1. Zivilrecht

Es gelten die Tz. 900–910 *GmbH* → *GmbH* sowie die **Besonderheiten** gemäß vorstehenden Tz. 79–82. 84

2. Steuerrecht

Es gelten die Tz. 841–899 *GmbH* → *GmbH* entsprechend. 85

AG → GmbH

III. Abspaltung

86   Es gelten die Tz. 912–922 *GmbH → GmbH* entsprechend.

87   Soweit zur Abspaltung eine **Herabsetzung des Grundkapitals** erforderlich ist, kann dies in vereinfachter Form vorgenommen werden (§ 145 UmwG).

88   Bei der **Anmeldung** ist § 146 UmwG zu beachten.

IV. Ausgliederung

89   Es gelten die Tz. 929–946 *GmbH → GmbH* entsprechend sowie vorstehende Tz. 87–88[1].

D. Verschmelzung

I. Zivilrecht

90   Es gelten die Tz. 972–1101 und 1186–1190 *GmbH → GmbH* entsprechend mit folgenden **Besonderheiten**[2]:

91   Der **Verschmelzungsvertrag** ist grundsätzlich **prüfungspflichtig** (§ 60 UmwG, Ausnahme: notarieller Verzicht aller Aktionäre oder alle Aktien befinden sich in der Hand der GmbH, § 9 Abs. 2 UmwG) und vor der Beschlussfassung zum Handelsregister einzureichen (§ 61 UmwG).

92   Zur **Vorbereitung der Hauptversammlung** siehe §§ 62 Abs. 3, 63 UmwG. Die bei der Einberufung der Hauptversammlung bekannt zu machende Tagesordnung muss den wesentlichen Inhalt des Verschmelzungsvertrags enthalten (§ 124 Abs. 2 S. 2 AktG). Zur Durchführung der Hauptversammlung siehe § 64 UmwG, zur **Beschlussfassung** § 65 UmwG.

II. Steuerrecht

93   Es gelten die Tz. 1102–1185 *GmbH ↔ GmbH*.

---

1 Vertragsmuster: Mayer in Widmann/Mayer, Anh. 4, M 133 ff. (September 2004).
2 Vertragsmuster: Rieger in Widmann/Mayer, Anh. 4, M 60 ff. (März 2002).

AG → GmbH & Co KG, Formwechsel, Spaltung, Verschmelzung

Die unmittelbare Umwandlung einer AG in eine GmbH & Co KG ist möglich[1], siehe Tz. 1192–1198 *GmbH → GmbH & Co KG*. Es gelten die Tz. 95–99 *AG → KG*.   94

AG → KG, Formwechsel, Spaltung, Verschmelzung

A. Übersicht

Siehe Tz. 1199–1211 *GmbH → KG*.   95

B. Formwechsel

Es gelten die Tz. 1212–1273 *GmbH → KG* entsprechend.   96

In der **Hauptversammlung** ist der Umwandlungsbeschluss von dem Vorstand zu erläutern (§ 232 Abs. 2 UmwG).   97

C. Spaltung

Es gelten die Tz. 1274–1304 *GmbH → KG* sowie die Tz. 2–16 *AG → AG* entsprechend.   98

D. Verschmelzung

Es gelten die Tz. 1305–1516 *GmbH → KG* sowie die Tz. 32–43 *AG ↔ AG* entsprechend.   99

---

[1] BGH II ZR 29/03 vom 9. 5. 2005, AG 2005, 613; Vertragsmuster: Trassl in Engl, Formularbuch Umwandlungen, S. 286; Rieger in Widmann/Mayer, Anh. 4, M 70 ff. (März 2002).

AG → KGaA

AG → KGaA, Formwechsel, Spaltung, Verschmelzung

A. Übersicht 100
B. Formwechsel
   I. Zivilrecht 101
   II. Steuerrecht 105
C. Spaltung 106
D. Verschmelzung
   I. Zivilrecht 107
   II. Steuerrecht 109

A. Übersicht

100 Siehe Tz. 64–67 *AG → GmbH*.

B. Formwechsel

I. Zivilrecht

101 Erforderlich ist
- ein **Umwandlungsbericht** (§ 192 UmwG),
- ein **Umwandlungsbeschluss** (§ 193 UmwG),
- ein **Gründungsbericht** (§ 245 Abs. 2 iVm. §§ 220 Abs. 2, 197 UmwG),
- eine **Gründungsprüfung** (§ 245 Abs. 2 iVm. § 220 Abs. 3 UmwG).

102 Das vorhandene Kapital der AG muss das **Grundkapital** der KGaA decken (§ 245 Abs. 2 iVm. § 220 Abs. 1 UmwG).

103 Abweichend von den sonstigen Fällen des Formwechsels ist der **Beitritt eines persönlich haftenden Gesellschafters** mit einem Formwechsel zulässig (§§ 221, 240 Abs. 2 UmwG)[1]. Soweit Aktionäre zu persönlich haftenden Gesellschaftern werden, müssen diese zustimmen (§ 240 Abs. 2 UmwG).

104 Im Übrigen gelten die Tz. 609–647 *GmbH → AG* entsprechend.

II. Steuerrecht

105 Steuerrechtlich ist der Formwechsel ohne Belang.

---

[1] Zur GmbH als persönlich haftende Gesellschafterin BGH II ZB 11/96 vom 24. 2. 1997, GmbHR 1997, 595; siehe ferner die Nachweise zu Tz. 1517.

C. Spaltung

Es gelten die Tz. 1–29 *AG* → *AG* entsprechend. 106

D. Verschmelzung

I. Zivilrecht

Es gelten die Tz. 30–48 *AG* ↔ *AG* entsprechend (siehe § 78 S. 1 UmwG). 107

Der **Verschmelzungsbeschluss** bedarf der Zustimmung der persönlich haftenden Gesellschafter. AG und KGaA gelten zueinander nicht als Rechtsträger anderer Rechtsform iSd. §§ 29 und 34 UmwG. 108

II. Steuerrecht

Es gelten die Tz. 1102–1185 *GmbH* ↔ *GmbH*. 109

AG → Körperschaft des öffentlichen Rechts (KöR), Vermögensübertragung

A. Übersicht 110
B. Vollübertragung
   I. Zivilrecht 114
   II. Steuerrecht 122
C. Teilübertragung
   I. Zivilrecht 124
   II. Steuerrecht 126

A. Übersicht

Eine AG kann ihr Vermögen als Ganzes **(Vollübertragung)** oder teilweise **(Teilübertragung)** auf den Bund, ein Land, eine Gebietskörperschaft oder einen Zusammenschluss von Gebietskörperschaften übertragen (§§ 174, 175 UmwG). 110

Bei der Vollübertragung (§ 174 Abs. 1 UmwG) wird das gesamte Vermögen in Form der **Sonderrechtsnachfolge** übertragen. Die AG erlischt ohne Abwicklung. Die Vollübertragung ähnelt insoweit der Verschmelzung. Entscheidender Unterschied ist jedoch, dass die Aktionäre eine Gegenleistung von der übernehmenden KöR erhalten, die nicht in Anteilen oder Mitgliedschaften, sondern idR in einer Geldzahlung besteht. 111

Die Teilübertragung ist als Rechtsfigur neu und ähnelt der **Spaltung**. Auch hier ist der entscheidende Unterschied, dass die Anteilsinhaber 112 des übertragenden Rechtsträgers keine Anteile an dem übernehmenden Rechtsträger erhalten, sondern „bezahlt" werden. Die Teilübertragung ist insbesondere für private Versorgungsunternehmen von Interesse, die verschiedenen Gemeinden Teile ihres Unternehmens übertragen wollen.

113 Drei **Arten** der Teilübertragung sind zugelassen (§ 174 Abs. 2 UmwG):
– Ein Rechtsträger kann unter Auflösung ohne Abwicklung sein Vermögen **aufspalten**. Gleichzeitig überträgt er diese Vermögensteile jeweils als Gesamtheit auf andere bestehende Rechtsträger. Die Anteilsinhaber des übertragenden Rechtsträgers erhalten die Gegenleistung (Parallele zur Aufspaltung).

– Ein Rechtsträger kann von seinem Vermögen einen Teil oder mehrere Teile **abspalten**. Dieser Vermögensteil bzw. diese Vermögensteile werden jeweils als Gesamtheit auf einen oder mehrere bestehende Rechtsträger übertragen. Der übertragende Rechtsträger bleibt mit dem Restvermögen bestehen. Die Anteilsinhaber des übertragenden Rechtsträgers erhalten die Gegenleistung (Parallele zur Abspaltung).

– Wie beim letzten Fall, nur wird die Gegenleistung nicht den Anteilsinhabern des übertragenden Rechtsträgers, sondern dem übertragenden Rechtsträger selbst gewährt (Parallele zur **Ausgliederung**). Insoweit besteht auch eine Ähnlichkeit zum Unternehmensverkauf, der weiterhin neben der Teilübertragung zulässig ist. Vorteil der Teilübertragung ist, dass die Vermögensgegenstände nicht einzeln übertragen werden müssen.

B. Vollübertragung

I. Zivilrecht

114 Nach § 176 Abs. 1 UmwG sind auf die übertragende Kapitalgesellschaft grundsätzlich die Regelungen zur **Verschmelzung** durch Aufnahme anzuwenden (siehe Tz. 983–1101 *GmbH ↔ GmbH*). Erforderlich ist:
– Abschluss eines **Übertragungsvertrags;**
– ggf. Erstellung eines **Berichts** und **Prüfung** der Vermögensübertragung;
– **Zustimmungsbeschluss** der Gesellschafter;
– **Anmeldung.**

Nach § 176 Abs. 2–4 UmwG sind folgende **Besonderheiten** zu beachten: 115

Es sind im **Übertragungsvertrag** keine Angaben nach § 5 Abs. 1 Nr. 4, 5 und 7 UmwG zu machen. 116

An die Stelle des Registers des Sitzes des übernehmenden Rechtsträgers tritt das **Register** der übertragenden Kapitalgesellschaft. 117

An die Stelle des Umtauschverhältnisses der Anteile treten Art und Höhe der **Gegenleistung**. 118

An die Stelle des Anspruchs nach § 23 UmwG tritt ein **Anspruch auf Barabfindung**. 119

Mit der **Eintragung** der Vermögensübertragung in das Handelsregister geht das Vermögen der übertragenden Gesellschaft einschließlich der Verbindlichkeiten auf den übernehmenden Rechtsträger über. Die übertragende Gesellschaft erlischt; einer besonderen Löschung bedarf es nicht. 120

Welche Vorschriften bei dem **übernehmenden Rechtsträger** – dh. der öffentlichen Hand – zu beachten sind, richtet sich nach den für diesen geltenden Vorschriften. 121

II. Steuerrecht

Die Vollübertragung wird besteuert wie die **Verschmelzung** von Kapitalgesellschaften (§ 1 Abs. 2 UmwStG). Es gelten daher die Tz. 1102–1185 *GmbH ↔ GmbH*. Zu beachten ist, dass die Gegenleistung für die Vermögensübertragung nicht in Gesellschaftsrechten besteht und juristische Personen des öffentlichen Rechts grundsätzlich nicht der Körperschaftsteuer unterliegen. Damit führt der Vermögensübergang idR zur **Besteuerung der stillen Reserven**. Eine Ausnahme gilt nur dort, wo durch die Übertragung des Vermögens ein **Betrieb gewerblicher Art** iSd. § 1 Abs. 1 Nr. 6 KStG entsteht und keine Gegenleistung gewährt wird. Hier ist eine Buchwertfortführung möglich[1]. 122

Zur Auswirkung auf Körperschaftsteuerguthaben iSd. § 37 KStG und etwaige Altbestände aus EK 02 bei Steuerfreiheit der übernehmenden KöR siehe § 40 Abs. 3 KStG[2]. Die im Rahmen der Übertragung als aus- 123

---

1 MÜNCH, DB 1995, 550; BÄRWALDT in Haritz/Benkert, § 11 UmwStG Rz. 19 f.
2 Dazu BINNEWIES in Streck, § 40 KStG Anm. 5; zur Rechtslage unter Geltung des Anrechnungsverfahrens siehe §§ 42, 38 Abs. 2 KStG aF.

AG → KöR

geschüttet geltenden Gewinnrücklagen unterliegen bei der KöR als Bezüge iSd. § 20 Abs. 1 Nr. 1 und 2 EStG der Besteuerung (§ 12 Abs. 5 S. 1 UmwStG)[1].

C. Teilübertragung

I. Zivilrecht

124 Nach § 177 Abs. 1 UmwG sind grundsätzlich für die übertragende Kapitalgesellschaft die Vorschriften für die **Spaltung** maßgeblich (siehe Tz. 726–840 *GmbH → GmbH*).

125 Die **Besonderheiten** des § 176 Abs. 2–4 UmwG (Tz. 115–121) sind zu beachten (§ 177 Abs. 2 UmwG).

II. Steuerrecht

126 Dem UmwStG unterfallen nur solche Teilübertragungen, bei denen die Anteilsinhaber der übertragenden Körperschaft eine **Gegenleistung** erhalten. Nach § 1 Abs. 4 UmwStG sind hier die §§ 15, 17, 19 UmwStG anzuwenden. Steuerneutral ist nur die Aufspaltung oder Abspaltung in Teilbetriebe (§ 15 UmwStG) ohne Gegenleistung (siehe § 15 iVm. § 11 Abs. 1 Nr. 2 UmwStG) auf Betriebe gewerblicher Art iSd. § 1 Abs. 1 Nr. 6 KStG (§ 15 iVm. § 11 Abs. 1 Nr. 1 UmwStG).

127 Soweit die übertragende Körperschaft selbst die Gegenleistung erhält, ist das UmwStG nicht anwendbar. Steuerrechtlich liegt eine **Veräußerung** von einzelnen Wirtschaftsgütern bzw. Teilbetrieben vor, die der regulären Besteuerung unterliegen.

AG → OHG, Formwechsel, Spaltung, Verschmelzung

128 Es gelten die Tz. 95–99 *AG → KG* entsprechend.

AG → Partnerschaft

129 Siehe Tz. 1521 *GmbH → Partnerschaft*.

---

1 Zur zeitlichen Anwendung § 27 Abs. 8 S. 2 UmwStG.

AG → SE, Umwandlung, Spaltung, Verschmelzung

A. Übersicht 129.1
B. Umwandlung
  I. Zivilrecht 129.7
  II. Steuerrecht 129.25
C. Verschmelzung durch Aufnahme
  I. Zivilrecht
    1. Verschmelzungsplan 129.26
    2. Verschmelzungsbericht, Prüfung und Bekanntmachung . 129.32
    3. Beteiligung der Arbeitnehmer ... 129.33
    4. Beschlussfassung . 129.34
    5. Anmeldung und Eintragung 129.35
    6. Rechtsfolgen 129.36
    7. Kosten 129.37
  II. Steuerrecht
    1. Hinausverschmelzung 129.38
    2. Hineinverschmelzung 129.40
D. Verschmelzung durch Neugründung
  I. Zivilrecht 129.42
  II. Steuerrecht 129.43

A. Übersicht

Am 8. 10. 2004 ist die Verordnung über das Statut der europäischen Gesellschaft (SE = **Societas Europaea**)[1] in Kraft getreten (SE-VO)[2]. Zeitgleich endete die Umsetzungsfrist für die begleitende Mitbestimmungsrichtlinie[3]. Die Umsetzung in Deutschland erfolgte über das SE-Ausführungsgesetz (SEAG) und das Gesetz über die Beteiligung der Arbeitnehmer in einer europäischen Gesellschaft (SEBG), die zum 29. 12. 2004 in Kraft traten durch das Gesetz zur Einführung der europäischen Gesellschaft (SEEG)[4]. Die Neuregelungen bieten erstmals eine gesetzliche Grundlage für eine grenzüberschreitende Umwandlung innerhalb der EU[5].

129.1

---

1 Literatur: JANNOTT/FRODERMANN, Handbuch der Europäischen Aktiengesellschaft, 2005; LUTTER/HOMMELHOFF, Die Europäische Gesellschaft, 2005; LUKE, NWB Fach 18, 4047 (1. 3. 2004); BRANDES, AG 2005, 177; HIRTE, DStR 2005, 653; SEIBT/SAAME, AnwBl 2005, 227; BRANDT, BB 2005, 1; HORN, DB 2005, 147; VOSSIUS, ZIP 2005, 741; zum Arbeitsrecht WOLLBURG/BANERJEA, ZIP 2005, 277.
2 Verordnung (EG) Nr. 2157/2001 vom 8. 10. 2001, ABl. EG Nr. L 294 vom 10. 11. 2001.
3 SE-RL, Richtlinie 2001/86/EG vom 8. 10. 2001, ABl. EG Nr. L 294 vom 19. 11. 2001.
4 BGBl. 2004 I, 3675.
5 Zum Diskussionsstand um die Europarechtswidrigkeit des deutschen Umwandlungsrechts und Umwandlungssteuerrechts im Hinblick auf die Unzulässigkeit grenzüberschreitender Umwandlungen LG Koblenz 4 HK T 1/03 vom 16. 9. 2003, GmbHR 2003, 1213; EuGH GA Rs C-411/03 vom 7. 7. 2005, ZIP 2005,

AG → SE

129.2 Eine AG kann in eine SE **umgewandelt** werden, wenn sie seit mindestens zwei Jahren eine dem Recht eines anderen Mitgliedstaats der EU unterliegende Tochtergesellschaft hat (Art. 2 Abs. 4 SE-VO). Diese Umwandlung entspricht dem Formwechsel.

129.3 Ob eine bestehende inländische SE als übernehmender Rechtsträger bei der Spaltung oder Verschmelzung einer AG in Betracht kommt, ist umstritten[1]. Wenn dies der Fall sein sollte, gelten die Ausführungen zur AG.

129.4 Eine AG kann mit einer oder mehreren anderen EU-Aktiengesellschaften iSd Anhangs I zur SE-VO[2] zu einer SE **verschmolzen** werden (Art. 2 Abs. 1, 17 ff. SE-VO). Voraussetzung ist, dass mindestens zwei der an der Verschmelzung beteiligten Gesellschaften dem Recht verschiedener EU-Mitgliedstaaten unterliegen (Art. 2 Abs. 1 SE-VO). Die Verschmelzung kann erfolgen, indem auf eine der beteiligten Aktiengesellschaften verschmolzen wird und diese die Rechtsform der SE annimmt (Verschmelzung zur Aufnahme, Art. 17 Abs. 2 a SE-VO) oder indem die Gesellschaften zu einer neuen Gesellschaft in der Rechtsform der SE verschmolzen werden (Verschmelzung zur Neugründung, Art. 17 Abs. 2 b SE-VO).

129.5 Zulässig ist die **Verschmelzung** einer AG **auf eine bestehende SE** mit Sitz in Deutschland[3]. Da die SE einer AG gleichsteht (Art. 3 Abs. 1 SE-VO), soll insoweit das für die AG geltende nationale Recht Anwendung finden. Es gelten somit die Tz. 31 – 44 *AG → AG*.

1227; KLOSTER, GmbHR 2003, 1413; DORR/STUKENBORG, DB 2003, 647; TRIEBEL/HASE, BB 2003, 2409; PAEFGEN, GmbHR 2004, 463; VON BUSEKIST, GmbHR 2004, 650; ENGERT, DStR 2004, 664; VAN LISHAUT, FR 2004, 1301; WENGENROTH/MAIER, EStB 2004, 337; BLUMERS/KINZL, AG 2005, 196; RÖDDER, DStR 2005, 893.

1 Dafür VOSSIUS, ZIP 2005, 741; aA VEIL in Jannott/Frodermann, S. 334 ff.
2 Dies sind: Belgien: la société anonyme/de naamloze vennootschap, Dänemark: aktieselskaber, Deutschland: die Aktiengesellschaft, Griechenland: αχδ)χι/ισ/ ζωιιπια, Spanien: la sociedad anónima, Frankreich: la société anonyme, Irland: public companies limited by shares, public companies limited by guarantee having a share capital, Italien: società per azioni, Luxemburg: la société anonyme, Niederlande: de naamloze vennootschap, Österreich: die Aktiengesellschaft, Portugal: a sociedade anonima de responsabilidade limitada, Finnland: julkinen osakeyhtiö/publikt aktiebolag, Schweden: publikt aktiebolag, Vereinigtes Königreich: public companies limited by shares, public companies limited by guarantee having a share capital.
3 VEIL in Jannott/Frodermann, S.337; VOSSIUS in Widmann/Mayer, § 20 UmwG Rz. 424 (Juni 2002).

Die Gründung einer **Holding-SE** (Art. 2 Abs. 2 SE-VO) oder einer **Tochter-SE** (Art. 2 Abs. 3 SE-VO) führt nicht zur Umwandlung der beteiligten Rechtsträger. In beiden Fällen bleiben die Gründungsgesellschaften bestehen. 129.6

B. Umwandlung
I. Zivilrecht

Die Umwandlung einer AG in eine SE nach Art. 2 Abs. 4 SE-VO entspricht dem **Formwechsel** nach §§ 190 ff. UmwG. Sie führt weder zu einer Auflösung der bestehenden Gesellschaft noch zur Gründung einer neuen juristischen Person (Art. 37 Abs. 2 SE-VO). Die umzuwandelnde Gesellschaft behält ihre rechtliche Identität. Ein Rechtsübergang findet nicht statt. 129.7

Voraussetzung für die Umwandlung ist, dass die AG seit mindestens zwei Jahren eine dem Recht eines anderen Mitgliedstaats[1] unterliegende Tochtergesellschaft hat. Eine Zweigniederlassung reicht nicht aus. Zwischen der Errichtung der Tochtergesellschaft und der Anmeldung der Umwandlung zum Handelsregister müssen mindestens zwei Jahre liegen[2]. Der Begriff der Tochtergesellschaft ist gemeinschaftsrechtlich zu verstehen und setzt beherrschenden Einfluss voraus[3]. 129.8

Der Vorstand der AG hat einen **Umwandlungsplan** aufzustellen (Art. 37 Abs. 4 SE-VO). Die SE-VO enthält keine Regelungen zum Inhalt des Umwandlungsplans. Es empfiehlt sich eine Orientierung an § 194 Abs. 1 UmwG (siehe Tz. 72 *AG → GmbH*)[4]. Umstritten ist, ob der Umwandlungsplan notarieller Beurkundung bedarf[5]. ME braucht der Umwandlungsplan nicht dem Betriebsrat zugeleitet werden[6], da die § 4 Abs. 2, § 2 Abs. 5 SEBG die Informationspflichten der Arbeitnehmer gesondert regeln. 129.9

Der **Sitz** der Gesellschaft kann anlässlich der Umwandlung nicht in einen anderen Mitgliedstaat verlegt werden (Art. 37 Abs. 3 SE-VO). 129.10

---

1 Den Mitgliedstaaten der Gemeinschaft sind die EWA-Staaten Island, Liechtenstein und Norwegen gleichgestellt.
2 Jannott in Jannott/Frodermann, S. 39.
3 Jannott in Jannott/Frodermann, S. 39, mwN.
4 Muster einer Satzung Kolster in Jannott/Frodermann, S. 1067 ff.
5 Dagegen Jannott in Jannott/Frodermann, S. 92; aA Heckschen, DNotZ 2003, 251.
6 AA wohl Jannott in Jannott/Frodermann, S. 93.

AG → SE

Eine solche Sitzverlegung ist erst nach Vollzug der Umwandlung möglich[1].

129.11 Der Vorstand der AG muss einen schriftlichen[2] **Umwandlungsbericht** erstatten (Art. 37 Abs. 4 SE-VO). Zum Inhalt kann auf § 192 UmwG zurückgegriffen werden. ME kann auf den Bericht entsprechend § 192 Abs. 3 UmwG verzichtet werden, wenn die AG nur einen Aktionär hat[3].

129.12 Durch einen oder mehrere **Umwandlungsprüfer** ist eine Werthaltigkeitsprüfung vorzunehmen. Da kein Tausch von Anteilen erfolgt, ist nur zu prüfen, ob die Vermögenswerte der AG das Kapital der SE decken. Umstritten ist, ob auf diese Prüfung verzichtet werden kann[4]. Als Umwandlungsprüfer kommen nur solche Sachverständige in Betracht, die auch Verschmelzungsprüfer sein können, also nur Wirtschaftsprüfer und Wirtschaftsprüfungsgesellschaften. Der Umwandlungsprüfer muss einen schriftlichen Bericht erstellen (Art. 37 Abs. 6 SE-VO).

129.13 Der Umwandlungsplan ist mindestens einen Monat vor dem Umwandlungsbeschluss **offenzulegen** (Art. 37 Abs. 5 SE-VO). Er ist hierzu dem Handelsregister einzureichen. Das Registergericht macht dem Bundesanzeiger und mindestens einem weiteren Blatt bekannt, dass der Umwandlungsplan eingereicht worden ist[5].

129.14 Der Vorstand der AG hat unverzüglich nach Offenlegung des Umwandlungsplans die **Arbeitnehmervertreter** über das Umwandlungsvorhaben zu **informieren** (§ 4 Abs. 2 und § 2 Abs. 5 SEBG). Besteht keine Arbeitnehmervertretung, sind die Arbeitnehmer direkt zu informieren. Zu informieren ist über die Identität und Struktur der AG, ihre Tochtergesellschaften und Betriebe sowie deren Verteilung auf die Mitgliedstaaten, die in diesen Gesellschaften und Betrieben bestehenden Arbeitnehmervertretungen, die Zahl der in diesen Gesellschaften und Betrieben jeweils beschäftigten Arbeitnehmer sowie die daraus zu errechnende Gesamtzahl der in einem Mitgliedstaat beschäftigten Arbeitnehmer

---

1 Zum Steuerrecht Blumers/Kinzl, AG 2005, 196.
2 Eine Unterschrift ist mE nicht erforderlich, siehe Tz. 1018 *GmbH ↔ GmbH;* aA Jannott in Jannott/ Frodermann, S. 94: Unterschrift aller Vorstände erforderlich; Vossius, ZIP 2005, 741: in vertretungsberechtigter Zahl.
3 Ablehnend Jannott in Jannott/Frodermann, S. 94, mwN; aA Vossius ZIP 2005, 741: generell verzichtbar.
4 So Vossius, ZIP 2005, 741, (dort Fn. 80); aA Jannott in Jannott/Frodermann, S. 94.
5 Teichmann, ZGR 2002, 383.

und die Zahl der Arbeitnehmer, denen Mitbestimmungsrechte in den Organen dieser Gesellschaft zustehen (§ 4 Abs. 3 SEBG).

Gleichzeitig sind die Arbeitnehmervertreter bzw. Arbeitnehmer schriftlich aufzufordern, das besondere Verhandlungsgremium nach den §§ 5 ff. SEBG zu bilden (§ 4 S. 1 SEBG), mit dem die Verhandlungen zur Arbeitnehmerbeteiligung zu führen sind (§§ 11 ff. SEBG)[1].

Für die **Einberufung der Hauptversammlung** der AG gilt Aktienrecht. 129.15

Der Umwandlungsbeschluss bedarf einer **Mehrheit** von mindestens Dreiviertel des in der Hauptversammlung vertretenen Grundkapitals, soweit die Satzung keine höhere Mehrheit verlangt (Art. 37 Abs. 7 SE-VO iVm. § 65 UmwG). Der Umwandlungsbeschluss muss die Zustimmung zum Umwandlungsplan und die Genehmigung der Satzung beinhalten (Art. 37 Abs. 7 S. 1 SE-VO). Er ist notariell zu beurkunden[2]. Ein Beschluss des Aufsichtsrats der AG ist nicht erforderlich, selbst wenn es sich um einen mitbestimmten Aufsichtsrat handelt[3]. 129.16

Ist der **Aufsichtsrat** in der SE in gleicher Weise zu bilden wie bisher in der AG, so ist die Bestellung von Aufsichtsratsmitgliedern iRd. Umwandlung entbehrlich[4]. Ansonsten sind die ersten Aufsichtsratsmitglieder im Umwandlungsbeschluss zu bestellen[5]. 129.17

Mit Wirksamwerden der Umwandlung verlieren die **Vorstandsmitglieder** ihre Organstellung. Ist die SE dualistisch strukturiert, sind die 129.18

---

1 Das SEBG regelt für die Beteiligung der Arbeitnehmer als Oberbegriff die **Unterrichtung und Anhörung** auf Betriebsebene über den SE-Betriebsrat und die **Unternehmensmitbestimmung** durch Arbeitnehmervertreter im Aufsichts- oder Verwaltungsorgan (§ 2 Abs. 9–12 SEBG). In Bezug auf beide Aspekte wird der Möglichkeit einer **freiwilligen Verhandlungslösung** mit den Arbeitnehmern der Vorrang vor einer gesetzlichen Regelung eingeräumt (ausf. Müller-Bonanni/Melot de Beauregard, GmbHR 2005, 195; Oetker, BB-Special 1/ 2005, S. 2). Im Ergebnis kann durch die Verhandlungslösung zwischen den Gründungsgesellschaften und den Mitarbeitern die vollständige Mitbestimmungsfreiheit einer sonst nach nationalem Recht zwingend mitbestimmten Gesellschaft vereinbart werden. Wird keine Einigung erzielt, gelten die gesetzlichen Regelungen der §§ 22 ff. SEBG. Eingehend hierzu Kienast in Jannott/Frodermann, S. 392 ff.
2 Jannott in Jannott/Frodermann, S. 97; Heckschen, DNotZ 2003, 251.
3 Der deutsche Gesetzgeber hat von der Möglichkeit des Art. 37 Abs. 8 SE-VO keinen Gebrauch gemacht, siehe Teichmann, ZIP 2002, 1109; Teichmann, ZGR 2002, 383.
4 Jannott in Jannott/Frodermann, S. 97.
5 Zu den Auswirkungen der Arbeitnehmerbeteiligung auf die Zusammensetzung des Aufsichtsrats siehe Jannott in Jannott/Frodermann, S. 98.

AG → SE

neuen Mitglieder des Vorstands durch den Aufsichtsrat zu bestellen (Art. 39 Abs. 2 SE-VO). Bei einer monistischen Struktur beruft der Verwaltungsrat die ersten geschäftsführenden Direktoren (§ 40 Abs. 1 SEAG).

129.19 Der erste **Abschlussprüfer** ist von den Aktionären, die der Umwandlung zugestimmt haben, zu bestellen (Art. 15 Abs. 1 SE-VO iVm. § 30 Abs. 1 AktG). Die Bestellung kann in den Umwandlungsbeschluss aufgenommen werden.

129.20 Zweifelhaft ist, ob die Regelungen des Aktiengesetzes zu **Gründungsbericht**, **Gründungsprüfung** und **Gründungsprüfungsbericht** (§§ 32 ff. AktG) Anwendung finden[1].

129.21 Die **Anmeldung** der Umwandlung erfolgt analog § 246 Abs. 1 UmwG durch den Vorstand der umzuwandelnden AG[2]. Gleichzeitig sind die neuen Vorstandsmitglieder bzw. geschäftsführenden Direktoren zur Eintragung in das Handelsregister anzumelden. Diese haben die Versicherung nach § 37 Abs. 2 AktG abzugeben. Anzumelden sind die jeweiligen Vertretungsbefugnisse (§ 37 Abs. 3, 5 AktG, § 21 Abs. 2 SEAG). Der Anmeldung sind die in § 37 Abs. 4 AktG bzw. § 21 Abs. 2 SEAG genannten Anlagen beizufügen. Dies sind der Umwandlungsplan, die Satzung, der Umwandlungsbericht, der Umwandlungsprüfungsbericht, ein Nachweis über die rechtzeitige Zuleitung des Umwandlungsplans an den Betriebsrat, die Niederschrift über den Umwandlungsbeschluss, die Urkunde über die Bestellung der Organmitglieder, der Gründungsprüfungsbericht sowie etwaige erforderliche staatliche Genehmigungsurkunden. Ferner hat der Vorstand der Anmeldung ein Negativtestat gem. §§ 16 Abs. 2 S. 1, 198 Abs. 3 UmwG beizufügen, es sei denn, die widersprechenden Aktionäre haben eine notariell beurkundete Verzichtserklärung (§ 16 Abs. 2 S. 2 UmwG) abgegeben.

129.22 Sind sämtliche Voraussetzungen erfüllt, wird die Umwandlung im Handelsregister eingetragen. Die **Eintragung** ist bekannt zu machen (Art. 13 SE-VO iVm. § 40 AktG, § 10 HGB). Anschließend ist eine **Bekanntmachung** im Amtsblatt der Europäischen Union erforderlich (Art. 14 Abs. 1 SE-VO).

---

1 Eingehend dazu Jannott in Jannott/Frodermann, S. 98 ff., der einen Gründungsbericht und eine externe Gründungsprüfung gem. § 33 Abs. 2 AktG für entbehrlich hält; aA Vossius, ZIP 2005, 741 (dort Fn. 80).
2 Jannott in Jannott/Frodermann, S. 100.

AG → SE

Rechtsfolgen: Mit der Eintragung der SE besteht die AG in der Rechtsform der SE weiter. Durch die Umwandlung wird das Grundkapital der AG zum Grundkapital der SE. Einen Schutz der Minderheitsaktionäre oder Gläubiger sieht die SE-VO nicht vor. Insbesondere haben widersprechende Aktionäre keinen Anspruch auf Ausscheiden aus der Gesellschaft oder Zahlung einer Barabfindung. Gläubiger haben keinen Anspruch auf Sicherheitsleistung.   129.23

Zu den **Kosten** siehe Tz. 1268–1270 *GmbH → KG*[1].   129.24

II. Steuerrecht

Eine ausdrückliche gesetzliche Regelung fehlt. Da sich die formwechselnde Umwandlung einer inländischen AG in eine SE identitätswahrend vollzieht (Art. 37 Abs. 2 SE-VO), löst die Umwandlung keine Besteuerungsfolgen aus[2]. Auch an der laufenden Besteuerung ändert sich nichts. SE und AG sind Kapitalgesellschaften und werden daher gleich besteuert.   129.25

C. Verschmelzung durch Aufnahme

I. Zivilrecht

1. Verschmelzungsplan

Grundlage der Verschmelzung ist ein notariell zu beurkundender[3] Verschmelzungsplan, der von den Leitungs- oder Verwaltungsorganen der an der Verschmelzung beteiligten Rechtsträger gemeinsam aufzustellen ist (Art. 20 Abs. 1 SE-VO). Der Verschmelzungsplan muss die Firma, den Sitz der zu verschmelzenden Gesellschaften, die für die SE vorgesehene Firma und ihren geplanten Sitz (Art. 20 Abs. 1 S. 2 a SE-VO) sowie die Satzung der neuen SE (Art. 20 Abs. 1 S. 2 h SE-VO) enthalten. Eine in Deutschland zu errichtende SE muss ihren Satzungssitz und ihren Hauptverwaltungssitz an demselben Ort in Deutschland haben (Art. 7 S. 1 SE-VO, § 2 SEAG).   129.26

Anzugeben ist das **Umtauschverhältnis** der Aktien und ggf. die Höhe der Ausgleichsleistung (Art. 20 Abs. 1 S. 2 b SE-VO). Wird die SE in Deutschland errichtet, sind Ausgleichsleistungen durch bare Zuzah-   129.27

---

1 Vossius, ZIP 2005, 741.
2 Blumers/Kinzl, AG 2005, 196.
3 Umstritten, wie hier Vossius, ZIP 2005, 741; Heckschen, DNotZ 2003, 251; aA Brandes, AG 2005, 177.

lungen bis zur Höhe von 10 % des auf die gewährten Aktien der SE entfallenen anteiligen Betrags des Grundkapitals zulässig (Art. 15 Abs. 1 SE-VO iVm. § 68 Abs. 3, 73 UmwG). Soweit alle Aktien der übertragenden AG von der übernehmenden AG gehalten werden, entfallen die Angaben zum Umtauschverhältnis (Art. 31 Abs. 1 SE-VO). Zur Verbesserung des Umtauschverhältnisses und Überprüfung der Barabfindung gilt das Spruchverfahren (§ 6 SEAG), wenn die übrigen beteiligten Gesellschaften in ihrem Sitzstaat ein vergleichbares Verfahren haben oder diese der Anwendung des Spruchverfahrens zustimmen (Art. 25 Abs. 3 SE-VO). Sind diese Voraussetzungen nicht gegeben, so kann der Aktionär gegen die Verschmelzung klagen[1].

129.28 Der Verschmelzungsplan hat Einzelheiten hinsichtlich der **Übertragung der Aktien** der SE zu enthalten (Art. 20 Abs. 1 S. 2 c SE-VO), siehe Tz. 998 *GmbH ↔ GmbH*. Anzugeben ist die Gewährung von **Sonderrechten** (Art. 20 Abs. 1 S. 2 f SE-VO) oder **Sondervorteilen** (Art. 20 Abs. 1 S. 2 g SE-VO), siehe dazu Tz. 991 *GmbH ↔ GmbH*.

129.29 Festzulegen ist der **Verschmelzungsstichtag** (Art. 20 Abs. 1 S. 2 e SE-VO, siehe Tz. 992 *GmbH ↔ GmbH*), sowie der Tag, ab dem die Aktionäre der übertragenden AG gewinnbezugsberechtigt sind (Art. 20 Abs. 1 S. 2 d SE-VO)

129.30 Soll die SE ihren Sitz im Ausland haben, ist Aktionären, die dem Verschmelzungsplan widersprechen, eine angemessene **Barabfindung** anzubieten (§ 7 SEAG, vgl. Tz. 1014 *GmbH ↔ GmbH*)[2].

129.31 Letztlich muss der Verschmelzungsplan Angaben zu dem Verfahren enthalten, nach dem die Vereinbarungen über die **Beteiligung der Arbeitnehmer**[3] geschlossen werden sollen (Art. 20 Abs. 1 S. 2 i SE-VO).

2. Verschmelzungsbericht, Prüfung und Bekanntmachung[4]

129.32 Es gelten die Tz. 1018 – 1029 *GmbH ↔ GmbH* mit den **Besonderheiten** aus den Tz. 32 – 35 *AG ↔ AG* entsprechend (Art. 8 SE-AO iVm. §§ 8, 60 UmwG).

---

1 Jannott in Jannott/Frodermann, S. 63, mwN.
2 Zur möglichen Europarechtswidrigkeit Vossius, ZIP 2005, 741 (dort Fn. 34); Brandes, AG 2005, 177.
3 Dazu eingehend Kienast in Jannott/Frodermann, S. 377 ff.
4 Eingehend Jannott in Jannott/Frodermann, S. 48 ff.

3. Beteiligung der Arbeitnehmer

Es gilt Tz. 129.14 entsprechend. Daher ist mE eine Information des Betriebsrats nach § 5 Abs. 3 UmwG nicht erforderlich. 129.33

4. Beschlussfassung

Die Hauptversammlung jeder der an der Verschmelzung beteiligten Gesellschaften muss dem Verschmelzungsplan zustimmen (Art. 23 Abs. 1 SE-VO). Im Übrigen gilt nationales Recht, siehe dazu Tz. 36–43 AG ↔ AG. 129.34

5. Anmeldung und Eintragung

Für deutsche Rechtsträger gilt das UmwG (Art. 18 SE-VO). Damit gelten die Tz. 1059–1071 *GmbH* ↔ *GmbH*. 129.35

6. Rechtsfolgen

Mit Wirksamwerden der Verschmelzung geht das gesamte Vermögen der übertragenden AG im Wege der Gesamtrechtsnachfolge auf die übernehmende Gesellschaft über. Die Aktionäre der übertragenden Gesellschaft werden Aktionäre der übernehmenden Gesellschaft, die übertragende AG erlischt und die übernehmende Gesellschaft nimmt die Rechtsform der SE an (Art. 29 Abs. 1 SE-VO). Grundsätzlich gelten damit die Tz. 1072–1093 *GmbH* ↔ *GmbH*, jedoch sind hinsichtlich der Übertragbarkeit ausländischen Vermögens die nationalen Besonderheiten zu beachten (Art. 29 Abs. 3 und zu Arbeitsverhältnissen Abs. 4 SE-VO). Für die Gläubiger gilt der Schutz des jeweiligen nationalen Rechts (Art. 24 Abs. 1 SE-VO) und somit Tz. 1094 *GmbH* ↔ *GmbH*. 129.36

7. Kosten

Es gelten die Tz. 1098–1101 *GmbH* ↔ *GmbH* entsprechend[1]. 129.37

II. Steuerrecht

1. Hinausverschmelzung

Eine Hinausverschmelzung liegt vor, wenn die übertragende AG ihren Sitz in Deutschland hat, während die übernehmende SE im Ausland ansässig ist. Eine ausdrückliche gesetzliche Regelung der Besteu- 129.38

---

[1] Siehe auch Vossius, ZIP 2005, 741.

erungsfolgen existiert nicht[1]. Das **UmwStG** findet **keine Anwendung**, da es ausschließlich die Umwandlung von Rechtsträgern mit Sitz im Inland erfasst (§ 1 Abs. 1 UmwStG). Auch sonst fehlt für die steuerliche Behandlung eine gesetzliche Grundlage. Die Verschmelzung führt dazu, dass das Vermögen der übertragenden Gesellschaft im Wege der Gesamtrechtsnachfolge auf die übernehmende SE übergeht. Die übertragende AG erlischt. Insofern handelt es sich bei der AG weder um eine Auflösung noch um eine Abwicklung iSd. § 11 KStG. § 12 Abs. 1 KStG trifft von seinem Wortlaut her nicht den hier zu beurteilenden Sachverhalt. § 12 Abs. 1 KStG erfasst nur die Verlegung von Sitz oder Ort der Geschäftsleitung. Auch eine Betriebsaufgabe iSd. § 16 Abs. 3 EStG iVm. § 8 Abs. 1 KStG ist nicht gegeben. Einen allgemeinen Steuerentstrickungstatbestand gibt es nicht. ME findet daher eine Besteuerung der stillen Reserven nicht statt[2]. Aufgrund der am 17. 2. 2005 beschlossenen Änderungen der Fusionsrichtlinie[3] dürfen jedenfalls stille Reserven, die in einer deutschen Betriebstätte verbleiben, nicht besteuert werden[4].

129.39 Auch auf der **Ebene der Gesellschafter** ist die Besteuerung ungeklärt. Geht man von einem entgeltlichen Tauschgeschäft aus, so richten sich die Besteuerungsfolgen nach den allgemein für den Verkauf von Aktien geltenden Vorschriften, insbesondere nach §§ 17, 23, 49 Abs. 1 Nr. 2 e bzw. Nr. 8 EStG und etwaigen Doppelbesteuerungsabkommen. Allerdings ordnet auch hier die Fusionsrichtlinie in der Fassung vom 17. 2. 2005 Beschränkungen an, wenn die übernehmende Gesellschaft zu mehr als 20 % an der übertragenden Gesellschaft beteiligt ist oder wenn die Buchwerte bzw. Anschaffungskosten fortgeführt werden[5].

2. Hineinverschmelzung

129.40 Eine Hineinverschmelzung liegt vor, wenn die übertragende AG ihren Sitz im Ausland und die übernehmende SE ihren Sitz in Deutschland hat. Auch für die Hineinverschmelzung besteht keine spezielle gesetzliche Regelung. Das **UmwStG** findet **keine Anwendung**. Da jedoch kein Vermögen aus der deutschen Besteuerung herausfällt, sondern (Welteinkommen) allenfalls durch die Verschmelzung steuer-

---

1 Eingehend BÜSCHING in Jannott/Frodermann, S. 462; KENTER/BRENDT, IWB Fach 11, Gruppe 2, S. 621 (14. 4. 2004); RÖDDER, DStR 2005, 893, jeweils mwN.
2 Streitig, siehe die Nachweise bei BLUMERS/KINZL, AG 2005, 196.
3 Siehe SAß, DB 2005, 1238.
4 BLUMERS/KINZL, AG 2005, 196; RÖDDER, DStR 2005, 893.
5 Eingehend RÖDDER, DStR 2005, 893.

AG → Verein

pflichtiges Vermögen hinzukommt, bestehen aus Sicht der deutschen Besteuerung keine unmittelbaren Steuerauswirkungen[1].

Auf der **Ebene der Gesellschafter** kommt ein steuerpflichtiger Veräußerungstatbestand und damit eine Besteuerung hinsichtlich der ausländischen Aktien, die durch die Verschmelzung untergehen, allenfalls dann in Betracht, wenn der Gesellschafter der ausländischen AG in Deutschland ansässig ist. 129.41

D. Verschmelzung durch Neugründung
I. Zivilrecht

Es gelten die Tz. 129.7 bis 129.24 entsprechend. Nur geht das Vermögen auf die neue SE über und die übertragenden Gesellschaften erlöschen. 129.42

II. Steuerrecht

Siehe Tz. 129.38 – 129.41 129.43

AG → Stiftung

Die Tz. 1522–1528 *GmbH → Stiftung* gelten entsprechend. 130

AG → Stille Gesellschaft

Es gelten die Tz. 1529–1537 *GmbH → Stille Gesellschaft*. Der Vertrag über eine AG & Still bedarf der Schriftform, der Zustimmung der Hauptversammlung und der Eintragung in das Handelsregister, da es sich um einen Teilgewinnabführungsvertrag iSd. § 292 Abs. 1 Nr. 2 AktG handelt[2]. 131

AG → Verein

Eine Umwandlung ist **nicht möglich.** 132

---

[1] Büsching in Jannot/Frodermann, S. 470 ff.; Blumers/Kinzl, AG 2005, 196; zu Ausnahmen Rödder, DStR 2005, 893.
[2] Zuletzt BGH II ZR 6/03 vom 29. 11. 2004, AG 2005, 201.

AG → VVaG

AG → VVaG, Vermögensübertragung

133 Eine AG, die den Betrieb von Versicherungsgeschäften zum Gegenstand hat, kann ihr Vermögen ganz (Vollübertragung) oder teilweise (Teilübertragung) auf einen VVaG übertragen (§§ 178, 179 UmwG)[1]. Für die **Vermögensübertragung** gelten die Tz. 110–125 *AG → KöR* entsprechend.

134 **Steuerlich** ist § 12 Abs. 5 UmwStG zu beachten. Körperschaftsteuerguthaben oder -schulden der AG aus §§ 37 und 38 KStG mindern oder erhöhen die Körperschaftsteuer der AG aus ihrem letzten Veranlagungszeitraum. Ein Verlustvortrag geht nicht über. Ansonsten gelten auch hier Tz. 126–127 *AG → KöR* entsprechend.

135 **Andere Formen** der Umwandlung sind ausgeschlossen.

Einzelunternehmen (EU) → AG, Ausgliederung, Einbringung

A. Übersicht 136	II. Steuerrecht 141
B. Ausgliederung	C. Einbringung 142
I. Zivilrecht 139	D. Verkauf 143

A. Übersicht

136 Ein Einzelunternehmen kann sein Unternehmen ganz oder teilweise im Wege der Ausgliederung auf eine bestehende oder mit der **Ausgliederung** zu gründende AG umwandeln (§ 152 UmwG, siehe Tz. 174–189 *EU → GmbH*).

137 Ferner kann der Einzelunternehmer sein Unternehmen oder Teile seines Unternehmens in eine AG im Wege der **Sachgründung** oder – bei einer bestehenden AG – im Wege der **Sachkapitalerhöhung** bzw. **Nachgründung** einbringen (siehe Tz. 190–195 *EU → GmbH*).

138 Zum **Verkauf** und zur **verdeckten Einlage** siehe Tz. 196 *EU → GmbH*.

---

[1] Generell zur Umstrukturierung von Versicherungskonzernen DAGEFÖRDE, NJW 1994, 2528 mwN.

B. Ausgliederung
I. Zivilrecht

Es gelten grundsätzlich die Tz. 197–228 *EU → GmbH* entsprechend[1]. 139

Zu beachten sind die besonderen **Sachgründungsvorschriften** des 140
AktG (§§ 27 ff., 183 AktG)[2]. Die Prüfung durch die Mitglieder des Vorstands und des Aufsichtsrats (§ 33 Abs. 1 AktG) sowie die **Prüfung** gemäß § 33 Abs. 2 AktG haben auch festzustellen, ob die Verbindlichkeiten des Einzelkaufmanns sein Vermögen übersteigen (§ 159 Abs. 2 UmwG). Hierzu hat der Einzelkaufmann den Prüfern eine Aufstellung vorzulegen, in der sein Vermögen seinen Verbindlichkeiten gegenübergestellt ist. Die Aufstellung ist zu gliedern, soweit das für die Prüfung notwendig ist. § 320 Abs. 1 S. 2 und Abs. 2 S. 1 HGB gilt entsprechend, wenn Anlass für die Annahme besteht, dass in der Aufstellung aufgeführte Vermögensgegenstände überbewertet oder Verbindlichkeiten nicht oder nicht vollständig aufgeführt worden sind (§ 159 Abs. 3 UmwG).

II. Steuerrecht

Es gelten die Tz. 229–289 *EU → GmbH*. 141

C. Einbringung

Sach- und Rechtsgesamtheiten, wie ein Handelsgeschäft, können 142
Gegenstand einer Sacheinlage sein[3]. Damit kann ein Einzelunternehmen im Rahmen einer **Sachgründung** (§ 27 AktG)[4], **Nachgründung** (§ 52 AktG)[5] oder **Kapitalerhöhung** (§§ 181 ff.

---

1 Ausführlich zu *EU → AG* Mayer in Widmann/Mayer, § 152 UmwG Rz. 151 ff. (November 1999).
2 Eingehend dazu Hoffmann-Becking in Münchener Handbuch des Gesellschaftsrechts, Band 4, S. 22 ff., und Krieger, ebenda, S. 720 ff.
3 Kraft in Kölner Kommentar zum AktG, § 27 Rz. 36; Pentz in Münchener Kommentar zum AktG, § 27 Rz. 32.
4 Zur Sachgründung einer AG vgl. Hölters in Münchener Vertragshandbuch, Band 1, V. 10; Hoffmann-Becking in Münchener Handbuch des Gesellschaftsrechts, Band 4, S. 22 ff.; Nirk/Reuter/Bächle, Handbuch der Aktiengesellschaft, Teil I Rz. 2.190 ff. (Juli 2005); Streck/Olbing in Formularbuch Recht und Steuern, S. 21 ff.
5 Zur Nachgründung vgl. Hölters in Münchener Vertragshandbuch, Band 1, V. 16; Hoffmann-Becking in Münchener Handbuch des Gesellschaftsrechts, Band 4, S. 33 ff.; Ziemons in Nirk/Reuter/Bächle, Handbuch der Aktiengesellschaft, Teil I Rz. 2.350 ff. (Juli 2005).

EU → AG

AktG)[1] auf eine AG übertragen werden. Der wesentliche Unterschied zur Ausgliederung besteht in der fehlenden Gesamtrechtsnachfolge (siehe Tz. 305–346 *EU → GmbH*).

D. Verkauf

143 Zum Verkauf und zur unentgeltlichen Übertragung eines Einzelunternehmens an die AG siehe Tz. 347–354 *EU → GmbH*, die entsprechend gelten.

Einzelunternehmen (EU) → Einzelunternehmen (EU), Spaltung, Verschmelzung

144 Die Zusammenführung oder Trennung von Einzelunternehmen, die im Eigentum einer Person stehen, ist **zivilrechtlich irrelevant,** da die Vermögenssphäre rechtlich nicht zu trennen ist.

145 **Steuerrechtlich** hat die Existenz zweier Unternehmen in der Hand eines Unternehmers nur für die Gewerbesteuer Bedeutung[2]. Hier ist die „Verschmelzung" oder „Spaltung" zweier Gewerbebetriebe denkbar.

146 Zur **„Verschmelzung"** von zwei Einzelunternehmen unterschiedlicher Eigentümer siehe Tz. 149–154 *EU → GbR*[3].

Einzelunternehmen (EU) → EWIV, Ausgliederung, Einbringung

147 Auf eine EWIV mit **Sitz in Deutschland** sind die Vorschriften für eine OHG anzuwenden (§ 1 EWIVG). Damit gilt die Tz. 452 *EU → OHG*.

---

1 Zur Kapitalerhöhung gegen Sacheinlage vgl. Hölters in Münchener Vertragshandbuch, Band 1, V. 95; Krieger in Münchener Handbuch des Gesellschaftsrechts, Band 4, S. 720 ff.; Nirk in Nirk/Reuter/Bächle, Handbuch der Aktiengesellschaft, Teil I Rz. 1400 ff. (Juni 1998).
2 Vgl. Glanegger/Güroff, § 2 GewStG Rz. 8 ff.
3 Ferner Felix, BB 1995, 1509.

Einzelunternehmen (EU) → GbR, Einbringung

A. Übersicht 148
B. Die Aufnahme eines Gesellschafters
   I. Zivilrecht 156
   II. Steuerrecht 160
C. Übertragung des Einzelunternehmens auf eine bestehende GbR
   I. Zivilrecht 167
   II. Steuerrecht 168
D. Zusammenschluss von Einzelunternehmen
   I. Zivilrecht 169
   II. Steuerrecht 170

A. Übersicht

Die **Ausgliederung** aus dem Vermögen eines Einzelkaufmanns auf eine GbR nach § 152 UmwG ist nicht möglich. § 152 UmwG lässt nur die Ausgliederung auf eine Personenhandelsgesellschaft und damit nicht auf eine GbR zu.   148

Der Einzelkaufmann kann aber eine weitere Person an seinem Unternehmen beteiligen bzw. sich mit einem anderen Einzelunternehmer zusammenschließen oder seinen Betrieb in eine bestehende GbR **einbringen,** der er anlässlich der Übertragung beitritt oder an der er bereits beteiligt ist.   149

Ist das Einzelunternehmen ein Handelsgewerbe, so entsteht mit der Aufnahme eines Gesellschafters oder der Übertragung auf eine GbR eine Personenhandelsgesellschaft (OHG/KG, dazu Tz. 412–426 *EU → KG*), es sei denn, das Unternehmen erfordert keinen in kaufmännischer Weise eingerichteten Geschäftsbetrieb oder ist nicht gewerblich **tätig** (§ 1 Abs. 2 HGB).   150

Gleiches gilt für einen **land- oder forstwirtschaftlichen Betrieb,** es sei denn, der Land- oder Forstwirt ist Kaufmann kraft Eintragung im Handelsregister (§ 3 Abs. 2 HGB).   151

Letztendlich kann jemand, der lediglich **vermögensverwaltend** tätig ist, unter Einbringung seines Vermögens (oder Vermögensteiles) mit einem anderen eine GbR gründen oder einer GbR beitreten.   152

Zivilrechtlich liegt in allen vorgenannten Fällen entweder die Gründung einer GbR **(Aufnahme)** oder die Änderung eines bestehenden Gesellschaftsverhältnisses **(Beitritt)** vor.   153

EU → GbR

154 **Steuerlich** ist zu differenzieren:

Kaufleute, Freiberufler sowie Land- oder Forstwirte können ihren **Betrieb** gemäß § 24 UmwStG zum Buchwert oder zu einem höheren Wert bis zum Teilwert in eine Personengesellschaft, bei der der Gesellschafter steuerlich Mitunternehmer wird, einbringen. Werden nur einzelne Wirtschaftsgüter und nicht ein Betrieb eingebracht, gilt § 6 Abs. 5 oder 6 EStG (siehe Tz. 383 *EU → KG*).

Wer vermögensverwaltend tätig ist, hat **Privatvermögen**, das bei der GbR mit dem Teilwert bzw. den Anschaffungs- oder Herstellungskosten anzusetzen ist (§ 6 Abs. 1 EStG) und bei dem einbringenden Gesellschafter ggf. zur steuerpflichtigen Veräußerung führen kann (siehe Tz. 383.1 *EU → KG*).

Eine **GmbH & Co GbR** kommt als gewerblich geprägte Personengesellschaft nicht in Betracht[1]. Zur Umwandlung einer GmbH & Co GbR in eine GmbH & Co KG siehe Tz. 525 *GbR → KG*.

155 Zum **Kauf** des Einzelunternehmens durch eine zuvor gegründete GbR siehe Tz. 441–444 *EU → KG*.

B. Die Aufnahme eines Gesellschafters

I. Zivilrecht

156 Zivilrechtlich ist die Aufnahme eines Gesellschafters – sofern keine Personenhandelsgesellschaft entsteht (siehe Tz. 150) – die Gründung einer GbR. Voraussetzung ist der Abschluss eines **Gesellschaftsvertrags** mit der Verpflichtung, einen gemeinsamen Zweck zu fördern. Der Gesellschaftsvertrag bedarf keiner besonderen Form. Schriftform ist aber empfehlenswert.

157 Als **Beitrag** werden bisherige Einzelunternehmer regelmäßig ihre Unternehmen einbringen, während Eintretende durch Einlage oder in sonstiger Weise einen Ausgleich für den ihnen zuwachsenden Anteil am Wert des Unternehmens erbringen müssen. Zivilrechtlich besteht ein weiter Gestaltungsspielraum: Der Eintretende kann dem Inhaber **außerhalb der Gesellschaft** einen **Ausgleich** zahlen. Der Eintretende kann eine seiner Beteiligung entsprechende **Bareinlage** in die Gesellschaft erbringen, die ihm als Kapitaleinlage weiter zusteht. Der Aus-

---

[1] FG Köln 11 K 5230/95 vom 14. 3. 2001, EFG 2001, 1213; BMF vom 18. 7. 2000, BStBl. 2000 I, 1198 und vom 28. 8. 2001, GmbHR 2001, 882; demgegenüber ist eine GbR, an der nur Kapitalgesellschaften und GmbH & Co KGs beteiligt sind, gewerblich geprägt, siehe BFH IV R 37/99 vom 8. 6. 2000, GmbHR 2001, 157.

EU → GbR

gleich kann durch einen **Vorabgewinn** des bisherigen Inhabers erfolgen. Zulässig ist es, den Eintretenden zunächst nicht am **Gesellschaftsvermögen** zu beteiligen oder ihn nur gegen Erbringung seiner Arbeitsleistung aufzunehmen.

Vorstehende Ausgleichsmöglichkeiten können **kombiniert** werden. Ausschlaggebend für die **Auswahl** sind die steuerlichen Folgen.   158

Der Eintretende **haftet** nicht persönlich für Altschulden des Einzelunternehmers, es sei denn, Schulden werden bei Einbringen des Unternehmens übernommen (Schuldbeitritt) oder Firma des Einzelunternehmens wird fortgeführt (§ 25 HGB). Allerdings kann ein Gläubiger des Einzelunternehmers in das Gesamthandsvermögen vollstrecken.   159

II. Steuerrecht

Es ist zu **differenzieren**:   160

Unterhält der aufnehmende Einzelunternehmer einen gewerblichen, freiberuflichen oder land- oder forstwirtschaftlichen Betrieb und zahlt der eintretende Gesellschafter für seinen Anteil ein **Entgelt in das steuerliche Privatvermögen** des Einzelunternehmers, ist dies ein nicht steuerbegünstigter Veräußerungsgewinn (§ 18 EStG), da weder ein Betrieb noch ein Mitunternehmeranteil, sondern Miteigentumsanteile an den einzelnen Wirtschaftsgütern des Betriebs veräußert werden[1]. Ein Ausgleich durch negative Ergänzungsbilanz ist nicht möglich[2]. Bei einem gewerblich tätigen Einzelunternehmer unterliegt der Gewinn zudem der Gewerbesteuer[3].

Werden die **stillen Reserven** in der Einzelpraxis hingegen **insgesamt aufgedeckt**[4], so ist die Einbringung einschließlich Zuzahlung gem. § 24 Abs. 3 S. 2 UmwStG iVm. §§ 18 Abs. 3, 16 Abs. 4, 34 EStG begünstigt. Ausgenommen ist der Teil des Gewinns, der der Beteiligung des einbringenden Einzelunternehmers an der Personengesellschaft entspricht (§ 24 Abs. 3 S. 3 UmwStG)[5].   161

---

1 BFH GrS 2/98 vom 18. 10. 1999, GmbHR 2000, 144; BFH IV R 54/99 vom 21. 9. 2000, GmbHR 2001, 79; BMF vom 21. 8. 2001, BStBl. 2001 I, 543; zum Schuldzinsenabzug beim bisherigen Einzelunternehmer BFH XI R 26/98 vom 10. 3. 1999, BFH/NV 2000, 11.
2 BFH GrS 2/98 vom 18. 10. 1999, GmbHR 2000, 144.
3 WENDT, FR 2002, 127.
4 Dies ist nicht der Fall, wenn bei einer Zahnarztpraxis ein dazugehöriges Dentallabor nicht mit eingebracht wird, BFH IV R 3/03 vom 16. 12. 2004, DStR 2005, 554.
5 BFH IV R 54/99 vom 21. 9. 2000, GmbHR 2001, 79.

EU → GbR

161.1 Werden Wirtschaftsgüter nicht in das Gesamthandsvermögen eingebracht, sondern der Gesellschaft nur zur Nutzung überlassen (**Sonderbetriebsvermögen**), so sind die in diesen Wirtschaftsgütern ruhenden stillen Reserven Teil des laufenden, nicht begünstigten Gewinns.

161.2 Bei einer Aufdeckung der stillen Reserven muss für den Einbringungszeitpunkt zur **Bilanzierung** übergegangen werden[1]. Nach der Einbringung ist eine Rückkehr zur Gewinnermittlung nach § 4 Abs. 3 EStG möglich[2]. Entgegen der Ansicht der Finanzverwaltung[3] kann bei einer Buchwertfortführung kann auf die Bilanzierung verzichtet werden[4].

161.3 Erfolgt die **Zahlung** des eintretenden Gesellschafters nicht an den Einzelunternehmer, sondern **in das Betriebsvermögen**, so kommt es mE zu keiner Gewinnrealisierung, sofern die Buchwerte des Einzelunternehmens dem Einlagenkonto des Einzelunternehmers und die Bareinzahlung dem Einlagenkonto des Eintretenden gutgeschrieben werden. Unschädlich ist mE auch, wenn der Einzelunternehmer in der Folgezeit Entnahmen aus dem Barbestand vornimmt, sofern diese seinem Einlagenkonto belastet werden[5].

161.4 Gründen der Einzelunternehmer und der neue Gesellschafter eine Gesellschaft, indem der eine sein Unternehmen (zB eine freiberufliche Einzelpraxis) und seine Arbeitskraft, der andere nur seine **Arbeitskraft einbringen** und wird der Gewinn und Verlust entsprechend verteilt, so handelt es sich für den Einzelunternehmer um einen Fall des § 24 UmwStG: Der Einzelunternehmer kann die Buchwerte fortführen oder seinen Betrieb zum Teilwert einbringen und durch Ergänzungsbilanzen einen Gewinn vermeiden. Ein Teilwertansatz ohne Ausgleich durch Ergänzungsbilanzen dürfte wenig sinnvoll sein, da der Einzelunternehmer den seiner Beteiligung entsprechenden Teil sei-

---

1 BFH IV R 18/00 vom 9. 11. 2000, BStBl. 2001 II, 102; bei Buchwerteinbringung besteht kein Anspruch auf Billigkeitsverteilung eines Übergangsgewinns, BFH IV R 13/01 vom 13. 9. 2001, BStBl. 2002 II, 287, zur Behandlung des Übergangsgewinns bei anschließender Einbringung in eine GmbH FG Münster 11 K 1500/99 vom 16. 3. 2001, EFG 2001, 764.
2 BFH IV R 18/00 vom 9. 11. 2000, BStBl. 2001 II, 102.
3 OFD Frankfurt vom 9. 5. 2001, DStR 2001, 1435
4 BFH IV R 13/01 vom 13. 9. 2001, BStBl. 2002 II, 287; Nieders. FG XII 686/93 vom 10. 12. 1998, EFG 1999, 340.
5 Siehe hierzu auch BMF vom 21. 8. 2001, BStBl. 2001 I, 543.

nes Gewinns als laufenden Gewinn zu versteuern hätte (§ 24 Abs. 3 S. 2 UmwStG).

Verkauft der frühere Einzelunternehmer später einen Anteil an der Gesellschaft an den eingetretenen Gesellschafter (**„2-Stufen-Modell"**), so handelt es sich um den Verkauf eines Teils eines Mitunternehmeranteils, der nach § 16 Abs. 1 S. 2 EStG nicht begünstigt ist. Etwas anderes gilt, wenn der frühere Einzelunternehmer seinen gesamten Anteil an den eingetretenen Gesellschafter veräußert (§ 16 Abs. 1 S. 1 Nr. 2 EStG). 161.5

Nimmt der Einzelunternehmer einen Gesellschafter **unentgeltlich** auf, so sind die Buchwerte zwingend[1] fortzuführen (§ 6 Abs. 3 S. 1 EStG). Dies gilt auch, wenn vom Einzelunternehmer wesentliche Betriebsgrundlagen in seinem Sonderbetriebsvermögen zurückbehalten werden[2]. 162

Bei Einbringung eines **land- oder forstwirtschaftlichen Betriebs** geht das Recht auf Durchschnittssatz-Gewinnermittlung nach § 13 a EStG nicht automatisch auf die GbR über[3]. 163

Wird bei der Einbringung ein **Praxiswert** aufgedeckt, kann dieser anschließend abgeschrieben werden. Die betriebsgewöhnliche Nutzungsdauer beträgt sechs bis zehn Jahre[4]. 164

Umsatzsteuerrechtlich beinhaltet die Einbringung des Einzelunternehmens in die neu entstehende GbR eine Geschäftsveräußerung, die nach § 1 Abs. 1 a UStG nicht der **Umsatzsteuer** unterliegt. 165

Die Unternehmereigenschaft des Einbringenden endet. **Unternehmer** ist regelmäßig nur noch die Sozietät[5]. 166

---

1 Streitig, zum Teil wird angenommen, dass ein Wahlrecht nach § 24 UmwStG besteht, siehe GRATZ in Hermann/Heuer/Raupach, § 6 EStG Rz. 1368 und 1389, mwN, was aber zur Gewinnrealisierung führen dürfte, soweit für Rechnung des unentgeltlich aufgenommenen Gesellschafters eingebracht wird, siehe FG Schleswig-Holstein 3 K 229/00 vom 24. 6. 2004, EFG 2005, 75, Rev. X R 35/04.
2 Eingehend HOFFMANN, GmbHR 2002, 236; BODE, DStR 2002, 114
3 BFH IV R 34/92 vom 26. 5. 1994, BStBl. 1994 II, 891; FÖRSTER/HEYERES, DStR 1995, 1693.
4 BFH IV R 33/93 vom 24. 2. 1994, BStBl. 1994 II, 590; BFH IV R 38/94 vom 22. 9. 1994, BFH/NV 1995, 385; BMF vom 15. 1. 1995, BStBl. 1995 I, 14.
5 Siehe STRECK/SCHWEDHELM, AnwBl. 1987, 262; BFH V B 113/91 vom 29. 8. 1991, DB 1991, 2471; BFH V R 1/88 vom 23. 5. 1991, BFH/NV 1991, 846.

EU → GbR

C. Übertragung des Einzelunternehmens auf eine bestehende GbR

I. Zivilrecht

167 Es gilt Tz. 439 *EU* → *KG* mit der Ausnahme, dass keine **Handelsregisteranmeldung** erforderlich ist. Der Eintretende haftet für Altverbindlichkeiten der Gesellschaft[1].

II. Steuerrecht

168 Soweit die GbR Betriebsvermögen hat, also gewerblich, freiberuflich oder land- oder forstwirtschaftlich tätig ist, gelten die Tz. 427–438 *EU* → *KG*. Zur vermögensverwaltenden GbR siehe Tz. 154.

D. Zusammenschluss von Einzelunternehmen

I. Zivilrecht

169 Zivilrechtlich entsteht mit dem Zusammenschluss von Einzelunternehmen eine GbR, wenn kein Handelsgewerbe betrieben wird bzw. das Handelsgewerbe keinen in kaufmännischer Weise eingerichteten Geschäftsbetrieb erfordert. Die Tz. 156–159 gelten entsprechend.

II. Steuerrecht

170 Es gelten die Tz. 160–166.

Einzelunternehmen (EU) → Genossenschaft, Ausgliederung

171 Ein Einzelkaufmann kann sein Unternehmen oder Teile seines Unternehmens auf eine bestehende Genossenschaft **ausgliedern** (§ 152 UmwG). Es gelten die Tz. 197–228 *EU* → *GmbH*.

172 Eine **Einbringung** kommt nur als sonstige Sacheinlage in Betracht, da die Pflichteinzahlung in bar erbracht werden muss[2].

173 **Steuerlich** führt die Einbringung in eine Genossenschaft zur Gewinnrealisierung nach allgemeinen Grundsätzen, da § 20 UmwStG nicht anwendbar ist.

---

1 BGH II ZR 56/02 vom 7. 4. 2003, NJW 2003, 1803.
2 AA Beuthien, § 7 GenG Rz. 6, 9.

Einzelunternehmen (EU) → GmbH, Ausgliederung, Einbringung

A. **Übersicht** 174
B. **Ausgliederung zur Neugründung**
   I. Zivilrecht
     1. Ausgliederungserklärung 197
     2. Ausgliederungsbericht und Prüfung 213
     3. Bilanz 214
     4. Anmeldung und Eintragung 216
     5. Rechtsfolgen der Ausgliederung 218
     6. Kosten 223
   II. Steuerrecht
     1. Einbringung 229
     2. Gewährung neuer Anteile 236
     3. Einbringungszeitpunkt 241
     4. Bewertung des eingebrachten Betriebs .. 246
     5. Steuerfolgen bei dem Einzelunternehmen
       a) Einbringungsgewinn 265
       b) Anschaffungskosten der GmbH-Anteile . 272
       c) Einbringungsgeborene Anteile 275
     6. Steuerfolgen für die GmbH 279
     7. Sonstige Steuern
       a) Umsatzsteuer 287
       b) Grunderwerbsteuer 288

C. **Ausgliederung zur Aufnahme**
   I. Zivilrecht
     1. Ausgliederungsvertrag 290
     2. Ausgliederungsbericht und Prüfung 292
     3. Zustimmung 295
     4. Bilanz 297
     5. Anmeldung und Eintragung 298
   II. Steuerrecht 304
D. **Einbringung**
   I. Zivilrecht
     1. Sachgründung
       a) Unterschiede zur Ausgliederung ... 305
       b) Gesellschaftsvertrag 309
       c) Sachgründungsbericht 321
       d) Leistung der Stammeinlage 322
       e) Handelsregisteranmeldung, Prüfung und Eintragung .. 324
       f) Kosten 328
     2. Kapitalerhöhung 332
   II. Steuerrecht 342
E. **Verkauf und unentgeltliche Übertragung**
   I. Zivilrecht 347
   II. Steuerrecht 350
F. **Umwandlung einer freiberuflichen Einzelpraxis in eine Freiberufler-GmbH**
   I. Zivilrecht 355
   II. Steuerrecht 362

EU → GmbH

A. Übersicht

174 Ein Einzelkaufmann kann sein Unternehmen auf einen anderen Rechtsträger ausgliedern (§ 152 UmwG).

175 Zulässig ist
- die Ausgliederung eines Einzelunternehmens zur **Neugründung** einer **Kapitalgesellschaft** (AG, GmbH oder KGaA);
- die Ausgliederung eines Einzelunternehmens durch **Aufnahme** in eine bestehende **Kapitalgesellschaft** (AG, GmbH oder KGaA);
- die Ausgliederung eines Einzelunternehmens durch **Aufnahme** in eine bestehende **Personenhandelsgesellschaft** (OHG, KG, GmbH & Co KG);
- die Ausgliederung eines Einzelunternehmens durch **Aufnahme** in eine bestehende **Genossenschaft.**

176 **Hinweis:** Der Eintritt einer weiteren Person unmittelbar im Zusammenhang mit der Ausgliederung ist nicht möglich[1]. Soll mit einem Dritten eine GmbH gegründet werden, so muss der Einzelunternehmer entweder zuvor mit dieser Person eine Personenhandelsgesellschaft gründen und diese dann durch Formwechsel umwandeln oder nach Ausgliederung durch Anteilsabtretung oder Kapitalerhöhung an der GmbH beteiligen. Möglich wäre auch, dass die zweite Person eine GmbH gründet und der Einzelunternehmer sodann sein Unternehmen durch Ausgliederung auf diese GmbH überträgt.

177 Es ist nicht erforderlich, dass der Einzelunternehmer sein gesamtes Unternehmen ausgliedert. Vielmehr ist der Einzelkaufmann frei, einen beliebigen **Teil seines Vermögens,** sei es Betriebs- oder Privatvermögen, auf die GmbH zu übertragen. Grenzen ergeben sich allein bei Ausgliederung auf eine GmbH aus der Notwendigkeit der Kapitalaufbringung.

178 Möglich ist damit
- die **Ausgliederung** eines Einzelunternehmens **auf mehrere neue Kapitalgesellschaften;**
- die **Ausgliederung** eines Einzelunternehmens **auf mehrere bestehende Kapitalgesellschaften** und/oder **Personengesellschaften** und/oder **Genossenschaften;**

---

1 Streitig, siehe Bayer, ZIP 1997, 1613 mwN; Karollus in Lutter, § 152 UmwG Rz. 14.

EU → GmbH

- die **Ausgliederung von Teilen des Einzelunternehmens zur Neugründung** von Kapitalgesellschaften;
- die **Ausgliederung von Teilen des Einzelunternehmens zur Aufnahme** in eine bestehende Kapitalgesellschaft, Personenhandelsgesellschaft oder Genossenschaft.

Die Ausgliederung ist nur möglich, wenn die Firma des Einzelkaufmanns im Handelsregister eingetragen ist (§ 152 UmwG). Voraussetzung ist damit lediglich, dass ein **gewerbliches Unternehmen** besteht (§ 2 HGB)[1]. Es genügt, wenn die Eintragung spätestens bei Eintragung der Ausgliederung vorliegt[2]. Trägt das Registergericht die Ausgliederung ein, obwohl die Firmeneintragung fehlt, ist die Ausgliederung wirksam. 179

Die Ausgliederung ist ausgeschlossen (**"Ausgliederungsverbot"**), wenn die Verbindlichkeiten des Einzelkaufmanns sein Vermögen übersteigen (§ 152 S. 2 UmwG). Für die Ermittlung der Überschuldung sind mE die zu § 64 GmbHG entwickelten Grundsätze anzuwenden. Aktiva und Passiva sind mit den tatsächlichen Werten anzusetzen. 180

Nur der Einzelkaufmann kann sein Unternehmen nach § 152 UmwG durch Ausgliederung in eine GmbH umwandeln. Eine (analoge) Anwendung auf die **Erben- oder Gütergemeinschaft,** die das Handelsgeschäft (weiter) betreibt, ist ausgeschlossen[3]. 181

Der **Nießbraucher** kann das Unternehmen nur mit Zustimmung des Bestellers umwandeln[4]. 182

Der **Testamentsvollstrecker,** der das zum Nachlass gehörende Handelsunternehmen im eigenen Namen, aber auf Rechnung der Erben führt, ist grundsätzlich zur Umwandlung befugt[5]. 183

---

1 Ein vollkaufmännisches Handelsgewerbe ist aufgrund der Änderung des § 2 HGB durch das HRefG, BGBl. 1998 I, 1474 nicht erforderlich. Ein freiberufliches Einzelunternehmen kann hingegen nach wie vor nicht eingetragen werden; BYDLINSKI, ZIP 1998, 1169.
2 KAROLLUS in Lutter, § 152 UmwG Rz. 25; MAYER in Widmann/Mayer, § 152 UmwG Rz. 25 (November 1999).
3 Die Erbengemeinschaft muss sich auseinandersetzen; die Gütergemeinschaft ist durch Ehevertrag zu beenden. Sodann kann eine Einbringung im Wege der Sachgründung erfolgen; vgl. MAYER in Widmann/Mayer, § 152 UmwG Rz. 30 ff. (November 1999); aA KAROLLUS in Lutter, § 152 UmwG Rz. 16 f.
4 MAYER in Widmann/Mayer, § 152 UmwG Rz. 38 ff. (November 1999); KAROLLUS in Lutter, § 152 UmwG Rz. 20.
5 MAYER in Widmann/Mayer, § 152 UmwG Rz. 44 ff. (November 1999); KAROLLUS in Lutter, § 152 UmwG Rz. 21; DÖRRIE, GmbHR 1996, 245.

EU → GmbH

184 Der **Treuhänder** kann das für den Treugeber betriebene Unternehmen umwandeln; denn nur er ist handelsrechtlich Kaufmann. Zustimmungserfordernisse haben nur interne Wirkung.

185 Der **Pächter** eines Unternehmens soll mit Zustimmung des Verpächters die Umwandlung beschließen können[1]. ME kann der Pächter, wenn er Kaufmann ist, auch ohne Zustimmung des Verpächters die Umwandlung beschließen. Allerdings gehen nicht die gepachteten Vermögensgegenstände auf die GmbH über, sondern nur der Pachtvertrag. Wie bisher der Pächter, so ist nunmehr die GmbH Unternehmenspächter.

186 Eine **stille Beteiligung** an einzelkaufmännischen Unternehmen hindert die Umwandlung nicht. An die Stelle des Einzelunternehmens tritt die GmbH (GmbH & Still)[2].

187 Ein Einzelkaufmann kann unter verschiedenen Firmen **mehrere Unternehmen** betreiben. Jedes einzelne kann durch Ausgliederung in eine GmbH umgewandelt werden. Umstritten ist, ob mehrere oder alle Unternehmen sofort in eine GmbH umgewandelt werden können[3]. In der Praxis lässt sich die Streitfrage umgehen, indem man die Unternehmen zunächst unter einer Firma zusammenfasst.

188 Auch eine **Zweigniederlassung** oder ein Teilbetrieb kann ausgegliedert werden[4].

189 Ein Einzelkaufmann mit Hauptniederlassung **im Ausland** kann sein Unternehmen umwandeln, wenn die Firma in einem deutschen Handelsregister (etwa nach § 13 b HGB) eingetragen ist und auf eine GmbH deutschen Rechts umgewandelt wird[5].

190 Alternativ kann ein Einzelunternehmen im Wege der **Sachgründung** oder – nach Bargründung einer GmbH – im Wege der **Kapitalerhöhung** in eine GmbH eingebracht werden. Dies bietet sich inbesondere

---

1 MAYER in Widmann/Mayer, § 152 UmwG Rz. 43 (November 1999); KAROLLUS in Lutter, § 152 UmwG Rz. 20.
2 Zu den Rechtsfolgen im Einzelnen MAYER in Widmann/Mayer, § 152 UmwG Rz. 47 ff. (November 1999).
3 Siehe MAYER in Widmann/Mayer, § 152 UmwG Rz. 64 ff. (November 1999).
4 So schon zu § 56 a UmwG 1969 LG Lübeck 13 T 4/92 vom 14. 12. 1992, GmbHR 1993, 229.
5 KAROLLUS in Lutter, § 152 UmwG Rz. 26.

EU → GmbH

dann an, wenn eine Umwandlung ausscheidet, da ein freiberufliches Unternehmen umgewandelt werden soll[1].

Bei der Ausgliederung tritt im Gegensatz zur Einbringung **Gesamtrechtsnachfolge** ein. Verbindlichkeiten gehen auf die GmbH über, ohne dass es der Zustimmung des Gläubigers bedarf. Ferner verjähren grundsätzlich alle Ansprüche gegen den Unternehmer spätestens fünf Jahre nach Bekanntgabe der Eintragung der Ausgliederung im Handelsregister (§ 158 iVm. § 157 UmwG), während der Unternehmer bei einer Einbringung uU länger haftet[2]. 191

Sowohl für die Ausgliederung als auch für eine Sachgründung durch Einbringung ist handelsrechtlich erforderlich, dass das **Stammkapital durch das Vermögen** des eingebrachten Unternehmens (Aktivvermögen abzüglich Verbindlichkeiten und Rückstellungen) **gedeckt** ist. Maßgeblich ist dabei der tatsächliche wirtschaftliche Wert des Aktivvermögens, also die Vermögenswerte unter Berücksichtigung stiller Reserven. Anderenfalls müssen zusätzliche Bar- oder Sacheinlagen erbracht werden. Im Falle einer Einbringung im Wege der Kapitalerhöhung nach Bargründung gilt Entsprechendes für den Erhöhungsbetrag. 192

Grundsätzlich ermöglichen Ausgliederung und Einbringung steuerlich eine **Buchwertfortführung**. Eine steuerliche Aufdeckung stiller Reserven ist stets möglich, in Ausnahmefällen zwingend (vgl. Tz. 232, 256–259). 193

Ausgliederung und Einbringung ermöglichen idR eine steuerliche **Rückbeziehung** von bis zu acht Monaten. 194

Eine allgemeine **Empfehlung,** welche Umwandlungsform zu wählen ist, lässt sich nicht geben. Wegen der kürzeren Verjährung und den Vorteilen der Gesamtrechtsnachfolge ist die Ausgliederung der Einbringung jedoch idR vorzuziehen. 195

---

1 Zu den Grenzen im Hinblick auf die Verschwiegenheitspflicht bei Ärzten, Rechtsanwälten, Steuerberatern etc. HÜLSMANN, INF 1998, 727; BGH VIII R 176/00 vom 13. 6. 2001, NJW 2001, 2462.
2 Dies gilt auch nach der Schuldrechtsreform vom 26. 11. 2001, BGBl. 2001 I, 3138, da der Beginn der Regelverjährung (3 Jahre, § 195 BGB) von der Kenntnis des Gläubigers abhängt (§ 199 BGB). Zudem gibt es weiterhin längere Verjährungsfristen, siehe zB §§ 196, 197 BGB; eingehend MANSEL/BUDZIKIEWICZ, Das neue Verjährungsrecht, 2002; AMANN, DNotZ 2002, 94; OTT, MDR 2002, 1; LEENEN, DStR 2002, 34; MANSEL, NJW 2002, 89.

EU → GmbH

196 Vielfach wird aus Scheu vor den bei der Ausgliederung oder Einbringung zu beachtenden Sachgründungsvorschriften ein anderer Weg gewählt: Der Unternehmer gründet eine GmbH bar. Sodann überträgt er den Betrieb seines Einzelunternehmens entgeltlich **(Verkauf)** oder unentgeltlich **(verdeckte Einlage)** auf die GmbH. Beide Gestaltungen zwingen zur Aufdeckung aller stillen Reserven (einschließlich Firmenwert) und führen damit zur vollen **Gewinnrealisierung**[1]. Gesellschaftsrechtlich drohen bei einem Verkauf die Haftungsfolgen einer **verschleierten Sachgründung** (siehe Tz. 347 *EU → GmbH*). Bei diesen Gestaltungen ist also äußerste Vorsicht geboten.

B. Ausgliederung zur Neugründung

I. Zivilrecht

1. Ausgliederungserklärung

197 Da bei der Ausgliederung zur Neugründung nur eine Person beteiligt ist, erübrigt sich die Aufstellung eines Ausgliederungsplans mit anschließendem Zustimmungsbeschluss. Vielmehr gibt der Einzelkaufmann eine **Ausgliederungserklärung** ab[2].

198 Die Ausgliederungserklärung bedarf der **notariellen Beurkundung** (§ 125 iVm. § 6 UmwG). Sie kann vor oder nach dem der Ausgliederung zugrunde gelegten Stichtag (Tz. 210) abgegeben werden. Die Abgabe der Erklärung durch einen **Vertreter** ist bei notariell beurkundeter oder beglaubigter Vollmacht zulässig (§ 56 b Abs. 2 iVm. § 2 Abs. 2 GmbHG). Bei einem **minderjährigen Einzelkaufmann** (§ 112 BGB) ist die Einwilligung des gesetzlichen Vertreters erforderlich, die der Genehmigung des Vormundschaftsgerichts bedarf (§§ 111, 1822 Nr. 3 BGB)[3]. Lebt der Einzelkaufmann im Güterstand der **Zugewinngemeinschaft,** ist ggf. die Zustimmung des Ehegatten gemäß § 1365 BGB erforderlich[4].

199 Existiert ein **Betriebsrat,** so muss der Entwurf der Erklärung einen Monat vor Beurkundung dem Betriebsrat zugeleitet werden (§ 126 Abs. 3 UmwG; siehe Tz. 792 *GmbH → GmbH*).

---

1 Zur Betriebsaufspaltung siehe Tz. 1934–1937 *KG → KG*.
2 Vertragsmuster: LANGENFELD, GmbH-Vertragspraxis, Rz. 723; ENGL in Formularbuch Recht und Steuern, S. 774 ff.; MAYER in Widmann/Mayer, Anh. 4, M 85 ff. (September 2004); GREVE in Engl, Formularbuch Umwandlungen, S. 587 ff.
3 KAROLLUS in Lutter, § 152 UmwG Rz. 19; MAYER in Widmann/Mayer, § 152 UmwG Rz. 84 ff. (November 1999).
4 KAROLLUS in Lutter, § 152 UmwG Rz. 18; aA MAYER in Widmann/Mayer, § 152 UmwG Rz. 87 (November 1999).

EU → GmbH

Die **Erklärung** muss die Errichtung einer GmbH und die Übertragung des Vermögens beinhalten.   200

Für die Errichtung gilt GmbH-Recht (§§ 1–12 GmbHG). Der Gesellschaftsvertrag ist in die Erklärung aufzunehmen oder – was der Praxis entspricht – der Erklärung beizufügen. Der Mindestinhalt einer **Satzung** ergibt sich aus § 3 GmbHG (Firma, Sitz, Unternehmensgegenstand, Stammkapital, Stammeinlage).   201

Eine **Firmenfortführung** nach § 18 UmwG ist bei der Ausgliederung nach dem Gesetzeswortlaut ausgeschlossen (siehe § 125 UmwG). Dies ist berechtigt, wenn – was bei einer Ausgliederung die Regel ist – der firmenführende Rechtsträger fortbesteht. Erfasst die Ausgliederung jedoch das gesamte Unternehmen des Einzelkaufmanns, so führt dies zum Erlöschen der Firma, sodass mE eine Firmenfortführung durch die GmbH zulässig ist[1].   202

Der **Sitz der Gesellschaft** ist unter Berücksichtigung von § 4 a Abs. 2 GmbHG festzulegen. Der **Gegenstand des Unternehmens** muss nicht mit dem des Einzelunternehmens übereinstimmen. Das **Stammkapital** muss mindestens 25.000 Euro betragen.   203

Da die Ausgliederung zur Neugründung eine **Sachgründung** ist, muss der Gesellschaftsvertrag den Gegenstand der Sacheinlage (das ausgegliederte Vermögen) und den Betrag der Stammeinlage, auf die sich die Sacheinlage bezieht, nennen (§ 5 Abs. 4 GmbHG). Eine zusätzliche Bareinlage ist möglich[2].   204

Im Übrigen empfiehlt es sich, eine **vollständige** und den besonderen Bedürfnissen der Einpersonen-GmbH entsprechende **Satzung** zu formulieren[3]. Dies gilt insbesondere zur Vermeidung verdeckter Gewinnausschüttungen.   205

Zum **Umwandlungsaufwand** siehe Tz. 223–228.   206

Das Stammkapital wird – soweit keine Bareinlage erfolgt – durch Übertragung des ausgegliederten Vermögens erbracht. Es ist jedoch   207

---

1 Ebenso LG Hagen 22 T 3/95 vom 1. 12. 1995, GmbHR 1996, 127; Kögel, GmbHR 1996, 168; generell für die Möglichkeit der Firmenfortführung Kallmeyer, § 125 UmwG Rz. 29.
2 OLG Oldenburg 5 W 158/93 vom 29. 10. 1993, GmbHR 1994, 64; Mayer in Widmann/Mayer, § 152 UmwG Rz. 112 (November 1999).
3 Im Einzelnen zur Satzung einer Einpersonen-GmbH Streck/Schwedhelm in Formularbuch Recht und Steuern, S. 216 ff.

EU → GmbH

nicht erforderlich, das gesamte **übergehende Vermögen** als Stammkapital einzusetzen. Übersteigt das übertragene Reinvermögen das vorgesehene Stammkapital, ist der Mehrbetrag grundsätzlich in die Rücklagen einzustellen. Zulässig ist es jedoch auch, dem Gesellschafter diesen Mehrbetrag als Darlehen gutzuschreiben oder an ihn auszuzahlen. Da § 54 UmwG im Falle der Ausgliederung nicht gilt (siehe § 125 UmwG), ist eine solche „Zuzahlung" zulässig. Voraussetzung ist allerdings, dass diese **Verwendung des Mehrbetrags** ausdrücklich in die Ausgliederungserklärung aufgenommen wird (siehe Tz. 317–320).

208 Die Ausgliederungserklärung muss die Vermögensteile, die auf die GmbH übergehen sollen, genau bestimmen (siehe hierzu Tz. 751 GmbH → GmbH)[1]. In der **Auswahl des Vermögens** ist der Einzelkaufmann frei. Allerdings muss der Wert des übertragenen Vermögens zumindest das Stammkapital decken[2]. Zum Steuerrecht siehe Tz. 231–234.

209 Die Erklärung kann den **Wertansatz** für das zu übernehmende Vermögen festlegen (Buchwert, Zwischenwert, Teilwert), auch wenn dies steuerrechtlich nicht bindend ist (vgl. Tz. 264).

210 Festzulegen ist der **Spaltungsstichtag** (siehe hierzu Tz. 754 GmbH → GmbH).

211 Zwingend sind ferner die Angaben zu den **Rechtsfolgen** der Spaltung **für die Arbeitnehmer** (§ 126 Abs. 1 Nr. 11 UmwG; hierzu Tz. 787–803 GmbH → GmbH).

212 Mit der Gründung der GmbH müssen ein oder mehrere **Geschäftsführer** bestellt werden. Dies geschieht üblicherweise in der Ausgliederungserklärung. Geschäftsführer kann der Kaufmann selbst oder ein Dritter sein.

2. Ausgliederungsbericht und Prüfung

213 Ein Ausgliederungsbericht ist für den Einzelkaufmann nicht erforderlich (§ 158 iVm. § 153 UmwG). Zu erstellen ist ein **Sachgründungsbericht,** in dem auch der Geschäftsverlauf und die Lage des Einzelunternehmens darzulegen sind (§ 159 Abs. 1 iVm. § 58 Abs. 1 UmwG). Eine Prüfung ist nicht erforderlich (§ 125 UmwG).

---

1 MAYER, DStR 1994, 432.
2 Zu Wertveränderungen zwischen Bilanzstichtag, Anmeldung und Eintragung sowie einer etwaigen Differenzhaftung siehe MAYER, DStR 1994, 432.

EU → GmbH

3. Bilanz

Der Einzelkaufmann hat für den Spaltungsstichtag eine **Schlussbilanz** zu erstellen (§ 125 iVm. § 17 Abs. 2 UmwG). Für die Bewertung gelten die Vorschriften über die Jahresbilanz (siehe Tz. 1052 *GmbH ↔ GmbH*). Stille Reserven und ein Firmenwert sind daher nicht aufzudecken. Zum Ansatz bei der GmbH siehe Tz. 1055–1057 *GmbH ↔ GmbH*.

214

Hinweis: Reicht der Buchwert des übertragenen Vermögens nicht zur Deckung des übernommenen Stammkapitals, ist eine Aufstockung der Werte nicht zulässig. Daraus lässt sich mE jedoch nicht ableiten, dass hinsichtlich der Kapitalaufbringung nur der Buchwert des Vermögens zu berücksichtigen ist. Dies ergibt sich nicht zuletzt daraus, dass die aufnehmende GmbH das Vermögen handelsrechtlich mit den Anschaffungskosten ansetzen darf (§ 125 iVm. § 24 UmwG)[1].

215

4. Anmeldung und Eintragung

Die Ausgliederung ist von dem Einzelkaufmann und den Geschäftsführern der GmbH bei den für den Einzelkaufmann und die GmbH zuständigen Handelsregistern anzumelden (§ 160 iVm. § 137 Abs. 1 UmwG). Der Anmeldung sind **beizufügen** (§ 125 iVm. § 27 UmwG)

216

- die **Ausgliederungserklärung,**
- der **Sachgründungsbericht,**
- ein **Nachweis** über die rechtzeitige **Zuleitung** des Entwurfes **an den Betriebsrat,**
- soweit die Ausgliederung staatlicher Genehmigung bedarf, die **Genehmigungsurkunde,**
- die **Schlussbilanz** des Einzelkaufmanns[2].

Zur **Prüfung** durch das Registergericht siehe Tz. 1067–1069 *GmbH ↔ GmbH*. Die **Eintragung** darf nicht erfolgen, wenn die Verbindlichkeiten des Einzelkaufmanns sein Vermögen übersteigen. Für die Reihenfolge der Eintragung gilt § 137 Abs. 3 UmwG.

217

---

1 Ebenso MAYER in Widmann/Mayer, § 152 UmwG Rz. 128 (Juni 2001).
2 Die Vorlage einer testierten Bilanz kann bei einer kleinen GmbH nicht verlangt werden, OLG Düsseldorf 3 Wx 568/94 vom 29. 3. 1995, GmbHR 1995, 592; nach BayObLG 3 ZBR 237/98 vom 10. 12. 1998, GmbHR 1999, 295, ist die Vorlage beim Register der GmbH nicht erforderlich.

EU → GmbH

5. Rechtsfolgen der Ausgliederung

218 Entsprechend der Ausgliederungserklärung geht das Vermögen des Einzelkaufmanns im Wege der **partiellen Gesamtrechtsnachfolge** auf die GmbH über.

219 Überträgt der Einzelkaufmann sein gesamtes Unternehmen, so erlischt seine **Firma** (§ 158 iVm. § 155 UmwG).

220 Der Einzelkaufmann haftet weiterhin für die Verbindlichkeiten, die auf die GmbH übergehen (§ 158 iVm. § 156 UmwG). Sicherungsrechte erlöschen nicht. Allerdings ist die **Haftung** auf fünf Jahre begrenzt (§ 158 iVm. § 157 UmwG)[1]. Umgekehrt haftet die GmbH – wiederum begrenzt auf fünf Jahre – als Gesamtschuldner für alle Verbindlichkeiten des Einzelunternehmers, gleichgültig, ob es sich dabei um private oder betriebliche Schulden handelt (§ 133 UmwG)[2]. § 133 UmwG enthält ein erhebliches Haftungsrisiko für den Erwerber von GmbH-Anteilen. Die Haftung nach § 133 UmwG wird vermieden, wenn das Unternehmen an Stelle der Ausgliederung durch Einzelrechtsübertragung (Tz. 190) eingebracht wird.

221 Mit der Eintragung werden etwaige **Mängel der Ausgliederung** geheilt (§ 131 Abs. 1 Nr. 4 UmwG).

222 Werden nach der Ausgliederungserklärung aber vor Eintragung Geschäfte im Namen der GmbH abgeschlossen, so kommt für den Handelnden eine **unbeschränkte persönliche Haftung** gemäß § 11 GmbHG in Betracht.

6. Kosten

223 Für die Beurkundung der **Ausgliederungserklärung** erhält der Notar eine volle Gebühr gemäß § 36 Abs. 1 KostO[3]. Geschäftswert ist der Wert des übergehenden Aktivvermögens ohne Abzug der Verbindlichkeiten (§ 41 c Abs. 2 S. 2 KostO)[4], mit der Höchstgrenze Euro 5 Mio. (§ 39 Abs. 4 KostO).

---

[1] Zum Haftungsumfang für einen Kredit siehe OLG Köln 13 U 244/00 vom 18. 7. 2001, GmbHR 2002, 118.
[2] Vossius in Widmann/Mayer, § 157 UmwG Rz. 8 ff. (September 1996).
[3] Mayer in Widmann/Mayer, § 136 UmwG Rz. 35 (Juni 2000).
[4] BayObLG 3 ZBR 145/96 vom 23. 10. 1996, ZIP 1997, 74.

EU → GmbH

Entwirft der Notar die **Anmeldung**, löst dies eine Fünf-Zehntel-Gebühr aus (§ 145 Abs. 1 S. 1 iVm. § 38 Abs. 2 Nr. 7 KostO). Der Geschäftswert beträgt 50.000 Euro (§ 41 a Abs. 3 Nr. 3 KostO). Die erste Beglaubigung ist dann gebührenfrei (§ 145 Abs. 1 S. 4 KostO). Ansonsten fällt für die Beglaubigung eine Ein-Viertel-Gebühr, höchstens 130 Euro an (§ 45 Abs. 1 S. 1 KostO). 224

Hinweis: In der Praxis fallen erhebliche **weitere Kosten** an, da die Ausgliederungserklärung nicht ohne steuerliche und rechtliche Beratung auskommt. Zudem wird der Kaufmann die erforderlichen Unterlagen (Ausgliederungserklärung, Bilanz, Sachgründungsbericht) nicht selbst erstellen. In der Regel kann man von Kosten in Höhe von 1%–5% der Bilanzsumme ausgehen. 225

Wie bei der GmbH-Gründung, so ist auch für die Ausgliederungserklärung davon auszugehen, dass die Gesellschafter – hier also der Einzelunternehmer – die **Kosten** der Umwandlung **zu tragen** haben. Das gilt selbst hinsichtlich der Kosten, die nach außen von der GmbH geschuldet werden (zB Kosten der Anmeldung)[1]. 226

Soll die **GmbH** die Kosten der Einbringung tragen, muss dies in der Satzung der GmbH betragsmäßig festgesetzt werden[2]. Ansonsten droht eine verdeckte Gewinnausschüttung[3]. 227

Die zivilrechtlich wirksam der GmbH auferlegten Kosten sind **steuerlich** sofort **abzugsfähig**[4]. 228

II. Steuerrecht

1. Einbringung

Die Ausgliederung nach § 152 UmwG gilt steuerlich als Einbringung iSd. **§§ 20–23 UmwStG**. 229

Einbringender ist der Inhaber des Einzelunternehmens. Eingebracht wird der Betrieb des Unternehmens in dem in der Ausgliederungserklärung festgelegten Rahmen. 230

Voraussetzung für die Anwendung des § 20 UmwStG ist, dass das übertragene Vermögen einen „Betrieb" oder „Teilbetrieb" im steuer- 231

---

1 Vgl. BGH II ZB 10/88 vom 20. 2. 1989, GmbHR 1989, 250.
2 Vgl. BGH II ZB 10/88 vom 20. 2. 1989, GmbHR 1989, 250.
3 Vgl. BFH I R 12/87 vom 11. 10. 1989, BStBl. 1990 II, 89; BFH I R 42/96 vom 11. 2. 1997, BFH/NV 1997, 711.
4 OLGEMÖLLER in Streck, § 9 KStG Anm. 3.

EU → GmbH

lichen Sinne darstellt[1]. Der Einzelunternehmer muss also alle wesentlichen Betriebsgrundlagen einbringen[2]. Unschädlich ist es, wenn unwesentliche Teile zurückgehalten werden. Entgegen der Abgrenzung bei der Betriebsveräußerung oder -aufgabe gilt hier eine rein funktionelle Betrachtung[3].

232　Werden **wesentliche Betriebsgrundlagen** zurückbehalten, sind mangels Anwendung des § 20 UmwStG insgesamt die stillen Reserven aufzudecken. Dies gilt seit dem 1. 1. 1999 auch, wenn die Voraussetzungen einer **Betriebsaufspaltung** vorliegen (§ 6 Abs. 6 EStG)[4].

233　**Zurückbehaltene Wirtschaftsgüter,** die nicht als wesentliche Betriebsgrundlagen zu qualifizieren sind, gehen grundsätzlich zum Einbringungszeitpunkt in das Privatvermögen des Einzelunternehmers über[5], es sei denn, es bestehen Anhaltspunkte für eine spätere geschäftliche Verwertung, oder das Wirtschaftsgut kann nur betrieblich genutzt werden (zB Umlaufvermögen)[6].

234　Soweit Wirtschaftsgüter in das **Privatvermögen** übergehen, sind die darin enthaltenen stillen Reserven zu realisieren. Zur Besteuerung siehe Tz. 267.

235　**Gewerbesteuer** fällt nicht an[7].

2. Gewährung neuer Anteile

236　Weitere Voraussetzung für die Anwendung des § 20 UmwStG ist die Gewährung neuer Anteile. Dies ist bei der Ausgliederung nach § 125 UmwG **selbstverständlich**.

237　Nicht erforderlich ist, dass die Einbringung ausschließlich gegen Gewährung neuer Anteile erfolgt. Der Wert des eingebrachten Ver-

---

1 Nach NÖCKER, INF 2002, 291, ist ein Liebhabereibetrieb kein Betrieb iSd. § 20 UmwStG.
2 BFH I R 92/84 vom 25. 5. 1988, BFH/NV 1989, 258, zu Geschäftsbeziehungen.
3 BMF vom 16. 8. 2000, BStBl. 2000 I, 1253; dazu PATT/RASCHE, FR 2000, 1328; ferner Tz. 1719 KG → GmbH.
4 WACKER in L. Schmidt, § 15 EStG Rz. 877 mwN und dem Hinweis, dass wegen der Änderung des § 6 Abs. 5 EStG ab 1. 1. 2001 eine Buchwertfortführung wieder gerechtfertigt sei.
5 BFH IV R 52/87 vom 28. 4. 1988, BStBl. 1988 II, 829.
6 WIDMANN in Widmann/Mayer, § 20 UmwStG Rz. 22 (Januar 1992), mwN.
7 WIDMANN in Widmann/Mayer, § 20 UmwStG Rz. 1139 (November 1995); siehe auch BFH III R 23/89 vom 3. 2. 1994, FR 1994, 546.

EU → GmbH

mögens kann den Nominalwert der Anteile übersteigen. **Beispiel:** Stammkapital der GmbH 50.000,–; Buchwert des eingebrachten Betriebs 100.000,–. Enthält die Satzung keine andere Regelung, wird der den Nennbetrag der Anteile übersteigende Betrag in die Kapitalrücklagen eingestellt. Steuerlich führt dies zu einem Zugang beim steuerlichen Einlagenkonto (§ 27 KStG)[1].

Stattdessen kann der **Mehrbetrag** jedoch auch als Darlehen des Gesellschafters ausgewiesen oder an den Gesellschafter ausgezahlt werden. Voraussetzung ist eine entsprechende Regelung in der Satzung. Insoweit handelt es sich um die Gewährung eines anderen Wirtschaftsguts iSd. § 20 Abs. 2 S. 5 UmwStG. 238

Neben Gesellschaftsanteilen kann die GmbH auch **Sachwerte** gewähren oder private Schulden des Kaufmanns übernehmen. **Beispiel**: Stammkapital der GmbH 50.000,–; Buchwert des eingebrachten Betriebs 100.000,–. Der Kaufmann hat eine private Steuerschuld von 50.000,–, die von der GmbH übernommen wird. 239

Die übernommene **Verbindlichkeit** ist bei der GmbH grundsätzlich mit dem Nominalwert anzusetzen, sodass sich bei der GmbH keine Gewinnauswirkung ergibt. Für die Ermittlung des Veräußerungsgewinns bleibt die Schuldübernahme außer Betracht. Sie mindert jedoch die Anschaffungskosten der GmbH-Anteile (§ 20 Abs. 4 UmwStG). 240

3. Einbringungszeitpunkt

Das eingebrachte Vermögen (der Betrieb) geht mit **Eintragung** der aufnehmenden GmbH auf diese über. Grundsätzlich ist dies auch der steuerlich maßgebliche Einbringungszeitpunkt. 241

Auf **Antrag** kann die Ausgliederung auf den handelsrechtlichen Spaltungsstichtag bezogen werden, wenn dieser nicht mehr als **acht Monate** vor der Anmeldung liegt (§ 20 Abs. 7 und 8 UmwStG). Zum Antrag sowie zur Fristüberschreitung siehe Tz. 1726–1727 *KG → GmbH*. Auf den **Umwandlungsstichtag** ist die Umwandlungsbilanz aufzustellen. 242

---

1 BMF vom 4. 6. 2003, BStBl. 2003 I, 366; BMF vom 16. 12. 2003, GmbHR 2004, 200.

EU → GmbH

243 Die Rückbeziehung gilt für die **Ertragsteuern**[1], nicht für die Umsatzsteuer[2]. Bei der Ermittlung des Einkommens und des Vermögens wird das Unternehmen ab dem Einbringungsstichtag als GmbH behandelt. Dies hat zur Folge, dass zwischen Umwandlungsstichtag und Eintragung die für Kapitalgesellschaften geltenden Vorschriften, wie etwa das Rückwirkungsverbot, anzuwenden sind[3]. Rückwirkende Vereinbarungen zwischen dem einbringenden Einzelunternehmer und der GmbH für den Rückbeziehungszeitraum sind somit nicht möglich. Da der Einzelkaufmann mit sich selbst keine Geschäfte abschließen kann, können steuerlich wirksame Verträge erst ab dem Tag der Gründung (notarielle Umwandlungserklärung) für die Zukunft abgeschlossen werden. Rückwirkende Zahlungen sind grundsätzlich Entnahmen (§ 20 Abs. 7 S. 2 UmwStG)[4].

244 Zur Vermeidung eines **Vertragsabschlusses mit sich selbst** ist vorgeschlagen worden, eine GmbH bar zu gründen und mit dieser zu kontrahieren. In die GmbH kann der Betrieb später eingebracht werden[5]. ME ist dies zweckmäßig, wenn es unmöglich oder zu teuer ist, sofort eine Umwandlungsbilanz zu erstellen. Allerdings besteht bei einer solchen Gestaltung die Gefahr verdeckter Gewinnausschüttungen für den Zeitraum bis zur steuerlichen Einbringung, wenn Zahlungen der GmbH erfolgen, aber bis zur Einbringung noch keine Leistungen des Gesellschafters vorliegen.

245 Bei der **Wahl des Einbringungszeitpunkts** wird in erster Linie zu berücksichtigen sein, ob ein regulärer Bilanzierungsstichtag in Betracht kommt, um die Kosten zu minimieren. Bestehen steuerfreie Rücklagen, die aufzulösen sind, so kann die Wahl des Auflösungszeitpunktes als Umwandlungsstichtag uU dazu führen, dass die Rücklagenauflösung zugunsten des begünstigten Einbringungsergebnisses erfolgt.

---

1 Nach FG Nürnberg IV 218/96 vom 12. 2. 1998, EFG 1998, 922 und OFD Magdeburg vom 25. 11. 1998, GmbHR 1999, 311 gilt die Rückwirkung auch für die Grundsteuer.
2 Ausführlich zur USt OFD Frankfurt vom 11. 2. 1994, GmbHR 1994, 649.
3 BFH I R 192/82 vom 29. 4. 1987, BStBl. 1987 II, 797.
4 Vgl. im Einzelnen STRECK/SCHWEDHELM, BB 1988, 1639; PATT/RASCHE, DStR 1995, 1529; siehe auch Tz. 20.21 UmwE.
5 KORN, Harzburger Protokoll 1978, 231.

4. Bewertung des eingebrachten Betriebs

Das eingebrachte Betriebsvermögen kann mit dem **Buchwert,** dem **Teilwert** oder einem **Zwischenwert** angesetzt werden (§ 20 Abs. 2 und 3 UmwStG). Der Wertansatz bestimmt den Einbringungsgewinn, die Anschaffungskosten der GmbH-Anteile und die Höhe des Abschreibungsvolumens bei der GmbH.

246

Buchwert iSv. § 20 UmwStG ist der **steuerliche Buchwert** zum Umwandlungsstichtag nach den Grundsätzen steuerlicher Gewinnermittlung. Für die GmbH bildet der Buchwert die Untergrenze. Dies gilt selbst dann, wenn in der Handelsbilanz des Einzelunternehmens ein niedrigerer Wertansatz gewählt wird und diese Werte in der Handelsbilanz der GmbH fortgeführt werden.

247

Übersteigen die Wertansätze in der Handelsbilanz die steuerlichen Buchwerte, so fordert das Prinzip der **Maßgeblichkeit,** dass in der Steuerbilanz der aufnehmenden Kapitalgesellschaft den Wertansätzen in der Handelsbilanz zu folgen ist[1].

248

Ausnahme: Der Ansatz des steuerlichen Buchwerts durch die GmbH bleibt zulässig, wenn das Betriebsvermögen in der Handelsbilanz der aufnehmenden Kapitalgesellschaft mit einem **höheren Wert** angesetzt werden muss (§ 20 Abs. 2 S. 2 UmwStG). Ein solcher Zwang zur Höherbewertung in der Handelsbilanz ergibt sich zB aus dem Verbot, GmbH-Anteile zu einem unter ihrem Nennwert liegenden Betrag auszugeben (§ 5 Abs. 3 S. 5 GmbHG)[2].

249

Beispiel: Buchwert des Betriebs 20.000,– Euro; Teilwert 100.000,– Euro. Stammkapital der GmbH 25.000,– Euro. Handelsrechtlich muss der Betrieb mit mindestens 25.000,– Euro angesetzt werden. Steuerlich dürfen die Buchwerte fortgeführt werden. Die Differenz (5.000,– Euro) ist durch einen Ausgleichsposten in der Bilanz aufzufüllen („Luftposten")[3].

250

Hinweis: Ein Zwang zur Höherbewertung besteht nicht nur bis zum Mindeststammkapital. Die Höhe des Stammkapitals ist frei bestimmbar. Würde im Beispielsfall das Stammkapital 100.000,– Euro betra-

251

---

1 Kritisch hierzu Patt/Rasche, DStR 1994, 841.
2 Zur Frage, ob bei einer AG stets handelsrechtlich der wahre Wert anzusetzen und damit ein Ausgleichsposten zu bilden ist Kamlah, BB 2001, 2103.
3 Zur weiteren bilanziellen Behandlung des „Luftposten" Tz. 20.27 UmwE. Zur Behandlung des Ausgleichspostens unter Geltung des KStG nach Abschaffung des Anrechnungsverfahrens – StSenkG vom 23. 10. 2000, BGBl. 2000 I, 1433 – Müller/Maiterth, BB 2001, 1768.

EU → GmbH

gen, wäre handelsrechtlich der Teilwert von 100.000,– Euro anzusetzen. Der Ausgleichsposten würde 80.000,– Euro betragen[1].

252 Zwischen Buchwert und Teilwert ist jeder Wertansatz möglich. Die stillen Reserven sind grundsätzlich um einen gleichmäßigen Prozentsatz aufzulösen[2].

253 Einzubeziehen sind auch selbsterstellte **immaterielle Anlagegüter,** mit Ausnahme des selbstgeschaffenen **Firmenwerts.** Dieser kann zunächst unberücksichtigt bleiben[3]. Der Teilwert der einzelnen Wirtschaftsgüter bildet die **Wertobergrenze.** Steuerfrei gebildete **Rücklagen** brauchen nicht aufgelöst zu werden[4].

254 Soll oder muss (dazu Tz. 255 ff.) der Teilwert des Betriebsvermögens angesetzt werden, sind alle **stillen Reserven** (inkl. Firmenwert und steuerfreier Rücklagen) aufzulösen[5].

255 Ein Teilwertansatz ist **zwingend,** wenn das Besteuerungsrecht der Bundesrepublik hinsichtlich des Gewinns aus einer Veräußerung der dem Einzelunternehmer gewährten Anteile im Zeitpunkt der Umwandlung ausgeschlossen ist (§ 20 Abs. 3 UmwStG). Dies ist stets zu prüfen, wenn der Einzelunternehmer **beschränkt steuerpflichtig** ist[6].

256 Eine Aufstockung der Buchwerte ist ferner zwingend, wenn die **Passiva** des eingebrachten Betriebsvermögens **die Aktiva übersteigen**[7], wobei das Eigenkapital unberücksichtigt bleibt (§ 20 Abs. 2 S. 4 UmwStG). Der Teilwert der einzelnen Wirtschaftsgüter darf bei dieser Aufstockung jedoch nicht überschritten werden.

---

1 Ebenso HERKENROTH/WINKEMANN, FR 1998, 509, aA mE zu Unrecht Tz. 20.27 UmwE; siehe jedoch auch Tz. 20.26 UmwE bei einem höheren Wertansatz zur zutreffenden Darstellung der Beteiligungsverhältnisse.
2 WIDMANN in Widmann/Mayer, § 20 UmwStG Rz. 671 (November 1991).
3 Siehe Tz. 22.08 UmwE, wonach ein Firmenwert erst nach Aufdeckung aller sonstigen stillen Reserven zugelassen wird. ME unzutreffend; ein anteiliger Firmenwert kann angesetzt werden.
4 WIDMANN in Widmann/Mayer, § 20 UmwStG Rz. 804 (November 1991).
5 Tz. 22.11 UmwE; eingehend – auch zur Ermittlung der Teilwerte – WIDMANN in Widmann/Mayer, § 20 UmwStG Rz. 969 ff. (November 1995); zur Bewertung teilfertiger Arbeiten, BFH I R 79/01 vom 10. 7. 2002, BStBl. 2002 II, 784.
6 Dazu eingehend SCHWEDHELM in Posdziech/Streck/Rainer/Mack/Schwedhelm, Steuerbelastungs- und Steuerentlastungsgesetze 1993, S. 51; STATZKOWSKI, DB 1996, 399; Tz. 20.24 UmwE. Zur Einbringung durch eine nicht in einem EU-Staat ansässige beschränkt steuerpflichtige Körperschaft DIETERLEN/SCHADEN, ISTR 1999, 1.
7 Hierzu kann es auch durch Entnahmen während des Rückwirkungszeitraums kommen, PATT/RASCHE, DStR 1995, 1529; Tz. 20.25 UmwE.

EU → GmbH

Beispiel: Buchwert der Aktiva in der Bilanz des Einzelunternehmers 80.000,– Euro, Passiva (ohne Eigenkapital) 100.000,– Euro. Teilwert der Aktiva 125.000,– Euro. Stammkapital der GmbH 25.000,– Euro. Die Buchwerte des Aktivvermögens sind steuerlich mindestens um 20.000,– Euro aufzustocken. Handelsrechtlich muss der volle Wert aufgedeckt werden. 257

Würde der Teilwert der Aktiva im vorstehenden Beispiel nicht 125.000,– Euro erreichen, müsste der Einzelunternehmer die **Differenz in bar** erbringen. Erreicht der Teilwert der Aktiva nicht mindestens 100.000,– Euro, scheidet die Ausgliederung aus (§ 152 UmwG). Zur Möglichkeit, Verbindlichkeiten von der Ausgliederung auszunehmen, siehe Tz. 1723 *KG → GmbH*. 258

Steuerlich droht bei Einbringung **negativen Vermögens** eine verdeckte Gewinnausschüttung[1]. In Betracht kommt allenfalls eine Einbringung im Wege der gemischten Bar- und Sachgründung. 259

Erhält der Einzelkaufmann neben den GmbH-Anteilen **andere Wirtschaftsgüter** (zB Darlehen, Übernahme einer privaten Verbindlichkeit), so muss das eingebrachte Vermögen von der GmbH mindestens mit dem Wert des anderen Wirtschaftsguts angesetzt werden (§ 20 Abs. 2 S. 5 UmwStG). 260

Beispiel: Buchwert des Betriebsvermögens 25.000,– Euro, Teilwert 200.000,– Euro; **Stammkapital** 25.000,– Euro, Schuldübernahme 100.000,– Euro. Das eingebrachte Vermögen muss steuerlich mindestens mit 100.000,– Euro angesetzt werden. 261

Zur **Bewertung** einzelner Bilanzpositionen vgl. Tz. 1735–1755 *KG → GmbH*. 262

Das Bewertungswahlrecht wird in der **Eröffnungsbilanz** der GmbH ausgeübt. Maßgeblich ist die Feststellung dieser Bilanz durch den Gesellschafter. Inwieweit danach eine Änderung nach allgemeinen Bilanzierungsgrundsätzen (§ 4 Abs. 2 EStG) zulässig ist, ist umstritten[2]. Zur Änderung der Wertansätze aufgrund einer Betriebsprüfung vgl. Tz. 1761 *KG → GmbH*. 263

---

1 FG Baden-Württemberg 3 K 157/88 vom 18. 2. 1992, GmbHR 1993, 50; Schulze zur Wiesche, BB 1992, 1686; Streck/Schwedhelm, BB 1988, 1639.
2 Widmann in Widmann/Mayer, § 20 UmwStG Rz. 689 ff. (November 1998); Tz. 20.31 ff. UmwE.

EU → GmbH

264 **Hinweis:** Welcher Wertansatz vorteilhaft ist, lässt sich nicht allgemein entscheiden. Eine Auflösung stiller Reserven ist nach Wegfall des halben Steuersatzes seit VZ 1999 kaum noch **attraktiv**[1]. Allerdings wird bei einem Teilwertansatz die Problematik einbringungsgeborener Anteile vermieden (Tz. 275–278). Eine Teilwerteinbringung ist in Betracht zu ziehen, wenn an der GmbH Beteiligungen unter 1% entstehen, da ansonsten auch zukünftig entstehende stille Reserven in den Anteilen der Besteuerung unterliegen[2]. Entsprechendes gilt wegen der Beschränkungen des Halbeinkünfteverfahrens bei einbringungsgeborenen Anteilen (§ 3 Nr. 40 EStG; § 8 b Abs. 4 KStG), wenn an einen zeitnahen Verkauf der Anteile gedacht ist. Eine Aufdeckung stiller Reserven ist ferner interessant, wenn **Verlustvorträge** bestehen (§ 10 d EStG). Nicht verrechnet werden können gewerbeertragsteuerliche Verlustvorträge, da der Einbringungsgewinn nicht der Gewerbeertragsteuer unterliegt.

5. Steuerfolgen bei dem Einzelunternehmen

a) Einbringungsgewinn

265 Der Einbringungsgewinn ergibt sich aus der **Differenz** zwischen dem Wertansatz des **eingebrachten Vermögens** in der Steuerbilanz der GmbH und dem steuerlichen **Buchwert** bei dem einbringenden Unternehmer im Zeitpunkt der Einbringung. Demzufolge führt nur ein Ansatz über dem Buchwert zu einem Einbringungsgewinn.

266 Der Einbringungsgewinn ist bei dem Einzelunternehmer Teil der **Einkünfte aus Gewerbebetrieb.** Trifft er mit negativen gewerblichen Einkünften zusammen, sind die laufenden Verluste zunächst mit anderen positiven Einkünften zu verrechnen. Die Freibeträge nach § 16 Abs. 4 und § 17 Abs. 3 EStG und die ermäßigten Steuersätze nach § 34 Abs. 1 bzw. Abs. 3 EStG werden nur gewährt, wenn Einbringender eine natürliche Person ist und die Einbringung zum Teilwert erfolgt (§ 20 Abs. 5 UmwStG)[3].

---

1 Zur alten Rechtslage Tillmann, GmbHR 1989, 41; Rensing, DB 1989, 2469; Elschen/Trompeter, DB 1990, 2533; App, DStZ 1991, 725; App, DStZ 1991, 694; Wiese, NWB Beilage 3/91; Schaum, Steuerpolitik durch Aufdeckung stiller Reserven, 1994, S. 284 ff.; siehe auch Diers, GmbHR 1994, 683, zu den möglichen Vorteilen einer Zwischenwerteinbringung.
2 Für die Berater liegt hier ein Haftungsrisiko, wenn bei der Gestaltung nicht auf die Rechtsfolgen einbringungsgeborener Anteile hingewiesen wird.
3 Zur zeitlichen Anwendung § 27 Abs. 4 c UmwStG.

EU → GmbH

Gewinne aus der **Zurückbehaltung einzelner Wirtschaftsgüter** sind – sofern hierdurch die Anwendung des § 20 UmwStG nicht tangiert ist (Tz. 231) – Teil des ggf. begünstigten Einbringungsgewinns[1]. Werden Verbindlichkeiten zurückgehalten, sind die Schuldzinsen hierfür entweder Werbungskosten bei den Einkünften aus Kapitalvermögen oder nachträgliche Betriebsausgaben[2]. Nur soweit der Wert der Beteiligung den Wert der zurückbehaltenen Betriebsschulden unterschreitet, liegen anteilig nachträgliche Betriebsausgaben vor[3]. 267

Die Begünstigung nach § 20 Abs. 5 UmwStG, § 34 EStG gilt auch, wo nach § 20 Abs. 3 UmwStG der **Teilwertansatz zwingend** ist. Zudem besteht die Möglichkeit der **Ratenzahlung** (§ 20 Abs. 6 iVm. § 21 Abs. 2 S. 3–6 UmwStG). 268

§ 6 b EStG ist anzuwenden, soweit der Einbringungsgewinn auf **begünstigte Wirtschaftsgüter** entfällt[4]. Der begünstigte Steuersatz kommt dann allerdings nicht zur Anwendung (§ 34 Abs. 1 S. 4 EStG). 269

Der Einbringungsgewinn unterliegt nicht der **Gewerbeertragsteuer** (Abschn. 39 Abs. 1 Nr. 1 S. 6 GewStR 1998). 270

Einbringungskosten, die der Einzelkaufmann trägt, mindern die Einkünfte. Insoweit kann also auch ein Einbringungsverlust entstehen[5]. 271

b) Anschaffungskosten der GmbH-Anteile

Für den ausgliedernden Unternehmer gilt der Wert, mit dem die GmbH das Betriebsvermögen ansetzt, als **Anschaffungskosten der GmbH-Anteile** (§ 20 Abs. 4 S. 1 UmwStG). Maßgeblich ist die Differenz zwischen Aktiva und Passiva des übernommenen Vermögens in der Steuerbilanz der GmbH. Dies gilt selbst dann, wenn der Ansatz der GmbH fehlerhaft ist[6]. 272

---

1 BFH I R 184/87 vom 25. 9. 1991, GmbHR 1992, 545.
2 BFH IX R 15/90 vom 11. 9. 1991, GmbHR 1992, 547, mit Anm. Paus, DStZ 1993, 216; BFH VIII R 5/96 vom 7. 7. 1998, GmbHR 1999, 140.
3 BFH VIII R 5/96 vom 7. 7. 1998, GmbHR 1999, 140.
4 Tz. 20.38 UmwE.
5 Streitig, wie hier Schmitt/Hörtnagl/Stratz, § 20 UmwStG Rz. 337, 377; Friedrichs in Haritz/Benkert, § 20 UmwStG Rz. 230. Teilweise wird angenommen, die Kosten erhöhten die Anschaffungskosten der GmbH-Anteile, so Widmann in Widmann/Mayer, § 20 UmwStG Rz. 771 (November 1991).
6 BFH I R 111/00 vom 17. 10. 2001, GmbHR 2002, 390; zu nachträglichen Anschaffungskosten bei einbringungsgeborenen Anteilen BFH I R 22/99 vom 29. 3. 2000, BB 2000, 1716.

EU → GmbH

273 Im Fall der steuerlichen Rückbeziehung sind die Anschaffungskosten zu korrigieren um die im Rückbeziehungszeitraum vorgenommenen **Einlagen** und **Entnahmen** (§ 20 Abs. 7 S. 3 UmwStG).

274 Die Anschaffungskosten sind ferner zu mindern um den **Wert anderer Wirtschaftsgüter,** die der Gesellschafter für die Einbringung erhält (zB Darlehen, Schuldübernahme, § 20 Abs. 4 S. 2 UmwStG)[1].

c) Einbringungsgeborene Anteile

275 Die GmbH-Anteile in der Hand des Einzelkaufmanns entstehen durch die Einbringung. Die Anteile sind grundsätzlich **Privatvermögen.**

276 Beim Ansatz von Buchwerten oder Zwischenwerten erlangen die einbringungsgeborenen Anteile einen **Sonderstatus.** Bei einer Veräußerung ist ein Gewinn – unabhängig von der Höhe der Beteiligung – steuerpflichtig (§ 21 UmwStG).

276.1 Bei einer **natürlichen Person** unterliegt der Gewinn dem Halbeinkünfteverfahren (§ 3 Nr. 40 EStG)[2], und zwar unabhängig davon, ob die Anteile zum Privat- oder Betriebsvermögen gehören[3], es sei denn, die Veräußerung erfolgt innerhalb der siebenjährigen Sperrfrist nach § 3 Nr. 40 S. 3 und 4 EStG[4].

276.2 **Hinweis:** Eine Veräußerung innerhalb der Sperrfrist ist auch dann voll steuerpflichtig, wenn zwischenzeitlich eine Antragsbesteuerung gem. § 21 Abs. 2 UmwStG erfolgt ist[5]. Gewinn ist die Differenz zwischen dem Wert der Anteile, der gemäß § 21 Abs. 2 UmwStG besteuert wurde, und dem Veräußerungserlös.

276.3 Bei einer Veräußerung von einbringungsgeborenen Anteilen durch eine **Kapitalgesellschaft** ist der Gewinn bei einer Veräußerung nach Ablauf der siebenjährigen Sperrfrist steuerfrei (§ 8 b Abs. 2 und Abs. 4 KStG)[6].

---

1 BFH I S 3/95 vom 17. 5. 1995, BFH/NV 1995, 1106.
2 Eingehend MEICHELBECK/VOLLATH, DStR 2001, 2189.
3 Streitig, wie hier SCHMITT/HÖRTNAGL/STRATZ, § 21 UmwStG Rz. 128; aA PATT/ RASCHE, FR 2001, 175.
4 Dazu KROSCHEWSKI, GmbHR 2001, 1089; BEINERT/VAN LISHAUT, FR 2001, 1037; DESENS, FR 2002, 247; HEINZ, GmbHR 2003, 1474; ROGALL, Wpg. 2005, 152.
5 Siehe die Gesetzesbegründung BR-Drucks. 638/01, zur berechtigten Kritik an dieser Regelung LINKLATERS OPPENHOFF & RÄDLER, DB 2002, Beilage 1, 16.
6 Im Einzelnen zur Anwendung des § 8 b Abs. 4 KStG bei der Einbringung von Anteilen an einer Kapitalgesellschaft iRd. Einbringung eines Betriebes nach

Hinweis: § 8 b KStG enthält keine dem § 3 Nr. 40 EStG entsprechende Regelung zur Besteuerung eines Veräußerungsgewinns innerhalb der Sperrfrist, wenn zuvor eine Antragsbesteuerung gemäß § 21 Abs. 2 UmwStG erfolgte. Demnach ist bei Kapitalgesellschaften der Veräußerungsgewinn nach einer Antragsbesteuerung auch vor Ablauf der Sperrfrist steuerfrei, da die Anteile nach einer Besteuerung gemäß § 21 Abs. 2 UmwStG ihre Eigenschaft als „einbringungsgeboren" verlieren. 276.4

Zur **Gewinnrealisierung** kann es ferner kommen[1], 277
- wenn der Gesellschafter dies **beantragt** (§ 21 Abs. 2 Nr. 1 UmwStG)[2];
- wenn das **Besteuerungsrecht der Bundesrepublik** hinsichtlich des Gewinns aus der Veräußerung der einbringungsgeborenen Anteile **ausgeschlossen** wird (§ 21 Abs. 2 Nr. 2 UmwStG);
- im Fall der **Auflösung** oder **Kapitalherabsetzung** (§ 21 Abs. 2 Nr. 3 UmwStG)[3];
- wenn Anteile **verdeckt** in eine Kapitalgesellschaft **eingelegt** werden (§ 21 Abs. 2 Nr. 4 UmwStG).

Inwieweit auf die Ersatztatbestände des § 21 Abs. 2 UmwStG bei natürlichen Personen das Halbeinkünfteverfahren anzuwenden ist, ist umstritten[4]. Für Kapitalgesellschaften ist die Anwendung der Steuerfreistellung auch auf Gewinne aus § 21 Abs. 2 UmwStG in § 8 b Abs. 1 KStG ausdrücklich erwähnt. Allerdings gilt die Sperrfrist des § 8 b Abs. 4 KStG.

Der Übergang stiller Reserven von einbringungsgeborenen Anteilen auf nicht einbringungsgeborene Anteile im Rahmen einer **Kapitalerhöhung** oder Gründung einer Kapitalgesellschaft führt nicht zu einem steuerpflichtigen Veräußerungsgewinn[5]. Vielmehr werden die 278

---

§ 20 Abs. 1 S. 1 UmwStG durch eine Kapitalgesellschaft BMF vom 5. 1. 2004, BStBl. 2004 I, 44; SCHUMACHER, DStR 2004, 589.
1 Siehe hierzu Tz. 21.06 ff. UmwE.
2 Siehe FG München 2 K 2259/94 vom 30. 9. 1997, GmbHR 1998, 148, zur Frage eines Gestaltungsmissbrauchs; KUSTERER, DStR 1998, 319, zur Bewertung; zur Rücknahme des Antrags OFD Koblenz vom 13. 1. 2003, GmbHR 2003, 311; HARITZ, FR 2004, 1098 und BFH I R 28/04 vom 31. 5. 2005, DB 2005, 1668; zur Verlustnutzung GRUBE/HERZBERG, GmbHR 2002, 961.
3 Vgl. auch BMF vom 2. 8. 1984, BStBl. 1984 I, 461; zur Ratenzahlung § 21 Abs. 2 S. 6 UmwStG.
4 Siehe SCHMITT/HÖRTNAGL/STRATZ, § 21 UmwStG Rz. 112 a mwN.
5 BFH I R 128/88 vom 8. 4. 1992, BStBl. 1992 II, 761, mit Anm. HFR 1992, 494; BFH I R 160/90 vom 8. 4. 1992, BStBl. 1992 II, 763; BFH I R 162/90 vom 8. 4. 1992,

EU → GmbH

neuen Anteile anteilig zu einbringungsgeborenen Anteilen[1]. Das gilt auch für § 3 Nr. 40 EStG und § 8 b Abs. 4 KStG[2]. Ob die Vermögensverschiebung auf der Gesellschafterebene **Schenkungsteuer** auslöst, ist streitig[3]. Ferner kann es zu verdeckten Gewinnausschüttungen kommen, wenn auf der Gesellschafterebene Kapitalgesellschaften beteiligt sind[4].

6. Steuerfolgen für die GmbH

279 Für die entstehende GmbH hat der Umwandlungsvorgang keine unmittelbaren ertragsteuerlichen Auswirkungen[5]. Die Aufnahmebilanz ist die **Eröffnungsbilanz**. Erst mit dem Umwandlungsstichtag beginnt die steuerliche Existenz der GmbH.

280 **Mittelbare Besteuerungsfolgen** ergeben sich durch die Bewertung des eingebrachten Vermögens (§ 22 UmwStG). Bewertet die GmbH das eingebrachte Betriebsvermögen zu **Buchwerten**, so tritt sie hinsichtlich der **AfA**, erhöhten Absetzungen, Sonderabschreibungen, Inanspruchnahme von Bewertungsfreiheiten oder eines Bewertungsabschlages sowie gewinnmindernder Rücklagen in die Rechtsstellung des Einzelunternehmens ein (§ 22 Abs. 1 iVm. § 12 Abs. 3 S. 1 UmwStG). Soweit die **Besitzzeit** eines Wirtschaftsguts (zB bei § 6 b EStG) von Bedeutung ist, wird auch die Zugehörigkeit beim einbringenden Unternehmen berücksichtigt (§ 22 Abs. 1 iVm. § 4 Abs. 2 S. 3 UmwStG)[6].

BStBl. 1992 II, 764; BFH I R 75/95 vom 21. 8. 1996, BFH/NV 1997, 314; PATT, DStR 1996, 361; HERZIG/RIECK, DStR 1998, 97.

1 AA für die Sachgründung PATT, DStR 1993, 1389; dagegen SARRAZIN, DStR 1993, 1393; zur Berechnung MEYER, BB 1994, 516; PIESKE-KONTNY, StBp. 1994, 192; siehe auch BFH VIII R 40/89 vom 10. 11. 1992, BFH/NV 1994, 318; ferner FG Münster 1 K 1357/94 E vom 2. 5. 1996, EFG 1996, 991, zur Veräußerung des Bezugsrechts bei aus Kapitalerhöhung entstandenen einbringungsgeborenen Anteilen. Zur Möglichkeit eines Feststellungsverfahrens HARITZ/WISNIEWSKI, GmbHR 2000, 78.
2 HARITZ, DStR 2000, 1542.
3 Siehe Ländererlass vom 15. 3. 1997, BStBl. 1997 I, 350; dazu GOTTSCHALK, DStR 2000, 1798; BFH II R 42/99 vom 20. 12. 2000, BStBl. 2001 II, 454; GOTTSCHALK, DStR 2002, 377; gegen Schenkungssteuer FG Köln 9 K 458/00 vom 16. 12. 2003, EFG 2004, 574, Rev. II R 8/04.
4 Siehe SCHULZE ZUR WIESCHE, BB 1992, 1686; STRECK/SCHWEDHELM, BB 1988, 1639.
5 Zum Ansatz des eingebrachten Vermögens siehe Tz. 237–240.
6 Tz. 22.05 ff. UmwE.

EU → GmbH

Beim Ansatz von **Zwischenwerten**[1] entfällt die Anrechnung der Besitzzeit. Hinsichtlich der AfA, erhöhten Absetzungen, Sonderabschreibungen, Inanspruchnahme von Bewertungsfreiheiten und Bewertungsabschlägen sowie gewinnmindernden Rücklagen tritt die GmbH dagegen die Rechtsnachfolge an (§ 22 Abs. 2 iVm. § 12 Abs. 3 UmwStG). 281

Gleiches gilt im Fall des **Teilwertansatzes**[2], da die Ausgliederung eine Einbringung im Wege der Gesamtrechtsnachfolge darstellt (§ 22 Abs. 3 2. HS UmwStG). 282

Erforderlich ist die **Korrektur der Bemessungsgrundlage** der AfA gemäß § 22 Abs. 2 Nr. 1 und 2 UmwStG[3]. 283

Ein einkommensteuerlicher **Verlustabzug** gemäß § 10 d EStG verbleibt bei dem einbringenden Unternehmer. § 22 Abs. 1 und 2 UmwStG verweist nur auf § 12 Abs. 3 S. 1 UmwStG. 284

Ein vortragsfähiger **Gewerbeverlust** (§ 10 a GewStG) geht nicht auf die GmbH über. Eine Verweisung auf § 19 UmwStG fehlt in § 22 UmwStG. 285

Unabhängig vom Wertansatz des eingebrachten Vermögens bei der aufnehmenden Kapitalgesellschaft wird die Verbleibfrist im **Investitionszulagenrecht** durch die Einbringung idR nicht berührt[4], folglich keine Verpflichtung zur Rückzahlung einer Investitionszulage begründet. Die Bemessungsvoraussetzungen nach dem Fördergebietsgesetz entfallen hingegen bei einem Teilwertansatz[5]. 286

7. Sonstige Steuern

a) Umsatzsteuer

Die Einbringung **unterliegt** nach § 1 Abs. 1 a UStG **nicht der Umsatzsteuer**[6]. 287

---

1 Tz. 22.08 ff. UmwE.
2 Tz. 22.11 ff. UmwE.
3 Eingehend mit Beispielen SCHMITT/HÖRTNAGL/STRATZ, § 22 UmwStG Rz. 54 ff.; zu Sonderabschreibungen nach dem **Fördergebietsgesetz** siehe BMF vom 14. 7. 1995, BStBl. 1995 I, 374.
4 Siehe BMF vom 28. 10. 1993, BStBl. 1993 I, 904; BMF vom 12. 2. 1996, BStBl. 1996 I, 111.
5 BMF vom 14. 7. 1995, BStBl. 1995 I, 374.
6 HUSMANN, UR 1994, 333; SIKORSKI, NWB Fach 7, 5279 (11. 12. 2000).

EU → GmbH

b) Grunderwerbsteuer

288 Sind in der Vermögensübersicht **Grundstücke** enthalten, fällt Grunderwerbsteuer an.

289 **Bemessungsgrundlage** ist der Wert gem. § 138 Abs. 2 bzw. 3 BewG (§ 8 Abs. 2 Nr. 2 GrEStG)[1]. Die Grunderwerbsteuer ist als zusätzliche Anschaffungskosten zu aktivieren[2].

C. Ausgliederung zur Aufnahme

I. Zivilrecht

1. Ausgliederungsvertrag

290 Erfolgt die Ausgliederung zur Aufnahme in eine bestehende GmbH, so ist ein Ausgliederungs- und Übernahmevertrag zwischen dem Einzelkaufmann und der bzw. den übernehmenden Gesellschaften abzuschließen. Es gelten die Tz. 746–803 *GmbH → GmbH* entsprechend.

291 Soweit der Einzelkaufmann gleichzeitig Geschäftsführer der GmbH ist, muss eine zivilrechtlich wirksame **Befreiung von § 181 BGB** erfolgen[3].

2. Ausgliederungsbericht und Prüfung

292 Ein Ausgliederungsbericht für den **Einzelkaufmann** ist nicht erforderlich (§ 153 UmwG).

293 Für die **GmbH** ist ein Bericht erforderlich, es sei denn, die Anteilsinhaber verzichten durch notarielle Erklärung (§ 127 iVm. § 8 Abs. 3 UmwG).

294 Eine **Prüfungspflicht** besteht nicht (§ 125 UmwG).

3. Zustimmung

295 Die Zustimmung des Einzelkaufmanns erfolgt durch **einseitige Erklärung**, die notariell zu beurkunden ist (§ 125 iVm. § 6 UmwG).

---

1 Ländererlass vom 19. 12. 1997, DStR 1998, 82.
2 Tz. 22.01 UmwE.
3 Zumindest bei einem Alleingesellschafter-Geschäftsführer ist eine Satzungsgrundlage erforderlich, BayObLG 3 Z 163/83 vom 7. 5. 1984, DB 1984, 1517.

EU → GmbH

Bei der übernehmenden Gesellschaft sind die Gesellschafter und ggf. der Betriebsrat zu unterrichten (siehe Tz. 810 *GmbH → GmbH*). Sodann bedarf der Vertrag eines **Zustimmungsbeschlusses** der Gesellschafterversammlung (siehe hierzu Tz. 807–817 *GmbH → GmbH*). 296

4. Bilanz

Es gilt Tz. 818–820 *GmbH → GmbH*. 297

5. Anmeldung und Eintragung

Der Einzelkaufmann und die Geschäftsführer der beteiligten GmbH haben die Ausgliederung zum jeweiligen **Handelsregister** anzumelden. Für den Einzelkaufmann können auch die Geschäftsführer der übernehmenden Gesellschaft die Anmeldung vornehmen (§ 129 UmwG). 298

Der Anmeldung sind **beizufügen** (§ 125 iVm. § 17 UmwG): 299

– der Ausgliederungsvertrag,

– die Niederschrift der Zustimmungserklärung und -beschlüsse,

– ggf. der Ausgliederungsbericht,

– ggf. der Prüfungsbericht,

– der Nachweis über die rechtzeitige Zuleitung des Ausgliederungsvertrags an den Betriebsrat,

– ggf. die Urkunde einer staatlichen Genehmigung,

– die Schlussbilanz des Einzelkaufmanns.

Bei der Anmeldung durch die Gesellschaften sind die **Erklärungen** gemäß Tz. 1064–1065 *GmbH ↔ GmbH* abzugeben. Bei Aufnahme durch eine GmbH ist eine berichtigte **Gesellschafterliste** einzureichen. 300

Für die **Eintragung** gilt Tz. 824 *GmbH → GmbH*. 301

Zu den **Rechtsfolgen** siehe Tz. 825–834 *GmbH → GmbH*. 302

Bei den Gesellschaften haften die Organe für einen durch die Ausgliederung entstehenden **Schaden** gemäß § 125 iVm. §§ 25–27 UmwG (Tz. 1095–1096 *GmbH ↔ GmbH*). 303

EU → GmbH

II. Steuerrecht

304 Es gelten die Tz. 229–289 entsprechend.

D. Einbringung

I. Zivilrecht

1. Sachgründung

a) Unterschiede zur Ausgliederung

305 Sach- und Rechtsgesamtheiten, wie etwa ein Handelsgeschäft, können **Gegenstand einer Sacheinlage** sein[1]. Ein Einzelkaufmann kann damit sein Unternehmen in eine GmbH „umwandeln", indem er eine GmbH gründet und die Stammeinlage durch Einbringung seines Unternehmens erbringt (Sachgründung)[2].

306 Der Unterschied zur Ausgliederung nach § 152 UmwG besteht im Wesentlichen darin, dass **keine** (partielle) **Gesamtrechtsnachfolge** eintritt. Der Übergang von Verbindlichkeiten bedarf daher der Zustimmung der Gläubiger (§§ 414, 415 Abs. 1 BGB). Wird diese nicht erteilt oder – was die Regel ist – gar nicht erst eingeholt, so haftet der Kaufmann weiterhin unbeschränkt persönlich. Auch die Verjährungsvorschrift des § 157 UmwG gilt nicht. Lediglich im Innenverhältnis besteht gegenüber der GmbH ein Freistellungsanspruch.

307 Andererseits ist die Sachgründung auch dann möglich, wenn das einzubringende Unternehmen nicht im Handelsregister eingetragen ist (etwa bei einem **Freiberufler**). Ferner können **Dritte** unmittelbar an der Gründung der GmbH beteiligt werden.

308 Vollzogen wird die Sachgründung durch Einbringung eines Unternehmens nicht anders als jede **GmbH-Gründung.** Erforderlich ist der Abschluss des Gesellschaftsvertrags als der erste von fünf notwendigen Schritten zur Gründung einer GmbH. Es folgen die Bestellung der Geschäftsführer (§ 6 GmbHG), die Leistung auf die Stammeinlage (§ 7 Abs. 2 und 3 GmbHG), die Anmeldung zum Handelsregister (§ 7 Abs. 1 GmbHG) und die registergerichtliche Prüfung, Eintragung und Bekanntmachung. Besonderes Formerfordernis bei der Sach-

---

1 RGZ 155, 211; BGH II ZR 219/63 vom 2. 5. 1966, BGHZ 45, 338; WINTER in Scholz, § 5 GmbHG Rz. 54; ULMER in Hachenburg, § 5 GmbHG Rz. 52 ff.; HUECK/FASTRICH in Baumbach/Hueck, § 5 GmbHG Rz. 30.
2 Vertragsmuster: MAYER in Widmann/Mayer, Anh. 4, M 192 ff. (September 2003); FOX in Engl, Formularbuch Umwandlungen, S. 654 ff.

gründung ist die Erstellung eines Sachgründungsberichts (§ 5 Abs. 4 GmbHG).

b) Gesellschaftsvertrag

Der Abschluss des Gesellschaftsvertrags ist **notariell zu beurkunden**. 309

Der **Gegenstand der Sacheinlage** und der Betrag der Stammeinlage, 310
auf die sich die Sacheinlage bezieht (Anrechnungsbetrag), sind im Gesellschaftsvertrag festzusetzen (§ 5 Abs. 4 GmbHG). Der Name der **Person, die die Stammeinlage übernimmt, muss genannt werden**[1].

Zur **Kennzeichnung der Sacheinlage** genügt bei der Unternehmens- 311
einbringung die verkehrsübliche Bezeichnung (Firma, Handelsregisternummer)[2]. Im Zweifel ist davon auszugehen, dass alle dem Unternehmen zuzurechnenden Aktiva und Passiva übergehen. Besser ist es, dies ausdrücklich klarzustellen[3]. Auf eine der Einbringung zugrunde gelegte Bilanz oder ein Vermögensverzeichnis kann Bezug genommen werden.

Sollen einzelne Vermögensgegenstände **ausgenommen** werden, sind 312
diese genau zu bezeichnen[4].

Der **Anrechnungsbetrag** muss durch den Wert des Unternehmens am 313
Tag der Anmeldung der GmbH gedeckt sein. Die Wertprüfung des Registergerichts erfolgt unter Zugrundelegung des Substanzwerts. Erforderlich ist eine Einzelbewertung[5]. Höchstzulässiger Ansatz für Gegenstände des Anlagevermögens ist der Wiederbeschaffungswert[6], für Gegenstände des Umlaufvermögens der Veräußerungswert. Ein selbstgeschaffener Firmenwert sowie sonstige immaterielle Wirtschaftsgüter können mit dem Ertragswert angesetzt werden[7]. Für Forderungen gilt der – ggf. wertberichtigte – Nennwert.

---

1 MEYER-LANDRUT/MILLER/NIEHUS, § 3 GmbHG Rz. 22.
2 ULMER in Hachenburg, § 5 GmbHG Rz. 121; WINTER in Scholz, § 5 GmbHG Rz. 88.
3 Siehe OLG Bremen 1 U 120/98 vom 31. 3. 1999, GmbHR 1999, 822.
4 OLG Düsseldorf 3 Wx 274/95 vom 10. 1. 1996, DB 1996, 368.
5 Siehe im Einzelnen WINTER in Scholz, § 5 GmbHG Rz. 57.
6 OLG Düsseldorf 6 U 234/90 vom 28. 3. 1991, WM 1991, 1669.
7 Streitig, wie hier WINTER in Scholz, § 5 GmbHG Rz. 57; aA ULMER in Hachenburg, § 5 GmbHG Rz. 68; MARTENS/RÖTTGER, DB 1990, 1097; vgl. auch LG Köln 24 T 6/58 vom 26. 2. 1959, BB 1959, 1081, zum Firmenwert; BGH II ZR 170/57 vom 16. 2. 1959, NJW 1959, 934.

EU → GmbH

314 Ist der Anrechnungsbetrag durch den Wert des Unternehmens nicht gedeckt, hat der Gesellschafter die **Wertdifferenz** durch eine Bareinlage auszugleichen (§ 9 Abs. 1 GmbHG)[1].

315 Nicht erforderlich ist, dass der Anrechnungsbetrag der Stammeinlage entspricht. Eine **gemischte Bar- und Sachgründung** ist zulässig. Deckt der Unternehmenswert nur einen Teil der Einlageverpflichtung, kann die Differenz durch eine Bareinlage erbracht werden. Der Gesellschaftsvertrag muss die entsprechenden Teilbeträge nennen[2].

316 Ebensowenig muss das Stammkapital bzw. der Anrechnungsbetrag den Unternehmenswert ausschöpfen. Das eingebrachte Unternehmen kann mit jedem beliebigen Wert **unterhalb des Zeitwerts** (Buchwert, Zwischenwert) auf die Stammeinlageverpflichtung angerechnet werden.

317 Zulässig ist auch eine Vereinbarung, wonach zwar das gesamte Unternehmen eingebracht, aber nur **ein Teil** seines Werts auf die Stammeinlage **angerechnet** wird. Der überschießende Teil ist in Geld oder anderen Vermögenswerten zu vergüten (sog. gemischte Sacheinlage)[3]. Die Vergütung erfolgt zumeist in Form eines Darlehens. Ebenso zulässig ist eine Auszahlung oder Verrechnung auf eine stille Beteiligung[4].

318 Ein **Vergütungsanspruch** besteht nur, wenn er sich aus dem Gesellschaftsvertrag ergibt, was ggf. durch Auslegung zu ermitteln ist[5]. In der Praxis empfiehlt es sich, sowohl den Wertansatz für das eingebrachte Unternehmen als auch die Frage der Vergütung einer Wertdifferenz ausdrücklich zu regeln. Der Vertrag selbst braucht dazu keine Beträge festzulegen. Es ist zulässig, auf eine bereits vorliegende oder noch zu erstellende Einbringungsbilanz Bezug zu nehmen[6].

319 Ferner empfiehlt sich, in der Satzung den **Zeitpunkt der Sacheinlage** festzulegen. Denkbar ist, die Einbringung auf den letzten Bilanz-

---

1 Winter in Scholz, § 5 GmbHG Rz. 60.
2 Hueck/Fastrich in Baumbach/Hueck, § 5 GmbHG Rz. 46.
3 Vgl. Winter in Scholz, § 5 GmbHG Rz. 81.
4 Widmann in Widmann/Mayer, § 20 UmwStG Rz. 880 (November 1991).
5 Ulmer in Hachenburg, § 5 GmbHG Rz. 108; Winter in Scholz, § 5 GmbHG Rz. 83.
6 Priester, BB 1980, 22; Priester, GmbHR 1982, 112; Mayer in Widmann/Mayer, Anh. 5 Rz. 158 (Mai 1988); Ulmer in Hachenburg, § 5 GmbHG Rz. 121; Winter in Scholz, § 5 GmbHG Rz. 83; Hueck/ Fastrich in Baumbach/Hueck, § 5 Rz. 20; OLG Zweibrücken 3 W 169/80 vom 26. 11. 1980, GmbHR 1981, 214; LG Kiel 16 T 5/88 vom 8. 11. 1988, GmbHR 1989, 341; aA Günther, NJW 1975, 524; Sudhoff, NJW 1982, 132; OLG Stuttgart 8 W 295/81 vom 19. 1. 1981, GmbHR 1982, 109.

stichtag des Einzelunternehmens zu beziehen[1], wenn dieser nicht länger als acht Monate zurückliegt (siehe Tz. 345). Das Unternehmen gilt dann schuldrechtlich ab diesem Tag als für Rechnung der GmbH geführt. Wird ein anderer Stichtag gewählt, so ist auf diesen Stichtag eine Einbringungsbilanz zu erstellen[2].

Formulierungsbeispiel: „Herr A erbringt seine Stammeinlage, indem er die Einzelfirma „X" (HR-Nr. ...) mit allen Aktiva und Passiva zu den in der Bilanz auf den 31. 12. 01 ausgewiesenen Buchwerten in die Gesellschaft einbringt. Die Einbringung erfolgt auf den 1. 1. 02. Ab diesem Tag gilt das Unternehmen für Rechnung der GmbH geführt. Soweit das Eigenkapital in der Bilanz auf den 31. 12. 01 die Stammeinlage überschreitet, wird der überschießende Betrag dem Gesellschafter als Darlehen gutgeschrieben. Einen Minderbetrag hat A bar auszugleichen."[3]   320

c) Sachgründungsbericht

Die für die Bewertung des eingebrachten Unternehmens **wesentlichen Umstände** – einschließlich des Jahresergebnisses der letzten beiden Geschäftsjahre – sind in einem Sachgründungsbericht darzulegen (§ 5 Abs. 4 S. 2 GmbHG)[4].   321

d) Leistung auf die Stammeinlage

Die Leistung auf die Stammeinlage erfolgt **durch** die **Einbringung** des Unternehmens. Die Einlageverpflichtung ist bis zur Anmeldung der GmbH zur Eintragung in das Handelsregister zu erfüllen (§ 7 Abs. 3 GmbHG)[5]. Das Unternehmen muss somit zu einem vor der Anmeldung liegenden Stichtag übertragen werden. Dies kann im Gründungsprotokoll oder einem gesonderten Vertrag geschehen. Die Ver-   322

---

1 Vgl. ULMER in Hachenburg, § 5 GmbHG Rz. 73.
2 ULMER in Hachenburg, § 5 GmbHG Rz. 72; PRIESTER, BB 1980, 21; aA CREZELIUS in Scholz, Anh. § 42 a GmbHG Rz. 42.
3 Abzuraten ist von der Festlegung des Darlehensbetrages, da dann bei fehlender Werthaltigkeit des eingebrachten Vermögens das Darlehen nicht zugunsten des Einlageanteils gekürzt werden kann, OLG Düsseldorf 3 Wx 274/95 vom 10. 1. 1996, DB 1996, 368. Ein höherer Wert der Einlage ist hingegen unschädlich, AG Augsburg 3 HKT 3651/95 vom 8. 1. 1996, DB 1996, 467.
4 Zu Inhalt und Form eines Sachgründungsberichtes vgl. auch HEIDENHAIN/ MEISTER in Münchener Vertragshandbuch, Band 1, IV. 8.
5 WINTER in Scholz, § 7 GmbHG Rz. 21; ULMER in Hachenburg, § 7 GmbHG Rz. 44.

EU → GmbH

einbarung ist zwischen dem Gesellschafter und der Gesellschaft (Vor-GmbH) zu treffen.

323 **Formulierungsbeispiel:** „Zur Erbringung der geschuldeten Sacheinlage überträgt A hiermit sämtliche in der Bilanz seines Unternehmens auf den 31. 12. 01 ausgewiesenen Aktiva und Passiva. Die Gesellschaft nimmt die Übertragung hiermit an."

e) Handelsregisteranmeldung, Prüfung und Eintragung

324 Wie jede GmbH-Gründung, ist die Sachgründung durch Unternehmenseinbringung **durch** alle **Geschäftsführer** in öffentlich beglaubigter Form zum Handelsregister anzumelden (§§ 7 Abs. 1, 78 Abs. 1 GmbHG, 12 Abs. 1 HGB)[1].

325 Der **Anmeldung** sind **beizufügen** (§ 8 GmbHG):
– Gründungsprotokoll nebst Gesellschaftsvertrag;
– Beschluss über die Geschäftsführerbestellung;
– Gesellschafterliste;
– Sachgründungsbericht sowie die sonstigen auf die Sacheinlage bezogenen Verträge und Unterlagen gemäß § 8 Abs. 1 Nr. 4 und 5 GmbHG;
– ggf. Genehmigungsurkunde bei genehmigungspflichtigem Unternehmensgegenstand (zB Eintragung in die Handwerksrolle).

326 Das **Registergericht** hat die für das eingebrachte Unternehmen angegebenen Werte zu prüfen. Es darf nur eintragen, wenn es überzeugt ist, dass der Unternehmenswert den dafür übernommenen Kapitalbetrag deckt. Maßgeblich ist der Zeitpunkt der Eintragung[2].

327 Erst mit der Eintragung **entsteht** die GmbH (§ 11 Abs. 1 GmbHG).

f) Kosten

328 **Notargebühren:** Für die Gründung zehn Zehntel Gebühr gemäß § 36 Abs. 1 KostO; Geschäftswert ist die Höhe des Stammkapitals (§ 39 Abs. 1 KostO), höchstens 5 Mio. Euro (§ 39 Abs. 4 KostO).

---

1 Zum Inhalt einer Anmeldung vgl. STRECK/SCHWEDHELM in Formularbuch Recht und Steuern, S. 205 ff.
2 BGH II ZR 54/80 vom 9. 3. 1981, BGHZ 80, 129, 136; streitig, vgl. den Nachweis bei WINTER in Scholz, § 9 c GmbHG Rz. 33.

EU → GmbH

Für die **Registeranmeldung** fällt – je nachdem, ob die Anmeldung mit entworfen wird – eine zweieinhalb Zehntel oder fünf Zehntel Gebühr an (§§ 45, 145, 38 KostO); der Geschäftswert beträgt 50.000 Euro (§ 41 a Abs. 3 Nr. 3 KostO). 329

Die Kosten der Registereintragung betragen 150,– Euro (Gebühr 2101, siehe § 1 HRegGebV). 330

Hinzukommen die **Kosten der Bekanntmachung** (100 Euro – 250 Euro) sowie ggf. Kosten für den **Vertragsentwurf** und die **konzeptionelle Beratung**. 331

2. Kapitalerhöhung

Der Einzelkaufmann kann sein Unternehmen in eine GmbH „umwandeln", indem er eine GmbH bar gründet und sein Unternehmen sodann im Wege einer Kapitalerhöhung in die GmbH **einbringt**. 332

Für die **Bargründung der GmbH** gelten keine Besonderheiten[1]. 333

Die **Kapitalerhöhung** kann sich der GmbH-Gründung (Abschluss des Gesellschaftsvertrags) unmittelbar anschließen[2]. Der **Mindestbetrag** einer Kapitalerhöhung beträgt im Regelfall der Bildung neuer Stammeinlagen (§ 55 Abs. 3 GmbHG) 100 Euro (§ 55 Abs. 4 iVm. § 5 Abs. 1 GmbHG), im Sonderfall der Erhöhung bestehender Anteile sogar nur 50 Euro[3]. Da auch die Aufstockung bestehender Anteile von § 20 UmwStG erfasst wird[4], genügt es im Extremfall, wenn der Wert des eingebrachten Unternehmens 50 Euro beträgt. 334

Die Kapitalerhöhung durch Sacheinlage kann mit einer **Kapitalerhöhung aus Gesellschaftsmitteln** kombiniert werden[5]. 335

Die Kapitalerhöhung ist **Satzungsänderung**. Sie bedarf eines notariell beurkundeten Gesellschafterbeschlusses. Die vollständige Einzahlung des bestehenden Stammkapitals ist nicht Voraussetzung. 336

---

1 Vgl. hierzu STRECK/SCHWEDHELM in Formularbuch Recht und Steuern, S. 188 ff.
2 ZÖLLNER in Baumbach/Hueck, § 55 GmbHG Rz. 2.
3 Vgl. dazu PRIESTER in Scholz, § 55 GmbHG Rz. 21; BGH II ZB 1/74 vom 24. 10. 1974, BGHZ 63, 116.
4 WIDMANN in Widmann/Mayer, § 20 UmwStG Rz. 456 (November 1995); aA SCHULZE ZUR WIESCHE, GmbHR 1981, 60, 61.
5 Im Einzelnen streitig, siehe ZÖLLNER in Baumbach/Hueck, § 57c GmbHG Rz. 8 mwN.

EU → GmbH

337 Der **Kapitalerhöhungsbeschluss** muss den Betrag der Erhöhung, den Gegenstand der Sacheinlage und den Betrag der Stammeinlage, der durch Leistung der Sacheinlage erbracht wird, nennen. Zweckmäßigerweise nennt der Beschluss auch den Einbringenden als die zur Übernahme der neuen Anteile berechtigte Person (§ 55 Abs. 2 GmbHG)[1].

338 Der Beschluss beinhaltet eine Änderung des Gesellschaftsvertrags und muss den geänderten Wortlaut hinsichtlich der **Summe des Stammkapitals** festlegen (vgl. § 54 Abs. 1 S. 2 GmbHG).

339 Der Einbringende muss die **Übernahme** der neuen Stammeinlage **erklären** (§ 55 Abs. 1 GmbHG). Diese ist notariell zu beurkunden oder zu beglaubigen. Die Übernahmeerklärung kann vor, nach oder getrennt von dem Kapitalerhöhungsbeschluss abgegeben werden. Eine getrennte notariell beglaubigte Erklärung ist kostengünstiger (§ 45 Abs. 1 statt § 36 Abs. 1 KostO). Ob die Übernahme einer neuen Stammeinlage durch einen **Minderjährigen** der vormundschaftsgerichtlichen Genehmigung bedarf, ist streitig (§ 1822 Nr. 3 und 10 BGB)[2]. Die Erklärung muss den Betrag der Stammeinlage und den Gegenstand der Sacheinlage enthalten (§ 56 Abs. 1 S. 2 GmbHG).

340 Der Beschluss über die Kapitalerhöhung ist durch sämtliche Geschäftsführer (§ 78 GmbHG) in öffentlich beglaubigter Form (§ 12 HGB) zur Eintragung im Handelsregister **anzumelden**. Die Sacheinlage ist vorher zu erbringen (§§ 56 a, 7 Abs. 3 GmbHG). Zur Bewertung der Sacheinlage vergleiche Tz. 313. Zum Inhalt der Anmeldung und den beizufügenden Unterlagen vergleiche § 57 GmbHG[3].

341 Erst mit der Eintragung im Handelsregister wird die Kapitalerhöhung **wirksam** (§ 54 Abs. 3 GmbHG).

II. Steuerrecht

342 Steuerrechtlich unterfällt die Einbringung eines Einzelunternehmens im Wege der Sachgründung oder Kapitalerhöhung **§ 20 UmwStG**. Es gelten grundsätzlich die Tz. 229–289 entsprechend.

---

1 Ansonsten ist ein gesonderter Beschluss der Gesellschafterversammlung erforderlich.
2 Vgl. PRIESTER in Scholz, § 55 GmbHG Rz. 105 f.
3 Dazu auch STRECK/SCHWEDHELM in Formularbuch Recht und Steuern, S. 769 ff.

EU → GmbH

Wählt die GmbH den **Teilwertansatz,** so gelten die Wirtschaftsgüter als mit dem Teilwert angeschafft (§ 22 Abs. 3 1. HS UmwStG)[1]. Anschaffungszeitpunkt ist der Einbringungszeitpunkt. Die GmbH kann steuerfrei gebildete Rücklagen nicht fortführen. Die Auflösung einer Ansparrücklage ist begünstigt[2]. Soweit steuerliche Begünstigungen an den Herstellungsvorgang anknüpfen, kommen diese für die GmbH nicht in Betracht, da die übernommenen Wirtschaftsgüter erworben wurden.

343

Zur Behandlung von **Anteilen der GmbH,** in die eingebracht wird, wenn diese zum Vermögen des Einzelunternehmers gehören, vergleiche Tz. 1566 *GmbH & Co KG* → *GmbH.*

344

Die **steuerliche Rückbeziehung** darf auf einen Tag erfolgen, der höchstens acht Monate vor dem Tag des Abschlusses des Einbringungsvertrags (= notarielle Gründung) bzw. Kapitalerhöhung liegt und höchstens acht Monate vor dem Zeitpunkt liegt, an dem das eingebrachte Betriebsvermögen auf die GmbH übergeht (§ 20 Abs. 8 S. 3 UmwStG).

345

Hinweis: Die Rückbeziehung im Fall der Sachgründung oder Sachkapitalerhöhung ist damit nicht an die Anmeldung zum Handelsregister gebunden. Es empfiehlt sich, die Übereignung des Vermögens als Erbringung der Einlage in das Gründungsprotokoll bzw. den Erhöhungsbeschluss aufzunehmen.

346

E. Verkauf und unentgeltliche Übertragung

I. Zivilrecht

Gründet der Einzelunternehmer eine GmbH bar und veräußert er sodann sein Einzelunternehmen an die GmbH, kann eine **verschleierte Sachgründung** vorliegen, wenn die Zahlung des Kaufpreises aus dem Stammkapital erfolgt oder Kaufpreisforderung und Einlageverpflichtung miteinander verrechnet werden. Zivilrechtlich gilt die Stammeinlage als nicht geleistet, da im Gesellschaftsvertrag die Berechtigung des Gesellschafters, die Stammeinlage durch Sacheinlage zu erbringen, nicht aufgenommen wurde (§§ 19 Abs. 5, 5

347

---

1 Zu Sonderabschreibungen nach dem Fördergebietsgesetz BMF vom 14. 7. 1995, DB 1995, 1439.
2 BFH XI R 69/03 vom 10. 11. 2004, GmbHR 2005, 308 gegen FG Düsseldorf 11 K 2035/01 vom 25. 9. 2003, EFG 2003, 1768.

EU → GmbH

Abs. 4 GmbHG)[1]. Der Gesellschafter bleibt somit weiterhin zur Bareinlage verpflichtet. Dabei spielt es keine Rolle, ob der Kaufpreis angemessen ist oder nicht.

348 Gleiches gilt bei einer **Kapitalerhöhung** aus Barmitteln mit anschließendem Erwerb des Einzelunternehmens (§ 56 GmbHG).

349 Wird das Einzelunternehmen nach Bargründung der GmbH **unentgeltlich** übertragen, hat dies handelsrechtlich grundsätzlich keine nachteiligen Folgen.

II. Steuerrecht

350 Die Einbringung des Betriebs im Rahmen einer verschleierten Sachgründung unterfällt nicht § 20 UmwStG, da die Gegenleistung für das eingebrachte Vermögen nicht in Gesellschaftsrechten besteht[2]. Folglich hat der „Einbringende" auch kein Wahlrecht hinsichtlich des Bewertungsansatzes. Erfolgt die Veräußerung unter dem Teilwert (einschließlich Geschäftswert) des Einzelunternehmens, liegt insoweit eine **verdeckte Einlage** vor. Die Differenz zwischen Kaufpreis und Teilwert ist als Entnahme Bestandteil des nach §§ 16, 34 EStG begünstigten Veräußerungsgewinnes. Dies gilt auch, wenn eine Betriebsaufspaltung entsteht (dazu Tz. 1934–1937 KG → KG). Die Anschaffungskosten der GmbH-Anteile sind entsprechend zu erhöhen. Die GmbH

---

1 Im Einzelnen PENTZ in Rowedder/Schmidt-Leithoff, § 19 GmbHG Rz. 110 ff.; LUTTER/BAYER in Lutter/Hommelhoff, § 5 GmbHG Rz. 41 ff., jeweils mwN; zur Heilung verdeckter Sacheinlagen BGH II ZB 8/95 vom 4. 3. 1996, GmbHR 1996, 351; BGH II ZR 235/01 vom 7. 7. 2003, GmbHR 2003, 1051; Langenbucher, DStR 2003, 1838; zu den steuerlichen Folgen der Heilung ALTRICHTER-HERZBERG, GmbHR 2004, 1188; TILLMANN/TILLMANN, DB 2004, 1853; Vertragsmuster: MAYER in Widmann/Mayer, Anh. 4, M 234 f. (September 2003).

2 BFH I R 5/92 vom 1. 7. 1992, GmbHR 1993, 244; BFH IV R 121/91 vom 14. 1. 1993, BFH/NV 1993, 525; BFH I R 202/83 vom 24. 3. 1987, GmbHR 1987, 366; BFH III R 117/86 vom 2. 9. 1988, BFH/NV 1990, 20; BFH X R 98/88 vom 10. 8. 1989, BFH/NV 1990, 289; vgl. ferner OFD Düsseldorf vom 19. 3. 1990, DB 1990, 764 = GmbHR 1990, 240; OFD Köln vom 3. 5. 1990, GmbHR 1990, 376; OFD Münster vom 27. 8. 1990, BB 1990, 1826 = GmbHR 1990, 530; aA FG Münster 16 K 5112/93 E vom 14. 6. 1994, EFG 1994, 968; CARLÉ, GmbHR 1983, 203; HEINEMANN, DStZ 1984, 251; zweifelnd BFH X B 51/89 vom 24. 1. 1990, BFH/NV 1990, 537; ferner zum Diskussionsstand TILLMANN, GmbHR 1989, 41; OPPERMANN, DB 1989, 753; MEILICKE, GmbHR 1989, 411; WISMETH, FR 1990, 275; SEIBOLD, DStR 1990, 719; GROH, FR 1990, 528; WINTER, GmbHR 1992, 162; THIEL, DStR 1992, 1.

hat die Wirtschaftsgüter mit dem Teilwert anzusetzen[1]. Der Wert des Unternehmens ist ggf. nach dem sog. Stuttgarter Verfahren (R 96 ff. ErbStR 2003) zu schätzen[2].

Erfolgt der Verkauf des Einzelunternehmens über dem Teilwert, liegt eine **verdeckte Gewinnausschüttung** vor. 351

Auch die **unentgeltliche Übertragung** des Unternehmens auf die GmbH ist verdeckte Einlage, die zur Betriebsaufgabe und damit zur Besteuerung nach §§ 16, 34 EStG führt[3]. Wird ein überschuldetes Unternehmen übertragen, besteht die Gefahr einer verdeckten Gewinnausschüttung[4]. 352

Gestaltungshinweis: Die Realisierung stiller Reserven wird vermieden, wenn nur das Umlaufvermögen veräußert und das Anlagevermögen verpachtet wird, vorausgesetzt, die Bedingungen einer Betriebsaufspaltung oder Betriebsverpachtung sind gegeben[5]. 353

Weiterer Hinweis: Die verdeckte Einlage kann ein bewusstes Gestaltungsmittel sein, wenn die Aufdeckung der stillen Reserven gewollt ist. Kosten und Zeit für eine Sachgründung bzw. Sachkapitalerhöhung werden erspart. Die Begünstigung des Veräußerungsgewinns und die Erhöhung des Abschreibungsvolumens bestehen. Nachteilig ist, dass die verdeckte Einlage in voller Höhe dem steuerlichen Einlagenkonto (§ 27 KStG) zuzurechnen ist. Eine Rückführung an den Gesellschafter ist somit nur über eine Ausschüttung möglich. Wird hingegen offen im Rahmen der Gründung oder Kapitalerhöhung eingelegt, kann die Einlage teilweise als Gesellschafterdarlehen verwendet und damit jederzeit zurückgeführt werden. 354

---

1 Dies gilt unabhängig davon, ob die Einlage beim Gesellschafter steuerlich erfasst wurde; siehe BFH I R 104/94 vom 25. 10. 1995, DStR 1996, 617; BFH I R 113/95 vom 24. 7. 1996, GmbHR 1997, 222.
2 FG Hamburg I 52/88 vom 5. 3. 1991, EFG 1992, 18.
3 BFH IV R 121/91 vom 14. 1. 1993, BFH/NV 1993, 525; BFH VIII R 17/85 vom 18. 12. 1990, GmbHR 1991, 219; differenzierend WACKER in L. Schmidt, § 16 EStG Rz. 201; zweifelnd BFH X B 51/89 vom 24. 1. 1990, BFH/NV 1990, 537; zu § 17 EStG BFH I R 147/83 vom 27. 7. 1988, GmbHR 1989, 136; zur Umsatzsteuer siehe FG Saarland 2 K 7/87 vom 22. 8. 1991, EFG 1991, 762.
4 FG Baden-Württemberg 3 K 157/88 vom 18. 2. 1992, GmbHR 1993, 50.
5 OFD Düsseldorf vom 19. 3. 1990, DB 1990, 764 = GmbHR 1990, 240; zur Betriebsaufspaltung im Allgemeinen WACKER in L. Schmidt, § 15 EStG Rz. 800 ff.; ALVERMANN in STRECK, ABC Betriebsaufspaltung, jeweils mwN.

EU → GmbH

F. Umwandlung einer freiberuflichen Einzelpraxis in eine Freiberufler-GmbH

I. Zivilrecht

355 Eine Ausgliederung gemäß § 152 UmwG einer freiberuflichen Einzelpraxis in eine Freiberufler-GmbH[1] ist **unzulässig**. Voraussetzung einer Ausgliederung ist die Eintragung des Einzelunternehmens im Handelsregister (§ 152 S. 1 UmwG).

356 Eine Einzelpraxis kann an eine zuvor bar gegründete GmbH **veräußert** oder ohne Gewährung neuer Anteile **(verdeckt)** eingebracht werden. Bei einem Verkauf an die GmbH kann handelsrechtlich eine **verschleierte Sachgründung** vorliegen. Folge wäre des Fortbestehen einer Haftung in Höhe der Stammeinlage. Beide Gestaltungen zwingen steuerlich zur Aufdeckung aller stillen Reserven – einschließlich des Praxiswertes – und führen damit zur vollen Gewinnrealisierung (siehe Tz. 350).

357 Eine Einzelpraxis kann im Wege der **Sachgründung** oder – nach Bargründung einer GmbH – im Wege der **Kapitalerhöhung** in eine GmbH eingebracht werden. Sach- und Rechtsgesamtheiten, wie etwa eine freiberufliche Praxis, können Gegenstand einer **Sacheinlage** sein[2].

358 Im Rahmen einer Sachgründung können **mehrere Praxen** eingebracht werden (A und B bringen jeweils ihre Einzelpraxis in eine gemeinsame GmbH ein). Eine **gemischte Bar- und Sachgründung** ist zulässig (A bringt seine Praxis, B einen Barbetrag ein).

359 Im Unterschied zur Ausgliederung nach § 152 UmwG tritt bei der Einbringung **keine Gesamtrechtsnachfolge** ein. Entsprechend gehen Mandatsverhältnisse nicht automatisch, sondern nur mit Zustimmung des **Mandanten** auf die GmbH über. In der Praxis empfiehlt es sich daher, den Mandanten die Einbringung der Praxis in eine GmbH zumindest mitzuteilen. Wird das Mandat sodann für den Mandanten erkennbar von der GmbH weitergeführt und widerspricht der Man-

---

1 Zulässig sind StB- und WP-Gesellschaften (§ 49 StBerG, § 27 WPO), RA-GmbH (§§ 59 c–59 m BRAO), Zahnarzt-GmbH (BGH I ZR 281/91 vom 25. 11. 1993, DB 1994, 468), siehe auch Henssler, ZIP 1994, 844; Kupfer, KÖSDI 1995, 10130; Sommer, GmbHR 1995, 249; Dauner-Lieb, GmbHR 1995, 259; DAV, AnwBl. 1995, 251; Meyer/Kreft, GmbHR 1997, 193, zur Arzt-GmbH; zur RA-AG BGH Anwz (B) 27, 28/03 vom 10. 1. 2005, ZIP 2005, 944.
2 Vgl. Ulmer in Hachenburg, § 5 GmbHG Rz. 52.

EU → GmbH

dant nicht, dürfte dies als konkludente Genehmigung angesehen werden[1].

Im Übrigen gilt für die Sachgründung durch **Einbringung** Tz. 305–341. 360

Für eine Einbringung im Wege der **Kapitalerhöhung** gelten die Regelungen entsprechend. 361

II. Steuerrecht

Verkauft der bisherige Praxisinhaber seine Praxis zum Buchwert an die eigene GmbH, geht – mit der Person des Inhabers – der Praxiswert tatsächlich auf die GmbH über, wenn bzw. weil der (bisherige) Praxisinhaber als Geschäftsführer der GmbH für diese tätig ist[2]. Der Praxiswert ist damit (in Bezug auf die Einzelpraxis) betriebsfremden Zwecken zugeführt worden. Infolgedessen unterliegen sämtliche stillen Reserven, dh. auch der **Praxiswert** gemäß § 18 Abs. 3 EStG, der Besteuerung[3]. Zur AfA auf den Praxiswert siehe Tz. 164 *EU → GbR*. 362

Wird bei der Bemessung des Kaufpreises der Praxiswert berücksichtigt, droht eine **verdeckte Gewinnausschüttung,** wenn der frühere Praxisinhaber Geschäftsführer der GmbH wird[4]. 363

Die aufgezeigte Problematik wird vermieden bei einer **Einbringung** im Wege der **Sachgründung** oder **Sachkapitalerhöhung**. 364

Die Einbringung unterfällt § 20 UmwStG mit den dort bestehenden Wahlmöglichkeiten (vgl. auch zu den Rechtsfolgen Tz. 342–346). 365

Die Einbringung der freiberuflichen Praxis zwingt zum Übergang zur **Gewinnermittlung** nach §§ 4 Abs. 1 und 5 EStG. Wurde der Gewinn bisher nach § 4 Abs. 3 EStG ermittelt, führt die Einbringung somit zur Korrektur bislang unerfasster Geschäftsvorfälle (vgl. R 17 EStR 2003). Die sofortige Versteuerung kann vermieden werden, wenn diese Forderung nicht mit eingebracht wird. § 20 UmwStG bleibt unberührt[5]. 366

---

1 Siehe auch BGH VIII ZR 296/90 vom 10. 7. 1991, NJW 1991, 2955; BGH VIII ZR 4/91 vom 11. 12. 1991, NJW 1992, 737; TAUPITZ, MDR 1992, 421.
2 BFH I R 144/87 vom 28. 2. 1990, BStBl. 1990 II, 595.
3 Vgl. BFH I R 202/83 vom 24. 3. 1987, BStBl. 1987 II, 705.
4 BFH I R 144/87 vom 28. 2. 1990, BStBl. 1990 II, 595; LS BFH DStR 1990, 422; BFH I R 52/93 vom 30. 3. 1994, BStBl. 1994 II, 903; BFH I R 128–129/95 vom 18. 12. 1996, DStR 1997, 917.
5 Vgl. KORN, Harzburger Protokoll 1978, 225, 269.

EU → GmbH & Co KG

Einzelunternehmen (EU) → GmbH & Co KG, Ausgliederung, Einbringung

367 Ein Einzelunternehmer kann sein Unternehmen auf eine bestehende GmbH & Co KG ausgliedern (siehe Tz. 369 *EU → KG*). Die **Ausgliederung** zur Neugründung einer Personengesellschaft ist hingegen ausgeschlossen. Der Einzelunternehmer kann aber mit einer GmbH eine KG gründen und dazu sein Einzelunternehmen im Wege der **Einzelrechtsübertragung**[1] in die KG einbringen (siehe Tz. 372 *EU → KG*).

368 Zum **Verkauf** und zur **unentgeltlichen Übertragung** siehe Tz. 375 und 376 *EU → KG*.

Einzelunternehmen (EU) → KG, Ausgliederung, Einbringung

A. Übersicht 369
B. Ausgliederung auf eine bestehende KG
   I. Zivilrecht 378
   II. Steuerrecht
      1. Einbringung 380
      2. Einräumung einer Mitunternehmerstellung . 384
      3. Einbringungszeitpunkt 386
      4. Bewertung 392
      5. Steuerfolgen für den Einzelunternehmer . . 401
      6. Steuerfolgen für die KG 407
      7. Sonstige Steuern
         a) Gewerbesteuer . . . 408
         b) Verkehrsteuern . . 410
C. Aufnahme eines Gesellschafters
   I. Zivilrecht
      1. Allgemeines 412

      2. Firma 421
      3. Haftung 422
      4. Handelsregisteranmeldung 426
   II. Steuerrecht
      1. Steuerfolgen für den Einzelunternehmer . . 427
      2. Steuerfolgen für den eintretenden Gesellschafter 438
D. Übertragung des Unternehmens auf eine bestehende KG
   I. Zivilrecht 439
   II. Steuerrecht 440
E. Verkauf
   I. Zivilrecht 441
   II. Steuerrecht 443
F. Unentgeltliche Übertragung 445

---

1 Vertragsmuster: Fox in Engl, Formularbuch Umwandlungen, S. 768 ff.; Mayer in Widmann/Mayer, Anh. 4, M 219 f. (September 2003).

A. Übersicht

Nach § 152 UmwG kann ein Einzelkaufmann sein Unternehmen oder Teile seines Unternehmens **auf eine bestehende KG** im Wege der (partiellen) Gesamtrechtsnachfolge ausgliedern. Zu den generellen Voraussetzungen siehe Tz. 175–191 *EU → GmbH*. 369

Ausgeschlossen ist die **Ausgliederung zur Neugründung** einer Personengesellschaft. Die Gesetzesbegründung[1] verweist hierzu auf die Tatsache, dass die Gründung einer Einpersonen-Gesellschaft ausgeschlossen ist. 370

Hinweis: Nach dem UmwG fehlt die Möglichkeit, Personengesellschaften durch Verschmelzung oder gleichzeitige Ausgliederung von Einzelunternehmen zu gründen. Die fehlende Möglichkeit der Ausgliederung zur Neugründung einer Personengesellschaft lässt sich in der Praxis allerdings leicht umgehen, indem zunächst eine Personengesellschaft ohne oder mit geringer Einlageverpflichtung gegründet wird. Nach Gründung und Eintragung der Personenhandelsgesellschaft im Handelsregister erfolgt die Ausgliederung[2]. 371

Daneben besteht die Möglichkeit zur Einbringung eines Einzelunternehmens in eine Personengesellschaft im Wege der Einzelrechtsnachfolge. Diese „Umwandlung" vollzieht sich idR wie folgt: 372

– Der **Inhaber** des Unternehmens **nimmt** mindestens einen weiteren **Gesellschafter** in sein Handelsgeschäft **auf** und gründet mit diesem eine KG.

– Der **Einzelunternehmer überträgt** sein Unternehmen **auf** eine bereits **bestehende KG,** der er anlässlich der Übertragung beitritt oder an der er bereits beteiligt war.

Sowohl die Aufnahme eines Gesellschafters wie die Übertragung des Unternehmens auf die KG beinhaltet die **Einlage** des Einzelunternehmens in die KG. 373

Steuerrechtlich handelt es sich sowohl bei der Ausgliederung wie auch bei der Einlage im Wege der Einzelrechtsnachfolge um eine **Einbringung iSd. § 24 UmwStG,** wenn die Übertragung des Einzelunternehmens (Betrieb, Teilbetrieb) gegen Gewährung oder Erweiterung von Gesellschaftsrechten erfolgt. 374

---

1 BT-Drucks. 12/6699.
2 FELIX, BB 1995, 1509.

EU → KG

375 Denkbar ist ferner der **Verkauf** des Unternehmens an die zuvor gegründete KG. Erfolgt der Verkauf unter zwischen Fremden üblichen Bedingungen, liegt eine entgeltliche Veräußerung vor[1].

376 Umstritten ist die steuerliche Behandlung der **unentgeltlichen** oder **teilentgeltlichen** (Verkauf unter Preis) **Übertragung** (verdeckte Einlage) und die Übertragung gegen **Gewährung von Gesellschaftsrechten und Entgelt** (dazu Tz. 444, 446).

377 Der **Verkauf über Wert** ist hinsichtlich des den Wert übersteigenden Betrags eine Entnahme[2].

B. Ausgliederung auf eine bestehende KG

I. Zivilrecht

378 Es gelten die Tz. 290–303 *EU → GmbH*.

379 Ein **Ausgliederungsbericht** ist außer bei Verzicht der Gesellschafter auch dann entbehrlich, wenn alle Gesellschafter der KG zur Geschäftsführung berechtigt sind (§ 125 iVm. § 41 UmwG).

II. Steuerrecht

1. Einbringung

380 Die Ausgliederung eines Einzelunternehmens auf eine bestehende KG ist eine Einbringung iSd. **§ 24 UmwStG**[3]. Einbringender ist einerseits der Inhaber des Einzelunternehmens. Eingebracht wird der Betrieb des Einzelunternehmers. Andererseits bringen die bisherigen Gesellschafter der KG ihre Mitunternehmeranteile an der bisherigen Gesellschaft in die neue, um den Einzelunternehmer erweiterte KG ein. Insoweit gilt Tz. 1977–2005 *KG ↔ KG*.

381 Die Anwendung des § 24 UmwStG ist hinsichtlich der Einbringung durch den Einzelunternehmer unstreitig, wenn das eingebrachte Vermögen einen Betrieb oder Teilbetrieb[4] im steuerlichen Sinn darstellt.

---

1 WACKER in L. Schmidt, § 15 EStG Rz. 661.
2 WACKER in L. Schmidt, § 15 EStG Rz. 661.
3 SCHAUMBURG/RÖDDER, UmwG/UmwStG, S. 640.
4 Auch ein verpachteter Teilbetrieb kann eingebracht werden, BFH VIII R 100/86 vom 20. 6. 1989, BFH/NV 1990, 102; ein Dentallabor ist wesentliche Betriebsgrundlage bei Zahnarztpraxis, BFH IV R 3/03 vom 16. 12. 2004, BFH/NV 2005, 879.

Unschädlich ist die **Entnahme von Wirtschaftsgütern,** die keine wesentlichen Betriebsgrundlagen darstellen. Sie werden – soweit keine Zuführung zu einem anderen Betriebsvermögen stattfindet – Privatvermögen. Der entstehende Gewinn ist gemäß §§ 16, 34 EStG begünstigt, wenn die Einbringung zum Teilwert (Vollaufdeckung aller stillen Reserven) erfolgt (§ 24 Abs. 3 S. 2 UmwStG). Eine Umqualifizierung dieses Entnahmegewinns in laufenden Gewinn (§ 24 Abs. 3 S. 3 UmwStG iVm. § 16 Abs. 2 S. 3 EStG) kommt nicht in Betracht, da keine Veräußerung vorliegt[1]. Ebenso ist ein Gewinn begünstigt, wenn Wirtschaftsgüter anlässlich einer Einbringung zum Teilwert an Dritte veräußert werden[2].

Nicht erforderlich ist, dass alle wesentlichen Betriebsgrundlagen Gesamthandsvermögen werden. Es genügt, die Wirtschaftsgüter zur **Nutzung zu überlassen.** Sie werden damit (Sonder-)Betriebsvermögen und gelten steuerlich als eingebracht[3]. Nicht ausreichend ist es, den Betrieb ausschließlich in das Sonderbetriebsvermögen einzubringen[4] oder wesentliche Betriebsgrundlagen (zB Grundstücke) auf eine neben der KG bestehende GbR zu übertragen und von dieser an die KG zu vermieten, da hierdurch eine mitunternehmerische Betriebsaufspaltung entsteht. Die GbR wird gewerblich, die Grundstücke Betriebsvermögen der GbR[5].

382

Erfolgt weder eine Übertragung noch eine Zurverfügungstellung aller wesentlichen Betriebsgrundlagen, fehlt es ggf. an der Einbringung eines Betriebs oder Teilbetriebs[6]. Eingebracht sind dann lediglich **einzelne Wirtschaftsgüter** aus dem Betriebsvermögen des Einzelunternehmers. Soweit einzelne Wirtschaftsgüter ausschließlich gegen Gewährung von Gesellschaftsrechten in das Gesamthandsvermögen der gewerblichen Personengesellschaft übertragen werden, sind die

383

---

1 Wacker in L. Schmidt, § 16 EStG Rz. 3; Schiffers, BB 1994, 1469; Schulze zur Wiesche, DB 1994, 344.
2 AA offenbar Dehmer, DStR 1994, 1753; siehe auch BFH X R 52/90 vom 16. 12. 1992, BStBl. 1994 II, 838, zum Verkauf wesentlicher Betriebsgrundlagen anlässlich der Einbringung.
3 Vgl. BFH IV R 27/89 vom 17. 5. 1990, BStBl. 1991 II, 216; BFH VIII R 32/77 vom 25. 11. 1980, BStBl. 1981 II, 419; Widmann in Widmann/Mayer, § 24 UmwStG Rz. 6 (August 2001), mwN; teilweise aA Mittelbach, DB 1976, 259; Schulze zur Wiesche, DB 1986, 1744.
4 FG Düsseldorf 16 K 2934/01 vom 30. 4. 2003, EFG 2003, 1180.
5 BFH VIII R 61/97 vom 24. 11. 1998, GmbHR 1999, 368; Wacker in L. Schmidt, § 15 EStG Rz. 533.
6 Siehe BFH IV R 3/03 vom 16. 12. 2004, nv; FG Köln 11 K 1111/96 vom 11. 10. 2002, DStRE 2003, 351.

EU → KG

Buchwerte zwingend fortzuführen (§ 6 Abs. 5 EStG)[1]. Erfolgt die Übertragung gegen Gewährung von Gesellschaftsrechten und gegen sonstiges Entgelt (Übernahme von Verbindlichkeiten, Gewährung eines Darlehens), so ist der Vorgang aufzuspalten in eine Einbringung gegen Gewährung von Gesellschaftsrechten und eine entgeltliche Veräußerung. Aufteilungsmaßstab ist das Verhältnis des Verkehrswerts der eingebrachten Wirtschaftsgüter zum sonstigen Entgelt[2]. Soweit Gesellschaftsrechte gewährt werden, sind zwingend die Buchwerte fortzuführen. Soweit ein Entgelt gezahlt wurde, realisiert sich ein laufender Gewinn in Höhe der Differenz zwischen Entgelt und anteiligem Buchwert[3].

383.1 Werden von der Ausgliederung auch **Gegenstände des Privatvermögens** erfasst, so handelt es sich steuerlich um einen tauschähnlichen Vorgang, der beim Gesellschafter zu einer gegebenenfalls steuerpflichtigen (zB § 17 EStG, § 23 EStG) entgeltlichen Veräußerung und bei der Gesellschaft zu einem Anschaffungsgeschäft führt[4].

2. Einräumung einer Mitunternehmerstellung

384 Weitere Voraussetzung für die Anwendung des § 24 UmwStG ist die Einräumung einer **Mitunternehmerstellung.** Zwar sind Komplementär und Kommanditist typischerweise Mitunternehmer[5]. Werden die Rechte des Gesellschafters vertraglich jedoch soweit eingeschränkt, dass Mitunternehmerrisiko und/oder Mitunternehmerinitiative fehlen, entfällt die Anwendung des § 24 UmwStG.

---

1 Eingehend Korn, KÖSDI 2002, 13 272; Hoffmann, GmbHR 2002, 125, jeweils auch zur zeitlichen Anwendung des § 6 Abs. 5 EStG in der Fassung des UntStFG; ferner Crezelius, DB 2004, 397, zur Frage, was unter „Gewährung von Gesellschaftsrechten" bei § 6 Abs. 5 EStG zu verstehen ist; Vertragsmuster: Mayer in Widmann/Mayer, Anh. 4, M 228 (September 2003).
2 Wacker in L. Schmidt, § 15 EStG Rz. 664.
3 BFH VIII R 58/98 vom 11. 12. 2001, GmbHR 2002, 284, mit Anm. Kempermann, FR 2002, 521.
4 BFH VIII R 69/95 vom 19. 10. 1998, GmbHR 1999, 430; BMF vom 29. 3. 2000, BStBl. 2000 I, 462; BMF vom 26. 11. 2004, DB 2004, 2667; Schulze zur Wiesche, DStZ 2001, 192; Reiß, DB 2005, 358; Groh, DB 2002, 1904 und DB 2003, 1403, halten demgegenüber die Rechtsprechung des VIII. Senats wegen der Regelungen in § 6 Abs. 5 EStG nicht mehr für anwendbar, es sei kein Tausch gegeben.
5 Wacker in L. Schmidt, § 15 EStG Rz. 322 ff.

ME ist es erforderlich, dass die Einbringung ausschließlich gegen Gewährung einer Mitunternehmerstellung erfolgt. Die Anwendung des § 24 UmwStG wird nicht dadurch ausgeschlossen, dass der Einbringende für das eingebrachte Vermögen **sonstige Gegenleistungen** von der Gesellschaft oder dem Mitgesellschafter erhält[1]. 385

3. Einbringungszeitpunkt

Da die Ausgliederung ein Fall der Gesamtrechtsnachfolge ist, gilt § 20 Abs. 7 und 8 UmwStG entsprechend (§ 24 Abs. 4 UmwStG, siehe Tz. 242–245 *EU → GmbH*)[2]. 386

Aus **Haftungsgründen** wird man idR keinen Zeitpunkt wählen, der vor Eintragung der Gesellschaft im Handelsregister liegt, da der Kommanditist bis zur Eintragung unbeschränkt haftet (§§ 176, 130 HGB). 387

Soll zudem aus Praktikabilitätsgründen zu einem regulären **Bilanzstichtag** eingebracht werden, muss die Gründung der KG so rechtzeitig vor dem Bilanzstichtag erfolgen, dass die Eintragung bis zum Bilanzstichtag erfolgen kann. 388

Formulierung[3]: „Die Gesellschaft beginnt mit Eintragung im Handelsregister, jedoch nicht vor dem 1. 1. 01. Ab diesem Tag gilt das Einzelunternehmen für Rechnung der Gesellschaft geführt." 389

Bei **Einbringung zum Jahreswechsel** muss klar festgelegt werden, in welchem Jahr die Einbringung erfolgt. Anderenfalls ist der Veranlagungszeitraum, dem ein etwaiger Einbringungsgewinn zuzuordnen ist, durch Auslegung zu ermitteln[4]. 390

Erfolgt die Einbringung nicht zum Ablauf des Wirtschaftsjahrs, endet das **Wirtschaftsjahr** des bisherigen Einzelunternehmers mit der Einbringung[5]. 391

---

1 Streitig, zum Meinungsstand SCHMITT/HÖRTNAGL/STRATZ, § 24 UmwStG Rz. 130; wie hier BFH VIII R 138/80 vom 23. 6. 1981, BStBl. 1982 II, 622; anders möglicherweise BFH VIII R 58/98 vom 11. 12. 2001, GmbHR 2002, 284, unter 3. b) bb) aaa) am Ende.
2 PATT/RASCHE, FR 1996, 365.
3 ENGL in Formularbuch Recht und Steuern, S. 60 ff.
4 BFH IV R 47/73 vom 2. 5. 1974, BStBl. 1974 II, 707.
5 WIDMANN in Widmann/Mayer, § 24 UmwStG Rz. 123 (August 2001).

EU → KG

4. Bewertung

392 Sind die Voraussetzungen des § 24 UmwStG erfüllt (siehe Tz. 380–383.1), kann die KG die eingebrachten Wirtschaftsgüter des Einzelunternehmens mit dem **Buchwert,** dem **Teilwert** oder einem **Zwischenwert** in ihrer Eröffnungsbilanz ansetzen[1]. Der Wertansatz in der Bilanz ist bindend (vgl. Tz. 263 *EU → GmbH*).

393 Die Aufstockungsmöglichkeit bis zum Teilwert besteht auch hinsichtlich der **Wirtschaftsgüter,** die nicht auf die KG übertragen, sondern ihr lediglich **zur Nutzung** überlassen werden (vgl. Tz. 382)[2].

394 Umstritten ist, ob das **Bewertungswahlrecht** nur einheitlich ausgeübt werden kann[3]. Die Finanzverwaltung wendet die zu § 20 UmwStG entwickelten Regeln entsprechend an (vgl. Tz. 252–254 *EU → GmbH*)[4]. Ein gleicher Wertansatz von Betriebsvermögen und Sonderbetriebsvermögen ist mE nicht erforderlich[5].

395 Anders als bei der Einbringung in eine Kapitalgesellschaft gibt es für die Einbringung in eine Personengesellschaft **keine Mindestansatzvorschriften.** Eingebracht werden kann damit auch ein Einzelunternehmen mit negativem Kapital[6].

396 Liegt der Teilwert der Wirtschaftsgüter unter dem Buchwert, muss noch bei dem Einzelunternehmen die **Teilwertabschreibung** vorgenommen werden[7].

397 Der Ansatz des Teilwerts erfordert die Bilanzierung des selbstgeschaffenen **Firmenwerts**[8]. Damit gewinnen die Probleme der Be-

---

1 Zur Handelsbilanz BGH II ZT 24/73 vom 5. 12. 1974, WM 1975, 325.
2 WIDMANN in Widmann/Mayer, § 24 UmwStG Rz. 130 (August 2001); SCHLÖSSER in Haritz/Benkert, § 24 UmwStG Rz. 84.
3 So WIDMANN in Widmann/Mayer, § 24 UmwStG Rz. 140 (Dezember 2002); SCHLÖSSER in Haritz/Benkert, § 24 UmwStG Rz. 96; aA LITTMANN, DStR 1969, 521 (560).
4 Tz. 24.04 UmwE.
5 AA WIDMANN in Widmann/Mayer, § 24 UmwStG Rz. 140 (Dezember 2002); SCHLÖSSER in Haritz/Benkert, § 24 UmwStG Rz. 96.
6 FG Rheinland-Pfalz 2 K 2326/89 vom 10. 11. 1992, EFG 1993, 482; SCHLÖSSER in Haritz/Benkert, § 24 UmwStG Rz. 85; Tz. 24.05 UmwE.
7 SCHLÖSSER in Haritz/Benkert, § 24 UmwStG Rz. 82; WIDMANN in Widmann/Mayer, § 24 UmwStG Rz. 133 (August 2001).
8 BFH X R 52/90 vom 16. 12. 1992, DB 1993, 1552; BFH VIII 13/65 vom 11. 8. 1971, BStBl. 1972 II, 270; SCHLÖSSER in Haritz/Benkert, § 24 UmwStG Rz. 107 mwN.

EU → KG

rechnung des Firmenwerts[1] erhebliche praktische Bedeutung, da nur der Teilwertansatz eine – idR nur anteilige (siehe Tz. 401) – Begünstigung des Einbringungsgewinns nach §§ 16, 34 EStG gewährt. Zur **Änderung des Wertansatzes** vgl. Tz. 263 *EU → GmbH*.

Wird der einbringende Einzelunternehmer **Kommanditist**, ist zu berücksichtigen, dass der Wertansatz den nach § 15 a EStG ausgleichsfähigen Verlust bestimmt. 398

Werden **Wirtschaftsgüter des Privatvermögens** mit eingebracht, gilt § 6 Abs. 1 Nr. 5 EStG[2]. Zur eventuellen Gewinnrealisierung beim Gesellschafter siehe Tz. 383.1. 399

Im Übrigen zur **Bewertung** Tz. 1735–1755 *KG → GmbH*. 400

5. Steuerfolgen für den Einzelunternehmer

Soweit die Wirtschaftsgüter des Einzelunternehmens über den Buchwerten angesetzt werden, entsteht in Höhe der Differenz zwischen den Buchwerten und dem Ansatz in der Eröffnungsbilanz ein **Einbringungsgewinn** (§ 24 Abs. 3 UmwStG). Begünstigt (§§ 16, 34 EStG) ist der Gewinn nur, wenn das eingebrachte Betriebsvermögen (einschließlich Sonderbetriebsvermögen) mit dem Teilwert angesetzt wird[3] und nur, soweit der Einbringende nicht selbst an der KG beteiligt ist (§ 24 Abs. 3 S. 3 UmwStG iVm. § 16 Abs. 2 S. 3 EStG)[4]. Zur Einbringung nur in das Sonderbetriebsvermögen siehe Tz. 161.1 *EU → GbR*. 401

Beispiel: A erhält für die Einbringung seines Einzelunternehmens eine Beteiligung an der KG in Höhe von 50%. Erfolgt die Einbringung zum Teilwert, sind 50% des Einbringungsgewinns begünstigt, 50% sind „laufender Gewinn"[5]. 402

---

1 Dazu WEBER-GRELLET in L. Schmidt, § 5 EStG Rz. 221 ff., mwN; zum Nutzungsrecht an einem Grundstück BFH XI R 22/98 vom 10. 3. 1999, BStBl. 1999 II, 523.
2 SCHLÖSSER in Haritz/Benkert, § 24 UmwStG Rz. 12 mwN; zum Wertansatz einer wesentlichen Beteiligung siehe BFH VIII R 25/94 vom 25. 7. 1995, BStBl. 1996 II, 684; mit Nichtanwendungserlass vom 5. 12. 1996, BStBl. 1996 I, 1500.
3 BFH III R 39/91 vom 26. 1. 1994, BStBl. 1994 II, 458; BFH X R 52/90 vom 16. 12. 1992, DB 1993, 1552.
4 Eingehend hierzu STRECK/SCHWEDHELM, BB 1993, 2420; BREIDENBACH, DB 1995, 296; BREIDENBACH, DB 1994, 1212; mE unzutreffend Tz. 24.16 UmwE; zur Berechnung des Freibetrags nach § 16 Abs. 4 EStG PFALZGRAF/MEYER, DStR 1994, 1329.
5 Dazu Tz. 408.

EU → KG

403 Ein Einbringungsgewinn kann vermieden werden, indem die Wertaufstockung in der Bilanz der KG in einer **Ergänzungsbilanz** für den Einbringenden rückgängig gemacht wird[1]. ME kann dies auf den nicht begünstigten Teil des Einbringungsgewinns beschränkt werden[2]. Zum Nachteil von Ergänzungsbilanzen siehe Tz. 1997 *KG ↔ KG*.

404 Ein **Verlustvortrag** des Einbringenden nach § 10 d EStG verbleibt (mE auch für die Zeit vor Änderung des § 24 Abs. 4 UmwStG durch das Jahressteuergesetz 1996) bei dem Einbringenden, da auf der Ebene der Personengesellschaft kein Verlustausgleich nach § 10 d EStG stattfindet[3].

405 Für die **Einbringungskosten,** die der Einzelkaufmann trägt, gilt Tz. 271 *EU → GmbH*. Soweit die Kosten von der KG getragen werden, handelt es sich um laufende Betriebsausgaben[4].

406 Zum **Wertausgleich** siehe Tz. 428–437.

6. Steuerfolgen für die KG

407 § 24 Abs. 4 UmwStG verweist auf **§ 22 UmwStG.** Es gelten damit Tz. 279–286 *EU → GmbH* entsprechend.

7. Sonstige Steuern

a) Gewerbesteuer

408 Der Einbringungsgewinn unterliegt nicht der **Gewerbeertragsteuer**[5]. Dies gilt auch für den „laufenden Gewinn" gemäß § 24 Abs. 3 S. 3 UmwStG (Tz. 401)[6].

---

1 BFH VIII R 17/95 vom 6. 7. 1999, DStRE 1999, 911; eingehend Ley, KÖSDI 2001, 12982; Kellersmann, DB 1997, 2047, mwN; Tz. 24.14 UmwE; zur handelsrechtlichen Ergänzungsbilanz Schulze-Osterloh, ZGR 1991, 488.
2 Streck/Schwedhelm, BB 1993, 2420; Breidenbach, DB 1995, 296; aA Pfalzgraf/Meyer, DStR 1994, 1329; siehe auch Wacker in L. Schmidt, § 16 EStG Rz. 562.
3 Siehe BMF vom 28. 2. 1995, DStR 1995, 455 = BB 1995, 660; zur Änderung der Gesetzesformulierung in § 22 UmwStG siehe BGBl. 1995 I, 1250.
4 Widmann in Widmann/Mayer, § 24 UmwStG Rz. 244 (August 2001).
5 BFH IV R 93/85 vom 29. 10. 1987, BStBl. 1988 II, 374.
6 Ebenso Schmitt/Hörtnagl/Stratz, § 24 UmwStG Rz. 266, mwN; Schultz, DStR 1994, 521; Schiffers, BB 1994, 1469; siehe auch BFH XI B 216/02 vom 27. 10. 2004, BFH/NV 2005, 353, mwN; aA die Finanzverwaltung, siehe Tz. 24.17 UmwE; Wochinger/Dötsch, DB 1994, Beilage Nr. 14, S. 35.

Mit der Einbringung endet die **persönliche Gewerbesteuerpflicht** des Einzelunternehmers[1], ohne dass ein Unternehmerwechsel vorliegt[2]. Ein **Verlustvortrag** nach § 10 a GewStG kann von dem anteiligen Gewerbeertrag der Personengesellschaft abgezogen werden[3]. 409

b) Verkehrsteuern

Die Einbringung des Einzelunternehmens unterliegt als Geschäftsveräußerung nicht der **Umsatzsteuer** (§ 1 Abs. 1 a UStG)[4]. 410

Soweit bei der Einbringung ein Grundstück des Einbringenden in das Gesamthandsvermögen übergeht, fällt – begrenzt nach § 5 Abs. 2 GrEStG[5] – **Grunderwerbsteuer** an. Vermieden wird die Grunderwerbsteuerbelastung, wenn das Grundstück nicht in das Eigentum der KG übergeht, sondern nur zur Nutzung überlassen wird. Das Grundstück darf dann in der Ausgliederungserklärung nicht enthalten sein. Zur Bemessungsgrundlage und Aktivierung siehe Tz. 289 *EU → GmbH*. 411

C. Aufnahme eines Gesellschafters

I. Zivilrecht

1. Allgemeines

Die Errichtung einer KG durch Aufnahme eines Gesellschafters in das Geschäft eines Einzelkaufmanns beinhaltet die **Gründung einer KG,** bei der das bisherige Einzelunternehmen als Sacheinlage eingebracht wird[6]. 412

---

1 BFH III R 36/85 vom 17. 2. 1989, BB 1989, 1537; zu den Besonderheiten bei Einbringung durch eine Kapitalgesellschaft siehe HILD, DB 1991, 1904.
2 BFH IV R 133/90 vom 26. 8. 1993, BFH/NV 1994, 285; FG Düsseldorf 15 V 79/89 A(G) vom 18. 5. 1989, EFG 1989, 473; Ländererlass vom 25. 10. 1995, DB 1995, 2567.
3 BFH IV R 133/90 vom 26. 8. 1993, DB 1994, 2326; BORDEWIN, DStR 1995, 313.
4 Zu den Besonderheiten bei Einbringung eines land- und forstwirtschaftlichen Betriebes BFH IV R 7/93 vom 20. 4. 1995, BStBl. 1995 II, 708; OFD München vom 1. 12. 1995, DB 1996, 304; zur Umsatzsteuer bei Einbringung einzelner Wirtschaftsgüter BFH XI R 63/94 vom 8. 11. 1995, BStBl. 1996 II, 114; eingehend auch REISS, UR 1996, 357; GOSCH, DStZ 1996, 228.
5 Nach § 5 Abs. 3 GrEStG entfällt die Steuerbegünstigung, wenn sich der Anteil des Veräußerers am Vermögen der Gesamthand innerhalb von fünf Jahren nach dem Übergang des Grundstücks auf die Gesamthand vermindert. Zu einer solchen Veränderung führt auch die Umwandlung der KG in eine Kapitalgesellschaft, siehe FRANZ in Pahlke/Franz, § 5 GrEStG Rz. 23.
6 HÜFFER in Staub, § 24 HGB Rz. 6.

413 Notwendig ist der Abschluss eines **KG-Vertrags**[1], wobei einer (entweder der neue Gesellschafter oder der bisherige Inhaber) die Stellung des unbeschränkt haftenden Komplementärs, der andere die Stellung des beschränkt haftenden Kommanditisten übernehmen muss.

414 Der bisherige Einzelunternehmer erbringt seine gesellschaftsrechtliche **Einlageverpflichtung** im Wege der Sacheinlage aller Wirtschaftsgüter seines bisherigen Einzelunternehmens. Erforderlich ist eine Einzelrechtsübertragung (keine Gesamtrechtsnachfolge). Sämtliche Aktiva und Passiva müssen also einzeln der KG übereignet bzw. an sie abgetreten werden[2]. Verbindlichkeiten gehen nur mit Zustimmung der Gläubiger über. In gegenseitige Verträge (zB Mietverträge, Lieferverträge) kann die KG nur mit Einwilligung des Vertragspartners eintreten. Arbeitsverträge gehen hingegen nach § 613 a BGB auf die KG über.

415 Der Umfang des einzubringenden **Vermögens** ist genau zu umschreiben. Es empfiehlt sich, eine Vermögensübersicht zu erstellen. Zu beachten ist, dass auch eine Zustimmungspflicht des Ehegatten nach § 1365 BGB in Betracht kommt.

416 Festgelegt werden sollte der **Wertansatz** für das eingebrachte Vermögen[3]. Steuerlich bindend ist zwar nur der Bilanzansatz, nicht die vertragliche Vereinbarung (Tz. 392). Der Einbringende hat damit aber zumindest einen schuldrechtlichen Anspruch (und damit ggf. einen Schadensersatzanspruch) auf Zustimmung seiner Mitgesellschafter zu dem festgelegten Ansatz.

417 Neben dem Unternehmen kann der Kaufmann weitere **Bar- oder Sacheinlagen** erbringen.

418 Als **neuer Gesellschafter** kommt jede natürliche oder juristische Person sowie eine GbR[4], OHG oder KG, eine Vor-GmbH[5], uU sogar eine

---

1 Zum allgemeinen Inhalt WEIGELL in Formularbuch Recht und Steuern, S. 318 ff.; speziell zur Einbringung ENGL in Formularbuch Recht und Steuern, S. 60 ff.
2 OLG München 27 U 473/91 vom 8. 1. 1992, DB 1992, 518.
3 Zur Handelsbilanz eingehend GECK, Die Einbringung von Einzelunternehmen in Personenhandelsgesellschaften, 1986, S. 30 ff.
4 BayObLG 3 ZBR 164/00 vom 18. 10. 2000, ZIP 2000, 2165; BGH II ZB 23/00 vom 16. 7. 2001, NJW 2001, 3121.
5 BGH II ZR 54/80 vom 9. 3. 1981, BGHZ 80, 129.

ausländische Kapitalgesellschaft[1] in Betracht. Möglich sind Bar- und/oder Sacheinlagen.

Der Abschluss des Gesellschaftsvertrags ist grundsätzlich **formfrei**. Ausnahmen gelten, wenn ein Gesellschafter in dem Vertrag eine Verpflichtung übernimmt, die einer bestimmten Form bedarf (Beispiel: Einbringung eines Grundstücks, § 313 BGB). 419

Bei der Aufnahme eines **Minderjährigen** ist eine vormundschaftsgerichtliche Genehmigung (§§ 1822 Nr. 3, 1643 Abs. 1 BGB) und für den Fall, dass der gesetzliche Vertreter selbst Mitgesellschafter ist, ist die Bestellung eines Pflegers (§ 1909 BGB) erforderlich. 420

2. Firma

Die KG kann die bisherige Firma des Einzelunternehmens **fortführen** (§ 24 HGB). Dies gilt sowohl für den Fall, dass der bisherige Einzelkaufmann die Komplementärstellung einnimmt, als auch im Fall des Zurücktretens in die Kommanditistenrolle[2]. Notwendig ist die Beifügung eines Gesellschaftszusatzes (§ 19 Abs. 1 HGB). 421

3. Haftung

Tritt jemand als persönlich haftender Gesellschafter oder als Kommanditist in das Geschäft eines Einzelkaufmanns ein, so haftet die **Gesellschaft** für alle im Betrieb des Geschäftes entstandenen Verbindlichkeiten des früheren Geschäftsinhabers (§ 28 Abs. 1 HGB). Dies gilt unabhängig davon, ob die Firma des Einzelunternehmens fortgeführt wird[3]. 422

Für die Verbindlichkeiten der Gesellschaft haften die Gesellschafter beschränkt (Kommanditist) oder unbeschränkt (**Komplementär,** §§ 171 ff. HGB). 423

Wird der frühere **Geschäftsinhaber** Kommanditist, so ist seine Haftung für die bis zur Eintragung der KG entstandenen Verbindlichkeiten auf fünf Jahre begrenzt (§ 28 Abs. 3 iVm. § 26 HGB). 424

---

1 BayObLG BReg. 3 Z 148/85 vom 21. 3. 1986, NJW 1986, 3029; OLG Saarbrücken 5 W 60/88 vom 21. 4. 1989, NJW 1990, 647; streitig, vgl. BAUMBACH/HOPT, § 105 HGB Rz. 28.
2 HÜFFER in Staub, § 24 HGB Rz. 6; BAUMBACH/HOPT, § 24 HGB Rz. 10.
3 Zum Umfang der Haftung siehe die Kommentierung zu § 28 HGB; zur Haftung für Versorgungsbezüge von Arbeitnehmern BAG 3 AZR 593/89 vom 29. 1. 1991, NJW 1991, 1972; zur steuerlichen Haftung MÖSBAUER, DStZ 1996, 257.

EU → KG

425 Im Innenverhältnis kann der Umfang der auf die Gesellschaft übergehenden Alt-Verbindlichkeiten vertraglich bestimmt werden. Gegenüber Dritten sind solche **Haftungsbeschränkungen** jedoch nur wirksam, wenn sie im Handelsregister eingetragen und bekannt gemacht oder von einem Gesellschafter dem Dritten mitgeteilt worden sind (§ 28 HGB). Nicht erfasst von einer Haftungsbeschränkung nach § 28 Abs. 2 HGB wird eine Haftung nach § 613 a BGB **(Arbeitsverhältnisse)** und § 75 AO **(betriebliche Steuerschulden).**

4. Handelsregisteranmeldung

426 Der Eintritt eines Gesellschafters und die Entstehung der KG ist von allen Gesellschaftern zum Handelsregister anzumelden. **Zuständig** ist das Gericht, in dessen Bezirk die Gesellschaft ihren Sitz hat[1].

II. Steuerrecht

1. Steuerfolgen für den Einzelunternehmer

427 Die Aufnahme eines Gesellschafters in das Einzelunternehmen ist eine Einbringung iSd. § 24 UmwStG[2]. Eingebracht wird der Betrieb des Einzelunternehmers. Es gelten die Tz. 380–411 jedoch mit Ausnahme Tz. 386, da mangels Gesamtrechtsnachfolge eine Rückbeziehung nicht möglich ist (§ 24 Abs. 4 UmwStG).

428 Kernproblem der Aufnahme eines Gesellschafters ist der **Ausgleich unterschiedlicher Werte oder Bewertungen** der jeweiligen **Einlagen** des Einzelunternehmers und des neuen Gesellschafters. Dies gilt sowohl, wenn der neue Gesellschafter einen Beitrag in Geld erbringen soll, als auch für den Fall, dass der neue Gesellschafter Sacheinlagen einbringt. Werden beiderseits **Sacheinlagen** erbracht, gelten die Tz. 1995–2002 KG ↔ KG.

429 Leistet der neue Gesellschafter eine **Bareinlage,** während das Einzelunternehmen zum Buchwert eingebracht wird, entsteht für den Einzelunternehmer zwar kein Veräußerungsgewinn; die Anfangsbilanz der KG gibt jedoch weder die gewinnmäßige noch die kapitalmäßige Beteiligung richtig wieder.

---

1 Zur Formulierung vgl. ENGL in Formularbuch Recht und Steuern, S. 60 ff.; BALSER ua., Umwandlung, S. 446 f.
2 Eingehend SÖFFING, StVj 1991, 32; PFALZGRAF/MAYER, DStR 1995, 1289; FG Münster 7 K 3775/00 vom 9. 4. 2003, EFG 2005, 1155, Rev. VIII R 16/05.

Beispiel: Einzelunternehmer E will den Gesellschafter G aufnehmen. Das Einzelunternehmen hat einen Buchwert von 100.000,– Euro, einen Teilwert von 500.000,– Euro. Erfolgt die Einbringung zum Buchwert und erbringt G eine Bareinlage von 100.000,– Euro, so weisen die Kapitalkonten der Gesellschafter jeweils 100.000,– Euro aus, was nicht dem tatsächlichen Beteiligungsverhältnis von fünf Sechsteln zu einem Sechstel entspricht. Die Gesellschafter werden folglich nach einem Ausgleich suchen. 430

Hinweis: Unterlassen die Gesellschafter einen Ausgleich, führt dies zur **Verschiebung stiller Reserven** von E auf G, was zu einer Veräußerung oder Schenkung führen könnte[1]. 431

Lösung 1: Die **Einbringung** des Einzelunternehmens erfolgt **zum Teilwert.** Die Bilanz ergibt ein korrektes Bild der Beteiligungen. E kann den Einbringungsgewinn entweder – teils begünstigt, teils nicht begünstigt – versteuern (§§ 16, 34 EStG iVm. § 24 Abs. 3 UmwStG) oder den Gewinn durch eine Ergänzungsbilanz neutralisieren[2]. 432

Lösung 2: Die **Einbringung** erfolgt **zum Buchwert.** Korrekte Beteiligungsverhältnisse werden durch Anpassung der Kapitalkonten hergestellt. Zum Ausgleich werden positive und negative **Ergänzungsbilanzen** für die Gesellschafter aufgestellt[3]. 433

Lösung 3: Die **Einbringung** des Einzelunternehmens erfolgt **zum Buchwert.** Die Wertdifferenz (im Beispiel Tz. 430 waren es 200.000,– Euro) gleicht G durch unmittelbare oder mittelbare **Zahlung**, die auch in dem Verzicht auf eine Verbindlichkeit bestehen kann,[4] an E aus. Der BFH und die Finanzverwaltung sehen in dem Vorgang den Verkauf von Miteigentumsanteilen an den Wirtschaftsgütern des Einzelunternehmens[5]. Der Gewinn ist – mangels einer Betriebsveräußerung 434

---

1 Siehe FG Rheinland-Pfalz 2 K 2326/89 vom 10. 11. 1992, EFG 1993, 482; Gebel, DStR 1998, 269; Münch, DStR 2002, 1025.
2 Eingehend Ley, KÖSDI 2001, 12982; Niehus, StuW 2002, 116, Mayer, DStR 2003, 1553; von Campenhausen, DB 2004, 1282.
3 Tz. 24.13 ff. UmwE; Balser ua., Umwandlung, S. 230; Geck, Die Einbringung von Einzelunternehmen in Personenhandelsgesellschaften, 1986, S. 172; Meyer-Scharenberg, Steuergestaltung durch Umwandlung, 1990, S. 75 ff.; Neufang, Inf. 1995, 364.
4 BFH III R 38/00 vom 16. 12. 2004, GmbHR 2005, 638.
5 BFH GrS 2/98 vom 18. 10. 1999, GmbHR 2000, 144; BFH IV R 54/99 vom 21. 9. 2000, BStBl. 2001 II, 178; GmbHR 2001, 79; BMF vom 21. 8. 2001, BStBl. 2001 I, 543.

EU → KG

- nicht nach §§ 16, 34 EStG begünstigt. Eine Neutralisierung durch Ergänzungsbilanzen ist ausgeschlossen[1].

435 Etwas anderes gilt, wenn die **stillen Reserven** in der Einzelpraxis insgesamt **aufgedeckt** werden. Hierbei ist die Einbringung einschließlich Zuzahlung gemäß § 24 Abs. 3 S. 2 UmwStG iVm. §§ 16 Abs. 4, 34 EStG begünstigt. Ausgenommen ist der Teil des Gewinns, der der Beteiligung des einbringenden Einzelunternehmers an der Personengesellschaft entspricht (§ 24 Abs. 3 S. 3 UmwStG)[2]. Dies gilt auch für Wirtschaftsgüter, die nicht in das Gesamthandsvermögen eingebracht, sondern der Gesellschaft nur zur Nutzung überlassen (Sonderbetriebsvermögen) werden. Die in diesen Wirtschaftsgütern ruhenden stillen Reserven sind ebenfalls Teil des laufenden, nicht begünstigten Gewinns. Zur Bilanzierungspflicht siehe Tz. 161.3 *EU → GbR*.

436 **Hinweis:** Eine begünstigte Realisierung stiller Reserven durch eine „**zweistufige**" **Gesellschaftsgründung** (1. Der Gesellschafter wird ohne oder nur mit geringer Beteiligung am Vermögen aufgenommen. Die Einbringung des Einzelunternehmens erfolgt zu Buchwerten. 2. Der frühere Einzelunternehmer veräußert einen Teil seines Mitunternehmeranteils an den eingetretenen Gesellschafter)[3] ist nicht mehr möglich, sofern nur der Teil eines Mitunternehmeranteils veräußert wird (§ 16 Abs. 1 S. 2 EStG, siehe auch Tz. 161.6 *EU → GbR*)[4].

437 Zu **weiteren Lösungen** siehe Tz. 1995–2002 *KG ↔ KG*; zur unentgeltlichen Aufnahme siehe Tz. 162 *EU → GbR*.

2. Steuerfolgen für den eintretenden Gesellschafter

438 Bei Einbringung eines **Betriebs, Teilbetriebs oder Mitunternehmeranteils** gilt § 24 UmwStG. Zur Einbringung **einzelner Wirtschaftsgüter** siehe Tz. 383–383.1. Zur Einbringung einer **Bareinlage** und zur Zahlung unmittelbar an den aufnehmenden Einzelunternehmer Tz. 434–436. Soweit eine Zahlung außerhalb der Gesellschaft erfolgt, die über dem Buchwert der Beteiligung liegt, hat der Eintretende die Buchwerte der Wirtschaftsgüter in einer Ergänzungsbilanz aufzustocken und ggf. einen Firmenwert zu aktivieren[5]. Von diesen Werten ist in der Zukunft nach allgemeinen Regeln die Abschreibung vorzunehmen.

---

1 BFH GrS 2/98 vom 18. 10. 1999, GmbHR 2000, 144.
2 BFH IV R 54/99 vom 21. 9. 2000, BStBl. 2001 II, 178 = GmbHR 2001, 79.
3 BFH IV R 11/03 vom 16. 9. 2004, DB 2004, 2455.
4 Zu Gestaltungsüberlegungen nach neuem Recht Paus, INF 2002, 299.
5 Wacker in L. Schmidt, § 16 EStG Rz. 480 ff.

D. Übertragung des Unternehmens auf eine bestehende KG

I. Zivilrecht

Ein Einzelunternehmen kann im Wege der **Sacheinlage** in eine KG eingebracht werden. Ist der Unternehmer bereits an der KG beteiligt, erfolgt dies gegen Erhöhung seiner Beteiligung (nicht notwendig der Haftsumme), ansonsten gegen Gewährung einer Beteiligung. In beiden Fällen handelt es sich um die **Änderung des Gesellschaftsvertrags** der KG[1]. Damit ist die Zustimmung aller Gesellschafter erforderlich, soweit der Gesellschaftsvertrag nichts anderes vorsieht. Die Vereinbarung ist grundsätzlich **formlos gültig**. Es gelten die Ausnahmen wie in Tz. 419. Die Änderung ist von allen Gesellschaftern zum **Handelsregister** anzumelden. 439

II. Steuerrecht

Es gilt § 24 **UmwStG** und damit die Tz. 427–438 entsprechend. 440

E. Verkauf

I. Zivilrecht

Zivilrechtlich ist der Verkauf des Einzelunternehmens an die KG **zulässig**. Neben dem Abschluss des schuldrechtlichen Verpflichtungsgeschäfts ist die dingliche Übertragung der einzelnen Vermögensgegenstände erforderlich. 441

Verbindlichkeiten und **Verpflichtungen** aus gegenseitigen Verträgen gehen nur mit Zustimmung des jeweiligen Gläubigers bzw. Vertragspartners auf die KG über. Soweit keine befreiende Schuldübernahme erfolgt, haftet weiterhin der bisherige Unternehmensinhaber. Für **Arbeitsverhältnisse** gilt § 613 a BGB. Die KG **haftet** unter den Voraussetzungen der §§ 25 HGB **(Firmenfortführung)**, 75 AO **(Betriebsübernahme)** für Altschulden. 442

II. Steuerrecht

Erfolgt der Verkauf unter zwischen Fremden üblichen Bedingungen, liegt eine **entgeltliche Veräußerung** vor[2]. Der Einzelunternehmer 443

---

1 Zur Formulierung vgl. RIEGGER in Münchener Vertragshandbuch, Band 1, III. 13 und III. 15.
2 WACKER in L. Schmidt, § 15 EStG Rz. 661.

EU → KG

erzielt einen Veräußerungsgewinn nach §§ 16, 34 EStG; die KG hat entsprechende Anschaffungskosten.

444 Der Verkauf über Wert ist hinsichtlich des den Wert übersteigenden Betrags eine **Entnahme** bei der KG[1], der Verkauf unter Wert teilweise **verdeckte Einlage** (dazu Tz. 446).

F. Unentgeltliche Übertragung

445 **Zivilrechtlich** setzt die dingliche Eigentumsübertragung keinen Schuldgrund voraus. Überträgt der Einzelunternehmer die Wirtschaftsgüter seines Betriebs auf die KG, wird diese Eigentümerin, auch wenn der Einzelunternehmer hierfür weder (neue) Gesellschaftsrechte noch eine sonstige Gegenleistung erhält.

446 **Steuerrechtlich** ist die unentgeltliche und ohne Gewährung von Gesellschaftsrechten erfolgte Übertragung von materiellen oder immateriellen Wirtschaftsgütern **verdeckte Einlage**. Grundsätzlich sind die Buchwerte fortzuführen, auch soweit eine Schenkung an Mitgesellschafter vorliegt[2].

Einzelunternehmen (EU) → KGaA, Ausgliederung, Einbringung

447 Ein Einzelunternehmen kann durch Ausgliederung in eine KGaA umgewandelt werden (§ 152 UmwG). Der **Einzelkaufmann** wird persönlich haftender Gesellschafter und gleichzeitig einziger Kommanditist. Das **Eigenkapital** des Einzelkaufmanns muss in Höhe von mindestens Euro 50.000,– auf das Kommanditaktienkapital erbracht werden. Darüber hinaus kann das Vermögen auf das Kommanditaktienkapital oder eine Komplementäreinlage verteilt werden[3].

448 Ein Einzelunternehmen kann als **Sacheinlage** im Rahmen einer Sachgründung (§§ 278 Abs. 3, 27 AktG), Nachgründung (§§ 278 Abs. 3, 52 AktG) oder Kapitalerhöhung (§§ 278 Abs. 3, 181 ff. AktG) auf eine KGaA übertragen werden. Der wesentliche Unterschied zur Umwandlung besteht in der fehlenden Gesamtrechtsnachfolge.

---

1 WACKER in L. Schmidt, § 15 EStG Rz. 661.
2 Eingehend WACKER in L. Schmidt, § 15 EStG Rz. 665; zur Schenkungsteuer siehe BFH II B 15/00 vom 1. 2. 2001, BFH/NV 2001, 1265.
3 MAYER in Widmann/Mayer, § 152 UmwG Rz. 216 (November 1999).

EU → **Stiftung**

Zur **verdeckten Einlage** Tz. 347–354 *EU* → *GmbH*.	449
Steuerrechtlich handelt es sich jeweils um eine Einbringung gemäß §§ 20–23 UmwStG[1]. Hierzu Tz. 229–289 *EU* → *GmbH*.	450

Einzelunternehmen (EU) → Körperschaft des öffentlichen Rechts (KöR)

Die Umwandlung ist ausgeschlossen. Denkbar ist die **Umwandlung des Einzelunternehmens in eine AG** mit anschließender **Übertragung des Vermögens auf die öffentliche Hand**.	451

Einzelunternehmen (EU) → OHG, Ausgliederung, Einbringung

Es gelten die Tz. 369–446 *EU* → *KG* entsprechend.	453.1

Einzelunternehmen (EU) → Partnerschaft, Einbringung

Die Ausgliederung eines freiberuflichen Einzelunternehmens auf eine Partnerschaft ist ausgeschlossen (§ 152 UmwG). Zulässig ist die Einbringung. Es gelten die Tz. 148–170 *EU* → *GbR*. Zu den Besonderheiten der Partnerschaft siehe Tz. 531–534 *GbR* → *Partnerschaft*.	453

Einzelunternehmen (EU) → SE

Siehe Tz. 2105.26.	453.1

Einzelunternehmen (EU) → Stiftung, Übertragung

A. **Übersicht** 454	I. Zivilrecht 460
B. **Übertragung eines Einzelunternehmens auf eine Stiftung**	II. Steuerrecht 465

---

[1] Eingehend Schütz/Dümischen, DB 2000, 2446.

101

EU → Stiftung

A. Übersicht

454 Eine direkte Umwandlung eines Einzelunternehmens in eine Stiftung ist **nicht möglich** (siehe § 152 UmwG).

455 In Betracht kommt die Übertragung eines Einzelunternehmens im Rahmen eines **Stiftungsgeschäfts**.

456 Eine Stiftung ist dadurch gekennzeichnet, dass der Stifter durch einseitige Willenserklärung ein bestimmtes Vermögen auf Dauer einem von ihm gesetzten Zweck widmet. Die Stiftung ist damit in erster Linie ein Instrument der **Nachfolgegestaltung**. Sie wird insbesondere dort in Betracht kommen, wo ein geeigneter Nachfolger aus dem Familienkreis nicht vorhanden ist oder die Erträge Dritten (zB Firmenangehörigen, Bedürftigen) zugute kommen sollen[1].

457 Aus **steuerlicher Sicht** ist zu beachten, dass die Stiftung dem vollen Körperschaftsteuersatz unterliegt (§ 23 Abs. 1 KStG), wenn nicht eine Steuerbefreiung wegen Verfolgung steuerbegünstiger Zwecke (§ 5 Abs. 1 Nr. 9 KStG) eingreift. Ausschüttungen der Stiftung an die Destinatäre unterliegen grundsätzlich dem Halbeinkünfteverfahren. Umstritten ist, ob die Besteuerung aus § 22 Abs. 1 Nr. 1 S. 2 a EStG oder § 20 Abs. 1 Nr. 9 EStG resultiert (zB § 22 Nr. 1 EStG)[2]. Ferner sind bei der Gestaltung die ggf. unterschiedlichen Folgen bei der Erbschaft- oder Schenkungsteuer zu berücksichtigen[3].

458 Zu entscheiden ist, ob die Stiftung bereits zu **Lebzeiten** oder erst **von Todes wegen** errichtet wird. Dabei darf das Problem der Stiftungsaufsicht[4] nicht übersehen werden. Sinnvoll kann es sein, zu Lebzeiten lediglich einen Teil des Vermögens in eine Stiftung einzubringen und den Rest mit dem Tod zu übertragen. Bei einem Einzelunternehmen kann dies die Umwandlung des Einzelunternehmens in eine Kapitalgesellschaft voraussetzen, um so zunächst nur einen Teil der Anteile zu übertragen.

---

1 Vgl. im Einzelnen zu den Gestaltungsüberlegungen: IDW, Gestaltungen zur Unternehmensfortführung – Die Stiftung –, 1985, S. 13 ff.; SCHICK/RÜD, Stiftung und Verein als Unternehmensträger, 1988, S. 1 ff.; BERNDT, S. 99 ff.; MAINCZYK, Stbg. 2002, 76; SCHWARZ, BB 2001, 2381; zur Reform des Stiftungsrechts SCHÄFERS/WALZ, FR 2002, 499.
2 SCHIFFER/von SCHUBERT, BB 2002, 265; ORTH, DStR 2001, 325.
3 Siehe im Einzelnen zur Besteuerung von Stiftungen GEBEL, BB 2001, 2554; LEX, DStR 2000, 1939; MAIER, BB 2001, 494; SCHÄFERS/WALZ, FR 2002, 499; WACHTER, Stiftungen, 2001, S. 76 ff.
4 Vgl. dazu V. CAMPENHAUSEN in Seifart/v. Campenhausen, Handbuch des Stiftungsrechts, S. 467 ff.

EU → Stiftung

Bei der Übertragung können **Pflichtteils-** bzw. **Pflichtteilsergänzungsansprüche** entstehen (§§ 2303, 2325 BGB)[1]. 459

B. Übertragung eines Einzelunternehmens auf eine Stiftung

I. Zivilrecht

Zur Entstehung einer selbständigen Stiftung privaten Rechts ist ein **Stiftungsgeschäft** und die **Anerkennung** der nach Landesrecht zuständigen Behörde erforderlich (§ 80 BGB). 460

Das Stiftungsgeschäft[2] unter Lebenden bedarf lediglich der **Schriftform** (§§ 81 Abs. 1, 126 BGB). Es gilt auch, wenn das Stiftungsgeschäft die Übertragung von Grundstücken oder GmbH-Anteilen vorsieht. Im Stiftungsgeschäft ist der **Stiftungszweck** eindeutig zu regeln. Der Stifter muss **unbeschränkt geschäftsfähig** sein. 461

Nach Anerkennung der Stiftung ist das zugesicherte **Vermögen zu übertragen** (§ 82 BGB). Erforderlich ist Einzelübertragung. Es gibt also keine Geamtrechtsnachfolge. 462

Beim **Stiftungsgeschäft von Todes** wegen sind die **Formvorschriften des Erbrechts** zu beachten. Die Vermögenszuwendung erfolgt durch Erbeinsetzung, Vermächtnis oder Auflage. Wird die Stiftung als Alleinerbe eingesetzt, so erwirbt sie das Vermögen des Stifters als Gesamtrechtsnachfolger (§§ 1922, 84 BGB). 463

Die Stiftung bedarf der **Anerkennung** durch die nach dem jeweiligen Landesrecht zuständige Genehmigungsbehörde[3]. Antragsberechtigt sind der Stifter, seine Erben oder besondere Bevollmächtigte. Geprüft wird die Erfüllung der gesetzlichen Anforderungen an eine selbständige Stiftung. 464

II. Steuerrecht

Überträgt der Einzelunternehmer seinen Betrieb unentgeltlich an eine **steuerpflichtige Stiftung,** ergibt sich **keine Gewinnrealisierung** (§ 6 Abs. 3 EStG). Die Buchwerte sind fortzuführen[4]. 465

---

1 RAWERT/KATSCHINSKI, ZEV 1996, 161.
2 Zur Verfassung einer Stiftung HOF in Münchener Vertragshandbuch, Band 1, VII.1; WACHTER, Stiftungen, 2001, S. 50 ff.
3 Übersicht bei HEINRICHS in Palandt, Vorb. v. § 80 BGB Rz. 13.
4 WIDMANN in Widmann/Mayer, Anh. 8 Rz. 3 (Oktober 1981).

EU → Stiftung

466 Dies gilt auch bei einer Übertragung an eine **steuerfreie inländische Stiftung** (§ 6 Abs. 1 Nr. 4 S. 4 EStG).

467 Die Übertragung unterfällt nicht der **Umsatzsteuer** (§ 1 Abs. 1 a UStG). **Grunderwerbsteuer** fällt nicht an (§ 3 Nr. 2 GrEStG).

468 Die Einbringung in eine **steuerpflichtige Stiftung** unterliegt der **Schenkungsteuer** (§ 7 Abs. 1 Nr. 8 ErbStG). Der Vorgang unterfällt der Steuerklasse III, sofern keine Familienstiftung errichtet wird (§ 15 Abs. 2 S. 1 ErbStG). Die Familienstiftung wird alle 30 Jahre erneut zur Erbschaftsteuer herangezogen (§ 1 Abs. 1 Nr. 4 iVm. § 9 Abs. 1 Nr. 4 ErbStG).

469 Die Einbringung in eine **steuerfreie Stiftung** ist von der Schenkungsteuer befreit (§ 13 Abs. 1 Nr. 16 b ErbStG).

Einzelunternehmen (EU) → Stille Gesellschaft

470 **Zivilrechtlich** wird aus dem Einzelunternehmen eine stille Gesellschaft, wenn ein Dritter sich am Handelsgewerbe des Inhabers mit einer in das Vermögen des Inhabers übergehenden Einlage beteiligt und dafür am Gewinn, nicht notwendig am Verlust, beteiligt wird (§§ 230, 231 HGB)[1].

471 Die stille Gesellschaft ist damit **Innengesellschaft.** Anders als bei der Gründung einer Personenhandelsgesellschaft durch Aufnahme eines Gesellschafters entsteht kein Gesamthandsvermögen, sodass sich an den Eigentumsverhältnissen des Geschäftsinhabers nichts ändert.

472 Die **steuerlichen Folgen** der Gründung einer stillen Gesellschaft bestimmen sich nach dem Umfang der dem Stillen eingeräumten Rechte.

473 Die **typische stille Gesellschaft** wird besteuert wie ein Darlehen. Der Stille bezieht Einkünfte aus Kapitalvermögen (§ 20 Abs. 1 Nr. 4 EStG). Für den Geschäftsinhaber ist die stille Beteiligung Verbindlichkeit, die Gewinnanteile des Stillen Betriebsausgaben[2].

---

1 Im Einzelnen zum Wesen der stillen Gesellschaft BLAUROCK, Handbuch der stillen Gesellschaft, S. 53 ff.
2 Im Einzelnen BLAUROCK, Handbuch der stillen Gesellschaft, S. 585 ff.

EWIV → GbR

Werden dem stillen Gesellschafter Rechte eingeräumt, die ihn zum **Mitunternehmer** machen (atypische stille Gesellschaft)[1], entspricht der Vorgang steuerlich der Gründung einer Personengesellschaft. Obwohl seitens des Geschäftsinhabers keine Einbringung in ein Gesamthandsvermögen erfolgt, ist § 24 UmwStG anwendbar[2]. 474

Einzelunternehmen (EU) → Verein

Eine Umwandlung ist **ausgeschlossen**. 475

Einzelunternehmen (EU) → VVaG

Eine Umwandlung oder Einbringung ist **ausgeschlossen**. 476

EWIV → AG, Umwandlung

Siehe Tz. 482 *EWIV → GmbH*. 477

EWIV → EU

Eine Umwandlung ist **ausgeschlossen**, siehe Tz. 1600 *KG → EU*. 478

EWIV → EWIV, Spaltung, Verschmelzung

Auf eine EWIV mit Sitz in Deutschland findet OHG-Recht Anwendung (§ 1 EWIVG). Es gilt daher Tz. 2099 *OHG → OHG*. 479

EWIV → GbR

Es gilt Tz. 2091 *OHG → GbR* (§ 1 EWIVG). 480

---

[1] Dazu BLAUROCK, Handbuch der stillen Gesellschaft, S. 543 ff.
[2] WIDMANN in Widmann/Mayer, § 24 UmwStG Rz. 87 (August 2001); SCHLÖSSER in Haritz/Benkert, § 24 UmwStG Rz. 53.

EWIV → Genossenschaft

EWIV → Genossenschaft

481　Es gilt Tz. 2092 *OHG → Genossenschaft* (§ 1 EWIVG).

EWIV → GmbH

482　Es gilt Tz. 2093 *OHG → GmbH* (§ 1 EWIVG).

EWIV → GmbH & Co KG

483　Es gelten Tz. 2094–2095 *OHG → GmbH & Co KG* (§ 1 EWIVG).

EWIV → KG

484　Es gilt Tz. 2096 *OHG → KG* (§ 1 EWIVG).

EWIV → KGaA

485　Es gilt Tz. 2097 *OHG → KGaA* (§ 1 EWIVG).

EWIV → KöR

486　Es gilt Tz. 2098 *OHG → KöR* (§ 1 EWIVG).

EWIV → OHG

487　Es gilt Tz. 2094 *OHG → GmbH & Co KG* (§ 1 EWIVG).

EWIV → Partnerschaft

488　Es gilt Tz. 2101 *OHG → Partnerschaft* (§ 1 EWIVG).

EWIV → SE

Siehe Tz. 2105.26 488.1

EWIV → Stiftung

Es gilt Tz. 2102 *OHG → Stiftung* (§ 1 EWIVG). 489

EWIV → Stille Gesellschaft

Es gilt Tz. 2103 *OHG → Stille Gesellschaft* (§ 1 EWIVG). 490

EWIV → Verein

Es gilt Tz. 2104 *OHG → Verein* (§ 1 EWIVG). 491

EWIV → VVaG

Es gilt Tz. 2105 *OHG → VVaG* (§ 1 EWIVG). 492

GbR → AG, Einbringung

Die Umwandlung einer GbR in eine AG ist **ausgeschlossen.** 493

In Betracht kommt nur eine **Einbringung** im Wege der Sachgründung, 494
Nachgründung oder Kapitalerhöhung oder der **Verkauf** nach Bargründung einer AG (siehe zur Einbringung Tz. 1595–1597 *KG → AG*, zum Verkauf Tz. 1842–1845 *KG → GmbH*).

Steuerlich unterfällt die Einbringung § 20 UmwStG (siehe Tz. 1838– 495
1841 *KG → GmbH*). Zur steuerlichen Behandlung des Verkaufs siehe
Tz. 1846–1848 *KG → GmbH*).

GbR → Einzelunternehmen (EU)

Die **Umwandlung** einer GbR in ein Einzelunternehmern ist **aus-** 496
geschlossen. Denkbar ist, dass alle Gesellschafter bis auf einen **aus-**

GbR → EU

scheiden und damit das Gesamthandsvermögen dem verbleibenden Gesellschafter zuwächst.

497 Ferner ist denkbar, dass sich eine GbR auflöst, indem Vermögen auf die einzelnen Gesellschafter übertragen wird, die damit ein Einzelunternehmen begründen (**Realteilung,** siehe Tz. 500–502 *GbR → GbR*).

498 **Steuerrechtlich** ist das **Ausscheiden** aus der GbR Veräußerung der Beteiligung mit den daraus sich ergebenden allgemeinen Besteuerungsfolgen (§§ 16, 34 bzw. §§ 18, 34 EStG). Für den Bereich freiberuflicher Einkünfte ist darauf hinzuweisen, dass die Tarifermäßigung eine Einstellung der Tätigkeit des Ausscheidenden im bisherigen örtlichen Wirkungskreis voraussetzt[1].

GbR → EWIV, Einbringung

499 Für eine EWIV mit Sitz in Deutschland gilt das Recht der OHG (§ 1 EWIVG). Es gilt damit Tz. 529 *GbR → OHG*.

GbR → GbR, Realteilung

500 Die **Spaltung** einer GbR ist ausgeschlossen. §§ 123 ff. UmwG gelten nur für Personenhandelsgesellschaften (§ 124 iVm. § 3 Abs. 1 UmwG).

501 Unter **„Realteilung"** versteht man die Verteilung der materiellen und immateriellen Wirtschaftsgüter der Gesellschaft an die Gesellschafter im Verhältnis ihrer Beteiligungen unter getrennter Fortführung der bisherigen Tätigkeit in mehreren Gesellschaften oder Einzelunternehmen (Praxen, Sozietäten)[2].

502 **Steuerlich** ist zu differenzieren. Bei einer Gesellschaft ohne Betriebsvermögen (zB Einkünfte aus Vermietung und Verpachtung) ist die Aufteilung des Vermögens ohne ertragsteuerliche Folgen. Bei einer

---

1 BFH IV R 36/95 vom 23. 1. 1997, BStBl. 1997 II, 498.
2 Niedersächsisches FG VI 408/83 vom 19. 4. 1984, EFG 1984, 598; Strobel ua., JbFSt 90/91, 328; Engl in Widmann/Mayer, Anh. 10 Rz. 1 (April 2000); zur Realteilung einer ärztlichen Gemeinschaftspraxis BGH II ZR 242/92 vom 6. 2. 1993, WM 1994, 596; zur Abgrenzung einer Realteilung von einem Ausscheiden mit Sachwertabfindung FG Saarland 1 K 250/00 vom 24. 9. 2003, EFG 2003, 1776 und Stuhrmann, DStR 2005, 1355.

GbR → GmbH

Gesellschaft mit Betriebsvermögen (gewerbliche oder freiberufliche Tätigkeit)[1] gelten die Tz. 1902–1913 *KG → KG*).

GbR ↔ GbR, Verschmelzung

Eine Verschmelzung nach dem UmwG ist **ausgeschlossen** (§ 3 UmwG). Möglich ist eine Einbringung (siehe Tz. 1939–1948 *KG ↔ KG*). Es gelten die Tz. 2017–2024 *KG ↔ KG* entsprechend. 503

GbR → Genossenschaft

Die Umwandlung einer GbR in eine Genossenschaft ist **nicht möglich**. 504

In Betracht kommt die **Einbringung** von Vermögen als sonstige Sachleistung[2]. Die Pflichteinlage muss in bar erbracht werden[3]. 505

Eingebracht werden können das **Vermögen der GbR**[4] oder die **GbR-Anteile**. 506

Steuerlich führt die Übertragung zur Gewinnrealisierung, da § 20 UmwStG nicht anwendbar ist[5]. 507

GbR → GmbH, Einbringung

A. Überblick 508	II. Steuerrecht
B. **Einbringung**	1. § 20 UmwStG 515
I. Zivilrecht 512	2. Sonstige Steuern 520
	C. **Anhang: Sozietät** 522

---

1 Zur Trennung freiberuflicher und gewerblicher Tätigkeit BFH IV R 11/97 vom 19. 2. 1998, BStBl. 1998 II, 603; SEER/DRÜEN, BB 2000, 2176; zum Ausscheiden aus einer freiberuflichen Praxis unter Mitnahme von Mandanten SCHULZE ZUR WIESCHE, Stbg. 203, 435.
2 METZ in Lang/Weidmüller/Metz/Schaffland, § 7 GenG Rz. 56.
3 Streitig, siehe METZ in Lang/Weidmüller/Metz/Schaffland, § 7 GenG Rz. 27; aA BEUTHIEN, § 7 GenG Rz. 6, 9.
4 Genosse wird dann die GbR, siehe METZ in Lang/Weidmüller/Metz/Schaffland, § 15 GenG Rz. 6.
5 WIDMANN in Widmann/Mayer, § 20 UmwStG Rz. 392 (November 1995).

GbR → GmbH

A. Überblick

508 Die **Umwandlung** einer GbR in eine GmbH ist **ausgeschlossen**. Verschmelzung, Spaltung und Formwechsel erfassen als übertragende Rechtsträger nur Personenhandelsgesellschaften (siehe §§ 3, 124, 191 UmwG). Allerdings können auch Gesellschaften, die kein Handelsgewerbe betreiben (§ 1 Abs. 2 HGB), und vermögensverwaltende Gesellschaften durch Eintragung im Handelsregister zur Personenhandelsgesellschaft werden (§ 105 Abs. 2 HGB[1]). Freiberufliche Sozietäten sind hingegen nach hM nicht eintragungsfähig[2].

509 In Betracht kommt die **Einbringung** aller **GbR-Beteiligungen** in eine GmbH im Wege der Sachgründung[3]. Die GbR erlischt. Ihr gesamtes Vermögen geht auf die GmbH über. Anteilseigner werden die bisherigen GbR-Mitglieder.

510 Werden nicht die Beteiligungen, sondern das **Vermögen** der GbR **eingebracht,** bleibt diese bestehen. Die GmbH-Anteile werden Gesamthandsvermögen[4].

511 Die Bargründung einer GmbH durch die GbR-Gesellschafter mit dem anschließenden **Verkauf** des GbR-Vermögens an die GmbH begründet die Gefahr einer **verschleierten Sachgründung** und einer **verdeckten Einlage** (vgl. Tz. 347–354 *EU → GmbH*).

B. Einbringung

I. Zivilrecht

512 Mittel der Einbringung der Gesellschaftsanteile oder des Gesellschaftsvermögens ist die **Sachgründung** (Errichtung einer GmbH) oder die **Sachkapitalerhöhung**[5] (Einbringung in bestehende GmbH).

513 Im Fall der **Einbringung der Gesellschaftsanteile** gelten die Tz. 1821–1837 *KG → GmbH*.

514 Bei **Einbringung des Vermögens** der GbR gelten die Tz. 305–341 *EU → GmbH*.

---

1 IdF des HRefG, BGBl. 1998 I, 1474.
2 BYDLINSKI, ZIP 1998, 1169; SCHÖN, DB 1998, 1169; SCHÄFER, DB 1998, 1269; aA K. SCHMIDT, NJW 1998, 2161.
3 ULMER in Hachenburg, § 5 GmbHG Rz. 53.
4 BGH II ZB 1/79 vom 3. 11. 1980, BB 1981, 450 = BGHZ 78, 311; EMMERICH in Scholz, § 2 GmbHG Rz. 52.
5 Vertragsmuster: MAYER in Widmann/Mayer, Anh. 4, M 206 ff. (September 2003).

II. Steuerrecht

1. § 20 UmwStG

Für die steuerrechtliche Beurteilung ist zu differenzieren: 515

Ist die GbR eine **Mitunternehmerschaft**[1] und werden die Gesellschaftsanteile (Mitunternehmeranteile) eingebracht, gilt § 20 UmwStG (vgl. Tz. 1838–1841 *KG → GmbH*). 516

Wird das Vermögen einer GbR eingebracht, das einen **Betrieb** oder **Teilbetrieb** iSd. § 16 EStG darstellt, gilt ebenfalls § 20 UmwStG (vgl. Tz. 1639 *KG → GmbH*). Zur Streitfrage, ob die Einbringung des Vermögens als Einbringung der Mitunternehmeranteile anzusehen ist, vergleiche Tz. 1640 *KG → GmbH*. 517

Ist die GbR **land- oder forstwirtschaftlich** tätig oder unterhält sie einen **freiberuflichen Betrieb,** so unterfallen sowohl die Einbringung des Vermögens als auch die Einbringung der Beteiligung § 20 UmwStG[2]. 518

Ist die GbR lediglich **vermögensverwaltend** tätig, gilt § 20 UmwStG nicht[3]. Das eingebrachte Vermögen (Beteiligung oder Gesellschaftsvermögen) ist von der GmbH mit dem Teilwert anzusetzen. Ein steuerpflichtiger Gewinn bei dem Gesellschafter entsteht aufgrund der lediglich vermögensverwaltenden Tätigkeit nicht. 519

2. Sonstige Steuern

Umsatzsteuer fällt gemäß § 1 Abs. 1 a UStG nicht an. 520

Gehören zum eingebrachten Vermögen Grundstücke, kann **Grunderwerbsteuer** anfallen (siehe Tz. 1168 *GmbH ↔ GmbH*). 521

C. Anhang: Sozietät

Die freiberufliche Sozietät ist eine **GbR**. Es gelten die Tz. 508–521. 522

---

1 Zur Abgrenzung vgl. Wacker in L. Schmidt, § 15 EStG Rz. 324 ff.
2 Schmitt/Hörtnagl/Stratz, § 20 UmwStG Rz. 7; BFH I R 101/84 vom 8. 6. 1988, BStBl. 1988 II, 974.
3 Schmitt/Hörtnagl/Stratz, § 20 UmwStG Rz. 7.

GbR → GmbH & Co KG

GbR → GmbH & Co KG, Einbringung

523 Siehe Tz. 524–526 *GbR → KG*[1].

GbR → KG, Einbringung

524 Die **Umwandlung** einer GbR in eine KG nach dem UmwG ist ausgeschlossen (§§ 3, 124, 191 UmwG).

525 Dennoch kann es zur „Umwandlung" einer GbR – oder GmbH & Co GbR[2] – in eine KG kommen, wenn sich die Gesellschaft im Handelsregister als KG eintragen lässt (§§ 105 Abs. 2, 161 Abs. 2 HGB)[3]. Dabei haben die Beteiligten ein Wahlrecht zwischen identitätswahrender Fortführung der bisherigen Gesellschaft oder identitätsaufhebender **Einbringung** in eine neue, wenn auch personengleiche Gesellschaft[4]. Die Relevanz dieser Unterscheidung liegt im **Steuerrecht,** da bei der Einbringung das Wahlrecht des § 24 UmwStG zur Aufdeckung stiller Reserven besteht.

526 Ebenso kann eine GbR in eine **bestehende KG** eingebracht werden. Es gelten die Tz. 2017–2024 *KG ↔ KG*.

GbR → KGaA, Einbringung

527 Eine echte Umwandlung ist ausgeschlossen. In Betracht kommt eine **Einbringung** im Wege der Sach-, Nachgründung oder Kapitalerhöhung oder der **Verkauf** nach Bargründung einer KGaA (siehe Tz. 508–521 *GbR → GmbH*).

GbR → Körperschaft des öffentlichen Rechts (KöR)

528 Die Umwandlung ist **ausgeschlossen.** Denkbar ist die Einbringung der GbR in eine AG mit anschließender Übertragung des Vermögens auf die öffentliche Hand.

---

1 Gassmann, DB 2004, 2066.
2 Siehe hierzu Eggert, DStR 2000, 230; Simon, DStR 2000, 578; Limmer, DStR 2000, 1230; Horn, GmbH-StB 2000, 342.
3 Siehe Schmidt, DB 1991, 61; Gustavus, GmbHR 1998, 17.
4 Siehe BFH VIII R 5/92 vom 21. 6. 1994, BStBl. 1994 II, 856, mwN.

GbR → OHG, Einbringung

Siehe Tz. 524–526 *GbR → KG*. 529

Die GbR wird zur OHG, wenn sie im **Handelsregister eingetragen** 530
wird (§ 105 Abs. 2 HGB) oder ein **Handelsgewerbe** betreibt, das einen
in kaufmännischer Weise eingerichteten Geschäftsbetrieb erfordert
(§ 1 Abs. 2 HGB)[1].

GbR → Partnerschaft, Einbringung

Die Umwandlung einer GbR in eine Partnerschaft vollzieht sich nicht 531
nach dem UmwG (siehe Tz. 524 *GbR → KG*), sondern durch **Einbringung** der bisherigen Beteiligung an der GbR in eine neu zu gründende oder bestehende Partnerschaft.

Voraussetzung für die Einbringung einer GbR in eine Partnerschaft 532
ist, dass ausschließlich freiberuflich tätige natürliche Personen an der
GbR beteiligt sind (§ 1 PartGG). Ferner muss ein schriftlicher Partnerschaftsvertrag abgeschlossen werden (§ 3 PartGG), der zum Partnerschaftsregister anzumelden ist (§ 4 PartGG). Mit der Eintragung wird
die GbR zur Partnerschaft[2] (§ 5 PartGG).

Ferner kann eine freiberufliche GbR in eine **bestehende Partnerschaft** 533
eingebracht werden. Es gelten die Tz. 2017–2024 *KG ↔ KG*.

Steuerlich gilt Tz. 525 *GbR → KG*. 534

GbR → Stiftung

Eine direkte Umwandlung einer GbR in eine Stiftung ist **nicht möglich**. In Betracht kommt die Übertragung des Vermögens im Rahmen 535
eines **Stiftungsgeschäfts** (siehe Tz. 454–469 *EU → Stiftung*).

---

1 Ulmer in Staub, § 105 HGB Rz. 52.
2 Eingehend zur Partnerschaft, insbesondere auch zu etwaigen berufsrechtlichen Einschränkungen, Kupfer, KÖSDI 1995, 10 130; ferner Knoll/Schüppen, DStR 1995, 608; Müller, FR 1995, 402; Carl, StB 1995, 173; Schmidt, NJW 1995, 1; Lenz, MDR 1994, 741; Seibert, DB 1994, 2381. Zu Vor- und Nachteilen gegenüber einer GmbH Sommer, GmbHR 1995, 249; Vertragsmuster: Appel, Stbg. 1995, 203; WPK-Mitt. 1995, 91; Siepmann, FR 1995, 601; zur Fortführung des Namens eines ausgeschiedenen Partners BayObLG 3 Z BR 279/97 vom 26. 11. 1997, BB 1998, 556; OLG München 6 U 6228/98 vom 16. 9. 1999, DStR 2000, 939.

GbR → Stille Gesellschaft

536 Es ist zu **unterscheiden:**

537 Eine **weitere Person** beteiligt sich an der GbR als stiller Gesellschafter. Es gelten Tz. 470–474 EU → *Stille Gesellschaft.*

538 Ein **Gesellschafter** der GbR tritt in die Stellung eines stillen Gesellschafters zurück. **Zivilrechtlich** sind dies die Auflösung der GbR und die Neugründung einer stillen Gesellschaft[1]. Allerdings findet keine Auseinandersetzung statt. Das Kapitalkonto wird zur stillen Einlage. **Steuerlich** ist von Bedeutung, ob der Gesellschafter Mitunternehmer bleibt. Ist dies der Fall, hat die Umformung keine Bedeutung. Verliert er seine Mitunternehmerstellung, liegt eine Veräußerung vor.

GbR → Verein

539 Eine Umwandlung ist **ausgeschlossen.**

GbR → VVaG

540 Eine **Umwandlung** ist gesetzlich nicht vorgesehen. Da das VAG keine „Sachgründung" für einen VVaG zulässt (§ 22 VAG), kommt auch keine **Einbringung** in Betracht.

Genossenschaft → AG, Formwechsel, Spaltung, Verschmelzung

A. Übersicht 541
B. Formwechsel einer eingetragenen Genossenschaft
   I. Zivilrecht 544
   II. Steuerrecht 555
C. Spaltung
   I. Aufspaltung
      1. Zivilrecht 557

      2. Steuerrecht 558
   II. Abspaltung 559
   III. Ausgliederung 560
D. Verschmelzung
   I. Zivilrecht 561
   II. Steuerrecht 563

---

1 RG II 47/42 vom 29. 10. 1942, RGZ 170, 98; vgl. auch BFH VIII R 40/84 vom 28. 11. 1989, FR 1990, 334.

Genossenschaft → AG

A. Übersicht

Eine eingetragene Genossenschaft kann durch **Formwechsel** in eine AG umgewandelt werden (§ 258 UmwG). Zivilrechtlich wie steuerrechtlich erfolgt lediglich ein Wechsel der Rechtsform unter Wahrung der rechtlichen Identität[1].   541

Eine eingetragene Genossenschaft kann in eine AG **gespalten** werden (§ 124 UmwG).   542

Eine eingetragene Genossenschaft kann auf eine bestehende AG oder mit einem anderen Rechtsträger zu einer neuen AG **verschmolzen** werden (§§ 2 Abs. 1, 3 UmwG).   543

B. Formwechsel einer eingetragenen Genossenschaft

I. Zivilrecht

Es gelten die §§ 190–213 UmwG mit folgenden **Besonderheiten:**[2]   544

Voraussetzung der Umwandlung ist ein **Beschluss der Generalversammlung.** Der Beschluss bedarf der Mehrheit von drei Vierteln der abgegebenen Stimmen. Widersprechen bis spätestens drei Tage vor der Generalversammlung wenigstens hundert Genossen (bei weniger als tausend Genossen ein Zehntel der Genossen) durch eingeschriebenen Brief der Umwandlung, bedarf der Beschluss einer Mehrheit von neun Zehnteln der abgegebenen Stimmen (§ 262 Abs. 1 UmwG). Das Statut kann größere Mehrheiten bestimmen.   545

Spätestens mit der **Einberufung** zur Generalversammlung ist der Vorschlag für den Umwandlungsbeschluss schriftlich mitzuteilen. Auf die notwendigen Mehrheiten und das Widerspruchsrecht ist hinzuweisen (§ 260 Abs. 1 UmwG).   546

Vor der Beschlussfassung ist der **Prüfungsverband** zu hören (§ 259 UmwG). Das Gutachten des Prüfungsverbands zur Umwandlung ist in der Generalversammlung zu verlesen (§ 261 Abs. 2 S. 1 UmwG). Daneben ist eine Gründungsprüfung nach § 33 AktG erforderlich (§ 264 Abs. 3 UmwG).   547

Der Umwandlungsbeschluss muss die im Hinblick auf die Aktiengesellschaft notwendigen **Änderungen des Statuts** umfassen (§ 263   548

---

[1] Zum Rechtsformvergleich BINZ/FREUDENBERG, DB 1991, 2473; STRIEDER, BB 1995, 1857.
[2] Vertragsmuster: LIMMER in Neye/Limmer/Frenz/Harnacke, S. 643.

Genossenschaft → AG

UmwG). Hierzu gehören insbesondere die Änderung des Firmenzusatzes (AG statt Genossenschaft), die Festlegung des Grundkapitals und des Nennbetrags der Aktien. Ferner sind die Organe (Vorstand/ Aufsichtsrat) zu bestellen. Die Organe der Genossenschaft verlieren ihre Funktion mit der Eintragung der Umwandlung.

549 Das **Grundkapital** muss so bemessen sein, dass es durch das Vermögen nach Abzug der Schulden gedeckt ist (§ 264 Abs. 1 UmwG).

550 Der Beschluss muss bestimmen, dass jeder Genosse in dem Verhältnis am Grundkapital beteiligt wird, in dem am Ende des letzten vor der Beschlussfassung abgelaufenen Geschäftsjahrs sein **Geschäftsguthaben** zur Summe der Geschäftsguthaben der in der Genossenschaft verbleibenden Genossen gestanden hat (§ 263 Abs. 2 S. 1 UmwG). Der Nennbetrag des Grundkapitals ist so zu bemessen, dass auf jeden Genossen möglichst volle Aktien entfallen. Grundkapital und Aktien müssen seit dem 1. 1. 2002 auf Euro lauten (§ 318 Abs. 2 UmwG iVm. § 1 Abs. 2 EGAktG).

551 Der Formwechsel ist von sämtlichen Vorstandsmitgliedern der Genossenschaft zur Eintragung in das **Genossenschaftsregister** anzumelden. Gleichzeitig haben Vorstand und Aufsichtsrat die Umwandlung zur Eintragung ins Handelsregister anzumelden (§ 265 UmwG).

552 Der Formwechsel wird mit der **Eintragung** wirksam. Die bisherigen Geschäftsanteile werden zu Aktien oder Teilrechten (§ 266 UmwG).

553 Nach Bekanntmachung der Eintragung ist jeder **Anteilsinhaber** durch den Vorstand schriftlich über seinen Anteil **zu informieren** (§ 267 UmwG). Dabei ist darauf hinzuweisen, dass Aktien, die nicht abgeholt werden, veräußert werden können (§ 268 UmwG).

554 Zum **Gläubigerschutz** im Fall eines Insolvenzverfahrens nach Formwechsel vergleiche § 271 UmwG.

II. Steuerrecht

555 Die Umwandlung selbst hat keine **steuerlichen Folgen**[1].

556 Die **Besteuerungsgrundlagen** ändern sich, soweit Regelungen an die Rechtsform anknüpfen (vergleiche zB §§ 22, 25 KStG).

---

1 Vgl. auch BMF vom 6. 1. 1970, BB 1970, 113, mit Anm. Rau.

C. Spaltung
I. Aufspaltung
1. Zivilrecht

Siehe Tz. 568–570 *Genossenschaft* → *Genossenschaft*[1], zu den **Besonderheiten** für die AG Tz. 649–656 *GmbH* → *AG*. 557

2. Steuerrecht

Es gelten die Tz. 841–899 *GmbH* → *GmbH* entsprechend. 558

II. Abspaltung

Es gelten die Tz. 568–571 *Genossenschaft* → *Genossenschaft*. 559

III. Ausgliederung

Es gelten die Tz. 568–571 *Genossenschaft* → *Genossenschaft*. 560

D. Verschmelzung
I. Zivilrecht

Es gelten grundsätzlich die Tz. 30–43 *AG* → *AG*. 561

Für die übertragende Genossenschaft sind zu beachten: § 81 UmwG **(Gutachten des Prüfungsverbands)**, §§ 82, 83 UmwG **(Vorbereitung** und **Durchführung** der **Generalversammlung)**, § 84 UmwG **(Beschlussfassung)**, § 86 UmwG (Anlagen der **Anmeldung**), § 87 UmwG **(Anteilstausch)**, §§ 90–94 UmwG **(Ausschlagung)**. 562

II. Steuerrecht

Es gelten die **§§ 11–13 UmwStG,** siehe Tz. 1102–1185 *GmbH* ↔ *GmbH*. 563

---

[1] Zur Spaltung einer gemischt-wirtschaftlichen Kreditgenossenschaft Waldow/Pols, DB 2001, 1334.

Genossenschaft → EU

Genossenschaft → Einzelunternehmen (EU)

564 Die Verschmelzung einer eingetragenen Genossenschaft in ein Einzelunternehmen ist **ausgeschlossen** (§ 3 Abs. 2 UmwG).

565 Denkbar ist also nur der Weg *Genossenschaft → AG, AG → EU*.

Genossenschaft → EWIV

566 Es gilt Tz. 597 *Genossenschaft → OHG* (§ 1 EWIVG).

Genossenschaft → GbR

567 Die Umwandlung einer eingetragenen Genossenschaft in eine GbR ist **nicht möglich**. Theoretisch denkbar ist die Umwandlung *Genossenschaft → AG/GmbH, AG/GmbH → GbR*.

Genossenschaft → Genossenschaft, Spaltung

568 Eine Genossenschaft kann gespalten werden (§ 124 iVm. § 3 Abs. 1 UmwG)[1]. Es gelten die **allgemeinen Regeln** (siehe Tz. 726–840 *GmbH → GmbH*) unter Beachtung der §§ 79–98 UmwG, die über § 125 UmwG entsprechend gelten.

569 Bei der **Anmeldung** einer **Abspaltung** oder einer **Ausgliederung** hat der Vorstand der übertragenden Genossenschaft auch zu erklären, dass die durch Gesetz und Statut vorgesehenen Voraussetzungen für die Gründung (insbesondere hinsichtlich der Haftsumme) durch die Spaltung nicht tangiert sind (§ 148 Abs. 1 UmwG). Neben den sonst erforderlichen Unterlagen sind der Anmeldung der Spaltungsbericht und das Prüfungsgutachten beizufügen (§ 148 Abs. 2 UmwG).

570 Auch **genossenschaftliche Prüfungsverbände** (§§ 53 ff. GenG) können gespalten werden (§ 150 UmwG).

571 **Steuerlich** gelten die Tz. 841–899 *GmbH → GmbH* entsprechend.

---

[1] Vertragsmuster: FRENZ in Neye/Limmer/Frenz/Harnacke, S. 431 ff.

Genossenschaft ↔ Genossenschaft, Verschmelzung

A. Übersicht 572
B. Verschmelzung durch Aufnahme
   I. Zivilrecht
     1. Voraussetzungen . . . 576
     2. Rechtsfolgen 579
  II. Steuerrecht 586
C. Verschmelzung durch Neubildung 587

A. Übersicht

Eingetragene Genossenschaften können **miteinander zu Genossenschaften** verschmolzen werden (§ 3 Abs. 1 Nr. 3 UmwG). Entgegen der früher geltenden §§ 93 a–93 s GenG[1] ist die Verschmelzung nicht mehr beschränkt auf Genossenschaften gleicher Haftart. Verschmolzen werden können auch Genossenschaften **verschiedener Haftart,** also ohne, mit beschränkter oder mit unbeschränkter Nachschusspflicht. Auf die Höhe der Haftsumme kommt es nicht an[2].   572

Ferner können Genossenschaften mit **Personenhandelsgesellschaften** und **Kapitalgesellschaften** verschmolzen werden. Dies gilt sowohl für die Verschmelzung durch Aufnahme (Beispiel: Eine Genossenschaft wird auf eine bestehende AG verschmolzen oder eine GmbH wird auf eine bestehende Genossenschaft verschmolzen) wie auch für die Verschmelzung durch Neugründung (Beispiel: Zwei Genossenschaften werden zu einer AG oder zwei KGs zu einer Genossenschaft verschmolzen).   573

Auch **genossenschaftliche Prüfungsverbände** (§§ 53 ff. GenG) können verschmolzen werden. Zulässig ist hier jedoch nur die Verschmelzung durch Aufnahme eines Verbands durch einen anderen (§ 105 UmwG). Es gelten die Sonderregeln der §§ 106–108 UmwG.   574

Steuerlich gelten für die Verschmelzung von Genossenschaften untereinander sowie mit Kapitalgesellschaften die §§ 11–13 UmwStG. Zur Verschmelzung mit einer Personengesellschaft siehe Tz. 594 *Genossenschaft → KG*.   575

---

[1] Aufgehoben durch das UmwBerG vom 28. 10. 1994, BGBl. 1994 I, 3210.
[2] Gesetzesbegründung BT-Drucks. 12/6699, zu § 79.

B. Verschmelzung durch Aufnahme
I. Zivilrecht
1. Voraussetzungen

576 Voraussetzungen der Verschmelzung sind ein **Beschluss der Generalversammlung** jeder Genossenschaft mit mindestens drei Viertel Mehrheit der abgegebenen Stimmen (§ 84 UmwG), der Abschluss eines schriftlichen **Verschmelzungsvertrags**[1] durch die Vorstände (zum Inhalt § 80 UmwG) sowie die Einholung eines **Gutachtens des Prüfungsverbands** (§ 81 UmwG)[2].

577 Das Gutachten des Prüfungsverbands, der Verschmelzungsvertrag sowie **Jahresabschlüsse** und **Lageberichte** der letzten drei Jahre sind bis zur Beschlussfassung der Generalversammlung auszulegen[3]. Das Gutachten des Prüfungsverbands muss in der Generalversammlung verlesen werden (§§ 82, 83 UmwG). Der Verschmelzungsvertrag kann vor Beschlussfassung (Genehmigung) oder aufgrund der Beschlussfassung (Ermächtigung) abgeschlossen werden.

578 Die Verschmelzung ist durch sämtliche Mitglieder des Vorstands jeder Genossenschaft bei dem jeweiligen Genossenschaftsregister anzumelden (§ 16 UmwG). Zum Inhalt der **Anmeldung** §§ 17 und 86 UmwG.

2. Rechtsfolgen

579 Mit der Eintragung der Verschmelzung in das Genossenschaftsregister des Sitzes der übertragenden Genossenschaft geht das Vermögen dieser Genossenschaft einschließlich Schulden (**Gesamtrechtsnachfolge**) auf die übernehmende Genossenschaft über (§ 20 UmwG). Die übertragende Genossenschaft erlischt.

580 Die Genossen der übertragenden Genossenschaft werden mit der Eintragung **Mitglieder** der übernehmenden Genossenschaft (§ 87 UmwG).

581 Aufgrund der Verschmelzung ist jeder Genosse der übertragenden Genossenschaft entsprechend dem Verschmelzungsvertrag an dem

---

1 Vertragsmuster bei WERHAHN/HOPPERT in Münchener Vertragshandbuch, Band 1, VI. 22.
2 Vertragsmuster: FRENZ in Neye/Limmer/Frenz/Harnacke, S. 274 ff.
3 Zur Frage, ob hieraus der Zwang resultiert, nun einen zurückliegenden Verschmelzungsstichtag wählen zu können, BEUTHIEN/WOLFF, BB 2001, 2126.

Genossenschaft ↔ Genossenschaft

übernehmenden Rechtsträger beteiligt. Übersteigt das **Geschäftsguthaben**, das der Genosse bei einer übertragenden Genossenschaft hatte, den Gesamtbetrag der Geschäftsanteile, mit denen er bei einer übernehmenden Genossenschaft beteiligt ist, so ist der übersteigende Betrag nach Ablauf von sechs Monaten seit dem Tag, an dem die Eintragung der Verschmelzung in das Register des Sitzes der übernehmenden Genossenschaft als bekannt gemacht gilt, an den Genossen auszuzahlen, nachdem die Gläubiger, die sich nach § 22 UmwG gemeldet haben, befriedigt oder sichergestellt sind. Im Verschmelzungsvertrag festgesetzte bare Zuzahlungen dürfen nicht den zehnten Teil des Gesamtnennbetrags der gewährten Geschäftsanteile der übernehmenden Genossenschaft übersteigen (§ 87 Abs. 1 und 2 UmwG). Für die Berechnung des Geschäftsguthabens, das dem Genossen bei einer übertragenden Genossenschaft zugestanden hat, ist deren Schlussbilanz maßgebend (§ 87 Abs. 3 UmwG).

Der Vorstand der übernehmenden Genossenschaft hat die neuen Genossen unverzüglich zum **Register** anzumelden. Über die Eintragung sind die Genossen schriftlich zu informieren (§ 89 UmwG). 582

Genossen, die der Verschmelzung widersprochen haben oder nicht ordnungsgemäß geladen wurden, können ihre Mitgliedschaft ausschlagen und **Auszahlung ihres Geschäftsguthabens** verlangen (§§ 90–94 GenG). 583

Wird die Haftsumme verringert oder die **Nachschusspflicht** beschränkt, entsteht eine weitere Nachschusspflicht der Anteilseigner der übertragenden Genossenschaft. 584

Im Übrigen gelten die Tz. 983–1101 *GmbH ↔ GmbH*. 585

II. Steuerrecht

Steuerlich gelten **§§ 11–13 UmwStG**, siehe hierzu Tz. 1102–1185 *GmbH ↔ GmbH*[1]. 586

C. Verschmelzung durch Neubildung

Für die **Gründung** der übernehmenden Genossenschaft gelten die §§ 1–16 GenG mit den Besonderheiten des § 97 UmwG. Für die **Verschmelzung** selbst gelten die Tz. 576–585; zu den Verschmelzungsbeschlüssen siehe § 98 UmwG. 587

---

1 Zur Grunderwerbsteuer BFH II R 125/90 vom 16. 2. 1994, HFR 1994, 485.

Genossenschaft ↔ Genossenschaft

588 **Steuerrechtlich** gelten auch hier §§ 11–13 UmwStG und somit Tz. 1102–1185 *GmbH → GmbH*.

Genossenschaft → GmbH, Formwechsel, Spaltung, Verschmelzung

589 Es gelten die Tz. 541–563 *Genossenschaft → AG* entsprechend[1].

Genossenschaft → GmbH & Co KG, Formwechsel, Spaltung, Verschmelzung

590 Es gelten die Tz. 592–594 *Genossenschaft → KG*.

591 Zur GmbH & Co KG kommt es bei der Spaltung oder Verschmelzung zur Neugründung unmittelbar nur, wenn an der Genossenschaft eine **GmbH beteiligt** ist[2].

Genossenschaft → KG, Formwechsel, Spaltung, Verschmelzung

592 Der **Formwechsel** einer Genossenschaft in eine KG ist ausgeschlossen (§ 258 Abs. 1 UmwG). Ausnahmen gelten für eingetragene Genossenschaften, die durch formwechselnde Umwandlung einer LPG entstanden sind. Diese können nach den Regelungen des LAG durch Formwechsel in eine Personengesellschaft umgewandelt werden (§ 38 a LAG).

593 Die **Spaltung** einer Genossenschaft in eine KG ist zulässig (§ 124 iVm. § 3 Abs. 1 UmwG, § 147 UmwG). Es gelten die allgemeinen Regeln der Spaltung mit den Besonderheiten für die Anmeldung bei Abspaltung oder Ausgliederung gemäß § 148 UmwG.

594 Eine Genossenschaft kann mit einem anderen Rechtsträger zu einer neuen oder auf eine bestehende KG **verschmolzen** werden (§§ 2, 3 UmwG). Es gelten die Tz. 1305–1516 *GmbH → KG*. Für die Genossen-

---

1 Vertragsmuster zum Formwechsel: Vossius in Widmann/Mayer, Anh. 4, M 187.1 ff. (Januar 2005).
2 Zur Zulässigkeit Schaffland in Lang/Weidmüller/Metz/Schaffland, § 15 GenG Rz. 3.

schaft sind zu beachten: § 81 UmwG (Gutachten des Prüfungsverbands), §§ 82–84 UmwG (Vorbereitung und Durchführung der Generalversammlung, Beschlussfassung), § 86 UmwG (Anmeldung), §§ 90–94 UmwG (Ausschlagung).

Genossenschaft → KGaA, Formwechsel, Spaltung, Verschmelzung

Siehe Tz. 541–563 Genossenschaft → AG, zu den **Besonderheiten** für die KGaA Tz. 100–109 AG → KGaA[1].   595

Genossenschaft → Körperschaft des öffentlichen Rechts (KöR)

Die unmittelbare Umwandlung einer **eingetragenen Genossenschaft** in eine KöR ist **ausgeschlossen**. Möglich wäre Umwandlung Genossenschaft → AG mit anschließender Vermögensübertragung auf die öffentliche Hand.   596

Genossenschaft → OHG, Formwechsel, Spaltung, Verschmelzung

Es gelten die Tz. 592–594 Genossenschaft → KG entsprechend.   597

Genossenschaft → Partnerschaft

Es gelten die Tz. 592–594 Genossenschaft → KG mit den **Besonderheiten** der §§ 45 a–e UmwG.   598

Genossenschaft → Stiftung

Eine Umwandlung ist **nicht möglich**. Zur Übertragung im Rahmen eines **Stiftungsgeschäfts** siehe Tz. 1522–1528 GmbH → Stiftung.   599

---

1 Speziell zur Nutzung der KGaA im Rahmen genossenschaftlicher Unternehmen STRIEDER/HABEL, BB 1995, 1857.

Genossenschaft → Stille Gesellschaft

600 Mit einer eingetragenen Genossenschaft kann eine stille Gesellschaft begründet werden, und zwar sowohl mit der **Genossenschaft als stillem Gesellschafter** wie auch als **Inhaber des Handelsunternehmens**[1]. Insoweit gelten die Tz. 1529–1537 *GmbH → Stille Gesellschaft* entsprechend.

Genossenschaft → Verein

601 Eine Umwandlung ist **ausgeschlossen**.

Genossenschaft → VVaG

602 Eine Umwandlung oder Einbringung ist **ausgeschlossen**.

GmbH → AG, Formwechsel, Spaltung, Verschmelzung

A. Übersicht 603	6. Rechtsfolgen der Eintragung 642
B. Formwechsel	7. Kosten 647
I. Zivilrecht	II. Steuerrecht 648
1. Voraussetzungen . . . 609	C. **Spaltung**
2. Umwandlungsbericht . 611	I. Aufspaltung zur Aufnahme
3. Umwandlungsbeschluss	1. Zivilrecht 649
a) Inhalt 613	2. Steuerrecht 657
b) Vorbereitung der Beschlussfassung . 616	II. Aufspaltung zur Neugründung
c) Mehrheit, Form des Beschlusses 619	1. Zivilrecht 658
d) Barabfindung . . . 627	2. Steuerrecht 659
e) Anfechtung 638	III. Abspaltung 660
4. Gründungsbericht und Gründungsprüfung . . 639	IV. Ausgliederung 661
5. Handelsregisteranmeldung 640	D. **Verschmelzung** 662

---

[1] BLAUROCK, Handbuch der stillen Gesellschaft, S. 79 und 81.

GmbH → AG

A. Übersicht

Eine GmbH kann durch **Formwechsel** in eine AG umgewandelt werden (§§ 191, 226 UmwG). Es kommt zum Rechtsformwechsel unter Wahrung der rechtlichen Identität. Ertrag- und umsatzsteuerlich ist der Vorgang ohne Relevanz; zur GrESt siehe Tz. 1273 *GmbH → KG*. 603

Eine GmbH kann in eine AG gespalten werden (§ 124 UmwG). Zu den Möglichkeiten der **Spaltung** siehe Tz. 726–744 *GmbH → GmbH*. Steuerlich ist eine Buchwertfortführung möglich, wenn in Teilbetriebe bzw. Teilbetrieben gleichgestellte Mitunternehmeranteile oder 100%ige Beteiligungen an Kapitalgesellschaften gespalten wird (siehe Tz. 845–852 *GmbH → GmbH*). 604

Eine GmbH kann auf eine bestehende AG **(Verschmelzung durch Aufnahme)** oder mit einem anderen Rechtsträger zu einer neuen AG **(Verschmelzung durch Neugründung)** verschmolzen werden (§§ 21 Abs. 1, 3 UmwG, siehe Tz. 972–982 *GmbH ↔ GmbH*). Steuerlich ist idR eine Buchwertfortführung möglich. 605

Nur eine GmbH mit **Sitz im Inland** kann durch Formwechsel, Spaltung oder Verschmelzung umgewandelt werden (§ 1 Abs. 1 UmwG). 606

Die **Auflösung** der GmbH hindert die Umwandlung nicht, wenn die Fortsetzung beschlossen werden könnte (§ 191 Abs. 3 UmwG zum Formwechsel, § 125 iVm. § 3 Abs. 3 UmwG zur Spaltung, § 3 Abs. 3 UmwG zur Verschmelzung). 607

Zur Umwandlung auf eine aufgelöste AG siehe Tz. 976 *GmbH ↔ GmbH* und Tz. 736 *GmbH → GmbH*; zur Umwandlung einer **Vor-GmbH** siehe Tz. 977 *GmbH ↔ GmbH* und Tz. 737 *GmbH → GmbH*. 608

B. Formwechsel

I. Zivilrecht

1. Voraussetzungen

Notwendig sind[1] 609

– ein **Umwandlungsbericht** (§ 192 UmwG),
– ein **Umwandlungsbeschluss** (§ 193 UmwG),
– ein **Gründungsbericht** (§ 245 Abs. 1 iVm. §§ 220 Abs. 2, 197 UmwG),

---

1 Vertragsmuster: Greve in Engl, Formularbuch Umwandlungen, S. 829 ff.; Vossius in Widmann/Mayer, Anh. 4, M 168 ff. (März 2005).

GmbH → AG

- eine **Gründungsprüfung** (§ 245 Abs. 1 iVm. § 220 Abs. 3 UmwG)
- und die **Anmeldung** zum Handelsregister (§ 198 UmwG).

610 Nach § 245 Abs. 1 iVm. § 220 Abs. 1 UmwG darf das Grundkapital das nach Abzug der Schulden verbleibende Vermögen der formwechselnden Gesellschaft nicht übersteigen. Damit ist ein Formwechsel ausgeschlossen, wenn das **Eigenkapital** (Stammkapital plus Rücklagen) nicht mindestens 50.000,– Euro beträgt. ME sind dabei aber nicht die Buchwerte, sondern die Teilwerte maßgebend[1]. Ausstehende Einlagen hindern die Umwandlung nicht[2].

2. Umwandlungsbericht

611 Für den Formwechsel ist ein Umwandlungsbericht zu erstellen (§ 192 Abs. 1 UmwG), es sei denn, es handelt sich um eine Einpersonen-GmbH oder alle Gesellschafter verzichten auf den Bericht in notarieller Form (§ 192 Abs. 3 UmwG). Zum **Inhalt** Tz. 1219–1226 *GmbH → KG*.

612 Eine **Vermögensaufstellung** ist entbehrlich (§ 238 iVm. § 192 Abs. 2 UmwG).

3. Umwandlungsbeschluss

a) Inhalt

613 Der Formwechsel bedarf eines Umwandlungsbeschlusses (§ 193 Abs. 1 UmwG). In dem Umwandlungsbeschluss muss bestimmt werden,

- dass die GmbH durch den Formwechsel die **Rechtsform** einer AG erhält (§ 194 Abs. 1 Nr. 1 UmwG),
- die **Firma** der AG, wobei die bisherige Firma beibehalten werden kann (§§ 194 Abs. 1 Nr. 2, 200 Abs. 1 und 2 UmwG),
- in welchem Umfang den Gesellschaftern anstelle der GmbH-Anteile Aktien gewährt werden (§ 194 Abs. 1 Nr. 3 und 4 UmwG). Dabei kann der **Nennbetrag der Aktien** abweichend vom Nennbetrag der GmbH-Anteile festgesetzt werden (§ 243 Abs. 3 UmwG). Beispiel: Für einen Geschäftsanteil von 10.000,– Euro werden tausend Aktien

---

1 Streitig, siehe Dirksen in Kallmeyer, § 245 UmwG Rz. 6 und Happ in Lutter, § 245 UmwG Rz. 12, jeweils mwN; zur Verbindung des Formwechsels mit einer Kapitalerhöhung Mertens, AG 1995, 561.
2 K. Schmidt, ZIP 1995, 1385.

GmbH → AG

à 1,– Euro gewährt. Zur Kontinuität der Beteiligungsverhältnisse siehe Tz. 621,

- die **Feststellung der Satzung** der Aktiengesellschaft (§ 243 Abs. 1 iVm. § 218 Abs. 1 UmwG), erforderlich ist insoweit die Abfassung einer vollständigen Satzung, die Aufnahme bloßer Textänderungen genügt nicht[1]. Festsetzungen über Sondervorteile, Gründungsaufwand, Sacheinlagen und Sachübernahmen, die im Gesellschaftsvertrag der GmbH enthalten sind, müssen in die Satzung der AG übernommen werden (§ 243 Abs. 1 S. 2 UmwG),

- die Fortgeltung, Änderung oder Aufhebung etwaiger **Sonderrechte** (§ 194 Abs. 1 Nr. 5 UmwG),

- ggf. die **Änderung des Stammkapitals** (§ 243 Abs. 2 UmwG), was insbesondere erforderlich ist, wenn das Stammkapital der GmbH unter dem Mindestkapital für eine AG von 50.000,– Euro liegt (§ 7 AktG und Tz. 610). Stimmt die Summe der Anteilswerte nicht mit dem Stammkapital der GmbH überein (zB aufgrund der Einziehung von Anteilen), muss eine Nennwertberichtigung vorgenommen werden[2],

- ein **Abfindungsangebot** nach § 207 UmwG (§ 194 Abs. 1 Nr. 6 UmwG, siehe Tz. 1242),

- die **Folgen** des Formwechsels **für die Arbeitnehmer** sowie die insoweit vorgesehenen Maßnahmen (§ 194 Abs. 1 Nr. 7 UmwG); hierzu Tz. 787–803 *GmbH → GmbH*.

Ferner ist ein **Aufsichtsrat** entsprechend §§ 95 ff. AktG zu bestellen. 614

Weitergehende Regelungen sind nicht erforderlich. Insbesondere findet **keine Vermögensübertragung** statt[3]. 615

b) Vorbereitung der Beschlussfassung

Der Umwandlungsbeschluss kann nur in einer **Versammlung der Anteilsinhaber** gefasst werden. 616

Für die **Ladung** gelten die Satzungsbestimmungen der GmbH; soweit eine vertragliche Regelung fehlt, gelten die §§ 49–51 GmbHG. Die Beschlussfassung über den Formwechsel ist in der Ladung schriftlich 617

---

[1] Gesetzesbegründung, BT-Drucks. 12/6694 zu § 245; Happ in Lutter, § 243 UmwG Rz. 16.
[2] Grunewald in Gessler/Hefermehl/Eckardt/Kropff, § 376 AktG Rz. 35.
[3] Gesetzesbegründung zu § 194 UmwG, BT-Drucks. 12/6699.

GmbH → AG

unter Beifügung des Wortlautes und der neuen Satzung[1] anzukündigen und der Umwandlungsbericht sowie das Abfindungsangebot nach § 207 UmwG zu übersehen (§ 238 iVm. §§ 230 Abs. 1, 231 UmwG). Der Übersendung des Abfindungsangebots steht die Veröffentlichung im Bundesanzeiger und den sonstigen Gesellschaftsblättern gleich (§ 231 S. 2 UmwG). Der Umwandlungsbericht ist ferner in der Gesellschafterversammlung, die über den Formwechsel beschließen soll, auszulegen (§ 239 Abs. 1 UmwG).

618 Der Entwurf des Umwandlungsbeschlusses ist spätestens einen Monat vor dem Tag der Versammlung der Anteilsinhaber, die den Formwechsel beschließen soll, dem zuständigen **Betriebsrat** zuzuleiten (§ 194 Abs. 2 UmwG, der nur die Informationspflicht, keine weitere Zustimmungspflicht regelt). Bei Unternehmen, die einen Betriebsrat haben, folgt hieraus, dass die Geschäftsführung in dem Zwang steht, die Gesellschafterversammlung zuvor schon einmal einzuberufen, da der Betriebsrat schlecht vor den Gesellschaftern über den geplanten Umwandlungsbeschluss unterrichtet werden kann.

c) Mehrheit, Form des Beschlusses

619 Der Umwandlungsbeschluss bedarf einer Mehrheit von mindestens **drei Vierteln der abgegebenen Stimmen,** sofern die Satzung der GmbH keine größere Mehrheit oder weitere Erfordernisse verlangt (§ 240 Abs. 1 UmwG). Damit bleiben stimmrechtslose Anteile ebenso außer Betracht wie Stimmenthaltungen oder Stimmen von Gesellschaftern, die nicht zur Gesellschafterversammlung erscheinen. Geringere Mehrheitserfordernisse als nach § 240 Abs. 1 UmwG in der Satzung sind allerdings unwirksam.

620 Ist die Abtretung der Anteile des formwechselnden Rechtsträgers von der Genehmigung einzelner Anteilsinhaber abhängig, so bedarf es der **Zustimmung** dieser Anteilsinhaber (§ 193 Abs. 2 UmwG). Ferner müssen Gesellschafter zustimmen, wenn sie sich infolge eines über dem Mindestbetrag gem. § 8 AktG liegenden Ansatzes der Aktien nicht mit dem vollen Nennbetrag ihrer Stammeinlage beteiligen können (§ 241 Abs. 1 UmwG, kaum praxisrelevant) oder durch den Formwechsel besondere Mitgliedschaftsrechte tangiert werden (§ 241 Abs. 2 und 3 iVm. § 52 Abs. 2 UmwG). Sofern Gesellschafter, deren Zustimmung erforderlich ist, nicht zur Gesellschafterversammlung erscheinen, wird der Beschluss erst wirksam, wenn diese Gesell-

---

1 LG Hanau 5 O 149/95 vom 2. 11. 1995, ZIP 1996, 422.

schafter nachträglich ihre Zustimmung erklären. Zulässig ist mE, wenn diese Zustimmungserklärungen vorab eingeholt werden.

Grundsätzlich muss jeder Gesellschafter der GmbH an der AG in unverändertem Verhältnis beteiligt werden (Kontinuität der Mitgliedschaft)[1]. Ein **nichtverhältniswahrender Formwechsel** ist zulässig, wenn alle Gesellschafter zustimmen[2]. 621

Der Umwandlungsbeschluss und die erforderlichen Zustimmungserklärungen müssen **notariell beurkundet** werden (§ 193 Abs. 3 UmwG). Die Gesellschafter, die für den Formwechsel stimmen, sind in der Urkunde namentlich aufzuführen (§ 244 Abs. 1 UmwG). 622

Für die **Bevollmächtigung** eines Vertreters reicht dagegen einfache Schriftform (§ 47 Abs. 3 GmbHG). Mitgesellschafter sind im Fall der Bevollmächtigung von § 181 BGB zu befreien. 623

Bei **minderjährigen Gesellschaftern** bedarf die Stimmabgabe in der Gesellschafterversammlung wie auch die nachträgliche Zustimmung mE keiner vormundschaftsgerichtlichen Genehmigung (§§ 1643, 1822 Nr. 3 BGB), weil der Formwechsel keine Gesellschaftsgründung beinhaltet[3]. Ebenso wenig ist bei verheirateten Gesellschaftern, die im gesetzlichen Güterstand der **Zugewinngemeinschaft** leben, gemäß § 1365 BGB die Zustimmung des Ehegatten erforderlich. 624

Stirbt ein Gesellschafter zwischen Umwandlungsbeschluss und Eintragung, so gelten die Regeln des GmbH-Rechts. Die **Erben** treten in die Rechtsstellung des verstorbenen Gesellschafters. Die Möglichkeiten zum Abschluss der Erben bestimmen sich nach dem Gesellschaftsvertrag der GmbH. Grundsätzlich sind die Erben auch an den Umwandlungsbeschluss gebunden. 625

Gleiches gilt, wenn GmbH-Anteile zwischen Beschlussfassung und Eintragung **abgetreten** werden. 626

d) Barabfindung

Siehe Tz. 1242–1251 *GmbH → KG*. 627

---

1 DECHER in Lutter, § 202 UmwG Rz. 19 ff.
2 DECHER in Lutter, § 202 UmwG Rz. 21; VOLLRATH in Widmann/Mayer, § 194 UmwG Rz. 17 (Oktober 2000); VEIL, DB 1996, 2529; BAYER, ZIP 1997, 1613, mwN.
3 HAPP in Lutter, § 240 UmwG Rz. 22; aA VOLLRATH in Widmann/Mayer, § 193 UmwG Rz. 22 (Oktober 2000).

GmbH → AG

628 **Schuldnerin** des Abfindungsanspruchs ist die AG. Sie erwirbt eigene Aktien, was selbst dann zulässig ist, wenn gegen § 71 Abs. 2 AktG verstoßen wird (§ 207 Abs. 1 UmwG schließt § 71 Abs. 4 S. 2 AktG aus)[1].

629–637 Einstweilen frei.

e) Anfechtung

638 Siehe Tz. 1252–1253 *GmbH → KG*.

4. Gründungsbericht und Gründungsprüfung

639 Auf den Formwechsel einer GmbH zur AG sind die **Gründungsvorschriften des AktG** anzuwenden (§ 197 UmwG)[2]. Erforderlich ist ein Gründungsbericht gemäß § 32 AktG[3], in dem auch der bisherige Geschäftsverlauf und die Lage der Gesellschaft dargelegt werden muss (§ 245 Abs. 1 iVm. § 220 Abs. 2 UmwG) sowie eine Gründungsprüfung gemäß §§ 33 ff. AktG (§ 245 Abs. 1 iVm. § 220 Abs. 3 UmwG)[4]. Gründungsbericht und Gründungsprüfung sind – anders als der Umwandlungsbericht – unverzichtbar.

5. Handelsregisteranmeldung

640 Die Anmeldung ist von den **Geschäftsführern** der GmbH vorzunehmen (§ 246 Abs. 1 UmwG). Es gelten die Tz. 1254–1257 *GmbH → KG*.

641 Zudem sind die **Vorstandsmitglieder** der AG anzumelden (§ 246 Abs. 2 UmwG).

---

1 Siehe Begründung zu § 207 UmwG, BR-Drucks. 75/94.
2 Mit dieser Regelung soll verhindert werden, dass die bei der AG schärferen Gründungsanforderungen durch Gründung einer GmbH mit anschließendem Formwechsel unterlaufen werden, siehe die Gesetzesbegründung zu § 197 UmwG, BT-Drucks. 12/6699.
3 Zum Inhalt Kraft in Kölner Kommentar zum AktG, § 32 Rz. 9 ff.; Pentz in Münchener Kommentar zum AktG, § 32 Rz. 11 ff.; eingehend auch Noelle, AG 1990, 475.
4 Zur Frage, ob auch die Nachgründungsvorschriften der §§ 27, 52 AktG gelten, siehe Martens, ZGR 1999, 548.

GmbH → AG

6. Rechtsfolgen der Eintragung

Zur **Eintragung** siehe Tz. 1258–1260 *GmbH* → *KG*. 642

Mit der Eintragung wird aus der GmbH eine AG. Das bisherige Stammkapital wird zum **Grundkapital.** Im Übrigen gelten die Tz. 1261–1267 *GmbH* → *KG*[1]. 643

Wird nach dem Formwechsel eine vereinfachte **Kapitalherabsetzung** nach §§ 229 ff. AktG vorgenommen, kann dies auch dann nach § 234 AktG auf den letzten Jahresabschluss zurückbezogen werden, wenn dies noch ein Jahresabschluss der GmbH ist (§ 247 Abs. 2 UmwG). 644

Für den **Umtausch der Geschäftsanteile** gegen Aktien gilt § 73 AktG (§ 248 UmwG)[2]. 645

Die Gesellschafter, die dem Formwechsel zugestimmt haben, trifft die aktienrechtliche „**Gründerhaftung**" (§ 245 Abs. 1 UmwG). 646

7. Kosten

Siehe Tz. 1268–1270 *GmbH* → *KG*. 647

II. Steuerrecht

Steuerrechtlich ist der Formwechsel von einer GmbH zur AG **ohne Belang.** 648

C. Spaltung

I. Aufspaltung zur Aufnahme

1. Zivilrecht

Es gelten die Tz. 745–840 *GmbH* → *GmbH* mit folgenden **Besonderheiten:** 649

Wird der Spaltungs- und Übernahmevertrag in den ersten zwei Jahren nach Eintragung der übernehmenden AG im Handelsregister abgeschlossen, so sind die **Nachgründungsvorschriften** des § 52 Abs. 3, 4, 7–9 AktG zu beachten (§ 125 iVm. § 67 UmwG). 650

---

1 Zu den Besonderheiten bei einer stillen Beteiligung MERTENS, AG 2000, 32.
2 Eigentlich geht es nicht um den Umtausch, sondern die Aufforderung zur Abholung der Aktienurkunde, siehe im einzelnen GRUNEWALD in Gessler/Hefermehl/Eckardt/Kropff, § 382 AktG Rz. 1 ff.

GmbH → AG

651 Anstelle des § 125 iVm. § 54 UmwG gilt für die **Kapitalerhöhung** der inhaltsgleiche § 125 iVm. § 68 UmwG. Soweit eine Kapitalerhöhung zulässig ist, erleichtert § 125 iVm. § 69 UmwG die Durchführung. So sind die §§ 182 Abs. 4, 184 Abs. 2, 185, 186, 187 Abs. 1, 188 Abs. 2 und 3 Nr. 1 AktG nicht anzuwenden. Erforderlich ist jedoch eine Prüfung der Sacheinlage gemäß § 183 Abs. 3 AktG (§ 142 UmwG). Auf den Prüfungsbericht ist im Spaltungsbericht hinzuweisen (§ 142 Abs. 2 UmwG).

652 Der Spaltungs- und Übernahmevertrag ist für eine AG **prüfungspflichtig** (§ 125 iVm. § 60 UmwG), es sei denn, alle Aktionäre verzichten in notarieller Form (§ 125 iVm. §§ 60, 9 Abs. 3, 8 Abs. 3 UmwG).

653 Ein Spaltungs- und Übernahmevertrag ist vor Einberufung der Hauptversammlung, die über die Zustimmung beschließt, zum **Handelsregister** einzureichen und die Einreichung vom Register bekanntzumachen (§ 125 iVm. § 61 UmwG).

654 Befinden sich mindestens 90% des Stammkapitals der GmbH in der Hand der übernehmenden AG, so braucht auf der Ebene der AG kein **Zustimmungsbeschluss** gefasst zu werden (§ 125 iVm. § 62 Abs. 1 UmwG), es sei denn, mindestens 20% des Grundkapitals verlangen dies (§ 125 iVm. § 62 Abs. 2 UmwG).

655 Zur **Vorbereitung der Hauptversammlung** siehe § 125 iVm. §§ 62 Abs. 3, 63 UmwG, zur Durchführung § 125 iVm. § 64 UmwG, zur Beschlussfassung § 125 iVm. § 65 UmwG.

656 Zur Gewährung der Aktien anstelle der untergehenden GmbH-Anteile ist ein **Treuhänder** zu bestellen (§ 125 iVm. §§ 71, 72 UmwG).

2. Steuerrecht

657 Es gelten die Tz. 841–899 GmbH → GmbH entsprechend.

II. Aufspaltung zur Neugründung

1. Zivilrecht

658 Es gelten die Tz. 900–910 GmbH → GmbH. An die Stelle des Sachgründungsberichts tritt ein **Gründungsbericht** gemäß § 32 AktG und eine **Gründungsprüfung** gemäß § 33 Abs. 2 AktG (§ 144 UmwG).

2. Steuerrecht

Es gelten die Tz. 841–899 GmbH → GmbH entsprechend. 659

III. Abspaltung

Es gelten die Tz. 912–928 GmbH → GmbH entsprechend. 660

IV. Ausgliederung

Es gelten die Tz. 929–946 GmbH → GmbH entsprechend[1]. 661

D. Verschmelzung

Zu den **Möglichkeiten** der Verschmelzung siehe Tz. 972–982 GmbH ↔ GmbH. 662

Für die **Verschmelzung durch Aufnahme** gelten zivilrechtlich grundsätzlich die Tz. 983–1101 GmbH ↔ GmbH[2]. Hinsichtlich der übernehmenden AG sind die Besonderheiten gemäß Tz. 31–43 AG ↔ AG zu beachten. Steuerlich gelten die Tz. 1102–1185 GmbH ↔ GmbH. 663

Für die **Verschmelzung durch Neugründung** gelten die Tz. 1186–1191 GmbH ↔ GmbH mit den Tz. 45–47 AG ↔ AG. 664

GmbH ↔ Einzelunternehmen (EU), Verschmelzung

A. Übersicht 665
B. **Verschmelzung durch Aufnahme**

I. Zivilrecht 666
II. Steuerrecht 680

A. Übersicht

Eine Kapitalgesellschaft kann auf eine natürliche Person[3] verschmolzen werden, wenn die natürliche Person der **alleinige Gesell-** 665

---

1 Vertragsmuster: RIEGER in Widmann/Mayer, Anh. 4, M 111 ff. (Februar 2003).
2 Vertragsmuster: KRAUS in Engl, Formularbuch Umwandlungen, S. 64 ff.; HECKSCHEN in Widmann/Mayer, Anh. 4, M 29 ff. (März 2004).
3 Ist eine juristische Person oder Personenhandelsgesellschaft alleiniger Gesellschafter, gelten nicht §§ 120–122 UmwG, sondern die jeweiligen Regelungen über die Verschmelzung auf eine Kapital- oder Personenhandelsgesellschaft, siehe hierzu zB GmbH ↔ GmbH oder GmbH → KG.

GmbH ↔ EU

schafter ist (§ 120 UmwG)[1]. Da der Gesellschafter als solcher existiert, handelt es sich notwendig um eine **Verschmelzung durch Aufnahme.** Zu den generellen Voraussetzungen siehe Tz. 1205 *GmbH → KG*.

B. Verschmelzung durch Aufnahme

I. Zivilrecht

666 Notwendig ist ein **Verschmelzungsvertrag**[2] zwischen der GmbH, vertreten durch den Geschäftsführer, und dem alleinigen Gesellschafter (§ 4 UmwG). Soweit die GmbH von dem Gesellschafter als Geschäftsführer vertreten wird, ist eine Befreiung von § 181 BGB erforderlich[3].

667 **Firma und Sitz** der GmbH sind im Vertrag zu nennen (§ 5 Abs. 1 Nr. 1 UmwG).

668 **Inhaltlich** ist zu bestimmen, dass das Vermögen auf den Gesellschafter übergeht (§ 5 Abs. 1 Nr. 2 UmwG). Die übrigen Angaben nach § 5 Abs. 1 Nr. 2–5 UmwG sind entbehrlich (§ 5 Abs. 2 UmwG).

669 Festzulegen ist der **Verschmelzungsstichtag** (§ 5 Abs. 1 Nr. 6 UmwG). Die Angaben nach § 5 Abs. 1 Nr. 7 und 8 UmwG sind ebenfalls verzichtbar[4]. Erforderlich sind Angaben zu den Folgen für die Arbeitnehmer (§ 5 Abs. 1 Nr. 9 UmwG).

670 Der Verschmelzungsvertrag ist **notariell zu beurkunden.**

671 **Verschmelzungsbericht** und **Prüfung** sind nicht erforderlich (§§ 8 Abs. 3, 9 Abs. 3 UmwG).

672 Erforderlich ist ein **Zustimmungsbeschluss** des Gesellschafters der GmbH, der mE in der Beurkundung des Vertrags mitgefasst werden kann, wenn der Entwurf des Vertrags einen Monat zuvor dem

---

1 Zur Auflösung einer Kapitalgesellschaft und Übernahme des Unternehmens durch einen Gesellschafter OLG Stuttgart 10 U 48/93 vom 21. 12. 1993, DB 1994, 205; FRIEDRICH, BB 1994, 89.
2 Vertragsmuster: HECKSCHEN in Widmann/Mayer, Anh. 4 M 19 (März 2004); LANGENFELD, GmbH-Vertragspraxis, Rz. 694.
3 **Achtung:** Die Befreiung von § 181 BGB bedarf bei der Einpersonen-GmbH der Satzungsgrundlage, siehe BayObLG BReg. 3 Z 163/83 vom 7. 5. 1984, GmbHR 1985, 116.
4 Dies kann für § 5 Abs. 1 Nr. 8 UmwG auch anders gesehen werden. ME ergibt sich die Verzichtbarkeit aber aus der Tatsache, dass die Angaben nach § 5 Abs. 1 Nr. 1–8 UmwG nur dem Schutz der Beteiligten, nicht aber dem Schutz Dritter dienen; ebenso HECKSCHEN in Widmann/Mayer, § 121 UmwG Rz. 11 (März 2003); aA KAROLLUS in Lutter, § 121 UmwG Rz. 6.

GmbH ↔ EU

Betriebsrat zugeleitet wurde (§ 5 Abs. 3 UmwG). Eine gesonderte Zustimmungserklärung des Gesellschafters als Übernehmender ist nicht erforderlich[1].

Hinweis: Auch bei der Umwandlung einer Einpersonen-GmbH ist auf die Wahrung der Arbeitnehmerrechte zu achten. 673

Zur **Bilanzierung** siehe Tz. 1052–1058 *GmbH ↔ GmbH*. 674

Die Verschmelzung ist zum **Handelsregister** des Sitzes der GmbH anzumelden (§ 16 Abs. 1 S. 1 UmwG). Siehe hierzu Tz. 1059–1071 *GmbH ↔ GmbH*. 675

Ist der übernehmende Gesellschafter nicht im Handelsregister eingetragen und hat die GmbH ein eintragungspflichtiges **Unternehmen** betrieben, das nach Verschmelzung fortgeführt wird, so wird der Gesellschafter Kaufmann, der sich im Handelsregister eintragen lassen muss (§ 122 UmwG). 676

Die **Firma** der GmbH kann gemäß § 18 UmwG fortgeführt werden. Statt dessen kann aber auch die Firma des Einzelunternehmers fortgeführt werden[2]. 677

Hinweis: Eine Verschmelzung ist auch dann zulässig, wenn kein Handelsgewerbe besteht und daher für den übernehmenden Gesellschafter eine Eintragung als Kaufmann im Handelsregister nicht in Betracht kommt (§ 122 Abs. 2 UmwG)[3]. 678

Zu den **Rechtsfolgen** der Verschmelzung siehe Tz. 1072–1097 *GmbH ↔ GmbH*, zu den **Kosten** Tz. 1098–1101 *GmbH ↔ GmbH*. 679

II. Steuerrecht

Für den Vermögensübergang auf eine natürliche Person sind die Vorschriften über den **Vermögensübergang auf** eine **Personengesellschaft sinngemäß** anzuwenden (§ 9 UmwStG)[4]. Danach ist zu differenzieren: 680

---

1 LG Dresden 45 T 60/96 vom 14. 11. 1996, GmbHR 1997, 175.
2 OLG Schleswig 2 W 145/00 vom 15. 11. 2000, GmbHR 2001, 205.
3 Dies war bis zur Ergänzung des § 122 UmwG durch das HRefG vom 22. 6. 1998 umstritten, siehe BGH II ZB 18/97 vom 4. 5. 1998, ZIP 1998, 1225; PRIESTER, DB 1996, 413; HECKSCHEN, ZIP 1996, 450; BÄRWALDT/SCHABACKER, NJW 1997, 93; WRENGER, BB 1997, 1905; bestätigt durch BGH II ZB 18/97 vom 4. 5. 1998, ZIP 1998, 1225.
4 Eingehend mit Berechnungsbeispielen OTT, Inf. 1995, 300.

GmbH ↔ EU

681 Wird das Vermögen der GmbH **Betriebsvermögen** einer natürlichen Person, so besteht für die Schlussbilanz der GmbH das **Wahlrecht** zwischen Buchwertfortführung und Aufdeckung der stillen Reserven (§ 3 UmwStG). Für die Besteuerung der Übernehmerin sind die Vorschriften der §§ 4–7 UmwStG sinngemäß anzuwenden (§ 9 Abs. 1 UmwStG). Auf die Tz. 1337–1483 *GmbH → KG* wird verwiesen.

682 Wird das Vermögen der übertragenden Kapitalgesellschaft **Privatvermögen** einer natürlichen Person, so sind die Wirtschaftsgüter in der steuerlichen Schlussbilanz der übertragenden GmbH mit dem gemeinen Wert anzusetzen[1]. In der Schlussbilanz der GmbH ist eine Körperschaftsteuerminderung oder -erhöhung gem. §§ 37, 38 KStG zu berücksichtigen (siehe Tz. 1400–1401.3 *GmbH → KG*).

682.1 Bei zum **Betriebsvermögen** gehörenden Anteilen entsteht auf der Ebene des Gesellschafters ein Gewinn oder Verlust in Höhe der Differenz zwischen dem Buchwert der Anteile und dem gemeinen Wert des auf den Gesellschafter übergehenden Vermögens. Der Gewinn unterliegt seit Inkrafttreten des StSenkG (§ 52 Abs. 4 a EStG) dem Halbeinkünfteverfahren (§§ 3 Nr. 40, 3 c Abs. 2 EStG). Dies gilt auch für einbringungsgeborene Anteile iSd. § 3 Nr. 40 S. 3 und 4 EStG (siehe dazu Tz. 1462 *GmbH → KG*). Der Gewinn aus solchen Anteilen ist voll steuerpflichtig. Zweifelhaft ist, ob der Gewinn der Gewerbesteuer unterliegt[2]. Ein Sperrbetrag gem. § 50 c EStG ist nicht zu berücksichtigen[3].

683 Gehören die Anteile zum **Privatvermögen**, ist der Gewinn steuerpflichtig

– bei einbringungsgeborenen Anteilen gemäß § 21 UmwStG;

– bei Anteilen iSd. § 17 EStG gemäß § 17 EStG;

– bei allen Anteilen, die § 17 Abs. 2 S. 4 EStG unterfallen, gemäß § 7 UmwStG (§ 9 Abs. 2 iVm. § 7 UmwStG[4]).

In allen Fällen gilt das Halbeinkünfteverfahren (Tz. 682.1).

---

1 Folgt aus § 3 UmwStG, siehe Tz. 03.08 UmwE.
2 So SCHMITT/HÖRTNAGL/STRATZ, § 9 UmwStG Rz. 40; mE greift § 9 Nr. 2 a GewStG.
3 SCHMITT/HÖRTNAGL/STRATZ, § 9 UmwStG Rz. 40.
4 Der Verweis aus § 7 UmwStG wurde in § 9 Abs. 2 UmwStG ergänzt durch Gesetz vom 20. 12. 2001, BGBl. 2001 I, 3858; zur zeitlichen Anwendung siehe § 27 Abs. 8 UmwStG.

GmbH ↔ EU

Die steuerliche Berücksichtigung von **Übernahmeverlusten** erfolgt bei der Einkunftsart, wo nach den vorstehenden Grundsätzen ein Übernahmegewinn zu erfassen wäre. 684

Im Übrigen gilt hinsichtlich **AfA** etc. § 4 Abs. 2 S. 1 und 2 und Abs. 3 UmwStG entsprechend (§ 9 Abs. 2 UmwStG). 685

Besonderheiten gelten für **Pensionsrückstellungen** zugunsten des Gesellschafters. Da mit der Verschmelzung die Pensionsanwartschaft durch Konfusion erlischt, entsteht in Höhe der Pensionsrückstellung ein Übernahmefolgegewinn, für den eine steuerfreie Rücklage gebildet werden kann (§ 9 iVm. § 6 Abs. 1 UmwStG). Die Rücklage ist in den folgenden drei Jahren mit je einem Drittel aufzulösen (§ 9 iVm. § 6 Abs. 2 UmwStG). Der Gewinn unterliegt der Gewerbesteuer[1]. 686

Hinweis: Die Auflösung der Pensionsrückstellung wird vermieden, wenn zunächst eine zweite Person an der GmbH beteiligt wird und sodann die Umwandlung auf eine Personengesellschaft erfolgt[2]. 687

Problematisch ist die Verschmelzung einer **Freiberufler-GmbH** auf eine natürliche Person hinsichtlich der Gewerbesteuer[3]. Erfolgt die Verschmelzung zum Buch- oder Zwischenwert, bleiben die nicht aufgedeckten stillen Reserven gewerbesteuerfrei, da der Freiberufler nicht mehr der Gewerbesteuer unterliegt. Es wäre daher gerechtfertigt, für die Gewerbesteuer eine Aufdeckung aller stillen Reserven zu verlangen. Eine gesetzliche Grundlage hierfür fehlt jedoch. Daher fällt keine Gewerbesteuer an[4]. Andererseits unterwirft § 18 Abs. 4 UmwStG die Veräußerung des Betriebs innerhalb von fünf Jahren nach der Verschmelzung der Gewerbesteuer (siehe Tz. 1556 *GmbH → KG*), womit – wenn die Regelung auch für Freiberufler gelten sollte[5] – auch die nach Verschmelzung entstandenen stillen Reserven des Freiberuflers der Gewerbesteuer unterworfen würden[6]. 688

---

1 MÄRKLE, DStR 1995, 1001.
2 FELIX, KÖSDI 1995, 10 232.
3 Siehe STRECK/POSDZIECH, GmbHR 1995, 271.
4 Ebenso MÄRKLE, DStR 1995, 1001.
5 Was mE nicht der Fall ist; aA Tz. 18.08 UmwE.
6 So FG Baden-Württemberg 5 K 448/02 vom 14. 1. 2004, EFG 2004, 756, Rev. X R 6/04; gegen die Einbeziehung einer Berufsunfähigkeitsentschädigung FG Münster 4 K 890/01 vom 29. 3. 2004, EFG 2004, 1259.

GmbH → EWIV

GmbH → EWIV, Formwechsel, Spaltung, Verschmelzung

689 Für die EWIV mit Sitz in Deutschland gilt OHG-Recht und somit die Tz. 1519 *GmbH → OHG*.

GmbH → GbR, Formwechsel

690 Eine GmbH kann durch **Formwechsel** in eine GbR umgewandelt werden (§§ 191, Abs. 2, 226 UmwG)[1]. Zivilrechtlich gelten die Tz. 1212–1270 *GmbH → KG*, jedoch mit der Einschränkung, dass eine „hilfsweise" Umwandlung in eine KG nicht in Betracht kommt[2]. Ferner bedarf der Formwechsel der Zustimmung aller Gesellschafter (§ 233 Abs. 1 UmwG).

691 **Steuerlich** gelten die Tz. 1271–1273 *GmbH → KG* entsprechend, wobei darauf zu achten ist, ob die GbR über Betriebsvermögen verfügt oder Privatvermögen mit dem Zwang zur Aufdeckung stiller Reserven entsteht. Zu den besonderen gewerbesteuerlichen Problemen bei der Umwandlung einer Freiberufler-GmbH siehe Tz. 688 *GmbH → EU*.

692 **Spaltung** und **Verschmelzung** sind als Umwandlungsinstrumentarien ausgeschlossen, da hier jeweils nur auf Personenhandelsgesellschaften umgewandelt werden kann (§§ 3, 124 UmwG). Ausgeschlossen ist damit etwa die Verschmelzung einer **Freiberufler-GmbH** auf eine bestehende **Sozietät**. Allerdings kann die GmbH durch Formwechsel in eine (neue) GbR umgewandelt und sodann mit der bestehenden Sozietät verschmolzen werden (siehe *GbR ↔ GbR*).

693 **Hinweis:** Sollen etwa zwei grundstücksverwaltende GmbHs zu einer GbR „verschmolzen" werden, wäre dies im Wege der Gesamtrechtsnachfolge nur über die Verschmelzung der einen auf die andere GmbH und anschließendem Formwechsel in eine GbR möglich. Möglich wäre auch: Formwechsel der GmbHs in GbRs, sodann „Verschmelzung" der GbRs im Wege der Einbringung. Es können jeweils unterschiedliche Steuerfolgen, insbesondere bei der **Grunderwerbsteuer**, auftreten[3].

---

1 Vertragsmuster: Vossius in Widmann/Mayer, Anh. 4, M 159 ff. (März 2005).
2 Streck/Mack/Schwedhelm, GmbHR 1995, 161, 175; Bärwaldt/Schabacker, NJW 1999, 623.
3 Siehe auch BFH II R 57/98 vom 4. 4. 2001, GmbHR 2001, 636 zu § 6 Abs. 4 GrEStG.

GmbH → Genossenschaft, Formwechsel, Spaltung, Verschmelzung

A. Übersicht 694
B. Formwechsel
   I. Zivilrecht 695
   II. Steuerrecht 701
C. Spaltung
   I. Aufspaltung zur Aufnahme
     1. Zivilrecht 702
     2. Steuerrecht 708
   II. Aufspaltung zur Neugründung
     1. Zivilrecht 709
     2. Steuerrecht 710

   III. Abspaltung 711
   IV. Ausgliederung 714
D. Verschmelzung
   I. Verschmelzung durch Aufnahme
     1. Zivilrecht 715
     2. Steuerrecht 723
   II. Verschmelzung durch Neugründung
     1. Zivilrecht 724
     2. Steuerrecht 725

A. Übersicht

Eine GmbH kann durch **Formwechsel** (§§ 191, 226 UmwG), **Spaltung** (§ 124 iVm. § 3 Abs. 1 UmwG) oder **Verschmelzung** (§ 3 Abs. 1 UmwG) in eine Genossenschaft umgewandelt werden[1].   694

B. Formwechsel

I. Zivilrecht

Voraussetzung für den Formwechsel ist die Erstellung eines **Umwandlungsberichts** (§ 192 UmwG, Ausnahme § 192 Abs. 3 UmwG, siehe § 251 Abs. 1 UmwG) und die Fassung eines **Umwandlungsbeschlusses** (§ 193 UmwG). Zum Inhalt des Umwandlungsbeschlusses § 194 UmwG. Ferner muss in dem Beschluss das Statut der Genossenschaft sowie die Zahl der Geschäftsanteile festgelegt sein (§ 253 UmwG).   695

Für die **Vorbereitung der Beschlussfassung** gelten die §§ 230 Abs. 1, 231, 239 Abs. 1 UmwG.   696

Zu den **Mehrheitserfordernissen** siehe § 252 Abs. 1 und 2 UmwG. Daneben gilt § 193 Abs. 2 und 3 UmwG.   697

---

1 Zur Rechtsformwahl TURNER, DB 1993, 363; TURNER, GmbHR 1993, 390.

GmbH → Genossenschaft

698 Zur **Barabfindung** und **Anfechtung** siehe § 270 UmwG und Tz. 1242–1253 *GmbH → KG*.

699 Die **Gründungsvorschriften** der §§ 1–16 GenG sind zu beachten (§ 197 UmwG). § 4 GenG ist nicht anwendbar (§ 197 S. 2 UmwG), so dass der Formwechsel auch bei weniger als sieben Gesellschaftern möglich ist.

700 Zur **Anmeldung** vergleiche §§ 198 und 254 UmwG, zu den **Rechtsfolgen** des Formwechsels §§ 255, 256 UmwG.

II. Steuerrecht

701 Der Formwechsel hat grundsätzlich **keine** steuerlichen **Folgen**.

C. Spaltung
I. Aufspaltung zur Aufnahme
1. Zivilrecht

702 Es gelten grundsätzlich die Tz. 745–840 *GmbH → GmbH*.

703 Hinsichtlich der Angaben zum **Umtauschverhältnis** ist § 125 iVm. §§ 80, 88 Abs. 1 UmwG zu beachten.

704 Ergänzend zu Tz. 805 *GmbH → GmbH* ist ein **Gutachten des genossenschaftlichen Prüfungsverbands** erforderlich (§ 125 iVm. § 81 UmwG).

705 Für die **Beschlussfassung** bei der Genossenschaft gilt § 125 iVm. §§ 82–84 UmwG. Mit der Spaltung sind die notwendigen Änderungen der Statuten zu beschließen (§ 147 UmwG).

706 Hinsichtlich der **Anmeldung** gilt ergänzend § 125 iVm. § 86 UmwG.

707 Die neuen Genossen sind unverzüglich nach **Eintragung** der Spaltung im Genossenschaftsregister einzutragen (§ 125 iVm. § 89 UmwG). Hinsichtlich der Beteiligungen ist § 125 iVm. § 88 Abs. 1 UmwG zu beachten.

2. Steuerrecht

708 Es gelten die Tz. 841–899 *GmbH → GmbH*.

GmbH → Genossenschaft

II. Aufspaltung zur Neugründung
1. Zivilrecht

Es gelten die Tz. 900–910 *GmbH → GmbH* sowie die in § 125 iVm. §§ 97, 98 UmwG niedergelegten **Besonderheiten**. 709

2. Steuerrecht

Es gelten die Tz. 841–899 *GmbH → GmbH*. 710

III. Abspaltung

Es gelten die Tz. 912–922 *GmbH → GmbH* entsprechend, unter Berücksichtigung der über § 125 UmwG geltenden §§ 80–89 UmwG bzw. §§ 97, 98 UmwG. 711

Hinsichtlich der **Anmeldung** ist zudem § 148 Abs. 2 UmwG zu beachten. 712

Zum **Steuerrecht** siehe Tz. 923–928 *GmbH → GmbH*. 713

IV. Ausgliederung

Zur Ausgliederung siehe Tz. 929–946 *GmbH → GmbH*. Jedoch wird die Ausgliederung auf eine Genossenschaft kaum von **praktischer Relevanz** sein, da § 20 UmwStG keine Anwendung findet, womit eine steuerneutrale Ausgliederung nicht möglich ist. 714

D. Verschmelzung
I. Verschmelzung durch Aufnahme
1. Zivilrecht

Die Verschmelzung vollzieht sich nach den allgemeinen Regeln der §§ 4–19 UmwG. Grundlage ist ein **Verschmelzungsvertrag** zwischen der GmbH und der Genossenschaft[1]. Die inhaltlichen Besonderheiten des Vertrags sind in § 80 UmwG geregelt. Im Übrigen gelten die Tz. 984–1017 *GmbH ↔ GmbH*. 715

Zum **Verschmelzungsbericht** und zur **Prüfungspflicht** bei der GmbH siehe Tz. 1018–1029 *GmbH ↔ GmbH*, zur Prüfungspflicht bei der Genossenschaft siehe § 81 UmwG. 716

---

1 Vertragsmuster: HECKSCHEN in Widmann/Mayer, Anh. 4, M 38 ff. (März 2004).

GmbH → Genossenschaft

717 Zu dem **Zustimmungsbeschluss** bei der GmbH siehe Tz. 1030–1051 *GmbH ↔ GmbH*, zur Beschlussfassung bei der Genossenschaft siehe §§ 82–84 UmwG. Spätestens mit der Verschmelzung sind die bei der Genossenschaft erforderlichen **Änderungen des Statuts** zu beschließen (§ 79 UmwG).

718 Zur **Bilanzierung** siehe Tz. 1052–1058 *GmbH ↔ GmbH*.

719 Zur **Anmeldung** siehe Tz. 1059–1071 *GmbH ↔ GmbH* sowie § 86 UmwG.

720 Zu den **Rechtsfolgen** generell siehe Tz. 1072–1097 *GmbH ↔ GmbH*.

721 Jedem Anteilsinhaber der GmbH ist als **Geschäftsguthaben** bei der übernehmenden Genossenschaft der Wert der Geschäftsanteile, mit denen er an der GmbH beteiligt war, gutzuschreiben. Für die Feststellung des Werts dieser Beteiligung ist die Schlussbilanz der GmbH maßgebend. Übersteigt das durch die Verschmelzung erlangte Geschäftsguthaben eines Genossen den Gesamtbetrag der Geschäftsanteile, mit denen er bei der übernehmenden Genossenschaft beteiligt ist, so ist der übersteigende Betrag nach Ablauf von sechs Monaten seit dem Tage, an dem die Eintragung der Verschmelzung in das Register des Sitzes der übernehmenden Genossenschaft als bekannt gemacht gilt, an den Genossen auszuzahlen; die Auszahlung darf jedoch nicht erfolgen, bevor die Gläubiger, die sich nach § 22 UmwG gemeldet haben, befriedigt oder sichergestellt sind.

722 Die neuen Genossen sind unverzüglich in das **Genossenschaftsregister** einzutragen (§ 89 UmwG).

2. Steuerrecht

723 Es gelten die §§ 11–13 UmwStG, siehe hierzu Tz. 1102–1185 *GmbH ↔ GmbH*.

II. Verschmelzung durch Neugründung

1. Zivilrecht

724 Es gelten die Tz. 715–722 entsprechend (§ 96 UmwG), mit den in §§ 97, 98 UmwG niedergelegten **Besonderheiten** zur Aufstellung des Statuts, Bestellung der Organe und Beschlussfassung.

2. Steuerrecht

Es gelten die §§ 11–13 UmwStG, siehe hierzu Tz. 1102–1185 *GmbH* ↔ *GmbH*.   725

GmbH → GmbH, Spaltung

A. Übersicht 726
B. Aufspaltung zur Aufnahme
  I. Zivilrecht
    1. Voraussetzungen . . . 745
    2. Spaltungs- und Übernahmevertrag
      a) Form, Inhalt, Änderung 746
      b) Aufteilung des Vermögens 764
      c) Umtauschverhältnis 778
      d) Folgen für die Arbeitnehmer und ihre Vertretungsorgane
        aa) Notwendiger Inhalt des Spaltungs- und Übernahmevertrags 783
        bb) Überleitung von Arbeitsverhältnissen 795
        cc) Betriebliche Mitbestimmung . . 797
        dd) Unternehmensmitbestimmung 798
        ee) Exkurs: Folgen für die Arbeitnehmer und ihre Vertretungsorgane in anderen Umwandlungsfällen 799
    3. Spaltungsbericht und Prüfung 804
    4. Zustimmungsbeschlüsse
      a) Vorbereitung der Beschlussfassung . 807
      b) Mehrheit, Form des Beschlusses 811
    5. Bilanzierung 818
    6. Anmeldung und Eintragung 821
    7. Rechtsfolgen der Spaltung
      a) Partielle Gesamtrechtsnachfolge . . 825
      b) Gläubigerschutz . . 830
      c) Organhaftung . . . 833
      d) Mängelheilung . . . 834
    8. Kosten 835
  II. Steuerrecht
    1. Steuerliche Rückwirkung 841
    2. Besteuerung der zu spaltenden GmbH
      a) Buchwertfortführung 845
      b) Gewinnrealisierung 853
      c) Missbrauch 860
      d) Besteuerung des Übertragungsgewinns 871
    3. Besteuerung der übernehmenden GmbHs
      a) Übernahmegewinn oder Übernahmeverlust 873

GmbH → GmbH

    b) Aufteilung des Eigenkapitals, des Körperschaftsteuerguthabens und der Körperschaftsteuererhöhung 874
    c) Übernahme des verbleibenden Verlustabzugs 883
    d) Kosten 884
  4. Besteuerung der Gesellschafter der zu spaltenden GmbH 885
  5. Gewerbesteuer 895
  6. Umsatzsteuer 897
  7. Grunderwerbsteuer . . 898
C. Aufspaltung zur Neugründung
  I. Zivilrecht 900
  II. Steuerrecht 911
D. Abspaltung
  I. Zivilrecht 912
  II. Steuerrecht 923
E. Ausgliederung
  I. Zivilrecht 929
  II. Steuerrecht 940

A. Übersicht

726 Das UmwG unterscheidet drei Formen der Spaltung, die **Aufspaltung**, die **Abspaltung** und die **Ausgliederung** (§ 123 UmwG).

727 Bei der **Aufspaltung** teilt die zu spaltende Kapitalgesellschaft ihr **gesamtes Vermögen** auf und überträgt es im Wege der Sonderrechtsnachfolge („partielle Universalsukzession") auf mindestens zwei bestehende oder neu zu gründende Gesellschaften. Die zu spaltende GmbH geht unter. Als Gegenleistung erhalten die Gesellschafter der untergehenden Kapitalgesellschaft Beteiligungen an den übernehmenden Gesellschaften. Eine Abfindung in Geld oder Sachwerten ist grundsätzlich (Ausnahme siehe Tz. 755) ausgeschlossen. Bare Zuzahlungen sind nur bis zur Höhe von 10% des Gesamtnennbetrags der gewährten Anteile zulässig (§ 125 iVm. § 54 Abs. 4 UmwG).

728 Bei der **Abspaltung** bleibt die zu spaltende Kapitalgesellschaft bestehen. Sie überträgt jedoch einen **Teil ihres Vermögens** auf eine oder mehrere andere Gesellschaften. Als Gegenleistung werden wiederum Anteile der übernehmenden Gesellschaften an die Gesellschafter der übertragenden Kapitalgesellschaft gewährt.

729 **Hinweis:** Durch das Gesetz zur Änderung des Umwandlungsgesetzes ist klargestellt worden, dass auch in Fällen der nicht-verhältniswahrenden Abspaltung eine Trennung von Gesellschafterstämmen zulässig ist, in dem die Anteile an der Gesellschaft, auf die abgespalten wird, der einen Gruppe und die Anteile der Gesellschaft, von

GmbH → GmbH

der abgespalten wird, der anderen Gruppe zugewiesen werden (§§ 126 Abs. 1 Nr. 10, 131 Abs. 1 Nr. 3 S. 1 UmwStG; siehe Tz. 918)[1].

Auch bei der **Ausgliederung** wird ein Teil des Vermögens der Kapitalgesellschaft im Wege partieller Gesamtrechtsnachfolge auf eine oder mehrere andere Gesellschaften übertragen. Der Unterschied zur Abspaltung besteht jedoch darin, dass die als Gegenleistung zu gewährenden **Beteiligungen** in das **Vermögen der übertragenden Kapitalgesellschaft** übergehen. Bei der Ausgliederung kann auch das gesamte Vermögen gegen Gewährung von Gesellschaftsrechten übertragen werden, sodass eine reine Holdinggesellschaft entsteht[2].

730

Unberührt bleibt die Möglichkeit, Unternehmensteile im Wege der **Einzelrechtsnachfolge** durch Einbringung von Vermögen im Rahmen einer Sachgründung oder Sachkapitalerhöhung auf eine andere Gesellschaft auszugliedern. Es gelten die Tz. 305–354 *EU → GmbH*. Streitig ist, inwieweit die Regeln des UmwG entsprechend anzuwenden sind[3].

731

Hinweis: Abspaltung und Ausgliederung können miteinander kombiniert werden[4].

732

Als **übernehmender Rechtsträger** kommt bei der Spaltung einer GmbH nicht nur die Rechtsform der GmbH in Betracht. Das Vermögen kann insbesondere auch auf eine OHG, KG, AG, KGaA oder eingetragene Genossenschaft übertragen werden (§ 124 Abs. 1 UmwG iVm. § 3 Abs. 1 UmwG).

733

Die Übertragung auf **Rechtsträger unterschiedlicher Rechtsformen** ist möglich (§ 124 Abs. 2 iVm. § 3 Abs. 4 UmwG). Zulässig ist also auch die Aufspaltung einer GmbH in zwei oder mehrere Personengesellschaften oder in Personen- und Kapitalgesellschaften sowie die Abspaltung oder Ausgliederung von Vermögen der GmbH auf Personen- und/oder Kapitalgesellschaften. In Fällen der gemischten Spaltung sind die Erläuterungen zur Spaltung auf die entsprechende Rechtsform parallel heranzuziehen. Zur Spaltung einer GmbH in

734

---

1 Siehe hierzu Neye, DB 1998, 1649.
2 Teichmann in Lutter, § 123 UmwG Rz. 22; Kallmeyer, § 123 UmwG Rz. 12.
3 LG Hamburg 402 O 122/96 vom 21. 1. 1997, DB 1997, 516; LG Karlsruhe O 43/97 KfH I vom 6. 11. 1997, AG 1998, 99; OLG Stuttgart 20 U 52/97 vom 7. 2. 2001, DB 2001, 854; Veil, ZIP 1998, 361; K. Schmidt, ZGR 1995, 675; siehe auch Lutter/Leinekugel, ZIP 1998, 805.
4 Ebenso Kallmeyer, DB 1995, 81; Mayer, DB 1995, 861; Teichmann in Lutter, § 123 UmwG Rz. 26; Kallmeyer, § 123 UmwG Rz. 13.

GmbH → GmbH

Rechtsträger anderer Rechtsformen sowie zur Spaltung von Rechtsträgern anderer Rechtsformen in eine GmbH siehe jeweils dort.

735 Übernehmende Gesellschaften können bestehende **(Spaltung zur Aufnahme)** oder mit der Spaltung zu gründende Gesellschaften **(Spaltung zur Neugründung)** sein (§ 123 UmwG). Eine Spaltung durch gleichzeitige Übertragung auf bestehende und neue Rechtsträger ist zulässig (§ 123 Abs. 4 UmwG). Hier sind die Regeln über die Spaltung zur Aufnahme mit denen über die Spaltung zur Neugründung zu kombinieren.

736 Auch eine bereits **aufgelöste Kapitalgesellschaft** kann gespalten werden, wenn deren Fortsetzung beschlossen werden könnte (§ 125 iVm. § 3 Abs. 3 UmwG). ME ist auch die Spaltung auf eine aufgelöste Gesellschaft zulässig, wenn vor Spaltung ein **Fortsetzungsbeschluss** gefasst wird[1].

737 Die zu spaltende Kapitalgesellschaft muss grundsätzlich zum Zeitpunkt der Eintragung der Spaltung existieren, also im Handelsregister eingetragen sein. Der Spaltungs- und Übernahmevertrag sowie die Zustimmungsbeschlüsse können mE jedoch schon im **Gründungsstadium** (bei der GmbH also zwischen Abschluss des notariellen Gesellschaftsvertrags und der Eintragung) abgeschlossen bzw. gefasst werden[2].

738 Die Spaltung ist – wie alle im UmwG geregelten Umwandlungsvorgänge – beschränkt auf Gesellschaften mit Sitz im Inland (§ 1 Abs. 1 UmwG). Für **grenzüberschreitende Spaltungen** fehlt somit nach wie vor eine Rechtsgrundlage[3].

739 **Steuerlich** ist zu differenzieren:

740 Bei einer **Aufspaltung** oder **Abspaltung** in bzw. **auf** eine andere **Kapitalgesellschaft** gelten die steuerlichen Vorschriften über die Verschmelzung von Kapitalgesellschaften entsprechend (womit idR eine Buchwertfortführung möglich ist), wenn die Teilvermögen Teilbetriebe darstellen. Als Teilbetrieb gelten auch Mitunternehmer-

---

1 Streitig, siehe LUTTER/DRYGALA in Lutter, § 3 UmwG Rz. 19; OLG Naumburg 10 Wx 1/97 vom 12. 2. 1997, GmbHR 1997, 1152; BAYER, ZIP 1997, 1614; zu den Voraussetzungen eines Fortsetzungsbeschlusses siehe ULMER in Hachenburg, § 60 GmbHG Rz. 78 und SCHWARZ in Widmann/Mayer, § 3 UmwG Rz. 5 ff. (Mai 1996).
2 STRECK/MACK/SCHWEDHELM, GmbHR 1995, 161; zustimmend MARSCH-BARNER in Kallmeyer, § 3 UmwG Rz. 9; BAYER, ZIP 1997, 1613.
3 Zur grenzüberschreitenden Spaltung MOMEN, DB 1993, 2089; zur Spaltung unter Beteiligung von Steuerausländern FEY/NEYER, IStR 1998, 161.

GmbH → GmbH

anteile oder die Beteiligung an einer Kapitalgesellschaft, die das gesamte Nennkapital umfasst (§ 15 UmwStG).

Zur Besteuerung der **Aufspaltung** oder **Abspaltung** auf **Personengesellschaften** siehe Tz. 1288–1300 *GmbH → KG*. In Fällen gemischter Auf- und Abspaltung sind jeweils bezogen auf das übergehende Vermögen die Tz. 841–899 bzw. 1288–1300 *GmbH → KG* anzuwenden. 741

Zur **Ausgliederung** auf eine **Personengesellschaft** siehe Tz. 1303–1304 *GmbH → KG*. 742

Die **Ausgliederung** auf eine **Kapitalgesellschaft** ist steuerrechtlich kein Fall des Vermögensübergangs iSd. zweiten bzw. siebenten Teils des UmwStG (§ 1 Abs. 1 S. 2 UmwStG), sondern ein Fall der Einbringung iSd. §§ 20–23 UmwStG. Eine Buchwertfortführung ist möglich, wenn ein Betrieb, Teilbetrieb, ein Mitunternehmeranteil oder ein Anteil an einer Kapitalgesellschaft, die die Mehrheit der Stimmrechte vermittelt, ausgegliedert werden (§ 20 Abs. 1 UmwStG). 743

Das SpTrUG[1] ist durch das UmwBerG[2] weder geändert noch aufgehoben worden. Es gilt daher weiterhin als lex specialis für Kapitalgesellschaften, die unmittelbar oder mittelbar im Eigentum der **Treuhandanstalt** standen. Das UmwStG findet auf diese Vorgänge keine Anwendung (siehe § 1 UmwStG). Es gilt insoweit weiterhin die Billigkeitsregelung der Finanzverwaltung[3]. 744

B. Aufspaltung zur Aufnahme

I. Zivilrecht

1. Voraussetzungen

Zur Aufspaltung einer GmbH im Wege der Aufnahme durch bestehende GmbHs sind folgende **Schritte** notwendig: 745

– Abschluss eines **Spaltungs- und Übernahmevertrags** (§ 126 UmwG),
– ggf. Erstellung eines **Spaltungsberichts** (§ 127 UmwG),
– ggf. **Spaltungsprüfung** (§ 125 iVm. § 48 UmwG),

---

1 Gesetz über die Spaltung der von der Treuhandanstalt verwalteten Unternehmen vom 5. 4. 1991, BGBl. 1991 I, 854; siehe hierzu Tz. 947 ff. der 2. Auflage.
2 Vom 28. 10. 1994, BGBl. 1994 I, 3210.
3 BMF vom 8. 5. 1991, BStBl. 1991 I, 743; siehe hierzu Tz. 964 ff. der 2. Auflage sowie WISSMANN/MÄRTENS/BOMMEL, Umwandlungen in den neuen Bundesländern nach der Rechtsprechung des BGH, Köln 2001.

GmbH → GmbH

- ggf. **Information des Betriebsrats** (§ 126 Abs. 3 UmwG),
- **Zustimmungsbeschluss** der beteiligten Gesellschaften (§ 125 iVm. § 13 Abs. 1 UmwG),
- ggf. verbunden mit einem **Kapitalerhöhungsbeschluss**,
- Erstellung einer **Schlussbilanz** (§ 125 iVm. § 17 Abs. 2 UmwG),
- **Anmeldung** der Spaltung (§ 125 iVm. § 16 Abs. 1 UmwG).

2. Spaltungs- und Übernahmevertrag

a) Form, Inhalt, Änderung

746 Grundlage der Spaltung ist ein Vertrag zwischen der zu **spaltenden** (übertragenden) **GmbH** und den **übernehmenden Gesellschaften** (§ 125 iVm. §§ 4 Abs. 1, 126 UmwG)[1]. Firma, Sitz und Vertreter der an der Spaltung beteiligten Gesellschaften sind im Vertrag zu nennen (§ 126 Abs. 1 Nr. 1 UmwG). Vertreten werden die Gesellschaften von ihren vertretungsberechtigten Organen, idR also den Geschäftsführern. Zur **Vertretungsbefugnis** siehe Tz. 986 *GmbH ↔ GmbH*.

747 An dem Vertrag sind bei Aufspaltung auf bestehende Gesellschaften notwendig mindestens **drei Parteien** beteiligt, die zu spaltende GmbH und mindestens zwei aufnehmende Gesellschaften. Unzulässig ist es, mit den aufnehmenden Gesellschaften jeweils getrennte Verträge abzuschließen. Der einheitliche Vertrag soll garantieren, dass alle Beteiligten den gesamten Vorgang kennen[2]. Wird gleichzeitig auf bestehende und neu zu gründende Gesellschaften aufgespalten, ist der Spaltungsplan in den Spaltungs- und Übernahmevertrag aufzunehmen.

748 Der Spaltungs- und Übernahmevertrag bedarf **notarieller Beurkundung** (§ 125 iVm. § 6 UmwG).

749 Der Vertrag kann **vor oder nach Beschlussfassung** durch die Anteilseigner abgeschlossen werden (§ 125 iVm. § 4 Abs. 2 UmwG). In der Praxis ist es idR erforderlich, den Vertragsinhalt vorab in einem nichtförmlichen Verfahren mit allen Beteiligten abzustimmen, da ansonsten unnötige Kosten der Beurkundung entstehen.

---

1 Vertragsmuster: KALLMEYER in GmbH-Handbuch, Teil V M 620 (Februar 2002); ENGL in Formularbuch Recht und Steuern, S. 738 ff.
2 Gesetzesbegründung zu § 126, BT-Drucks. 12/6699.

GmbH → GmbH

Der **notwendige Inhalt** des Spaltungs- und Übernahmevertrags ist in §§ 125, 126 iVm. § 46 sowie § 29 Abs. 1 UmwG ausführlich geregelt. 750

Der Vertrag muss die Erklärung enthalten, dass das **Vermögen** der übertragenden GmbH **gegen Gewährung von Anteilen** auf die übernehmenden Gesellschaften übertragen wird (§ 126 Abs. 1 Nr. 2 UmwG). Hierzu ist genau zu bezeichnen, welche Gegenstände des Aktiv- und Passivvermögens auf welche der übernehmenden Gesellschaften übertragen werden (§ 126 Abs. 1 Nr. 9 UmwG; zur Aufteilung sowie zur Kennzeichnung siehe Tz. 764–777). Urkunden, auf die Bezug genommen wird, sind dem Vertrag beizufügen (§ 126 Abs. 2 UmwG). 751

Der Vertrag muss das **Umtauschverhältnis** der Anteile (siehe Tz. 778–786), den Nennbetrag der Geschäftsanteile, die jedem Gesellschafter der übertragenden GmbH von den übernehmenden Gesellschaften gewährt werden, zuzüglich etwaiger barer Zuzahlungen sowie die Aufteilung und den Maßstab für die Aufteilung dieser Anteile nennen (§ 126 Abs. 1 Nr. 3 und Nr. 10, § 125 iVm. § 46 Abs. 1 UmwG). Bestimmt werden muss ferner, ob die Gegenleistung in vorhandenen Geschäftsanteilen einer übernehmenden Gesellschaft besteht (§ 125 iVm. § 46 Abs. 3 UmwG), oder ob Geschäftsanteile gewährt werden, die durch Kapitalerhöhung der übernehmenden Gesellschaft zu schaffen sind. Es empfiehlt sich, den Inhalt des Kapitalerhöhungsbeschlusses in den Vertrag aufzunehmen. Seit dem 1. 1. 2002 besteht die Verpflichtung zur Umstellung des Kapitals auf durch zehn teilbare Eurobeträge (§ 86 Abs. 1 S. 4 GmbHG). 752

Sollen neue Anteile mit anderen **Rechten und Pflichten** als sonstige Geschäftsanteile der übernehmenden Gesellschaft ausgestattet werden, so ist dies im Vertrag festzulegen (§ 125 iVm. § 46 Abs. 2 UmwG). Ebenso ist die Einräumung und Erhaltung von **Vorzugsrechten** für einzelne Gesellschafter aufzunehmen (§ 126 Abs. 1 Nr. 7 UmwG). Gleiches gilt für besondere **Vorteilsgewährungen** an Geschäftsführer, Aufsichtsräte oder Prüfer (§ 126 Abs. 1 Nr. 8 UmwG, siehe Tz. 991 *GmbH ↔ GmbH*). 753

Festzulegen ist der **Spaltungsstichtag** und der Tag, ab dem neue Geschäftsanteile gewinnbezugsberechtigt sind (§ 126 Abs. 1 Nr. 5 und 6 UmwG). Siehe hierzu Tz. 992 und 993 *GmbH ↔ GmbH*, die entsprechend gelten. 754

Besonderheiten gelten, wenn durch die Spaltung an die Stelle frei veräußerbarer Anteile Geschäftsanteile treten, die nach dem Gesell- 755

149

GmbH → GmbH

schaftsvertrag einer Verfügungsbeschränkung unterworfen sind[1]. Hier ist im Spaltungs- und Übernahmevertrag den Gesellschaftern ein **Abfindungsangebot** für den Fall zu unterbreiten, dass sie der Spaltung widersprechen (§ 125 iVm. § 29 Abs. 1 S. 2 UmwG). Zur Ausübung des Widerspruchsrechts siehe Tz. 816, zur Höhe des Abfindungsangebots Tz. 1014–1017 *GmbH ↔ GmbH*.

756 § 126 UmwG enthält im Gegensatz zu § 15 Abs. 2 UmwG keine Erleichterung für den Mindestinhalt des Spaltungs- und Übernahmevertrags für den Fall, dass den übernehmenden Gesellschaften bzw. einer von ihr alle Anteile an der übertragenden GmbH gehören. Die Angaben über die Aufteilung der Anteile und deren Umtausch sind also auch bei der **Spaltung von Tochterunternehmen** notwendig.

757 Nach § 126 Abs. 1 Nr. 4 UmwG muss der Vertrag „die **Einzelheiten für die Übertragung der Anteile**" enthalten (siehe hierzu Tz. 998 *GmbH ↔ GmbH*)[2]. Hier ist auch zu regeln, wer die steuerlichen Pflichten der untergehenden GmbH zu erfüllen hat (siehe Tz. 843). Ferner sind Regelungen für den Fall steuerlicher Rechtsfolgen aus einem Anteilsverkauf aufzunehmen (siehe Tz. 860, 865).

758 Zwingend ist letztendlich, die individual- und kollektivarbeitsrechtlichen **Folgen der Spaltung für die Arbeitnehmer** und ihre Vertretungen sowie die insoweit vorgesehenen Maßnahmen im Vertrag darzustellen (§ 126 Abs. 1 Nr. 11 UmwG, siehe dazu Tz. 783–803).

759 Darüber hinaus ist es zweckmäßig, im Spaltungs- und Übernahmevertrag alle Fragen zu regeln, die über den zwingenden Inhalt hinaus für die Gesellschafter von Bedeutung sind. Dies gilt beispielsweise für Regelungen hinsichtlich der **Geschäftsführung**, der **Firma** (siehe Tz. 829), des **Unternehmensgegenstands** etc. Der Spaltungs- und Übernahmevertrag kann die übernehmenden Gesellschaften insoweit zu entsprechenden Satzungsänderungen verpflichten.

760 Der Spaltungs- und Übernahmevertrag kann unter einer **aufschiebenden Bedingung** (Spaltung wird wirksam, wenn die Bedingung eintritt) abgeschlossen werden (§ 125 iVm. § 7 UmwG). Ist die Bedingung nach Ablauf von fünf Jahren nicht eingetreten, kann der Vertrag mit halbjähriger Frist gekündigt werden. Der Vertrag kann einen kürzeren Zeitraum als fünf Jahre festlegen. Ein **auflösend bedingter Spaltungs- und Übernahmevertrag** (Wirkung des Vertrags entfällt mit Eintritt der Bedingung) ist mE nur zulässig, wenn der Weg-

---

1 Eingehend Reichert, GmbHR 1995, 176.
2 Priester in Lutter, § 126 UmwG Rz. 36.

GmbH → GmbH

fall der Vertragswirkung an den Eintritt der Bedingung vor Anmeldung der Spaltung zum Handelsregister geknüpft ist[1].

Bis zum Zustimmungsbeschluss der Gesellschafter kann der Vertrag in notarieller Form **geändert** oder formfrei **aufgehoben** werden[2]. 761

Ein **Verkauf von Anteilen** zwischen Abschluss des Spaltungs- und Übernahmevertrags und dessen Wirksamwerden beeinträchtigt die Spaltung nicht. Der Erwerber tritt in die Rechtsstellung des Verkäufers[3]. 762

Zu **Mängeln** siehe Tz. 1005 *GmbH ↔ GmbH*. 763

b) Aufteilung des Vermögens

In der Aufteilung des Vermögens sind die Beteiligten grundsätzlich **frei**. Die jeweils übergehenden Vermögensteile brauchen insbesondere nicht den Charakter eines Betriebs oder Teilbetriebs zu haben. So kann das Vermögen auch in der Weise aufgeteilt werden, dass einer der übernehmenden Gesellschaften nur ein einzelner Vermögensgegenstand (etwa ein Grundstück) zugewiesen wird (siehe zum Steuerrecht Tz. 845). 764

Für die **Übertragbarkeit** einzelner Gegenstände gilt grundsätzlich das allgemeine Zivilrecht (§ 132 UmwG). Ausdrücklich ausgenommen ist für den Fall der Aufspaltung § 399 BGB. Eine Forderung kann also auch dann einer übernehmenden Gesellschaft zugewiesen werden, wenn sich hierdurch ihr Inhalt verändert (zB Anspruch aus Vorvertrag auf Vertragsabschluss) oder eine Abtretung der Forderung vertraglich ausgeschlossen ist. Darüber hinaus ist die Bedeutung des § 132 UmwG noch weitgehend ungeklärt[4]. ME sind die Vorschriften des allgemeinen Zivilrechts nur insoweit anzuwenden, als sie dem Zweck des Umwandlungsrechts nicht entgegenstehen[5]. 765

Unproblematisch ist die Geltung der allgemeinen Rechte hinsichtlich **Bestandteilen** (§§ 93 ff. BGB), **Zubehör** (§ 97 BGB), **Nutzungen** und **Früchten** (§§ 99 ff. BGB). Wesentliche Bestandteile können nicht von 766

---

1 Siehe Körner/Rodewald, BB 1999, 853; Lutter/Drygala in Lutter, § 4 UmwG Rz. 26 zur gleichen Fragestellung bei der Verschmelzung.
2 Priester in Lutter, § 126 UmwG Rz. 96.
3 Winter in Lutter, § 46 UmwG Rz. 6.
4 Zum Diskussionsstand Teichmann in Lutter, § 132 UmwG Rz. 4 ff.; Rieble, ZIP 1997, 301; Kallmeyer, § 132 UmwG Rz. 1 ff.
5 Zustimmend Hennrichs, ZIP 1995, 794.

GmbH → GmbH

der Sache getrennt werden, unwesentliche Bestandteile teilen das Schicksal der Hauptsache, soweit nichts anderes vereinbart wird. Zubehör ist rechtlich selbständig, geht im Zweifel aber mit der Hauptsache auf die übernehmende Gesellschaft über. Für die Verteilung der Früchte gilt § 101 BGB.

767 **Nießbrauchsrechte, persönliche Dienstbarkeiten** und **Vorkaufsrechte** gehen gemäß § 1059 a Nr. 1 iVm. §§ 1092, 1098 BGB über, ohne dass es einer Bescheinigung nach § 1059 a Nr. 2 BGB bedarf, da die Spaltung zur (partiellen) Gesamtrechtsnachfolge führt[1]. Gleiches gilt für Optionsrechte, die Vorkaufsrechten gleichstehen[2]. Auch für die Akzessorietät von **Sicherungsrechten** gilt das allgemeine Zivilrecht (zB § 401 BGB). So kann eine Hypothek nicht von der zugrunde liegenden Forderung getrennt werden.

768 **GmbH-Anteile** und **Aktien** sind – auch anteilig – frei zuteilbar, selbst wenn es sich um vinkulierte Aktien oder Anteile handelt[3]. Ob die Möglichkeit besteht, die übernehmende GmbH aus der Gesellschaft, deren Anteile übertragen werden, auszuschließen, richtet sich nach der jeweiligen Satzung.

768.1 ME können auch **Beteiligungen** an einer **Personengesellschaft**, und zwar sowohl als persönlich haftender Gesellschafter wie auch als Kommanditist, geteilt oder einheitlich den übernehmenden Gesellschaften zugewiesen werden, ohne dass es der Zustimmung der Mitgesellschafter der Personengesellschaft bedarf[4].

769 Gleiches gilt für Beteiligungen als **stiller Gesellschafter**[5].

770 Für die Mitgliedschaft in einer **Genossenschaft** gilt § 77 GenG.

771 Die Mitgliedschaft in einem **Verein** erlischt bei Aufspaltung (§ 38 BGB), es sei denn, die Satzung lässt eine Rechtsnachfolge zu (§ 40 BGB)[6].

---

1 Mayer, DB 1995, 861; Bungert, BB 1997, 897; Kallmeyer, GmbHR 1996, 242; Maye, GmbHR 1996, 403; aA Kallmeyer, ZIP 1994, 1756.
2 Siehe Zeiss in Soergel, § 413 BGB Anm. 4.
3 Siehe Kallmeyer, § 132 UmwG Rz. 10.
4 Streitig, wie hier Heidenhain, ZIP 1995, 801; Carlé/Bauschatz, FR 2003 289; teils aA Teichmann in Lutter, § 132 UmwG Rz. 50; Kallmeyer, § 132 UmwG Rz. 8.
5 Eingehend zu Fragen der stillen Beteiligung an der zu spaltenden Gesellschaft Jung, ZIP 1996, 1734.
6 Grunewald in Gessler/Hefermehl/Eckardt/Kropff, § 346 AktG Anm. 14 zur Verschmelzung.

GmbH → GmbH

Problematisch sind ferner **Immaterialgüterrechte** wie Patente, Warenzeichen, Gebrauchs- und Geschmacksmuster. Hier ist jeweils zu prüfen, ob eine Rechtsnachfolge anerkannt wird.

772

Das deutsche Zivilrecht kennt keine Möglichkeit, eine **Verbindlichkeit** oder ein zweiseitiges Schuldverhältnis „aufzuteilen". Demzufolge können auch eine Darlehensverbindlichkeit oder die Rechte aus einem Mietvertrag nur jeweils einer der übernehmenden Gesellschaften zugewiesen werden[1]. Wirtschaftlich lässt sich eine Aufteilung jedoch durch entsprechende schuldrechtliche Vereinbarungen zwischen den übernehmenden Gesellschaften erreichen. Beispiel: Die A-GmbH übernimmt das Darlehen, die B-GmbH verpflichtet sich, die Hälfte der Forderung zu begleichen. Die A-GmbH erwirbt insoweit einen Anspruch gegen die B-GmbH.

773

Im Übrigen können Rechte und Pflichten aus **gegenseitigen Verträgen** beliebig zugewiesen werden, ohne dass es der Zustimmung des Vertragspartners bedarf[2].

774

Nach § 132 UmwG bleiben Bestimmungen, wonach die Übertragung eines bestimmten Gegenstands einer **staatlichen Genehmigung** bedarf[3], von den Rechtsfolgen des § 131 UmwG unberührt. Bis zur Erteilung einer Genehmigung ist der Spaltungs- und Übernahmevertrag und/oder der Eigentumsübergang schwebend unwirksam. Wird die Genehmigung erteilt, sind der Vertrag und der Eigentumsübergang wirksam. Wird die Genehmigung versagt und ist eine Anpassung an die Genehmigungserfordernisse nicht möglich, wird der Eigentumsübergang unmöglich. Der Spaltungs- und Übernahmevertrag sollte daher die Folgen der Ablehnung der Genehmigung regeln. So kann etwa für den Fall der Ablehnung einer Teilungsgenehmigung vereinbart werden, dass die Immobilie zu Miteigentum beider Gesellschaften wird.

775

Umstritten ist, ob die Übertragung von Pensionsverbindlichkeiten der Zustimmung der Versorgungsberechtigten und/oder des Pensions-Versicherungsvereins bedarf[4].

775.1

---

1 Teils streitig. Zu Mietverträgen Mutter, ZIP 1997, 139.
2 Zur Auswirkung auf Beherrschungs- und Gewinnabführungsverträge Timm, DB 1993, 569; Teichmann in Lutter, § 132 UmwG Rz. 52 ff.; Kallmeyer, § 126 UmwG Rz. 26.
3 Bedeutsam sind insbesondere Genehmigungserfordernisse nach dem Grdst-VerkG, der GrdstVKO (neue Bundesländer), Teilungsgenehmigungen nach dem BauGB und dem RHeimStG, siehe Heinrichs in Palandt, § 275 BGB Rz. 35 ff.
4 So AG Hamburg HRA 100711 vom 1. 7. 2005, DB 2005, 1562; aA BAG 3 AZR 499/03 vom 22. 2. 2005, DB 2005, 954.

GmbH → GmbH

776 Aufzuteilen ist das **gesamte Vermögen**, also alle beweglichen und unbeweglichen Sachen und Rechte, gleichgültig, ob diese bilanzierungsbedürftig sind oder nicht. Werden Betriebe oder Teilbetriebe übertragen, sind diese zu bezeichnen und zuzuordnen. Grundstücke, grundstücksgleiche Rechte sowie Rechte an Grundstücken sind mit den Grundbuchangaben zu kennzeichnen. Im Übrigen lässt das Gesetz die Bezugnahme auf Urkunden wie Bilanzen und/oder Inventar, die eine Zuweisung der Gegenstände ermöglichen[1], zu (§ 126 Abs. 2 UmwG). Allerdings wird eine Bezugnahme allein auf die Bilanz nicht ausreichen[2], da hier zB gegenseitige Verträge oder selbstgeschaffene immaterielle Rechte nicht erfasst sind. Ausreichend dürfte jedoch die Bezugnahme auf Urkunden sein, die auch einen sachkundigen Dritten in die Lage versetzen, eine Zuordnung vorzunehmen[3]. Zu den Rechtsfolgen einer fehlenden Zuordnung siehe Tz. 826.

777 Grenzen der Vermögensaufteilung ergeben sich aus den allgemeinen Regeln der **Kapitalaufbringung** und Kapitalerhaltung. Werden von der übernehmenden GmbH neue Anteile gewährt, muss der Wert des übergehenden Vermögens zumindest den Nennwert dieser Anteile erreichen (Verbot der Unterpariemission, §§ 5, 9 GmbHG). Entscheidend ist der tatsächliche Wert, nicht der Buchwert des übergehenden Vermögens. Damit kann auch ein Teilvermögen mit negativem Buchwert übernommen werden, wenn entsprechende stille Reserven enthalten sind. Ein anteiliger Geschäfts- oder Firmenwert ist mE zu berücksichtigen[4]. Die Übertragung eines Vermögens mit negativem Teilwert führt zivilrechtlich zur Differenzhaftung der Gesellschafter und steuerlich zur verdeckten Gewinnausschüttung.

c) Umtauschverhältnis

778 Es gelten die Tz. 1006–1013 *GmbH ↔ GmbH* entsprechend (§ 125 UmwG)[5].

---

1 MAYER, DB 1995, 561, weist darauf hin, dass eine Bezugnahme auf Bilanzen nur möglich ist, wenn diese bei Vertragsabschluss vorliegen, was nicht zwingend ist, siehe Tz. 819.
2 MAYER, DB 1995, 561.
3 PRIESTER in Lutter, § 126 UmwG Rz. 50 ff.; Formulierungsmuster bei KALLMEYER, § 126 UmwG Rz. 40; siehe auch DNotI, Gutachten zum Umwandlungsrecht 1996/97, S. 206 ff.
4 Ebenso MAYER in Widmann/Mayer, § 55 UmwG Rz. 61 (November 1999) und zum alten Umwandlungsrecht PRIESTER in Scholz 7, Anh. Umw. § 47 UmwG Anm. 13; aA LG Köln, BB 1959, 1081; MARTENS/RÖTTGER, DB 1990, 1097, mwN.
5 Ob – wie bei der Verschmelzung – einem Gesellschafter, der mehrere Anteile an der übertragenden Gesellschaft besitzt, eine gleiche Anzahl bei der über-

GmbH → GmbH

Das Gesetz geht davon aus, dass auch die bisherigen **Beteiligungsverhältnisse** bei der Spaltung gewahrt bleiben, die Gesellschafter der übertragenden GmbH untereinander also im gleichen Verhältnis an den übernehmenden GmbHs beteiligt werden, wie bei der untergehenden GmbH. Für die Beteiligungsquote im Verhältnis zu den bisherigen Gesellschaftern der übernehmenden GmbHs ist der Anteil des übergegangenen Vermögens am entstehenden Gesamtvermögen entscheidend (§ 128 S. 2 UmwG).

779

Diese Regelung ist jedoch nicht zwingend. Stimmen alle Gesellschafter der übertragenden GmbH zu, so können abweichende Beteiligungsverhältnisse vereinbart werden (**nicht-verhältniswahrende Spaltung**[1], § 128 UmwG). Damit wird die Trennung von Gesellschaftern oder Gesellschaftergruppen ermöglicht, indem Gesellschafter jeweils nur Anteile einer der übernehmenden GmbHs erhalten.

780

Ausgeschlossen ist, dass sich eine übernehmende Gesellschaft für **Anteile, die sie an der übertragenden Gesellschaft** besitzt, eigene Anteile gewährt (siehe § 131 Abs. 1 Nr. 3 UmwG). Dies kommt insbesondere in Betracht, wenn die Spaltung auf die Gesellschafter der zu spaltenden GmbH erfolgt.

781

Beispiel: M-GmbH und X-GmbH sind zu je 50% Gesellschafter der T-GmbH, deren Vermögen ausschließlich in jeweils 100%-Anteilen an der E1-GmbH und E2-GmbH besteht, die gleichwertig sind. Die T-GmbH wird aufgespalten, indem M-GmbH die Anteile an der E1-GmbH und X-GmbH die Anteile an der E2-GmbH übernehmen. Für die untergehenden Anteile an der T-GmbH sind keine neuen Anteile zu gewähren, da M-GmbH und X-GmbH sich jeweils eigene Anteile gewähren müssten.

782

---

nehmenden Gesellschaft zu gewähren ist, ist zweifelhaft; siehe MAYER in Widmann/Mayer, § 126 UmwG Rz. 117 (April 2000). Eingehend zur Unternehmensbewertung bei Spaltung HEURUNG, DStR 1997, 1302, 1341.
1 Eingehend SCHÖNE, Die Spaltung unter Beteiligung von GmbH, 1998, S. 146 ff.; PRIESTER in Lutter, § 128 UmwG Rz. 8 ff.

GmbH → GmbH

d) Folgen für die Arbeitnehmer und ihre Vertretungsorgane

aa) Notwendiger Inhalt des Spaltungs- und Übernahmevertrags

783 Nach § 126 Abs. 1 Nr. 11 UmwG[1] muss der Spaltungs- und Übernahmevertrag[2] Angaben enthalten über die Folgen der Spaltung für die Arbeitnehmer und ihre Vertretungen sowie die insoweit vorgesehenen Maßnahmen[3].

784 Es sind die durch die Umwandlung eintretenden **individual-** und **kollektivarbeitsrechtlichen Änderungen** aufzuzeigen.

785 Der Vertrag bzw. Vertragsentwurf ist dem **Betriebsrat** einen Monat vor der Beschlussfassung zuzuleiten (§ 126 Abs. 3 UmwG)[4]. Hierdurch soll eine frühzeitige Information über die Umwandlungsfolgen gewährleistet werden, um eine möglichst sozialverträgliche Durchführung des Umwandlungsvorgangs zu erleichtern[5]. Auf die Einhaltung der Frist kann seitens des Betriebsrates verzichtet werden[6], wohl nicht auf die Zuleitung des Vertrages als solches[7].

786 **Hinweis:** Die Information des Betriebsrats vor Beschlussfassung zwingt in der Praxis dazu, den Inhalt des Vertrags vorab mit den Gesellschaftern festzulegen.

787 Im Vertrag anzugeben ist, ob und auf wen welche **Arbeitsverhältnisse** übergehen[8], ob sich die **Tarifvertragssituation** der Arbeitnehmer ändert, ob **Betriebsvereinbarungen** weiterhin gelten und inwieweit die betriebliche oder **Unternehmensmitbestimmung** tangiert wird[9]. Streitig ist die Frage, ob auch **mittelbare Auswirkungen,** wie etwa eine anschließend geplante Betriebsstilllegung, anzugeben sind[10].

---

1 Gleiche Regelungen enthalten § 5 Abs. 1 Nr. 9 UmwG für die Verschmelzung und § 194 Abs. 1 Nr. 7 UmwG für den Formwechsel.
2 Gleiches gilt für den Spaltungsplan.
3 Mit Formulierungsvorschlägen Fröhlich, GmbH-StB 2005, 26.
4 Entsprechend für die Verschmelzung § 5 Abs. 3 UmwG und § 194 Abs. 2 UmwG für den Formwechsel.
5 Gesetzesbegründung zu § 5 UmwG, BR-Drucks. 75/94.
6 Willemsen in Kallmeyer, § 5 UmwG Rz. 76, mwN; Stohlmeier, BB 1999, 1394; LG Stuttgart 4 KfH T 17 u. 18/99 vom 11. 4. 2000, GmbHR 2000, 622.
7 Pfaff, DB 2002, 686; LG Stuttgart 4 KfH T 17 u. 18/99 vom 11. 4. 2000, GmbHR 2000, 622.
8 ME genügt eine generelle Angabe, zB: „Die Arbeitsverhältnisse aller Mitarbeiter der Betriebsstätte X gehen auf die A-GmbH über."
9 Wlotzke, DB 1995k, 40; eingehend auch Joost, ZIP 1995, 976; Drygala, ZIP 1996, 1365; Bungert, DB 1997, 2209.
10 Eingehend und mwN Lutter/Drygala in Lutter, § 5 UmwG Rz. 64 ff.

GmbH → GmbH

Hinweis: Nicht ausreichend ist die Formulierung, die Rechtsfolgen richteten sich nach dem Gesetz und die Umwandlung habe keine Nachteile für die Arbeitnehmer. Notwendig ist es, die Folgen darzulegen[1]. 788

Hinweis: Vorsorglich sollten die Angaben zu den Folgen der Umwandlung für die Arbeitnehmer auch dann gemacht werden, wenn kein Betriebsrat besteht, obwohl hier der Zweck – Information der Arbeitnehmer – nicht erfüllt wird[2]. ME kann man sich aber auf die Angaben zum Übergang der Arbeitsverhältnisse und den Hinweis, dass kein Betriebsrat existiert, beschränken. 789

Die rechtzeitige Zuleitung des Vertrags an den Betriebsrat (§ 126 Abs. 3 UmwG) ist **Eintragungsvoraussetzung** (§ 125 iVm. § 17 Abs. 1 UmwG)[3]. Ohne Nachweis der Zuleitung wird das Gericht die Spaltung nicht eintragen. Allerdings schreibt das Gesetz keine Form für den Nachweis vor. Empfehlenswert ist die Vorlage einer schriftlichen Empfangsbestätigung. 790

Änderungen des Vertrages zwingen nur dann zur erneuten Zuleitung, wenn diese die Rechte der Arbeitnehmer oder ihrer Vertretungsorgane tangieren[4]. 791

Ist ein **Gesamtbetriebsrat** vorhanden, genügt es mE, diesem den Vertrag oder seinen Entwurf zuzuleiten[5]. 792

Existiert **kein Betriebsrat,** so entfällt die Informationspflicht. Gegenüber dem Registergericht genügt mE dann die Erklärung der Anmeldenden, dass kein Betriebsrat vorhanden ist[6]. Unerheblich ist der Grund für das Fehlen eines Betriebsrats. Auch dann, wenn das Unternehmen betriebsratsfähig ist, aber keinen Betriebsrat hat, entfällt die Informationspflicht[7]. 793

---

1 OLG Düsseldorf 3 Wx 156/98 vom 15. 5. 1998, DB 1998, 1399.
2 Aus diesem Grund hält GECK, DStR 1995, 416, die Angaben für entbehrlich; aA PFAFF, BB 2002, 1604.
3 Eingehend MELCHIOR, GmbHR 1996, 833; MÜLLER-EISING/BERT, DB 1996, 1398.
4 MAYER in Widmann/Mayer, § 5 UmwG Rz. 260 f. (November 1999); MÜLLER, DB 1997, 713; OLG Naumburg 7 U 236/96 vom 6. 2. 1997, DB 1997, 466; strenger OLG Naumburg 7 Wx 6/02 vom 17. 3. 2003, GmbHR 2003, 1433.
5 Ebenso WILLEMSEN in Kallmeyer, § 5 UmwG Rz. 75, mwN.
6 Nach AG Duisburg 23 HRB 4942, 5935 vom 4. 1. 1996, GmbHR 1996, 372, ist das Fehlen eines Betriebsrates durch eidesstattliche Versicherung der Geschäftsführer glaubhaft zu machen.
7 GECK, DStR 1995, 416.

GmbH → GmbH

794 Umstritten sind die **Rechtsfolgen fehlender** oder **unvollständiger Angaben**. Dies gilt zunächst für die Frage, ob Gesellschafter den Zustimmungsbeschluss wegen unzureichender Angaben anfechten können[1]. Unklar ist auch, inwieweit dem Registerrichter ein Prüfungsrecht zukommt[2] und welche Rechte Arbeitnehmer aus unvollständigen Angaben ableiten können[3]. Ganz überwiegend wird jedoch die Herleitung von Mitbestimmungsrechten der Arbeitnehmer oder des Betriebsrats unmittelbar aus dem UmwG abgelehnt. Informations- und Mitwirkungsrechte können allein aus dem Betriebsverfassungsrecht abgeleitet werden[4].

bb) Überleitung von Arbeitsverhältnissen

795 § **613 a BGB** ist unmittelbar anzuwenden (§ 324 UmwG)[5]. Arbeitsverhältnisse gehen damit grundsätzlich nicht auf die Gesellschaft über, der das Arbeitsverhältnis im Rahmen des Spaltungs- und Übernahmevertrags zugewiesen wird, sondern auf diejenige, die den Betrieb oder Betriebsteil übernimmt, dem das Arbeitsverhältnis vor der Spaltung zuzurechnen war[6]. Umstritten ist, ob das von § 613 a Abs. 6 BGB dem Arbeitnehmer eingeräumte Widerspruchsrecht gegen den Übergang des Arbeitsverhältnisses auch bei der Aufspaltung gilt, da die übertragende GmbH untergeht[7]. Die kündi-

---

1 ME zu Recht ablehnend Lutter/Drygala in Lutter, § 5 UmwG Rz. 107; Simon in Semler/Stengel, § 5 UmwG Rz. 80; aA Engelmeyer, DB 1996, 2542; Lutter/Drygala in Lutter, § 13 UmwG Rz. 43.
2 Nach Bermel/Hannappel in Goutier/Knopf/Tulloch, § 5 UmwG Rz. 109 kann der Registerrichter nur beanstanden, wenn der Vertrag keine oder offensichtlich unzutreffende Angaben enthält; ebenso Simon in Semler/Stengel, § 5 UmwG Rz. 77 ff.
3 Joost in Lutter, § 324 UmwG Rz. 63, hält Schadensersatzansprüche für denkbar; OLG Naumburg 7 U 236/96 vom 6. 2. 1997, AG 1998, 430: kein Anfechtungsrecht des Betriebsrates.
4 Eingehend Lutter/Drygala in Lutter, § 5 UmwG Rz. 68; Simon in Semler/Stengel, § 5 UmwG Rz. 81 ff.; Wlotzke, DB 1995, 40; Baumann, DStR 1995, 888; siehe auch OLG Naumburg 7 U 236/96 vom 6. 2. 1997, GmbHR 1997, 851.
5 BAG 8 AZR 416/99 vom 25. 5. 2000, ZIP 2000, 1630; Zerres, ZIP 2001, 359; zum Widerspruchsrecht nach § 613 a Abs. 6 BGB Olbertz/Ungnad, BB 2004, 213; Jaeger, ZIP 2004, 433.
6 Siehe im Einzelnen Joost in Lutter, § 323 UmwG Rz. 27 ff.
7 Siehe Hennrichs, ZIP 1995, 794, der ein Widerspruchsrecht generell für Spaltungsfälle ablehnt. Boecken, ZIP 1994, 1087, der annimmt, dass bei Widerspruch das Arbeitsverhältnis erlischt; ebenso Däubler, RdA 1995, 136; Joost in Lutter, § 324 UmwG Rz. 66; aA Mertens, AG 1994, 66, der dem Arbeitnehmer ein Wahlrecht einräumt.

gungsrechtliche Stellung der Arbeitnehmer bleibt für eine Übergangsfrist von zwei Jahren bestehen (§ 323 Abs. 1 UmwG).

Hinweis: ME folgt aus der Geltung des § 613 a BGB, dass eine Zuordnung von einzelnen Arbeitsverhältnissen im Spaltungs- und Übernahmevertrag nicht erforderlich ist. Ausnahmen gelten dort, wo eine Zuordnung nach § 613 a BGB – etwa bei Stabsangestellten – problematisch ist. Verbindlichkeiten aus betrieblicher Altersversorgung können hingegen beliebig zugeordnet werden[1].

796

cc) Betriebliche Mitbestimmung

Führt die Spaltung zur Spaltung oder Zusammenlegung von Betrieben, für die ein Betriebsrat besteht, so sieht § 21 a BetrVG ein **Übergangsmandat** des bisherigen **Betriebsrats** für sechs Monate vor[2]. Zudem wird in bestimmten Fällen das Fortbestehen eines gemeinsamen Betriebs iSd. Betriebsverfassungs- und Kündigungsrechts vermutet (§ 1 Abs. 2 Nr. 2 BetrVG). Ferner gilt die Spaltung ggf. als **Betriebsänderung** (§ 111 BetrVG in der Fassung des UmwBerG)[3]. Damit können ein Interessenausgleich und ein Sozialplan erforderlich werden (§§ 111 ff. BetrVG). Besteht ein **Wirtschaftsausschuss**, so ist auch dieser zu informieren (§ 106 Abs. 3 Nr. 8 BetrVG)[4]. § 325 Abs. 2 UmwG gewährt die Möglichkeit, die Fortgeltung bestehender Mitbestimmungsrechte durch **Betriebsvereinbarung** oder **Tarifvertrag** zu regeln. In Fällen betrieblicher Mitbestimmung ist daher eine rechtzeitige Abstimmung der Spaltung mit dem Betriebsrat empfehlenswert. Wird ein Interessenausgleich durchgeführt, so kann die Zuordnung von Arbeitsverhältnissen nur bei grober Fehlerhaftigkeit von dem Arbeitnehmer angefochten werden (§ 323 Abs. 2 UmwG).

797

dd) Unternehmensmitbestimmung

Durch die Spaltung können die gesetzlichen Voraussetzungen für eine **Mitbestimmung** der Arbeitnehmer im Aufsichtsrat entfallen[5]. Eine Mitbestimmungssicherung ist lediglich für die Abspaltung oder

798

---

1 LANGOHR-PLATO, INF 2001, 593.
2 Siehe hierzu JOOST in Lutter, § 324 UmwG Rz. 21 ff.; BAUER/LINGEMANN, NZA 1994, 1057; WILLEMSEN, DB 1997, 2609; RIEBLE/GUTZEIT, ZIP 2004, 693.
3 Eingehend KRESSEL, BB 1995, 925; WLOTZKE, DB 1995, 40; LUTTER/DRYGALA in Lutter, § 5 UmwG Rz. 68; BAUMANN, DStR 1995, 888; generell zur Mitbestimmung bei Betriebsänderung EISEMANN, DStR 1994, 1618.
4 Weiterführend GAUL, DB 1995, 2265; RÖDER/GÖPFERT, BB 1997, 2105.
5 Eingehend hierzu BARTODZIEJ, ZIP 1994, 580; WLOTZKE, DB 1995, 40; JOOST in Lutter, § 325 UmwG Rz. 6 ff.

GmbH → GmbH

Ausgliederung vorgesehen (§ 325 UmwG). Die Mitbestimmung bleibt im Ursprungsunternehmen für fünf Jahre beibehalten, es sei denn, die Arbeitnehmerzahl fällt auf weniger als ein Viertel der gesetzlichen Mindestzahl. Zur Haftung im Fall der Betriebsaufspaltung siehe Tz.832.

ee) Exkurs: Folgen für die Arbeitnehmer und ihre Vertretungsorgane in anderen Umwandlungsfällen

799 Die Tz. 783–794 gelten generell, ebenso § 613 a BGB (siehe § 324 UmwG), jedoch mit Ausnahme des Formwechsels, da eine Betriebsübertragung fehlt[1].

800 Die Regelungen zum **Übergangsmandat** für einen **Betriebsrat** (Tz. 797) gelten neben der Spaltung auch für die Teilübertragung. Gleiches gilt für § 323 Abs. 1 UmwG (kündigungsrechtliche Stellung der Arbeitnehmer).

801 Eine **Betriebsänderung** iSd. BetrVG (siehe Tz. 797) kommt bei einer Verschmelzung, Spaltung oder Vermögensübertragung in Betracht. Insoweit gilt auch § 323 Abs. 2 UmwG.

802 **Betriebsvereinbarungen** und **tarifvertragliche Regelungen zur Mitbestimmung** sind neben der Spaltung bei der Teilübertragung möglich (§ 325 Abs. 2 UmwG).

803 Die **Mitbestimmungsbeibehaltungsregel** des § 325 Abs. 1 UmwG gilt nur bei Abspaltung und Ausgliederung[2].

3. Spaltungsbericht und Prüfung

804 Die Vertretungsorgane (idR die Geschäftsführer) der an der Spaltung beteiligten Gesellschaften haben einen **Spaltungsbericht** zu erstellen (§ 127 UmwG)[3]. Zu erläutern und zu begründen sind die Vermögensaufteilung, der Vertrag, das Umtauschverhältnis der Anteile und der Maßstab für ihre Aufteilung (siehe Tz. 1018–1020 *GmbH ↔ GmbH*).

---

1 JOOST in Lutter, § 324 UmwG Rz. 11; ZERRES, ZIP 2001, 359; eingehend zu Gesamtbetriebsrat und Gesamtbetriebsvereinbarungen RÖDER/HAUSSMANN, DB 1999, 1754.
2 Eine Übersicht der mitbestimmungsrelevanten Umwandlungen gibt BARTODIEJ, ZIP 1994, 580; ferner BACHNER, NJW 1995, 2881; KRESSEL, BB 1995, 925; zu Tarifverträgen und Betriebsvereinbarungen GAUL, NZA 1995, 717.
3 Eingehend SCHÖNE, Die Spaltung unter Beteiligung von GmbH, 1998, S. 283 ff.

GmbH → GmbH

Der Spaltungs- und Übernahmevertrag ist nur dann prüfungspflichtig, wenn einer der Gesellschafter dies verlangt (§ 125 iVm. § 48 UmwG). Für die **Spaltungsprüfung** gelten die Grundsätze der Verschmelzungsprüfung entsprechend (§ 125 iVm. §§ 9–11 UmwG, siehe Tz. 1023–1029 *GmbH ↔ GmbH*)[1]. Eine Prüfungspflicht besteht auch dann, wenn sich alle Anteile der zu spaltenden GmbH in der Hand einer der übernehmenden Gesellschaften befinden (§ 125 UmwG schließt § 9 Abs. 2 UmwG aus). 805

Stets prüfungspflichtig ist ein **Barabfindungsangebot** gemäß § 29 UmwG, es sei denn, die Berechtigten verzichten auf die Prüfung in notarieller Form (§ 125 iVm. § 30 Abs. 2 UmwG). 806

4. Zustimmungsbeschlüsse

a) Vorbereitung der Beschlussfassung

Der Spaltungs- und Übernahmevertrag bedarf der Zustimmung der Gesellschafter der beteiligten Gesellschaften. Der Beschluss kann nur in einer **Gesellschafterversammlung** gefasst werden, auch wenn die jeweilige Satzung Beschlussfassungen außerhalb der Gesellschafterversammlung zulässt (§ 125 iVm. § 13 Abs. 1 UmwG). 807

Die Geschäftsführer haben in der Einberufung der Gesellschafterversammlung die Beschlussfassung über die Spaltung anzukündigen (§ 125 iVm. § 49 Abs. 1 UmwG). Der **Spaltungs- und Übernahmevertrag** und der Spaltungsbericht sind spätestens mit der Einladung zu **übersenden** (§ 125 iVm. § 47 UmwG). Für die **Einberufung** gelten die Regelungen der Satzung, insbesondere die dort festgelegte Frist, ansonsten § 51 GmbHG. Auf die Formen und Fristen der Ankündigung und Einberufung kann verzichtet werden[2]. 808

Ab Einberufung sind die Jahresabschlüsse und die Lageberichte der an der Spaltung beteiligten Gesellschaften für die drei letzten Geschäftsjahre in den Geschäftsräumen zur **Einsicht** durch die Gesellschafter auszulegen (§ 125 iVm. § 49 Abs. 2 UmwG). Die Geschäftsführer haben jederzeit **Auskunft** zu geben (§ 125 iVm. § 49 Abs. 3 UmwG). 809

Dem **Betriebsrat** ist der Spaltungs- und Übernahmevertrag einen Monat vor der Gesellschafterversammlung zuzuleiten (§ 126 Abs. 3 UmwG). 810

---

1 Eingehend Schöne, Die Spaltung unter Beteiligung von GmbH, 1998, S. 283 ff.
2 Mayer in Widmann/Mayer, § 47 UmwG Rz. 13 (Juli 1996).

GmbH → GmbH

b) Mehrheit, Form des Beschlusses

811 Der Spaltungsbeschluss kann grundsätzlich mit einer **Mehrheit** von mindestens drei Vierteln der abgegebenen Stimmen gefasst werden (§ 125 iVm. § 50 Abs. 1 UmwG). Es gelten folgende **Ausnahmen:**
- Die **Satzung** sieht eine größere Mehrheit oder besondere Zustimmungserfordernisse vor (§ 125 iVm. § 50 Abs. 1 S. 2 UmwG).
- Werden die Anteile der übernehmenden Gesellschaften den Gesellschaftern der übertragenden GmbH **nicht entsprechend dem bisherigen Beteiligungsverhältnis** aufgeteilt, so müssen alle Anteilseigner zustimmen (§ 128 UmwG).
- Werden durch die Spaltung **besondere Mitgliedschaftsrechte** einzelner Gesellschafter tangiert, ist deren Zustimmung erforderlich (§ 125 iVm. § 50 Abs. 2 UmwG). Geschützt sind nur Individualrechte aufgrund des Gesellschaftsvertrags wie Geschäftsführungssonderrechte, Bestellungs- und Vorschlagsrechte für die Geschäftsführung oder Mehrfachstimmrechte etc. Rechtseinschränkungen, die sich allein aus einer Änderung der Beteiligungsquote ergeben, führen ebenso wenig zu einem Zustimmungserfordernis wie Beeinträchtigungen von Vermögenspositionen (zB Gewinnvorzugsrechten). Die Vermögensrechte sind ausschließlich bei dem Umtauschverhältnis zu berücksichtigen.
- Sind bei der **übernehmenden GmbH** die **Einlagen nicht in voller Höhe erbracht,** so müssen bei der übertragenden GmbH alle Gesellschafter der Spaltung zustimmen (§ 125 iVm. § 51 Abs. 1 S. 1 UmwG).
- Sind bei der **übertragenden GmbH** die **Einlagen nicht in voller Höhe erbracht,** so müssen bei den übernehmenden Gesellschaften alle Gesellschafter der Spaltung zustimmen (§ 125 iVm. § 51 Abs. 1 S. 2 UmwG). Grund für diese und die vorgenannten Einschränkungen der Mehrheitsentscheidung ist die Haftungsgefahr des § 24 GmbHG.
- Ist die Anteilsabtretung bei der übertragenden GmbH von der **Zustimmung bestimmter Gesellschafter** abhängig, so bedarf auch die Spaltung deren Zustimmung (§ 125 iVm. § 13 Abs. 2 UmwG).

812 Die Beschlüsse sind von den Gesellschaftern jeder Gesellschaft **gesondert** zu fassen. Der Zustimmungsbeschluss ist auch dann erforderlich, wenn die übernehmende GmbH an der übertragenden GmbH beteiligt ist.

813 Die Beschlussfassungen über den Spaltungs- und Übernahmevertrag sind **notariell zu beurkunden,** ebenso etwaige Zustimmungserklärungen von Gesellschaftern, die nicht bei der Beschlussfassung anwesend

GmbH → GmbH

waren (§ 125 iVm. § 13 UmwG). Der Vertrag ist der Urkunde beizufügen. Zur Beurkundung mehrerer Beschlüsse in einer Urkunde siehe Tz. 837.

Zur **Beteiligung Minderjähriger** und **§ 47 Abs. 4 GmbHG** siehe Tz. 1037 und 1038 *GmbH ↔ GmbH*. 814

Auf Verlangen ist jedem Gesellschafter eine **Abschrift des Vertrags** und des Beschlusses zu erteilen. Die Kosten hat der Gesellschafter zu tragen (§ 125 iVm. § 13 Abs. 3 S. 3 UmwG). 815

Ein **Widerspruch** nach § 29 UmwG (siehe Tz. 755) ist zur Niederschrift zu erklären (siehe Tz. 1041–1048 *GmbH ↔ GmbH*). 816

Die **Anfechtung** des Spaltungsbeschlusses kann nur im Wege der Klage geltend gemacht werden, die innerhalb einer Frist von einem Monat nach Beschlussfassung zu erheben ist (§ 125 iVm. § 14 Abs. 1 UmwG). Es gelten die Tz. 1049–1051 *GmbH ↔ GmbH*[1]. 817

5. Bilanzierung

Die Geschäftsführer der übertragenden GmbH haben für den Spaltungsstichtag eine (handelsrechtliche) **Schlussbilanz** aufzustellen (§ 125 iVm. § 17 Abs. 2 UmwG; siehe Tz. 1052–1054 *GmbH ↔ GmbH*). 818

Hinweis: Die Schlussbilanz muss auch bei der Beurkundung des Spaltungs- und Übernahmevertrags und des Zustimmungsbeschlusses noch nicht vorliegen. Es genügt, wenn sie bis zur Anmeldung erstellt und festgestellt ist[2]. 819

Zur Bilanzierung bei den **übernehmenden Gesellschaften** siehe Tz. 1055–1058 *GmbH ↔ GmbH*[3]. 820

6. Anmeldung und Eintragung

Die Geschäftsführer der an der Spaltung beteiligten Gesellschaften haben die Spaltung bei dem **Handelsregister** des Sitzes ihrer Gesellschaft anzumelden (§ 125 iVm. § 16 Abs. 1 S. 1 UmwG). Für die übertragende Gesellschaft können auch die Geschäftsführer jeder der übernehmenden Gesellschaften die Anmeldung vornehmen (§ 129 UmwG). 821

---

1 Zur materiellen Beschlusskontrolle siehe BINNEWIES, GmbHR 1997, 727.
2 MAYER, DB 1995, 861.
3 Eingehend FENSKE, BB 1997, 1247; zur konzerninternen Spaltung KÜTING/HAYN/HÜTTEN, BB 1997, 565.

GmbH → GmbH

822 Der Anmeldung sind beizufügen (§ 125 iVm. § 17 UmwG):
- der **Spaltungs- und Übernahmevertrag;**
- die **Niederschrift der Spaltungsbeschlüsse;**
- etwaige **Zustimmungserklärungen;**
- der **Spaltungsbericht** bzw. die entsprechende **Verzichtserklärung;**
- der **Prüfungsbericht,** sofern ein solcher erstellt wurde;
- ein **Nachweis** über die rechtzeitige **Zuleitung** des Spaltungs- und Übernahmevertrags **an den Betriebsrat** (siehe Tz. 758);
- sofern die Spaltung einer staatlichen Genehmigung bedarf, die **Genehmigungsurkunde;**
- die **Schlussbilanz** der übertragenden Gesellschaft (siehe Tz. 818).

823 Im Übrigen gelten die Tz. 1062–1069 *GmbH ↔ GmbH.*

824 Nach Prüfung der Anmeldung erfolgt die **Eintragung** (§ 130 UmwG). Wird bei einer der übernehmenden Gesellschaften das Kapital erhöht, so ist diese zuerst einzutragen, sodann die Spaltung (§ 125 iVm. §§ 53, 130 Abs. 1 UmwG). Erst nach Eintragung der Spaltung bei den übernehmenden Gesellschaften darf die Spaltung bei der zu spaltenden, also der übertragenden Gesellschaft eingetragen werden. Mit dem Tag dieser Eintragung wird die Spaltung wirksam (§ 131 Abs. 1 S. 1 UmwG). Die Eintragung ist bekanntzumachen (§ 131 Abs. 2 UmwG).

7. Rechtsfolgen der Spaltung

a) Partielle Gesamtrechtsnachfolge

825 Mit der Eintragung der Spaltung erlischt die übertragende GmbH (siehe hierzu Tz. 1088–1093 *GmbH ↔ GmbH*[1]). Ihr Vermögen geht entsprechend der Aufteilung im Spaltungs- und Übernahmevertrag auf die übernehmenden Gesellschaften über (**partielle Gesamtrechtsnachfolge;** es gelten die Tz. 1072–1087 *GmbH ↔ GmbH* entsprechend[2]). Die Gesellschafter der übertragenden GmbH werden entsprechend dem Spaltungs- und Übernahmevertrag Anteilseigner der übernehmenden Gesellschaften (§ 131 Abs. 1 Nr. 1–3 UmwG).

---

1 Speziell zum Übergang von Unternehmensverträgen bei der Spaltung MEISTER, DStR 1999, 1741.
2 Zu den Besonderheiten bei öffentlich-rechtlichen Rechtspositionen BREMER, GmbHR 2000, 865; GAISER, DB 2000, 361. Zum Übergang von Verträgen mit Abtretungsbeschränkungen MÜLLER, BB 2000, 365; zum Grundbuchvollzug VOLMER, WM 2002, 428.

GmbH → GmbH

Ist ein **Gegenstand** (Aktiva) bei der Aufteilung **vergessen** worden und lässt sich seine Zuordnung auch nicht durch Auslegung ermitteln, so geht der Gegenstand im Verhältnis der den übernehmenden Gesellschaften zugewiesenen Reinvermögen auf alle Gesellschaften über (§ 131 Abs. 3 UmwG). Ist eine Zuteilung an mehrere nicht möglich, so ist der Wert auszugleichen. 826

Hinweis: Zur Vermeidung von Streitigkeiten empfiehlt sich eine Regelung im Spaltungs- und Übernahmevertrag, wer über die Zuteilung im Zweifel entscheidet. 827

Für vergessene **Verbindlichkeiten** haften die übernehmenden Gesellschaften im Außenverhältnis gesamtschuldnerisch (§ 133 Abs. 1 UmwG), im Innenverhältnis entsprechend der Aufteilung des Reinvermögens. 828

Zulässig ist es, dass eine der übernehmenden Gesellschaften die **Firma** der übertragenden GmbH fortführt (§ 125 iVm. § 18 UmwG). Dies ist im Spaltungs- und Übernahmevertrag zu regeln. 829

b) Gläubigerschutz

Für die Verbindlichkeiten der untergehenden Gesellschaft haften die übernehmenden Gesellschaften als **Gesamtschuldner** (§ 133 Abs. 1 UmwG)[1]. Allerdings haften die übernehmenden Gesellschaften, denen diese Verbindlichkeit durch den Spaltungs- und Übernahmevertrag nicht zugewiesen ist, nur bis zum Ablauf von fünf Jahren ab Bekanntmachung der Spaltung (§ 133 Abs. 3–5 UmwG)[2]. 830

Darüber hinaus können Gläubiger, die noch keinen Anspruch auf Befriedigung haben, von der Gesellschaft, die die Verbindlichkeit übernommen hat, **Sicherheit** verlangen, wenn sie glaubhaft machen, dass ihre Forderung durch die Spaltung gefährdet wird und kein Recht auf vorzugsweise Befriedigung besteht (§§ 133 Abs. 1, 125 iVm. § 22 UmwG). Der Anspruch auf Sicherheit muss innerhalb von sechs Monaten nach Bekanntmachung der Spaltung angemeldet werden. 831

Besonderheiten gelten im Fall der **„Betriebsaufspaltung"** für Ansprüche von Arbeitnehmern der Betriebsgesellschaft. Hier haftet die Anla- 832

---

1 Eingehend zum Gläubigerschutz HOMMELHOFF/SCHWAB in Lutter, § 133 UmwG Rz. 19 ff.; zur Anwendung des § 133 UmwG auf Arbeitnehmeransprüche KALLMEYER, ZIP 1995, 550.
2 Zur Bilanzierung der Haftungsverbindlichkeit HOMMELHOFF/SCHWAB in Lutter, § 133 UmwG Rz. 88.

GmbH → GmbH

gegesellschaft auch für Ansprüche aus einem Sozialplan (§§ 111 ff. BetrVG) oder betrieblichen Versorgungsverpflichtungen, die nach der Spaltung entstehen (§ 134 UmwG). Die Haftung ist auf zehn Jahre begrenzt (§ 134 Abs. 3 UmwG).

c) Organhaftung

833 Für **Schadensersatzansprüche** gegen Organmitglieder der beteiligten Gesellschaften gelten die §§ 25–27 UmwG entsprechend (siehe Tz. 1095–1096 GmbH ↔ GmbH).

d) Mängelheilung

834 Mit der Eintragung werden Mängel der notariellen Beurkundung bei der Spaltung geheilt (§ 131 Abs. 1 Nr. 4 UmwG). Die Wirksamkeit der Eintragung der Spaltung bleibt von etwaigen Mängeln unberührt (§ 131 Abs. 2 UmwG). Dies bedeutet, dass **formelle Fehler,** wie etwa die fehlende Beurkundung eines Zustimmungsbeschlusses, nach Eintragung nicht mehr geltend gemacht werden können. **Materielle Fehler** (zB Fehlen der erforderlichen Mehrheit bei Beschluss etc.) begründen ggf. Schadensersatzansprüche, tangieren aber nicht die durch die Eintragung entstehenden Rechtsfolgen der Spaltung. Diese Rechtsfolgen können allenfalls durch die erneute Abspaltung und Verschmelzung für die Zukunft beseitigt werden.

8. Kosten[1]

835 Die Gebühren für die Beurkundung des **Spaltungs- und Übernahmevertrags** betragen das Doppelte einer vollen Gebühr (§§ 141, 36 Abs. 2 KostO). Geschäftswert ist der Wert des Aktivvermögens der zu spaltenden GmbH ohne Abzug der Verbindlichkeiten (§ 18 Abs. 3 KostO), maximal 5 Mio. Euro (§ 39 Abs. 4 KostO).

836 Für die Beurkundung der **Zustimmungsbeschlüsse** fällt ebenfalls das Doppelte einer vollen Gebühr an (§§ 141, 47 KostO). Geschäftswert ist auch hier der Wert des Aktivvermögens der GmbH (§ 41 c Abs. 2 KostO). Die Gebühr ist auf maximal 5.000 Euro,– beschränkt (§ 47 S. 2 KostO).

837 **Hinweis:** Obwohl jede der an der Spaltung beteiligten Gesellschaften einen Zustimmungsbeschluss fassen muss, können diese Beschlüsse

---

1 Eingehend TIEDTKE, MittBayNot 1997, 209.

GmbH → GmbH

in einer Urkunde beurkundet werden. Die Gebühr nach § 47 KostO fällt dann nur einmal an (Tz. 1098 *GmbH ↔ GmbH*).

Neben den Beurkundungskosten sind zu berücksichtigen: 838
- **Kosten der Anmeldung und der Eintragung** der Spaltung und (ggf.) der Kapitalherabsetzung,
- **Kosten für die Erstellung des Spaltungs- und Übernahmevertrags,** des Spaltungsberichts, der Spaltungsprüfung und der Bilanzerstellung.

Diese zuletzt genannten Beratungskosten werden idR weit höher sein 839 als die Kosten der Beurkundung.

Das Gesetz enthält keine ausdrückliche Bestimmung, wer die **Kosten** 840 **zu tragen** hat. Zu empfehlen ist daher, die Kostenfrage im Spaltungs- und Übernahmevertrag zu regeln. Zum Steuerrecht Tz. 884.

II. Steuerrecht

1. Steuerliche Rückwirkung

Bei einer Spaltung sind Einkommen und Vermögen der zu spaltenden 841 GmbH sowie der das Vermögen übernehmenden Gesellschaften so zu ermitteln, als ob das Vermögen der zu spaltenden GmbH mit Ablauf des Stichtags der Bilanz, die dem Vermögensübergang zugrunde liegt **(steuerlicher Übertragungsstichtag)**, entsprechend der Teilungsvereinbarung im Spaltungs- und Übernahmevertrag auf die übernehmenden Gesellschaften übergegangen wäre (§ 2 Abs. 1 UmwStG; siehe hierzu Tz. 1102–1108 *GmbH ↔ GmbH*).

ME ist die steuerliche Rückwirkung nicht davon abhängig, dass die 842 **Voraussetzungen des § 15 Abs. 1 UmwStG** erfüllt sind (dazu Tz. 845). Auch für den Fall, dass keine Teilbetriebe iSd. § 15 Abs. 1 UmwStG übertragen werden, treten die Besteuerungsfolgen zum Spaltungsstichtag ein[1].

Hinweis: Soweit nach der Eintragung der Spaltung noch Erklärungen 843 für den Zeitraum bis zur Eintragung einzureichen sind, ist dies Aufgabe der übernehmenden Gesellschaften als Rechtsnachfolger der zu spaltenden GmbH.

---

1 Ebenso Tz. 15.11 UmwE, aA KNOPF/HILL in Goutier/Knopf/Tulloch, § 15 UmwStG Rz. 86.

GmbH → GmbH

844 **Hinweis:** Der Spaltungs- und Übernahmevertrag sollte regeln, welche der übernehmenden Gesellschaften die Pflichten im Innenverhältnis zu übernehmen hat.

2. Besteuerung der zu spaltenden GmbH

a) Buchwertfortführung

845 Die zu spaltende GmbH geht mit der Aufspaltung unter. Sie hat daher auf den Spaltungsstichtag eine **steuerliche Schlussbilanz** aufzustellen (§ 15 Abs. 2 UmwStG). Dabei können die übergehenden Wirtschaftsgüter mit dem Buchwert angesetzt werden, wenn folgende **Voraussetzungen** erfüllt sind:

– Auf die übernehmenden Gesellschaften müssten jeweils **Teilbetriebe** übergehen (§ 15 Abs. 1 S. 1 UmwStG). Als Teilbetrieb gilt auch ein Mitunternehmeranteil oder die Beteiligung an einer Kapitalgesellschaft, die das gesamte Nennkapital der Gesellschaft umfasst (§ 15 Abs. 1 S. 2 UmwStG).

– Die spätere **Besteuerung** der in den übergegangenen Vermögen enthaltenen **stillen Reserven** muss bei der übernehmenden Kapitalgesellschaft sichergestellt sein (§ 15 Abs. 1 iVm. § 11 Abs. 1 S. 1 Nr. 1 UmwStG).

– Die **Gegenleistung** darf ausschließlich in Gesellschaftsrechten bestehen (§ 15 Abs. 1 iVm. § 11 Abs. 1 S. 1 Nr. 2 UmwStG).

– Es darf kein **Missbrauch** vorliegen (§ 15 Abs. 3 UmwStG); siehe dazu Tz. 860–870.

846 Ob ein **Teilbetrieb** vorliegt, bestimmt sich nicht nach den zu § 16 EStG entwickelten Grundsätzen. Es gilt eine funktionale Betrachtung[1].

847 Maßgebend ist nach Ansicht der Finanzverwaltung[2] die Situation zum **Zeitpunkt** des Beschlusses über die Spaltung[3]. Das Vermögen kann

---

1 BMF vom 16. 8. 2000, BStBl. 2000 I, 1253; zum Teilbetriebsbegriff nach der Fusionssteuerrichtlinie EuGH C 43/00 vom 15. 1. 2002, DStRE 2002, 456; Menner/Broer, DB 2002, 815; zur Qualifizierung einer Vertriebsorganisation als Teilbetrieb Pirkl/Schneck, GmbHR 2004, 1274.
2 Tz. 15.10 UmwE.
3 Ebenso Thiel, DStR 1995, 240; Klingberg in Blümich, § 15 UmwStG Rz. 53 (April 2004); Dötsch in Dötsch/Eversberg/Jost/Pung/Witt, § 15 UmwStG nF Rz. 68; Herzig/Förster, DB 1995, 338; Schmitt/Hörtnagl/Stratz, § 15 UmwStG Rz. 72; aA Hörger, StbJb. 1994/95, 225 und Haritz in Haritz/Benkert, § 15 Rz. 34: Tag der Eintragung im Handelsregister; Knopf/Hill in Goutier/Knopf/Tulloch, § 15 UmwStG Rz. 26, die auf die Erstellung des Spaltungsvertrages abstellen und

GmbH → GmbH

auf diesen Zeitpunkt zu Teilbetrieben strukturiert werden, indem etwa ein Mitunternehmeranteil oder Beteiligungen an einer Kapitalgesellschaft zur Aufstockung auf 100% kurz vor dem Spaltungsstichtag hinzuerworben werden.

Darüber hinaus ist nicht erforderlich, dass das übergehende Vermögen jeweils ausschließlich aus einem Teilbetrieb, einem Mitunternehmeranteil oder einer 100%igen Beteiligung besteht. **Sonstige Vermögensgegenstände** wie Bankguthaben, Kassenbestände, Forderungen, Schulden (auch aus Versorgungszusagen[1]) oder anderes nicht notwendiges Betriebsvermögen kann bis zum Spaltungsbeschluss beliebig zugeordnet werden[2]. 848

Problematisch ist die Zuordnung wesentlicher Betriebsgrundlagen, die von mehreren Teilbetrieben genutzt werden (zB **Grundstücke**). Die Finanzverwaltung verlangt grundsätzlich eine Eigentumsaufteilung[3]. Nur wo eine reale Teilung des Grundstücks nicht zumutbar sei, soll aus Billigkeitsgründen eine ideelle Teilung nach Bruchteilen im Verhältnis der tatsächlichen Nutzung ausreichen[4]. ME ist es ausreichend, derartige Wirtschaftsgüter zivilrechtlich einem der Teilbetriebe zuzuordnen und dem anderen die (Teil-)Nutzung zu gestatten (Miete/Pacht)[5], was ggf. zu einer kapitalistischen Betriebsaufspaltung führen kann. 849

Die **Besteuerung der stillen Reserven** ist bei der übernehmenden Kapitalgesellschaft grundsätzlich durch die Fortführung der Buchwerte sichergestellt (§ 12 UmwStG, siehe Tz. 1120 *GmbH ↔ GmbH*). 850

---

zudem die Beibehaltung bis zur Eintragung der Spaltung verlangen. Unklar ist die Regelung in Tz. 15.10 UmwE, die einerseits auf den Spaltungsbeschluss, andererseits hinsichtlich „spaltungshindernder Wirtschaftsgüter" auf den steuerlichen Übertragungsstichtag abstellt.
1 OFD Magdeburg vom 11. 1. 1999, DB 1999, 179; s. auch Tz. 796.
2 HM; umstritten ist lediglich die Möglichkeit der Zuordnung von neutralen Einzelwirtschaftsgütern zu fiktiven Teilbetrieben (Mitunternehmeranteile/Beteiligung an Kapitalgesellschaften, Tz. 845), siehe die Meinungsübersicht bei WIDMANN in Widmann/Mayer, § 15 UmwStG Rz. 71 ff. und 95 ff. (Januar 2004) sowie Tz. 15.07–15.09 UmwE; kritisch zu Tz. 15.09 UmwE SCHMITT/HÖRTNAGL/STRATZ, § 15 UmwStG Rz. 84.
3 Tz. 15.07 UmwE.
4 Kritisch hierzu DEHMER, UmwStErlass, Tz. 15.02; Fallbeispiel bei DÖTSCH/VAN LISHAUT/WOCHINGER, DB 1998, Beilage Nr. 7/98, S. 27.
5 Ebenso HARITZ in Haritz/Benkert, § 15 UmwStG Rz. 37.

GmbH → GmbH

851 Schädlich ist jede **Gegenleistung** der übernehmenden Gesellschaften, die nicht in Gesellschaftsrechten besteht (siehe Tz. 1121 *GmbH ↔ GmbH*).

852 Unschädlich ist ferner, wenn die Teilbetriebe durch die Zuordnung von Verbindlichkeiten, flüssigen Mitteln oder sonstigen nicht notwendigen Betriebsvermögen **gleichwertig** gemacht werden[1]. Hierzu können Gesellschafterdarlehen oder Einlagen gewährt werden[2]. Gleiches gilt für Zahlungen, die zwischen den übernehmenden Gesellschaften gewährt werden (siehe Tz. 826)[3].

b) Gewinnrealisierung

853 Liegen die Voraussetzungen für eine Buchwertfortführung vor, so hat die übertragende Gesellschaft – entgegen der Ansicht der Finanzverwaltung (siehe Tz. 1118 *GmbH ↔ GmbH*)[4] ein **Wahlrecht,** die übergehenden Wirtschaftsgüter mit dem Buchwert, einem Zwischenwert oder dem Teilwert anzusetzen. Das Wahlrecht kann für jedes Teilvermögen gesondert, innerhalb des Teilvermögens jedoch nur einheitlich ausgeübt werden[5].

854 Werden **keine Teilbetriebe** iSd. § 15 Abs. 1 UmwStG übertragen, so sind nach dem Wortlaut des § 15 Abs. 1 UmwStG die §§ 11–13 UmwStG mangels Verweisung nicht anzuwenden. Konsequenz ist, dass nicht nur die stillen Reserven auf der Ebene der zu spaltenden GmbH aufzulösen sind, sondern mangels Anwendung der §§ 12, 13 UmwStG eine Besteuerung mit Zufluss bei den Gesellschaftern der zu spaltenden GmbH zu erfolgen hat[6].

---

1 Posdziech in Posdziech/Schwedhelm/Mack/Streck, Neues Umwandlungsrecht, S. 125 f.
2 Klingberg in Blümich, § 15 UmwStG Rz. 54 (April 2004); Posdziech in Posdziech/Schwedhelm/Mack/Streck, Neues Umwandlungsrecht, S. 125 f.
3 Haritz in Haritz/Benkert, § 15 UmwStG Rz. 209.
4 Tz. 15.12 UmwE.
5 Schwedhelm/Streck/Mack, GmbHR 1995, 100; Haritz in Haritz/Benkert, § 15 UmwStG Rz. 165 ff. mwN; aA Thiel, DStR 1995, 237: nur für alle Teilvermögen gleich.
6 Tz. 15.11 UmwE; Herzig/Momen, DB 1994, 2157; Thiel, DStR 1995, 237; Herzig/Förster, DB 1995, 338; Krebs, BB 1998, 2082. Mir erscheint zweifelhaft, ob diese Rechtsfolge tatsächlich gewollt war. Ziel des § 15 Abs. 1 UmwStG ist es – so die Gesetzesbegründung, BT-Drucks. 12/6885, 22 ff. –, bei Übertragung einzelner Wirtschaftsgüter im Wege der Spaltung die stillen Reserven wie bei einer Einzelveräußerung zu besteuern. Hier hätte es genügt – wie bei § 15 Abs. 3 UmwStG –, das Wahlrecht nach § 11 Abs. 1 UmwStG auszuschließen.

GmbH → GmbH

Nach Ansicht der **Finanzverwaltung** entfällt insgesamt die Anwendung der §§ 11–13 UmwStG, wenn auch nur eines der Teilvermögen nicht die Voraussetzung der Teilbetriebseigenschaft erfüllt[1]. ME lässt der Gesetzeswortlaut es zu, wie folgt zu differenzieren:

- Erfüllt keines der Teilvermögen die Voraussetzungen des § 15 Abs. 1 UmwStG, so findet das UmwStG keine Anwendung. Bei der durch die Aufspaltung untergehenden GmbH ist eine **Liquidationsbesteuerung** durchzuführen (§ 11 KStG). Die verteilten Wirtschaftsgüter sind mit dem gemeinen Wert anzusetzen[2]. Ein selbstgeschaffener Firmenwert ist nicht aufzudecken[3]. Die Gesellschafter haben den Vermögenszufluss entsprechend den von ihnen übernommenen Beteiligungen an den übernehmenden Gesellschaften zu versteuern. Bei den übernehmenden Gesellschaften sind die übernommenen Wirtschaftsgüter mit dem gemeinen Wert zu aktivieren. Die Gesellschafter haben entsprechende Anschaffungskosten hinsichtlich der auf sie übergehenden Anteile.

- Erfüllen nur **einzelne Teilvermögen** die Voraussetzungen des § 15 Abs. 1 UmwStG, so ist insoweit nach §§ 11–13 UmwStG zu verfahren. Im Übrigen ist das Vermögen mit dem gemeinen Wert anzusetzen und entsprechend den vorstehenden Ausführungen zu besteuern[4].

855

Hinweis: Fehlt es an der Teilbetriebseigenschaft, ist an Alternativen zu denken. So kann die GmbH durch Formwechsel zur Personengesellschaft umgewandelt werden. Die Buchwertfortführung bei anschließender Spaltung der Personengesellschaft ist nicht an das Vorliegen von Teilbetrieben gebunden (§ 16 Abs. 3 S. 3 EStG). Soweit die Finanzverwaltung hierin einen Gestaltungsmissbrauch sehen will[5], ist dies mE nicht gerechtfertigt.

856

Soweit Teilbetriebe iSd. § 15 Abs. 1 UmwStG auf eine Kapitalgesellschaft übergehen, ist für jeden Vermögensteil gesondert zu prüfen, ob die Voraussetzungen des § 11 Abs. 1 UmwStG vorliegen. Nur hinsichtlich des Teilvermögens, bei dem die Besteuerung der stillen Re-

857

---

1 Tz. 15.10 UmwE.
2 OLGEMÖLLER in Streck, § 11 KStG Anm. 8.
3 Streitig, siehe OLGEMÖLLER in Streck, § 11 KStG Anm. 8, mwN.
4 Ähnlich, jedoch nur für den Fall der Abspaltung HARITZ in Haritz/Benkert, § 15 UmwStG Rz. 156.
5 Tz. 15.40 und Tz. 24.18 UmwE.

GmbH → GmbH

serven nicht sichergestellt ist oder eine nicht in Gesellschaftsrechten bestehende Gegenleistung gewährt wird, kommt eine Wertaufstockung in Betracht (siehe hierzu Tz. 1117–1125 *GmbH ↔ GmbH*)[1].

858 **Beispiel:** Die A-GmbH wird aufgespalten auf die X-GmbH und die Y-GmbH, die zu je 50% an der A-GmbH beteiligt sind. Die X-GmbH, die steuerbefreit ist, erhält den Teilbetrieb 1 (Buchwert 100, Teilwert 500) und gewährt hierfür der Y-GmbH Anteile mit einem gemeinen Wert von 200. Hier sind die Wirtschaftsgüter des Teilbetriebs (inkl. Firmenwert) insgesamt mit 450 anzusetzen (je Wirtschaftsgut zu 50% mit dem Teilwert und zu 50% mit dem Wert der Gegenleistung).

859 **Beispiel:** Auf die Y-GmbH geht von der A-GmbH im Wege der Aufspaltung ein Teilbetrieb 1 über (Buchwert 100, Teilwert 1000). Die Y-GmbH gewährt den Gesellschaftern der A-GmbH Anteile im Wert von 950 sowie eine Zuzahlung von 50. ME können die Wirtschaftsgüter des Teilbetriebs 1 in der Schlussbilanz der A-GmbH zu 95% mit dem Buchwert angesetzt werden. Zu 5% sind sie mit dem Wert der Gegenleistung, die nicht in Gesellschaftsrechten besteht, zu bewerten (Zuzahlung von 50; als Wert ergäbe sich 145)[2].

c) **Missbrauch**

860 Das **Wahlrecht** zur Buchwertfortführung ist trotz Vorliegens der Voraussetzungen der §§ 15 Abs. 1, 11 Abs. 1 UmwStG **ausgeschlossen,** wenn

– **Mitunternehmeranteile** oder **100%-Beteiligungen** an einer Kapitalgesellschaft innerhalb eines Zeitraums von drei Jahren vor dem steuerlichen Übertragungsstichtag (Tz. 841) durch Übertragung von Wirtschaftsgütern, die keinen Teilbetrieb darstellen, **erworben** oder **aufgestockt** wurden (§ 15 Abs. 3 S. 1 UmwStG)[3].

– durch die Spaltung die **Veräußerung** an **außenstehende Personen** vollzogen wird oder die Voraussetzungen für eine Veräußerung geschaffen werden; davon ist auszugehen, wenn innerhalb von fünf Jahren nach dem steuerlichen Übertragungsstichtag Anteile einer der an der Spaltung beteiligten Kapitalgesellschaften veräußert

---

1 HARITZ in Haritz/Benkert, § 15 UmwStG Rz. 156; Tz. 15.11 UmwE.
2 Ebenso verstehe ich WIDMANN/MAYER (alt), Rz. 5886 ff. (Juli 1985); offen gelassen von HERZIG/MOMEN, DB 1994, 2157, 2161.
3 Beispiele: Tz. 15.19 und 15.21 UmwE; HERZIG/FÖRSTER, DB 1995, 338.

GmbH → GmbH

werden, die mehr als 20% der vor der Spaltung bestehenden Anteile ausmachen (§ 15 Abs. 3 S. 2–4 UmwStG)[1].

– bei der **Trennung von Gesellschafterstämmen** die Beteiligungen an der zu spaltenden GmbH nicht mindestens fünf Jahre vor dem steuerlichen Übertragungsstichtag bestanden haben (§ 15 Abs. 3 S. 5 UmwStG).

Folge eines Missbrauchs ist, dass die übergehenden Wirtschaftsgüter mit dem Wert der Gegenleistung bzw. mit dem Teilwert anzusetzen sind (§ 11 Abs. 2 UmwStG). Dies bedeutet im Einzelnen: 861

Werden Mitunternehmeranteile oder Anteile an einer Kapitalgesellschaft iSd. § 15 Abs. 3 S. 1 UmwStG übertragen, so sind diese Beteiligungen sowie etwaige weitere Wirtschaftsgüter, die auf dieselbe GmbH übergehen und nicht den Charakter eines Teilbetriebs haben, bei der zu spaltenden GmbH mit dem **Wert der Gegenleistung** bzw. mit dem **Teilwert** anzusetzen. Soweit daneben auf andere Gesellschaften Teilbetriebe iSd. § 15 Abs. 1 UmwStG übertragen werden, die nicht § 15 Abs. 3 UmwStG unterfallen, ist insoweit eine Buchwertfortführung möglich[2]. Unschädlich ist es mE auch, wenn Anteile oder Beteiligungen iSd. § 15 Abs. 3 S. 1 UmwStG mit Wirtschaftsgütern auf eine GmbH übergehen, die für sich betrachtet die Anforderungen an einen Teilbetrieb erfüllen. 862

Soweit der Übertragungsgewinn gemäß §§ 11 Abs. 2, 15 Abs. 3 UmwStG auf Anteile an einer Kapitalgesellschaft entfällt, ist dieser grundsätzlich steuerbefreit(§ 8 b Abs. 2 KStG), soweit nicht die Beschränkungen des § 8 b Abs. 4 KStG greifen[3]. 862.1

---

1 Dies gilt auch, wenn alle Anteile der an der Spaltung beteiligten Gesellschaften an einen Erwerber veräußert werden, FG Düsseldorf 6 K 5068/01 vom 27. 4. 2004, GmbHR 2004, 1292, Rev. I R 62/04. Verhindert werden soll die steuerfreie Veräußerung von Betriebsvermögen durch Übertragung auf eine Kapitalgesellschaft, deren Anteile im Fall der Veräußerung wegen beschränkter Steuerpflicht oder Steuerbefreiung des Gesellschafters nicht der Besteuerung unterliegen, siehe die Gesetzesbegründung zu § 13 UmwStG, BT-Drucks. 12/6885. Die Gesetzesformulierung greift jedoch weiter und ist daher verfehlt. Richtig wäre eine Regelung entsprechend § 20 Abs. 3 UmwStG; zur Kritik ferner MOMEN, DStR 1997, 355; KREBS, BB 1997, 1817; NEYER, DStR 2002, 2200; DIETERLEN/GOLÜCKE, GmbHR 2004, 1264.
2 Ebenso HARITZ in Haritz/Benkert, § 15 UmwStG Rz. 161; wohl auch KNOPF/HILL in Goutier/Knopf/Tulloch, § 15 UmwStG Rz. 87; aA für die Aufspaltung die Finanzverwaltung, siehe Tz. 15.21 UmwE.
3 BMF vom 28. 4. 2003, FR 2003, 528; eingehend dazu HARITZ/WISNIEWSKI, FR 2003, 549.

GmbH → GmbH

863 **Hinweis:** Die Missbrauchsregel des § 15 Abs. 3 S. 1 UmwStG kann ggf. durch eine Abspaltung vermieden werden (siehe Tz. 924).

864 Bei einer **Veräußerung von Anteilen** nach § 15 Abs. 3 S. 2–4 UmwStG ist für die 20%-Grenze der Verkehrswert der Anteile an der zu spaltenden GmbH zum Zeitpunkt der Spaltung maßgebend[1]. Ein Missbrauch liegt mE jedoch nur vor, wenn die Wertgrenze durch den Verkauf von Anteilen an einer der an der Spaltung beteiligten Gesellschaften überschritten wird[2]. Werden etwa von zwei an einer Spaltung beteiligten GmbHs Anteile im Wert von jeweils 15% veräußert, so liegt nach dem Wortlaut des § 15 Abs. 3 S. 4 UmwStG kein Missbrauch vor. Werden Anteile im Wert von mehr als 20% veräußert, so sind nur die Wirtschaftsgüter mit dem Wert der Gegenleistung bzw. dem Teilwert anzusetzen, die auf diejenige Gesellschaft übergegangen sind, deren Anteile veräußert wurden[3]. Ferner sind bei der Wertermittlung nur die Anteile einzubeziehen, die im Zuge der Spaltung von der aufnehmenden GmbH gewährt wurden[4]. Anderenfalls würde bei einer Aufspaltung auf eine sehr werthaltige Gesellschaft bereits ein geringfügiger Anteilsumsatz die Rechtsfolgen des § 15 Abs. 3 S. 4 UmwStG auslösen[5]. Soweit die Spaltung zunächst steuerneutral erfolgt, ist die Veranlagung der zu spaltenden GmbH für das Jahr der Spaltung zu ändern (§ 175 Abs. 1 Nr. 2 AO). Dabei ist allerdings zu berücksichtigen, dass bei der Aufspaltung die zu spaltende GmbH mit der Eintragung der Spaltung im Handelsregister untergeht. Geänderte Bescheide sind also den übernehmenden Gesellschaften als Rechtsnachfolger zuzustellen. Diese haften grundsätzlich als Gesamtschuldner (§ 133 Abs. 1 UmwG). Im Innenverhältnis haftet mE die Gesellschaft, die die Besteuerung ausgelöst hat. Ferner sind ggf. die Veranlagungen der übernehmenden Gesellschaft zu ändern[6].

865 **Hinweis:** Die Veräußerung von Anteilen vor Ablauf der Fünf-Jahres-Frist durch einzelne Gesellschafter kann Steuer- und Haftungsfolgen

---

1 Herzig/Momen, DB 1994, 2157; mit Beipielen Wochinger/Dötsch, DB 1994, Beilage Nr. 14, S. 23, „gemeiner Wert", ferner Hörger, FR 1994, 765; Hörger, StbJb. 1994/95, S. 225.
2 AA die Finanzverwaltung, siehe Tz. 15.27–15.30 UmwE.
3 Ebenso Knopf/Hill in Goutier/Knopf/Tulloch, § 15 UmwStG Rz. 87; aA Tz. 15.32 UmwE; Haritz in Haritz/Benkert, § 15 UmwStG Rz. 161; Wochinger/Dötsch, DB 1994, Beilage Nr. 14, S. 23.
4 Widmann in Widmann/Mayer, § 15 UmwStG Rz. 343 (Januar 2004); Haritz in Haritz/Benkert, § 15 UmwStG Rz. 127.
5 Beispiel bei Dötsch in Dötsch/Eversberg/Jost/Pung/Witt, § 15 UmwStG nF Rz. 134 (Mai 2004).
6 Zum Steuerschuldverhältnis Götz, INF 1996, 449.

GmbH → GmbH

für alle an der Spaltung Beteiligten auslösen. Daher sind im Spaltungs- und Übernahmevertrag die Voraussetzungen für Anteilsverkäufe und die internen Rechtsfolgen eines vertragswidrigen Verkaufs zu regeln. So empfiehlt sich die Vereinbarung, dass die nachträglich entstehenden Steuerschulden der zu spaltenden GmbH von derjenigen Gesellschaft zu tragen sind, deren Gesellschafter die Besteuerung ausgelöst haben. Insoweit greift dann für die übrigen Gesellschaften die Verjährungsvorschrift des § 133 Abs. 3 UmwG[1].

Unschädlich ist die **Kapitalerhöhung nach Spaltung,** selbst wenn stille Reserven auf die neuen Anteile übergehen. Die Kapitalerhöhung ist keine Veräußerung[2]. Gleiches gilt für eine unentgeltliche Übertragung, zB im Wege der vorweggenommenen Erbfolge[3]. Ebenso liegt bei der entgeltlichen **Übertragung an Mitgesellschafter** keine Veräußerung an außenstehende Personen vor[4]. 866

Demgegenüber soll nach – mE abzulehnender[5] – Auffassung der Finanzverwaltung[6] die **Einbringung, Verschmelzung** oder **Spaltung** einer Veräußerung gleichstehen, wenn hierbei bisher Außenstehende beteiligt werden. Entsprechend umstritten ist die Frage, ob die mittelbare Veräußerung von Anteilen schädlich ist[7]. 867

Bei der Spaltung zur **Trennung von Gesellschafterstämmen**[8] (§ 15 Abs. 3 S. 5 UmwStG) kommt es mE nicht auf die Höhe der Beteiligung an. Das Gesetz verlangt nur, dass in den letzten fünf Jahren Beteiligungen bestanden haben[9]. Vorbesitzzeiten beim Übergang von Anteilen im Rahmen von Umwandlungsvorgängen, unentgeltlichem Erwerb oder Gesamtrechtsnachfolge sind anzurechnen[10]. 868

---

1 Zu weiteren Lösungsvorschlägen siehe Ester/Marenbach, GmbHR 2003, 979; Klein, NWB Fach 18, 4139 (20. 12. 2004).
2 BFH I R 128/88 vom 8. 4. 1992, BStBl. 1992 II, 761; BFH I R 162/90 vom 8. 4. 1992, BStBl. 1992 II, 763; BFH I R 160/90 vom 8. 4. 1992, BStBl. 1992 II, 764.
3 Hörger, FR 1994, 765.
4 Eingehend Hörger, StbJb. 1994/95, S. 225; weitere Beispiele bei Herzig/Förster, DB 1995, 338; zur Anteilsveräußerung im Konzern Oho/Remmel, BB 2003, 2539.
5 Haritz in Haritz/Benkert, § 15 UmwStG Rz. 114.
6 Tz. 15.22–15.34 UmwE; OFD Nürnberg vom 9. 2. 2000, GmbHR 2000, 519; siehe auch Fey/Neyer, GmbHR 1999, 274; Thies, DB 1999, 2179.
7 Siehe Schumacher, DStR 2002, 2066, mwN
8 Zum Begriff Herzig/Förster, DB 1995, 338.
9 Ebenso Herzig/Förster, DB 1995, 338; Schmitt/Hörtnagl/Stratz, § 15 UmwStG Rz. 224; Haritz in Haritz/Benkert, § 15 UmwStG Rz. 144; Knopf/Hill in Goutier/Knopf/Tulloch, § 15 UmwStG Rz. 59.
10 Im Einzelnen streitig, siehe Schumacher, DStR 2002, 2066, mwN.

GmbH → GmbH

869 **Hinweis:** Wegen der gesetzlich fixierten Fristen kommt mE bei Einhaltung dieser Zeitgrenzen ein Gestaltungsmissbrauch nicht in Betracht. Beispiel: Zum Vermögen der A-GmbH, deren Anteile im Privatvermögen gehalten werden, gehört ein Betrieb sowie ein nicht betriebsnotwendiges Grundstück. Im Jahr 01 wird das Grundstück zum Buchwert gemäß § 6 Abs. 5 EStG in eine GmbH & Co KG gegen Gewährung eines Kommanditanteils an die A-GmbH eingebracht. Im Jahr 04 (Drei-Jahres-Frist) wird die A-GmbH gespalten. Der Mitunternehmeranteil gilt als Teilbetrieb iSd. § 15 UmwStG und kann daher auf einen anderen Rechtsträger (zB B-GmbH) zum Buchwert übertragen werden. Als Gegenleistung erhalten die Gesellschafter der A-GmbH Anteile an dem übernehmenden Rechtsträger. Nach Ablauf weiterer fünf Jahre (Jahr 09) kann die Beteiligung, die wirtschaftlich das Grundstück beinhaltet, begünstigt veräußert werden.

870 **Hinweis:** Problematisch ist diese Gestaltung, wenn es sich um ein betriebsnotwendiges Grundstück handelt. Ob dann die Abspaltung des Mitunternehmeranteils steuerneutral ist, könnte fraglich sein[1].

d) Besteuerung des Übertragungsgewinns

871 Werden die übergehenden Wirtschaftsgüter (freiwillig oder aufgrund gesetzlicher Vorschriften) über den Buchwerten angesetzt, so unterliegt der entstehende Übertragungsgewinn der **Körperschaftsteuer** und der **Gewerbesteuer** (§ 19 Abs. 1 UmwStG). Der Körperschaftsteuersatz beträgt 25 % (§ 23 Abs. 1 KStG).

872 Zur anteiligen Realisierung des Körperschaftsteuerguthabens (§ 37 KStG) bzw. zur Nachversteuerung alter EK 02 Bestände (§ 38 KStG) kommt es nur im Fall der Spaltung auf eine **steuerbefreite Kapitalgesellschaft** (§ 40 Abs. 3 KStG). Der anteilige Vermögensübergang wird hier wie eine Ausschüttung behandelt[2]. Ansonsten werden die Bestände nach §§ 37, 38 KStG aufgeteilt und bei der übernehmenden GmbH hinzugerechnet (siehe Tz. 87).

---

1 Siehe hierzu BLUMERS, DB 1995, 496.
2 Ausnahme: Die übertragende GmbH ist selbst steuerbefreit, siehe § 40 Abs. 3 S. 2 KStG iVm. § 38 Abs. 3 KStG.

GmbH → GmbH

3. Besteuerung der übernehmenden GmbHs

a) Übernahmegewinn oder Übernahmeverlust

Liegen die Voraussetzungen des § 15 Abs. 1 UmwStG vor, so haben die übernehmenden GmbHs die auf sie übergehenden Wirtschaftsgüter mit den in der steuerlichen Schlussbilanz der zu spaltenden GmbH ausgewiesenen Werten zu übernehmen (§ 15 Abs. 1 iVm. §§ 12 Abs. 1, 4 Abs. 1 UmwStG). Es gelten die **Besteuerungsfolgen** der Verschmelzung (§ 15 Abs. 1 iVm. § 12 UmwStG, siehe Tz. 1128–1146 *GmbH ↔ GmbH*).

873

b) Aufteilung des Eigenkapitals, des Körperschaftsteuerguthabens und der Körperschaftsteuererhöhung

Gemäß § 29 Abs. 1 KStG gilt im Fall der Aufspaltung das **Nennkapital** der übertragenden Gesellschaft als in vollem Umfang nach § 28 Abs. 2 S. 1 KStG **herabgesetzt**. Das Nennkapital abzüglich eines etwaigen Sonderausweises gemäß § 28 Abs. 1 S. 3 KStG wird dem Einlagenkonto (§ 27 KStG) gutgeschrieben (§ 28 Abs. 2 S. 1 KStG).

874

Sodann ist das **Einlagenkonto** der übertragenden GmbH im Verhältnis der gemeinen Werte der übergehenden Vermögensteile zu dem bei der übertragenden GmbH vor der Spaltung bestehenden Vermögen aufzuteilen (§ 29 Abs. 3 KStG). Dieses Aufteilungsverhältnis ergibt sich in der Regel aus den Angaben zum Umtauschverhältnis der Anteile im Spaltungs- und Übernahmevertrag (§ 126 Abs. 1 Nr. 3 UmwG). Die Ermittlung der gemeinen Werte der übergehenden Vermögensteile bzw. des verwendbaren Vermögens ist nur dann erforderlich, wenn der Spaltungs- und Übernahmevertrag oder der Spaltungsplan keine Angaben zum Umtauschverhältnis der Anteile enthält oder eine von den tatsächlichen Wertverhältnissen abweichende Auffassung vorsieht.

875

Soweit die übernehmende GmbH an der übertragenden **GmbH beteiligt** ist, unterbleibt die Hinzurechnung des Einlagenkontos. Soweit die übertragende GmbH an der übernehmenden Gesellschaft beteiligt ist, mindert sich anteilig der Bestand des Einlagenkontos der übernehmenden Gesellschaft (§ 29 Abs. 3 S. 3 iVm. Abs. 2 S. 2 und 3 KStG, siehe hierzu Tz. 1147–1151 *GmbH ↔ GmbH*.

876

Sodann ist – wie nach altem Recht[1] – eine **Anpassung des Nennkapitals** erforderlich (§ 29 Abs. 4 KStG iVm. § 28 Abs. 1 und 3 KStG).

877

---

1 Siehe hierzu die 3. Auflage (Tz. 877).

GmbH → GmbH

878 Soweit die übernehmende GmbH für die Spaltung ihr Kapital erhöht, gilt hierfür zunächst der positive Bestand des steuerlichen **Einlagenkontos** (§ 27 KStG) als verwandt (§ 29 Abs. 4 iVm. § 28 Abs. 1 KStG). Darüber hinaus gehende Beträge, die aus sonstigen Rücklagen stammen, führen zur Bildung oder Erhöhung des **Sonderausweises** iSd. § 28 Abs. 1 KStG. Davon ausgenommen ist jedoch eine eventuell bare Zuzahlung, soweit diese nach dem Umwandlungsgesetz zulässig ist (§ 28 Abs. 1 S. 3 KStG).

879 Letztendlich sind entsprechend Tz. 874 das **Körperschaftsteuerguthaben** gem. § 37 KStG und der unbelastete Teilbetrag nach § 38 KStG der übertragenden Gesellschaft aufzuteilen und den entsprechenden Beträgen bei den übernehmenden GmbHs hinzuzurechnen (§ 40 Abs. 2 KStG).

880 **Beispiel: Die A-GmbH wird auf die X-GmbH und die Y-GmbH aufgespalten.**

Bilanz A-GmbH

Teilbetrieb I	100	Stammkapital	25
Teilbetrieb II	100	Gewinnvortrag	60
		Rücklagen (§ 27 KStG)	25
		Verbindlichkeiten	90
	200		200

Das Stammkapital der A-GmbH wurde in der Vergangenheit aus Rücklagen, die nicht aus Einlagen des Gesellschafters resultierten, von 21 um 4 auf 25 erhöht (= Sonderausweis 4). Das Körperschaftsteuerguthaben gemäß § 37 KStG beträgt 10.

Bilanzen der X-GmbH und der Y-GmbH

Vermögen	25	Stammkapital	25

Die X-GmbH erhöht ihr Kapital um 10, die Y-GmbH um 12.

GmbH → GmbH

1. **Schritt: Kapitalherabsetzung bei der A-GmbH gemäß § 29 Abs. 1 UmwStG**

Stammkapital	25
./.Sonderausweis	4
+ Einlagenkonto	25
Einlagenkonto (neu)	46

2. **Schritt: Aufteilung gemäß § 29 Abs. 3 UmwStG**

Anteil X-GmbH	23
Anteil Y-GmbH	23

3. **Schritt: Anpassung des Nennkapitals der übernehmenden Gesellschaften (§ 29 Abs. 4 UmwStG)**

Einlagenkonto X-GmbH	Einlagenkonto Y-GmbH
+ 23	+ 23
− 10 Kapitalerhöhung	− 12 Kapitalerhöhung
13 Einlagenkonto neu	11 Einlagenkonto neu

4. **Schritt: Aufteilung des Körperschaftsteuerguthabens (§ 40 Abs. 2 KStG)**

Anteil X-GmbH	5
Anteil Y-GmbH	5

Bilanzen nach Umwandlung

Bilanz X-GmbH

Teilbetrieb I	100	Stammkapital	35
Sonstiges Vermögen	25	Rücklagen	45
		(davon gemäß § 27 KStG 13)	
		Verbindlichkeiten	45
	125		125

GmbH → GmbH

Bilanz Y-GmbH

Teilbetrieb II	100	Stammkapital	37
Sonstiges Vermögen	25	Rücklagen	43
		(davon gemäß § 27 KStG 11)	
		Verbindlichkeiten	45
	125		125

881–882 Einstweilen frei.

c) Übernahme des verbleibenden Verlustabzugs

883 § 15 Abs. 4 UmwStG sieht bei einer Spaltung die Übertragung eines (anteiligen) steuerlichen Verlustabzugs von der Überträgerin auf die übernehmende GmbH vor. Ein **verbleibender Verlustabzug** iSd. § 10 d Abs. 4 S. 2 EStG ist hiernach im Verhältnis der übergehenden Vermögensteile zu dem bei der übertragenden Körperschaft vor der Spaltung bestehenden Vermögen **aufzuteilen**. Für dieses Aufteilungsverhältnis sind in der Regel die **Angaben zum Umtauschverhältnis** der Anteile im Spaltungs- und Übernahmevertrag (§ 126 Abs. 1 UmwG) maßgebend[1]. Entspricht allerdings das Umtauschverhältnis der Anteile nicht dem Verhältnis der übergehenden Vermögensteile zu dem bei der übertragenden GmbH vor der Spaltung bestehenden Vermögens, so ist das Verhältnis der gemeinen Werte der übergehenden Vermögensteile zu dem vor der Spaltung vorhandenen Vermögen maßgebend (§ 15 Abs. 4 S. 2 UmwStG)[2]. Ein verbleibender Verlustabzug geht auch dann über, wenn ein Missbrauchstatbestand (§ 15 Abs. 3 UmwStG) erfüllt ist[3]. Zu den übrigen Voraussetzungen der Übernahme des Verlustabzugs siehe Tz. 1152–1154 *GmbH ↔ GmbH*.

883.1 Ist die aufzuspaltende GmbH an einer Personengesellschaft als Mitunternehmerin beteiligt, so ist ein **verrechenbarer Verlust** gemäß § 15 a Abs. 4 EStG sowie ein **gewerbesteuerlicher Verlustvortrag** nicht analog § 15 Abs. 4 UmwStG aufzuteilen, vielmehr gehen diese

---

1 Kritisch hinsichtlich dieses Aufteilungsmaßstabs DÖTSCH in Dötsch/Eversberg/Jost/Pung/Witt, § 15 UmwStG nF Rz. 158 (Mai 2004).
2 Tz. 15.46 UmwE; unbeantwortet lässt der Erlass, welche Rechtsfolgen sich im Hinblick auf die Voraussetzungen des § 12 Abs. 3 S. 2 UmwStG ergeben. Eingehend HÖRGER, StbJb. 1994/95, S. 225.
3 Tz. 15.49 UmwE.

Verluste auf die Gesellschaft über, die den Mitunternehmeranteil übernimmt[1].

d) Kosten

Siehe Tz. 1157 *GmbH ↔ GmbH*.

4. Besteuerung der Gesellschafter der zu spaltenden GmbH

Liegen die Voraussetzungen des § 15 Abs. 1 UmwStG vor (ansonsten siehe Tz. 854), ist die Spaltung **steuerneutral,** soweit die Gesellschafter keine baren Zuzahlungen erhalten. Dies gilt auch im Fall einer nichtverhältniswahrenden Spaltung (§ 128 UmwG)[2].

Gehören die Anteile an der übertragenden GmbH bei den Gesellschaftern zum **Betriebsvermögen,** so gelten sie als zum Buchwert veräußert und die an ihre Stelle tretenden Anteile an der Übernehmerin als mit diesem Wert angeschafft (§ 15 Abs. 1 iVm. § 13 Abs. 1 S. 1 UmwStG).

Gehören die Anteile zum **Privatvermögen,** so gelten diese Anteile bei einer Beteiligung iSd. § 17 EStG als zu den Anschaffungskosten veräußert und die an ihre Stelle tretenden Anteile an der Übernehmerin als mit diesem Wert angeschafft (§ 15 Abs. 1 iVm. § 13 Abs. 2 S. 1 und § 13 Abs. 1 UmwStG). Diese im Zuge der Spaltung gewährten Anteile werden allerdings als Anteile iSd. § 17 EStG behandelt, selbst wenn die Grenze des § 17 EStG nicht mehr erreicht wird (§ 15 Abs. 1 iVm. § 13 Abs. 2 S. 2 UmwStG). Beispiel: Beteiligung an der übertragenden GmbH mit 1,5 %, nunmehr Beteiligung an der übernehmenden GmbH unter 1 %.

Bei **einbringungsgeborenen Anteilen** (§ 21 UmwStG) an der übertragenden Kapitalgesellschaft treten die erworbenen Anteile an die Stelle der hingegebenen Anteile. Die im Zuge der Spaltung gewährten Anteile gelten daher weiterhin als Anteile iSd. § 21 UmwStG. Die bisherigen Anschaffungskosten gelten als Anschaffungskosten der neuen Anteile (§ 13 Abs. 3 UmwStG). Die Besteuerung erfolgt somit erst später im Rahmen der neuen Anteile nach den Grundsätzen des § 21 UmwStG.

---

[1] HIERSTETTER/SCHWARZ, DB 2002, 1963.
[2] WIESE, GmbHR 1997, 60; HARITZ/WAGNER, DStR 1997, 181.

GmbH → GmbH

889 Bei den **übrigen zum Privatvermögen** der Gesellschafter **gehörenden Anteilen** findet ebenfalls keine Besteuerung stiller Reserven statt. Der Anteilstausch ist kein Spekulationsgeschäft nach § 23 EStG (§ 13 Abs. 2 S. 1 UmwStG). Ein steuerpflichtiges Spekulationsgeschäft ist nur möglich, wenn der Zeitraum zwischen Anschaffung der hingegebenen Anteile und Veräußerung der neuen Anteile nicht mehr als ein Jahr beträgt[1].

890 Werden aus Anteilen an der übertragenden GmbH, die die Voraussetzungen des § 17 EStG nicht erfüllen, Anteile iSd. § 17 EStG an der übernehmenden GmbH, so gilt für diese Anteile der **gemeine Wert am steuerlichen Übertragungsstichtag als Anschaffungskosten** (§ 15 Abs. 1 iVm. § 13 Abs. 2 S. 3 UmwStG). Hierdurch werden die in der Zeit der „Nicht-Verstrickung" angesammelten stillen Reserven durch die Spaltung nicht in die Besteuerung einbezogen. Vielmehr unterliegen der Besteuerung nur die stillen Reserven, die nach dem steuerlichen Übertragungsstichtag in den Anteilen entstanden sind.

891 Bei Anteilen nach **§ 50 c EStG** erwerben die hierfür gewährten Anteile diesen Status (§ 15 Abs. 1 iVm. § 13 Abs. 4 UmwStG). Dies ist mE anders, wenn die Voraussetzungen des § 15 Abs. 1 UmwStG nicht vorliegen[2].

892 Das UmwStG enthält keine Regelung über die **Aufteilung der Anschaffungskosten** bzw. Buchwerte auf die neu entstehenden Anteile an den übernehmenden Gesellschaften, wenn der betreffende Gesellschafter nicht nur an einer, sondern an mehreren Nachfolgegesellschaften beteiligt wird. Nach überwiegender Auffassung sind die Anschaffungskosten bzw. die Buchwerte der Anteile der einzelnen Gesellschafter nach dem Verhältnis der gemeinen Werte der Anteile, die dem Gesellschafter an den übernehmenden Gesellschaften zustehen, aufzuteilen[3].

893 **Bare Zuzahlungen** sind bei betrieblich gehaltenen Anteilen bzw. bei Anteilen iSd. § 17 UmwStG oder einbringungsgeborenen Anteilen (§ 21 UmwStG) steuerpflichtig, soweit die Barzahlung den der Barzah-

---

1 So schon zum UmwStG aF OFD Münster, DB 1964, 1499.
2 Ebenso SIEGMUND, IStR 1996, 232, mwN.
3 Tz. 15.51 UmwE; HERZIG/MOMEN, DB 1994, 2157, 2210; FROTSCHER in Frotscher/Maas, § 15 UmwStG Rz. 77 (August 1999); OTT, Die Realteilung einer Kapitalgesellschaft im Ertragsteuerrecht, 1989, S. 199 ff.; HERZIG, DB 1986, 1401; MEYER-SCHARENBERG, Steuergestaltung durch Umwandlung, S. 370 f.; aA FRITZ, Die Spaltung von Kapitalgesellschaften, 1991, S. 164 f.: Die Gesellschafter sind in der Art der Aufteilung frei.

GmbH → GmbH

lung entsprechenden Anteil am Buchwert bzw. der Anschaffungskosten der untergehenden Anteile übersteigt[1]. Die Buchwerte bzw. Anschaffungskosten der neuen Anteile sind entsprechend zu mindern.

Wird ein Gesellschafter der übertragenden Körperschaft aus Anlass des Vermögensübergangs in **bar abgefunden**, ist dies wie eine Veräußerung zu besteuern, vergleiche im Einzelnen Tz. 1473 ff. *GmbH → KG*. 894

5. Gewerbesteuer

Nach § 19 Abs. 1 UmwStG gelten die Grundsätze der §§ 11–13, 15 UmwStG auch für die Ermittlung des **Gewerbeertrags** (siehe Tz. 1164–1166 *GmbH ↔ GmbH*). 895

Der gewerbesteuerliche **Verlustabzug** geht unter den Voraussetzungen des § 12 Abs. 3 S. 2 UmwStG anteilig über (§ 19 Abs. 2 UmwStG). 896

6. Umsatzsteuer

Erfolgt eine Aufspaltung in Teilbetriebe iSd. § 15 Abs. 1 UmwStG, so handelt es sich um **eine Geschäftsveräußerung im Ganzen,** die nicht steuerbar ist (§ 1 Abs. 1 a UStG). Die übernehmende GmbH tritt an die Stelle der durch Spaltung untergehenden GmbH. Die Aufspaltung unter Übertragung einzelner Wirtschaftsgüter dürfte hingegen umsatzsteuerpflichtig sein[2]. 897

7. Grunderwerbsteuer

Gehört zum Vermögen der zu spaltenden GmbH Grundvermögen, fällt Grunderwerbsteuer an (siehe Tz. 1168 *GmbH ↔ GmbH*). 898

Ferner kann es durch die Spaltung zur Anteilsübertragung oder -vereinigung kommen, die Grunderwerbsteuer auslöst (§ 1 Abs. 2a und Abs. 3 GrEStG)[3]. 899

---

1 STRECK/POSDZIECH, GmbHR 1995, 271, 364; HARITZ in Haritz/Benkert, § 15 UmwStG Rz. 205 ff.
2 Ebenso HORN, UR 1995, 472; ausführlich auch REISS, UR 1996, 357.
3 Eingehend BECKMANN, GmbHR 1999, 217.

GmbH → GmbH

C. Aufspaltung zur Neugründung

I. Zivilrecht

900 Es gelten weitestgehend die **Regelungen** zur Spaltung durch Aufnahme.

901 An die Stelle des Spaltungs- und Übernahmevertrags tritt ein **Spaltungsplan**[1] (§ 136 UmwG). Der Spaltungsplan ist von dem Vertretungsorgan (Geschäftsführer) der zu spaltenden GmbH aufzustellen. Er bedarf notarieller Form (§ 125 iVm. § 6 UmwG).

902 Zum **Inhalt:** Notwendig ist zunächst die Errichtung der neuen Gesellschaften. Hierzu gehört der Abschluss der Gesellschaftsverträge[2], die in dem Spaltungsplan enthalten bzw. als Bestandteil beigefügt sein müssen (§ 125 iVm. § 37 UmwG). Sodann ist die Übertragung der Anteile zu regeln. Wie bei dem Spaltungs- und Übernahmevertrag ist das Vermögen aufzuteilen (siehe Tz. 751) und die Zuordnung der Anteile festzulegen (Tz. 752). Das Stammkapital der neuen Gesellschaft muss mindestens Euro 25.000,–, die Stammeinlage mindestens Euro 100,– betragen. Anzugeben sind der Spaltungsstichtag (Tz. 754) und die Folgen für die Arbeitnehmer (Tz. 758). Die sonstigen in Tz. 753–757 genannten Angaben können entfallen, da sie sich entweder aus den Satzungen ergeben oder nicht in Betracht kommen.

903 Zur **Aufteilung des Vermögens** siehe Tz. 764–777. Zu den Rechtsfolgen für die Arbeitnehmer Tz. 783–803.

904 Zum **Umtauschverhältnis** gelten Tz. 778–782 entsprechend. Für den Spaltungsbericht und eine Prüfung gelten die Tz. 804–806. Zudem ist ein **Sachgründungsbericht** zu erstellen (§ 138 UmwG).

905 Für den **Zustimmungsbeschluss** gelten Tz. 807–817 entsprechend, mit der Maßgabe, dass hier nur von der zu spaltenden GmbH ein Beschluss zu fassen ist, da die durch die Spaltung zu gründenden Gesellschaften noch nicht existieren.

906 Zur **Bilanzerstellung** siehe Tz. 818–820. Das übergehende Vermögen ist von den durch die Spaltung entstehenden Gesellschaften in der Eröffnungsbilanz (§ 242 Abs. 1 HGB) mit den Anschaffungskosten oder den Wertansätzen aus der Schlussbilanz der übertragenden GmbH auszuweisen.

---

[1] Vertragsmuster: MAYER in Widmann/Mayer, Anh. 4, M 98 ff. (September 2004).
[2] Zu beachten ist, dass es sich um eine Sachgründung handelt, siehe OLG Naumburg 5 U 105/03 vom 3. 11. 2003, GmbHR 2004,669.

GmbH → GmbH

Hinsichtlich der **Anmeldung** gilt Folgendes: Die Geschäftsführer der zu spaltenden Gesellschaft haben die neuen Gesellschaften bei dem Gericht, in dessen Bezirk sie ihren Sitz haben sollen, zur Eintragung anzumelden (§ 137 Abs. 1 UmwG). Die Spaltung ist bei dem Gericht anzumelden, in dessen Bezirk die zu spaltende Gesellschaft ihren Sitz hat. 907

Zu den der Anmeldung beizufügenden **Unterlagen** siehe Tz. 822. An die Stelle des Spaltungs- und Übernahmevertrags tritt der Spaltungsplan. Siehe ferner Tz. 1062–1069 GmbH ↔ GmbH. 908

Vom Gericht erfolgt zunächst die **Eintragung** der Gesellschaften, dann die Eintragung der Spaltung (§ 137 Abs. 3 UmwG)[1]. 909

Zu den **Rechtsfolgen** siehe Tz. 825–834[2]. Zu den **Kosten** Tz. 835–840, wobei anstelle der 20/10-Gebühr nach § 36 Abs. 2 KostO für den Spaltungsplan lediglich eine 10/10-Gebühr nach § 36 Abs. 1 KostO anfällt[3]. 910

II. Steuerrecht

Es gelten die Tz. 841–899 entsprechend. 911

D. Abspaltung

I. Zivilrecht

Eine GmbH kann einen Teil ihres Vermögens auf eine oder mehrere andere GmbHs abspalten (§ 123 Abs. 2 UmwG). Zum **Begriff** der Abspaltung siehe Tz. 728[4]. 912

Ist die den Vermögensteil übernehmende Gesellschaft eine **bestehende** GmbH, so gelten die Tz. 745–840 entsprechend[5]. Wird mit dem 913

---

1 Zur Rechtslage zwischen Errichtung der neuen GmbH und Eintragung der Spaltung WILKEN, DStR 1999, 677.
2 Ferner HEIDENHAIN, GmbHR 1995, 264, der darauf hinweist, dass bei der Spaltung zur Neugründung eine vermögenslose Kapitalgesellschaft entstehen kann; hierzu NEYE, GmbHR 1995, 565; BAYER/WIRTH, ZIP 1996, 817.
3 Eingehend TIEDTKE, MittBayNot 1997, 209.
4 Vertragsmuster: LANGENFELD, GmbH-Vertragspraxis, Rz. 716; KALLMEYER in GmbH-Handbuch, Teil V, M 600; SOMMER in Engl, Formularbuch Umwandlungen, S. 405.
5 Vertragsmuster: MAYER in Widmann/Mayer, Anh. 4, M 88 ff. (September 2004); zur Abspaltung der Beteiligung an einer Organgesellschaft von einem Organträger auf eine andere Kapitalgesellschaft STEGEMANN, DStR 2002, 1549.

GmbH → GmbH

abgespaltenen Vermögen eine **GmbH gegründet,** gelten die Tz. 900–910[1].

914 Die Abspaltung darf nicht dazu führen, dass in das **Stammkapital** eingegriffen wird oder dies unter das Mindeststammkapital (§ 5 GmbHG) sinkt. Dies haben die Geschäftsführer bei der Anmeldung zu versichern (§ 140 UmwG)[2].

915 Die Abspaltung kann daher zur **Herabsetzung des Stammkapitals** bei der zu spaltenden GmbH zwingen.

916 **Beispiel:**

Bilanz vor Spaltung:

Teilbetrieb I	300	Stammkapital	200
Teilbetrieb II	100	Verbindlichkeiten	200
	400		400

Abgespalten werden soll Teilbetrieb I unter Übernahme der Verbindlichkeiten. Hierdurch würde in Höhe von 100 in das Stammkapital eingegriffen, was zu einem Verstoß gegen § 30 GmbHG führen würde. Erforderlich ist also eine Kapitalherabsetzung um 100.

917 Die Kapitalherabsetzung kann in vereinfachter **Form** nach §§ 58 a ff. GmbHG erfolgen (§ 139 S. 1 UmwG)[3]. Wird das Stammkapital herabgesetzt, so darf die Abspaltung erst nach der Kapitalherabsetzung eingetragen werden (§ 139 S. 2 UmwG).

918 Wie bei der Aufspaltung können die **Beteiligungsverhältnisse** bei der übernehmenden GmbH abweichend von den Beteiligungsverhältnissen bei der übertragenden GmbH festgelegt werden (§ 128 UmwG). Zulässig ist es, nicht alle bisherigen Gesellschafter an der übernehmenden Gesellschaft zu beteiligen („Abspaltung zu Null")[4]. Eine Veränderung bei den Beteiligungsverhältnissen der übertragenden Gesellschaft ist möglich (Tz. 729)[5]. Zum Steuerrecht Tz. 926 a.

---

1 Vertragsmuster: MAYER in Widmann/Mayer, Anh. 4, M 80 ff. (September 2004).
2 Zur Abspaltung und Konzernhaftung LENZ, INF 1997, 564.
3 Hierzu NARASCHEWSKI, GmbHR 1995, 697; MASER/SOMMER, GmbHR 1996, 22.
4 LG Konstanz 1 HTH vom 13. 2. 1998, DB 1998, 1177.
5 Siehe NEYE, DB 1998, 1649; PRIESTER in Lutter, § 128 UmwG Rz. 8 ff.

GmbH → GmbH

Ein **Spaltungsbericht** ist entbehrlich, wenn sich alle Anteile der zu spaltenden GmbH in der Hand der übernehmenden GmbH befinden (§ 127 iVm. § 8 Abs. 3 UmwStG). 919

Bei der Abspaltung geht nur das im Spaltungs- und Übernahmevertrag bzw. im Spaltungsplan aufgeführte **Vermögen** über. Was nicht im Vertrag bzw. Plan aufgeführt ist oder rechtlich nicht übertragen werden kann, bleibt Eigentum der GmbH. 920

Ausgeschlossen ist bei der Abspaltung die Übertragung der **Firma** auf die übernehmende Gesellschaft nach § 18 UmwG (§ 125 UmwG). 921

Gesellschaftern mit **stimmrechtslosen Anteilen** können bei der Abspaltung gleichwertige Rechte auch ausschließlich in der übertragenden GmbH gewährt werden (§ 133 Abs. 2 UmwG). 922

II. Steuerrecht

Bei der Abspaltung müssen zur entsprechenden Anwendung der Verschmelzungsvorschriften nicht nur das jeweils übergehende Vermögen, sondern auch das bei der übertragenden GmbH verbleibende Vermögen zu einem **Teilbetrieb** gehören (§ 15 Abs. 1 S. 2 UmwStG). Sind diese Voraussetzungen nicht erfüllt, so liegt mangels Anwendung der §§ 11–13 UmwStG ein Vermögensabfluss vor, der mit dem gemeinen Wert anzusetzen ist und damit zur Auflösung und Besteuerung der in dem übergehenden Vermögen enthaltenen stillen Reserven führt. Die Vermögensgegenstände gelten mit dem Teilwert in die übernehmende GmbH eingelegt. Der Gesellschafter hat entsprechende Anschaffungskosten. 923

Nochmals: Diese Rechtsfolgen gelten nicht nur, wenn das abgespaltene Vermögen keinen Teilbetrieb iSd. § 15 Abs. 1 UmwStG darstellt, sondern auch, wenn zwar ein Teilbetrieb iSd. § 15 Abs. 1 UmwStG abgespalten wird, das zurückbleibende Vermögen diesen Anforderungen aber nicht mehr genügt. In diesem Fall ist der abgespaltene Teilbetrieb mit dem gemeinen Wert anzusetzen und als ausgeschüttet zu behandeln. Zu einer Realisierung der stillen Reserven im verbleibenden Vermögen kommt es nicht[1]. 924

---

1 Tz. 15.21 UmwE; Hörger, FR 1994, 765; aA Thiel, DStR 1995, 237. Auch hier zeigt sich, dass die Regelung des § 15 Abs. 1 UmwStG missglückt ist. Richtig wäre es, hinsichtlich des Teilbetriebs die Buchwerte fortzuführen und im verbleibenden Vermögen die stillen Reserven zu besteuern.

GmbH → GmbH

925 **Beispiel**[1]: Zum Vermögen der A-GmbH gehören ein Betrieb (keine stillen Reserven) und ein nicht betriebsnotwendiges Grundstück (hohe stille Reserven). Würde das Grundstück abgespalten, wären die stillen Reserven entsprechend Tz. 923 zu realisieren. Wird hingegen der Betrieb abgespalten, finden zwar die §§ 11 ff. UmwStG keine Anwendung, zu realisieren sind aber nur stille Reserven in dem abgespaltenen Vermögen, die hier nicht existieren. Die stillen Reserven in dem bei der A-GmbH verbleibenden Grundstück werden nicht aufgedeckt. Die Anteile der A-GmbH und damit wirtschaftlich das Grundstück könnten unmittelbar nach der Spaltung steuerfrei bzw. begünstigt (Halbeinkünfteverfahren, § 3 Nr. 40 EStG) veräußert werden.

926 Sind hingegen die Voraussetzungen des § 15 Abs. 1 UmwStG erfüllt, so gelten auf der Ebene der **übertragenden GmbH** die Tz. 841–872 entsprechend für den abgespaltenen Teil des Vermögens. Für den verbleibenden Teil sind die Buchwerte fortzuführen. Insoweit besteht kein Wahlrecht[2]. Für die übernehmende GmbH gelten die Tz. 873–884 und 895–899.

926.1 Durch eine „Abspaltung zu Null" wird die Möglichkeit zur **Buchwertfortführung** nicht tangiert[3]. Die Gewährung von Anteilen an der einen Gesellschaft unter Verzicht auf Anteile an der anderen Gesellschaft ist keine Gegenleistung iSd. § 11 Abs. 1 S. 1 Nr. 2 UmwStG. Vielmehr besteht die „Gegenleistung" für die Vermögensübertragung und die damit verbundene Aufgabe von Anteilen ausschließlich in der Gewährung der Anteile an – ggf. auch nur einer – der übernehmenden Gesellschaft. Soweit Wertverschiebungen erfolgen, kann allenfalls eine Schenkung vorliegen.

927 Zur Ebene der **Gesellschafter** siehe die Tz. 885–894.

928 Auch hier gilt, dass die **Anschaffungskosten** bzw. **Buchwerte der Anteile** an der zu spaltenden GmbH nach dem gemeinen Wert auf-

---

1 Siehe auch MENNER/BROER, DB 2003, 1075; NAGEL/THIES, GmbHR 2004, 83, mit weiteren Beispielen und Berechnungen.
2 HÖRGER, StbJb. 1995/95, S. 225; THIEL, DStR 1995, 237.
3 Streitig siehe DÖTSCH in Dötsch/Eversberg/Jost/Pung/Witt, § 15 UmwStG nF Rz. 164 ff. (September 2001), mwN; der in Rz. 166 mE aber verkennt, dass auch im Rahmen der Abspaltung keine gesonderte Neuordnung der Beteiligungsverhältnisse bei der übertragenden Gesellschaft durch Kapitalherabsetzung, Einsetzung oder Abtretung notwendig ist, siehe PRIESTER in Lutter, § 128 UmwG Rz. 8 ff.

GmbH → GmbH

zuteilen sind, wenn nach der Spaltung Anteile an verschiedenen Gesellschaften gehalten werden.

E. Ausgliederung

I. Zivilrecht

Eine GmbH kann Vermögen auf eine oder mehrere andere GmbHs ausgliedern. Zum Begriff der **Ausgliederung** siehe Tz. 730[1]. Als Gegenleistung erwirbt die zu spaltende GmbH eine Beteiligung. Ebenso kann eine GmbH durch **Einbringung** von Vermögen im Rahmen einer Sachgründung oder Sachkapitalerhöhung eine Beteiligung an einer anderen Gesellschaft erwerben[2]. Der Unterschied besteht darin, dass nur die Ausgliederung die Möglichkeit beinhaltet, das Vermögen im Wege der Gesamtrechtsnachfolge zu übertragen. Steuerlich werden beide Vorgänge identisch behandelt. 929

Wirtschaftlich dient die Ausgliederung – gleichgültig in welcher Form– zumeist der Externalisierung von Unternehmensbereichen (sog. **„Outsourcing"**)[3]. 930

Für den Inhalt des **Ausgliederungsvertrags**[4] (bei Ausgliederung auf eine bestehende Gesellschaft) bzw. des **Ausgliederungsplans** (bei Ausgliederung auf eine neu zu gründende Gesellschaft) gelten die Tz. 746–763. Überflüssig sind jedoch die Angaben zum Umtauschverhältnis (§ 126 Abs. 1 Nr. 3, 4 und 10 UmwG)[5]. 931

Das auszugliedernde Vermögen ist genau zu bezeichnen. In der **Zuordnung des Vermögens** besteht Gestaltungsfreiheit. Es ist zuläs- 932

---

1 Eingehend FUHRMANN/SIMON, AG 2000, 49; zur Ausgliederung zwecks Organschaftsbildung ALTMEPPEN, DB 1998, 49; zur Ausgliederung wirtschaftlicher Geschäftsbetriebe durch steuerbefreite Einrichtungen TÖNNES/WEWEL, DStR 1998, 274; zur Ausgliederung von Zweckbetrieben FUNNEMANN, DStR 2002, 2013.
2 Zu den Vor- und Nachteilen siehe AHA, AG 1997, 345; NAGL, DB 1996, 1221.
3 Siehe hierzu WEIMAR/GROTE, INF 1998, 179; HÜBNER-WEINGARTEN, DB 1997, 2593; zum Outsourcing bei Kredit- und Finanzdienstleistungsinstituten ZERWAS/HANTEN, WM 1998, 1110.
4 Vertragsmuster: KALLMEYER in GmbH-Handbuch, Teil V, M 630.
5 Missverständlich sind die Regelungen in § 126 Abs. 1 Nr. 7 und § 133 Abs. 2 UmwG, die den Eindruck erwecken, als seien auch bei der Ausgliederung den Inhabern von Sonderrechten entsprechende Rechte an der übernehmenden Gesellschaft einzuräumen, § 125 iVm. § 23 UmwG, siehe hierzu auch FEDDERSEN/KIEM, ZIP 1994, 1078.

GmbH → GmbH

sig, das gesamte Vermögen auszugliedern[1]. Für die Überleitung von **Arbeitsverhältnissen** gilt Tz. 783–803.

933 Ausgeschlossen ist die Fortführung der **Firma** der übertragenden GmbH durch die aufnehmende Gesellschaft (§ 125 UmwG).

934 Nicht anwendbar sind ferner die §§ 14 Abs. 2, 15 UmwG **(Verbesserung des Umtauschverhältnisses)** sowie der §§ 29–34 UmwG **(Abfindungsangebot** bei Gewährung vinkulierter Anteile) (§ 125 UmwG).

935 Ferner gelten die Beschränkungen des § 54 UmwG hinsichtlich der Schaffung von Anteilen durch **Kapitalerhöhung** bei der übernehmenden Gesellschaft sowie der Gewährung barer Zuzahlungen nicht (§ 125 UmwG). Damit ist es, wie bei der Einbringung, möglich, das ausgegliederte Vermögen nur teilweise auf das Stammkapital anzurechnen.

936 **Beispiel:** Ausgliederung eines Teilbetriebs mit einem Buchwert von 100 zur Gründung einer GmbH mit Stammkapital von 70. Der den Nennwert der Anteile (70) übersteigende Wert des Vermögens (30) ist grundsätzlich den Rücklagen zuzuführen. Stattdessen kann im Ausgliederungsplan festgelegt werden, dass der Mehrbetrag der übertragenden GmbH ausgezahlt oder als Darlehen gutgeschrieben wird.

937 Zum **Spaltungsbericht** siehe Tz. 804. Eine **Prüfung** findet nicht statt (§ 125 S. 2 UmwG).

938 Der Ausgliederung müssen die **Gesellschafter** der beteiligten GmbHs entsprechend Tz. 807–817 **zustimmen**[2].

939 Zur **Bilanzierung, Anmeldung** und **Eintragung** sowie hinsichtlich der **Rechtsfolgen** gelten die Tz. 818–834 entsprechend, jedoch mit der Besonderheit, dass der übernehmende Rechtsträger nur partiell die Gesamtrechtsnachfolge übernimmt[3].

II. Steuerrecht

940 Steuerrechtlich ist die Ausgliederung auf eine andere GmbH ein Fall der **§§ 20–23 UmwStG.** Es gelten die Tz. 229–289 *EU → GmbH.*

---

1 SCHMIDT, AG 2005, 26.
2 Zum Vergleich mit einer „Ausgliederung" außerhalb des UmwG siehe FEDDERSEN/KIEM, ZIP 1994, 1078.
3 Siehe BFH I R 99/00 vom 7. 8. 2002, BStBl. 2003 II, 835.

GmbH → GmbH

Einbringender ist die GmbH, aus deren Vermögen die Ausgliederung erfolgt. 941

Besteht das ausgegliederte Vermögen aus einem Betrieb, Teilbetrieb oder einem Mitunternehmeranteil, können die Buchwerte fortgeführt werden (§ 20 Abs. 1 S. 1 UmwStG). Dies gilt auch, wenn die GmbH steuerbegünstigte Zwecke gemäß §§ 51 ff. AO verfolgt[1]. Ferner ist eine **Buchwertfortführung** möglich, wenn Anteile an einer Kapitalgesellschaft ausgegliedert werden, sofern die übernehmende GmbH unter Berücksichtigung der übergehenden Anteile unmittelbar über die Mehrheit der Stimmrechte an der Kapitalgesellschaft, deren Anteile übergehen, verfügt. Damit ist die steuerliche Behandlung der Ausgliederung großzügiger als die der Auf- oder Abspaltung, wo nur die Übertragung einer 100%Beteiligung die Buchwertfortführung ermöglicht (siehe § 15 Abs. 1 UmwStG). 942

Hinweis: Liegen die Voraussetzungen des § 20 UmwStG nicht vor, bildet – entgegen früherer Rechtslage[2] – die kapitalistische Betriebsaufspaltung keine Alternative (§ 6 Abs. 6 EStG). 943

Da § 22 Abs. 1 und 2 UmwStG nur auf § 12 Abs. 3 S. 1 UmwStG, nicht aber auf § 12 Abs. 3 S. 2 UmwStG verweist, geht ein **Verlustvortrag** nicht – auch nicht anteilig – auf die ausgegliederte GmbH über. Wird ein Mitunternehmeranteil ausgegliedert, so ist streitig, ob ein verrechenbarer Verlust gemäß § 15 Abs. 4 EStG und ein gewerbesteuerlicher Verlustvortrag auf die übernehmende Gesellschaft übergeht[3]. 944

Anders als bei der Auf- und Abspaltung gibt es bei der Ausgliederung hinsichtlich der steuerlichen **Rückwirkung** keine Bindung an den handelsrechtlichen Spaltungsstichtag. Nach § 20 Abs. 8 S. 1, 2 UmwStG besteht ein Wahlrecht, die Ausgliederung steuerlich auf den handelsrechtlichen Spaltungsstichtag zu beziehen. Wird dieses Wahlrecht nicht ausgeübt, gilt als steuerlicher Stichtag der Tag der Eintragung der Ausgliederung im Handelsregister. 945

Da § 20 Abs. 8 S. 1 UmwStG eigenständig die Rückwirkung an die Einhaltung der Acht-Monats-Frist bindet, dürfte eine Eintragung der 946

---

1 Eingehend zur Ausgliederung von Zweckbetrieben Funnemann, DStR 2002, 2013; zur Ausgliederung von wirtschaftlichen Geschäftsbetrieben Tönnes/Wewel, DStR 1998, 274.
2 Siehe hierzu Flore, GmbHR 1997, 250.
3 Hierstetter/Schwarz, DB 2002, 1963, mwN.

GmbH → GmbH

Ausgliederung trotz **Fristüberschreitung** diesen Mangel, anders als bei der Auf- oder Abspaltung, nicht heilen.

947–971 Einstweilen frei.

GmbH ↔ GmbH, Verschmelzung

A. **Übersicht** 972
B. **Verschmelzung durch Aufnahme**
   I. Zivilrecht
     1. Voraussetzungen . . . 983
     2. Verschmelzungsvertrag
       a) Form, Inhalt, Änderung 984
       b) Umtauschverhältnis 1006
       c) Barabfindung . . 1014
     3. Verschmelzungsbericht und Prüfung . 1018
     4. Zustimmungsbeschlüsse
       a) Vorbereitung der Beschlussfassung 1030
       b) Mehrheit, Form des Beschlusses 1034
       c) Widerspruchsrecht gemäß § 29 UmwG 1041
       d) Anfechtung 1049
     5. Bilanzierung 1052
     6. Anmeldung und Eintragung 1059
     7. Rechtsfolgen der Verschmelzung
       a) Vermögensübergang 1072
       b) Erlöschen der übertragenden GmbH 1088
       c) Sicherheitsleistung 1094
       d) Organhaftung . . 1095
       e) Mängelheilung . . 1097

     8. Kosten 1098
  II. Steuerrecht
     1. Steuerliche Rückwirkung 1102
     2. Besteuerung der übertragenden GmbH
       a) Wertansatz in der steuerlichen Schlussbilanz . . . 1117
       b) Besteuerung eines Übertragungsgewinns 1126
     3. Besteuerung der übernehmenden GmbH
       a) Übernahmegewinn oder -verlust . . . 1127
       b) Addition des Eigenkapitals, Körperschaftsteuerguthabens und der Körperschaftsteuererhöhung 1147
       c) Übernahme eines Verlustabzugs . . 1152
       d) Kosten der Verschmelzung . . . 1157
     4. Besteuerung der Gesellschafter der übertragenden GmbH . . 1158
     5. Gewerbesteuer . . . 1164
     6. Umsatzsteuer 1167
     7. Grunderwerbsteuer . 1168
     8. Berechnungsbeispiel
       a) Sachverhalt 1170
       b) Lösung 1171

GmbH ↔ GmbH

C. Verschmelzung durch Neugründung	I. Zivilrecht 1186
	II. Steuerrecht 1191

A. Übersicht

Das Gesetz kennt **zwei Wege**[1]: Entweder wird das Vermögen einer Gesellschaft als Ganzes auf eine andere, bereits bestehende Gesellschaft gegen Gewährung von Gesellschaftsanteilen übertragen (§ 2 Abs. 1 Nr. 1 UmwG, **Verschmelzung durch Aufnahme**) oder mindestens zwei Gesellschaften übertragen ihr Vermögen gegen Gewährung von Gesellschaftsrechten auf eine neu zu gründende Gesellschaft (§ 2 Abs. 1 Nr. 2 UmwG, **Verschmelzung durch Neugründung**). 972

Das Vermögen der übertragenden Gesellschaft geht jeweils im Wege der **Gesamtrechtsnachfolge** auf die übernehmende Gesellschaft über. Die übertragende Gesellschaft geht unter. Als Ausgleich erhalten die Gesellschafter der untergehenden Gesellschaft Anteile an der aufnehmenden Gesellschaft. Eine Abfindung in Geld oder Sachwerten ist grundsätzlich ausgeschlossen (Ausnahme siehe Tz. 1010). Zulässig ist es, gleichzeitig mehrere Gesellschaften auf eine bestehende oder zu einer neuen Gesellschaft zu verschmelzen (§ 2 Abs. 1 UmwG). 973

Gleichzeitig mit einer oder mehreren GmbHs können **Rechtsträger anderer Rechtsform** (AG, KGaA, OHG, GmbH & Co KG, Genossenschaft) auf eine bestehende oder zu einer neuen GmbH verschmolzen werden (§ 3 Abs. 4 UmwG). Die jeweiligen Vorschriften sind parallel anzuwenden. Zur Verschmelzung einer GmbH mit bzw. zu Rechtsträgern anderer Rechtsform siehe jeweils dort. 974

Eine Verschmelzung nach dem UmwG ist beschränkt auf Gesellschaften mit **Sitz im Inland** (§ 1 Abs. 1 UmwG). Für grenzüberschreitende Verschmelzungen fehlt nach wie vor eine Rechtsgrundlage[2]. 975

Auch bereits **aufgelöste GmbHs** können verschmolzen werden. Dies gilt für die übertragende Gesellschaft, wenn deren Fortsetzung beschlossen werden könnte (§ 3 Abs. 3 UmwG)[3] – mE aber auch für die 976

---

1 Zur Fusion gemeindeeigener GmbHs APP, ZKF 1995, 55.
2 Zum Steuerrecht HARITZ/HOMEISTER, FR 2001, 941; zum EG-Recht NEYE ua., ZGR 1999, 13.
3 Zu den Voraussetzungen eines Fortsetzungsbeschlusses siehe BayObLG 3 ZBR 462/97 vom 4. 2. 1998, GmbHR 1998, 540; ULMER in Hachenburg, § 60 GmbHG Rz. 78; SCHWARZ in Widmann/Mayer, § 3 UmwG Rz. 5 ff. (Mai 1996).

GmbH ↔ GmbH

übernehmende Gesellschaft, wenn vor der Verschmelzung ein Fortsetzungsbeschluss gefasst wird[1]. Nichtig und damit nicht eintragungsfähig ist eine Verschmelzung, die gegen ein gesetzliches Verbot verstößt (§ 134 BGB)[2].

977 Die übertragende Gesellschaft muss grundsätzlich zum Zeitpunkt der Eintragung der Verschmelzung existieren. Gleiches gilt im Fall der Verschmelzung durch Aufnahme für die übernehmende Gesellschaft. Fraglich ist damit, ob die Verschmelzung von **GmbHs im Gründungsstadium** (also zwischen Abschluss des notariellen Gesellschaftsvertrags und Eintragung) damit ausgeschlossen ist (eingehend dazu Tz. 1209–1210 *GmbH* → *KG*). Der Verschmelzungsvertrag und die Zustimmungsbeschlüsse können mE jedoch schon gefasst werden.

978 **Steuerrechtlich** gelten die §§ 11 ff. UmwStG. Der Vorgang kann ertragsteuerneutral gestaltet werden. Die Aufdeckung stiller Reserven ist nur insoweit zwingend, als die Gegenleistung nicht nur in Gesellschaftsrechten besteht (zB bare Zuzahlung) oder die übernehmende GmbH beschränkt steuerpflichtig bzw. steuerfrei ist (§ 11 Abs. 1 UmwStG).

979 Über § 2 Abs. 1 UmwStG iVm. § 17 Abs. 2 UmwG kann die Verschmelzung auf einen Stichtag, der bis zu acht Monaten vor dem Tag der Anmeldung liegt, **zurückbezogen** werden.

980 Keine Verschmelzung ist die **Einbringung von GmbH-Anteilen** in eine andere GmbH. Die GmbH, deren Anteile eingebracht werden, bleibt bestehen[3]. Allerdings geht die Einbringung (oder der Verkauf) von Anteilen der Verschmelzung häufig voraus.

981 Erfolgt die Einbringung gegen **Gewährung von Gesellschaftsanteilen** (offene Sacheinlage), ist dies Veräußerung, es sei denn, die übernehmende Gesellschaft hat aufgrund ihrer Beteiligung einschließlich der übernommenen Anteile unmittelbar die Mehrheit der Stimmrechte an der Gesellschaft, deren Anteile eingebracht wurden. In diesem Fall gelten die §§ 20–22 UmwStG (§ 20 Abs. 1 S. 2 UmwStG), und

---

1 Streitig, siehe LUTTER/DRYGALA in Lutter, § 3 UmwG Rz. 17; OLG Naumburg 10 Wx 1/97 vom 12. 2. 1997, GmbHR 1997, 1152; BAYER, ZIP 1997, 1614.
2 So OLG Hamm 15 W 151/96 vom 26. 9. 1996, DB 1997, 268, für die Verschmelzung einer Steuerberatungs-GmbH mit einer gewerblichen GmbH.
3 OLG Celle 1 W 18/88 vom 14. 7. 1988, WM 1988, 1375. Gleiches gilt bei Verkauf aller GmbH-Anteile an eine andere GmbH. Zur Rückbeziehung der Zugehörigkeit zum Betriebsvermögen einer bisher im Privatvermögen gehaltenen Beteiligung an einer Kapitalgesellschaft FG München 7 K 7191/85 vom 17. 9. 1991, EFG 1992, 201.

GmbH ↔ GmbH

zwar auch bei grenzüberschreitender Fusion von EG-Kapitalgesellschaften (§ 23 UmwStG)[1].

Ist der Einbringende bereits an der anderen GmbH beteiligt und erfolgt die **Einbringung ohne Gewährung von Gesellschaftsrechten** oder sonstigen Vergütungen, ist dies verdeckte Einlage, die im Rahmen des § 17 EStG (Anteile aus dem Privatvermögen) einer Veräußerung gleichgestellt wird[2], obwohl die verdeckte Einlage keine Veräußerung ist[3]. Bei Anteilen im Betriebsvermögen handelt es sich um eine gewinnrealisierende Entnahme[4]. Die Grundsätze des **Tauschgutachtens**[5] sind seit dem 1. 1. 1999 nicht mehr anwendbar (§ 27 Abs. 5 a UmwStG).

982

B. Verschmelzung durch Aufnahme

I. Zivilrecht

1. Voraussetzungen

Zur Verschmelzung von GmbHs durch Aufnahme sind folgende Schritte notwendig:

983

- Abschluss eines **Verschmelzungsvertrags** (§ 4 UmwG),
- ggf. Erstellung eines **Verschmelzungsberichts** (§ 8 UmwG),
- ggf. **Verschmelzungsprüfung** (§ 9 UmwG),
- ggf. **Information des Betriebsrats** (§ 5 Abs. 3 UmwG),

---

1 Siehe dazu RITTER, BB 1992, 361; FÖRSTER/DAUTZENBERG, DB 1993, 645; KNOBBE-KEUK, DStZ 1992, 675; RÖDDER, IStR 1994, 257; THIEL, GmbHR 1994, 277; HERZIG/FÖRSTER, DB 1994, 1; HERZIG/DAUTZENBERG, DB 1992, 1; WASSERMEYER, DStR 1992, 57; CARL, Inf. 1992, 316; GANSKE, DB 1992, 125; zur Verschmelzung einer französischen Kapitalgesellschaft mit einer deutschen GmbH RIXEN/BÖTTCHER, GmbHR 1993, 572. Zum Anteilstausch über die Grenze Schweiz/Österreich HALFER, JStR 1993, 97; zur inländischen Holding im grenzüberschreitenden Konzern GROTHERR, BB 1995, 1510; zur Grunderwerbsteuer GÖTZ, GmbHR 2001, 277.
2 Siehe § 17 Abs. 1 S. 2 EStG in der Fassung des Steueränderungsgesetzes 1992, BStBl. 1992 I, 146; zur Rechtslage bis zur Gesetzesänderung BFH VIII R 10/01 vom 18. 12. 2001, DStRE 2002, 488.
3 BFH I R 147/83 vom 27. 7. 1988, BStBl. 1989 II, 271; BFH VIII R 5/00 vom 18. 12. 2001, BFH/NV 2002, 640; BFH I R 43/86 vom 28. 2. 1990, BStBl. 1990 II, 615.
4 BFH GrS 2/86 vom 26. 10. 1987, BStBl. 1988 II, 348.
5 Siehe hierzu BMF vom 9. 2. 1998, BStBl. 1998 I, 163; RÖDDER, DStR 1998, 474; OLBING, GmbH-StB 1998, 138; zur Fusion durch Aktientausch DONATH/ZUGMEIER, BB 1997, 2401; KUPKA, DB 1998, 229.

GmbH ↔ GmbH

- **Zustimmungsbeschluss** der beteiligten Gesellschaften (§ 13 UmwG),
- ggf. verbunden mit einem **Kapitalerhöhungsbeschluss,**
- Erstellung einer **Schlussbilanz** (§ 17 Abs. 2 UmwG),
- **Anmeldung** der Verschmelzung (§ 16 Abs. 1 UmwG).

2. Verschmelzungsvertrag

a) Form, Inhalt, Änderung

984 Grundlage der Verschmelzung ist ein **Vertrag**[1] **zwischen** der **übertragenden** und der **übernehmenden GmbH** (§ 4 Abs. 1 UmwG). Firma, Sitz[2] und Vertretung der an der Verschmelzung beteiligten Gesellschaften sind im Vertrag zu nennen (§ 5 Abs. 1 Nr. 1 UmwG). Vertreten werden die Gesellschaften von ihren vertretungsberechtigten Organen, idR also von den Geschäftsführern. Für die Vertretungsbefugnis gelten die jeweiligen Satzungsregeln (Einzelvertretung, Gesamtvertretung). Prokuristen sind allein nicht zur Vertretung befugt (kein gewöhnliches Handelsgeschäft, § 49 Abs. 1 HGB). Andere Personen können aufgrund besonderer Vollmacht zum Vertragsabschluss ermächtigt werden[3]. Werden mehrere Gesellschaften von einem Geschäftsführer vertreten, ist eine Befreiung von § 181 BGB erforderlich.

985 Werden **mehrere Gesellschaften** gleichzeitig auf eine bestehende GmbH verschmolzen, so ist ein einheitlicher Vertrag abzuschließen. Getrennte Verträge mit den jeweils übertragenden Gesellschaften sind unzulässig. Der einheitliche Vertrag soll garantieren, dass alle Beteiligten den gesamten Vorgang kennen.

986 Der Verschmelzungsvertrag bedarf **notarieller Beurkundung** (§ 6 UmwG)[4].

---

1 Muster: KALLMEYER in GmbH-Handbuch, Teil V, M 500; HECKSCHEN in Widmann/Mayer, Anh. 4, M 1 ff., M 13 ff., M 18 ff., M 43 ff. (März 2004); ENGL in Formularbuch Recht und Steuern, 817 ff. und 846 ff.; KRAUS in Engl, Formularbuch Umwandlungen, S. 1 ff. und 140 ff.; TRAßL in Engl, Formularbuch Umwandlungen, S. 102.
2 Zur Begründung eines Doppelsitzes bei Verschmelzung KATSCHINSKI, ZIP 1997, 620.
3 Die Vollmacht kann formlos erteilt werden (§ 167 Abs. 2 BGB). Anders bei Verschmelzung zur Neugründung, hier bedarf die Vollmacht notarieller Form (§ 2 Abs. 2 GmbHG).
4 Zur Beurkundung im Ausland: LUTTER/DRYGALA in Lutter, § 6 UmwG Rz. 8 ff.; ZIMMERMANN in Kallmeyer, § 6 UmwG Rz. 10; HECKSCHEN in Widmann/Mayer, § 6 UmwG Rz. 42 ff. (Februar 2003); REUTER, BB 1998, 116; AG Köln 42 AR 468/89

GmbH ↔ GmbH

Der Vertrag kann **vor oder nach** der **Beschlussfassung** durch die Anteilseigner abgeschlossen werden (§ 4 Abs. 2 UmwG). In der Praxis ist es idR erforderlich, den Vertrag vorab in einem nicht förmlichen Verfahren mit allen Beteiligten abzustimmen, da ansonsten unnötige Kosten der Beurkundung entstehen. 987

Der notwendige **Inhalt** des Verschmelzungsvertrags ist in den §§ 5, 46 UmwG ausführlich geregelt[1]. 988

Der Vertrag muss die Erklärung enthalten, dass das **Vermögen** der übertragenden GmbH gegen Gewährung von Anteilen an der übernehmenden Gesellschaft auf die übernehmende GmbH **übertragen** wird (§ 5 Abs. 1 Nr. 2 UmwG). 989

Der Vertrag muss das **Umtauschverhältnis** der Anteile (siehe Tz. 1006–1013), den Nennbetrag der Geschäftsanteile, die jedem Gesellschafter der übertragenden GmbH von der übernehmenden Gesellschaft gewährt werden, zuzüglich etwaiger barer Zuzahlung nennen (§ 5 Abs. 1 Nr. 3, § 46 Abs. 1 UmwG). Dies gilt auch bei der Verschmelzung von Schwestergesellschaften[2]. Bestimmt werden muss ferner, ob die Gegenleistung in vorhandenen Geschäftsanteilen einer übernehmenden Gesellschaft besteht, (§ 46 Abs. 3 UmwG) oder ob Geschäftsanteile gewährt werden, die durch Kapitalerhöhung der übernehmenden Gesellschaft zu schaffen sind. Es empfiehlt sich, den Inhalt des Kapitalerhöhungsbeschlusses in den Vertrag aufzunehmen. 990

Sollen neue Anteile mit anderen Rechten und Pflichten als sonstige Geschäftsanteile der übernehmenden Gesellschaft ausgestattet werden, so ist dies im Vertrag festzulegen (§ 46 Abs. 2 UmwG). Ebenso ist die Einräumung und Erhaltung von **Vorzugsrechten** für einzelne Gesellschafter aufzunehmen (§ 5 Abs. 1 Nr. 6 UmwG). Gleiches gilt für 991

---

vom 22. 6. 1989, DB 1989, 2014; LG Köln 87 T 20/89 vom 13. 10. 1989, WM 1989, 1769 = GmbHR 1990, 171; AG Fürth HR B 2177 vom 16. 11. 1990, GmbHR 1991, 24; LG Nürnberg-Fürth 4 HK T 489/91 vom 20. 8. 1991, GmbHR 1991, 582; LG Augsburg 2 HKT 2093/96 vom 4. 6. 1996, RIW 1998, 65; zur Verschmelzung von Genossenschaften BayObLG 3 ZBR 145/96 vom 23. 10. 1996, DB 1997, 88 mit Anm. SCHAFFLAND, DB 1997, 863 und LG Kiel 3 T 143/97 vom 25. 4. 1997, DB 1997, 1223.

1 Musterverträge: LANGENFELD, GmbH-Vertragspraxis, Rz. 694; ENGL in Formularbuch Recht und Steuern, S. 865 ff.; HOFFMANN-BECKING in Münchener Vertragshandbuch, Band 1, X.10; HECKSCHEN in Widmann/Mayer, Anh. 4 zum UmwStG M 1 (März 2004).

2 OLG Frankfurt 20 W 60/98 vom 10. 3. 1998, GmbHR 1998, 542.

GmbH ↔ GmbH

besondere **Vorteilsgewährungen** an Geschäftsführer, Aufsichtsräte oder Prüfer (§ 5 Abs. 1 Nr. 8 UmwG)[1].

992 Festzulegen ist der **Verschmelzungsstichtag** (§ 5 Abs. 1 Nr. 6 UmwG). Ab diesem Stichtag gelten Handlungen der übertragenden GmbH als für Rechnung der übernehmenden GmbH vorgenommen. Die „Rückwirkung" der Verschmelzung hat also keine dingliche, sondern eine rein schuldrechtliche Wirkung im Innenverhältnis. Die dinglichen Wirkungen, wie etwa der Eigentumsübergang, finden erst mit Eintragung der Verschmelzung im Handelsregister statt. Zur Wahl des Stichtags siehe Tz. 1054.

993 Ferner ist der Tag zu bestimmen, ab dem die den Gesellschaftern der übertragenden GmbH zu gewährenden Geschäftsanteile **gewinnbezugsberechtigt** sind (§ 5 Abs. 1 Nr. 5 UmwG). Bestimmt werden kann lediglich der Zeitpunkt der Gewinnansprüche, nicht hingegen der Zeitpunkt, zu dem die Gesellschafter der übertragenden GmbH die Mitgliedschaft in der aufnehmenden GmbH erwerben. Dies ist zwingend der Tag der Eintragung der Verschmelzung (§ 20 Abs. 3 UmwG). Abweichend von dem Zeitpunkt des Erwerbs der Mitgliedschaft kann im Innenverhältnis bestimmt werden, dass Ansprüche auf einen Anteil am Gewinn schon für einen früheren oder erst für einen späteren Zeitpunkt entstehen. IdR wird das Gewinnbezugsrecht ab Verschmelzungsstichtag gewährt werden.

994 **Hinweis:** Bei der Regelung des Gewinnbezugsrechts ist darauf zu achten, dass die Anteile nach Verschmelzung einen Anteil an allen bisher von den beteiligten Gesellschaften nicht ausgeschütteten Gewinnen vermitteln. Dies ist bei der Bestimmung des Umtauschverhältnisses zu berücksichtigen.

995 Besonderheiten gelten, wenn durch die Verschmelzung an die Stelle frei veräußerbarer Anteile die Geschäftsanteile treten, die einer vertraglichen oder gesetzlichen[2] Verfügungsbeschränkung unterworfen sind. Hier ist im Verschmelzungsvertrag den Gesellschaftern ein **Abfindungsangebot** für den Fall zu unterbreiten, dass sie widersprechen (§ 29 Abs. 1 S. 2 UmwG). Zur Höhe des Abfindungsangebots

---

1 Gemeint sind etwa Abfindungen für vorzeitige Vertragsaufhebungen, siehe zB OLG Hamburg 11 U 11/03 vom 16. 4. 2004, ZIP 2004, 906. Übliche Honorare für Abschlussprüfer sind keine Vorteile, LUTTER/DRYGALA in Lutter, § 5 UmwG Rz. 48; zu den Rechtsfolgen der Nichtangabe besonderer Vorteile GRAEF, GmbHR 2005, 908.
2 So § 29 Abs. 1 S. 2 UmwG in der seit dem 1. 8. 1998 geltenden Fassung, BGBl. 1998 I, 1878.

GmbH ↔ GmbH

siehe Tz. 1014–1017; zur Ausübung des Widerspruchsrechts Tz. 1041–1048. Ein Abfindungsangebot ist auch dann zu unterbreiten, wenn die hingegebenen Anteile vinkuliert waren[1].

Befinden sich **alle Anteile** der übertragenden GmbH **in der Hand der übernehmenden GmbH,** so sind die Angaben zum Umtausch der Anteile sowie zum Zeitpunkt des Gewinnbezugsrechts entbehrlich (§ 5 Abs. 2 UmwG), da bei der Verschmelzung einer 100%igen Tochtergesellschaft auf die Mutter die Gewährung von Anteilen entfällt. Werden hingegen Gesellschaften, an denen gleiche Gesellschafter beteiligt sind **(Schwesterfusion)**, verschmolzen, so kann auf die Anteilsgewährung sowie auf die Angaben nach §§ 5 Abs. 1 Nr. 1 bis 3, 46 Abs. 1 S. 1 UmwG nicht verzichtet werden[2]. Streitig ist, ob eine Kapitalerhöhung um den Nominalbetrag des Nennkapitals der übertragenden GmbH notwendig ist oder auch ein geringerer Betrag – ggf. 50,– Euro (Tz. 1013) – ausreicht[3]. 996

Hinweis: In der Literatur wird vorgeschlagen, vor Verschmelzung die Anteile der einen Schwester auf die andere zu übertragen, um sodann eine Verschmelzung ohne Kapitalerhöhung vornehmen zu können („zweistufige Konzernverschmelzung")[4]. Erfolgt aber die Übertragung nicht gegen Gewährung von Gesellschaftsrechten – was wiederum eine Kapitalerhöhung voraussetzt –, ist steuerlich die Realisierung der stillen Reserven in den Anteilen zwingend (Verkauf oder verdeckte Einlage), was aber ggf. gemäß § 8 b KStG steuerbefreit ist. 997

Nach § 5 Abs. 1 Nr. 4 UmwG muss der Vertrag „die **Einzelheiten für die Übertragung der Anteile** des übernehmenden Rechtsträgers" enthalten. Hierunter ist zB die Festlegung des technischen Ablaufs für den Anteilstausch und die Tragung der Kosten[5] zu verstehen. 998

---

1 Streitig, siehe MARSCH-BARNER in Kallmeyer, § 29 UmwG Rz. 9.
2 OLG Frankfurt 20 W 60/98 vom 10. 3. 1998, DB 1998, 917; OLG Hamm 15 W 236/04 vom 3. 8. 2004, GmbHR 2004, 1533; LUTTER/DRYGALA in Lutter, § 5 UmwG Rz. 95; MAYER in Widmann/Mayer, § 5 UmwG Rz. 41 ff. (Juni 2001); BAUMANN, BB 1998, 2321.
3 Siehe MAYER in Widmann/Mayer, § 5 UmwG Rz. 41 ff. (Juni 2001), mwN; TILLMANN, GmbHR 2003, 740; PETERSEN, GmbHR 2004, 728; MAIER-REIMER, GmbHR 2004, 1128; ferner OLG Frankfurt 20 W 60/98 vom 10. 3. 1998, DB 1998, 917, wonach bei einer Schwesterfusion die Saldierung positives und negatives Vermögen der Gesellschaften nicht zulässig ist; dagegen mE zu Recht MAYER, DB 1998, 913; TILLMANN, BB 2004, 673.
4 Nach hM darf der Verschmelzungsbeschluss erst nach Abtretung der Anteile gefasst werden, siehe BAYER, ZIP 1997, 1613, mwN.
5 Auch für den Fall, dass die Verschmelzung scheitert. Zur Wirksamkeit einer Kostenvereinbarung OLG Stuttgart 3 U 77/94 vom 23. 11. 1994, ZIP 1995, 837.

GmbH ↔ GmbH

999 Zwingend ist letztendlich, die **individual- und kollektivarbeitsrechtlichen Folgen** der Verschmelzung für die Arbeitnehmer und ihre Vertretungen sowie die insoweit vorgesehenen Maßnahmen im Vertrag darzustellen (§ 5 Abs. 1 Nr. 9 UmwG; hier Tz. 783–803 *GmbH → GmbH*).

1000 Darüber hinaus ist es zweckmäßig, im Verschmelzungsvertrag alle Fragen zu regeln, die **über den zwingenden Inhalt hinaus** für die Gesellschafter von Bedeutung sind. Dies gilt beispielsweise für Regelungen hinsichtlich der Geschäftsführung, der Firma (siehe Tz. 1089), des Unternehmensgegenstands etc.[1]. Der Verschmelzungsvertrag kann die übernehmenden Gesellschaften insoweit zur entsprechenden Satzungsänderung verpflichten[2].

1001 Der Verschmelzungsvertrag kann unter einer **aufschiebenden Bedingung** (Verschmelzung wird wirksam, wenn die Bedingung eintritt) abgeschlossen werden (§ 7 UmwG)[3]. Ist die Bedingung nach Ablauf von fünf Jahren nicht eingetreten, kann der Vertrag mit halbjähriger Frist gekündigt werden. Der Vertrag kann einen kürzeren Zeitraum als fünf Jahre festlegen.

1002 Ein **auflösend bedingter Verschmelzungsvertrag** (Wirkung des Vertrags entfällt mit Eintritt der Bedingung) ist nur zulässig, wenn der Wegfall der Vertragswirkung an den Eintritt der Bedingung vor Anmeldung der Verschmelzung zum Handelsregister geknüpft ist[4].

1003 Bis zum Zustimmungsbeschluss der Gesellschafter kann der Vertrag in notarieller Form **geändert** oder formfrei **aufgehoben** werden[5].

1004 Ein **Anteilsübergang** zwischen Abschluss des Verschmelzungsvertrags und dessen Wirksamwerden beeinträchtigt die Verschmelzung nicht[6].

1005 Ein Verschmelzungsvertrag, der nicht notariell beurkundet wurde oder inhaltlich nicht den Mindestanforderungen (Tz. 984–999) genügt, ist **nichtig**[7]. Zur Heilung durch Eintragung der Verschmelzung im Handelsregister Tz. 1097.

---

1 Zur Verpflichtung, einen Beherrschungsvertrag abzuschließen, siehe OLG München 27 U 459/92 vom 12. 5. 1993, BB 1993, 2040.
2 LUTTER/DRYGALA in Lutter, § 5 UmwG Rz. 89.
3 Zur Frage einer befristeten und bedingten Handelsregistereintragung SCHEEL, DB 2004, 2355.
4 LUTTER/DRYGALA in Lutter, § 4 UmwG Rz. 26; KÖRNER/RODEWALD, BB 1999, 853.
5 LUTTER/DRYGALA in Lutter, § 4 UmwG Rz. 19 f.
6 WINTER in Lutter, § 46 UmwG Rz. 6.
7 LUTTER/DRYGALA in Lutter, § 5 UmwG Rz. 104; zur Anfechtung eines Verschmelzungsvertrags OLG Hamm 15 W 276/91 vom 8. 10. 1991, BB 1992, 173; OLG

GmbH ↔ GmbH

b) Umtauschverhältnis

Den Gesellschaftern der übertragenden GmbH ist für den Verlust ihrer Anteile eine entsprechende Beteiligung an der übernehmenden GmbH zu gewähren. Grundsätzlich ist dabei der **Gleichbehandlungsgrundsatz** zu wahren. Der Anteilstausch darf weder bei den Gesellschaftern der übertragenden noch bei den Gesellschaftern der übernehmenden GmbH zu Einbußen an bestehenden Mitgliedschaftsrechten führen. 1006

Hat ein Gesellschafter **mehrere Geschäftsanteile,** so stehen ihm entsprechende Anteile in gleicher Anzahl an der übernehmenden Gesellschaft zu[1]. Eine Zusammenlegung von Anteilen ist nur mit Zustimmung des Gesellschafters möglich. Die Zusammenlegung bedeutet für den betroffenen Gesellschafter eine Einschränkung seiner Rechte, da er zum Verkauf von Anteilen eines Geschäftsanteils der Genehmigung der Gesellschaft bedarf (§ 17 Abs. 1 GmbHG). 1007

Bei einer Mehrfachverschmelzung muss nicht für jede aufgenommene Gesellschaft ein neuer Geschäftsanteil geschaffen werden[2]. 1007.1

Ist ein Gesellschafter bereits an der übernehmenden GmbH beteiligt, kann die Anteilsgewährung durch **Erhöhung des Nennbetrags** seines Anteils erfolgen. Die Aufstockung ist im Kapitalerhöhungsbeschluss festzulegen. Voraussetzung ist, dass der bisherige Geschäftsanteil voll eingezahlt ist[3]. Gesellschaftern mit stimmrechtslosen Anteilen sind gleichwertige Rechte an der übernehmenden Gesellschaft zu gewähren (§ 23 UmwG). 1008

Auch wertmäßig müssen die neuen Anteile den untergehenden entsprechen. Grundlage der **Wertermittlung** ist der Verkehrswert des Unternehmens incl. stiller Reserven und Firmenwert zum Zeitpunkt der Beschlussfassung über die Verschmelzung[4]. Die Bewertung richtet sich grundsätzlich nach dem Ertragswert[5]. 1009

Karlsruhe 15 U 305/90 vom 7. 2. 1992, WM 1992, 654; BGH II ZR 69/92 vom 29. 3. 1993, DStR 1993, 884; SCHMIDT-TROSCHKE, GmbHR 1992, 505. Zur Bilanzierung bei Anfechtung des Verschmelzungsvertrags OLG Hamm 8 U 135/91 vom 11. 12. 1991, BB 1992, 957, bestätigt durch BGH II ZR 30/92 vom 12. 10. 1992, DB 1992, 2432, mit Anm. GÖTZ, DB 1992, 2432.

1 MAYER in Widmann/Mayer, § 5 UmwG Rz. 88 (November 1999).
2 LG Frankfurt 16 T 37/04 vom 15. 2. 2005, GmbHR 2005, 940.
3 MAYER in Widmann/Mayer, § 5 UmwG Rz. 90 (November 1999).
4 Streitig, wie hier MAYER in Widmann/Mayer, § 5 UmwG Rz. 131 (November 1999); aA LUTTER, § 5 UmwG Rz. 21.
5 MAYER in Widmann/Mayer, § 5 UmwG Rz. 96 ff. (November 1999); LUTTER/DRYGALA in Lutter, § 5 UmwG Rz. 18 ff.; LG Köln 91 O 204/88 vom 16. 12. 1992, DB 1993, 217, zur Berücksichtigung eines Gewinnabführungsvertrags; zur Berück-

GmbH ↔ GmbH

1010 **Abfindungsregeln** in den Gesellschaftsverträgen haben keine Bedeutung. **Bare Zuzahlungen** dürfen bis zur Höhe von 10% des Gesamtnennbetrags der gewährten Anteile geleistet werden (§ 54 Abs. 4 UmwG).

1011 Den Gesellschaftern der untergehenden GmbH kann die übernehmende Gesellschaft **eigene Anteile,** die sie selbst besitzt oder von der untergehenden GmbH erwirbt, oder durch Kapitalerhöhung **neu geschaffene Anteile** gewähren (§ 54 UmwG).

1012 Diese Wahlmöglichkeit besteht jedoch nicht uneingeschränkt. So ist eine **Kapitalerhöhung unzulässig,** soweit die übernehmende GmbH Anteile an der übertragenden GmbH besitzt (§ 54 Abs. 1 S. 1 Nr. 1 UmwG; Verschmelzung Tochter auf Mutter), da insoweit keine Anteile zu gewähren sind (§ 20 Abs. 1 Nr. 3 UmwG)[1]. Gleiches gilt, soweit die übertragende GmbH eigene Anteile besitzt oder ihr Anteile an der übernehmenden GmbH gehören, die nicht in voller Höhe eingezahlt sind (§ 54 Abs. 1 S. 1 Nr. 2 und 3 UmwG). Gleichgestellt mit eigenen Anteilen sind Anteile, die ein Dritter treuhänderisch für eine der beteiligten Gesellschaften hält (§ 54 Abs. 2 UmwG). Bei der Verschmelzung von Schwestergesellschaften ist das Stammkapital der übernehmenden Gesellschaft hingegen zu erhöhen[2].

1013 Soweit die Kapitalerhöhung zulässig ist, erleichtert § 55 UmwG die **Durchführung.** So entfällt die Übernahmeerklärung (§ 55 Abs. 1 GmbHG) und die Einlageleistung (§§ 56 a, 57 Abs. 2 GmbHG). Der Mindestnennbetrag pro Anteil beträgt 50,– Euro. Die Teilung eigener Anteile ist zulässig (§ 54 Abs. 3 UmwG). Lautet das Nennkapital noch auf DM, so besteht bei Eintragung der Verschmelzung nach dem 31. 12. 2001 die Verpflichtung zur Umstellung des Kapitals auf Euro (§ 86 Abs. 1 S. 3 GmbHG).

c) Barabfindung

1014 Die Barabfindung (Tz. 995) muss die Verhältnisse der GmbH zum Zeitpunkt der Beschlussfassung über die Verschmelzung berück-

---

sichtigung von Ertragsteuerwirkungen HEURUNG, DB 1999, 1225; OLG Düsseldorf 19 W 2/00 Akt E vom 20. 11. 2001, DB 2002, 781; zur Maßgeblichkeit von Börsenkursen bei einer AG-Verschmelzung BayObLG 3 Z BR 116/00 vom 18.12.2002, AG 2003, 569; dazu PASCHOS, ZIP 2003, 1017; BUNGERT, BB 2003, 699; PUSZKAJLER, BB 2003, 1692; LG Stuttgart 32 AktE 36/99 KfH vom 9. 2. 2005, AG 2005, 450.

1 Zur Berechnung siehe SCHMITT/HÖRTNAGL/STRATZ, § 54 UmwG Rz. 6; eine solche Verschmelzung kann ggf. zur Kapitalherabsetzung genutzt werden, siehe RODEWALD, GmbHR 1997, 19.

2 Eingehend WINTER in Lutter, § 54 UmwG Rz. 16 ff.

GmbH ↔ GmbH

sichtigen (§ 30 Abs. 1 UmwG). Der Gesellschafter hat Anspruch auf den **vollen wirtschaftlichen Wert** seiner Anteile. Etwaige Satzungsregelungen über die Abfindung ausscheidender Gesellschafter sind nicht relevant[1]. Grundsätzlich ist der Ertragswert als der für eine Unternehmensbewertung gängige Maßstab zugrunde zu legen. Der Substanzwert fungiert als Kontrollwert[2].

Gesetzlich nicht geregelt ist die Frage, wer die **Höhe der Abfindung** für die Beschlussfassung festlegt. Da es sich nicht um eine Geschäftsführungsmaßnahme handelt, ist mE die Gesellschafterversammlung zuständig, die – wenn keine abweichende Satzungsregelung besteht – mit einfacher Mehrheit entscheidet. Da das Abfindungsangebot bereits vor Beschlussfassung mitgeteilt werden muss, ist der Gesellschafterversammlung, die über die Verschmelzung beschließt, ggf. eine Gesellschafterversammlung, die über die Abfindungshöhe beschließt, vorzuschalten. 1015

Die Angemessenheit der Abfindung ist stets durch einen Prüfer zu prüfen (§ 30 Abs. 2 UmwG). Für die Prüfung gelten die Tz. 1023–1029 (§ 30 Abs. 2 S. 2 UmwG). Allerdings können die Berechtigten auf die **Prüfung** und den Prüfungsbericht verzichten, wobei die Verzichtserklärung notariell zu beurkunden ist (§ 30 Abs. 2 S. 3 UmwG). Dieser Verzicht wird dann in Betracht kommen, wenn die Überstimmten das Unternehmen so gut kennen, dass sie die Angemessenheit des Angebots selbst abschätzen können oder wenn das Angebot so großzügig bemessen ist, dass der Prüfer nur die Unangemessenheit mit umgekehrten Vorzeichen feststellen kann. Der Verzicht spart in solchen Fällen weitere Prüfungskosten. 1016

Zur **Annahme des Abfindungsangebots** siehe Tz. 1043. 1017

3. Verschmelzungsbericht und Prüfung

Die Vertretungsorgane (idR die Geschäftsführer) der an der Verschmelzung beteiligten Gesellschaften haben einen schriftlichen[3] 1018

---

1 Schöne, GmbHR 1995, 325.
2 BayObLG 3 ZBR 17/90 vom 19. 10. 1995, AG 1996, 127; BayObLG 3 ZBR 67/89 vom 31. 5. 1995, WM 1995, 1580; LG Dortmund 20 AktE 2/94 vom 1. 7. 1996, DB 1996, 2221; Vollrath in Widmann/Mayer, § 30 UmwG Rz. 10 ff. (August 2000); bei Aktiengesellschaften gilt der Börsenwert siehe BGH II ZB 15/00 vom 12. 3. 2001, AG 2001, 417; LG Dortmund 20 Akt E 8/94 vom 18. 11. 2000, AG 2001, 544; Luttermann, ZIP 2001, 869; Erb, DB 2001, 523.
3 Eine Unterschrift ist nicht erforderlich LG Berlin 23 U 234/03 vom 25. 10. 2004, ZIP 2005, 167, mit Anm. Linnerz, EWiR 2005, 135.

GmbH ↔ GmbH

Verschmelzungsbericht[1] zu erstellen (§ 8 Abs. 1 UmwG). Der Bericht kann für jede Gesellschaft gesondert oder für alle gemeinsam erstattet werden. Zu erläutern und zu begründen sind die rechtlichen und wirtschaftlichen **Folgen der Verschmelzung,** insbesondere das Umtauschverhältnis und die Höhe anzubietender Barabfindungen gemäß § 29 UmwG[2]. Auf besondere Schwierigkeiten bei der Bewertung sowie auf die Folgen für die Beteiligten ist hinzuweisen. Entsprechende Angaben sind auch für verbundene Unternehmen zu machen[3].

1019 **Ausnahmen** hinsichtlich der Berichtspflicht gelten, soweit dem Unternehmen Nachteile drohen (§ 8 Abs. 2 UmwG). Dies ist jedoch wiederum zu begründen (§ 8 Abs. 2 S. 2 UmwG), mE eine wenig sinnvolle Regelung.

1020 Der Bericht ist nicht erforderlich, wenn alle Anteilsinhaber in notarieller Form auf seine Erstattung verzichten oder sich alle Anteile der übertragenden GmbH in der Hand der übernehmenden GmbH befinden (§ 8 Abs. 3 UmwG). ME genügt es, wenn der **Verzicht** im Verschmelzungsbeschluss enthalten ist[4].

1021 **Prüfungspflichtig** ist der Verschmelzungsvertrag nur dann, wenn einer der Gesellschafter dies verlangt (§ 48 UmwG).

1022 **Hinweis:** Die Formulierung des § 48 UmwG legt nahe, reines Schweigen, das Nichtfordern der Prüfung durch die Anteilseigner genüge, um die Prüfung entbehrlich zu machen. Andererseits verweist jedoch § 9 Abs. 3 UmwG pauschal auf § 8 Abs. 3 UmwG, der entsprechend anwendbar sei. Danach ist die Prüfung nur dann nicht erforderlich, wenn alle Anteilsinhaber aller beteiligten GmbHs notariell verzichten oder es um die Verschmelzung einer 100%igen Tochter mit der Mutter geht (so auch § 9 Abs. 2 UmwG). Sicherer ist damit in jedem Fall der Weg über die notariellen Verzichtserklärungen. Zulässig ist es auch, die Verschmelzung vorsorglich prüfen zu lassen, ohne dass dies ein Gesellschafter verlangt.

1023 **Prüfungsberechtigt** sind Wirtschaftsprüfer oder Wirtschaftsprüfungsgesellschaften, bei mittelgroßen oder kleinen GmbHs auch vereidigte Buchprüfer oder Buchprüfungsgesellschaften (§ 11 UmwG iVm. § 319 HGB).

---

1 Muster: Kallmeyer in GmbH-Handbuch, Teil V, M 502.
2 Schöne, GmbHR 1995, 325.
3 Eingehend Lutter, § 8 UmwG Rz. 38 ff.; Mayer in Widmann/Mayer, § 8 UmwG Rz. 17 ff. (November 1999).
4 So auch Lutter/Drygala in Lutter, § 8 UmwG Rz. 50.

GmbH ↔ GmbH

Es können für jede GmbH gesondert oder für alle Gesellschaften gemeinsam ein oder mehrere **Prüfer** bestellt werden (§ 10 Abs. 1 S. 2 UmwG). 1024

Zuständig für die **Bestellung** sind die Geschäftsführer. Diese können den Prüfer selbst auswählen oder die Bestellung dem Landgericht, in dessen Bezirk der Sitz der Gesellschaft liegt, übertragen (§ 10 Abs. 1 und 2 UmwG)[1]. 1025

Hinweis: Erfolgt die Bestellung nicht im Einvernehmen mit den Gesellschaftern, ist eine gerichtliche Bestellung vorzuziehen. 1026

Für die **Vergütung** der vom Gericht bestellten Prüfer gilt § 318 Abs. 5 HGB (§ 10 Abs. 1 S. 2 UmwG); für das Auskunftsrecht § 320 Abs. 1 S. 2 und Abs. 2 S. 1 und 2 HGB (§ 11 Abs. 1 UmwG); für die Verantwortlichkeit § 323 HGB (§ 11 Abs. 2 UmwG). Zur strafrechtlichen Verantwortlichkeit der Prüfer siehe §§ 314, 315 UmwG. 1027

Prüfungsgegenstand ist die Angemessenheit des Umtauschverhältnisses und der baren Zuzahlung (§ 12 Abs. 2 UmwG). 1028

Die Verschmelzungsprüfer haben über das Ergebnis der Prüfung einen schriftlichen **Bericht** zu erstatten (§ 12 Abs. 1 UmwG). Zum Inhalt siehe § 12 Abs. 2 UmwG. Der Bericht ist entbehrlich, wenn alle Anteilseigner notariell verzichten (§ 12 Abs. 3 iVm. § 8 Abs. 3 UmwG). 1029

4. Zustimmungsbeschlüsse

a) Vorbereitung der Beschlussfassung

Der Verschmelzungsvertrag bzw. sein Entwurf bedarf der Zustimmung der Gesellschafter der beteiligten Gesellschaften (§ 13 Abs. 1 S. 1 UmwG). Der Beschluss kann nur in einer **Gesellschafterversammlung** der jeweiligen Gesellschaft gefasst werden, auch wenn die jeweilige Satzung Beschlussfassungen außerhalb der Gesellschafterversammlung zulässt (§ 13 Abs. 1 S. 2 UmwG). 1030

Die Geschäftsführer haben in der **Einberufung** der Gesellschafterversammlung die Beschlussfassung über die Verschmelzung anzukündigen (§ 49 Abs. 1 UmwG). Der Verschmelzungsvertrag bzw. sein Entwurf und der Verschmelzungsbericht sind spätestens mit der Einladung zu übersenden (§ 47 UmwG). Für die Einberufung gelten die 1031

---

1 Zur Frage, welches Gericht bei mehreren beteiligten Gesellschaften zur Bestellung eines gemeinsamen Prüfers zuständig ist, BUNGERT, BB 1995, 1399.

GmbH ↔ GmbH

Regelungen der Satzung, insbesondere die dort festgelegten Fristen, ansonsten § 51 GmbHG. Ab Einberufung sind die Jahresabschlüsse und die Lageberichte der an der Verschmelzung beteiligten Gesellschaften für die letzten drei Geschäftsjahre in den Geschäftsräumen zur Einsicht durch die Gesellschafter auszulegen (§ 49 Abs. 2 UmwG). Die Geschäftsführer haben jederzeit Auskunft zu geben (§ 49 Abs. 3 UmwG).

1032 **Hinweis:** Auf die Formen und Fristen der Einberufung und Ankündigung kann verzichtet werden[1].

1033 Dem **Betriebsrat** ist der Verschmelzungsvertrag bzw. sein Entwurf einen Monat vor der Gesellschafterversammlung zuzuleiten (§ 5 Abs. 3 UmwG; siehe Tz. 783–794 *GmbH → GmbH*).

b) Mehrheit, Form des Beschlusses

1034 Der Verschmelzungsbeschluss kann grundsätzlich mit einer **Mehrheit** von mindestens ¾ der abgegebenen Stimmen gefasst werden (§ 50 Abs. 1 UmwG). Es gelten folgende **Ausnahmen:**
- Die Satzung sieht eine größere Mehrheit oder besondere Zustimmungserfordernisse vor (§ 50 Abs. 1 S. 2 UmwG). Nach hM ist auch eine größere Mehrheit, die generell für Satzungsänderungen gilt, bindend[2].
- Werden durch die Verschmelzung besondere Mitgliedschaftsrechte einzelner Gesellschafter tangiert, ist deren Zustimmung erforderlich (§ 50 Abs. 2 UmwG).
- Sind bei der übernehmenden GmbH die Einlagen nicht in voller Höhe erbracht, so müssen bei der übertragenden GmbH alle Gesellschafter der Verschmelzung zustimmen (§ 51 Abs. 1 S. 1 UmwG)[3].
- Sind bei der übertragenden GmbH die Einlagen nicht in voller Höhe erbracht, so müssen bei der übernehmenden Gesellschaft alle Gesellschafter der Verschmelzung zustimmen (§ 51 Abs. 1 S. 2 UmwG).

---

1 Mayer in Widmann/Mayer, § 47 UmwG Rz. 13 (Juli 1996); Winter in Lutter, § 47 UmwG Rz. 5.
2 Winter in Lutter, § 50 UmwG Rz. 6; Zimmermann in Kallmeyer, § 50 UmwG Rz. 9; Mayer in Widmann/Mayer, § 50 UmwG Rz. 42 (November 1999); aA Sagasser/Bula/Brünger, Umwandlungen, S. 210; Reichert, GmbHR 1995, 176.
3 Die Einlageforderung geht auf die aufnehmende GmbH über, Grunewald in Lutter, § 20 UmwG Rz. 42 ff.

GmbH ↔ GmbH

– Ist die Anteilsabtretung bei der übertragenden GmbH von der Zustimmung bestimmter Gesellschafter abhängig, so bedarf auch die Verschmelzung deren Zustimmung (§ 13 Abs. 2 UmwG)[1].

Kein besonderes Zustimmungserfordernis sieht das Gesetz für den Fall vor, dass die Satzung der übernehmenden GmbH besondere **Nebenpflichten** (zB Wettbewerbsverbot, Nachschusspflicht) enthält[2].   1035

Die Zustimmungsbeschlüsse sind von den Gesellschaftern **jeder Gesellschaft gesondert** zu fassen. Ein Beschluss ist auch dann erforderlich, wenn die übernehmende GmbH alleinige Gesellschafterin der übertragenden GmbH ist.   1036

Soweit **gegenseitige Beteiligungen** bestehen, kann die beteiligte Gesellschaft mitstimmen. Das Stimmrechtsverbot des § 47 Abs. 4 S. 2 GmbHG gilt nicht, da es sich um einen organisationsrechtlichen Akt handelt[3]. Eine Befreiung von § 181 BGB ist hingegen erforderlich[4].   1037

Bei der Beteiligung **Minderjähriger** ist ein Pfleger zu bestellen, wenn der gesetzliche Vertreter selbst an der Gesellschaft beteiligt ist (§§ 1629, 1795 BGB). Vormundschaftsgerichtlicher Genehmigung bedarf es nur, wenn mit der Verschmelzung die Übernahme fremder Verbindlichkeiten verbunden ist (§ 1822 Nr. 10 BGB), etwa bei nicht voll eingezahlten Anteilen[5].   1038

Die Beschlussfassungen sind **notariell zu beurkunden,** ebenso etwaige Zustimmungserklärungen von Gesellschaftern, die nicht bei der Beschlussfassung anwesend waren (§ 13 UmwG). Der Verschmelzungsvertrag ist der Urkunde beizufügen. Zur Beurkundung mehrerer Beschlüsse in einer Urkunde siehe Tz. 1098.   1039

Auf Verlangen ist jedem Gesellschafter eine **Abschrift** des Verschmelzungsvertrags und des Zustimmungsbeschlusses zu erteilen. Die Kosten hat der Gesellschafter zu tragen (§ 13 Abs. 3 S. 3 UmwG).   1040

---

1 Hierzu SCHÖNE, GmbHR 1995, 325; REICHERT, GmbHR 1995, 176.
2 Zur Kritik sowie zum Vetorecht für Inhaber von Kleinstbeteiligungen WINTER in Lutter, § 51 UmwG Rz. 13 f.
3 ZIMMERMANN in Kallmeyer, § 50 UmwG Rz. 14; MAYER in Widmann/Mayer, § 50 UmwG Rz. 38 (November 1999), jeweils mwN.
4 ZIMMERMANN in Kallmeyer, § 50 UmwG Rz. 13, mwN.
5 ZIMMERMANN in Kallmeyer, § 50 UmwG Rz. 12, mwN.

GmbH ↔ GmbH

c) Widerspruchsrecht gemäß § 29 UmwG

1041 Gesellschafter, denen ein Widerspruchsrecht gemäß § 29 Abs. 1 UmwG zusteht (siehe Tz. 995), haben diesen **zur Niederschrift zu erklären.** Der Widerspruch hindert die Wirksamkeit des Beschlusses bei Vorliegen der entsprechenden Mehrheit und der gemäß Tz. 1034 erforderlichen Zustimmungen jedoch nicht. Auch scheiden diese Gesellschafter nicht aus. Vielmehr haben sie ein Wahlrecht, entsprechend der Vereinbarung des Verschmelzungsvertrags in den Gesellschaften zu verbleiben oder auszuscheiden und das Barabfindungsangebot anzunehmen[1].

1042 Den gleichen Anspruch haben Gesellschafter, die nicht zur Gesellschafterversammlung erschienen sind, wenn sie zu Unrecht nicht zur Gesellschafterversammlung zugelassen wurden oder die Versammlung nicht ordnungsgemäß einberufen oder der Gegenstand der Beschlussfassung nicht ordnungsgemäß bekannt gegeben worden ist (§ 29 Abs. 2 UmwG). Ansonsten haben **nicht erschienene Gesellschafter** keinen Abfindungsanspruch.

1043 Das Angebot einer Barabfindung kann nur **binnen zwei Monaten** nach Bekanntmachung der Verschmelzung angenommen werden (§ 31 UmwG). Eine Annahme der Barabfindung vor Eintragung der Verschmelzung ist mE ausgeschlossen, da erst mit der Eintragung feststeht, dass es tatsächlich zum Vermögensübergang kommt. Unberührt bleibt ggf. ein Austrittsrecht.

1044 Der **Abfindungsanspruch** entsteht mit der Eintragung der Umwandlung in das Handelsregister und ist sogleich fällig. Die Abfindung ist ab Bekanntmachung der Eintragung der Umwandlung mit 2% pa. über dem jeweiligen Basiszins nach § 247 BGB zu verzinsen (§§ 30 Abs. 1 S. 2, 15 Abs. 2 S. 1 UmwG)[2]. Die Geltendmachung eines weitergehenden (Verzugs-)Schadens ist nicht ausgeschlossen.

1045 Schuldner des Anspruchs ist die übernehmende GmbH. Sie erwirbt eigene Anteile, was im Rahmen des § 33 Abs. 3 GmbHG zulässig ist[3].

1046 Zur **steuerlichen Behandlung** siehe Tz. 1163.

1047 Die **Unangemessenheit der Abfindung** berechtigt nicht zur Anfechtung des Umwandlungsbeschlusses (§ 32 UmwG). Auseinandersetzungen um die Angemessenheit sind dem Spruchverfahren zugewiesen (§ 34 UmwG; siehe Tz. 1250).

---

1 Eingehend SCHAUB, NZG 1998, 626.
2 AA LIEBSCHER, AG 1996, 455: Fällig erst am Tag nach Ausübung des Wahlrechts.
3 Zu den Grenzen LUTTER/HOMMELHOFF, § 33 GmbHG Rz. 12 f.

GmbH ↔ GmbH

Nach § 33 UmwG stehen **Verfügungsbeschränkungen** im Gesellschaftsvertrag einer Veräußerung der Anteile innerhalb der Zwei-Monats-Frist des § 31 UmwG nicht entgegen. Damit soll dem widersprechenden Gesellschafter ermöglicht werden, seinen durch die Verschmelzung erworbenen Anteil frei zu veräußern[1].

1048

d) Anfechtung

Die Anfechtung des Verschmelzungsbeschlusses kann nur im Wege der **Klage** geltend gemacht werden, die innerhalb einer Frist von einem Monat nach Beschlussfassung zu erheben ist (§ 14 Abs. 1 UmwG)[2]. Die Klage ist bei dem Landgericht, in dessen Bezirk die Gesellschaft ihren Sitz hat, einzureichen und gegen die GmbH zu richten. Dies gilt auch bei der übertragenden GmbH, sofern die Anfechtung (was die Regel sein wird) vor der Eintragung erfolgt. Nach der Eintragung (wegen der Frist von einem Monat wohl eher die Ausnahme) ist die Klage gegen die übernehmenden Gesellschaften zu richten (§ 28 UmwG). Zu den Rechtsfolgen für die Eintragung siehe Tz. 1064.

1049

Die Klage kann nicht auf ein zu niedriges Umtauschverhältnis gestützt werden (§ 125 iVm. § 14 Abs. 2 UmwG)[3]. Vielmehr ist ein solcher Wertverlust durch bare Zuzahlung auszugleichen (§ 125 iVm. § 15 UmwG). Dieser Anspruch ist im **Spruchverfahren** nach dem SpruchG geltend zu machen[4]. Antragsbefugt für das Spruchverfahren sind nicht nur Gesellschafter, die der Verschmelzung widersprochen haben, sondern auch solche, die zugestimmt haben.

1050

---

1 Durch das Gesetz zur Änderung des UmwG vom 22. 7. 1998, BGBl. 1998 I, 1878, gilt dies nicht nur für vertragliche, sondern auch für gesetzliche Verfügungsbeschränkungen.
2 Eingehend Schöne, DB 1995, 1317; Schmidt, DB 1995, 1849; siehe auch OLG Hamburg 11 U 11/03 vom 16. 4. 2004, ZIP 2004, 906; OLG Stuttgart 20 U 3/03 vom 28. 1. 2004, AG 2004, 271: Rechtsschutzinteresse an einer Anfechtung auch nach Eintragung gegeben; zur Frage einer materiellen Beschlusskontrolle im Umwandlungsrecht Binnewies, GmbHR 1997, 727; OLG Frankfurt 5 W 33/02 vom 10. 2. 2003, AG 2003, 573; Lutter/Drygala in Lutter, § 13 UmwG Rz. 31 ff.
3 BGH II ZR 1/99 vom 18. 12. 2000, GmbHR 2001, 200; BGH II ZR 368/98 vom 29. 1. 2001, GmbHR 2001, 247: keine Anfechtung neben Spruchstellenverfahren.
4 Eingehend zum Spruchverfahren Krieger in Lutter, UmwG, Anhang I; Land/Hennings, AG 2005, 380; zur zeitlichen Anwendung siehe § 17 Abs. 2 SpruchG und LG München 5 HK O 16202/03 vom 7. 10. 2004, ZIP 2005, 168.

GmbH ↔ GmbH

1051 Zuständig für das Verfahren ist das **Landgericht**, in dessen Bezirk die übertragende GmbH ihren Sitz hatte[1]. Die Gesellschaft selbst bzw. die Gesellschafter der übernehmenden GmbH sind nicht antragsberechtigt. Der Antrag kann nur binnen drei Monaten nach dem Tag gestellt werden, an dem die Eintragung der Umwandlung in das Handelsregister nach § 10 HGB als bekannt gemacht gilt (§ 4 SpruchG). Die Entscheidung des Gerichts ist für alle Gesellschafter bindend (§ 13 SpruchG).

5. Bilanzierung

1052 Die Geschäftsführer der übertragenden GmbH haben für den Verschmelzungsstichtag eine (handelsrechtliche) **Schlussbilanz** aufzustellen (§ 17 Abs. 2 UmwG). Es gelten die Vorschriften über die Jahresbilanz und ihre Prüfung sinngemäß[2]. Anwendbar sind damit die §§ 242 ff., 264 ff. HGB. Es gilt das Anschaffungskostenprinzip (§ 253 Abs. 1 HGB), stille Reserven oder ein originärer Firmenwert sind nicht aufzudecken. Die Bilanz braucht nicht bekannt gemacht zu werden (§ 17 Abs. 2 S. 3 UmwG).

1053 **Hinweis:** Die Bilanz braucht bei der Beschlussfassung gemäß Tz. 1030 noch nicht vorzuliegen.

1054 Bei der **Wahl des Verschmelzungsstichtags** ist darauf zu achten, dass zwischen Bilanzstichtag und Anmeldung nicht mehr als acht Monate liegen dürfen (§ 17 Abs. 2 S. 4 UmwG)[3]. Zur Fristüberschreitung siehe Tz. 1068.

1055 Die **übernehmende Gesellschaft** hat für den Verschmelzungsstichtag keine gesonderten Bilanzen zu erstellen. Der Vorgang ist wie ein Anschaffungsgeschäft in der Buchführung zu erfassen. Die übernommenen Vermögensgegenstände und Schulden sind grundsätzlich mit den Anschaffungskosten anzusetzen, die der übernehmenden Gesellschaft durch Gewährung von Anteilen und Aufgeld entstehen (§ 253 Abs. 1 HGB)[4].

---

1 Zu Zuständigkeitsproblemen bei Verschmelzung zur Neugründung Bork, ZIP 1998, 550; Bungert, DB 2000, 2051.
2 Eingehend Widmann in Widmann/Mayer, § 24 UmwG Rz. 30 ff. (Januar 1997); Korn, KÖSDI 1995, 10 344; zum Bestätigungsvermerk LG Hagen 21 T 4/93 vom 8. 2. 1994, GmbHR 1994, 714; zum Konzernabschluss Küting/Zündort, BB 1994, 1383; Schmidbauer, BB 2001, 2466.
3 Dazu Germann, GmbHR 1999, 591; OLG Köln 2 Wx 34/98 vom 22. 6. 1998, GmbHR 1998, 1085.
4 Eingehend Widmann in Widmann/Mayer, § 24 UmwG Rz. 219 ff. (Januar 1997).

GmbH ↔ GmbH

Zulässig ist es jedoch auch (Wahlrecht)[1], die **Wertansätze aus der Schlussbilanz** der übertragenden GmbH fortzuführen (Buchwertfortführung, § 24 UmwG). Dabei kann sowohl ein Verschmelzungsverlust (der Nennwert der ausgegebenen Anteile ist höher als der Buchwert des übernommenen Vermögens), der auszuweisen ist, wie auch ein Verschmelzungsgewinn (der Nennwert der Anteile ist niedriger als der Buchwert des Vermögens), der als Agio in die Kapitalrücklagen einzustellen ist (§ 272 Abs. 2 Nr. 1 HGB)[2], entstehen. 1056

Hinweis: Es besteht weder eine Maßgeblichkeit der Handelsbilanz für die Steuerbilanz, noch eine umgekehrte Maßgeblichkeit der Steuerbilanz für die Handelsbilanz[3]. Zur gegenteiligen Auffassung der Finanzverwaltung siehe Tz. 1118. 1057

Entsprechendes gilt, wenn die übernehmende GmbH an der übertragenden GmbH beteiligt ist. Das übergehende Vermögen wird gegen die untergehenden Anteile gebucht. Eine **Wertdifferenz** führt zu einem Verschmelzungsverlust oder zu einem Verschmelzungsgewinn[4]. Zum Steuerrecht siehe Tz. 1133. 1058

6. Anmeldung und Eintragung

Die **Geschäftsführer** der an der Verschmelzung beteiligten Gesellschaften haben die Verschmelzung bei dem Handelsregister des Sitzes ihrer Gesellschaft anzumelden (§ 16 Abs. 1 S. 1 UmwG). Für die übertragende Gesellschaft können auch die Geschäftsführer der übernehmenden Gesellschaft die Anmeldung vornehmen (§ 16 Abs. 1 S. 2 UmwG). Im Fall der Kapitalerhöhung ist die Anmeldung bei der übernehmenden GmbH von allen Geschäftsführern vorzunehmen (§ 78 GmbHG). 1059

Der Anmeldung sind beizufügen (§ 17 UmwG): 1060

– der **Verschmelzungsvertrag;**

– die Niederschrift der **Verschmelzungsbeschlüsse**[5];

– etwaige **Zustimmungserklärungen;**

---

1 Zu den Kriterien für die Ausübung des Wahlrechts; PRIESTER, GmbHR 1999, 1273; WIDMANN in Widmann/Mayer, § 24 UmwG Rz. 400 ff. (Januar 1997).
2 FÖRSCHLE/HOFFMANN in Beck Bil.-Komm., § 272 HGB Rz. 614.
3 Eingehend KNOP/KÜTING, BB 1995, 1023; FISCHER, DB 1995, 485; SCHULZE-OSTERLOH, ZGR 1993, 420.
4 Zur bilanziellen Darstellung SCHMITT/HÜLSMANN, BB 2000, 1563; KUSSMAUL/RICHTER, GmbHR 2004, 701.
5 Zur Form OLG Karlsruhe 11 Wx 6/98 vom 2. 3. 1998, GmbHR 1998, 379.

GmbH ↔ GmbH

- der **Verschmelzungsbericht** bzw. die entsprechende Verzichtserklärung;
- der **Prüfungsbericht,** sofern ein solcher erstellt wurde;
- ein Nachweis über die rechtzeitige **Zuleitung** des Verschmelzungsvertrags **an den Betriebsrat**[1];
- sofern die Verschmelzung einer **staatlichen Genehmigung** bedarf, die Genehmigungsurkunde;
- die **Schlussbilanz** der übertragenden Gesellschaft.

1061 Die Anmeldung bedarf **öffentlich beglaubigter Form** (§ 12 Abs. 1 HGB).

1062 Zulässig und üblich ist darüber hinaus die gleichzeitige Anmeldung einer etwaigen **Kapitalerhöhung.**

1063 Der mit der Anmeldung zum Handelsregister beauftragte **Notar** hat im Rahmen der **Belehrungspflicht** (§ 24 Abs. 1 S. 1 BNotO, § 17 Abs. 1 BeurkG) auf die Notwendigkeit der Anmeldung innerhalb der Acht-Monats-Frist des § 17 Abs. 2 UmwG hinzuweisen. Versäumt der Notar die rechtzeitige Anmeldung, so haftet er für den Schaden (Kosten des erneuten Umwandlungsbeschlusses, Verlust steuerlicher Vorteile).

1064 Eine **Klage gegen** einen der **Verschmelzungsbeschlüsse** hindert grundsätzlich die Eintragung der Verschmelzung (§ 16 Abs. 2 UmwG)[2]. Allerdings kann die GmbH bei dem für die Klage zuständigen Gericht beantragen, festzustellen, dass die Erhebung der Klage der Eintragung nicht entgegensteht (**Unbedenklichkeitsverfahren**). Diesem Antrag kann entsprochen werden, wenn die Klage unzulässig oder offensichtlich unbegründet ist bzw. den Beteiligten durch die Nichteintragung schwere Nachteile drohen (siehe § 16 Abs. 3 UmwG)[3]. Die Geschäfts-

---

1 Das Gesetz schreibt keine Form vor. Empfehlenswert ist die Vorlage einer Empfangsbestätigung.
2 Zu Problemen bei „schwebender" Umwandlung KIEM, ZIP 1999, 173.
3 Zum Unbedenklichkeitsverfahren siehe OLG Frankfurt 14 W 23/00 vom 22. 8. 2000, ZIP 2000, 1928: Registersperre bei Mängeln des Verschmelzungsberichts; siehe aber BGH II ZR 368/98 vom 29. 1. 2001, GmbHR 2001, 247; OLG Düsseldorf 17 W 18/99 vom 15. 3. 1999, ZIP 1999, 793: Keine Sperre zur Abwendung drohender Nachteile; OLG Frankfurt 5 W 32/97 vom 17. 2. 1998, DB 1998, 1222: Keine Registersperre bei zweifelsfreier Unbegründetheit; ebenso OLG Hamm 8 W 11/99 vom 4. 3. 1999, DB 1999, 1156; OLG Stuttgart 12 W 44/96 vom 17. 12. 1996, ZIP 1997, 75: Keine Registersperre bei behebbaren Formfehlern; LG Hanau 5 O 183/95 vom 5. 10. 1995, ZIP 1995, 1820: Registersperre bei Einladungsmängeln und nicht eindeutiger Rechtslage; ebenso OLG Frankfurt 10 W 12/97 vom 9. 6. 1997, ZIP 1997, 1291; VEIL, ZIP 1996, 1065; RIEGGER/SCHO-

GmbH ↔ GmbH

führer haben bei der Anmeldung zu erklären, dass keine Klage gegen den Verschmelzungsbeschluss anhängig ist. Wird eine solche Klage nach Anmeldung erhoben, so haben die Geschäftsführer dies dem Registergericht mitzuteilen. Die Erklärung der Geschäftsführer kann durch eine notarielle Verzichtserklärung der Gesellschafter im Hinblick auf die Anfechtung ersetzt werden (§ 16 Abs. 2 S. 2 UmwG).

Ist für die Verschmelzung die **Zustimmung aller Gesellschafter** erforderlich, so haben die Geschäftsführer bei der Anmeldung zu erklären, dass alle Gesellschafter zugestimmt haben (§ 52 Abs. 1 UmwG). 1065

Der Anmeldung zum Register der übernehmenden Gesellschaften ist eine von den Geschäftsführern unterschriebene, berichtigte **Gesellschafterliste** beizufügen (§ 52 Abs. 1 UmwG). 1066

Das Registergericht ist zur **Prüfung** der formellen und materiellen Voraussetzungen der Verschmelzung anhand der Anmeldung und der beizufügenden Unterlagen berechtigt und verpflichtet. Insoweit hat das Registergericht das Recht und die Pflicht zu Ermittlungen (§ 12 FGG). Weitergehende Prüfungsrechte, wie etwa hinsichtlich des Umtauschverhältnisses (siehe § 14 Abs. 2 UmwG), bestehen nicht[1]. 1067

Bei **unbehebbaren Hindernissen** hat das Gericht die Eintragung zurückzuweisen[2]. Dies gilt auch, wenn zwischen Bilanzstichtag und Anmeldung mehr als acht Monate liegen (§ 17 Abs. 2 UmwG)[3]. Ist die Frist überschritten, muss ein neuer Stichtag gewählt und die Verschmelzung neu beschlossen werden. Eine trotz Fristüberschreitung vorgenommene Eintragung der Verschmelzung ist wirksam (§ 20 Abs. 2 UmwG). Zu den steuerlichen Folgen einer Fristüberschreitung Tz. 1102. 1068

CKENHOFF, ZIP 1997, 2105; SCHMIDT, ZGR 1997, 493; SOSNITZA, NZG 1999, 965; NOACK, ZHR 164 (2000), 274.

1 Zur Prüfung der Werthaltigkeit OLG Düsseldorf 3 Wx 568/94 vom 29. 3. 1995, BB 1995, 1372.
2 Eine fehlgeschlagene Verschmelzung ist keine Vermögensübernahme iSd. § 419 BGB aF, siehe BGH II ZR 294/93 vom 18. 12. 1995, GmbHR 1996, 125; K. SCHMIDT, DB 1996, 1859.
3 Die Frist gilt nur hinsichtlich der Anmeldung für die übertragende, nicht für die übernehmende Gesellschaft, LG Frankfurt 3/11 T 57/95 vom 24. 11. 1995, GmbHR 1996, 542; BARTOVICS, GmbHR 1996, 514; siehe auch LG Frankfurt 11 T 85/97 vom 30. 1. 1998, GmbHR 1998, 379, zur verspäteten Anmeldung aufgrund verzögerter Eintragung der Kapitalerhöhung bei der übernehmenden GmbH; zum Nachreichen versehentlich nicht beigefügter Unterlagen LG Frankfurt 3–11 T 81/97 vom 19. 12. 1997, GmbHR 1998, 380.

GmbH ↔ GmbH

1069 Jede belastende Entscheidung des Registergerichts (Beanstandung, Zurückweisung der Anmeldung) kann mit der **Beschwerde** nach § 19 FGG angefochten werden. Die Beschwerde ist nicht fristgebunden. Hilft das Registergericht (Amtsgericht) nicht ab, entscheidet das Landgericht. Gegen dessen Entscheidung ist die weitere Beschwerde zulässig (§ 27 FGG).

1070 Nach Prüfung der Anmeldung erfolgt die **Eintragung** (§ 19 UmwG). Die Verschmelzung darf bei der übernehmenden Gesellschaft erst eingetragen werden, wenn sie im Register der übertragenden Gesellschaften eingetragen ist. Mit dem Tag dieser Eintragung wird die Verschmelzung wirksam (§ 20 UmwG).

1071 Die Registergerichte haben die Eintragung der Verschmelzung **bekanntzumachen** (§ 19 Abs. 3 UmwG).

7. Rechtsfolgen der Verschmelzung

a) Vermögensübergang

1072 Mit der Eintragung der Verschmelzung[1] geht das gesamte Vermögen der übertragenden GmbH auf die übernehmende Gesellschaft im Wege der **Gesamtrechtsnachfolge** über (§ 20 Abs. 1 Nr. 1 UmwG). Die übernehmende Gesellschaft wird Eigentümerin aller beweglichen und unbeweglichen, aller materiellen und immateriellen Wirtschaftsgüter der übertragenden GmbH[2]. Maßgebend sind die tatsächlichen Eigentumsverhältnisse. Ein gutgläubiger Erwerb ist ausgeschlossen[3].

1073 Der Eigentumsübergang erfasst grundsätzlich auch im **Ausland belegenes Vermögen,** soweit ausländisches Recht nicht entgegensteht[4]. Im Zweifel ist eine gesonderte Eigentumsübertragung nach ausländischem Recht vorzunehmen.

1074 Gehören zum Vermögen **Grundstücke** oder dingliche Rechte (Hypotheken, Grundschulden etc.), ist lediglich das Grundbuch zu berichtigen[5].

---

1 Und nicht etwa rückwirkend zum Verschmelzungsstichtag, siehe BGH II ZR 30/92 vom 12. 10. 1992, DB 1992, 2432, mit Anm. Götz, DB 1992, 2432.
2 Zu Patenten, Marken sowie Gebrauchs- und Geschmacksmustern Grunewald in Lutter, § 20 UmwG Rz. 16.
3 Vossius in Widmann/Mayer, § 20 UmwG Rz. 27 (Juni 2002).
4 Siehe Vossius in Widmann/Mayer, § 20 UmwG Rz. 33 ff. (Juni 2002).
5 Vossius in Widmann/Mayer, § 20 UmwG Rz. 58 (Juni 2002); eingehend auch Gärtner, DB 2000, 409.

GmbH ↔ GmbH

Ist die GmbH an einer Kapitalgesellschaft oder Personengesellschaft oder als stille Gesellschafterin an einem Gewerbebetrieb beteiligt, so geht diese **Beteiligung** grundsätzlich über[1]. Ggf. bestehen aber außerordentliche oder vertragliche Kündigungsrechte. Die Gesellschaftsverträge der Beteiligungsgesellschaften sind vor Verschmelzung sorgfältig zu prüfen. Gleiches gilt, wenn die GmbH als Haupt- oder Unterbeteiligte Mitglied einer Unterbeteiligungsgesellschaft ist[2]. 1075

Verpflichtungen aus **Genussrechten** gehen grundsätzlich über[3]. 1076

Besteht an dem Anteil der übertragenden GmbH eine **Unterbeteiligung,** so wird die Unterbeteiligungsgesellschaft durch die Verschmelzung in ihrem Bestand zunächst nicht berührt. UU kann die Verschmelzung jedoch ein Recht zur Kündigung der Unterbeteiligung begründen[4]. 1077

Ist am Gewerbebetrieb der übertragenden GmbH ein stiller Gesellschafter beteiligt **(GmbH & Still),** so besteht die stille Gesellschaft nach Verschmelzung mit der übernehmenden Gesellschaft fort. Erfolgt die Verschmelzung ohne oder gegen den Willen des Stillen, so hat er uU ein außerordentliches Kündigungsrecht[5]. 1078

Alle **Forderungen** und **Verbindlichkeiten** gehen über, ohne dass es der Zustimmung von Gläubigern und Schuldnern bedarf. Ebenso tritt die übernehmende Gesellschaft in alle Vertragsbeziehungen der übertragenden GmbH ein. Einer Genehmigung des Vertragspartners bedarf es nicht[6]. 1079

Für **Arbeitsverhältnisse** gilt § 613 a Abs. 1, 4–6 BGB (§ 324 UmwG). 1080

---

1 Vossius in Widmann/Mayer, § 20 UmwG Rz. 153 ff. (Juni 2002).
2 Blaurock, Unterbeteiligung und Treuhand an Gesellschaftsanteilen, 1981, S. 170.
3 Siehe im einzelnen Vossius in Widmann/Mayer, § 23 UmwG Rz. 19 ff. (Februar 2003).
4 Blaurock, Unterbeteiligung und Treuhand an Gesellschaftsanteilen, 1981, S. 170; Schindhelm/Pickhardt-Poremba/Hilling, DStR 2003, 1444, 1469.
5 Schmidt in Schlegelberger, § 339 (§ 234 nF) HGB Anm. 52; Blaurock, Handbuch der stillen Gesellschaft, S. 409; Vossius in Widmann/Mayer, § 20 UmwG Rz. 168 ff. (Juni 2002).
6 Vgl. im Einzelnen für Wettbewerbsverbote: Vossius in Widmann/Mayer, § 20 UmwG Rz. 19 f. (Juli 1996); für Betriebspachtverträge: Vossius in Widmann/Mayer, § 20 UmwG Rz. 174 (Juni 2002); für Geschäftsbesorgungs-, Auftrags- und Dienstverhältnisse sowie Vollmachten Grunewald in Lutter, § 20 UmwG Rz. 24 ff.; K. Schmidt, DB 2001, 1019; zu Bürgschaften für Dauerschuldverhältnisse Eusani, WM 2004, 866.

GmbH ↔ GmbH

1081 Führt die Verschmelzung zur Zusammenlegung von Betrieben mit eigenständigen Betriebsräten, so erhält der **Betriebsrat** des größeren Betriebs ein Übergangsmandat für alle Arbeitnehmer (§ 21 a BetrVG). Ferner gilt der Zusammenschluss von Betrieben als Betriebsänderung isd. § 111 BetrVG.

1082 **Beherrschungs- und Gewinnabführungsverträge** erlöschen durch Konfusion, wenn Ober- und Untergesellschaft miteinander verschmolzen werden[1]. Befindet sich die übertragende GmbH in einer abhängigen Stellung zu einem anderen Unternehmen als die übernehmende Gesellschaft, so werden Unternehmensverträge beendet[2]. Ist die übernehmende GmbH in einer abhängigen Stellung oder ist die übertragende Gesellschaft herrschend, so bleiben Unternehmensverträge bestehen bzw. gehen über[3]. Ggf. kommt eine Kündigung aus wichtigem Grund in Betracht[4]. Steuerlich ist die Beendigung der **Organschaft** aufgrund Verschmelzung auch vor Ablauf der Fünf-Jahres-Frist (§ 14 KStG) grundsätzlich unschädlich[5].

1083 **Forderungen** und **Verbindlichkeiten** der beteiligten Gesellschaften gegeneinander erlöschen durch Konfusion.

1084 Treffen durch die Verschmelzung **Verpflichtungen aus Verträgen mit jeweils Dritten** zusammen, die unvereinbar oder nur schwer erfüllbar sind, so bestimmt sich der Umfang der Verpflichtung nach Billigkeitsgrundsätzen (§ 21 UmwG)[6]. **Datenschutzrechte** werden grundsätzlich nicht tangiert[7].

1085 **Schuldrechtliche Beziehungen zwischen Gesellschafter und Gesellschaft** (zB Miet-, Arbeits-, Darlehensverträge) entfallen nicht. Sie gelten

---

1 Siehe Vossius in Widmann/Mayer, § 20 UmwG Rz. 287 ff. (Juni 2002); Grunewald in Lutter, § 20 UmwG Rz. 36 ff.; Kraft in Kölner Kommentar zum AktG, § 346 Anm. 32; Herlinghaus FR 2004, 974, jeweils mwN; zur Beendigung eines Spruchstellenverfahrens Krieger, ZGR 1990, 517; zu Ausgleichs- und Abfindungsansprüchen außenstehender Gesellschafter Naraschewski, DB 1997, 1653; Schubert, DB 1998, 761; Schwab, BB 2000, 527; zur Auswirkung von Mehr- oder Minderabführungen Pfaar/Welke, GmbHR 2002, 516.
2 OLG Karlsruhe 15 W 19/94 vom 29. 8. 1994, ZIP 1994, 1529; Kraft in Kölner Kommentar zum AktG, § 346 Anm. 33, jeweils mwN.
3 LG Bonn 11 T 1/96 vom 30. 1. 1996, GmbHR 1996, 774; zur Handelsregisteranmeldung Zilles, GmbHR 2001, 21.
4 Krieger, ZGR 1990, 517; Kraft in Kölner Kommentar zum AktG, § 346 Anm. 34 f.
5 Olbing in Streck, § 14 KStG Anm. 71.
6 Siehe eingehend Kraft in Kölner Kommentar zum AktG, § 346 Anm. 36 ff.
7 Zur Diskussion siehe Lüttge, NJW 2000, 2463; Teichmann/Kiessling, ZGR 2000, 33.

GmbH ↔ GmbH

nach Umwandlung zwischen Gesellschafter und der übernehmenden Gesellschaft fort (zum Steuerrecht Tz. 1146).

Grundsätzlich gehen auch alle **öffentlich-rechtlichen Rechtspositionen,** Erlaubnisse und Konzessionen über. Ausnahmen gelten nur dort, wo die Erlaubnis personenbezogen ist[1]. 1086

Der Vermögensübergang gilt ohne Ausnahme. **Sollen** einzelne **Wirtschaftsgüter ausgenommen werden,** sind sie vor der Verschmelzung zu übertragen, Forderungen und Verbindlichkeiten sind abzutreten. 1087

b) Erlöschen der übertragenden GmbH

Mit der Eintragung erlischt die übertragende GmbH. Sie kann keinerlei Rechtsgeschäfte mehr vornehmen, weder klagen noch verklagt werden[2]. Anhängige **Prozesse** werden nicht unterbrochen. Der übernehmende Rechtsträger rückt ohne Unterbrechung in den Prozess ein[3], bis die übernehmende Gesellschaft den Rechtsstreit wieder aufnimmt. Ein Urteil kann nicht mehr gegen die übertragende GmbH, sondern nur noch gegen die übernehmende Gesellschaft ergehen. Steuerbescheide gegen die übertragende GmbH sind unzulässig. Sie sind an das Rechtsnachfolge-Unternehmen zu richten[4]. Auch hat die übernehmende Gesellschaft als Rechtsnachfolgerin die steuerlichen Pflichten der untergegangenen Gesellschaft zu erfüllen und kann ihre Rechte wahrnehmen[5]. 1088

Die **Firma** der übertragenden GmbH erlischt. Sie kann jedoch von der übernehmenden Gesellschaft fortgeführt werden (§ 18 UmwG). 1089

Die **Organe** der untergehenden GmbH (Geschäftsführer, Beirat, Aufsichtsrat, Gesellschafterversammlung) bestehen nicht mehr. Ebenso erlöschen Prokuren und Handlungsvollmachten. Von der Organstellung ist ein eventuelles Anstellungsverhältnis zu unterscheiden. 1090

---

1 ZB Güterverkehrskonzessionen, Konzessionen nach dem Personenbeförderungsgesetz, § 7 HWO; vgl. im einzelnen Vossius in Widmann/Mayer, § 20 UmwG Rz. 247 ff. (Juni 2002); Gaiser, DB 2000, 361.
2 BGH VIII ZR 187/01 vom 12. 6. 2002, DStR 2002, 1773.
3 BGH II ZR 161/02 vom 1. 12. 2003, AG 2004, 142; aA Grunewald in Lutter, § 20 UmwG Rz. 55; Thomas/Putzo, § 239 ZPO, Anm. 3.
4 BFH GrS 4/84 vom 21. 10. 1985, BStBl. 1986 II, 230.
5 Zur Ausstellung von Steuerbescheinigungen FM Mecklenburg-Vorpommern vom 27. 4. 1995, Wpg. 1995, 454.

GmbH ↔ GmbH

Anstellungsverträge gehen auf die übernehmende Gesellschaft über, es sei denn, sie werden gekündigt[1].

1091 Da nach Eintragung der Umwandlung keine Gesellschafterversammlung der untergehenden GmbH mehr existiert, können keine **Gesellschafterbeschlüsse,** insbesondere keine Gewinnverteilungsbeschlüsse, mehr gefasst werden. Ebenso können vor Eintragung gefasste Beschlüsse nicht mehr geändert werden[2]. Bis zur Eintragung ist eine Beschlussfassung hingegen möglich.

1092 **Rechte Dritter** an den GmbH-Anteilen (zB Pfandrecht, Nießbrauch) der übertragenden GmbH setzen sich an Anteilen der übernehmenden GmbH fort (§ 20 Abs. 1 Nr. 3 S. 2 UmwG).

1093 Gehören Anteile der umzuwandelnden GmbH zu dem von einem Testamentsvollstrecker verwalteten Nachlass, besteht die **Testamentsvollstreckung** an neuen Anteilen fort[3]. Entsprechendes gilt im Fall der Vor- und Nacherbfolge[4].

c) Sicherheitsleistung

1094 Gläubiger der Gesellschaften, die noch keinen Anspruch auf Befriedigung haben, können Sicherheiten für ihre Forderungen verlangen, wenn sie glaubhaft machen, dass ihre Forderung durch den Formwechsel gefährdet wird und kein Recht auf vorzugsweise Befriedigung besteht (§ 22 UmwG)[5]. Voraussetzung ist, dass sie ihr Verlangen **innerhalb von sechs Monaten** nach Bekanntmachung der Umwandlung gegenüber der Gesellschaft geltend machen. Für Pensionsanwartschaften kann keine Sicherheit verlangt werden[6].

d) Organhaftung

1095 Erleiden die übertragende GmbH, ihre Gesellschafter oder ihre Gläubiger durch die Verschmelzung einen **Schaden,** so haften hierfür die

---

1 Eingehend Röder/Lingemann, DB 1993, 1341; Mohr, GmbH-StB 2000, 313.
2 Das gilt auch für das Steuerrecht, siehe BFH I R 23/72 vom 30. 10. 1974, BStBl. 1975 II, 94.
3 Vossius in Widmann/Mayer, § 20 UmwG Rz. 363 ff. (Juni 2002); Dörrie, GmbHR 1996, 245; teils aA Reimann, ZEV 2000, 381.
4 Vossius in Widmann/Mayer, § 20 UmwG Rz. 362 (Juni 2002).
5 Zur Höhe bei Dauerschuldverhältnissen BGH II ZR 299/94 vom 18. 3. 1996, GmbHR 1996, 369, und Schröer, DB 1999, 317; eingehend zum Gläubigerschutz Jaeger, DB 1996, 1069; Naraschewski, GmbHR 1998, 356.
6 Schilling in Hachenburg, § 77 Anh. § 7 UmwG Anm. 1.

GmbH ↔ GmbH

Organe (Geschäftsführer, ggf. Aufsichtsrat; § 25 Abs. 1 UmwG)[1]. Die Ansprüche verjähren in fünf Jahren nach Bekanntmachung der Verschmelzung (§ 25 Abs. 3 UmwG). Zur Geltendmachung der Ansprüche siehe § 26 UmwG[2].

Schadensersatzansprüche gegen Organe der übernehmenden Gesellschaft **verjähren** ebenfalls in fünf Jahren (§ 27 UmwG). 1096

e) Mängelheilung

Mit der Eintragung werden **Mängel der notariellen Beurkundung** bei der Verschmelzung geheilt (§ 20 Abs. 1 Nr. 4 UmwG). Die Wirksamkeit der Eintragung der Verschmelzung bleibt von etwaigen Mängeln unberührt (§ 20 Abs. 2 UmwG). Dies bedeutet, dass formelle Fehler, wie etwa die fehlende Beurkundung eines Zustimmungsbeschlusses, nach Eintragung nicht mehr geltend gemacht werden können. Materielle Fehler (zB Fehlen der erforderlichen Mehrheit bei Beschluss etc.) begründen ggf. Schadensersatzansprüche, tangieren aber nicht die durch die Eintragung entstehenden Rechtsfolgen der Verschmelzung[3]. Diese Rechtsfolgen können allenfalls durch Spaltung für die Zukunft beseitigt werden. 1097

8. Kosten[4]

Die Gebühren für die **Beurkundung des Verschmelzungsbeschlusses** bestimmen sich nach den §§ 141, 47 KostO. Bei Beurkundung der Beschlüsse beider Gesellschaften in einer Urkunde fällt die Gebühr nur einmal an (§ 41 c Abs. 3 KostO). Geschäftswert ist das Aktivvermögen ohne Abzug der Verbindlichkeiten (§ 41 c Abs. 2 KostO). Im Falle der Kapitalerhöhung erhöht sich der Geschäftswert entsprechend. Maximal beträgt die Gebühr jedoch 5.000,– Euro (§ 47 S. 2 KostO)[5]. 1098

Für die **Beurkundung des Verschmelzungsvertrags** entstehen Notarkosten nach §§ 141, 36 Abs. 2 KostO (das Doppelte einer vollen 1099

---

1 Eingehend Schnorbus, ZHR 167 (2003), 666.
2 Zur Bestellung eines Vertreters OLG Hamm 15 W 276/91 vom 8. 10. 1991, DB 1991, 2535.
3 BayObLG 3 Z BR 295/99 vom 15. 10. 1999, DB 1999, 2504; OLG Hamm 8 U 59/01 vom 25. 2. 2002, DB 2002, 1431; OLG Frankfurt a.M. 20 W 61/03 vom 26. 5. 2003, GmbHR 2003, 1276; zu Grenzen K. Schmidt, ZIP 1998, 181.
4 Eingehend Tiedtke, MittBayNot 1997, 209.
5 AA OLG Hamm 15 W 314/01 vom 6. 12. 2001, DB 2002, 1314.

GmbH ↔ GmbH

Gebühr). Geschäftswert ist der Wert des Aktivvermögens[1] (§ 18 Abs. 3 KostO), jedoch mit einem Höchstbetrag von 5 Mio. Euro (§ 39 Abs. 4 KostO).

1100 Für den Entwurf der **Anmeldung des Verschmelzungsbeschlusses** erhält der Notar eine $5/10$ Gebühr (§§ 141, 145, 38 Abs. 2 Nr. 7 KostO). Der Geschäftswert beträgt 1 % des eingetragenen Stammkapitals ggf. zuzüglich Kapitalerhöhung (§ 41 a Abs. 1 u. Abs. 4 KostO). Die erste Beglaubigung ist dann gebührenfrei (§ 145 Abs. 1 S. 4 KostO). Ansonsten fällt für die Beglaubigung eine $1/4$ Gebühr, höchstens 130,– Euro an (§ 45 Abs. 1 S. 1 KostO).

1101 Die Kosten der **Registereintragung** betragen jeweils 160,– Euro (Gebühr 2402, § 79 Abs. 1 KostO iVm. § 1 HRegGebV).

II. Steuerrecht

1. Steuerliche Rückwirkung

1102 Bei der Verschmelzung sind Einkommen und Vermögen der übertragenden sowie der übernehmenden Gesellschaft so zu ermitteln, als ob das Vermögen der übertragenden Gesellschaft mit Ablauf des Stichtags der Bilanz, die dem Vermögensübergang zugrunde liegt **(steuerlicher Übertragungsstichtag),** auf die übernehmende Gesellschaft übergegangen wäre (§ 2 Abs. 1 UmwStG). Nach Ansicht der Finanzverwaltung ist der steuerliche Übertragungsstichtag der Tag vor dem handelsrechtlichen Verschmelzungsstichtag[2]. Die steuerliche ist somit an die handelsrechtliche Rückwirkung gebunden[3]. Es bedarf für die Rückwirkung weder eines Antrags, noch besteht ein Wahlrecht. Wegen der Bindung an den handelsrechtlichen Verschmelzungsstichtag führt die Eintragung der Verschmelzung im Handelsregister trotz Überschreitung der Acht-Monats-Frist zur Beibehaltung der steuerlichen Rückwirkung.

1103 Die Rückwirkung gilt für die **Ertragsteuern, nicht** für die **Umsatzsteuer.**

---

1 Auch bei Verschmelzung der Tochter- auf die Muttergesellschaft OLG Karlsruhe 11 WX 59/00 vom 30. 1. 2001, BB 2001, 798.
2 Tz. 02.01 und 02.02 UmwE. Sollen bei einer Verschmelzung zum Jahreswechsel die Steuerfolgen erst im neuen Jahr eintreten, muss als handelsrechtlicher Stichtag der 2.1. gewählt werden; aA FG Köln 1 K 5268/00 vom 26. 10. 2004, DStRE 2005, 890, Rev. VIII R 9/05: Ist als Umwandlungszeitpunkt der 1. 1. 01 00.05 Uhr angegeben, treten die steuerlichen Wirkungen im laufenden Jahr ein.
3 Einhellige Auffassung, siehe Tz. 02.03 UmwE.

GmbH ↔ GmbH

Hinsichtlich der Körperschaft- und der Gewerbesteuer (hierzu Tz. 1164) ist der **Gewinn** der übernehmenden Gesellschaft so zu ermitteln, als seien bei ihr alle bei der übertragenden Gesellschaft nach dem Verschmelzungsstichtag angefallenen steuerrelevanten Vorgänge eingetreten.

1104

Liegt zwischen dem Verschmelzungsstichtag und der Eintragung im Handelsregister ein **Bilanzstichtag** der übernehmenden Gesellschaft, muss das steuerliche Ergebnis der übertragenden GmbH zwischen Verschmelzungsstichtag und Bilanzstichtag der übernehmenden GmbH ermittelt und der übernehmenden GmbH zugerechnet werden[1].

1105

Körperschaft- und Gewerbesteuervorauszahlungen für Zeiträume nach dem Verschmelzungsstichtag sind der übernehmenden Gesellschaft zu erstatten bzw. mit ihren Vorauszahlungen zu verrechnen.

1106

Gewinnausschüttungen, die am steuerlichen Übertragungsstichtag bereits beschlossen, aber noch nicht vorgenommen sind, sind in der steuerlichen Schlussbilanz der übertragenden Körperschaft als Schuldposten anzusetzen. Sie führen zur Körperschaftsteuerminderung oder -erhöhung gem. §§ 37, 38 KStG bei der übertragenden Gesellschaft[2]. Für erst nach dem steuerlichen Übertragungsstichtag beschlossene Gewinnausschüttungen (auch für abgelaufene Wirtschaftsjahre) sind in der Schlussbilanz der übertragenden GmbH weder die Folgen der §§ 37, 38 KStG zu ziehen noch ist ein Schuldposten zu bilden. Die Ausschüttung gelte als Ausschüttung der übernehmenden GmbH[3].

1107

Entsprechendes gilt für eine **vGA** im Zeitraum zwischen Verschmelzungsstichtag und Eintragung. Eine vGA zwischen den Gesellschaften entfällt. Eine vGA der übertragenden GmbH an andere Gesellschafter ist in der Schlussbilanz der übertragenden GmbH zu

1108

---

1 Zur Frage, wo die zu übertragenden Wirtschaftsgüter zu bilanzieren sind, TISCHER, Wpg. 1996, 745.
2 Zur Rechtsfolge unter Geltung des Anrechnungsverfahrens Tz. 02.21–02.28 UmwE; MAHLOW/FRANZEN, GmbHR 2000, 12; KNOPF/HILL in Goutier/Knopf/Tulloch, § 2 UmwStG Rz. 27; DÖTSCH in Dötsch/Eversberg/Jost/Pung/Witt, § 4 UmwStG nF Rz. 85 ff. (Juni 2003); zu Besonderheiten in der Übergangsphase (2000/2001) siehe SCHMITT/HÖRTNAGL/STRATZ, § 2 UmwStG Rz. 67 ff.
3 Tz. 02.29 und 02.32 UmwE; FG Berlin 8 K 8565/00 vom 28. 7. 2003, EFG 2004, 70 = GmbHR 2004, 374; zustimmend, auch nach neuem KStG, SCHMITT/HÖRTNAGL/STRATZ, § 2 UmwStG Rz. 94 ff.; zur upstream-Verschmelzung und KapESt OFD Berlin vom 13. 3. 2000, GmbHR 2000, 635.

GmbH ↔ GmbH

berücksichtigen[1]. ME kann die Rückwirkung nicht dazu führen, dass vGA entstehen.

1109 **Beispiel:** Alleiniger Gesellschafter der A-GmbH ist A. A ist gleichzeitig Geschäftsführer der B-GmbH, an der weder er noch nahe stehende Personen beteiligt sind. Wird A durch Verschmelzung der A-GmbH auf die B-GmbH beherrschender Gesellschafter der B-GmbH, ist seine Geschäftsführervergütung im Rückwirkungszeitraum weder hinsichtlich des Vorliegens klarer, im Voraus getroffener und tatsächlich durchgeführter Vereinbarungen[2] noch hinsichtlich der Angemessenheit[3] zu prüfen, da er erst mit Eintragung Gesellschafter der B-GmbH wird. Erst ab Eintragung gelten die vGA-Bedingungen.

1110 **Forderungen** und **Verbindlichkeiten** zwischen den Gesellschaften entfallen ertragsteuerlich mit dem Verschmelzungsstichtag. Dies gilt auch für eine Organschaft zwischen den Gesellschaften (siehe auch Tz. 1082)[4].

1111 Die Rückwirkung gilt nicht für die **Grunderwerbsteuer**[5] und die **Umsatzsteuer.**

1112 **Unternehmerin** ist bis zur Eintragung der Verschmelzung im Handelsregister die übertragende GmbH. Bis zu diesem Zeitpunkt sind Leistungen zwischen ihr und Dritten unter der Firma der übertragenden GmbH abzurechnen. Bis zur Eintragung der Verschmelzung sind von der übertragenden GmbH Umsatzsteuervoranmeldungen und Umsatzsteuererklärungen abzugeben. Soweit nach der Eintragung noch Erklärungen für den Zeitraum bis zur Eintragung einzureichen sind, ist dies Aufgabe der übernehmenden Gesellschaft als Rechtsnachfolger der übertragenden GmbH.

1113 **Hinweis:** In der Praxis wird im Vertrauen auf die Rückwirkung der Verschmelzung gelegentlich bereits ab dem Verschmelzungsstichtag das Unternehmen der übertragenden GmbH nach außen von der übernehmenden GmbH geführt und auf eine getrennte Buchführung verzichtet. Dies ist doppelt riskant. Scheitert die Eintragung zB wegen nicht rechtzeitiger Anmeldung, ist es kaum möglich, eine ordnungsgemäße Buchführung für die übertragende Gesellschaft zu erstellen.

---

1 WIDMANN in Widmann/Mayer, § 2 UmwStG Rz. 176 (März 1999).
2 Siehe SCHWEDHELM in Streck, § 8 KStG Anm. 120 ff.
3 Siehe SCHWEDHELM in Streck, § 8 KStG Anm. 88 ff.
4 Tz. Org. 01–Org. 11 UmwE; OLBING in Streck, § 14 KStG Anm. 71.
5 BFH II R 55/89 vom 27. 1. 1993, BStBl. 1993 II, 322.

GmbH ↔ GmbH

Zudem ergeben sich regelmäßig umsatzsteuerliche Probleme, da die Verschmelzung hinsichtlich der Umsatzsteuer nicht zurückwirkt.

Im Rahmen des **InvZulG** gilt grundsäztlich keine Rückwirkung[1]. 1114

Zur **ErbSt** siehe Tz. 1344 *GmbH → KG*. 1115

Soweit die Rückwirkung greift, treten die Folgen ein mit **Ablauf des Verschmelzungsstichtags** (§ 2 Abs. 1 UmwStG; siehe Tz. 1102). Ist Verschmelzungsstichtag der 31.12., so treten die steuerlichen Folgen noch in dem ablaufenden Jahr ein[2]. 1116

2. Besteuerung der übertragenden GmbH

a) Wertansatz in der steuerlichen Schlussbilanz

Die übertragende Körperschaft darf – nach dem Wortlaut des Gesetzes – in der steuerlichen Schlussbilanz die übergegangenen Wirtschaftsgüter insgesamt mit den Buchwerten, einem Zwischenwert oder höchstens mit dem Teilwert **(Wahlrecht)** ansetzen, wenn 1117

– die spätere Besteuerung der in dem übergegangenen Vermögen enthaltenen stillen Reserven bei der übernehmenden GmbH sichergestellt ist und

– eine Gegenleistung nicht gewährt wird oder in Gesellschaftsrechten besteht (§ 11 Abs. 1 UmwStG).

Demgegenüber geht die Finanzverwaltung von der **Maßgeblichkeit** der Handelsbilanz für die Steuerbilanz aus. Eine steuerliche Aufstockung sei nur zulässig, wenn und soweit handelsrechtlich eine Wertaufholung erfolgt[3]. Soweit die übernehmende Gesellschaft in der Handelsbilanz gemäß § 24 UmwG einen höheren Wert ansetze, seien die Wirtschaftsgüter an dem folgenden Bilanzstichtag auch in der Steuerbilanz bis zu den Anschaffungs- und Herstellungskosten – ggf. gemindert um AfA – erfolgswirksam aufzustocken[4]. Der Auffassung der Finanzverwaltung fehlt die Rechtsgrundlage. Sie ist daher abzulehnen[5]. 1118

---

1 Vgl. BFH III R 54/88 vom 7. 4. 1989, BStBl. 1989 II, 805; FG Nürnberg I (II) 165/85 vom 9. 2. 1988, EFG 1988, 433.
2 Tz. 02.05 UmwE; Mager in Haritz/Benkert, § 2 UmwStG Rz. 18 ff.
3 Tz. 11.01 UmwE.
4 Tz. 11.02 UmwE; siehe hierzu Dötsch/van Lishaut/Wochinger, DB 1998, Beilage 7/98, S. 4 ff. mit Beispielen.
5 Ebenso FG Baden-Württemberg 6 K 103/99 vom 4. 3. 2004, EFG 2004, 858, Rev. I R 34/04; Dehmer, UmwStErlass, Tz. 11.01, 03.01; zum Diskussionsstand siehe ua.

GmbH ↔ GmbH

1119 Das Wahlrecht besteht allein für die übertragende GmbH. Es ist weiterhin **einheitlich** für das übertragene Vermögen auszuüben (vgl. § 11 Abs. 1 UmwStG: „insgesamt"). Eine Beschränkung auf einzelne Wirtschaftsgüter ist nicht zulässig. Nach Ansicht der Finanzverwaltung sind selbstgeschaffene immaterielle Wirtschaftsgüter einschließlich eines Geschäfts- oder Firmenwertes nur zu berücksichtigen, wenn aufgrund einer Gegenleistung oder fehlender Sicherstellung der Besteuerung stiller Reserven ein Teilwertansatz zwingend ist und der Betrieb der übertragenden Gesellschaft fortgeführt wird[1].

1120 Da eine Verschmelzung nur zwischen inländischen (§ 1 Abs. 1 UmwG) und damit unbeschränkt steuerpflichtigen (§ 1 KStG) GmbHs in Betracht kommt, ist die Besteuerung etwaiger übergehender stiller Reserven grundsätzlich sichergestellt, es sei denn, die übernehmende GmbH ist steuerbefreit[2] oder bisher der deutschen Besteuerung unterliegendes **Auslandsvermögen** geht durch die Verschmelzung in eine ausländische Betriebsstätte über, die nicht der deutschen Besteuerung unterliegt[3]. Ob die Anteilseigner beschränkt oder unbeschränkt steuerpflichtig sind, ist ohne Belang. Ist die Besteuerung der stillen Reserven nicht sichergestellt, sind die übergegangenen Wirtschaftsgüter mit dem Wert der Gegenleistung, soweit eine solche nicht gewährt wird, mit dem Teilwert anzusetzen (§ 11 Abs. 2 UmwStG).

1121 Hinsichtlich der **Gewährung von Gegenleistungen** gilt:
- Soweit die übernehmende GmbH an der übertragenden GmbH beteiligt ist, entfällt die Gewährung einer Gegenleistung: Buchwertfortführung ist möglich[4].
- Die Gesellschafter der übertragenden GmbH erhalten ausschließlich Geschäftsanteile der übernehmenden GmbH. Buchwertfortführung ist möglich. Dies gilt unabhängig davon, ob die Anteile

---

Hauser/Meurer, Wpg. 1998, 269; Thiel, GmbHR 1997, 145; Herzig, FR 1997, 123; Weber-Grellet, BB 1997, 653; Rödder, DB 1998, 998; Funke, GmbHR 1998, 628; Haritz/Paetzold, FR 1998, 352; Schmitt, DStZ 2004, 825; Braun/Troost, DStR 2004, 1862.
1 Tz. 11.19 UmwE; aA Streck/Posdziech, GmbHR 1995, 271, 357.
2 Bärwaldt in Haritz/Benkert, § 11 UmwStG Rz. 22; Streck/Posdziech, GmbHR 1995, 358; Schmitt/Hörtnagl/Stratz, § 11 UmwStG Rz. 66.
3 Schmitt/Hörtnagl/Stratz, § 11 UmwStG Rz. 65; App, GmbHR 1991, 474; siehe auch Tz. 11.03 und 03.09 UmwE; zur Vermeidung des § 8 a KStG durch Verschmelzung Pach-Hanssenheim, DStR 1995, 86.
4 Posdziech/Streck, GmbHR 1995, 271; Tz. 11.12 f. UmwE.

GmbH ↔ GmbH

durch Kapitalerhöhung entstanden sind oder aus dem Vermögen der übertragenden oder übernehmenden Gesellschaft stammen[1].

– Den Gesellschaftern der übertragenden GmbH werden – neben GmbH-Anteilen – bare Zuzahlungen oder sonstige Geld- bzw. Sachleistungen gewährt. Die Wirtschaftsgüter sind (anteilig) mit dem Wert der Gegenleistung bzw. dem Teilwert anzusetzen[2].

Beispiel: Die A-GmbH wird auf die Y-GmbH verschmolzen. Buchwert des übergehenden Vermögens 100, Teilwert 1.000. Die Y-GmbH gewährt den Gesellschaftern der A-GmbH Anteile im Wert von 950 sowie eine bare Zuzahlung von 50. Die Wirtschaftsgüter der A-GmbH können in der Schlussbilanz zu 95% mit dem Buchwert angesetzt werden. 5% sind mit dem Wert der Gegenleistung zu bewerten. Als Wert ergäbe sich insgesamt 145 (95% von 100 = 95 + 50 Zuzahlung).

1122

Keine Gegenleistung iSd. § 11 Abs. 1 Nr. 2 UmwStG sind **Barabfindungen an ausscheidende Gesellschafter**[3], da insoweit die Anteile als von dem ausscheidenden Gesellschafter durch die übernehmende Gesellschaft erworben gelten (§§ 12 Abs. 4, 5 Abs. 1 UmwStG). Gleiches gilt für Gegenleistungen, die nicht von der übernehmenden Gesellschaft erbracht werden[4].

1123

Bei der **Verschmelzung von Schwestergesellschaften** ist die Gewährung von Anteilen zwingend (Tz. 996). Sofern keine sonstigen Gegenleistungen gewährt werden, besteht das Wahlrecht gem. § 11 Abs. 1 UmwStG[5].

1124

Die §§ 11–13 UmwStG gelten auch für eine **Verschmelzung der Mutter auf die Tochtergesellschaft** (downstream merger)[6].

1125

---

1 Schmitt/Hörtnagl/Stratz, § 11 UmwStG Rz. 83 f.; Bärwaldt in Haritz/Benkert, § 11 UmwStG Rz. 32 f.
2 Tz. 11.06 UmwE; Bärwaldt in Haritz/Benkert, § 11 UmwStG Rz. 35, mwN; aA Streck/Posdziech, GmbHR 1995, 358: Vollaufdeckung.
3 Tz. 11.05 UmwE; teils streitig, siehe Schmitt/Hörtnagl/Stratz, § 11 UmwStG Rz. 91.
4 Tz. 11.06 ff. UmwE; siehe auch Bärwaldt in Haritz/Benkert, § 11 UmwStG Rz. 38.
5 Tz. 11.11 UmwE.
6 Eingehend Tz. 11.22 ff. UmwE, der allerdings die §§ 11–13 UmwStG nur entsprechend anwenden will. Siehe auch BMF vom 16. 12. 2003, GmbHR 2004, 200; dazu Olbing, GmbH-StB 2004, 85; Haritz/Benkert, GmbHR 2004, 150; Dötsch/Pung, DB 2004, 208. ME ist das Gesetz unmittelbar anwendbar; siehe auch Bärwaldt in Haritz/Benkert, § 11 UmwStG Rz. 23 f.; Schmitt/Hörtnagl/Stratz, § 11 UmwStG Rz. 39 und 69 ff.; Dreissig, DB 1997, 1301.

GmbH ↔ GmbH

b) Besteuerung eines Übertragungsgewinns

1126 Werden die übergehenden Wirtschaftsgüter (freiwillig oder gemäß § 11 Abs. 2 UmwG) über den Buchwerten angesetzt, so unterliegt der entstehende Übertragungsgewinn der **Körperschaftsteuer** und der **Gewerbesteuer** zum regulären Steuersatz[1].

3. Besteuerung der übernehmenden GmbH

a) Übernahmegewinn oder -verlust

1127 Die übernehmende GmbH hat die auf sie übergehenden Wirtschaftsgüter mit den in der steuerlichen **Schlussbilanz** der übertragenden GmbH ausgewiesenen Werten zu übernehmen (§ 12 Abs. 1 iVm. § 4 Abs. 1 UmwStG).

1128 Die übernehmende GmbH tritt in die steuerliche Rechtsstellung der übertragenden GmbH ein, insbesondere hinsichtlich der Bewertung der übernommenen Wirtschaftsgüter, der **AfA** und der den steuerlichen Gewinn mindernden Rücklagen (§ 12 Abs. 3 S. 1 UmwStG)[2]. Dies gilt auch dann, wenn die Wirtschaftsgüter bei der übertragenden GmbH zu Teilwerten angesetzt wurden.

1129 Ist die **Dauer der Zugehörigkeit** eines Wirtschaftsguts zum Betriebsvermögen für die Besteuerung bedeutsam, so ist der Zeitraum seiner Zugehörigkeit zum Betriebsvermögen der übertragenden GmbH der übernehmenden GmbH anzurechnen (§ 12 Abs. 4 S. 1 UmwStG iVm. § 4 Abs. 2 S. 3 UmwStG)[3].

1130 Grundsätzlich hat die Verschmelzung bei der übernehmenden GmbH – unabhängig von dem Wertansatz bei der übertragenden GmbH – **keine Gewinnauswirkung.** Im Einzelnen:

1131 Soweit die Gegenleistung der Übernehmerin in der Gewährung von Anteilen aus einer Kapitalerhöhung besteht, handelt es sich um eine **Einlage,** die bei der Einkommensermittlung nicht zu berücksichtigen ist. Übersteigt der zu bilanzierende Wert der übernommenen Wirt-

---

[1] Dötsch in Dötsch/Eversberg/Jost/Pung/Witt, § 11 UmwStG Rz. 40; zur Anwendung des § 8 b Abs. 2 KStG Hörtnagl, INF 2001, 33.
[2] Zur Wertaufholung gemäß § 7 Abs. 1 S. 6 EStG siehe Schmitt/Hörtnagl/Stratz, § 12 UmwStG Rz. 66 u. 71 ff.; zum Hinzurechnungsvolumen nach § 2 a Abs. 3 u. 4 EStG Pach-Hanssenheimb, DStR 2001, 64.
[3] BMF vom 14. 7. 1995, DB 1995, 1439.

GmbH ↔ GmbH

schaftsgüter den Nennbetrag der neuen Anteile, ist der Differenzbetrag als steuerfreier Agiogewinn auszuweisen[1].

Liegt der Nennwert der Anteile hingegen über dem Ansatz des Vermögens, ist auf der Aktivseite der Bilanz ein **Ausgleichsposten „Minuskapital"** anzusetzen, der nicht abschreibungsfähig ist[2]. 1132

Ist die übernehmende GmbH an der übertragenden GmbH beteiligt (zB bei Verschmelzung Tochter-GmbH auf Mutter-GmbH), ergibt sich ein buchmäßiger Übernahmegewinn oder -verlust, wenn die zu übernehmenden Bilanzwerte der übertragenden GmbH den Buchwert der Anteile über- oder unterschreiten. Dieser **Gewinn** oder **Verlust** bleibt für die Einkommensermittlung grundsätzlich (Ausnahme siehe Tz. 1136–1139) außer Ansatz (§ 12 Abs. 2 S. 1 UmwStG). Er ist außerhalb der Bilanz abzuziehen bzw. hinzuzurechnen[3]. Damit ist ein Übernahmeverlust weder abzugs- noch rücktragsfähig. 1133

Als zum steuerlichen Übertragungsstichtag angeschafft gelten auch Anteile, die von der übernehmenden GmbH tatsächlich erst **nach dem steuerlichen Übertragungsstichtag** angeschafft wurden (§ 12 Abs. 4 iVm. § 5 Abs. 1 UmwStG). 1134

Hinweis: Es gibt Gestaltungsmöglichkeiten, den Übernahmeverlust steuerlich zu realisieren, indem 1135

– die übertragende GmbH nach § 11 Abs. 1 UmwStG stille Reserven realisiert;

– Vermögensgegenstände unter Realisierung stiller Reserven von der übertragenden GmbH an die übernehmende GmbH verkauft werden;

– anstelle der Verschmelzung eine Liquidation der übertragenden GmbH erfolgt.

Ausnahme: Ein Übernahmegewinn ist steuerpflichtig, soweit die tatsächlichen Anschaffungskosten der Anteile an der übertragenden GmbH den Buchwert übersteigen (§ 12 Abs. 2 S. 2 UmwStG)[4]. Dies ist insbesondere der Fall, wenn auf den Beteiligungsbuchwert eine Teilwertabschreibung vorgenommen wurde oder eine Übertragung nach 1136

---

1 Schmitt/Hörtnagl/Stratz, § 12 UmwStG Rz. 30.
2 Schmitt/Hörtnagl/Stratz, § 12 UmwStG Rz. 30.
3 Tz. 12.03 UmwE; BFH I R 158/85 vom 18. 10. 1989, BStBl. 1990 II, 92; Kussmaul/Richter, GmbHR 2004, 701.
4 Eingehend Fatouros, BB 2005, 1079.

GmbH ↔ GmbH

§ 6 b EStG erfolgt ist. Der Unterschiedsbetrag wird zum Verschmelzungsstichtag (Tz. 1118) dem Gewinn der übernehmenden GmbH außerhalb der Bilanz hinzugerechnet. Die Verrechnung mit einem Übernahmeverlust (Tz. 1133) ist ausgeschlossen[1].

1137 **Hinweis:** Eine Hinzurechnung kommt – entgegen der Auffassung der Finanzverwaltung[2] – weder bei der Verschmelzung einer Mutter- auf die Tochter- oder Schwestergesellschaft noch bei der Verschmelzung von Tochter- auf Schwestergesellschaften in Betracht.

1138 **Beispiel:** Eine Tochtergesellschaft, für die die Anschaffungskosten der Anteile wegen einer Teilwertabschreibung den Buchwert übersteigen, wird zunächst auf eine Schwestergesellschaft und diese sodann auf die Muttergesellschaft verschmolzen. Nach Auffassung der Finanzverwaltung führt die Verschmelzung der Tochter- auf die Schwestergesellschaft zur Hinzurechnung bei der Muttergesellschaft. Eine Rechtsgrundlage hierfür ist jedoch nicht erkennbar, da § 12 Abs. 2 S. 2 UmwStG eine Teilwertabschreibung bei der Übernehmerin voraussetzt. Lediglich für die nachfolgende Verschmelzung der Schwestergesellschaft auf die Muttergesellschaft ist § 12 Abs. 2 S. 2 UmwStG zu prüfen[3].

1139 Die Besteuerung des Unterschiedsbetrages gemäß § 12 Abs. 2 S. 2 UmwStG entfällt, soweit die Differenz über § 50 c EStG oder § 8 b Abs. 3 KStG steuerlich bereits erfasst wurde (§ 12 Abs. 2 S. 3 UmwStG)[4]. **Zuwendungen an Unterstützungskassen** rechnen zu den tatsächlichen Anschaffungskosten (§ 12 Abs. 2 S. 2 UmwStG)[5]. Kapitalerhöhungen aus Gesellschaftsmitteln führen zur Minderung der tatsächlichen Anschaffungskosten.

1140 Die Begrenzung der Hinzurechnung auf die Differenz zwischen dem Buchwert der Anteile und dem nach § 12 Abs. 1 UmwStG anzusetzenden Wert des übergehenden Vermögens (§ 12 Abs. 2 S. 4 UmwStG aF) ist seit 1997 entfallen (§ 27 Abs. 3 UmwStG)[6]. Vermieden werden soll die Doppelnutzung von Verlusten bei der Verschmelzung

---

1 Tz. 12.06 UmwE.
2 Tz. 11.26, 12.07 f. UmwE; BMF vom 16. 12. 2003, GmbHR 2004, 200.
3 SCHMITT/HÖRTNAGL/STRATZ, § 12 UmwStG Rz. 47 ff.
4 Zur zeitlichen Anwendung SCHMITT/HÖRTNAGL/STRATZ, § 12 UmwStG Rz. 39 ff.
5 Eingehend zum Zweck der Regelung STRECK/POSDZIECH, GmbHR 1995, 271.
6 Zur zeitlichen Anwendung HARITZ, GmbHR 1998, 81; FÜGER/RIEGER, DStR 1998, 64.

GmbH ↔ GmbH

von Tochter- auf Muttergesellschaften[1]. Der BFH hält die Streichung des § 12 Abs. 2 S. 4 UmwStG für formell verfassungswidrig[2].

Gewährt die übernehmende GmbH den Gesellschaftern der übertragenden GmbH **eigene** (alte) **Anteile,** die sie bereits in Besitz hatte, ist der Buchwert der eigenen Anteile dem (anteiligen) Übernahmewert des Vermögens der übertragenden GmbH gegenüberzustellen (§ 12 Abs. 2 UmwStG). Soweit ein Gewinn oder Verlust entsteht, handelt es sich ebenfalls um einen Übernahmegewinn oder -verlust, der nach § 12 Abs. 2 S. 1 UmwStG außer Ansatz bleibt. 1141

Hinweis: Durch die Verschmelzung der Mutter- auf die Tochtergesellschaft („downstream merger") lassen sich Übernahmeverlust und Übernahmegewinn vermeiden. 1142

Beispiel 1: 1143

M-GmbH				T-GmbH		
Beteiligung an T-GmbH	50	Stammkapital	100	Anlagev. 400	Kapital	100
sonst. Aktiva	500	Rücklagen	100		Rücklagen	100
		Verbindlk.	350		Verbindlk.	200
	550		550	400		400

Bei Verschmelzung T-GmbH auf M-GmbH

M-GmbH			
Aktiva	900	Stammkapital	100
		Gewinn	50
		Rücklagen	200
		Verbindlk.	550
	900		900

---

1 Zur Kritik an der Gesetzesformulierung Gratz/Wutzke, DB 1997, 2348.
2 BFH I R 38/99 vom 18. 7. 2001, GmbHR 2002, 29.

GmbH ↔ GmbH

Bei Verschmelzung M-GmbH auf T-GmbH

T-GmbH

Aktiva	900	Kapital	100
		Rücklagen	250
		Verbindlk.	550
	900		900

1144 **Beispiel 2:**

M-GmbH

Beteiligung an T-GmbH	150	Kapital	100
sonst. Aktiva	500	Rücklagen	100
		Verbindlk.	450
	650		650

T-GmbH

Aktiva	400	Kapital	100
		Verbindlk.	300
	400		400

Bei Verschmelzung T-GmbH auf M-GmbH

M-GmbH

Aktiva	900	Kapital	100
		Rücklagen	100
Verlust	50	Verbindlk.	750
	950		950

Bei Verschmelzung M-GmbH auf T-GmbH

T-GmbH

Aktiva	900	Kapital	100
		Rücklagen	50
		Verbindlk.	750
	900		900

1145 Soweit **bare Zuzahlungen** erfolgen, liegt steuerlich eine neutrale Vermögensumschichtung vor. An die Stelle der abfließenden Mittel tritt das übertragene Vermögen. Die Zuzahlungen sind keine Ausschüttungen iSd. §§ 37, 38 KStG.

1146 Ertragsteuerliche Auswirkungen ergeben sich letztendlich, wenn zwischen den Gesellschaften Forderungen und Verbindlichkeiten bestehen, die unterschiedlich bilanziert werden (sog. **Übernahmegewinn**

GmbH ↔ GmbH

zweiter Stufe, § 12 Abs. 4 S. 2 iVm. § 6 UmwStG). Die Vergünstigungen gemäß § 6 UmwStG (Rücklagenzuführung) werden insoweit gewährt, als die übernehmende GmbH an der übertragenden GmbH beteiligt ist (siehe § 12 Abs. 4 UmwStG).

b) Addition des Eigenkapitals, Körperschaftsteuerguthabens und der Körperschaftsteuererhöhung

Durch die Verschmelzung geht das Vermögen der übertragenden GmbH im Wege der Gesamtrechtsnachfolge auf die übernehmende GmbH über. Die Folgerungen für das **Eigenkapital** regelt § 29 KStG iVm. § 28 und § 40 KStG[1]. 1147

Zunächst gilt im Fall einer Umwandlung das **Nennkapital der übertragenden Gesellschaft** als im vollen Umfang nach § 28 Abs. 2 S. 1 KStG herabgesetzt (§ 29 Abs. 1 KStG). Dies bedeutet: 1148

- Enthält das Nennkapital einen Sonderausweis iSd. § 28 Abs. 1 KStG (Umwandlung von Rücklagen in Nennkapital), erhöht dieser Anteil die sonstigen Rücklagen.

- Der nicht in einem Sonderausweis bestehende Anteil des Nennkapitals ist dem steuerlichen Einlagenkonto gem. § 27 KStG gutzuschreiben, sofern die Einlage in das Nennkapital erbracht ist.

Sodann ist das gemäß § 29 Abs. 1 KStG erhöhte **steuerliche Einlagenkonto** der übertragenden GmbH dem steuerlichen Einlagenkonto der aufnehmenden GmbH hinzuzurechnen. Maßgebend ist das Einlagenkonto zum Verschmelzungsstichtag. Der Vermögensübergang wird zum Ende des Wirtschaftsjahrs berücksichtigt, in das der steuerliche Übertragungsstichtag fällt[2]. 1149

Eine **Hinzurechnung unterbleibt**, soweit die übernehmende GmbH an der übertragenden Gesellschaft beteiligt ist (§ 29 Abs. 2 S. 2 KStG). **Beispiel**: Verschmelzung der 100% Tochter-GmbH auf die Mutter-GmbH. Hier erfolgt keine Hinzurechnung, da das Einlagenkonto der Tochter-GmbH von der Muttergesellschaft, aber nicht von den Gesellschaftern der Muttergesellschaft erbracht wurde. Entsprechend mindert sich das Einlagenkonto der übernehmenden Gesellschaft, soweit 1150

---

1 Eingehend BMF vom 16. 12. 2003, GmbHR 2004, 200; DÖTSCH/PUNG, DB 2004, 208.
2 DÖTSCH in Dötsch/Eversberg/Jost/Pung/Witt, § 29 KStG nF Rz. 13 (Juni 2003).

GmbH ↔ GmbH

die übertragende Gesellschaft an der übernehmenden beteiligt war (downstream merger)[1].

1151 Ferner ist das **Körperschaftsteuerguthaben gemäß § 37 KStG** und der **unbelastete Teilbetrag nach § 38 KStG** den entsprechenden Beträgen der übernehmenden Gesellschaft hinzuzurechnen (§ 40 Abs. 1 KStG). Etwas anderes gilt nur dann, wenn die übernehmende Gesellschaft von der Körperschaftsteuer befreit ist. Hier erfolgt eine Besteuerung wie bei einer Vollausschüttung (§ 40 Abs. 3 KStG).

1151.1 Nach der Zusammenrechnung erfolgt eine **Angleichung der Nennkapital- und Rücklagensphären**. Die Verschmelzung wird bei der übernehmenden Gesellschaft wie eine Kapitalerhöhung behandelt. Soweit das Nennkapital nach Verschmelzung das Nennkapital vor Verschmelzung übersteigt, ist dieser Betrag zunächst mit dem positiven Bestand des steuerlichen Einlagenkontos gemäß § 27 KStG zu verrechnen (§§ 29 Abs. 4 iVm. 28 Abs. 1 UmwStG). Genügt das Einlagenkonto nicht, um das Nennkapital zu decken, so ist der aus den sonstigen Rücklagen stammende Teil gesondert auszuweisen (§ 28 Abs. 1 S. 3 UmwStG)[2].

c) Übernahme eines Verlustabzugs

1152 Ein **verbleibender Verlustabzug** iSd. § 10 d EStG geht von der übertragenden GmbH auf die übernehmende GmbH über (§ 12 Abs. 3 S. 2 UmwStG). Voraussetzung ist[3], dass der Betrieb oder Betriebsteil, den der Verlust verursacht hat, über den Verschmelzungsstichtag hinaus in einem nach dem Gesamtbild der wirtschaftlichen Verhältnisse vergleichbaren Umfang in den folgenden fünf Jahren fortgeführt wird[4].

---

1 Eingehend mit Beispielen Dötsch in Dötsch/Eversberg/Jost/Pung/Witt, § 29 KStG nF Rz. 15 ff. (Juni 2003); Binnewies in Streck, § 29 KStG Anm. 5; BMF vom 16. 12. 2003, GmbHR 2004, 200; Dötsch/Pung, DB 2004, 208.

2 Müller/Maiterth, DStR 2001, 1229.

3 Zur zeitlichen Anwendung Haritz, GmbHR 1998, 81; Füger/Rieger, DStR 1998, 64; Olbing, Stbg. 1998, 111; BMF vom 16. 4. 1999, BStBl. 1999 I, 455; Schmitt/Hörtnagl/Stratz, § 12 UmwStG Rz. 85 ff.

4 Eingehend Dötsch, DB 1997, 2144; Dötsch in Dötsch/Eversberg/Jost/Pung/Witt, § 12 UmwStG nF Rz. 49 ff. (Februar 2004); Füger/Rieger, DStR 1997, 1427, 1434; Roser, GmbHR 1997, 886; Orth, DB 1997, 2242; Prinz, FR 1997, 881; Stalinski, NWB Fach 4, 4209 (25. 5. 1998); siehe auch BFH I R 38/01 vom 5. 6. 2003, GmbHR 2003, 1373; zum Verhältnis von § 12 Abs. 3 S. 2 UmwStG zu § 8 Abs. 4 KStG Djanani/Brähler/Zölch, BB 2000, 1497, und Düll/Fuhrmann, DStR 2000, 1166; Winter, GmbHR 2003, 318; Mildner, GmbHR 2003, 644; zu Gestaltungsalternativen Fey/Meyer, GmbHR 2000, 705; zur möglichen formellen Verfas-

GmbH ↔ GmbH

Hinweis: Die Gesetzesformulierung ist eine Aneinanderreihung 1153
unbestimmter Rechtsbegriffe („Betrieb", „Betriebsteil", „Gesamtbild
der wirtschaftlichen Verhältnisse", „vergleichbaren Umfang"), die der
Finanzverwaltung erheblichen Auslegungsspielraum einräumt. Von
einem gesicherten Verlustübergang wird in der Gestaltungsberatung
häufig nicht ausgegangen werden können. Anstelle der Verschmelzung einer Verlust-Kapitalgesellschaft auf die Gewinn-Kapitalgesellschaft ist daher die umgekehrte Verschmelzung der Gewinn-Kapitalgesellschaft auf die Verlust-Kapitalgesellschaft idR vorzuziehen.
Allerdings können hier nach bisheriger Rechtsprechung des BFH
Verluste oder Verlustvorträge der aufnehmenden Gesellschaft nicht
auf die übertragende Kapitalgesellschaft zurückgetragen werden[1].
Zudem wird dieser Weg durch den entsprechend verschärften **§ 8
Abs. 4 KStG** erschwert[2], der nach allerdings bestrittener[3] Ansicht der
Finanzverwaltung auf die Verschmelzung anzuwenden ist[4].

Der Verlustabzug der übertragenden GmbH ist im Jahr des steuer- 1154
lichen Übertragungsstichtags mit dem steuerpflichtigen Gewinn der
Übernehmerin zu verrechnen[5]. Streitig ist, ob ein darüber hinausgehender Verlustabzug nach Maßgabe des § 10 d EStG bei der Übernehmerin im Wege des **Verlustrücktrags** mit den Einkommen des
Vorjahres verrechnet werden kann[6] oder nur vortragsfähig ist[7].

Ist die übertragende GmbH an einer Personengesellschaft als Mitun- 1155
ternehmer beteiligt, so geht auch ein **verrechenbarer Verlust** gemäß
§ 15 a Abs. 4 EStG sowie ein **gewerbesteuerlicher Verlustvortrag** auf
die übernehmende GmbH über[8].

---

sungswidrigkeit siehe Hübner/Schaden, DStR 1999, 2093 und BFH I R 38/99 vom
18. 7. 2001, GmbHR 2002, 29; materiell sind die Regelungen nicht verfassungswidrig, siehe BFH I B 124/04 vom 16. 2. 2005, BFH/NV 2005, 1399.
1 BFH I R 74, 75/90 vom 17. 7. 1991, BStBl. 1991 II, 899; BFH I B 134/93 vom
23. 3. 1994, BFH/NV 1994, 782.
2 Siehe hierzu Schwedhelm in Streck, § 8 KStG Anm. 151 ff.; Dötsch in Dötsch/
Eversberg/Jost/Pung/Witt, § 12 UmwStG nF Rz. 106 ff. (Februar 2003).
3 Knepper, DStR 1994, 1796; Streck/Schwedhelm, FR 1989, 155; Fuhrmann, DB
2001, 1690.
4 Tz. 12.21 UmwE.
5 BFH I R 68/03 vom 31. 5. 2005, BFH/NV 2005, 1462.
6 So Streck/Posdziech, GmbHR 1995, 271.
7 Tz. 12.16 UmwE; Wochinger/Dötsch, DB 1994, Beilage 14, S. 16; Dötsch in
Dötsch/Eversberg/Jost/Pung/Witt, § 12 UmwStG nF Rz. 54 ff. (Februar 2004);
Schaumburg, FR 1995, 211, die nur einen Verlustvortrag zulassen. Zum Verlustabzug bei Verschmelzung auf eine Organgesellschaft Tz. Org. 2 UmwE.
8 Hierstetter/Schwarz, DB 2002, 1963; Abschn. 68 Abs. 3 Nr. 6 GewStR.

GmbH ↔ GmbH

1156 Einstweilen frei.

d) Kosten der Verschmelzung

1157 Die Kosten der Verschmelzung sind sowohl bei der übertragenden wie bei der übernehmenden Gesellschaft sofort abziehbare Betriebsausgaben, sofern sie nicht bei der übernehmenden Gesellschaft als objektbezogene Anschaffungskosten zu aktivieren sind, wie zB die Grunderwerbsteuer (siehe Tz. 1168)[1]. Wer die einzelnen Kosten der Verschmelzung zu tragen hat und sie damit auch steuerlich geltend machen kann, ist im Einzelnen umstritten[2]. Nach Ansicht des BFH gilt das Veranlassungsprinzip[3]. Eine abweichende **Vereinbarung im Verschmelzungsvertrag** ist danach steuerlich nicht anzuerkennen.

4. Besteuerung der Gesellschafter der übertragenden GmbH

1158 Soweit die Gesellschafter keine baren Zuzahlungen erhalten, ist die Verschmelzung steuerneutral. Bei **Anteilen im Betriebsvermögen** gelten die Geschäftsanteile an der übertragenden GmbH als zum Buchwert veräußert und die an ihre Stelle tretenden Anteile der übernehmenden GmbH als zu diesem Wert angeschafft (§ 13 Abs. 1 UmwStG). Bei **Anteilen im Privatvermögen** iSv. § 17 EStG gelten die Anteile als zu den Anschaffungskosten veräußert und die neuen Anteile als mit diesem Wert angeschafft (§ 13 Abs. 2 S. 1 UmwStG). Die erworbenen Anteile gelten ebenfalls als Anteile iSd. § 17 EStG (§ 13 Abs. 2 S. 2 UmwStG). Dies gilt auch, wenn die Anteilsquote an der übernehmenden GmbH nicht 1% erreicht. Die Grenze des § 17 EStG wird erst dann unterschritten, wenn unter Zugrundelegung des Umtauschverhältnisses die Beteiligungsquote an der übernehmenden GmbH so reduziert wird, dass auch die entsprechende Beteiligung an der übertragenden GmbH keine Beteiligung iSd. § 17 EStG darstellen würde.

1159 Handelt es sich um **einbringungsgeborene Anteile** (§ 21 UmwStG), erwerben auch die neuen Anteile diesen Status (§ 13 Abs. 3 UmwStG)[4]. Dies gilt auch für einbringungsgeborene Anteile im

---

1 BFH I R 83/96 vom 22. 4. 1998, BStBl. 1998 II, 698; Dieterlen/Schaden, BB 1997, 2297.
2 Schmitt/Hortnagl/Stratz, § 11 UmwStG Rz. 53 mwN; Tz. 03.13 UmwE.
3 BFH I R 83/96 vom 22. 4. 1998, BStBl. 1998 II, 698.
4 Tz. 13.09 UmwE.

GmbH ↔ GmbH

Betriebsvermögen[1] (was im Hinblick auf § 8 b Abs. 4 KStG bedeutsam ist) und für Anteile nach § 50 c EStG (§ 13 Abs. 4 UmwStG).

Bei den übrigen zum Privatvermögen der Gesellschafter gehörenden Anteilen findet vorbehaltlich eines privaten Veräußerungsgeschäfts nach § 23 EStG ohnehin keine Besteuerung stiller Reserven statt. Ein steuerpflichtiges **privates Veräußerungsgeschäft** ist möglich, wenn der Zeitraum zwischen Anschaffung der hingegebenen Anteile und Veräußerung der neuen Anteile nicht mehr als ein Jahr beträgt[2]. Soweit die Verschmelzung innerhalb von einem Jahr nach Anschaffung der hingegebenen Anteile erfolgt, gelten die Anteile als zu den Anschaffungskosten veräußert und an ihre Stelle tretenden Anteile zu diesem Wert als angeschafft (§ 13 Abs. 2 S. 1 iVm Abs. 1 S. 1 UmwStG), so dass kein Gewinn entsteht. Fallen Kosten an, die zu einem Verlust führen, soll es sich um einen Verlust aus privatem Veräußerungsgeschäft handeln[3]. Die Verschmelzung setzt keine neue Behaltefrist in Gang, da der Anteilstausch kein echtes, sondern nur ein fiktives privates Veräußerungsgeschäft nach § 23 EStG darstellt[4].

1160

Werden aus Anteilen an der übertragenden GmbH, die die Voraussetzungen des § 17 EStG nicht erfüllen, **Anteile iSd. § 17 EStG** an der übernehmenden GmbH, so gilt für diese Anteile der gemeine Wert am steuerlichen Übertragungsstichtag als Anschaffungskosten (§ 13 Abs. 2 S. 3 UmwStG). Hierdurch werden die in der Zeit der „Nicht-Verstrickung" angesammelten stillen Reserven durch die Verschmelzung nicht in die Besteuerung einbezogen. Vielmehr unterliegen der Besteuerung nur die stillen Reserven, die nach dem steuerlichen Übertragungsstichtag in den Anteilen entstanden sind. Diese für die Spaltung gedachte Regelung kann auch bei der Verschmelzung relevant werden, wenn beispielsweise ein Anteilseigner bereits vor der Verschmelzung an der Übernehmerin Anteile gehalten hat, die nach der Verschmelzung infolge neuer Anteile die Grenze des § 17 EStG erreichen.

1161

Bare Zuzahlungen sind bei betrieblich gehaltenen Anteilen bzw. bei Anteilen iSd. § 17 EStG steuerpflichtig, soweit die Barzahlung den der

1162

---

1 BMF vom 16. 12. 2003, GmbHR 2004, 200.
2 So schon OFD Münster vom 9. 9. 1964, DB 1964, 1499; WIDMANN in Widmann/Mayer, § 13 UmwStG Rz. 146 (Mai 2003).
3 BMF vom 25. 10. 2004, BStBl. 2004 I, 1034, Tz. 27.
4 Siehe BFH VI 82/61 U vom 29. 6. 1962, BStBl. 1962 III, 387, betr.Grundstück beim Zwangstausch; wie hier BÄRWALDT in HARITZ/BENKERT, § 13 UmwStG Rz. 28; DEHMER, UmwStErlass Tz. 31.01; aA die Finanzverwaltung, siehe BMF vom 25. 10. 2004, BStBl. 2004 I, 1034, Tz. 27.

GmbH ↔ GmbH

Barzahlung entsprechenden Anteil am Buchwert (bzw. Anschaffungskosten) der untergehenden Anteile übersteigt[1].

1163 Wird ein Gesellschafter der übertragenden GmbH aus Anlass des Vermögensübergangs in bar abgefunden, erfolgt die Besteuerung dieser **Barabfindung** beim ausscheidenden Gesellschafter wie bei der Veräußerung von Anteilen an Kapitalgesellschaften.

5. Gewerbesteuer

1164 Die Grundsätze der §§ 11–13, 15, 17 UmwStG gelten auch für die Ermittlung des **Gewerbeertrags** (§ 19 Abs. 1 UmwStG).

1165 Die übergegangenen **Renten** und **dauernden Lasten** werden bei der Übernehmerin nicht nach § 8 Nr. 2 GewStG beim Gewerbeertrag hinzugerechnet, es sei denn, die Voraussetzungen für die Hinzurechnung waren bereits bei der übertragenden Körperschaft erfüllt[2].

1166 Nach § 19 Abs. 2 UmwStG gelten für **vortragsfähige Fehlbeträge iSd.** § 10 a GewStG die §§ 12 Abs. 3 S. 2 sowie Abs. 5 S. 3, 15 Abs. 4 und 16 S. 3 UmwStG entsprechend (siehe Tz. 1152 und 1155 *GmbH ↔ GmbH*).

6. Umsatzsteuer

1167 Die Verschmelzung ist nicht steuerbar (§ 1 Abs. 1 a UStG).

7. Grunderwerbsteuer

1168 Gehört zum Vermögen der übertragenden GmbH Grundvermögen, fällt Grunderwerbsteuer an. **Bemessungsgrundlage** ist der Wert gemäß § 138 Abs. 2 bzw. 3 BewG (§ 8 Abs. 2 Nr. 2 GrEStG)[3]. Die Grunderwerbsteuer gehört bei der übernehmenden Gesellschaft zu den aktivierungspflichtigen Anschaffungsnebenkosten[4].

---

1 Schmitt/Hörtnagl/Stratz, § 13 UmwStG Rz. 22 ff.
2 Dies gilt auch nach Streichung der §§ 19 Abs. 1 S. 2 und 18 Abs. 3 UmwStG, siehe Schmitt/Hörtnagl/Stratz, § 18 UmwStG Rz. 29.
3 FinMin. Baden-Württemberg vom 19. 12. 1997, DStR 1998, 82, auch zur zeitlichen Anwendung der gesetzlichen Neuregelung; ferner Beckmann, GmbHR 1999, 217.
4 BFH I R 22/96 vom 15. 10. 1997, GmbHR 1998, 251; ebenso für die Verschmelzung einer Personengesellschaft auf eine GmbH BFH I R 97/02 vom 17. 9. 2003, GmbHR 2004, 58; zweifelhaft für die Anteilsvereinigung und Verschmelzung auf Personengesellschaften bzw. natürliche Personen, eingehend Müller, DB 1997, 1433, der insoweit sofort abzugsfähige Betriebsausgaben annimmt; Hahn, DStZ 1998, 561.

GmbH ↔ GmbH

Die Verschmelzung kann auch GrESt durch **Anteilsvereinigung** auslösen (§ 1 Abs. 3 GrEStG)[1].   **1169**

8. Berechnungsbeispiel

a) Sachverhalt

Das Vermögen der A-GmbH geht im Wege der Verschmelzung auf die B-GmbH als Alleingesellschafterin über. **Verschmelzungsstichtag** ist der 31.12.2005.   **1170**

Schlussbilanz der A-GmbH zum 31.12.2005:

A-GmbH

Anlagevermögen	200	Kapital	50
Umlaufvermögen	300	Rücklagen	120
		Jahresüberschuss	30
		Verbindlichkeiten	300
	500		500

Stille Reserven:

	Buchwert	Teilwert
Anlagevermögen	200	300
Umlaufvermögen	300	350
Firmenwert	0	50
	500	700

Eigenkapital und Körperschaftsteuerguthaben der A-GmbH zum 31.12.2002:

Steuerliches Einlagenkonto	30
Sonstige Rücklagen	120
Körperschaftsteuerguthaben gemäß § 37 KStG	15

---

[1] Siehe auch BFH II R 15/96 vom 29.1.1997, GmbHR 1997, 421; BFH II R 10/02 vom 1.12.2004, GmbHR 2005, 1009; zur mittelbaren Anteilsübertragung im Konzern EHLERMANN/LÖHR, DStR 2003, 1509; zur Berücksichtigung eines Vorerwerbs gemäß § 1 Abs. 6 GrEStG FG Münster 8 K 4299/01 vom 12.10.2004, EFG 2005, 723; SCHLIESSL/TSCHESCHE, BB 2003, 1867.

GmbH ↔ GmbH

Steuerbilanz der B-GmbH zum 31. 12. 2002 vor Verschmelzung:

B-GmbH

Beteiligung an A-GmbH	80	Kapital	300
Sonstige Aktiva	720	Kapitalrücklagen	10
		Gewinnrücklagen	190
		Jahresüberschuss	100
		Verbindlichkeiten	200
	800		800

Die Beteiligung an der A-GmbH ist mit den **Anschaffungskosten** bewertet.

Eigenkapital und Körperschaftsteuerguthaben der B-GmbH zum 31. 12. 2002:

Steuerliches Einlagenkonto	10
Sonstige Rücklagen	290
Körperschaftsteuerguthaben gemäß § 37 KStG	30

Auf eine **Aufdeckung der stillen Reserven** soll im Rahmen des Verschmelzungsvorgangs – soweit zulässig – verzichtet werden.

b) Lösung

1171 Nach § 11 Abs. 1 UmwStG können bei der übertragenden A-GmbH die **Buchwerte** fortgeführt werden. Damit scheidet ein Übertragungsgewinn aus. Die Schlussbilanz der A-GmbH zum 31. 12. 2002 bleibt unverändert. Die übernehmende B-GmbH hat die Buchwerte der A-GmbH nach § 12 Abs. 1 UmwStG zu übernehmen. Gleichzeitig sind die Anteile an der A-GmbH mit ihrem Buchwert auszubuchen. Unter Berücksichtigung des Vermögensübergangs ergibt sich bei der B-GmbH folgende **Schlussbilanz** zum 31. 12. 2002:

GmbH ↔ GmbH

B-GmbH

Eigene Aktiva	800	Kapital	300
./. Beteiligung A-GmbH ./. 80		Kapitalrücklagen	10
		Gewinnrücklagen	190
		Jahresüberschuss	100
Übernommene Aktiva	500	Übernahmegewinn	120
		Verbindlichkeiten	
		eigene 200	
		A-GmbH 300	500
	1.220		1.220

Ermittlung des Übernahmegewinns:

	Übernahmewert Aktiva	500
./.	Übernahmewert Passiva	300
=	Übernahmewert Vermögen	200
./.	Buchwert der Anteile an der A-GmbH	80
=	Übernahmegewinn	120

Der Übernahmegewinn bleibt bei der steuerlichen Gewinnermittlung der übernehmenden B-GmbH nach § 12 Abs. 2 S. 1 UmwStG außer Ansatz. Er ist also steuerfrei.

Addition des Eigenkapitals:

Einlagenkonto gemäß § 27 KStG der A-GmbH	30
+ Stammkapital der A-GmbH (Tz. 1148)	50
Einlagenkonto neu	80

Da die B-GmbH zu 100% an der A-GmbH beteiligt ist, unterbleibt eine Hinzurechnung (Tz. 1150). Das Einlagenkonto gemäß § 27 KStG der B-GmbH beträgt auch nach Verschmelzung 10.

Addition des Körperschaftsteuerguthaben:

Guthaben A-GmbH	15
Guthaben B-GmbH	30
Guthaben nach Verschmelzung	45

Einstweilen frei.

GmbH → GmbH

C. Verschmelzung durch Neugründung
I. Zivilrecht

1186 Es gelten die Tz. 983–1101 entsprechend mit folgenden **Besonderheiten:**

1187 In dem Verschmelzungsvertrag muss der **Gesellschaftsvertrag** der durch die Verschmelzung zu gründenden GmbH enthalten sein oder festgestellt werden (§ 37 UmwG). Im letztgenannten Fall, der in der Praxis die Regel ist, wird die Satzung dem Verschmelzungsvertrag beigefügt und mitbeurkundet. Festsetzungen über Sondervorteile, Gründungsaufwand, Sacheinlagen und Sachübernahmen, die in den Satzungen der übertragenden Gesellschaften enthalten waren, sind in die Satzung der neuen GmbH zu übernehmen (§ 57 UmwG). Die Gründungsvorschriften für die GmbH sind zu beachten (§ 36 UmwG). Ein Sachgründungsbericht ist verzichtbar, soweit es sich bei dem übertragenden Rechtsträger um eine Kapitalgesellschaft oder Genossenschaft handelt (§ 58 Abs. 2 UmwG).

1188 Die Regelungen zur **Kapitalerhöhung** sind nicht anzuwenden (§ 56 UmwG), da die als Gegenleistung zu gewährenden Anteile durch die Neugründung entstehen.

1189 Der Verschmelzungsbeschluss jeder der übertragenden Gesellschaften muss auch die **Zustimmung zur Satzung** der neuen GmbH enthalten (§ 59 UmwG).

1190 Die Verschmelzung ist zum Register der übertragenden Gesellschaften wie auch zum Register der neuen GmbH **anzumelden** (§ 38 UmwG).

II. Steuerrecht

1191 Die Tz. 1102–1185 gelten entsprechend.

GmbH → GmbH & Co KG, Formwechsel, Spaltung, Verschmelzung

1192 Eine GmbH kann **unmittelbar** in eine GmbH & Co KG umgewandelt werden[1].

---

1 Zur AG & Co KG siehe BECKMANN, DStR 1995, 296; zur Ausgliederung eines Teilbetriebs auf eine GmbH & Co KG: KRAUS in Engl, Formularbuch Umwand-

GmbH → GmbH & Co KG

Besteht bereits eine **GmbH & Co KG,** so kann auf diese verschmolzen[1] oder gespalten werden. Es gelten die Tz. 1274–1516 *GmbH → KG.* 1193

Soll durch die Umwandlung eine GmbH & Co KG **entstehen,** ist auf eine lückenlose Haftungsbeschränkung zu achten. Zwei Wege sind gegeben[2]. 1194

Variante 1: Eine Neu-GmbH wird gegründet. Diese begründet als Komplementärin mit den Gesellschaftern der Alt-GmbH als Kommanditisten eine GmbH & Co KG. Sodann wird die Alt-GmbH auf die GmbH & Co KG verschmolzen. Für die **Verschmelzung** gilt Tz. 1305–1483 *GmbH → KG.* 1195

Variante 2[3]: Eine Neu-GmbH wird gegründet. Ihr wird ein Anteil an der Alt-GmbH (Euro 100,– genügen, siehe §§ 5 Abs. 1, 17 Abs. 4 GmbHG) ggf. als Treuhänder übertragen. Sodann kann die Alt-GmbH durch **Formwechsel** in eine KG umgewandelt werden, wobei die Neu-GmbH die Komplementär- und die übrigen Gesellschafter die Kommanditistenstellung übernehmen[4]. Für den Formwechsel gilt Tz. 1212–1273 *GmbH → KG.* 1196

Hinweis: Empfehlenswert ist idR die Variante 2[5]. 1197

Entsprechend ist zu verfahren, wenn eine **Spaltung** zur Neugründung einer GmbH & Co KG erfolgen soll[6]. 1198

---

lungen, S. 625; zur Aufspaltung auf zwei GmbH & Co KG: Sommer in Engl, Formularbuch Umwandlungen, S. 487; zum Formwechsel: Engl in Formularbuch Recht und Steuern, S. 803 ff.

1 Vertragsmuster: Traßl in Engl, Formularbuch Umwandlungen, S. 244 ff.; Heckschen in Widmann/Mayer, Anh. 4, M 23 ff. (März 2004).
2 Nach K. Schmidt, GmbHR 1995, 693 und Priester, DB 1997, 560, ist der Beitritt der Komplementär-GmbH unmittelbar im Rahmen der Umwandlung zulässig; generell für die Zulässigkeit des Ein- und Austritts einer Komplementär-GmbH im Rahmen der Umwandlung Kallmeyer, GmbHR 1996, 80.
3 Vertragsmuster: Langenfeld, GmbH-Vertragspraxis, Rz. 653; Kallmeyer in GmbH-Handbuch, Teil V, M 720; Greve in Engl, Formularbuch Umwandlungen, S. 926; Vossius in Widmann/Mayer, Anh. 4, M 150 ff. (März 2005).
4 Nach BayObLG 3 Z BR 333/99 vom 4. 11. 1999, GmbHR 2000, 89, genügt es, wenn die GmbH zwischen Umwandlungsbeschluss und Eintragung der Umwandlung in die Alt-GmbH eintritt.
5 Siehe Felix, KÖSDI 1995, 10 232; Felix, KÖSDI 1995, 10 273.
6 Vertragsmuster: Engl in Formularbuch Recht und Steuern, S. 714 ff.

GmbH → KG, Formwechsel, Spaltung, Verschmelzung

A. Übersicht
  I. Umwandlungsmöglichkeiten 1199
  II. Generelle Voraussetzungen 1205

B. Formwechsel
  I. Zivilrecht
    1. Voraussetzungen .. 1212
    2. Umwandlungsbericht 1219
    3. Umwandlungsbeschluss
      a) Inhalt 1227
      b) Vorbereitung der Beschlussfassung 1233
      c) Mehrheit, Form des Beschlusses 1235
      d) Barabfindungsangebot 1242
      e) Anfechtung 1252
    4. Handelsregisteranmeldung 1254
    5. Handelsregistereintragung 1258
    6. Rechtsfolgen der Eintragung 1261
    7. Kosten 1268
  II. Steuerrecht 1271

C. Spaltung
  I. Aufspaltung
    1. Zivilrecht 1274
    2. Steuerrecht
      a) Steuerliche Rückwirkung 1288
      b) Besteuerung der zu spaltenden GmbH 1289
      c) Steuerliche Folgen bei der Personengesellschaft 1293
      d) Besteuerung der Gesellschafter .. 1296

  II. Abspaltung
    1. Zivilrecht 1301
    2. Steuerrecht 1302
  III. Ausgliederung
    1. Zivilrecht 1303
    2. Steuerrecht 1304

D. Verschmelzung
  I. Verschmelzung durch Aufnahme
    1. Zivilrecht
      a) Voraussetzungen 1305
      b) Verschmelzungsvertrag 1307
      c) Umtauschverhältnis und Barabfindungsangebot 1318
      d) Verschmelzungsbericht und Prüfung 1320
      e) Verschmelzungsbeschlüsse 1322
      f) Bilanzierung ... 1330
      g) Anmeldung und Eintragung 1334
      h) Rechtsfolgen der Verschmelzung . 1335
      i) Kosten 1336
    2. Steuerrecht
      a) Steuerliche Rückwirkung 1337
      b) Besteuerung der GmbH
        aa) Wertansätze in der steuerlichen Schlussbilanz 1347
        bb) ABC der Wertansätze 1352
        cc) Übertragungsgewinn/Übertragungsverlust . 1395

dd) Körperschaftsteuer-
    guthaben, Körper-
    schaftsteuerer-
    höhung 1400
c) Steuerliche Folgen
    bei der Personen-
    gesellschaft
    aa) Buchwertfort-
        führung ... 1402
    bb) Übernahme-
        gewinn/Über-
        nahmeverlust 1422
    cc) Buchwert der
        Anteile 1425
    dd) Erhöhungs-
        beträge 1438
    ee) Berücksichtigung
        eines Übernah-
        meverlusts .. 1442
    ff) Übernahmefol-
        gegewinn .. 1447
    gg) Feststellungs-
        verfahren ... 1451
    hh) Gewerbe-
        steuer 1452
    ii) Umsatzsteuer 1459
    jj) Grunderwerb-
        steuer 1460
d) Besteuerung der
    Gesellschafter
    aa) Am Übernahme-
        gewinn betei-
        ligte Gesell-
        schafter 1461
    bb) Nicht am Über-
        nahmegewinn
        beteiligte Ge-
        sellschafter .. 1467

e) Steuerfolgen bei
    Ausscheiden von
    Gesellschaftern
    aa) Austritt nach
        §§ 29 ff. UmwG 1473
    bb) Veräußerung
        nach § 33
        UmwG 1479
    cc) Gewinnaus-
        schüttungen an
        ausscheidende
        Gesellschafter 1480
II. Verschmelzung durch
    Neugründung
    1. Zivilrecht
        a) Voraussetzungen 1484
        b) Verschmelzungs-
            vertrag 1489
        c) Umtauschverhältnis
            und Barabfindungs-
            angebot 1490
        d) Verschmelzungs-
            bericht und Prü-
            fung 1491
        e) Verschmelzungs-
            beschlüsse 1492
        f) Bilanzierung ... 1493
        g) Anmeldung und
            Eintragung 1494
        h) Rechtsfolgen ... 1495
        i) Kosten 1496
    2. Steuerrecht 1497
III. Zahlenbeispiel
    1. Sachverhalt 1498
    2. Lösung 1499

A. Übersicht

I. Umwandlungsmöglichkeiten

Eine GmbH kann durch **Formwechsel, Verschmelzung** oder **Spaltung** 1199
in eine KG umgewandelt werden.

GmbH → KG

1200 Der **Formwechsel** einer GmbH in eine KG beinhaltet die Änderung der Rechtsform des Unternehmens unter Wahrung seiner rechtlichen Identität. Aus der GmbH wird eine KG, ohne dass sich an den Beteiligungsverhältnissen oder dem Vermögen etwas ändert. Ein Vermögensübergang findet nicht statt[1].

1201 Bei der Spaltung ist zu differenzieren (§ 123 UmwG): Eine GmbH kann ihr Vermögen auf mindestens zwei andere Rechtsträger **aufspalten.** Als übernehmender Rechtsträger kommt auch eine KG in Betracht. Eine GmbH kann einen Teil ihres Vermögens auf eine KG **abspalten.** Die GmbH existiert mit dem verbleibenden Vermögen neben der KG fort. Eine GmbH kann einen Teil ihres Vermögens auf eine KG **ausgliedern.** Die GmbH besteht fort. An die Stelle des ausgegliederten Vermögens tritt die Beteiligung an der KG. Bei der Spaltung kann das Vermögen sowohl auf eine bestehende KG wie auch auf eine mit der Spaltung zu gründende KG übergehen.

1202 Eine GmbH kann – auch gleichzeitig mit anderen Personenhandels- oder Kapitalgesellschaften – auf eine bestehende KG verschmolzen werden **(Verschmelzung durch Aufnahme).** Mit anderen Rechtsträgern kann die GmbH zu einer neuen KG verschmolzen werden **(Verschmelzung durch Neugründung).** Die Verschmelzung führt zur Übertragung des Vermögens der GmbH auf die KG im Wege der Gesamtrechtsnachfolge. Die GmbH geht unter. An die Stelle der GmbH-Anteile treten die Beteiligungen an der KG.

1203 Soweit neben der GmbH **Rechtsträger anderer Rechtsformen** an der Umwandlung beteiligt sind, sind die für diese Rechtsform geltenden Vorschriften parallel anzuwenden.

1204 **Steuerlich** ist grundsätzlich in allen Fällen eine Buchwertfortführung möglich. Ein Verlustvortrag der GmbH, der nicht im Rahmen des Formwechsels ausgenutzt wird, geht verloren. Auf der Ebene des Gesellschafters sind weitere Steuernachteile nicht ausgeschlossen.

II. Generelle Voraussetzungen

1205 Die Umwandlung einer GmbH zur KG nach dem Umwandlungsgesetz ist beschränkt auf Gesellschaften mit **Sitz im Inland** (§ 1 Abs. 1 UmwG).

---

1 BT-Drucks. 12/6699, 137, 140; zum Diskussionsstand Decher in Lutter, § 190 UmwG Rz. 2 ff.; Meister/Klöcker in Kallmeyer, § 190 UmwG Rz. 6 mwN.

GmbH → KG

Auch eine bereits **aufgelöste GmbH** kann umgewandelt werden, wenn deren Fortsetzung beschlossen werden könnte (§ 191 Abs. 3 UmwG zum Formwechsel, § 3 Abs. 3 UmwG zur Verschmelzung, § 125 iVm. § 3 Abs. 3 UmwG zur Spaltung)[1].

1206

Hinsichtlich der **Einpersonen-GmbH** sind die Umwandlungsmöglichkeiten eingeschränkt, da die KG notwendig aus zwei Gesellschaftern besteht und der Beitritt eines Gesellschafters im Rahmen der Umwandlung ausgeschlossen ist. Ein Formwechsel sowie eine Auf- oder Abspaltung zur Neugründung ist daher nur möglich, wenn sich zuvor an der GmbH mindestens eine weitere natürliche oder juristische Person – ggf. als Treuhänder – beteiligt. Auch eine Ausgliederung zur Neugründung ist ausgeschlossen, da hierbei nur die GmbH zum Gesellschafter wird. Alternativ kann der Gesellschafter – oder bei Ausgliederung die GmbH – mit dem Dritten eine KG gründen und die GmbH sodann durch Verschmelzung oder Spaltung auf diese KG umwandeln.

1207

Erfolgt die Umwandlung durch Übertragung des Vermögens auf eine bestehende KG im Wege der Verschmelzung oder Spaltung, so hindert mE die **Auflösung der KG** die Umwandlung nicht, wenn vor dem Umwandlungsvorgang die Fortsetzung der KG beschlossen wird[2].

1208

Gesetzlich nicht geregelt ist die Frage, ob eine bereits gegründete, aber noch nicht im Handelsregister eingetragene GmbH **(Vor-GmbH)** umgewandelt werden kann. ME ist dies jedenfalls dann zulässig, wenn die GmbH bei der Anmeldung der Umwandlung zum Handelsregister bereits eingetragen ist und lediglich vor Eintragung der GmbH die zur Umwandlung notwendigen Verträge abgeschlossen und Beschlüsse gefasst wurden. Gleiches sollte gelten, wenn die Anmeldung der Umwandlung zwar vor der Eintragung der GmbH, aber nach deren Anmeldung erfolgt, selbst wenn ein unmittelbarer zeitlicher Zusammenhang besteht. Gründung und Umwandlung wären in der Reihenfolge der Anmeldung einzutragen[3].

1209

---

1 Zu den Voraussetzungen eines Fortsetzungsbeschlusses siehe ULMER in Hachenburg, § 60 GmbHG Rz. 78; BayObLG 3 Z BR 462/97 vom 4. 2. 1998, GmbHR 1998, 540.
2 Streitig, siehe die Nachweise zu Tz. 976 *GmbH ↔ GmbH*; zur Zulässigkeit eines Fortsetzungsbeschlusses siehe BAUMBACH/HOPT, § 131 HGB Rz. 30 ff.
3 STRECK/MACK/SCHWEDHELM, GmbHR 1995, 161; zustimmend HECKSCHEN in Widmann/Mayer, § 120 UmwG Rz. 7 (Mai 2003); MARSCH-BARNER in Kallmeyer, § 3 UmwG Rz. 9; BAYER, ZIP 1997, 1614; aA SCHMITT/HÖRTNAGL/STRATZ, § 3 UmwG Rz. 16.

GmbH → KG

1210 Problematischer ist die Umwandlung, wenn hinsichtlich der GmbH ein dauerhaftes **Eintragungshindernis** besteht. Die Umwandlung sollte aber dennoch zugelassen werden. Gesellschaftsrechtlich ist die Vor-GmbH eine Rechtsform eigener Art, auf die GmbH-Recht Anwendung findet, soweit dies nicht gerade die erst durch Eintragung entstehende Rechtsfähigkeit voraussetzt[1]. ME setzt die Anwendung der Umwandlungsvorschriften die Rechtsfähigkeit nicht voraus, wie die Geltung des Umwandlungsrechts für Personengesellschaften zeigt.

1211 **Hinweis:** Für die Umwandlung einer Kapitalgesellschaft in eine Personengesellschaft bestehen keine Kapitalaufbringungsvorschriften. Damit kann auch eine (buchmäßig oder tatsächlich) überschuldete GmbH in eine KG umgewandelt werden. Steuerlich führt die Umwandlung ggf. zur Realisierung eingetretener Verluste auf der Ebene des Gesellschafters (siehe Tz. 1442).

B. Formwechsel

I. Zivilrecht

1. Voraussetzungen

1212 Eine GmbH kann durch Formwechsel in eine KG umgewandelt werden (§§ 190, 191 UmwG). Zu den **generellen Voraussetzungen** siehe Tz. 1205–1211.

1213 Eine GmbH kann nur dann in eine KG umgewandelt werden, wenn der **Unternehmensgegenstand** den Vorschriften über die Gründung einer OHG (§ 105 Abs. 1 und 2 HGB) genügt (§ 228 Abs. 1 UmwG). Ansonsten kommt nur ein Formwechsel in eine GbR in Betracht. Allerdings kann der Umwandlungsbeschluss vorsorglich bestimmen, dass – sollte der Unternehmensgegenstand nicht zur Eintragung einer KG ausreichen – die Gesellschaft die Rechtsform einer GbR erlangt (§ 228 Abs. 2 UmwG).

1214 **Hinweis:** Die Regelung des § 228 UmwG ist seit der Reform des HGB[2] nur noch für Freiberufler-GmbHs von Relevanz, da seit dem 1. 7. 1998 auch Gesellschaften, die kein Handelsgewerbe betreiben, durch Eintragung im Handelsregister zur OHG oder KG werden können (§ 105 Abs. 2 HGB).

---

1 Hueck/Fastrich in Baumbach/Hueck, § 11 GmbHG Rz. 6; Ulmer in Hachenburg, § 11 GmbHG Rz. 5 ff.
2 HRefG, BGBl. 1998 I, 1474.

GmbH → KG

Alle Gesellschafter der GmbH müssen **taugliche Gesellschafter** einer KG sein. Dies sind alle natürlichen und juristischen Personen, ferner eine OHG oder KG[1], aber auch eine BGB-Gesellschaft[2]. In der Praxis ist damit die unmittelbare Umwandlung einer GmbH in eine **GmbH & Co KG** möglich.

1215

Untaugliche KG-Gesellschafter sind die Erbengemeinschaft, die eheliche oder fortgesetzte Gütergemeinschaft sowie der nicht rechtsfähige Verein[3]. Erbengemeinschaften sind ggf. vor dem Formwechsel auseinanderzusetzen, indem die GmbH-Anteile auf die einzelnen Erben verteilt werden. Sodann nehmen die einzelnen Gesellschafter an dem Formwechsel teil, vorausgesetzt, sie sind taugliche KG-Gesellschafter.

1216

Bereitet die Auseinandersetzung Schwierigkeiten oder dauert sie zu lange, so kann der Anteil auf einen geeigneten **Treuhänder** übertragen werden. Nach der Umwandlung kann das Treuhandverhältnis bis zur Auseinandersetzung der Gemeinschaft bestehen bleiben. Allerdings sollte bei diesem Weg Klarheit herrschen, ob die Auflösung der Gemeinschaft in absehbarer Zeit gesichert ist oder ob ein dauerhaftes Treuhandverhältnis gewollt ist. Eine Gütergemeinschaft oder ein nicht rechtsfähiger Verein werden idR nicht allein wegen der Umwandlung aufgelöst werden können. Hier bietet nur die dauerhafte Treuhandschaft eine Lösung.

1217

Notwendig sind für den Formwechsel

1218

- ein **Umwandlungsbericht** (§ 192 UmwG),
- ein **Umwandlungsbeschluss** (§ 193 UmwG)
- und die **Anmeldung zum Handelsregister.**

2. Umwandlungsbericht

Von den Vertretungsorganen des formwechselnden Unternehmens ist ein Umwandlungsbericht zu erstellen (§ 192 UmwG). In dem Umwandlungsbericht sind der **Formwechsel** und die künftige Beteiligung der Anteilsinhaber an dem neuen Rechtsträger rechtlich und

1219

---

1 BAUMBACH/HOPT, § 105 HGB Rz. 28.
2 BGH II ZB 23/00 vom 16. 7. 2001, DB 2001, 1983.
3 Im Einzelnen streitig, siehe K. SCHMIDT in Schlegelberger, § 105 HGB Anm. 68 ff.; BAUMBACH/HOPT, § 105 HGB Rz. 28; zur Erbengemeinschaft als Anteilsinhaber siehe auch BGH II ZR 112/94 vom 19. 6. 1995, DStR 1995, 1395; OLG Karlsruhe 15 U 143/93 vom 15. 4. 1994, GmbHR 1995, 824.

GmbH → KG

wirtschaftlich **zu erläutern** und **zu begründen**[1]. Auf Schwierigkeiten bei der Bewertung sowie auf die Folgen für die Beteiligung ist hinzuweisen (vgl. § 192 Abs. 1 UmwG iVm. § 8 Abs. 2 UmwG).

1220 Der Umwandlungsbericht muss einen **Entwurf** des **Umwandlungsbeschlusses** enthalten (§ 192 Abs. 1 UmwG).

1221 Schließlich ist dem Bericht eine **Vermögensaufstellung** beizufügen, in der die Aktiva und Passiva des formwechselnden Rechtsträgers mit dem wirklichen Wert am Tag der Erstellung des Berichts anzusetzen sind (§ 192 Abs. 2 UmwG). Da die Vermögensaufstellung keine Bilanz iSd. HGB sein soll[2], sind auch selbstgeschaffene immaterielle Wirtschaftsgüter, wie gewerbliche Schutzrechte, Lizenzen etc. und ein Firmenwert anzusetzen[3]. Eine vollständige Vermögensbilanz ist nicht erforderlich.

1222 **Hinweis:** Das Gesetz enthält keine Vorschrift hinsichtlich des **Zeitpunkts,** auf den der Bericht oder die Vermögensaufstellung zu erfolgen hat. Demzufolge besteht – jedenfalls nach dem Gesetzeswortlaut – auch kein Eintragungshindernis, wenn der Bericht und die Vermögensaufstellung zu einem Stichtag erstellt wurden, der mehr als –die sonst nach dem UmwG vorgeschriebenen – acht Monate vor der Anmeldung zum Handelsregister liegt[4]. Die Vermögensaufstellung muss allerdings zeitnah zum Umwandlungsbericht erfolgen[5].

1223 Zur steuerlichen Notwendigkeit der **Bilanzerstellung** siehe Tz. 1272.

1224 Kein Umwandlungsbericht ist erforderlich (§ 192 Abs. 3 UmwG), wenn alle Anteilsinhaber in notarieller Form verzichten. ME kann der **Verzicht** auch mit der Beurkundung des Umwandlungsbeschlusses erklärt werden.

1225 **Hinweis:** Insbesondere bei Unternehmen in Familienhand wird der Verzicht die Regel werden. Man entgeht so der Offenbarungspflicht

---

1 Eingehend zum Inhalt Decher in Lutter, § 192 UmwG Rz. 4 ff.; ferner LG Berlin 99 O 178/96 vom 26. 2. 1997, GmbHR 1997, 658.
2 BT-Drucks. 12/6699, 138. An dieser Vermögensaufstellung hatte sich im Gesetzgebungsverfahren insbesondere die Kritik entzündet. Vgl. Kallmeyer, GmbHR 1993, 461; Schulze-Osterloh, ZGR 1993, 421, 443.
3 Meister/Klöcker in Kallmeyer, § 192 UmwG Rz. 26.
4 Siehe auch Mayer in Widmann/Mayer, § 192 UmwG Rz. 89 f. (Oktober 2001); aA Schmitt/Hörtnagl/Stratz, § 9 UmwG Rz. 22: enger zeitlicher Zusammenhang.
5 LG Mainz 10 HK O 143/99, vom 19. 12. 2000, ZIP 2001, 840.

des Umwandlungsberichts, insbesondere der Pflicht, eine Vermögensaufstellung mit den wahren Werten zu fertigen[1].

Das Gesetz normt **keine materiellen Bedingungen** für den Formwechsel. Ansätze der Rechtsprechung, wonach ein Umwandlungsbeschluss im Interesse der Gesellschaft liegen oder zur Verfolgung des Unternehmensgegenstands erforderlich sein müsse, wurden nicht in das Gesetz übernommen[2]. Ebensowenig besteht eine materielle Beschlusskontrolle[3].

1226

3. Umwandlungsbeschluss

a) Inhalt

Der Formwechsel bedarf eines Umwandlungsbeschlusses (§ 193 Abs. 1 UmwG). In dem Umwandlungsbeschluss muss bestimmt werden:

1227

– dass die GmbH durch den Formwechsel die **Rechtsform** einer KG erhält (§ 194 Abs. 1 Nr. 1 UmwG);

– die **Firma** der KG (§ 194 Abs. 1 Nr. 2 UmwG, siehe Tz. 1232);

– der **Sitz** der Gesellschaft (§ 234 Nr. 1 UmwG), der nicht mit dem der GmbH identisch sein muss;

– welche Anteilseigner **Kommanditisten** werden sowie der Betrag ihrer jeweiligen Hafteinlage (§ 234 Nr. 2 UmwG);

– welche Anteilseigner **Komplementäre** werden (§ 194 Abs. 1 Nr. 3 UmwG);

– das **Beteiligungsverhältnis** der Gesellschafter an der KG (§ 194 Abs. 1 Nr. 4 UmwG), das nicht dem bei der GmbH entsprechen muss[4].

– die Fortgeltung, Änderung oder Aufhebung etwaiger **Sonderrechte** (§ 194 Abs. 1 Nr. 5 UmwG);

– ein **Abfindungsangebot** nach § 207 UmwG (§ 194 Abs. 1 Nr. 6 UmwG);

---

1 Vgl. auch KALLMEYER, GmbHR 1993, 461, 463.
2 Vgl. BT-Drucks. 12/6699, 139.
3 BINNEWIES, GmbHR 1997, 727.
4 Ebenso, wenn auch mit gewissen Einschränkungen, DECHER in Lutter, § 194 UmwG Rz. 14.

GmbH → KG

– die **Folgen** des Formwechsels für die **Arbeitnehmer** und ihre Vertretungen sowie die insoweit vorgesehenen Maßnahmen (§ 194 Abs. 1 Nr. 7 UmwG; siehe hierzu Tz. 783–803 *GmbH → GmbH*).

1228 Weitergehende Regelungen sind nicht vorgeschrieben. Der Umwandlungsbeschluss muss sich insbesondere nicht mit dem **Unternehmensvermögen** befassen. Aufgrund der Identität des Rechtsträgers beim Formwechsel findet keine Vermögensübertragung statt[1].

1229 **Hinweis:** Ob es zweckmäßig ist, im Umwandlungsbeschluss den steuerlichen Umwandlungsstichtag und den **Wertansatz** (Buchwert, Zwischenwert, Teilwert) festzuschreiben, ist eine Frage des Einzelfalls. Steuerlich bindend sind solche Regelungen jedenfalls nicht. Maßgebend ist die tatsächliche Bilanzerstellung.

1230 Nicht zwingend, wohl aber zulässig ist die vollständige **Neufassung des Gesellschaftsvertrags** im Rahmen des Umwandlungsbeschlusses[2].

1231 **Hinweis:** Die Abfassung eines neuen Gesellschaftsvertrags ist dringend zu empfehlen, da ansonsten Rechtsunsicherheit besteht, inwieweit bisherige Satzungsbestimmungen fortgelten sollen oder die gesetzlichen Bestimmungen zur KG Anwendung finden. Wenn der Vertrag mit dem Umwandlungsbeschluss neu gefasst wird, ist allerdings zu berücksichtigen, dass er damit der notariellen Beurkundung unterliegt. ME reicht es aus, den Gesellschaftsvertrag in einem gesonderten Beschluss, der keiner Beurkundung bedarf, zu fassen.

1232 Die bisherige **Firma** darf beibehalten werden (§ 200 Abs. 1 UmwG)[3]. Zu ändern ist der Rechtsformzusatz (statt „GmbH" „KG", § 200 Abs. 2 UmwG). Ändert die Gesellschaft ihre Firma, so gilt § 19 HGB. Der Name eines Gesellschafters, der anlässlich des Formwechsels ausscheidet, darf nur benutzt werden, wenn dieser zustimmt (§ 200 Abs. 3 UmwG).

b) Vorbereitung der Beschlussfassung

1233 Der Umwandlungsbeschluss kann nur in einer Versammlung der Anteilsinhaber gefasst werden (§ 193 UmwG). Für die **Ladung** gelten

---

1 Gesetzesbegründung zu § 194 UmwG, BT-Drucks. 12/6699, 140.
2 Decher in Lutter, § 194 UmwG Rz. 36.
3 Zur Rechtslage vor dem 1. 7. 1998 Decher in Lutter, § 200 UmwG Rz. 6 ff.; LG Bielefeld 14 T 10/96 vom 9. 4. 1996, GmbHR 1996, 543: Fortführung einer Sachfirma bei Formwechsel in eine GmbH & Co KG zulässig.

die Satzungsbestimmungen der GmbH; soweit eine vertragliche Regelung fehlt, gelten die §§ 49–51 GmbHG. Die Beschlussfassung über den Formwechsel ist in der Ladung schriftlich anzukündigen[1] und der Umwandlungsbericht sowie das Abfindungsangebot nach § 207 UmwG zu übersenden (§§ 230 Abs. 1, 231 UmwG). Der Übersendung des Abfindungsangebots steht die Veröffentlichung im Bundesanzeiger und den sonstigen Gesellschaftsblättern gleich (§ 231 S. 2 UmwG). Der Umwandlungsbericht ist ferner in der Gesellschafterversammlung, die über den Formwechsel beschließen soll, auszulegen (§ 232 Abs. 1 UmwG).

Der Entwurf des Umwandlungsbeschlusses ist spätestens einen Monat vor dem Tag der Versammlung der Anteilsinhaber, die den Formwechsel beschließen soll, dem zuständigen **Betriebsrat** zuzuleiten (§ 194 Abs. 2 UmwG, der nur die Informationspflicht, keine weitere Zustimmungspflicht regelt). Bei Unternehmen, die einen Betriebsrat haben, folgt hieraus, dass die Geschäftsführung in dem Zwang steht, die Gesellschafterversammlung zuvor schon einmal einzuberufen, da der Betriebsrat schlecht vor den Gesellschaftern über den geplanten Umwandlungsbeschluss unterrichtet werden kann. 1234

c) Mehrheit, Form des Beschlusses

Der Umwandlungsbeschluss bedarf einer Mehrheit von mindestens ¾ **der abgegebenen Stimmen,** sofern die Satzung der GmbH keine größere Mehrheit oder weitere Erfordernisse verlangt (§ 233 Abs. 2 UmwG). Damit bleiben stimmrechtslose Anteile ebenso außer Betracht wie Stimmenthaltungen oder Stimmen von Gesellschaftern, die nicht zur Gesellschafterversammlung erscheinen. Die Umwandlungsmöglichkeit der GmbH in eine Personengesellschaft muss in der Satzung nicht vorgesehen sein. Dies gilt auch für die Umwandlung durch Mehrheitsbeschluss. Geringere Mehrheitserfordernisse als nach § 233 Abs. 2 UmwG in der Satzung sind allerdings unwirksam. 1235

Ferner müssen alle Gesellschafter zustimmen, die in der Kommanditgesellschaft die Stellung eines persönlich haftenden Gesellschafters haben sollen (§ 233 Abs. 2 UmwG), sowie die Anteilseigner, von deren Genehmigung die Abtretung der Anteile des formwechselnden Rechtsträgers abhängig ist (§ 193 Abs. 2 UmwG). Sofern Gesellschafter, deren **Zustimmung** erforderlich ist, nicht zur Gesellschafterversammlung erscheinen, wird der Beschluss erst wirksam, 1236

---

[1] Dabei muss der Komplementär genannt werden, LG Wiesbaden 11 O 65/96 vom 8. 6. 1998, AG 1999, 47.

GmbH → KG

wenn diese Gesellschafter nachträglich Ihre Zustimmung erklären. Zulässig ist mE, wenn diese Zustimmungserklärungen vorab eingeholt werden[1].

1237 Der Umwandlungsbeschluss und die erforderlichen Zustimmungserklärungen müssen **notariell beurkundet** werden (§ 193 Abs. 3 UmwG)[2]. Für die Bevollmächtigung eines Vertreters reicht dagegen einfache Schriftform (§ 47 Abs. 3 GmbHG). Mitgesellschafter sind im Fall der Bevollmächtigung von § 181 BGB zu befreien.

1238 Bei **minderjährigen Gesellschaftern** bedarf die Stimmabgabe in der Gesellschafterversammlung wie auch die nachträgliche Zustimmung mE keiner vormundschaftsgerichtlichen Genehmigung (§§ 1643, 1822 Nr. 3 BGB), weil der Formwechsel keine Gesellschaftsgründung beinhaltet[3].

1239 Ebensowenig bedarf bei verheirateten Gesellschaftern, die im gesetzlichen Güterstand der **Zugewinngemeinschaft** leben, ein Formwechsel der Zustimmung des Ehegatten gemäß § 1365 BGB[4].

1240 Stirbt ein Gesellschafter zwischen Umwandlungsbeschluss und Eintragung, so gelten die Regeln des GmbH-Rechts. Die **Erben** treten in die Rechtsstellung des verstorbenen Gesellschafters. Die Möglichkeiten zum Ausschluss der Erben bestimmen sich nach dem Gesellschaftsvertrag der GmbH. Grundsätzlich sind die Erben auch an den Umwandlungsbeschluss gebunden. Ausnahmen gelten mE, soweit der verstorbene Gesellschafter eine Komplementärstellung einnehmen sollte. Hier ist die Zustimmung der Erben entsprechend § 233 Abs. 2 UmwG erforderlich. Erfolgt – etwa mangels Kenntnis von dem Erbfall – die Eintragung des verstorbenen Gesellschafters als Komplementär, haben die Erben das Recht aus § 139 HGB.

1241 Werden hingegen GmbH-Anteile zwischen Beschlussfassung und Eintragung abgetreten, ist der **Erwerber** auch hinsichtlich der Übernahme der persönlichen Haftung an den Umwandlungsbeschluss gebunden.

---

1 Happ in Lutter, § 233 UmwG Rz. 11.
2 Zu den Kosten LG Stuttgart 2 T 447/99 vom 17. 1. 2001, GmbHR 2001, 977.
3 AA Happ in Lutter, § 233 UmwG Rz. 50 ff.
4 Streitig, wie hier Zimmermann in Kallmeyer, § 193 UmwG Rz. 26; aA Happ in Lutter, § 233 UmwG Rz. 49.

GmbH → KG

d) Barabfindungsangebot

Gesellschafter, die dem Formwechsel **nicht zustimmen,** aber überstimmt werden, scheiden nicht zwingend aus der Gesellschaft aus. Vielmehr hat die Gesellschaft jedem Gesellschafter, der dem Umwandlungsbeschluss in der Gesellschafterversammlung widerspricht, sein Ausscheiden aus der KG gegen eine angemessene Barabfindung anzubieten (§ 207 UmwG).

1242

Den gleichen Anspruch haben Gesellschafter, die nicht zur Gesellschafterversammlung erschienen sind, wenn sie zu Unrecht nicht zur Gesellschafterversammlung zugelassen wurden oder die Versammlung nicht ordnungsgemäß einberufen oder der Gegenstand der Beschlussfassung nicht ordnungsgemäß bekannt gemacht worden ist (§ 207 Abs. 2 iVm. § 29 Abs. 2 UmwG). Ansonsten haben **nicht erschienene Gesellschafter** keinen Abfindungsanspruch.

1243

Die Barabfindung muss die Verhältnisse der GmbH zum Zeitpunkt der Beschlussfassung über den Formwechsel berücksichtigen (§ 208 iVm. § 30 Abs. 1 UmwG). Der Gesellschafter hat Anspruch auf Ersatz des **vollen wirtschaftlichen Werts** seiner Beteiligung. Etwaige Satzungsregelungen über die Abfindung ausscheidender Gesellschafter sind nicht relevant. Grundsätzlich ist der Ertragswert als der für eine Unternehmensbewertung gängige Maßstab zugrunde zu legen. Der Substanzwert fungiert als Kontrollwert[1].

1244

Gesetzlich nicht geregelt ist die Frage, wer die **Höhe der Abfindung** für die Beschlussfassung festlegt. Da es sich nicht um eine Geschäftsführungsmaßnahme handelt, ist mE die Gesellschafterversammlung zuständig, die – wenn keine abweichende Satzungsregelung besteht – mit einfacher Mehrheit entscheidet. Da das Abfindungsangebot bereits vor Beschlussfassung mitgeteilt werden muss, ist der Gesellschafterversammlung, die über den Formwechsel beschließt, ggf. eine Gesellschafterversammlung, die über die Abfindungshöhe beschließt, vorzuschalten.

1245

Die Angemessenheit der Abfindung ist stets durch einen **Prüfer** zu prüfen (§ 208 iVm. § 30 UmwG). Allerdings können die Berechtigten auf die Prüfung und den Prüfungsbericht verzichten, wobei die Verzichtserklärung notariell zu beurkunden ist (§ 208 iVm. § 30 Abs. 2 S. 2 UmwG). Dieser **Verzicht** wird dann in Betracht kommen, wenn die

1246

---

1 BayObLG 3 Z BR 17/90 vom 19. 10. 1995, AG 1996, 127; BayObLG 3 Z BR 67/89 vom 31. 5. 1995, WM 1995, 1580; LG Dortmund 20 Akt E 2/94 vom 1. 7. 1996, DB 1996, 2221; VOLLRATH in Widmann/Mayer, § 30 UmwG Rz. 10 ff. (August 2000).

GmbH → KG

Überstimmten das Unternehmen so gut kennen, dass sie die Angemessenheit des Angebots selbst abschätzen können oder wenn das Angebot so großzügig bemessen ist, dass der Prüfer nur die Unangemessenheit mit umgekehrten Vorzeichen feststellen kann. Der Verzicht spart in solchen Fällen weitere Prüfungskosten.

1247 Das Angebot einer Barabfindung kann nur **binnen zwei Monaten** nach Bekanntmachung des Formwechsels angenommen werden (§ 209 UmwG). Eine Annahme der Barabfindung vor Eintragung der Umwandlung ist mE ausgeschlossen, da erst mit der Eintragung feststeht, dass es tatsächlich zum Rechtsformwechsel kommt. Unberührt bleibt ggf. ein Austrittsrecht.

1248 Der **Abfindungsanspruch** entsteht mit der Eintragung der Umwandlung in das Handelsregister und ist sogleich **fällig**. Die Abfindung ist ab Bekanntmachung der Eintragung der Umwandlung mit 2% pa. über dem jeweiligen Basiszins[1] nach § 247 BGB zu **verzinsen** (§ 208 iVm. §§ 30 Abs. 1 S. 2, 15 Abs. 2 S. 1 UmwG)[2]. Die Geltendmachung eines weitergehenden (Verzugs-)Schadens ist nicht ausgeschlossen. **Schuldnerin** des Anspruchs ist die KG. Der Anspruch mindert das Kapital der Gesellschaft.

1249 Zur **steuerlichen Behandlung** vgl. Tz. 1473–1478.

1250 Die **Unangemessenheit** der Abfindung berechtigt nicht zur Anfechtung des Umwandlungsbeschlusses (§ 210 UmwG). Auseinandersetzungen um die Angemessenheit sind einem besonderen Verfahren (Spruchverfahren) zugewiesen (§ 212 UmwG)[3]. Antragsberechtigt sind Gesellschafter, denen nach § 29 UmwG eine Abfindung anzubieten war, somit nur diejenigen, die Widerspruch erklärt haben, sofern nicht ausnahmsweise ein Widerspruch nicht erforderlich war (§ 29 Abs. 2 UmwG). Nicht antragsberechtigt sind Gesellschafter, die das Angebot bereits angenommen haben[4]. Ihnen steht aber im Fall

---

1 Der Basiszins ist an die Stelle des Diskontsatzes getreten, § 1 Abs. 1 Diskontsatzüberleitungsgesetz vom 9. 6. 1998, BGBl 1998 I, 1242 in der durch Art. 2 Abs. 3 des Gesetzes über Fernabsatzverträge und andere Fragen des Verbraucherrechts sowie zur Umstellung von Vorschriften auf Euro vom 27. 6. 2000, BGBl 2000 I, 901 geänderten Fassung.
2 AA Liebscher, AG 1996, 455: Fällig erst am Tag nach Ausübung des Wahlrechts.
3 Zur Reform des Spruchverfahrens Neye, NStZ 2002, 23 mit dem Entwurf des Spruchverfahrensneuordnungsgesetzes.
4 OLG Düsseldorf 19 W 1/00 vom 6. 12. 2000, DB 2001, 189; Grunewald in Lutter, § 34 UmwG Rz. 3.

einer Erhöhung des Angebotes aufgrund gerichtlicher Entscheidung eine Nachzahlung zu (§ 13 SpruchG)[1]. Der Antrag kann nur binnen drei Monaten nach dem Tag gestellt werden, an dem die Eintragung der Umwandlung in das Handelsregister nach § 10 HGB als bekannt gemacht gilt (§ 4 Abs. 1 Nr. 4 SpruchG). Die Entscheidung des Gerichts ist für alle Gesellschafter bindend (§ 13 SpruchG). Die Kosten des Verfahrens hat idR die Gesellschaft zu tragen (siehe § 15 Abs. 2 SpruchG)[2].

Nach § 211 UmwG stehen Verfügungsbeschränkungen im Gesellschaftsvertrag einer **Veräußerung** der Anteile innerhalb dieser Zwei-Monats-Frist des § 209 UmwG nicht entgegen. Damit soll dem widersprechenden Gesellschafter ermöglicht werden, seine Beteiligung frei zu veräußern. Durch § 211 UmwG werden – zumindest seit der Änderung dieser Vorschrift in 1998[3] – nicht nur vertragliche, sondern auch gesetzliche Verfügungsbeschränkungen aufgehoben. 1251

e) Anfechtung

Die Wirksamkeit des Umwandlungsbeschlusses kann nur im Klageweg angefochten werden. Die **Klage** muss innerhalb eines Monats nach der Beschlussfassung erhoben werden (§ 195 Abs. 1 UmwG). Sie kann nicht darauf gestützt werden, dass die Beteiligung an der KG zu niedrig sei oder keinen ausreichenden Gegenwert für untergehende GmbH-Anteile darstelle (§ 195 Abs. 2 UmwG). In diesen Fällen kann der Gesellschafter von der Gesellschaft lediglich im Spruchverfahren eine bare Zuzahlung verlangen (§ 196 UmwG; siehe Tz. 1049–1051 *GmbH ↔ GmbH*). 1252

Die Anfechtung des Umwandlungsbeschlusses ist ein Eintragungshindernis (§ 198 Abs. 3 iVm. § 16 Abs. 2 UmwG; siehe Tz. 1064 *GmbH ↔ GmbH*). 1253

4. Handelsregisteranmeldung

Die neue Rechtsform der **Gesellschaft** ist durch die Geschäftsführer der GmbH zum Handelsregister der GmbH anzumelden (§§ 198, 235 Abs. 2 UmwG). Ist für die KG – etwa wegen Sitzverlegung – ein ande- 1254

---

1 KRIEGER in Lutter, Anhang I § 13 SpruchG Rz. 3.
2 OLG Düsseldorf 19 W 1/98 vom 11. 3. 1998, DB 1998, 1022.
3 BGBl. 1998 I, 1878; NEYE, DB 1998, 1649.

GmbH → KG

res Registergericht zuständig, so hat auch dort die Anmeldung zu erfolgen (§ 198 Abs. 2 UmwG)[1].

1255 Die Anmeldung bedarf **öffentlich beglaubigter Form** (§ 12 Abs. 1 HGB). Eine Vorschrift zur Anmeldung innerhalb einer bestimmten Frist nach Beschlussfassung oder Erstellung der Vermögensübersicht gibt es handelsrechtlich nicht, wohl aber steuerrechtlich, siehe Tz. 1272.

1256 Der Anmeldung sind in Ausfertigung oder in öffentlich beglaubigter Abschrift oder, soweit sie nicht notariell zu beurkunden sind, in Urschrift oder Abschrift beizufügen (§ 199 UmwG):

– die Niederschrift des **Umwandlungsbeschlusses,**

– die erforderlichen **Zustimmungserklärungen** einzelner Gesellschafter,

– der **Umwandlungsbericht** oder die Erklärung über den Verzicht auf seine Erstellung,

– ein Nachweis über die rechtzeitige Zuleitung des Umwandlungsbeschlusses **an den Betriebsrat** gemäß § 194 Abs. 2 UmwG.

1257 Die Geschäftsführer haben in der Anmeldung zu erklären, dass keine Klage gegen den Umwandlungsbeschluss anhängig ist. Wird nach der Anmeldung eine Klage erhoben, haben die Geschäftsführer dies dem Registergericht mitzuteilen. Der **Erklärung der Geschäftsführer** steht ein rechtskräftiger Beschluss des mit der Anfechtungsklage befassten Gerichts, dass die Anfechtung die Eintragung nicht hindert (§ 198 Abs. 2 iVm. § 16 Abs. 3 UmwG), oder eine notarielle Verzichtserklärung der Gesellschafter (§ 198 Abs. 3 iVm. § 16 Abs. 2 S. 2 UmwG) gleich (siehe Tz. 1064 *GmbH ↔ GmbH*). Gesonderte Angaben nach §§ 106, 162 HGB sind mE nicht zwingend erforderlich, da sie in dem Umwandlungsbeschluss enthalten sind, wären aber zweckmäßig.

5. Handelsregistereintragung

1258 Das Registergericht prüft, ob die **formellen Voraussetzungen** für den Formwechsel gegeben sind, insbesondere alle notwendigen Unterlagen vorliegen[2]. Ein materielles Prüfungsrecht besteht nicht.

---

1 Eingehend Berninger, GmbHR 2004, 659.
2 Siehe zB zum Fehlen einer Vermögensaufstellung im Umwandlungsbericht OLG Frankfurt a.M. 20 W 415/02 vom 25. 6. 2003, GmbHR 2003, 1274.

GmbH → KG

Erfolgt die **Anmeldung zu unterschiedlichen Gerichten** (Tz. 1254), so hat die Eintragung in dem Register der GmbH mit dem Vermerk zu erfolgen, dass die Umwandlung erst mit der Eintragung der KG wirksam wird. 1259

Das Registergericht hat die Eintragung der neuen Rechtsform **bekannt zu machen** (§ 201 UmwG). 1260

6. Rechtsfolgen der Eintragung

Die Eintragung ist für den Formwechsel **konstitutiv**. Mit der Eintragung wird aus der GmbH eine KG (keine Rückwirkung). Die Gesellschafter bleiben identisch (§ 202 Abs. 1 UmwG). 1261

Da die GmbH als Rechtsträger in der Form der KG fortbesteht (§ 202 Abs. 1 Nr. 1 UmwG), entfallen die ansonsten bei einer Umwandlung aus der Beendigung der rechtlichen Existenz der GmbH resultierenden Rechtsfolgen. So werden **Prozesse** nicht unterbrochen. Steuerbescheide, die einen Zeitraum vor dem Formwechsel betreffen, sind unmittelbar an die KG und nicht an sie als Rechtsnachfolger der GmbH zu richten. Gesellschafterbeschlüsse für den Zeitraum vor der Eintragung des Formwechsels können nach den für eine KG geltenden Regeln gefasst und geändert werden[1]. Öffentlich-rechtliche Erlaubnisse bleiben bestehen[2]. 1262

Die **Organe** der GmbH (Geschäftsführer, Aufsichtsrat) verlieren allerdings ihre Funktion[3]. Die Vertretung der KG bestimmt sich nach den gesellschaftsvertraglichen Vereinbarungen, ansonsten nach den gesetzlichen Regeln (§ 164 HGB). Von der Organstellung zu unterscheiden sind etwaige Anstellungsverträge. An diese bleibt die Gesellschaft gebunden[4]. 1263

Rechte Dritter an den GmbH-Anteilen (zB Pfandrechte, Nießbrauch) bestehen an den KG-Beteiligungen fort (§ 202 Abs. 1 Nr. 2 UmwG). Ebenso bleiben gesellschaftsrechtliche Verbindungen von dem Formwechsel unberührt[5]. Allenfalls ergeben sich Kündigungsgründe (siehe Tz. 1075–1078 *GmbH ↔ GmbH*). 1264

---

1 AA Vossius in Widmann/Mayer, § 202 UmwG Rz. 82 (März 1997).
2 Eckert, ZIP 1998, 1950.
3 Eine Prokura erlischt nicht, OLG Köln 2 Wx 9/96 vom 6. 5. 1996, GmbHR 1996, 773.
4 Eingehend Röder/Lingemann, DB 1993, 1341; Buchner/Schlobach, GmbHR 2004, 1.
5 OLG Düsseldorf 19 W 3/00 vom 27. 2. 2004, 1032, zum Beherrschungs- und Gewinnabführungsvertrag.

GmbH → KG

1265 **Gläubiger** der Gesellschaft, die noch keinen Anspruch auf Befriedigung haben, können Sicherheit für ihre Forderungen verlangen (§ 204 iVm. § 22 UmwG). Voraussetzung ist, dass sie ihr Verlangen innerhalb von sechs Monaten nach Bekanntmachung des Formwechsels gegenüber der Gesellschaft geltend machen.

1266 Die Geschäftsführer und – falls vorhanden – die Mitglieder des Aufsichtsrats haften der Gesellschaft, den Gesellschaftern und Gläubigern der Gesellschaft für einen **Schaden**, den sie durch den Formwechsel erleiden (§ 205 Abs. 1 UmwG)[1]. Diese Ansprüche verjähren fünf Jahre nach der Bekanntgabe des Formwechsels (§ 205 Abs. 2 UmwG).

1267 Durch die Eintragung wird der Mangel der notariellen Beurkundung des Umwandlungsbeschlusses und ggf. erforderlicher Zustimmungs- oder Verzichtserklärungen einzelner Anteilseigner geheilt (vgl. § 202 Abs. 1 Nr. 3 UmwG). Sonstige **Mängel** des Formwechsels lassen Wirkungen der Eintragung unberührt (§ 202 Abs. 3 UmwG). Damit ist eine rückwirkende Beseitigung des Formwechsels ausgeschlossen[2].

7. Kosten[3]

1268 Für die **Beurkundung des Umwandlungsbeschlusses** erhält der Notar eine 20/10 Gebühr gem. §§ 141, 47 KostO. Geschäftswert ist das Aktivvermögen der Gesellschaft (§ 41 c Abs. 2 KostO). Die Gebühr darf 5.000,– Euro nicht übersteigen (§ 47 S. 2 KostO).

1269 Entwirft der Notar die **Anmeldung**, löst dies eine 5/10-Gebühr aus (§ 145 Abs. 1 S. 1 iVm. § 38 Abs. 2 Nr. 7 KostO). Der Geschäftswert beträgt 50.000,– Euro (§ 41 a Abs. 3 Nr. 3 KostO). Die erste Beglaubigung ist dann gebührenfrei (§ 145 Abs. 1 S. 4 KostO). Ansonsten fällt für die Beglaubigung eine 1/4-Gebühr, höchstens 130,– Euro an (§ 45 Abs. 1 S. 1 KostO).

1270 Die Kosten der Registereintragung betragen 160,– Euro (Gebühr 2402, § 79 Abs. 1 KostO iVm. § 1 HRegGebV).

---

1 Dazu DECHER in Lutter, § 205 UmwG Rz. 13 ff.
2 OLG Hamm 15 W 347/00 vom 27. 11. 2000, DB 2001, 85; zu Grenzen der Mängelheilung K. SCHMIDT, ZIP 1998, 181.
3 Zum Vorsteuerabzug OFD Düsseldorf vom 19. 7. 1999, DB 1999, 1580.

GmbH → KG

II. Steuerrecht

Für den Formwechsel einer GmbH in eine KG gelten die §§ 14, 17 und 18 UmwStG[1] (§ 1 Abs. 3 UmwStG). Danach wird der Formwechsel einer Kapitalgesellschaft in eine Personengesellschaft behandelt wie die **Verschmelzung** einer Kapitalgesellschaft auf eine Personengesellschaft (§ 14 UmwStG). Damit sind hier die Tz. 1337–1483 entsprechend anzuwenden.

1271

Besonderheiten gelten insoweit, als bei dem Formwechsel, anders als bei der Verschmelzung, wegen der Identitätswahrung keine handelsrechtliche Übertragungsbilanz aufzustellen ist. Dem folgt das Steuerrecht nicht. Steuerrechtlich ist die GmbH eigenständiges Rechtssubjekt, das der Körperschaftsteuer unterliegt, während die KG eine Mitunternehmerschaft ist, bei der die Besteuerung auf der Ebene der Gesellschafter erfolgt. Daher ist für steuerliche Zwecke auf den Zeitpunkt, in dem der Formwechsel wirksam wird, von der Kapitalgesellschaft eine **Übertragungsbilanz** und von der Personengesellschaft eine Eröffnungsbilanz aufzustellen (§ 14 S. 2 UmwStG). Diese Bilanzen können (Wahlrecht) auch für einen **Stichtag** aufgestellt werden, der höchstens acht Monate vor der Anmeldung des Formwechsels zur Eintragung in das Handelsregister liegt (§ 14 S. 3 UmwStG). In diesem Fall erfolgt eine steuerliche Rückwirkung des Formwechsels nach Maßgabe der Grundsätze des § 2 UmwStG. So sind Einkommen und Vermögen der übertragenden Körperschaft sowie Einkommen und Vermögen der Gesellschafter der übernehmenden Personengesellschaft so zu ermitteln, als ob das Vermögen der Körperschaft mit Ablauf des Stichtags der Bilanz, die dem Vermögensübergang zugrunde liegt (steuerlicher Übertragungsstichtag), auf die übernehmende Personengesellschaft übergegangen wäre (vgl. § 2 Abs. 1 S. 1 und Abs. 2 UmwStG). Das Gleiche gilt für die Ermittlung der Bemessungsgrundlagen bei der Gewerbesteuer (§ 2 Abs. 1 S. 2 UmwStG), nicht hingegen für die Umsatzsteuer.

1272

Gehören zum Vermögen der GmbH Grundstücke, fällt beim Formwechsel keine **Grunderwerbsteuer** an, da keine Vermögensübertragung stattfindet[2].

1273

---

1 Bis zur Änderung durch das StEntlG 1999/2000/2002 BGBl. 1999 I, 402 war unklar, ob § 18 Abs. 4 UmwStG auch für den Formwechsel galt, siehe BFH VIII R 23/01 vom 11. 12. 2001, DStZ 2002, 449, mit Anm. WACKER; dazu ROSER, EStB 2003, 71; HARITZ, FR 2004, 1098; ROSE, FR 2005, 1, jeweils mwN; gegen den BFH FG Münster 11 K 3961/04 vom 24. 6. 2005, DB 2005, 1665, Rev. VIII R 45/05.
2 BFH II B 116/96 vom 4. 12. 1996, BStBl. 1997 II, 661; FinMin. Baden-Württemberg vom 18. 9. 1997, DStR 1997, 1576; FinMin. Baden-Württemberg vom

GmbH → KG

C. Spaltung

I. Aufspaltung

1. Zivilrecht

1274 Eine GmbH kann im Wege der Aufspaltung Vermögen auf eine bereits existierende **(Spaltung zur Aufnahme)** oder mit der Spaltung zu gründende **(Spaltung zur Neugründung)** Kommanditgesellschaft übertragen (siehe Tz. 1201 sowie Tz. 726–738 *GmbH → GmbH*).

1275 **Voraussetzungen** sind:
- Abschluss eines Spaltungs- und Übernahmevertrags (bei Spaltung zur Aufnahme, § 126 UmwG) bzw. Erstellung eines Spaltungsplans (bei Spaltung zur Neugründung, § 136 UmwG),
- ggf. Erstellung eines Spaltungsberichts (§ 127 UmwG),
- ggf. Spaltungsprüfung,
- ggf. Information des Betriebsrats (§ 126 Abs. 3 UmwG),
- Zustimmungsbeschluss der beteiligten Gesellschaften (§ 125 iVm. § 13 Abs. 1 UmwG),
- Erstellung einer Schlussbilanz (§ 125 iVm. § 17 Abs. 2 UmwG),
- Anmeldung der Spaltung (§ 125 iVm. § 16 Abs. 1 UmwG).

1276 Für den **Spaltungs- und Übernahmevertrag** bzw. den **Spaltungsplan** gelten die Tz. 746–803, 901–904 *GmbH → GmbH*. Festzulegen ist, ob der Anteilseigner der zu spaltenden GmbH in der Personengesellschaft die Stellung eines persönlich haftenden Gesellschafters oder eines Kommanditisten übernimmt. Der Betrag der Einlage ist zu bestimmen (§ 125 iVm. § 40 UmwG). Grundsätzlich geht das Gesetz davon aus, dass Gesellschaftern, die – wie bei der GmbH – bisher nicht persönlich unbeschränkt haften, die Stellung eines Kommanditisten eingeräumt wird (§ 125 iVm. § 40 Abs. 2 S. 1 UmwG). Sollen sie unbeschränkt haften (Komplementär, OHG-Gesellschafter), so bedarf die Spaltung der Zustimmung dieser Gesellschafter (§ 125 iVm. § 40 Abs. 2 S. 2 UmwG).

1277 Da die Spaltung einer GmbH in eine Personenhandelsgesellschaft zu einem Rechtsformwechsel führt, ist den Gesellschaftern, die der Spaltung widersprechen, im Spaltungs- und Übernahmevertrag bzw.

---

19. 12. 1997, DStR 1998, 82; von daher ist dem Grundbuchamt auch keine Unbedenklichkeitsbescheinigung vorzulegen, siehe LG Dresden 2 T 0626/98 vom 16. 7. 1998, DB 1998, 1807.

GmbH → KG

Spaltungsplan ein **Abfindungsangebot** zu unterbreiten (§ 125 iVm. §§ 29–34 UmwG).

Zur **Aufteilung des Vermögens** siehe Tz. 764–777 *GmbH → GmbH*. Die Problematik der Kapitalaufbringung entfällt. Deckt bei einem Kommanditisten der Wert des anteiligen übergehenden Vermögens die Hafteinlage nicht, so entsteht insoweit eine persönliche Haftung. 1278

Zu den **Rechtsfolgen für Arbeitnehmer** siehe Tz. 783–803 *GmbH → GmbH*. 1279

Zum **Umtauschverhältnis** gilt Tz. 778–786 *GmbH → GmbH* entsprechend. Bare Zuzahlungen sind allerdings ausgeschlossen. Die Regelungen über die Kapitalerhöhung finden keine Anwendung. Das anteilige, auf die Personengesellschaft übergehende Vermögen ist dem Kapitalkonto des bisherigen Anteilseigners der GmbH gutzuschreiben. War die Personengesellschaft selbst beteiligt, so erfolgt die Verrechnung mit der aktivierten Beteiligung. 1280

Für die GmbH ist ein **Spaltungsbericht** zu erstellen (§ 127 UmwG), es sei denn, alle Gesellschafter der an der Spaltung beteiligten GmbH verzichten einvernehmlich auf den Bericht (§ 125 iVm. § 8 Abs. 3 UmwG). Bei der Personengesellschaft ist der Bericht nicht erforderlich, wenn alle Gesellschafter dieser Gesellschaft zur Geschäftsführung berechtigt sind (§ 125 iVm. § 49 UmwG). 1281

Eine **Spaltungsprüfung** ist erforderlich, wenn einer der Gesellschafter der an der Spaltung beteiligten GmbHs dies verlangt (§ 125 iVm. § 48 UmwG). Die Gesellschafter der Personengesellschaft haben dieses Recht nur, wenn bei dieser Gesellschaft der Spaltungsbeschluss durch Mehrheitsentscheidung gefasst werden kann (§ 125 iVm. § 44 UmwG). 1282

Soweit an der Personengesellschaft Gesellschafter beteiligt sind, die von der Geschäftsführung ausgeschlossen sind, ist der Spaltungs- und Übernahmevertrag bzw. der Spaltungsplan und der Spaltungsbericht diesen Gesellschaftern spätestens mit der **Einberufung zur Gesellschafterversammlung,** die über die Zustimmung beschließt, zu übersenden (§ 125 iVm. § 42 UmwG). 1283

Der **Spaltungsbeschluss** bedarf bei der Personengesellschaft der Zustimmung aller Gesellschafter (§ 125 iVm. § 43 UmwG), es sei denn, der Gesellschaftsvertrag sieht eine geringere Mehrheit (mindestens jedoch ¾ der Stimmen) vor (§ 125 iVm. § 43 Abs. 2 S. 1 UmwG; siehe Tz. 1969 *KG → KG).* 1284

GmbH → KG

1285 Zur **Bilanzaufstellung** siehe Tz. 818–820 *GmbH → GmbH;* zur **Anmeldung** und **Eintragung** Tz. 821–824 *GmbH → GmbH* bzw. Tz. 907–909 *GmbH → GmbH.*

1286 Zu den **Rechtsfolgen** siehe Tz. 825–834 *GmbH → GmbH.* Die **Firmenfortführung** durch eine der Personengesellschaften ist zulässig (§ 125 iVm. § 18 UmwG).

1287 Zu den **Kosten** Tz. 835–840 *GmbH → GmbH.*

2. Steuerrecht

a) Steuerliche Rückwirkung

1288 ME ist die steuerliche Rückwirkung nicht davon abhängig, dass die Voraussetzungen des § 16 iVm. § 15 Abs. 1 UmwStG erfüllt sind. Auch für den Fall, dass keine **Teilbetriebe** iSd. § 15 Abs. 1 UmwStG übertragen werden, treten die Besteuerungsfolgen zum Spaltungsstichtag ein. Im Übrigen gelten zur Rückwirkung die Tz. 1337–1346 entsprechend.

b) Besteuerung der zu spaltenden GmbH

1289 Soweit Vermögen einer Körperschaft durch Aufspaltung auf eine Personengesellschaft übergeht, erfolgt die Besteuerung nach den Grundsätzen über **Verschmelzung** von Körperschaften auf Personengesellschaften (§ 16 S. 1 iVm. §§ 3–8, 10 UmwStG, siehe hierzu Tz. 1347–1483). Allerdings verweist § 16 UmwStG auch auf § 15 UmwStG, womit eine Buchwertfortführung **nur zulässig** ist, wenn

– auf die übernehmenden Gesellschaften jeweils **Teilbetriebe** übergehen (§ 15 Abs. 1 S. 1 UmwStG). Als Teilbetrieb gilt auch ein Mitunternehmeranteil oder die Beteiligung an einer Kapitalgesellschaft, die das gesamte Nennkapital umfasst (§ 15 Abs. 1 S. 2 UmwStG);

– die Mitunternehmeranteile und 100%igen Beteiligungen an Kapitalgesellschaften nicht innerhalb eines Zeitraums von drei Jahren vor dem steuerlichen Übertragungsstichtag durch **Übertragung von Wirtschaftsgütern,** die kein Teilbetrieb sind, erworben oder aufgestockt wurden (§ 15 Abs. 3 S. 1 UmwStG);

– durch die Spaltung nicht die **Veräußerung an außenstehende Personen** vollzogen wird (§ 15 Abs. 3 S. 2 UmwStG);

– nicht innerhalb von fünf Jahren nach dem steuerlichen Übertragungsstichtag **Anteile** an einer an der Spaltung beteiligten Körperschaft, die mehr als 20% der vor Wirksamwerden der Spaltung

GmbH → KG

an der Körperschaft bestehenden Anteile ausmachen, **veräußert** werden (§ 15 Abs. 3 S. 3 und 4 UmwStG);

– bei der **Trennung von Gesellschafterstämmen** die Beteiligungen an der übertragenden Körperschaft mindestens fünf Jahre vor dem steuerlichen Übertragungsstichtag bestanden haben (§ 15 Abs. 3 S. 5 UmwStG).

Siehe im Einzelnen zu § 15 UmwStG Tz. 845–870 *GmbH → GmbH*. 1290

Unklar sind die **Rechtsfolgen** für den Fall, dass die Voraussetzungen 1291 des § 15 Abs. 1 bzw. Abs. 2 UmwStG nicht vorliegen, da § 16 UmwStG, anders als § 15 UmwStG, keine Rechtsfolgenregelung enthält. ME gelten die Rechtsfolgen des § 15 UmwStG analog, so dass bei einem Verstoß gegen § 15 Abs. 1 UmwStG (fehlende Teilbetriebseigenschaft) eine Besteuerung mit Zufluss bei dem Gesellschafter erfolgt (siehe Tz. 854 *GmbH → GmbH*), während bei einem **Missbrauch** nach § 15 Abs. 3 UmwStG die Grundsätze der §§ 3 ff. UmwStG Anwendung finden, jedoch mit dem Zwang zum Ansatz der Teilwerte bei der GmbH.

Entsprechend dem Verhältnis der übergehenden Vermögensteile zu 1292 dem vor der Spaltung bestehenden Vermögen mindert sich das steuerliche Einlagenkonto (§ 27 KStG) der GmbH (§ 29 Abs. 3 KStG)[1]. Im gleichen Verhältnis kommt es zu Körperschaftsteuerminderungen oder Erhöhungen gemäß §§ 37, 38 KStG (§§ 16 S. 2, 10 UmwStG; siehe im Einzelnen Tz. 1400–1401.3).

c) Steuerliche Folgen bei der Personengesellschaft

Die Personengesellschaft hat die übergegangenen Wirtschaftsgüter 1293 mit den in der Übertragungsbilanz der GmbH enthaltenen Werten zu übernehmen (§ 16 iVm. § 4 Abs. 1 UmwStG). Die Personengesellschaft tritt bezüglich der **Absetzungen für Abnutzung,** erhöhten Absetzungen, der Sonderabschreibungen, der Inanspruchnahme einer Bewertungsfreiheit oder eines Bewertungsabschlags, der den steuerlichen Gewinn mindernden Rücklagen sowie der Anwendung des § 6 Abs. 1 Nr. 2 S. 2 und 3 EStG in die Rechtsstellung der übertragenden Körperschaft ein (§ 16 iVm. § 4 Abs. 2 UmwStG; siehe hierzu Tz. 1415–1420).

Ein **verbleibender Verlustabzug** iSd. § 10 d EStG der übertragenden 1294 Kapitalgesellschaft mindert sich im Verhältnis, in dem das Vermögen auf eine Personengesellschaft übergeht (§ 16 S. 3 UmwStG). Ent-

---

1 Zur erstmaligen Anwendung siehe § 34 Abs. 2 a KStG. Zur Rechtslage vor Abschaffung des Anrechnungsverfahrens siehe die 3. Auflage (Tz. 1292).

GmbH → KG

sprechendes gilt für den gewerbesteuerlichen Verlustabzuzg (vgl. § 18 Abs. 1 UmwStG). Diese Kürzungen bei der übertragenden Gesellschaft erfolgen unabhängig davon, dass die verbleibenden Verlustabzüge nicht – auch nicht anteilig – auf die übernehmende Personengesellschaft bzw. deren Gesellschafter übergehen (§ 16 iVm. § 4 Abs. 2 S. 2 UmwStG).

1295 Infolge des Vermögensübergangs ergibt sich bei der Personengesellschaft ein **Übernahmegewinn** oder **Übernahmeverlust** in Höhe des Unterschiedsbetrags zwischen dem Wert, mit dem die übergegangenen Wirtschaftsgüter nach § 4 Abs. 1 UmwStG zu übernehmen sind, und dem Buchwert der Anteile an der übertragenden Körperschaft (§ 16 iVm. § 4 Abs. 4 S. 1 UmwStG), soweit sie zum Betriebsvermögen der übernehmenden Personenhandelsgesellschaft gehören bzw. als zum Umwandlungsstichtag in das Betriebsvermögen eingelegt gelten (siehe Tz. 1422–1451). Dabei gilt, dass die Anschaffungskosten bzw. die Buchwerte der Anteile an der zu spaltenden GmbH nach dem gemeinen Wert des jeweils übergehenden Vermögens aufzuteilen sind. Damit sind anteilige Anschaffungskosten bzw. Buchwerte selbst dann anzusetzen, wenn bei einer Abspaltung keine Herabsetzung des Stammkapitals erfolgt. Soweit Anteile nicht als in das Betriebsvermögen eingelegt gelten, bleibt der Wert der übergegangenen Wirtschaftsgüter bei der Ermittlung des Übernahmegewinns oder Übernahmeverlusts außer Ansatz (§ 16 iVm. § 4 Abs. 4 S. 3 UmwStG). Die Besteuerung richtet sich ausschließlich nach § 7 UmwStG (siehe Tz. 1467–1472).

d) Besteuerung der Gesellschafter[1]

1296 Der anteilige Übernahmegewinn ist zuzüglich eines ggf. anfallenden Sperrbetrags iSd. § 50 c EStG gesondert festzustellen. Der Übernahmegewinn bleibt außer Ansatz, soweit er auf eine Körperschaft, Personenvereinigung oder Vermögensmasse als Mitunternehmerin der KG entfällt. Bei natürlichen Personen ist er zu Hälfte anzusetzen (§ 4 Abs. 7 UmwStG, siehe Tz. 1461–1466).

1297 **Gewerbesteuer** fällt nicht an. Siehe Tz. 1454.

1298 Entsteht ein Übernahmeverlust, bleibt dieser außer Ansatz (§ 4 Abs. 6 UmwStG, siehe Tz. 1442–1445).

---

1 Zur Rechtslage bis zur Abschaffung des Körperschaftsteueranrechnungsverfahrens siehe die 3. Auflage (Tz. 1296); zur erstmaligen Anwendung des neuen Rechts § 27 Abs. 1 a UmwStG.

GmbH → KG

Gelten die Anteile eines Gesellschafters nicht als eingelegt, so entsteht weder ein Übernahmegewinn noch ein Übernahmeverlust. Er versteuert als **Einkünfte aus Kapitalvermögen** 1299
– das auf seinen Anteil entfallende Eigenkapital mit Ausnahme des steuerlichen Einlagenkontos (§ 27 KStG),
– zuzüglich eines etwaigen Sonderausweises gemäß § 28 KStG.

Einstweilen frei. 1300

II. Abspaltung
1. Zivilrecht

Es gelten die Tz. 1274–1287 sowie die Tz. 912–922 *GmbH → GmbH* entsprechend. 1301

2. Steuerrecht

Es gelten die Tz. 1288–1300 entsprechend. 1302

III. Ausgliederung
1. Zivilrecht

Es gelten die Tz. 929–939 *GmbH → GmbH* entsprechend. 1303

2. Steuerrecht

Steuerlich unterfällt die Ausgliederung auf eine Personengesellschaft § 6 Abs. 5 EStG oder § 24 UmwStG (siehe Tz. 380–411 *EU → KG*). Damit ist eine **Buchwertfortführung** möglich. Die Einschränkungen der §§ 15, 16 UmwStG gelten nicht. Verkauft die GmbH den Anteil an der Personengesellschaft, so ist das gewerbesteuerpflichtig (§ 7 S. 2 GewStG)[1]. 1304

---

1 Zur Rechtslage vor 2002 OFD Frankfurt vom 16. 8. 2000, GmbHR 2000, 1066.

GmbH → KG

D. Verschmelzung

I. Verschmelzung durch Aufnahme

1. Zivilrecht

a) Voraussetzungen

1305 Eine GmbH kann durch Verschmelzung **auf eine bestehende** KG umgewandelt werden (§ 2 Nr. 1 UmwG). Der Unternehmensgegenstand der GmbH spielt keine Rolle (siehe Tz. 1214). Nicht erforderlich ist, dass die KG oder ihre Gesellschafter an der GmbH beteiligt sind. Es können auch bisher nicht verbundene Unternehmen verschmolzen werden. Der oder die Gesellschafter der GmbH müssen taugliche Gesellschafter einer KG sein (siehe Tz. 1215–1217).

1306 Notwendig sind folgende Schritte:
– Abschluss eines **Verschmelzungsvertrags** (§§ 4 ff. UmwG),
– ggf. Erstellung eines **Verschmelzungsberichts** (§ 8 UmwG),
– ggf. **Prüfung** der Verschmelzung (§ 9 UmwG),
– **Zustimmungsbeschluss** der Gesellschafter (§ 13 UmwG),
– **Anmeldung** der Verschmelzung (§ 16 UmwG).

b) Verschmelzungsvertrag

1307 Grundlage der Verschmelzung ist ein Verschmelzungsvertrag zwischen der übertragenden GmbH und der übernehmenden KG (§ 4 Abs. 1 UmwG). Der Vertrag wird von den jeweils zur Vertretung der Gesellschaften befugten Personen (bei der GmbH idR die **Geschäftsführer,** bei der KG die nach dem Gesetz bzw. dem Gesellschaftsvertrag geschäftsführungsbefugten Gesellschafter) abgeschlossen.

1308 Sind mehrere Gesellschaften an der Verschmelzung beteiligt, ist ein **einheitlicher Vertrag** von allen Parteien abzuschließen. Er kann vor oder nach der Beschlussfassung durch die Gesellschafter abgeschlossen werden. Wird die Beschlussfassung vorgezogen, ist zunächst ein Vertragsentwurf zu erstellen (§ 4 Abs. 2 UmwG).

1309 Der Vertrag bedarf **notarieller Beurkundung** (§ 6 UmwG).

1310 Als Mindestinhalt muss der Vertrag die beteiligten Gesellschaften mit **Firma, Sitz** und **gesetzlichen Vertretern** bezeichnen (§ 5 Abs. 1 Nr. 1 UmwG). Ferner muss in der Erklärung enthalten sein, dass das Vermögen der übertragenden GmbH gegen Gewährung einer KG-Betei-

GmbH → KG

ligung an die Gesellschafter der GmbH auf die KG übertragen wird (§ 5 Abs. 1 Nr. 2 UmwG).

Auf die **Beteiligungsgewährung** kann nur verzichtet werden, wenn sich alle Anteile der GmbH in der Hand der KG befinden (§ 5 Abs. 2 UmwG). Maßgebend ist grundsätzlich die zivilrechtliche Eigentümerstellung. Wie bei der Verschmelzung von Kapitalgesellschaften dürfte es nicht ausreichen, dass sich die GmbH-Anteile in der Hand der Gesellschafter befinden, selbst wenn sie dort als Sonderbetriebsvermögen zu qualifizieren sind. Allerdings könnten die Anteile vor der Verschmelzung in das Gesamthandsvermögen eingelegt werden. 1311

In dem Verschmelzungsvertrag ist die jeweilige Beteiligung, die den Gesellschaftern der GmbH in der KG gewährt wird, festzulegen (§ 5 Abs. 1 Nr. 3 und 4 UmwG). Hierzu gehört bei der Verschmelzung auf eine KG 1312

- in welchem quotalen Verhältnis das Vermögen der GmbH den **Kapitalkonten der Gesellschafter** gutzuschreiben ist (hierbei ist zu berücksichtigen, dass handelsrechtlich ein Wahlrecht hinsichtlich der Bilanzierung besteht, siehe Tz. 1332);
- in welchem Verhältnis die Gesellschafter der GmbH zukünftig am **Vermögen der KG** beteiligt sind (hierbei sind die Regeln des bestehenden Gesellschaftsvertrags der KG zu beachten, auf die ggf. Bezug genommen werden kann);
- ob die Gesellschafter der GmbH im Rahmen der KG die Stellung eines **Komplementärs** oder eines **Kommanditisten** erhalten (§ 40 Abs. 1 UmwG; dabei ist darauf zu achten, dass Gesellschaftern, die bereits an der KG beteiligt sind, nur eine einheitliche Rechtsstellung eingeräumt wird; ein Komplementär kann nicht gleichzeitig Kommanditist und ein Kommanditist nicht gleichzeitig Komplementär sein);
- die **Höhe der Haftungssumme** der Kommanditisten (§ 40 Abs. 1 S. 2 UmwG; diese kann höher oder geringer als die Einlage sein).

Ferner ist festzulegen 1313

- der **Verschmelzungsstichtag** (§ 5 Abs. 1 Nr. 6 UmwG), der nicht mehr als acht Monate vor der Anmeldung der Verschmelzung zum Handelsregister liegen darf (§ 17 Abs. 2 S. 4 UmwG). Ab diesem Stichtag gelten die Handlungen der GmbH als für Rechnung der übernehmenden KG vorgenommen (Tz. 992 *GmbH ↔ GmbH*);
- der (idR mit dem Verschmelzungsstichtag identische) Tag, ab dem die Gesellschafter der GmbH am Gewinn der KG beteiligt sind, sowie die Höhe des **Gewinnanteils** (§ 5 Abs. 1 Nr. 5 UmwG);

GmbH → KG

- ob und in welchem Umfang Gesellschaftern **Sonderrechte** (Gewinnvorab, Geschäftsführungsrechte etc.) eingeräumt werden (§ 5 Abs. 1 Nr. 7 UmwG);
- **Vorteilsgewährungen** an Geschäftsführer, Aufsichtsräte oder Prüfer (§ 5 Abs. 1 Nr. 8 UmwG, siehe Tz. 992 *GmbH ↔ GmbH*);
- die **Folgen** der Verschmelzung **für die Arbeitnehmer** und ihre Vertretungsorgane sowie die insoweit vorgesehenen Maßnahmen (§ 5 Abs. 1 Nr. 9 UmwG).

1314 Letztlich ist für den Fall, dass Gesellschafter der Verschmelzung widersprechen, im Verschmelzungsvertrag ein **Barabfindungsangebot** zu unterbreiten (§ 29 UmwG, siehe Tz. 1242–1251).

1315 Die KG kann die **Firma** der GmbH fortführen (§ 18 UmwG, siehe Tz. 1232). Dies ist im Verschmelzungsvertrag zu regeln.

1316 Darüber hinaus empfehlen sich Regelungen zur **Kostenfrage** (siehe Tz. 1336) sowie die Festlegung etwaiger Änderungen des Gesellschaftsvertrags der KG.

1317 Zu einem **bedingten Abschluss** des Verschmelzungsvertrags siehe Tz. 1001–1002 *GmbH ↔ GmbH*, zum **Anteilsübergang** während des Verschmelzungsvorgangs Tz. 1004 *GmbH ↔ GmbH*.

c) Umtauschverhältnis und Barabfindungsangebot

1318 Hinsichtlich des **Umtauschverhältnisses** gelten die Tz. 1006–1013 *GmbH ↔ GmbH* entsprechend. **Bare Zuzahlungen** sind nicht zulässig.

1319 Da die Verschmelzung der GmbH auf eine KG zum Wechsel der Rechtsform führt, ist den Gesellschaftern der GmbH, die der Verschmelzung widersprechen, ein **Barabfindungsangebot** zu unterbreiten (§ 29 Abs. 1 UmwG). Insoweit gilt Tz. 1242–1251 entsprechend.

d) Verschmelzungsbericht und Prüfung

1320 Für den **Verschmelzungsbericht** gilt Tz. 1018–1029 *GmbH ↔ GmbH* entsprechend. Für die KG ist kein Verschmelzungsbericht erforderlich, wenn alle Gesellschafter der KG zur Geschäftsführung berechtigt sind (§ 41 UmwG).

1321 Der Verschmelzungsvertrag ist prüfungspflichtig, wenn ein Gesellschafter der GmbH dies verlangt (§ 48 UmwG). Gesellschafter der KG können die **Prüfung** verlangen, wenn der Gesellschaftsvertrag der KG

GmbH → KG

eine Mehrheitsentscheidung hinsichtlich der Zustimmung zur Verschmelzung vorsieht (§ 44 UmwG).

e) Verschmelzungsbeschlüsse

Für die **Beschlussfassung** bei der GmbH gilt Tz. 1030–1051 *GmbH* ↔ *GmbH*, im Übrigen Tz. 1680–1681 *KG → GmbH* entsprechend. 1322

Auch bei der KG muss der Verschmelzungsbeschluss in der **Gesellschafterversammlung** gefasst werden (§ 13 Abs. 1 UmwG), obwohl das Handelsrecht für Personengesellschaften grundsätzlich keine Notwendigkeit zur Beschlussfassung in einer Gesellschafterversammlung kennt. 1323

Für die **Einberufung** der Gesellschafterversammlung gelten, sofern vorhanden, die durch den Gesellschaftsvertrag vorgegebenen Formen und Fristen, ansonsten ist mit angemessener Frist (mE mindestens ein Monat analog § 123 AktG) schriftlich unter Angabe der Tagesordnung von den zur Geschäftsführung befugten Gesellschaftern zu laden[1]. Der Verschmelzungsvertrag und der Verschmelzungsbericht sind den Gesellschaftern, die von der Geschäftsführung ausgeschlossen sind, spätestens mit der Einberufung der Gesellschafterversammlung zu übersenden. 1324

Der Verschmelzungsbeschluss bedarf der **Zustimmung aller Gesellschafter** der KG. Gesellschafter, die nicht zur Gesellschafterversammlung erschienen sind, müssen ihre Zustimmung gesondert erklären. 1325

Eine **Mehrheitsentscheidung** ist nur zulässig, wenn der Gesellschaftsvertrag der KG dies für den Fall der Umwandlung vorsieht. Wirksam ist allerdings nur eine Vereinbarung, die eine Mehrheit von mindestens ¾ aller Stimmen (nicht etwa nur der abgegebenen Stimmen) vorsieht (§ 43 Abs. 2 UmwG). Dabei kommt es auf die Zahl der Stimmen, nicht auf die Zahl der Gesellschafter an. 1326

Der Beschluss und etwaige Zustimmungen außerhalb der Gesellschafterversammlung sind **notariell zu beurkunden**. Zur Beurkundung mehrerer Beschlüsse in einer Urkunde siehe Tz. 1098 *GmbH* ↔ *GmbH*. 1327

---

1 EMMERICH in Heymann, § 119 HGB Anm. 7; MARTENS in Schlegelberger, § 119 HGB Anm. 6.

GmbH → KG

1328 Ist bei der KG eine Mehrheitsentscheidung möglich, haben die Komplementäre der übernehmenden KG ein besonderes **Widerspruchsrecht** (§ 43 Abs. 2 S. 2 UmwG). Sie können verlangen, in die Stellung eines Kommanditisten zu treten.

1329 Zur **Anfechtung** des Beschlusses siehe Tz. 1049–1051 *GmbH ↔ GmbH*.

f) Bilanzierung

1330 Zur Bilanzierung bei der übertragenden **GmbH** siehe Tz. 1052–1054 *GmbH ↔ GmbH*.

1331 Die übernehmende **KG** hat keine besondere Bilanz zu erstellen. Die KG hat die übernommenen Wirtschaftsgüter mit den Anschaffungs- bzw. Herstellungskosten vermindert um die AfA anzusetzen (§ 253 Abs. 1 HGB). Der Saldo aus Aktiva und Passiva (ohne Eigenkapital) ist den Kapitalkonten der Gesellschafter entsprechend den Vereinbarungen des Verschmelzungsvertrags gutzuschreiben oder – im Fall negativen Vermögens – zu belasten. Soweit die **KG an der GmbH beteiligt** ist, erfolgt eine Verrechnung mit dem Beteiligungskonto.

1332 Als Anschaffungskosten können (Wahlrecht) auch die **Buchwerte** der Verschmelzungsbilanz der GmbH angesetzt werden (§ 24 UmwG).

1333 **Hinweis:** Wegen des Zwangs zur Buchwertfortführung in der Steuerbilanz (Tz. 1402) wird in der Praxis von dem Wahlrecht gem. Tz. 1331, 1332 kein Gebrauch gemacht.

g) Anmeldung und Eintragung

1334 Die Vertretungsorgane der GmbH (Geschäftsführer) und der KG (geschäftsführende Gesellschafter)[1] haben die Verschmelzung zur Eintragung in das **Handelsregister** des jeweiligen Sitzes anzumelden (§ 16 Abs. 1 S. 1 UmwG). Für die GmbH können auch die Vertretungsorgane der KG die Anmeldung vornehmen (§ 16 Abs. 1 S. 2 UmwG). Im Übrigen gelten die Tz. 1059–1071 *GmbH ↔ GmbH*.

---

1 Bei einer Verschmelzung durch Mehrheitsbeschluss kann auch die Registervollmacht durch Mehrheitsbeschluss erteilt werden, OLG Schleswig 2 W 50/03 vom 4. 6. 2003, DStR 2003, 1891.

GmbH → KG

h) Rechtsfolgen der Verschmelzung

Es gelten die Tz. 1072–1097 GmbH ↔ GmbH entsprechend. Besonderheiten gelten für eine **Firmenfortführung** (siehe Tz. 1232). 1335

i) Kosten

Siehe Tz. 1098–1101 GmbH ↔ GmbH. 1336

2. Steuerrecht

a) Steuerliche Rückwirkung

Bei einer Verschmelzung sind Einkommen und Vermögen der übertragenden GmbH sowie der das Vermögen übernehmenden Gesellschaften so zu ermitteln, als ob das Vermögen der GmbH mit Ablauf des Stichtags der Bilanz, die dem Vermögensübergang zugrunde liegt (**steuerlicher Übertragungsstichtag**), auf die übernehmenden Gesellschaften übergegangen wäre (§ 2 Abs. 1 UmwStG). Nach Ansicht der Finanzverwaltung ist der steuerliche Übertragungsstichtag der dem handelsrechtlichen Umwandlungsstichtag vorangehende Tag[1] und nicht der Umwandlungsstichtag selbst, was mE zutreffend wäre. Steuerlich wirkt die Verschmelzung automatisch auf den bzw. – nach Auffassung der Finanzverwaltung – auf den Tag vor dem **handelsrechtlichen Verschmelzungsstichtag** zurück. Es bedarf weder eines besonderen Antrags, noch kann steuerlich ein anderer Stichtag gewählt werden. Wegen der Bindung an den handelsrechtlichen Verschmelzungsstichtag führt die Eintragung einer Verschmelzung im Handelsregister trotz Überschreitung der Acht-Monats-Frist (§ 17 Abs. 2 S. 4 UmwG) mE zur Beibehaltung der steuerlichen Rückwirkung. 1337

Die Rückwirkung gilt für die **Ertragsteuern,** nicht für die Umsatzsteuer. Die übernehmende Personengesellschaft hat ihre Einkünfte so zu ermitteln, als sei das Unternehmen der übertragenden GmbH bereits zum Verschmelzungsstichtag auf sie übergegangen. 1338

Gewinnausschüttungen, die am steuerlichen Übertragungsstichtag bereits beschlossen, aber noch nicht vorgenommen sind, sind in der steuerlichen Schlussbilanz der übertragenden Körperschaft als 1339

---

[1] Tz. 02.02 UmwE; dagegen FG Köln 1 K 5268/00 vom 26. 10. 2004, DStRE 2005, 890, Rev. VIII R 9/05.

GmbH → KG

Schuldposten abzuziehen[1]. Sie mindern folglich das übertragene Vermögen.

1340 Gewinne der GmbH nach dem Übertragungsstichtag werden steuerlich als Gewinne der KG behandelt und den Gesellschaftern im Wege der einheitlichen und gesonderten Gewinnfeststellung zugerechnet. **Gewinnausschüttungen, die nach dem Übertragungsstichtag** beschlossen werden, sind steuerlich Entnahmen[2]. KapESt ist nicht abzuführen bzw. nach Eintragung der Umwandlung vom Finanzamt zu erstatten[3]. Gehalts-, Miet-, Pacht- und Zinszahlungen der GmbH an einen Gesellschafter für den Zeitraum zwischen Umwandlungsstichtag und Eintragung werden als Gewinnvoraus behandelt (§ 15 Abs. 1 S. 1 Nr. 2 EStG) und stellen keine Betriebsausgaben dar[4]. Die Rückwirkungsfiktion gilt jedoch nicht für ausscheidende Gesellschafter (siehe auch Tz. 1480 ff.)[5].

1341 **Pensionsrückstellungen** zugunsten der Gesellschafter-Geschäftsführer sind nach dem Vermögensübergang auf eine Personengesellschaft von dieser nicht gewinnerhöhend aufzulösen, sondern fortzuführen[6]. Zuführungen zu diesen mindern aber nach dem Übertragungsstichtag nicht den steuerlichen Gewinn der KG (siehe auch Tz. 1381)[7].

1342 **Aufsichtsratsvergütungen** nach § 10 Nr. 4 KStG sind für die Zeit nach dem steuerlichen Übertragungsstichtag in vollem Umfang als Betriebsausgaben abzugsfähig, wenn Empfänger der Vergütungen nicht ein Gesellschafter der übernehmenden Personengesellschaft ist[8].

1343 Die Rückwirkung gilt nicht für die **Grunderwerbsteuer** und die **Umsatzsteuer.** Unternehmer ist bis zur Eintragung der Verschmelzung im Handelsregister die GmbH. Bis zu diesem Zeitpunkt sind Leistungen zwischen ihr und Dritten unter der Firma der GmbH abzurechnen. Bis zur Eintragung der Verschmelzung sind von der GmbH Umsatzsteuervoranmeldungen und Umsatzsteuererklärungen abzugeben. Soweit nach der Eintragung noch Erklärungen für den Zeitraum bis

---

1 Tz. 02.24–02.26 UmwE.
2 Tz. 02.32 UmwE.
3 OFD Berlin vom 13. 3. 2000, GmbHR 2000, 635; BERG, DStR 1999, 1219.
4 Tz. 02.39 UmwE.
5 Tz. 02.09, 02.10, 02.30, 02.33 ff., 02.40 UmwE.
6 BFH I R 8/75 vom 22. 6. 1977, BStBl. 1977 II, 798.
7 Tz. 06.03 UmwE.
8 Tz. 02.42 UmwE.

GmbH → KG

zur Eintragung einzureichen sind, ist dies Aufgabe der übernehmenden Gesellschaft als Rechtsnachfolger der GmbH.

Die Frage, ob § 2 UmwStG auch hinsichtlich der **Erbschaftsteuer** gilt, ist umstritten. Der BFH hat dies – in einer bisher allerdings einmaligen Entscheidung – abgelehnt[1]. ME gilt die Rückwirkung des § 2 UmwStG für die ErbSt als vermögensbezogene Steuer[2]. 1344

Beispiel: A, Alleingesellschafter einer ertragsstarken GmbH, verstirbt plötzlich und unerwartet. Den Erben (Ehefrau und minderjährige Kinder) droht hohe Erbschaftsteuerbelastung. Die Erbschaftsteuerbelastung könnte erheblich gemindert werden, wenn die GmbH mit Rückwirkung für die Erbschaftsteuer in eine Personengesellschaft umgewandelt werden könnte. An die Stelle des gemeinen Werts der GmbH-Anteile würde der Einheitswert des Betriebsvermögens treten[3]. 1345

Die Folgen der Rückwirkung treten mit Ablauf des Verschmelzungsstichtags ein. Ist Verschmelzungsstichtag der 31.12., so hat dies ua. folgende **Auswirkungen:** 1346

– Ein Übertragungsgewinn bei der GmbH ist im Einkommen des alten Jahrs enthalten.

– Ein Übernahmegewinn entsteht bei der KG noch im alten Jahr. Ebenso sind dem Gesellschafter Einkünfte nach § 7 UmwStG noch im alten Jahr zuzurechnen.

Sollen die steuerlichen Folgen der Verschmelzung nicht zum 31.12., sondern zum 1.1. eintreten, muss nach Ansicht der Finanzverwaltung der 2.1. als Umwandlungsstichtag gewählt werden (siehe Tz. 1337).

b) Besteuerung der GmbH

aa) Wertansatz in der steuerlichen Schlussbilanz

Die GmbH hat zum steuerlichen Übertragungsstichtag – neben der regulären Steuerbilanz zur Ermittlung des laufenden Gewinns – eine Schlussbilanz aufzustellen (§ 3 UmwStG). Wird das Vermögen der 1347

---

1 BFH II R 73/81 vom 4. 7. 1984, BStBl. 1984 II, 772.
2 Ebenso WIDMANN in Widmann/Mayer, § 2 UmwStG Rz. 85 mwN (März 1999); SCHMITT/HÖRTNAGL/STRATZ, § 2 UmwStG Rz. 27; wohl auch vA RECHENBERG, GmbHR 1998, 976; LÜDICKE, ZEV 1995, 132; KNOPF/SÖFFING, BB 1995, 850; aA SLABON in Haritz/Benkert, § 2 UmwStG Rz. 27; Tz. 01.01 UmwE; WOLF in Wassermeyer/Mayer/Rieger, S. 655.
3 Siehe SCHWEDHELM, GmbH-StB 2002, 77.

GmbH → KG

übertragenden GmbH Betriebsvermögen der übernehmenden KG, können die Wirtschaftsgüter in der steuerlichen Schlussbilanz nach dem Wortlaut des Gesetzes mit dem Buchwert oder einem höheren Wert angesetzt werden (**Wahlrecht** § 3 S. 1 UmwStG). Die Teilwerte der einzelnen Wirtschaftsgüter dürfen nicht überschritten werden (§ 3 S. 4 UmwStG)[1]. Bei einem Zwischenwertansatz sind die Buchwerte gleichmäßig aufzustocken[2].

1348   Demgegenüber geht die **Finanzverwaltung** von der **Maßgeblichkeit** der Handelsbilanz für die Steuerbilanz aus[3], womit das Bewertungswahlrecht praktisch leer laufen würde (siehe ausführlich Tz. 1118 *GmbH ↔ GmbH*). In der Praxis ist die Streitfrage für die Umwandlung von der Kapital- in die Personengesellschaft nur von geringer Bedeutung, da die Realisierung stiller Reserven bei der GmbH idR zu einem höheren Übernahmegewinn bei den Gesellschaftern führt (siehe Tz. 1422 ff.) und daher nicht von Interesse ist. Ausnahmen können bei Verlustvorträgen gelten[4].

1349   Erfolgt die Verschmelzung auf eine **KG ohne Betriebsvermögen,** so sind die Wirtschaftsgüter in der steuerlichen Schlussbilanz der übertragenden GmbH mit dem gemeinen Wert anzusetzen (§ 8 UmwStG). Eine solche Konstellation ist denkbar, wenn die Gesellschaft zwar steuerlich keinen Gewerbebetrieb unterhält (zB Vermietung und Verpachtung betreibt), durch Eintragung ins Handelsregister aber eine KG entsteht (§ 2 HGB)[5]. Zur steuerlichen Behandlung auf der Ebene der Gesellschafter siehe Tz. 1461–1472. Vermieden wird die Auflösung stiller Reserven bei Umwandlung der GmbH in eine gewerblich geprägte Personengesellschaft (§ 15 Abs. 3 Nr. 2 EStG).

1350–1351   Einstweilen frei.

---

1   Der Ansatz mit dem Buchwert ist gemäß § 3 S. 2 UmwStG auch dann zulässig, wenn in der Handelsbilanz das eingebrachte Betriebsvermögen mit einem höheren Wert angesetzt werden muss. Diese Gesetzesregelung ist jedoch ohne praktische Relevanz, da für Personengesellschaften – anders als für Kapitalgesellschaften – handelsrechtlich kein Verbot der „Unterpariemission" besteht.
2   STRECK/POSDZIECH, GmbHR 1995, 271.
3   Tz. 03.01 ff. UmwE.; aA FG Baden-Württemberg 6 K 103/99 vom 4. 3. 2004, EFG 2004, 858, Rev. I R 34/04; DEHMER, UmwStErlass, Tz. 11.01, 03.01 zum Diskussionsstand siehe ua. HAUSER/MEURER, Wpg. 1998, 269; THIEL, GmbHR 1997, 145; HERZIG, FR 1997, 123; WEBER-GRELLET, BB 1997, 653; RÖDDER, DB 1998, 998; FUNKE, GmbHR 1998, 628; HARITZ/PAETZOLD, FR 1998, 352; SCHMITT, DStZ 2004, 825; BRAUN/TROOST, DStR 2004, 1862.
4   Siehe SCHMITT/HÖRTNAGL/STRATZ, § 3 UmwStG Rz. 58 ff.; KREBS, BB 1993, 1771.
5   Vgl. WACKER in L. Schmidt, § 15 EStG Rz. 181; BFH IV R 21/96 vom 6. 3. 1997, BFH/NV 1997, 762.

GmbH → KG

bb) ABC der Wertansätze

Abfindungsansprüche ausscheidender Gesellschafter sind nicht in der Schlussbilanz der GmbH zu berücksichtigen. Der Anspruch richtet sich gegen die KG (siehe Tz. 1473)[1].   1352

Absetzungen, Sonderabschreibungen etc. siehe Tz. 1413.   1353

Anlagevermögen: Das bewegliche Anlagevermögen kann mit dem Buchwert, dem Teilwert oder einem Zwischenwert angesetzt werden[2].   1354

Anlagen im Bau sind mit dem Buchwert, ggf. mit dem niedrigeren Teilwert anzusetzen[3].   1355

Anzahlungen: Hier gilt Gleiches[4].   1356

Aufsichtsratsvergütungen siehe „Körperschaftsteuer".   1357

Ausgleichsansprüche des Handelsvertreters aus § 89 b HGB können nicht bilanziert werden[5].   1358

Ausländisches Vermögen kann mit dem Buchwert, dem Teilwert oder einem Zwischenwert angesetzt werden[6].   1359

Ausstehende Einlagen sind nicht zu berücksichtigen. Bei der Ermittlung des Übernahmegewinns ist der Nettowert (Buchwert ./. nicht erbrachte Einlage) der Beteiligung anzusetzen[7].   1360

Bauten auf fremdem Grund und Boden: Hier sind für die Ermittlung des Teilwerts die Anschaffungskosten und die vertragliche Restnutzungsdauer zu berücksichtigen[8].   1361

Beteiligungen an Personengesellschaften: Der Teilwert für Beteiligungen an Personengesellschaften kann unter Berücksichtigung   1362

---

1 SCHMITT/HÖRTNAGL/STRATZ, § 3 UmwStG Rz. 71.
2 AA die Finanzverwaltung, siehe Tz. 1348.
3 WIDMANN in Widmann/Mayer, § 3 UmwStG Rz. 86 (Juni 1999).
4 WIDMANN in Widmann/Mayer, § 3 UmwStG Rz. 87 (Juni 1999).
5 SCHMITT/HÖRTNAGL/STRATZ, § 3 UmwStG Rz. 73.
6 Einzelheiten bei WIDMANN in Widmann/Mayer, § 3 UmwStG Rz. 89 ff. (Juni 1999);SCHMITT/HÖRTNAGL/STRATZ, § 3 UmwStG Rz. 74; BRINKHAUS in Haritz/Benkert, § 3 UmwStG Rz. 78 ff.; siehe auch Tz. 03.09 UmwE.
7 BRINKHAUS in Haritz/Benkert, § 3 UmwStG Rz. 94; Tz. 03.12 UmwE.
8 WIDMANN in Widmann/Mayer, § 3 UmwStG Rz. 387 (Juni 1999).

GmbH → KG

selbstgeschaffener immaterieller Wirtschaftsgüter der Personengesellschaft ermittelt werden[1].

1363 **Beteiligungen an Kapitalgesellschaften:** Zur Ermittlung des Teilwerts von Beteiligungen an Kapitalgesellschaften besteht mE keine Bindung an die Bewertung nach dem „Stuttgarter Verfahren" (Abschn. 4 ff. VStR)[2].

1364 **Betriebs- und Geschäftsausstattung** siehe „Anlagevermögen".

1365 **Bodenschätze** sind nach den allgemeinen Gewinnermittlungsgrundsätzen anzusetzen[3].

1366 **Eigene Anteile** werden nicht angesetzt[4].

1367 **Firmenwert** siehe „Immaterielle Wirtschaftsgüter".

1368 **Forderungen** sind nach den allgemeinen Gewinnermittlungsgrundsätzen im allgemeinen mit dem Buchwert der letzten Steuerbilanz zu aktivieren. Dies gilt auch für Forderungen und Verbindlichkeiten, die aufgrund der Verschmelzung durch Konfusion erlöschen[5].

1369 **Gebäude** siehe „Grundstücke".

1370 **Genussscheine:** Verpflichtungen aus Genussscheinen sind wie Stammkapital zu behandeln[6].

1371 **Geschäftsausstattung** siehe „Anlagevermögen".

1372 **Gewerbesteuer** auf einen Übertragungsgewinn ist zu passivieren. Sie mindert den Übertragungsgewinn, nicht den laufenden Gewinn[7].

1373 **Gewinn:** Ein laufender Gewinn ist Teil des Eigenkapitals und sollte aus Praktikabilitätsgründen gesondert ausgewiesen werden. Soweit eine Ausschüttung vor dem steuerlichen Übertragungsstichtag beschlossen

---

1 Streitig, wie hier BRINKHAUS in Haritz/Benkert, § 3 UmwStG Rz. 96; aA SCHMITT/ HÖRTNAGL/STRATZ, § 3 UmwStG Rz. 79; siehe auch Tz. 03.10 UmwE.
2 BRINKHAUS in Haritz/Benkert, § 3 UmwStG Rz. 95; zur Beteiligung an einer ausländischen Kapitalgesellschaft Tz. 03.11 UmwE: keine Anwendung des § 8 b KStG; aA BRINKHAUS in Haritz/Benkert, § 3 UmwStG Rz. 89 mwN.
3 WEBER-GRELLET in L. Schmidt, § 5 EStG Rz. 270 „Bodenschätze".
4 STRECK/POSDZIECH, GmbHR 1995, 271; BRINKHAUS in Haritz/Benkert, § 3 UmwStG Rz. 71.
5 STRECK/POSDZIECH, GmbHR 1995, 271.
6 WIDMANN in Widmann/Mayer, § 3 UmwStG Rz. 154 (Juni 1999).
7 SCHMITT/HÖRTNAGL/STRATZ, § 3 UmwStG Rz. 99; BFH VI 367/65 vom 17. 1. 1969, BStBl. 1969 II, 540.

GmbH → KG

wurde, sind die noch nicht abgeflossenen Mittel als Schuldposten zu berücksichtigen. Gewinnausschüttungen, die nach dem steuerlichen Übertragungsstichtag beschlossen werden, sind steuerliche Entnahmen und haben keine Auswirkung auf die Schlussbilanz (siehe Tz. 1339 f.).

Grunderwerbsteuer siehe „Kosten". 1374

Grundstücke, grundstücksgleiche Rechte und Gebäude sind maximal mit dem Verkehrswert anzusetzen (siehe auch Tz. 1403). 1375

Immaterielle Wirtschaftsgüter: Nach Ansicht der Finanzverwaltung können selbstgeschaffene immaterielle Wirtschaftsgüter, insbesondere ein originärer Firmenwert, nicht angesetzt werden. Selbst ein entgeltlich erworbener Firmenwert soll nicht mit dem Teilwert (Anschaffungskosten ./. AfA gemäß § 7 Abs. 1 S. 3 EStG) bilanziert werden können[1]. Von Relevanz ist diese Frage, wenn durch einen Teilwertansatz steuerliche Verlustvorträge der GmbH ausgeglichen werden sollen oder wenn auf Personengesellschaft ohne Betriebsvermögen umgewandelt wird. 1376

Körperschaftsteuer sowie sonstiger nicht abzugsfähiger Aufwand gemäß § 10 KStG (50% der Aufsichtsratsvergütungen etc.) sind in der Schlussbilanz zurückzustellen, jedoch außerhalb der Bilanz bei der Einkommensermittlung wieder hinzuzurechnen. Die übernehmende Personengesellschaft hat den Schuldposten gemäß § 4 Abs. 1 UmwStG fortzuführen. 1377

Kosten der Verschmelzung, die von der GmbH getragen werden, sind zurückzustellen. Hierzu gehören[2]: Beratungs-, Notar- und Gerichtsgebühren für den Verschmelzungsbeschluss und die Zustimmung gemäß §§ 13, 50 UmwG sowie für die Handelsregistereintragung und -anmeldung, die Kosten für die Bilanzen der GmbH, die Ermittlung und Bekanntmachung des Abfindungsangebots sowie die Kosten der Erstellung des Verschmelzungsberichts und einer Prüfung. Zur Gewerbesteuer auf einen Übertragungsgewinn siehe Tz. 1397–1398. Die übrigen Kosten der Umwandlung hat die Personengesellschaft zu tragen. Dies sind: die Kosten der Abfindung ausscheidender Gesell- 1378

---

1 Tz. 03.07 UmwE; aA BRINKHAUS in Haritz/Benkert, § 3 UmwStG Rz. 99 ff.; STRECK/POSDZIECH, GmbHR 1995, 271; WIDMANN in Widmann/Mayer, § 3 UmwStG Rz. 390 (Juni 1999).
2 Siehe auch WIDMANN in Widmann/Mayer, § 3 UmwStG Rz. 168 ff. (Juni 1999); BRINKHAUS in Haritz/Benkert, § 3 UmwStG Rz. 113 ff.; SCHMITT/HÖRTNAGL/STRATZ, § 3 UmwStG Rz. 100; Tz. 03.13 UmwE.

GmbH → KG

schafter, die Kosten der Sicherheitsleistung gemäß § 22 UmwG (zB Hypothekenbestellung, Avalprovisionen), Notar- und Gerichtsgebühren, soweit sie die Eintragung der Personengesellschaften und ihrer Firmen betreffen sowie die durch die Umwandlung ausgelöste Grunderwerbsteuer[1]. Zur steuerlichen Behandlung dieser Kosten bei der Personengesellschaft siehe Tz. 1410. Soweit bei der GmbH Kosten zurückgestellt werden, die ihr nicht zuzurechnen sind, besteht die Gefahr vGA.

1379 **Nichtabziehbare Aufwendungen** siehe „Körperschaftsteuer".

1380 **Patente** siehe „Immaterielle Wirtschaftsgüter".

1381 **Passivierungsfähige Pensionsrückstellungen** sind mit dem Teilwert gemäß § 6 a Abs. 3 Nr. 1 EStG anzusetzen[2]. Dies gilt für Gesellschafter wie für Nichtgesellschafter, da das (steuerlich anzuerkennende) Dienstverhältnis des Gesellschafters erst mit dem Übertragungsstichtag endet[3]. Siehe dazu Tz. 1407. Soweit nicht passivierungsfähige Pensionszusagen bestehen (etwa wegen fehlender Schriftform), empfiehlt es sich ggf., vor dem Umwandlungsstichtag diese Voraussetzungen zu schaffen[4].

1382 **Rechnungsabgrenzungsposten** (aktive und passive) sind anzusetzen und fortzuführen.

1383 **Offene Rücklagen** sind getrennt auszuweisen.

1384 **Steuerfreie Rücklagen** können fortgeführt oder aufgelöst werden.

1384.1 Steuerfreie Zuschüsse sind in der Bilanz auszuweisen und dürfen bei der Ermittlung des Übernahmegewinns (Tz. 1422) nicht abgezogen werden[5].

---

1 So BFH I R 22/96 vom 15. 10. 1997, GmbHR 1998, 251; zweifelhaft für die Anteilsvereinigung und Verschmelzung auf Personengesellschaften bzw. natürliche Personen, eingehend MÜLLER, DB 1997, 1433, der insoweit sofort abzugsfähige Betriebsausgaben annimmt.
2 WIDMANN in Widmann/Mayer, § 3 UmwStG Rz. 197 und 398 (Juni 1999); HERRMANN in Frotscher/Maas, § 3 UmwStG Rz. 57 (Dezember 2000). Siehe auch Tz. 06.03 UmwE.
3 FG Nürnberg V 229/98 vom 26. 6. 2002, DStRE 2002, 1292; NEUMANN, GmbHR 2002, 996; PUNG in Dötsch/Eversberg/Jost/Pung/Witt, § 3 UmwStG nF Rz. 36 ff. (Juni 2003); aA BRINKHAUS in Haritz/Benkert, § 3 UmwStG Rz. 106 ff. und die Vorauflage (Tz. 1381).
4 FELIX/STAHL, DStR 1986, Beihefter zu Heft 3, C. I. 1.b.
5 FG Köln 1 K 5268/00 vom 26. 10. 2004, DStRE 2005, 890, Rev. VIII R 9/05.

GmbH → KG

Rückstellungen sind nach allgemeinen Gewinnermittlungsgrundsätzen zu bilden. Beispiele: Weihnachtsgratifikationen[1], Urlaubsgeld[2], nicht Jubiläumszuwendungen[3]. Dies gilt auch für Rückstellungen, die Verbindlichkeiten gegenüber den Gesellschaftern betreffen. Erst unmittelbar nach der Umwandlung ist die Rückstellung aufzulösen (siehe Tz. 1402–1405). 1385

Schulden siehe „Verbindlichkeiten". 1386

Stammkapital ist als solches auszuweisen. 1387

Steuernachforderungen für die GmbH sind in den Bilanzen der Wirtschaftsjahre zu passivieren, für die die Mehrsteuern entstanden sind. Dies gilt auch für Steuernachforderungen aufgrund einer Betriebsprüfung. Nach dem steuerlichen Übertragungsstichtag entstandene Mehrsteuern sind bei der Personengesellschaft als Betriebsausgaben abziehbar, falls es sich um abziehbare Steuern handelt[4]. 1388

Umsatzsteuerschulden der GmbH sind zurückzustellen. 1389

Unfertige Bauten eines Bauunternehmers sind mit den bis zum Übertragungsstichtag angefallenen Herstellungskosten zuzüglich Gemein- und Vertriebskosten anzusetzen. Werden stille Reserven aufgedeckt, ist der anteilige Gewinn zu berücksichtigen[5]. 1390

Verbindlichkeiten sind mit dem Nennwert auszuweisen (siehe auch Tz. 1366). 1391

Verlustvortrag ist gesondert auszuweisen[6]. 1392

Versicherungen zur Rückdeckung von Pensionszusagen sind mit dem Deckungskapital, wenn sie an Pensionsberechtigte abgetreten sind, mit Rückkaufwert anzusetzen[7]. 1393

---

1 BFH I 96/62 vom 1. 7. 1964, BStBl. 1964 III, 480; BFH IV R 35/74 vom 26. 6. 1980, BStBl. 1980 II, 506.
2 BFH IV R 35/74 vom 26. 6. 1980, BStBl. 1980 II, 506; BdF vom 22. 6. 1976, BB 1976, 823.
3 BFH I 160/59 vom 17. 7. 1960, BStBl. 1960 III, 347.
4 Tz. 03.15 UmwE; STRECK/POSDZIECH, GmbHR 1995, 271.
5 BFH I R 79/01 vom 10. 7. 2002, GmbHR 2002, 1085; BFH IV R 69/74 vom 13. 12. 1979, BStBl. 1980 II, 239.
6 WIDMANN in Widmann/Mayer, § 3 UmwStG Rz. 428 (Juni 1999).
7 WIDMANN in Widmann/Mayer, § 3 UmwStG Rz. 287 ff. u. 430 (Juni 1999); auch zur Frage, wann solche Versicherungen bei Umwandlung auf den Versicherten aus dem Betriebsvermögen ausscheiden.

GmbH → KG

1394 **Wechsel** können mit dem Buchwert der Steuerbilanz angesetzt werden, es sei denn, zwischenzeitlich sind Gründe für eine Wertberichtigung eingetreten.

cc) Übertragungsgewinn/Übertragungsverlust

1395 Der Wert, mit dem die Wirtschaftsgüter in der steuerlichen Schlussbilanz angesetzt werden, abzüglich der Buchwerte zum Übertragungsstichtag sowie der Aufwendungen, die wirtschaftlich im Zusammenhang mit dem Vermögensübergang stehen, ergibt den Übertragungsgewinn oder -verlust[1]. Ein Übertragungsgewinn entsteht bei Aufdeckung stiller Reserven. Ein **Übertragungsverlust** kann entstehen, wenn einerseits die Buchwerte fortgeführt werden, andererseits eigene Anteile wegfallen oder hohe Umwandlungskosten entstehen.

1396 Der Übertragungsgewinn unterliegt bei der GmbH der **Körperschaftsteuer** zum regulären Steuersatz. Zur Körperschaftsteuerminderung oder -erhöhung gemäß § 10 UmwStG siehe Tz. 1400; zu den Folgen für den Anteilseigner siehe Tz. 1461 ff.

1397 Ein Übertragungsgewinn unterliegt der **Gewerbesteuer** (§ 18 Abs. 1 iVm. § 3 UmwStG). Ein Ausgleich mit einem laufenden oder vortragsfähigen (§ 10 a GewStG) Gewerbeverlust ist möglich[2]. Eine Stundungsmöglichkeit besteht nicht.

1398 **Ausnahme:** Ist die KG an der GmbH beteiligt, so unterliegt ein Übertragungsgewinn aus der Aufdeckung stiller Reserven dieser Beteiligung nicht der Gewerbesteuer[3].

1399 Ein **Übertragungsverlust,** soweit er nicht auf der Ausbuchung eigener Anteile beruht, ist bei der laufenden Gewinnermittlung zu berücksichtigen. Er mindert den Gewinn oder erhöht einen Verlust. Die Vermögensminderung durch Ausbuchung eigener Anteile mindert das Einlagekonto.

dd) Körperschaftsteuerguthaben, Körperschaftsteuererhöhung

1400 Bis zur **Abschaffung des Körperschaftsteueranrechnungsverfahrens** hatte die übertragende GmbH zum Schluss ihres letzten Wirtschafts-

---

1 WIDMANN in Widmann/Mayer, § 3 UmwStG Rz. 567 f. (Juni 1999).
2 SCHMITT/HÖRTNAGL/STRATZ, § 18 UmwStG Rz. 14.
3 BFH I R 92/86 vom 28. 2. 1990, BStBl. 1990 II, 699.

GmbH → KG

jahres eine Gliederung des verwendbaren Eigenkapitals zu erstellen. Diese war Grundlage für das bei den Gesellschaftern der übernehmenden Personengesellschaft hinzuzurechnende und anzurechnende Körperschaftsteuerguthaben[1]. Mit der Abschaffung des Anrechnungsverfahrens entfällt die Schlussgliederung. Stattdessen ist das aus etwaigen Altrücklagen noch vorhandene Körperschaftsteuerminderungs- (§ 37 KStG) und/oder -erhöhungspotential (§ 38 KStG) zu berücksichtigen (§ 10 UmwStG)[2].

Verfügt die GmbH über **Körperschaftsteuerguthaben** aus altem EK 40 (§ 37 KStG), so mindert dieses Körperschaftsteuerguthaben die Körperschaftsteuerschuld für den Veranlagungszeitraum, in den die Umwandlung fällt. Soweit das Körperschaftsteuerguthaben die Körperschaftsteuerschuld übersteigt, erfolgt – trotz des insoweit nicht eindeutigen Wortlautes[3] – eine Erstattung[4]. Ein Körperschaftsteuerguthaben erhöht somit den Wert des von der GmbH auf die KG übergehenden Vermögens (Tz. 1422) und das gem. § 7 UmwStG zu versteuernde Eigenkapital (Tz. 1467). 1400.1

Körperschaftsteuererhöhungen iSd. § 38 KStG resultieren aus altem EK 02. Der zum Umwandlungsstichtag noch vorhandene Bestand an altem EK 02 ist mit 30% nachzuversteuern[5]. Eine solche Körperschaftsteuerschuld mindert somit den Wert des auf die KG übergehenden Vermögens (Tz. 1422) und das gem. § 7 UmwStG zu versteuernde Eigenkapital (Tz. 1467). 1400.2

Ferner sind etwaige **Umwandlungen von Rücklagen in Nennkapital** für die Berechnung eines Körperschaftsteuerguthabens oder einer Körperschaftsteuererhöhung zu berücksichtigen (§ 10 UmwStG iVm. §§ 28, 29 KStG). 1400.3

Das Körperschaftsteuerguthaben bzw. die Körperschaftsteuererhöhung wird mE durch die Umwandlung auch dann **in voller Höhe** rea- 1400.4

---

1 Siehe eingehend die 3. Auflage (Tz. 1400).
2 Zur zeitlichen Anwendung § 27 Abs. 1 a UmwStG; BMF vom 17. 11. 2000, BStBl. 2000 I, 1521; dazu Haritz/Wisniewski, GmbHR 2000, 1274; OFD Koblenz vom 11. 12. 2000, DB 2001, 70; zur Auslegung von § 27 Abs. 3 UmwStG siehe Hessisches FG 1 K 1946/98 vom 26. 7. 2001, EFG 2002, 59, Rev. I R 103/01.
3 Siehe Voss in Herrmann/Heuer/Raupach, § 10 UmwStG Anm. R 6 (April 2001).
4 Thiel, FR 2000, 493; Schmitt/Hörtnagl/Stratz, § 10 UmwStG Rz. 21; Förster/van Lishaut, FR 2000, 1191.
5 Eingehend Binnewies in Streck, § 38 KStG Anm. 9.

GmbH → KG

lisiert, wenn sie im Rahmen einer Ausschüttung mangels hinreichenden Eigenkapitals nicht realisiert werden könnten[1].

1401 **Beispiel 1**: Die GmbH hat aus 1999 einen Gewinn von 100 = EK 40 von 60 und aus 2002 einen Verlust von 60. Sonstiges Eigenkapital ist nicht vorhanden. Eine Ausschüttung wäre nicht möglich. Bei einer Umwandlung ist dennoch das Körperschaftsteuerguthaben von 10 anzurechnen bzw. zu erstatten.

1401.1 **Hinweis**: In der Gestaltung kann das vorstehende Problem vermieden werden, wenn vor dem Umwandlungsstichtag soviel Kapital verdeckt in die Gesellschaft eingelegt wird, dass auch für eine Realisierung des Körperschaftsteuerguthabens durch Ausschüttung hinreichendes Eigenkapital vorhanden ist (im Beispielsfall 60).

1401.2 **Beispiel 2**: Die GmbH hat aus Zeiten des Anrechnungsverfahrens aufgrund einer Verschmelzung ein negatives EK 04 von 100 und ein positives EK 02 von 100. Hier ist 100 gemäß § 38 KStG mit 30 nachzuversteuern[2].

1401.3 **Hinweis**: Durch die Umwandlung einer Kapitalgesellschaft in eine Personengesellschaft kann das Körperschaftsteuermoratorium des § 37 Abs. 2 a KStG umgangen werden[3]. Soweit auf der Gesellschafterebene eine Kapitalgesellschaft beteiligt ist und bei der GmbH eine Minderung der Körperschaftsteuer eintritt, greift die **Nachsteuerregelung** des § 37 Abs. 3 KStG (§ 37 Abs. 3 S. 3 KStG). Dies gilt auch im Fall eines Übernahmeverlustes[4].

c) Steuerliche Folgen bei der Personengesellschaft

aa) Buchwertfortführung

1402 Die übernehmende Personengesellschaft hat die übergehenden Wirtschaftsgüter mit den in der steuerlichen Schlussbilanz der über-

---

[1] Unstreitig bis zur Neuformulierung des § 10 UmwStG durch das UntStFG, BGBl. 2001 I, 3858; wie hier BINNEWIES in Streck, § 40 KStG Anm. 4; siehe auch BFH I R 185/94 vom 22. 11. 1995, BStBl. 1996 II, 390; aA OTT, INF 2002, 107; DÖTSCH/PUNG, DB 2004, 208, mwN; siehe auch SCHNITTGER, DStR 2003, 768.
[2] BINNEWIES in Streck, § 38 KStG Anm. 9.
[3] BRODERSEN/LITTAN, GmbHR 2003, 678; LEMAITRE, DStR 2003, 1476; KRÜGER, DB 2003, 2249.
[4] OTT, INF 2002, 107.

GmbH → KG

tragenden GmbH enthaltenen Werten zu übernehmen (§ 4 Abs. 1 UmwStG). Dies gilt auch dann, wenn der Wert negativ ist[1]. Mit dieser **Buchwertverknüpfung** wird die Besteuerung der stillen Reserven sichergestellt, wenn diese im Rahmen des Wahlrechts nach § 3 UmwStG bei der GmbH nicht vollständig aufgedeckt wurden.

Eine Bilanzerstellung für den Verschmelzungsstichtag durch die KG ist nicht erforderlich. Die Verschmelzung ist vielmehr wie eine **Einlage** oder Entnahme zu erfassen. Der Wert des übernommenen Vermögens ist entsprechend den vereinbarten Beteiligungsverhältnissen den Kapitalkonten gutzuschreiben oder zu belasten. Die Ermittlung des Übernahmegewinns bzw. Übernahmeverlusts erfolgt außerhalb der Bilanz (Tz. 1422 ff.). 1403

Die Buchwertverknüpfung gilt auch für Bilanzpositionen, die ggf. unmittelbar nach der Umwandlung aufzulösen sind bzw. für **Wirtschaftsgüter, die aus dem Betriebsvermögen ausscheiden.** 1404

Beispiel 1: Die Gesellschafter nutzen ein Wohnhaus der GmbH privat. Bei der KG wird das Gebäude zum notwendigen Privatvermögen[2]. Von der KG ist das Gebäude mit dem in der Schlussbilanz der GmbH ausgewiesenen Wert zu übernehmen und sodann über das Entnahmekonto auszubuchen[3]. 1405

Beispiel 2: Die GmbH hat eine Darlehensforderung gegen ihren Gesellschafter. Steuerlich wird nach der Umwandlung die Darlehensverbindlichkeit zwischen Personengesellschaft und Gesellschafter grundsätzlich nicht anerkannt. Die Darlehensforderung ist dennoch in der Eröffnungsbilanz der Personengesellschaft auszuweisen, jedoch im unmittelbaren Anschluss vom Gesellschafter zu entnehmen. Die Entnahme ist grundsätzlich gewinnneutral, es sei denn, der Bilanzansatz entspricht nicht dem Teilwert (§ 6 Abs. 6 UmwStG)[4]. Entsprechendes gilt, wenn der Gesellschafter eine Forderung gegen die GmbH hat (Einlage)[5]. 1406

---

1 Eine § 20 Abs. 2 S. 4 UmwStG entsprechende Regelung enthält § 4 UmwStG nicht.
2 BFH IV 391/62 U vom 6. 5. 1965, BStBl. 1965 III, 445.
3 AA SCHMITT/HÖRTNAGL/STRATZ, § 4 UmwStG Rz. 32: Ansatz mit dem gemeinen Wert schon in der Schlussbilanz der GmbH.
4 Zum UmwStG 77, auch zu den Auswirkungen bei dem Gesellschafter WIDMANN/ MAYER (alt), Rz. 5462 ff., 5457 (Januar 1990); APP, FR 1992, 614.
5 Zum UmwStG 77 WIDMANN/MAYER (alt), Rz. 5489 ff. (Januar 1990).

GmbH → KG

1407 **Beispiel 3:** Die GmbH hat eine Pensionsrückstellung für ihren Gesellschafter-Geschäftsführer gebildet, der nach Umwandlung auch an der KG beteiligt ist. Die Personengesellschaft hat die Rückstellung mit dem Wert der Schlussbilanz zu übernehmen. Bei der übernehmenden Personengesellschaft sind die Rückstellungen aber wegen der steuerlichen Beendigung des Arbeitsverhältnisses mit dem Gesellschafter-Geschäftsführer mit dem Barwert gemäß § 6 a Abs. 3 Nr. 2 EStG anzusetzen[1]. Soweit dies zu einer Wertkorrektur führt, entsteht ein Übernahmefolgegewinn[2] (Tz. 1447 ff.). Zuführungen nach dem steuerlichen Übertragungsstichtag werden nicht berücksichtigt[3]. Prämien für Rückdeckungsversicherungen sind bei Gesellschafter-Geschäftsführern ab dem Umwandlungsstichtag Vorabvergütungen[4]

1408 **Ausländisches Vermögen** der GmbH ist zu bilanzieren und bei der Ermittlung des Übernahmegewinns zu berücksichtigen[5]. Dies gilt auch für ausländisches Vermögen, das nicht kraft Gesamtrechtsnachfolge auf die Personengesellschaft übergeht, wenn die zivilrechtliche Übertragung unmittelbar nach Eintragung der Umwandlung vorgenommen wird.

1409 **Abfindungszahlungen** an nach §§ 29 ff. UmwG ausscheidende Gesellschafter sind nicht zu bilanzieren. Sie sind als Anschaffungskosten für die GmbH-Anteile zu behandeln (siehe Tz. 1474).

1410 Hinsichtlich der **Kosten** der Umwandlung, die von der Personengesellschaft zu tragen sind, ist zu differenzieren: Kosten, die im Zusammenhang mit der Abfindung der ausscheidenden Gesellschafter entstehen, sind wie die Abfindung selbst zu behandeln. Die übrigen Umwandlungskosten – einschließlich Grunderwerbsteuer (Tz. 1460) – mindern den laufenden Gewinn[6].

1411 Das Vermögen der GmbH (Stammkapital, offene Rücklagen, Gewinn/Verlust) ist auf die Gesellschafter der KG im Verhältnis ihrer Beteiligung an der Personengesellschaft zu verteilen. **Änderungen der Beteiligungsverhältnisse** gegenüber der GmbH-Beteiligung können je nach Rechtsgrund Schenkung- oder Ertragsteuern auslösen[7]. Steu-

---

1 PUNG in Dötsch/Eversberg/Jost/Pung/Witt, § 4 UmwStG nF Rz. 36 ff., mwN.
2 NEUMANN, GmbHR 2002, 996, mwN.
3 Tz. 06.03 UmwE.
4 Eingehend GÖTZ, DStR 1998, 1946.
5 BENKERT in Haritz/Benkert, § 4 UmwStG Rz. 42 ff.; SCHMITT/HÖRTNAGL/STRATZ, § 4 UmwStG Rz. 22.
6 Tz. 04.43 UmwE.
7 Zum UmwStG 77 WIDMANN/MAYER (alt), Rz. 4906 (Oktober 1981).

GmbH → KG

erneutral ist die zwangsläufige Änderung der Beteiligungsquote bei Ausscheiden von Gesellschaftern. Steuerlich ohne Belang ist auch die Aufteilung des Vermögensanteils bei einem Kommanditisten in haftendes und in nicht haftendes Kapital.

Änderungen in der steuerlichen **Schlussbilanz** der GmbH nach § 173 AO führen zu Folgeberichtigungen bei der KG gemäß § 175 S. 1 Nr. 2 AO[1]. 1412

Entgegen der früheren Regelung im § 5 Abs. 2 UmwStG 1977 gelten selbst bei einem **Vermögensübergang zu Teilwerten** die Wirtschaftsgüter für die Übernehmerin nicht mehr als angeschafft. 1413

Damit scheidet zB die Gewährung von **Investitionszulagen** aus[2]. Ist die Dauer der Zugehörigkeit eines Wirtschaftsguts zum Betriebsvermögen für die Besteuerung bedeutsam, so ist der Zeitraum seiner Zugehörigkeit zum Betriebsvermögen der übertragenden Körperschaft bei der Übernehmerin anzurechnen (§ 4 Abs. 2 S. 3 UmwStG), zB bei der Prüfung der Sechsjahresfrist im Rahmen der Bildung einer **steuerfreien Rücklage** nach § 6 b EStG[3]. 1414

Die übernehmende KG tritt umfassend in die steuerliche **Rechtsstellung** der übertragenden GmbH ein. Dies gilt insbesondere bezüglich der Bewertung der übernommenen Wirtschaftsgüter, der Absetzungen für Abnutzungen und der den steuerlichen Gewinn mindernden Rücklagen (§ 4 Abs. 2 UmwStG)[4]. Ausgenommen ist nur ein verbleibender Verlustabzug (dazu Tz. 1421). 1415

Nach § 6 Abs. 1 Nr. 2 S. 2 EStG kann bei der Bewertung von nicht abnutzbaren Wirtschaftsgütern und von Umlaufvermögen anstelle der Anschaffungs- oder Herstellungskosten der niedrigere Teilwert angesetzt werden. Wirtschaftsgüter, die bereits zum Schluss des vorangegangenen Wirtschaftsjahrs zum Betriebsvermögen gehört haben, sind in den folgenden Wirtschaftsjahren mit den Anschaffungs- oder Her- 1415.1

---

1 Tz. 03.14 UmwE.
2 Nach der Gesetzesbegründung würde die Fiktion der Anschaffung dem Grundsatz der Gesamtrechtsnachfolge widersprechen. BR-Drucks. 132/94, 49; zur Gewährung für vor der Eintragung des Formwechsels angeschaffte Wirtschaftsgüter BFH III R 6/02 vom 30. 9. 2003, GmbHR 2004, 196.
3 Tz. 04.07 f. UmwE; zum Fördergebietsgesetz BMF vom 14. 7. 1995, DB 1995, 1439 und BMF vom 17. 9. 1998, DStR 1998, 1514; Eisolt, DStR 1999, 267.
4 Seit dem StBerG 1999 vom 22. 12. 1999, BGBl. 1999 I, 2601, ist § 4 Abs. 2 UmwStG als Generalklausel gefasst, während die bis dahin geltende Fassung einen abschließenden Katalog anzuwendender Vorschriften enthielt, siehe hierzu die 3. Auflage.

GmbH → KG

stellungskosten abzüglich Abschreibungen gem. § 6 Abs. 1 Nr. 1 EStG anzusetzen (**Wertaufholungsgebot**). Für diesen Ansatz der übernehmenden Personengesellschaft sind infolge Eintritts in die Rechtsstellung der GmbH die Anschaffungs- oder Herstellungskosten der GmbH maßgebend.

1416 Der Eintritt der KG in die Rechtsstellung der GmbH gilt nicht nur in den Fällen des Buchwertansatzes, sondern auch bei Ansatz des höheren Teilwerts oder Zwischenwerts in der Schlussbilanz der GmbH. Sind die übergegangenen Wirtschaftsgüter in der steuerlichen Schlussbilanz mit einem über dem Buchwert liegenden Wert angesetzt (also Zwischen- oder Teilwert), so regelt § 4 Abs. 3 UmwStG die **Bemessungsgrundlage für Abschreibung**[1].

1417 Für **Gebäudeabschreibungen** nach § 7 Abs. 4 S. 1 und § 7 Abs. 5 EStG ist die bisherige Bemessungsgrundlage der übertragenden Körperschaft zuzüglich der aufgedeckten stillen Reserven maßgebend.

1418 Bei anderen **abnutzbaren Wirtschaftsgütern** als Gebäuden bemisst sich die AfA nach dem Buchwert, jeweils vermehrt um den Unterschiedsbetrag zwischen dem Buchwert der einzelnen Wirtschaftsgüter und dem Wert, mit dem die GmbH diese Wirtschaftsgüter in der steuerlichen Schlussbilanz angesetzt hat (§ 4 Abs. 3 UmwStG). In diesen Fällen ist folglich als Bemessungsgrundlage der weiteren Absetzungen für Abnutzung der letzte Buchwert des Wirtschaftsguts bei der übertragenden GmbH zuzüglich der für dieses Wirtschaftsgut in der steuerlichen Übertragungsbilanz aufgedeckten stillen Reserven anzusetzen.

1419 **Beispiel:** Verschmelzung GmbH auf KG zum steuerlichen Übertragungsstichtag 31. 12. 2005

Pkw Nutzungsdauer 5 Jahre

Anschaffungskosten bei GmbH am 10. 1. 2004	100.000
AfA 2004	−20.000
AfA 2005	−20.000
Buchwert 31. 12. 2005	60.000
Teilwert 31. 12. 2005 (=Wahlansatz)	72.000

Die Bemessungsgrundlage für die Abschreibung bei der übernehmenden Personengesellschaft berechnet sich gemäß § 4 Abs. 3 UmwStG wie folgt:

---

1 Tz. 04.02 ff. UmwE.

GmbH → KG

Buchwert 31. 12. 2005 + Unterschied zwischen gewähltem Teilwertansatz und Buchwert	60.000
(72.000 – 60.000 =)	12.000
= neue Bemessungsgrundlage für AfA	72.000

Die KG ist an die von der GmbH gewählte lineare AfA und an die zugrunde gelegte betriebsgewöhnliche Nutzungsdauer gebunden (§ 4 Abs. 2 S. 1 UmwStG). Die neue AfA-Bemessungsgrundlage ist daher auf die verbleibende Restnutzungsdauer zu verteilen. Das führt im Beispiel 1 bei dem Pkw zu einer jährlichen AfA von 24.000 in den Jahren 2006, 2007 und 2008.

Beispiel: Verschmelzung GmbH auf KG zum steuerlichen Übertragungsstichtag 31. 12. 2005   1420

Pkw   Nutzungsdauer 5 Jahre

Anschaffungskosten bei GmbH am 10. 1. 2004	100.000
AfA 2004	–20.000
AfA 2005	–20.000
Buchwert 31. 12. 2005	60.000
Teilwert 31. 12. 2005	72.000
Gewählter Zwischenwertansatz	66.000

Die Bemessungsgrundlage für die Abschreibung bei der übernehmenden Personengesellschaft berechnet sich gemäß § 4 Abs. 3 UmwStG wie folgt:

Buchwert 31. 12. 2005	60.000
+ Unterschied zwischen gewähltem Zwischenwertansatz und Buchwert	
(66.000 – 60.000 =)	6.000
= neue Bemessungsgrundlage für AfA	66.000

Die neue AfA-Bemessungsgrundlage ist auf die verbleibende Restnutzungsdauer zu verteilen. Das führt zu einer jährlichen AfA von 22.000 in den Jahren 2006, 2007 und 2008.

Ein **verbleibender Verlustabzug** iSd. §§ 2 a, 10 d, 15 Abs. 4 oder 15 a   1421
EStG bei der übertragenden GmbH geht nicht auf die Gesellschafter der übernehmenden Personengesellschaft über (§ 4 Abs. 2 S. 2 UmwStG). Ein vor dem steuerlichen Übertragungsstichtag erzielter Verlust mindert das Vermögen der übertragenden GmbH und wirkt

GmbH → KG

sich damit nur auf einen Übernahmegewinn oder einen Übernahmeverlust aus.

bb) Übernahmegewinn/Übernahmeverlust

1422 Zur Ermittlung des Übernahmegewinns oder Übernahmeverlusts ist der **Wert,** mit dem die **übergegangenen Wirtschaftsgüter** nach § 4 Abs. 1 UmwStG zu übernehmen sind[1], dem **Buchwert der Anteile** an der übertragenden Körperschaft gegenüberzustellen (§ 4 Abs. 4 S. 1 UmwStG)[2].

1423 Außer Ansatz bleibt bei der Ermittlung des Übernahmegewinns oder des Übernahmeverlusts der Wert der übergegangenen Wirtschaftsgüter, soweit er auf **Anteile** an der übertragenden GmbH entfällt, **die** am steuerlichen Übertragungsstichtag **nicht zum Betriebsvermögen** der übernehmenden Personengesellschaft **gehören** (§ 4 Abs. 4 S. 3 UmStG) und – so muss man den Gesetzestext ergänzen – auch nicht gemäß § 5 UmwStG als zum Betriebsvermögen gehörend gelten (Tz. 1426 f.). Sofern es sich nicht um einbringungsgeborene Anteile handelt, entfällt somit bei im Privatvermögen gehaltenen, nicht § 17 EStG unterfallenden Anteilen sowie bei Anteilen, bei deren Veräußerung ein Veräußerungsverlust nach § 17 Abs. 2 S. 4 EStG nicht zu berücksichtigen wäre (siehe Tz. 1426), die Ermittlung eines Übernahmegewinns. Die Besteuerung der Gesellschafter bestimmt sich insoweit ausschließlich nach § 7 UmwStG (siehe Tz. 1467–1472).

1424 **Schema:**

    Wertansatz der übergegangenen Wirtschaftsgüter (Aktiva ./. Passiva = Reinbetriebsvermögen)

./. davon auf am steuerlichen Übertragungsstichtag nicht zum Betriebsvermögen gehörende Anteile an der übertragenden Körperschaft entfallend

= verbleibendes Reinbetriebsvermögen

./. Buchwert der Anteile an der übertragenden Körperschaft, soweit am steuerlichen Übertragungsstichtag zum Betriebsvermögen gehörend

= Übernahmegewinn bzw. Übernahmeverlust

---

1 Zur Berücksichtigung von Körperschaftsteuerguthaben und Körperschaftsteuererhöhungen siehe Tz. 1400–1401 c.
2 Siehe auch Tz. 04.09 ff. UmwE.

GmbH → KG

cc) Buchwert der Anteile

Als **Buchwert der Anteile** ist der Wert anzusehen, mit dem sie nach steuerrechtlichen Vorschriften über die Gewinnermittlung in einer für den steuerlichen Übertragungsstichtag aufzustellenden Steuerbilanz anzusetzen sind oder anzusetzen wären (§ 4 Abs. 4 S. 2 UmwStG). 1425

Hat die übernehmende KG Anteile an der übertragenden GmbH tatsächlich erst **nach dem steuerlichen Übertragungsstichtag** angeschafft oder findet sie einen Gesellschafter ab (siehe Tz. 1473–1478), so ist ihr Gewinn so zu ermitteln, als hätte sie die Anteile an diesem Stichtag angeschafft (§ 5 Abs. 1 UmwStG). 1426

Beispiel: Die KG erwirbt Anteile der GmbH am 15. 7. 02. Die Verschmelzung erfolgt auf den 31. 12. 01. Für die Besteuerung wird unterstellt, die Anteile seien bereits am 31. 12. 01 erworben. 1427

Anteile an der übertragenden GmbH iSd. § 17 EStG[1] gelten für die Ermittlung des Gewinns als an diesem Stichtag in das Betriebsvermögen der Personengesellschaft mit den Anschaffungskosten eingelegt (§ 5 Abs. 2 S. 1 UmwStG)[2]. Dies gilt jedoch nicht für Anteile, bei deren Veräußerung ein Veräußerungsverlust nach § 17 Abs. 2 S. 4 EStG nicht zu berücksichtigen wäre (§ 5 Abs. 2 S. 2 UmwStG)[3]. Für diese Anteile richtet sich die Besteuerung nach § 7 UmwStG (siehe Tz. 1467–1472). Erfasst wird von § 17 Abs. 2 S. 4 EStG der Fall, dass der Gesellschafter zu weniger als 1% beteiligt war und innerhalb der letzten fünf Jahre[4] Anteile hinzuerworben hat, wodurch seine Beteiligung 1% erreichte oder überschritt. Hier nimmt der Gesellschafter nur mit seinem hinzuerworbenen Anteil an der Ermittlung des Übernahmeergebnisses teil. Bei einem unentgeltlichen Erwerb von Anteilen innerhalb der letzten fünf Jahre kommt es darauf an, ob der 1428

---

1 Maßgebend ist die zum Zeitpunkt der Eintragung der Umwandlung geltende Fassung, siehe BMF vom 16. 12. 2003, GmbHR 2004, 200; zur Rückwirkung der Änderungender Wesentlichkeitsgrenzen siehe WEBER-GRELLET in L. Schmitd, § 17 EStG Rz. 35.
2 Zur Behandlung ausstehender Einlagen siehe OFD Berlin vom 9. 9. 1999, GmbHR 1999, 157; zur bilanziellen Darstellung der fiktiven Einlage MAYER, FR 2004, 698.
3 Zur zeitlichen Anwendung siehe § 27 Abs. 3 UmwStG; hierzu HARITZ, GmbHR 1998, 81; FÜGER/RIEGER, DStR 1998, 64; OLBING, Stbg. 1998, 111.
4 Streitig ist, ob im Rahmen des Umwandlungssteuerrechts die Fünf-Jahres-Frist des § 17 Abs. 2 S. 4 EStG ab dem Umwandlungsstichtag – so, mE zutreffend, FÜGER/RIEGER, DStR 1997, 1427; DÖTSCH, DB 1997, 2090 – oder der Eintragung der Umwandlung im Handelsregister – so FÖRSTER, DB 1997, 1786 – zu berechnen ist; siehe auch OFD Magdeburg vom 22. 12. 2000, DB 2001, 233.

GmbH → KG

Rechtsvorgänger an Stelle des Rechtsnachfolgers einen Verlust geltend machen konnte[1].

1429 Nach Auffassung der Finanzverwaltung soll § 5 Abs. 2 S. 2 UmwStG allerdings nur gelten, wenn die Einlagefiktion nach § 5 Abs. 2 S. 1 UmwStG zu einem **Übernahmeverlust** führt. Ergibt sich ein Übernahmegewinn, soll es bei der Regelung des § 5 Abs. 2 S. 1 UmwStG bleiben[2]. Denn: Ausnahmsweise kann sich § 5 Abs. 2 UmwStG auch zum Vorteil des Gesellschafters auswirken, wenn die Anschaffungskosten geringer sind als der Buchwert des Vermögens der GmbH[3]. ME fehlt der Differenzierung jegliche Rechtsgrundlage.

1430 **Hinweis:** § 5 Abs. 2 UmwStG bestimmt, dass Anteile nach § 17 EStG immer mit den Anschaffungskosten eingelegt werden. Ein durch den Vermögensübergang und den Wegfall der Anteile entstehender Verlust war damit in den Grenzen des § 17 Abs. 2 S. 4 EStG (Tz. 1426) bis zur Änderung des § 4 Abs. 6 UmwStG (Tz. 1442–1444) bei der Besteuerung berücksichtigt.

1431 Gehörten an dem steuerlichen Übertragungsstichtag **Anteile** an der übertragenden GmbH zum inländischen **Betriebsvermögen eines Gesellschafters** der übernehmenden Personengesellschaft, so erfolgt die Gewinnermittlung so, als wären die Anteile an diesem Stichtag in das Betriebsvermögen der Personengesellschaft überführt worden, und zwar zum Buchwert oder zu den Anschaffungskosten, wenn die Anteile innerhalb der letzten fünf Jahre vor dem steuerlichen Übertragungsstichtag in ein Betriebsvermögen eingelegt worden sind und die Anschaffungskosten den Buchwert unterschreiten (§ 5 Abs. 3 S. 1 u. 2 UmwStG).

1432 **Anteile** an der GmbH, die innerhalb der letzten fünf Jahre vor dem steuerlichen Übertragungsstichtag in das **Betriebsvermögen der übernehmenden Personengesellschaft** eingelegt wurden, sind ebenfalls mit den Anschaffungskosten anzusetzen, wenn die Anschaffungskosten den Buchwert unterschreiten (§ 5 Abs. 3 S. 3 UmwStG).

1433 **Hinweis:** Die Einlagefiktion zu Anschaffungskosten soll der Vermeidung von Missbräuchen dienen. Durch eine Überführung von Antei-

---

1 Zur Rechtslage bis zur Änderung des § 17 Abs. 2 S. 4 EStG ab dem 1. 1. 1999 siehe die 3. Auflage (Tz. 1428); zur Rückwirkung der Neuregelung BMF vom 3. 8. 2000, BStBl. 2000 I, 1199.
2 Tz. 05.06 UmwE.
3 Siehe dazu Füger/Rieger, DStR 1997, 1427, 1439; Dötsch, DB 1997, 2090, 2093; Schulz in Bien ua., DStR 1998, Beilage zu Heft 17, 17.

len eines nicht iSd. § 17 EStG Beteiligten an der übertragenden Körperschaft zum Buchwert könnte insgesamt die Besteuerung der offenen und der stillen Reserven dadurch umgangen werden, dass diese Anteile unmittelbar vor der Verschmelzung auf die Personengesellschaft mit dem Teilwert (§ 6 EStG) in ein Betriebsvermögen eingelegt werden[1].

Einbringungsgeborene Anteile iSd. § 21 UmwStG gelten als an dem steuerlichen Übertragungsstichtag in das Betriebsvermögen der übernehmenden Personengesellschaft mit den Anschaffungskosten eingelegt (§ 5 Abs. 4 UmwStG). 1434

Anteile an der übertragenden Kapitalgesellschaft, **die nicht zu einem Betriebsvermögen** gehören und **nicht** die Voraussetzungen des § 5 Abs. 2 UmwStG oder des **§ 21 UmwStG** erfüllen, gelten nicht als in das Betriebsvermögen der Personengesellschaft eingelegt. Die Besteuerung dieser Anteilseigner richtet sich für die offenen Reserven nach § 7 UmwStG (siehe Tz. 1467–1472), während die stillen Reserven von den Anteilseignern (Mitunternehmern) erst dann zu versteuern sind, wenn sie bei der übernehmenden Personengesellschaft aufgelöst werden. 1435

Einstweilen frei. 1436–1437

dd) Erhöhungsbeträge

Der Übernahmegewinn erhöht sich und ein Übernahmeverlust verringert sich um einen ggf. anfallenden **Sperrbetrag iSd. § 50 c EStG** (§ 4 Abs. 5 UmwStG). 1438

Zwar ist § 50 c EStG durch das StSenkG[2] aufgehoben worden. Nach § 52 Abs. 59 EStG ist § 50 c EStG jedoch weiterhin anzuwenden, wenn für die Anteile vor Ablauf des ersten Wirtschaftsjahrs, für das das KStG idF des StSenkG erstmals anzuwenden ist, ein Sperrbetrag zu bilden war. IdR konnte letztmals im Jahr 2001 ein solcher Sperrbetrag entstehen[3].

---

1 Zur ursprünglichen Gesetzesformulierung, die durch das Jahressteuerergänzungsgesetz 1996 (BGBl. 1995 I, 1959) rückwirkend zum 1. 1. 1995 geändert wurde, WOCHINGER/DÖTSCH, DB 1994, Beilage Nr. 14/94, S. 9; THIEL, DB 1995, 1196.
2 StSenkG vom 23. 10. 2000, BGBl. 2000 I, 1433.
3 Siehe im Einzelnen PATT in Herrmann/Heuer/Raupach, § 4 UmwStG Anm. R 18 (April 2001).

GmbH → KG

1439 § 50 c EStG erfasste nicht nur den Erwerb von nicht anrechnungsberechtigten Anteilseignern, sondern auch den **Anteilserwerb von Anrechnungsberechtigten**, es sei denn, die Veräußerung war bei dem Rechtsvorgänger steuerpflichtig (§ 50 c Abs. 11 EStG)[1]. Zu einem Sperrbetrag führte damit jeder Erwerb von einem nicht wesentlich beteiligten Anteilseigner[2] sowie der Erwerb von Anteilen, die innerhalb der letzten zehn Jahre von einem solchen Anteilseigner erworben wurden, da auch alte Sperrbeträge bei der steuerpflichtigen Weiterveräußerung haften bleiben (§ 50 c Abs. 8 EStG)[3]. Dem entgeltlichen Erwerb war der **unentgeltliche Erwerb** sowie die **Einlage in ein Betriebsvermögen** gleichgestellt, es sei denn, eine Veräußerung der Anteile anstelle der unentgeltlichen Übertragung oder der Einlage wäre steuerpflichtig (§ 50 c Abs. 11 S. 3 EStG). Sperrbetrag ist die Differenz zwischen dem Nennbetrag der Anteile und den Anschaffungskosten bzw. bei fehlenden Anschaffungskosten dem Teilwert (§ 50 c Abs. 4 S. 2 EStG). Die **Bagatellgrenze** des § 50 c Abs. 9 EStG galt im Rahmen des § 50 c Abs. 11 EStG nicht.

1440 **Hinweis:** Die in der Literatur diskutierten Rettungsmöglichkeiten[4] scheitern in erster Linie an der Weiterreichung des Sperrbetrags nach § 50 c Abs. 8 EStG. Der Vernichtung von sperrbetragsbehafteten Anteilen durch Verschmelzung steht die Finanzverwaltung ablehnend gegenüber[5]. Zum Sperrbetrag bei Spaltung siehe Tz. 891 *GmbH → GmbH*.

---

1 Gesetz zur Fortsetzung der Unternehmenssteuerreform vom 29. 10. 1997, BStBl. 1997 I, 928; eingehend HERZIG/FÖRSTER, DB 1998, 438; VAN LISHAUT, DB 1997, 2190; zur zeitlichen Anwendung sowie zur Auslegung durch die Finanzverwaltung siehe BMF-Schreiben vom 13. 7. 1998, DB 1998, 1488; vom 2. 8. 1998, GmbHR 1998, 1098, sowie Tz. 04.30 und 04.31 UmwE, dagegen zu Recht KNOPF/SÖFFING, DStR 1997, 1526; FÜGER/RIEGER, DStR 1997, 1427; FÜGER/RIEGER, DStR 1998, 1153; SCHULZ in Bien ua., DStR 1998, Beihefter 1, 16, die die Neuregelung nur auf Anteilserwerbe nach dem 31. 12. 1996 anwenden wollen.
2 Es sei denn, es handelt sich um einbringungsgeborene Anteile.
3 HARITZ/SLABON, NWB Fach 2, 6917; HERZIG/FÖRSTER, DB 1998, 438; VAN LISHAUT, DB 1997, 2190; VAN LISHAUT, DB 1998, 594; aA BERG, DB 1998, 594; ORTHEIL, DB 1998, 594; zur Frage der Beweislast siehe BLUMER/WITT, DStR 1998, 393.
4 Siehe BERG, NWB 1997, Heft 39, 3452; FÜGER/RIEGER, DStR 1997, 1427; KLEWKA/HÖPPNER, GmbHR 1997, 986; HILD, DB 1998, 153; MICK/WIESE, DStR 1998, 1201; SCHWETLIK, GmbHR 1998, 817; KREBS, BB 1998, 2028; PRINZ/VAN LISHAUT, FR 1998, 1105; WEBER-GRELLET, BB 1999, 289.
5 Siehe Tz. 04.25 UmwE; zum Doppelumwandlungsmodell OFD Frankfurt a.M. vom 5. 4. 2004, DStR 2004, 1657.

GmbH → KG

Als **Einkommen** ergibt sich somit: 1441
(Anteiliges) Betriebsvermögen
./. Buchwert der Beteiligung
= Übernahmegewinn/-verlust
+ Sperrbetrag iSd. § 50 c EStG
Einkommen.

ee) Berücksichtigung eines Übernahmeverlusts

Übersteigt der Buchwert der Anteile den Wert des übernommenen Vermögens, ergibt sich gemäß § 4 Abs. 3 UmwStG ein **Übernahmeverlust**, der mit einem ggf. anfallenden **Sperrbetrag nach § 50 c EStG** zu verrechnen ist (§ 4 Abs. 5 UmwStG). 1442

Verbleibt nach der Verrechnung ein Übernahmeverlust, so bleibt dieser außer Ansatz (§ 4 Abs. 6 UmwStG)[1].

Hinweis: Die Möglichkeiten, durch Umwandlung nach Anteilskauf den Kaufpreis in abschreibungsfähige Wirtschaftsgüter umzusetzen[2], sind durch die Änderungen des § 4 Abs. 6 UmwStG entfallen[3]. Die Umwandlung einer GmbH, bei der die Anschaffungskosten höher sind als der anteilige Wert der Beteiligung, führt zur Vernichtung von Anschaffungskosten[4]. Ggf. ist eine Umwandlung vor Verkauf zu prüfen, wobei allerdings die Missbrauchsregel des § 18 Abs. 4 UmwStG zu berücksichtigen ist (Gewerbesteuer auf den Veräußerungsgewinn). 1443

Einstweilen frei. 1444–1446

ff) Übernahmefolgegewinn

Bestehen am steuerlichen Übertragungsstichtag Forderungen und Verbindlichkeiten zwischen der GmbH und der KG, so führt die Verschmelzung zur Vereinigung von Gläubiger und Schuldner in einer 1447

---

1 Zur Kritik an dieser Regelung STEGNER/HEINZ, GmbHR 2001, 54.
2 Vgl. hierzu MÄRKLE, DStR 1995, 1001; BLUMERS/BEINERT, DB 1995, 1043; THIEL, DB 1995, 1196; KÖSTER, GmbHR 1995, 422; OTTO, DB 1994, 2121; RÖDDER/HÖTZEL, FR 1994, 285; ferner SALOMON/WERDLICH zur Grundstücks-GmbH, DB 1995, 1481; FÜGER/RIEGER, IStR 1995, 257, bei Beteiligung von Steuerausländern.
3 Zur zeitlichen Anwendung § 27 Abs. 1 a UmwStG; BMF vom 17. 11. 2000, BStBl. 2000 I, 1521.
4 Siehe SCHWEDHELM, GmbH-StB 2002, 77; ferner STEGNER/HEINZ, GmbHR 2001, 54; MAITERTH/MÜLLER, BB 2002, 598; FÖRSTER, Wpg. 2001, 1234; HARITZ/WISNIEWSKI, GmbHR 2000, 161; SEIBT, DStR 2000, 2061; DIETERLEN/SCHADEN, BB 2000, 2552.

GmbH → KG

Person (Konfusion). Forderungen und Verbindlichkeiten erlöschen. Entsprechende Rückstellungen sind aufzulösen. Soweit hierdurch ein Gewinn entsteht[1] („Übernahmefolgegewinn"), darf die KG eine den steuerlichen Gewinn mindernde **Rücklage** bilden (§ 6 Abs. 1 UmwStG). Voraussetzung soll eine entsprechende Rücklagenbildung (Sonderposten mit Rücklagenanteil) in der Handelsbilanz sein[2].

1448   Die Rücklage ist grundsätzlich in den auf ihre Bildung folgenden drei Wirtschaftsjahren mit mindestens je 1/3 gewinnerhöhend **aufzulösen** (§ 6 Abs. 2 UmwStG).

1449   Die **Anwendbarkeit** des § 6 UmwStG **entfällt** rückwirkend, wenn die KG den auf sie übergegangenen Betrieb innerhalb von fünf Jahren nach dem steuerlichen Übertragungsstichtag in eine Kapitalgesellschaft einbringt oder ohne triftigen Grund veräußert oder aufgibt (§ 26 UmwStG). Bereits erteilte Steuerbescheide, Steuermessbescheide, Freistellungsbescheide oder Feststellungsbescheide sind zu ändern, soweit sie auf der Anwendung dieser Vorschrift beruhen.

1450   Die vorstehenden Grundsätze gelten entsprechend, wenn sich der **Gewinn eines Gesellschafters** der übernehmenden Personengesellschaft dadurch erhöht, dass eine Forderung oder Verbindlichkeit der GmbH auf die KG übergeht oder dass infolge des Vermögensübergangs eine Rückstellung aufzulösen ist (§ 6 Abs. 3 UmwStG). Voraussetzung ist eine Beteiligung des Gesellschafters an der Personengesellschaft im Zeitpunkt der Eintragung des Verschmelzungsbeschlusses ins Handelsregister.

gg) Feststellungsverfahren

1451   Der Übernahmegewinn bzw. -verlust und die Hinzurechnungsbeträge sind im Rahmen der **einheitlichen und gesonderten Gewinnfeststellung** der Personengesellschaft für jeden Gesellschafter getrennt zu ermitteln (Ausnahme: Anteile gemäß § 7 UmwStG siehe Tz. 1467–1472)[3]. Erfasst wird der Übernahmegewinn und der Hinzurechnungsbetrag zum steuerlichen Umwandlungszeitpunkt (Ablauf des steuerlichen Übertragungsstichtags; siehe Tz. 1337). Ein Übernahmeverlust wird nicht festgestellt (Tz. 1442).

---

1 Beispiel bei STRECK/POSDZIECH, GmbHR 1995, 271.
2 STRECK/POSDZIECH, GmbHR 1995, 271; SCHMITT/HÖRTNAGL/STRATZ, § 6 UmwStG Rz. 30.
3 KNOPF/SÖFFING, BB 1995, 850; mit Beispielen KORN, KÖSDI 1995, 10 273.

GmbH → KG

hh) Gewerbesteuer

Für die Ermittlung des **Gewerbeertrags** gelten ebenfalls die §§ 4–9 UmwStG (§ 18 Abs. 1 UmwStG).   1452

Wie bei der Körperschaftsteuer/Einkommensteuer ist die Übernahme des gewerbesteuerlichen **Verlustabzugs** (§ 10 a GewStG) ausgeschlossen (§ 18 Abs. 1 S. 2 UmwStG)[1].   1453

Ein **Übernahmegewinn** oder -verlust ist gemäß § 18 Abs. 2 UmwStG bei der Gewerbesteuer nicht zu erfassen[2].   1454

Einstweilen frei.   1455

Wird der **Betrieb** der Personengesellschaft oder der natürlichen Person innerhalb von fünf Jahren nach der Umwandlung aufgegeben oder **veräußert,** unterliegt ein Auflösungs- oder Veräußerungsgewinn der Gewerbesteuer (§ 18 Abs. 4 S. 1 UmwStG). Dies gilt entsprechend, soweit ein Teilbetrieb oder ein Anteil an der Personengesellschaft aufgegeben oder veräußert wird (§ 18 Abs. 4 S. 2 UmwStG)[3]. Die Gewerbesteuerpflicht besteht auch dann, wenn bei der Verschmelzung die Teilwerte angesetzt wurden[4]. Noch nicht geklärt ist, ob auch die nach der Umwandlung entstandenen und die vor der Verschmelzung bei der übernehmenden KG vorhandenen stillen Reserven erfasst werden[5]. § 35 EStG findet keine Anwendung (§ 18 Abs. 4 S. 3 UmwStG)[6].   1456

Hinweis: Bislang ungeklärt ist die Frage, ob die Gewerbesteuer aus dem Verkauf eines Mitunternehmeranteils den laufenden Gewinn der Gesellschaft[7] oder – was mE sachgerecht wäre – den Veräußerungsgewinn des Gesellschafters reduziert.   1457

---

1 Zur Ausnutzung des Verlusts durch Wertaufstockung Märkle, DStR 1995, 1001; beachte aber Tz. 1348.
2 Zur zeitlichen Anwendung § 27 Abs. 1 a UmwStG und BMF vom 6. 11. 2000, BStBl. 2000 I, 1521. OFD Münster vom 6. 11. 2001, GmbHR 2002, 76; zur Rechtslage bis zur Änderung durch das StSenkG vom 23. 10. 2000, BGBl. 2000 I, 1433, siehe BFH VIII R 5/99 vom 20. 6. 2000, GmbHR 200, 996.
3 Siehe hierzu Tz. 18.03 ff. UmwE; zur Begründung dieser Auffassung Dötsch/van Lishaut/Wochinger, DB 1998, Beilage 7/98, S. 37; ferner Patt, FR 2000, 1115; Orth, DB 2001, 1108; Wienands/Schneider, FR 2001, 1081.
4 Tz. 18.07 UmwE; zu Kritik Roser, EStB 2003, 71.
5 FG Baden-Württemberg 5 K 448/02 vom 14. 1. 2004, EFG 2004, 756, Rev. X R 6/04.
6 Eingehend Füger/Rieger, DStR 2002, 1021; zur zeitlichen Anwendung Haritz/Wisniewski, GmbHR 2004, 150 unter Tz. 4.
7 Siehe Wacker in L. Schmidt, § 16 EStG Rz. 302.

GmbH → KG

1458 Der ausdrückliche Hinweis, dass auf übergegangene **Renten** und **dauernde Lasten** die Vorschriften des § 8 Nr. 2 und des § 12 Abs. 2 Nr. 1 GewStG keine Anwendung finden, es sei denn, dass die Voraussetzungen der Hinzurechnung beim Gewerbeertrag bzw. Gewerbekapital bereits bei der übertragenden Körperschaft erfüllt waren, ist in § 18 Abs. 3 UmwStG gestrichen worden, da der Regelungsinhalt durch die Generalklausel des § 4 Abs. 2 UmwStG umfasst ist[1].

ii) Umsatzsteuer

1459 Der Vermögensübergang im Rahmen der Verschmelzung stellt eine Geschäftsveräußerung im Ganzen dar, wenn ein Unternehmen überführt wird. Diese ist gemäß § 1 Abs. 1 a UStG **nicht umsatzsteuerbar**. Die KG tritt an die Stelle der übertragenden GmbH.

jj) Grunderwerbsteuer

1460 Gehören zum Vermögen der GmbH Grundstücke, fällt Grunderwerbsteuer an (siehe Tz. 1168 *GmbH ↔ GmbH*).

d) Besteuerung der Gesellschafter

aa) Am Übernahmegewinn beteiligte Gesellschafter

1461 Soweit die Anteile an der GmbH zum Betriebsvermögen der KG gehören oder als zum Betriebsvermögen gehörend gelten (Tz. 1425–1437), unterliegen der Übernahmegewinn (§ 4 Abs. 4 UmwStG) und die Hinzurechnungsbeträge (§ 4 Abs. 5 UmwStG) bei **natürlichen Personen** iRd. Einkünfte aus Gewerbebetrieb zur Hälfte der **Einkommensteuer** (§ 4 Abs. 7 S. 2 UmwStG). Soweit der Gewinn auf eine Körperschaft, Personenvereinigung oder Vermögensmasse – also insbesondere eine **Kapitalgesellschaft** – entfällt, bleibt er außer Ansatz (§ 4 Abs. 7 S. 1 UmwStG). Bei mehrstöckigen Mitunternehmerschaften ist auf den letzten Mitunternehmer in der Kette abzustellen[2]. Die Umwandlung ist damit dem Verkauf der Beteiligung bzw. einer Ausschüttung gleichgestellt (§§ 8 b KStG, 3 Nr. 40 EStG)[3].

---

1 DÖTSCH/PUNG, DB 2000, 61.
2 BMF vom 16. 12. 2003, GmbHR 2004, 200; PRINZ/LEY, GmbHR 2002, 842.
3 HARITZ/WISNIEWSKI, FR 2000, 161; PUNG, DB 2000, 1835; KESSLER/W. SCHMIDT, DB 2000, 2032.

GmbH → KG

Hinweis: § 4 Abs. 7 UmwStG[1] enthält keine Verweisung auf § 8 b KStG oder § 3 Nr. 40 EStG, was teilweise zu einer Privilegierung des Übernahmegewinns gegenüber einem Veräußerungsgewinn führt. So ist ein Übernahmegewinn, der aus einer gewinnmindernden Teilwertabschreibung resultiert, begünstigt. Ggf. kommt eine Zuschreibung (§ 6 Abs. 1 Nr. 2 S. 3 EStG) in Betracht. Auch die Beschränkungen des Halbeinkünfteverfahrens bzw. der Freistellung nach § 8 b KStG bei einbringungsgeborenen Anteilen gelten hier ebenso wenig[2] wie § 8 b Abs. 5 KStG[3].

1462

Hinweis: Der Übernahmegewinn eines Gesellschafters ist mE mit Verlusten nach § 15 a EStG des Gesellschafters aus der Beteiligung an der übernehmenden KG zu verrechnen[4].

1463

Nach Auffassung der Finanzverwaltung soll auf **Umwandlungskosten**, die die übernehmende Personengesellschaft bzw. ihre Gesellschafter zu tragen haben, § 3 c EStG anzuwenden sein[5]. Dies ist in dieser Allgemeinheit unzutreffend. Soweit natürliche Personen beteiligt sind, sind die Kosten voll abzugsfähig, da das Abzugsverbot des § 3 c Abs. 2 EStG nicht gilt[6]. Ob Umwandlungskosten, die auf eine Körperschaft entfallen, den Tatbestand des § 3 c Abs. 1 EStG erfüllen, ist zweifelhaft[7].

1464

Nach Auffassung der Finanzverwaltung gelten für **beschränkt steuerpflichtige Anteilseigner**, die durch die Umwandlung Gesellschafter der übernehmenden Personengesellschaft werden, die Einlage- und Übertragungsfiktion des § 5 Abs. 2 und 3 UmwStG nur, wenn ihre Anteile an der Kapitalgesellschaft zu einem inländischen Betriebsvermögen gehören oder es sich um eine Beteiligung iSd. § 17 EStG handelt, deren Veräußerung nicht durch ein DBA steuerfrei

1465

---

1 Zur zeitlichen Anwendung siehe § 27 Abs. 1 a und die Vorauflage Tz. 1464.
2 BMF vom 16. 12. 2003, GmbHR 2004, 200.
3 Dötsch/Pung, DB 2004, 208.
4 Ebenso Schmitt/Hörtnagl/Stratz, § 4 UmwStG Rz. 179; Widmann in Widmann/Mayer, § 4 UmwStG Rz. 589 (März 2000).
5 BMF vom 16. 12. 2003, GmbHR 2004, 200.
6 Dötsch/Pung, DB 2004, 208; Widmann in Widmann/Mayer, § 4 UmwStG (StSenkG/UntStFG) Rz. 11; Schmitt/Hörtnagel/Stratz, § 4 UmwStG Rz. 184; Patt in Herrmann/Heuer/Raupach, § 4 UmwStG Anm. R 19? F (April 2001).
7 Bejahend Dötsch/Pung, DB 2004, 208; Widmann in Widmann/Mayer, § 4 UmwStG (StSenkG/UntStFG) Rz. 11; Schmitt/Hörtnagl/Stratz, § 4 UmwStG Rz. 184, zweifelnd Olbing, GmbH-StB 2004, 85; Haritz/Wisniewski, GmbHR 2004, 150.

GmbH → KG

gestellt ist[1]. In den übrigen Fällen soll die Besteuerung gemäß § 7 UmwStG erfolgen.

1466 Einstweilen frei.

bb) Nicht am Übernahmegewinn beteiligte Gesellschafter

1467 Gehören Anteile zum Privatvermögen eines Gesellschafters, die nicht § 17 EStG unterfallen und auch keine einbringungsgeborenen Anteile sind, werden diese Anteile nicht in das Betriebsvermögen der übernehmenden Personengesellschaft eingelegt (§§ 5 Abs. 2 S. 1, 7 S. 1 UmwStG). Gleiches gilt für Anteile, bei deren Veräußerung ein Veräußerungsverlust nach § 17 Abs. 2 S. 4 EStG nicht zu berücksichtigen wäre (§§ 5 Abs. 2 S. 2, 7 S. 2 UmwStG; siehe Tz. 1428). Mithin ergibt sich insoweit bei der übernehmenden Personengesellschaft weder ein Übernahmegewinn noch ein Übernahmeverlust. Die Besteuerung des Gesellschafters richtet sich ausschließlich nach § 7 UmwStG. Dem Gesellschafter ist seit Abschaffung des Anrechnungsverfahrens (§§ 27 Abs. 1 a, 8 UmwStG)[2] sein Anteil[3] des in der Steuerbilanz ausgewiesenen Eigenkapitals abzüglich des steuerlichen Einlagenkontos (§ 27 KStG) und zuzüglich eines etwaigen Sonderausweises gemäß § 28 KStG[4] als **Bezüge**[5] **aus Kapitalvermögen** zuzurechnen. Die Kapitaleinkünfte gelten als mit dem Ablauf des steuerlichen Übertragungsstichtags zugeflossen und unterfallen bei natürlichen Personen dem Halbeinkünfteverfahren bzw. bei Körperschaften § 8 b KStG. Im Ergebnis versteuert der Gesellschafter anteilig die in der steuerlichen Schlussbilanz der GmbH offen ausgewiesenen Reserven. Die stillen Reserven hat er als Mitunternehmer erst zu versteuern, wenn sie bei der übernehmenden Personengesellschaft aufgelöst werden.

1468 **Kapitalertragsteuer** ist einzubehalten[6].

---

1 Tz. 05.12 UmwE, streitig siehe zum Meinungsstand SCHMITT/HÖRTNAGL/STRATZ, § 4 UmwStG Rz. 170 ff.
2 BMF vom 17. 11. 2000, BStBl. 2000 I, 1521, zur bis dahin gültigen Rechtslage siehe die 3. Auflage (Tz. 1497).
3 Zur Berechnung und zum maßgeblichen Zeitpunkt siehe BMF vom 16. 12. 2003, GmbHR 2004, 200.
4 Aus Rücklagen entstandenes Nennkapital.
5 Durch das UntStFG, BGBl. 2001 I, 3858, wurde der Begriff „Einkünfte" durch „Bezüge" ersetzt, um klarzustellen, dass Werbungskosten weiterhin abzugsfähig sind, siehe die Gesetzesbegründung BR-Drucks. 638/01.
6 BMF vom 16.12.2003, GmbHR 2004, 200, zustimmend HARITZ/WISNIEWSKI, GmbHR 2004, 150, mit Hinweisen auf die zivilrechtlichen Haftungsprobleme VOSS in Herrmann/Heuer/Raupach, § 7 UmwStG Anm. R 3 (April 2001); aA die Vorauflage und SCHMITT/HÖRTNAGL/STRATZ, § 7 UmwStG Rz. 37.

GmbH → KG

Hinweis: Durch **Vorweg-Veräußerung** der Anteile an einen Gesellschafter, der § 17 EStG unterfällt, kann die Steuerbelastung ggf. vermieden werden. Der Veräußerungsgewinn ist steuerfrei. Bei dem Erwerber ist aber darauf zu achten, dass die Anschaffungskosten der Anteile den Buchwert des übergehenden Vermögens nicht übersteigen, da ansonsten ein Übernahmeverlust entsteht, der nicht zu berücksichtigen ist (siehe Tz. 1442), womit Anschaffungskosten steuerlich endgültig verloren wären. In Betracht kommt die Gestaltung idR somit nur bei einer GmbH ohne stille Reserven. 1469

Hinweis: Die Steuerbelastung kann ggf. dadurch vermindert werden, dass der **Anteil in ein Betriebsvermögen eingelegt** wird. Die Anteile sind – sofern die Einbringung nicht mehr als fünf Jahre vor dem Übertragungsstichtag liegt (siehe Tz. 1431) – mit dem Buchwert bzw. den niedrigeren Anschaffungskosten, ansonsten mit dem Teilwert (§ 6 Abs. 5 EStG) anzusetzen und dem Wert des Vermögens gegenüberzustellen. Je nach Anschaffungskosten oder Teilwert entsteht ein Übernahmegewinn oder Übernahmeverlust, der zu einer geringeren Steuerbelastung führen kann, als die Versteuerung der offenen Reserven. Allerdings besteht die Gefahr, dass seitens der Finanzverwaltung ein Gestaltungsmissbrauch angenommen wird[1]. 1470

Hinweis: Durch eine **Kapitalerhöhung** aus Altrücklagen (§ 30 Abs. 2 Nr. 3 KStG) kann die Steuerbelastung wegen § 29 Abs. 1 KStG nicht gemildert werden[2]. 1471

Hinweis: Bei **beschränkt Steuerpflichtigen** sind die Einkünfte nach § 7 UmwStG mE nicht steuerpflichtig, da § 49 EStG § 7 UmwStG nicht erfasst[3]. 1472

e) Steuerfolgen bei Ausscheiden von Gesellschaftern

aa) Austritt nach §§ 29 ff. UmwG

Der Widerspruch gegen die Verschmelzung führt nicht zum automatischen Ausschluss aus der Gesellschaft mit der Verschmelzung. Vielmehr scheidet der Gesellschafter erst dann aus der Gesellschaft aus, wenn er das Barabfindungsangebot annimmt. Diese Annahme 1473

---

1 Tz. 05.17 ff. UmwE.
2 Zur Rechtslage vor Abschaffung des Anrechnungsverfahrens siehe WIDMANN/MAYER (alt), Rz. 5617.7 (Januar 1990); zu §§ 57 c bis 57 o GmbHG WISSMANN, INF 1995, 528.
3 Ebenso SCHMITT/HÖRTNAGL/STRATZ, § 7 UmwStG Rz. 16; zur Rechtslage vor Abschaffung des Anrechnungsverfahrens siehe die 3. Auflage, Tz. 1472.

GmbH → KG

kann nur binnen zwei Monaten nach Bekanntmachung der Verschmelzung erklärt werden (§ 31 UmwG). Die Annahme führt zu einem **Abfindungsanspruch** gegen die übernehmende KG (siehe § 29 UmwG).

1474 Steuerrechtlich wird die Abfindungszahlung behandelt, als habe die KG den Anteil des ausscheidenden Gesellschafters an der GmbH bereits zum steuerlichen Übertragungsstichtag angeschafft (§ 5 Abs. 1 UmwStG). Dementsprechend ergibt sich für die KG ein Übernahmegewinn oder Übernahmeverlust in Höhe der Differenz zwischen dem anteiligen Wert des übergehenden Vermögens und der Abfindung (= Anschaffungskosten der Anteile). Da die Abfindung dem Verkehrswert der Anteile entsprechen muss, wird idR ein Übernahmeverlust entstehen[1], der steuerlich nicht zu berücksichtigen ist (§ 4 Abs. 6 UmwStG). Damit werden die **Anschaffungskosten** in der Hand der verbleibenden Gesellschafter **vernichtet**.

1475 Wie die Abfindung steuerlich bei dem **Ausscheidenden** zu behandeln ist, lässt das Gesetz offen. ME ist es jedoch gerechtfertigt, entsprechend der steuerlichen Behandlung bei der KG, auch auf der Ebene des ausscheidenden Gesellschafters die Abfindung wie eine Anteilsveräußerung zu besteuern, obwohl zivilrechtlich ein Ausscheiden aus der KG vorliegt[2]. Daraus folgt:

1476 Gehören bei dem ausscheidenden Gesellschafter die Anteile an der GmbH zum **Betriebsvermögen,** so entsteht ein steuerpflichtiger Gewinn, soweit die Abfindung den Buchwert des Geschäftsanteils übersteigt. Je nach Gesellschafter gilt das Halbeinkünfteverfahren (§ 3 Nr. 40 EStG) oder die Steuerfreistellung gemäß § 8 b KStG.

1477 Handelt es sich bei den Geschäftsanteilen des ausscheidenden Gesellschafters um **einbringungsgeborene Anteile** iSd. § 21 UmwStG, so liegt hinsichtlich der die Anschaffungskosten der Anteile übersteigenden Abfindung ein steuerpflichtiger Veräußerungsgewinn iSd. § 21 UmwStG vor.

1478 Im Übrigen unterliegt der Gewinn aus der Abfindung beim ausscheidenden Gesellschafter nur dann der Einkommensbesteuerung, wenn es sich um eine **Beteiligung** iSd. § 17 EStG handelt oder die

---

1 Allenfalls entsteht – wenn in der Schlussbilanz die stillen Reserven voll aufgedeckt wurden – ein neutrales Ergebnis.
2 Wie hier SCHMITT/HÖRTNAGL/STRATZ, § 5 UmwStG Rz. 20 mwN; Tz. 02.10 UmwE; aA STRECK/POSDZIECH, GmbHR 1995, 271.

GmbH → KG

Anteile innerhalb von einem Jahr vor dem Ausscheiden erworben wurden (privates Veräußerungsgeschäft iSd. § 23 EStG).

bb) Veräußerung nach § 33 UmwG

Erhält der widersprechende Gesellschafter keine Abfindung, sondern macht er von seinem Recht zur Veräußerung der Anteile Gebrauch (§ 33 UmwG), so ist auch hier die steuerliche Behandlung zweifelhaft. ME liegt steuerlich ein Vorgang vor, der nicht dem UmwStG unterfällt. Die Besteuerung richtet sich nach allgemeinen Regeln, wobei danach zu differenzieren ist, ob GmbH-Anteile (bei **Verkauf vor Eintragung** der Verschmelzung) oder KG-Beteiligungen **(Verkauf nach Eintragung)** veräußert werden. 1479

cc) Gewinnausschüttungen an ausscheidende Gesellschafter

Auch hier fehlt eine klare gesetzliche Regelung. ME ist wie folgt zu **differenzieren:** 1480

Unproblematisch sind Ausschüttungen, die bereits **vor dem steuerlichen Verschmelzungsstichtag beschlossen** wurden. Sie sind für alle Beteiligten Gewinnausschüttungen iSd. § 27 KStG. 1481

Ausschüttungen, die **nach dem Verschmelzungsstichtag beschlossen** wurden, sind für verbleibende Gesellschafter Entnahmen, für gegen Abfindung ausscheidende Gesellschafter hingegen Gewinnausschüttungen, da für sie die Rückwirkung des § 2 UmwStG nicht greift[1]. 1482

Gleiches gilt für Gesellschafter, die ihre Beteiligung innerhalb der Frist des § 31 UmwG veräußern[2]. 1483

II. Verschmelzung durch Neugründung

1. Zivilrecht

a) Voraussetzungen

Mit anderen Rechtsträgern kann eine GmbH zu einer neuen KG verschmolzen werden (§ 2 Nr. 2 UmwG; siehe Tz. 1202). Zu den generellen Voraussetzungen siehe Tz. 1205–1211. Als „andere Rechtsträger" 1484

---

1 Ebenso Tz. 02.32 ff. UmwE.
2 Tz. 02.09 UmwE.

GmbH → KG

kommen nur AG, KGaA, GmbH, OHG, KG, Genossenschaften und Vereine[1] in Betracht (§ 3 UmwG)[2].

1485 Zumindest einer der zu verschmelzenden Rechtsträger muss ein **Handelsgewerbe** betreiben oder nur vermögensverwaltend tätig sein, da ansonsten keine KG entstehen kann. Zur Verschmelzung zu einer GbR siehe Tz. 692 *GmbH → GbR*.

1486 Da die KG notwendig aus zwei Gesellschaftern besteht, müssen zumindest zwei (natürliche oder juristische) Personen Gesellschafter der zu verschmelzenden Rechtsträger sein. Zwei **Einpersonen-GmbHs** mit gleichem Gesellschafter (Schwestergesellschaften) können also nicht zur KG verschmolzen werden. Zumindest in eine GmbH muss vor Verschmelzung – ggf. als Treuhänder – ein weiterer Gesellschafter aufgenommen werden (siehe auch Tz. 1195 *GmbH → GmbH & Co KG*).

1487 Der oder die Gesellschafter der GmbH und des weiteren Rechtsträgers müssen **taugliche Gesellschafter** einer KG sein (siehe Tz. 1215–1217).

1488 Notwendig sind folgende **Schritte:**
- Abschluss eines **Verschmelzungsvertrags** (§ 36 iVm. §§ 4 ff. UmwG),
- ggf. Erstellung eines **Verschmelzungsberichts** (§ 36 iVm. § 8 UmwG),
- ggf. **Prüfung** der Verschmelzung (§ 36 iVm. § 9 UmwG),
- **Zustimmung der Gesellschafter** (§ 36 iVm. § 13 UmwG),
- **Anmeldung** der Verschmelzung (§ 36 iVm. § 16 UmwG).

---

1 Eindeutig für wirtschaftliche Vereine, siehe § 3 Abs. 2 Nr. 1 UmwG, zweifelhaft nach dem Gesetzeswortlaut des § 99 UmwG und auch der Gesetzesbegründung BT-Drucks. 12/6690 zu § 99 hingegen für eingetragene Vereine. Die Formulierungen erwecken den Eindruck, als sei nur die Verschmelzung von Vereinen zu einem Rechtsträger anderer Rechtsform, nicht aber etwa die Verschmelzung einer GmbH mit einem Verein zu einer KG zulässig. ME wäre dies eine wenig sinnvolle Einschränkung, da die Verschmelzung eines eingetragenen Vereins auf einen Rechtsträger anderer Rechtsform zulässig sein soll, siehe Gesetzesbegründung, aaO.

2 Genossenschaftliche Prüfungsverbände und VVaG können nicht mit anderen Rechtsformen verschmolzen werden (§§ 105, 109 UmwG).

GmbH → KG

b) Verschmelzungsvertrag

Es gelten die Tz. 1307–1317 entsprechend. Der Verschmelzungsvertrag muss den **Gesellschaftsvertrag** der durch die Verschmelzung zu gründenden KG enthalten oder ihn feststellen (§ 37 UmwG). Damit ist der Gesellschaftsvertrag der KG, der nach allgemeinen Vorschriften idR nicht formgebunden ist[1], zwingend notariell zu beurkunden. Zukünftige Änderungen des Gesellschaftsvertrags sind hingegen wieder formfrei möglich[2], was vorsorglich im Gesellschaftsvertrag erwähnt werden sollte. 1489

c) Umtauschverhältnis und Barabfindungsangebot

Siehe Tz. 1318–1319. 1490

d) Verschmelzungsbericht und Prüfung

Es gelten die Tz. 1320–1321. 1491

e) Verschmelzungsbeschlüsse

Es gelten die Tz. 1322–1329. 1492

f) Bilanzierung

Siehe Tz. 1330–1333. 1493

g) Anmeldung und Eintragung

Die Verschmelzung ist zum Register der übertragenden Gesellschaften wie auch zum **Register** der neuen KG anzumelden (§ 38 UmwG). Im Übrigen gilt Tz. 1059–1071 *GmbH ↔ GmbH* entsprechend. 1494

h) Rechtsfolgen

Sieht Tz. 1335. 1495

---

1 BAUMBACH/HOPT, § 105 HGB Rz. 54.
2 Siehe ULMER in Staub, § 105 HGB Anm. 192.

GmbH → KG

i) Kosten

1496 Siehe Tz. 1098–1101 *GmbH ↔ GmbH*.

2. Steuerrecht

1497 Es gelten die Tz. 1337–1483 entsprechend.

III. Zahlenbeispiel

1. Sachverhalt

1498 An der A-GmbH mit einem Stammkapital von 100.000 sind folgende Gesellschafter **beteiligt:**

- A mit 30%, Anteile im Privatvermögen, gekauft 1990 vom Gründungsgesellschafter, Anschaffungskosten   180.000[1]

- B mit 10%, Anteile im Betriebsvermögen seines Einzelunternehmens, gekauft 1998 von E, der ursprünglich mit 20% beteiligt war, Anschaffungskosten = Buchwert   50.000[2]

- C mit 0,26%, Anteile im Privatvermögen, Anschaffungskosten   260[3]

- D mit 0,24%, einbringungsgeborene Anteile im Privatvermögen, Anschaffungskosten   240[4]

- E mit 59,5%, Anteile im Privatvermögen,

- ursprünglich hielt E 0,5%, Anschaffungskosten   500

- in 2001 wurden 50% hinzuerworben,

- Anschaffungskosten   15.000[5]

Im Februar 2003 beschließt die Gesellschafterversammlung der GmbH den Formwechsel in eine KG. Der Umwandlungsbeschluss wird im April 2003 dem Handelsregister zur Eintragung angemeldet. Die Eintragung ins Handelsregister erfolgt am 20. 6. 2003. Dem Formwechsel wird steuerlich die Schlussbilanz der GmbH zum 31. 12. 2002 zugrunde gelegt.

---

1 Anteile iSd. § 17 Abs. 1 S. 1 EStG.
2 Sperrbetragsbehafteter Anteil gem. § 50 c EStG.
3 Anteil, der nicht § 17 EStG unterfällt.
4 Anteil iSd. § 21 UmwStG.
5 0,5% Anteile sind solche nach § 17 Abs. 2 S. 4 EStG.

GmbH → KG

Die **Schlussbilanz** der GmbH zum 31. 12. 2002
A-GmbH

Grund und Boden	100.000	Gezeichnetes Kapital	100.000
Gebäude	250.000	Kapitalrücklagen	10.000
Geschäftsausstattung	150.000	Gewinnrücklagen	200.000
Waren	200.000	Jahresüberschuß	50.000
Sonstige Aktiva	200.000	Verbindlichkeiten	540.000
Summe	900.000	Summe	900.000

Die GmbH verfügt über **Körperschaftsteuerguthaben** gem. § 37 KStG in Höhe von 10.000 und einen **Bestand** an **EK 02** von 35.000 (§ 38 KStG).

Das **steuerliche Einlagenkonto** gemäß § 27 KStG beträgt 10.000.

In den Besitzposten sind **stille Reserven** enthalten.

Soweit zulässig, soll auf eine **Aufdeckung der stillen Reserven** verzichtet werden.

2. Lösung

Bei der **übertragenden GmbH** ist der gewünschte Buchwertansatz gemäß §§ 14, 3 UmwStG zulässig.

1499

Der Formwechsel führt zur **Realisierung des Körperschaftsteuerguthabens** und Nachversteuerung des alten EK 02. Der Jahresüberschuss erhöht sich somit um 5.000 (10.000 − $1/7$ × 35.000)

Die **Schlussbilanz** der GmbH zum 31. 12. 2002
A-GmbH

Grund und Boden	100.000	Gezeichnetes Kapital	100.000
Gebäude	250.000	Kapitalrücklagen	10.000
Geschäftsausstattung	150.000	Gewinnrücklagen	200.000
Waren	200.000	Jahresüberschuss	55.000
Sonstige Aktiva	200.000	Verbindlichkeiten	540.000
Erstattung KSt	5.000		
Summe	905.000	Summe	905.000

GmbH → KG

Die Schlussbilanz der GmbH entspricht der **Eröffnungsbilanz** der KG zum 1. 1. 2003 (Buchwertverknüpfung gemäß §§ 14, 4 Abs. 1 UmwStG).

A-KG

Grund und Boden	100.000	Kapitalkonto A	109.500
Gebäude	250.000	Kapitalkonto B	36.500
Geschäftsausstattung	150.000	Kapitalkonto C	949
Waren	200.000	Kapitalkonto D	876
Sonstige Aktiva	200.000	Kapitalkonto E	217.175
KSt-Erstattung	5.000	Verbindlichkeiten	540.000
Summe	905.000	Summe	905.000

Ermittlung des **Übernahmegewinns:**

Übernommene Aktiva	905.000
./. übernommene Passiva	540.000
Wert übernommenes Vermögen	365.000
./. davon auf AntE C entfallend	
(§ 5 Abs. 2 S. 2 UmwStG) 0,26 %	949
./. davon auf AntE E entfallend	
(§ 4 Abs. 4 S. 3 UmwStG) 0,5 %	1.825
verbleibender Wert des übernommenen Vermögens	362.226

Verteilung

	A (30/99,24)	B (10/99,24)	D (0,24/99,24)	E (59/99,24)
ant. Übernahmewert	109.500	36.500	876	215 350
./. ant. Buchwert	−180.000	−50.000	260	15.000
Übernahmegewinn			616	200 350
Übernahmeverlust	−70.500	−13.500		
Sperrbetrag gem. § 50 c EStG		40.000		
Zwischensumme	−70.500[1]	26.500	616	200 350
Einkünfte § 15 EStG	0	26.500	616	200.350

---

1 Ist steuerlich nicht zu berücksichtigen (§ 4 Abs. 6 UmwStG).

GmbH → OHG

Einkünfte der **Anteilseigner C und E** gemäß § 7 UmwStG:

Summe des als ausgeschüttet geltenden Vermögens der A-GmbH (Vermögen – Stammkapital – Einlagenkonto)	255.000
davon auf AntE C entfallend 0,26% = Einnahmen aus Kapitalvermögen C	663
davon auf AntE E entfallend 0,5% = Einnahmen aus Kapitalvermögen E	1.275

Einstweilen frei.   1500–1516

GmbH → KGaA, Formwechsel, Spaltung, Verschmelzung

Eine GmbH kann durch **Formwechsel, Verschmelzung** oder **Spaltung** in eine KGaA umgewandelt werden[1]. Es gelten die Tz. 603–664 *GmbH → AG* sowie für die KGaA die Tz. 100–109 *AG → KGaA* entsprechend.   1517

GmbH → Körperschaft des öffentlichen Rechts (KöR), Vermögensübertragung

Eine GmbH kann wie eine AG durch **Vermögensübertragung** in eine Körperschaft des öffentlichen Rechts umgewandelt werden (§§ 174, 175 UmwG). Es gelten die Tz. 110–127 *AG → KöR* entsprechend.   1518

GmbH → OHG, Formwechsel, Spaltung, Verschmelzung

Es gelten die Tz. 1199–1516 *GmbH → KG* entsprechend. Allerdings bedürfen Formwechsel, Spaltung und Verschmelzung[2] der **Zustimmung aller Gesellschafter** (§§ 233 Abs. 1, 40 Abs. 2, 125 iVm. 40 Abs. 2 UmwG).   1519

Der OHG gleichgestellt ist eine **EWIV**[3].   1520

---

1 Zu den Vorteilen einer KGaA oder GmbH & Co KGaA Schürmann/Groh, BB 1995, 684; Claussen, GmbHR 1996, 73; Ladwig/Motte, DStR 1997, 1539; Haase, GmbHR 1997, 917; Niedner/Kusterer, DB 1997, 2010; zu den steuerlichen Besonderheiten Haritz, DStR 1996, 1192; Fischer, DStR 1997, 1519; zur Verschmelzung auf eine „atypische" KGaA Kusterer, DStR 1998, 1412.
2 Vertragsmuster: Engl in Formularbuch Recht und Steuern, S. 900 ff.
3 Allgemein zur EWIV Engl in Formularbuch Recht und Steuern, S. 103 ff.; Wacker in L. Schmidt, § 15 EStG Rz. 333; Zuck, NJW 1990, 954; Hauschka/von

GmbH → Partnerschaft

1521 Eine GmbH kann durch Formwechsel, Verschmelzung oder Spaltung in eine Partnerschaft umgewandelt werden[1]. Es gelten grundsätzlich die Tz. 1199–1516 *GmbH → KG*. Ein **Formwechsel** ist nur möglich, wenn alle Anteilsinhaber Personen sind, die einen freien Beruf ausüben (§ 238 Abs. 3 UmwG). Der Umwandlungsbeschluss muss den Partnerschaftsvertrag enthalten (§ 234 Abs. 3 UmwG). Alle Partner müssen dem Beschluss zustimmen (§ 233 Abs. 1 UmwG). Ebenso ist eine **Verschmelzung** oder **Spaltung** nur möglich, wenn die Anteilseigner natürliche Personen sind, die einen freien Beruf ausüben (§ 45 a UmwG). Der Umwandlungsvertrag oder sein Entwurf hat zusätzlich für jeden Anteilsinhaber der GmbH den Namen und den Vornamen sowie den in der übernehmenden Partnerschaft ausgeübten Beruf und den Wohnort zu enthalten (§ 45 b UmwG). Der Umwandlungsbericht ist für eine an der Umwandlung beteiligte Partnerschaft nur erforderlich, wenn ein Partner gem. § 6 Abs. 2 PartGG von der Geschäftsführung ausgeschlossen ist; von der Geschäftsführung ausgeschlossene Partner sind entsprechend § 42 UmwG zu unterrichten (§ 45 c UmwG). Nach § 45 d UmwG bedarf der Umwandlungsbeschluss der Zustimmung aller Partner. Der Partnerschaftsvertrag kann jedoch eine Mehrheitsentscheidung der Partner vorsehen, wenn diese mindestens drei Viertel der abgegebenen Stimmen beträgt.

GmbH → Stiftung

1522 Die **Umwandlung** einer GmbH in eine Stiftung ist nicht möglich.

1523 Denkbar ist die Übertragung des Gesellschaftsvermögens oder der GmbH-Anteile im Rahmen eines **Stiftungsgeschäfts**[2]. Vgl. dazu zunächst Tz. 454–469 *EU → Stiftung*.

SAALFELD, DStR 1991, 1083 ff.; AUTENRIETH, Die Europäische wirtschaftliche Interessenvereinigung, 1990; VON DER HEYDT/VON RECHENBERG, Die EWIV, 1991; SPATSCHEK, Die Besteuerung der Europäischen Wirtschaftlichen Interessenvereinigung, 1997.

1 Siehe § 3 Abs. 1 Nr. 1 und § 191 Abs. 2 Nr. 2 UmwG in der seit dem 1. 8. 1998 geltenden Fassung. Zur Rechtslage vor der Reform siehe die 2. Auflage (Tz. 1521).
2 Zu unternehmensverbundenen Familienstiftungen HENNERKES/SCHIFFER, BB 1995, 209.

GmbH → Stille Gesellschaft

Hierbei ist zu unterscheiden: Bringt die GmbH ihren Betrieb ein, so besteht die Gesellschaft fort. **Steuerlich** drohen verdeckte Gewinnausschüttungen[1].   1524

Werden die GmbH-Anteile von den **Gesellschaftern** eingebracht, ist weiter zu differenzieren: 1525

Werden die Anteile in einem **Betriebsvermögen** gehalten und in eine **steuerpflichtige inländische Stiftung** eingebracht, liegt eine Entnahme mit Gewinnrealisierung vor (§ 6 Abs. 1 Nr. 4 S. 1 EStG). Die Anteile sind mit dem Teilwert anzusetzen. Ausnahmsweise entfällt eine Gewinnrealisierung, wenn es sich um einbringungsgeborene Anteile handelt (§ 21 Abs. 1 UmwStG), da hier die Stiftung in die Rechtsstellung des Stifters eintritt[2].   1526

Bei Übertragung betrieblicher Anteile auf eine **steuerfreie inländische Stiftung** liegt ebenfalls eine Entnahme vor. Die Besteuerung der stillen Reserven wird idR durch § 6 Abs. 1 Nr. 4 S. 4 EStG vermieden, der den Ansatz der Entnahme mit dem Buchwert erlaubt[3].   1527

Wird eine Beteiligung des **Privatvermögens** (gleichgültig ob sie § 17 EStG unterfällt oder nicht) in eine steuerpflichtige inländische Stiftung eingebracht, erfolgt keine Gewinnrealisierung, da kein Veräußerungsgeschäft vorliegt. Dies gilt mE auch für die Einbringung in eine steuerbefreite Stiftung, obwohl hier die stillen Reserven endgültig der Besteuerung entzogen werden[4].   1528

GmbH → Stille Gesellschaft

A. Übersicht

Die **Umwandlung** einer GmbH in eine stille Gesellschaft ist an sich nicht denkbar.   1529

Möglich ist die **Beteiligung** eines stillen Gesellschafters an der GmbH (GmbH & Still), womit eine stille Gesellschaft unter Fortbestand der GmbH entsteht.   1530

---

1 WIDMANN in Widmann/Mayer, Anh. 8. Teil Rz. 8 und Rz. 20 (Oktober 1981); MEILICKE, FR 1967, 150.
2 WIDMANN in Widmann/Mayer, Anh. 8. Teil Rz. 4 (Oktober 1981).
3 WIDMANN in Widmann/Mayer, Anh. 8. Teil Rz. 11 ff. (Oktober 1981).
4 WIDMANN in Widmann/Mayer, Anh. 8. Teil Rz. 6 und 17 (Oktober 1981).

GmbH → Stille Gesellschaft

1531 Denkbar ist auch die **Umwandlung der GmbH in eine Personengesellschaft** oder ein Einzelunternehmen mit anschließender Begründung einer stillen Beteiligung. Insoweit wird auf die Einzelerläuterung der Umwandlungsschritte verwiesen (zB *GmbH → KG, KG → Stille Gesellschaft*).

B. GmbH & Still

I. Zivilrecht

1532 Zivilrechtlich ist Voraussetzung für die Begründung einer GmbH & Still der Abschluss eines **Gesellschaftsvertrags**. Auch der GmbH-Gesellschafter kann sich an der eigenen GmbH & Still beteiligen. Zu entscheiden ist, ob seine Rechte der gesetzlichen Vorgabe (§§ 230–237 HGB) entsprechen (typische stille Gesellschaft) oder darüber hinaus ausgedehnt werden sollen (atypisch stille Gesellschaft)[1].

II. Steuerrecht

1533 Steuerrechtlich ist die **typische stille Beteiligung** wie eine Darlehensgewährung zu werten (§ 20 Abs. 1 Nr. 4 EStG).

1534 Gehen die Rechte des stillen Gesellschafters über die gesetzlich vorgesehenen Bestimmungen hinaus, kann die GmbH & Still zur **Mitunternehmerschaft** werden (§ 15 EStG). Die Grenze ist im Einzelnen umstritten[2].

1535 Wenn eine Kapitalgesellschaft einen atypisch (mitunternehmerischen) stillen Gesellschafter aufnimmt, stellt sich zum Umwandlungssteuerrecht die Frage, ob der jeweilige Geschäftsinhaber seinen Betrieb in eine Personengesellschaft iSd. § 24 UmwStG einbringt, sodass eine **Aufstockung** nach § 24 Abs. 2 UmwStG für den Geschäftsinhaber zulässig ist.

1536 Nach **zivilrechtlicher Betrachtungsweise** bringt der Geschäftsinhaber seinen Betrieb nicht in die stille Gesellschaft als Personengesellschaft

---

[1] Im Einzelnen Hinweis auf BLAUROCK, Handbuch der stillen Gesellschaft, S. 481 ff.; POST/HOFFMANN, Die stille Beteiligung am Unternehmen der Kapitalgesellschaft, 4. Aufl. 2003; SCHULZE ZUR WIESCHE, Die GmbH & Still, 4. Aufl. 2003; STEINACKER, Die GmbH & atypisch Still im Steuerrecht, 1993; SCHOOR, Die GmbH & Still im Steuerrecht, 4. Aufl. 2005; BLAUROCK, BB 1992, 1969.

[2] Vgl. SCHWEDHELM, Die GmbH & Still als Mitunternehmerschaft, 1987; FICHTELMANN, GmbH & Still im Steuerrecht, 5. Aufl. 2000; WACKER in L. Schmidt, § 15 EStG Rz. 340 ff.

GmbH & Co KG → AG

ein, weil die Einlage des Stillen in das Vermögen des Geschäftsinhabers übergeht und insoweit eine Änderung der Rechtsträgerschaft nicht erfolgt. An den Eigentumsverhältnissen des Geschäftsinhabers ändert sich nichts.

Einkommensteuerrechtlich wird mit der Vereinbarung einer atypisch stillen Beteiligung zwischen einem Einzelunternehmer und einer still beteiligten Person eine Mitunternehmerschaft begründet, die ohne Einbringungsvorgänge seitens beider Mitunternehmer – einkommensteuerlich – nicht vorstellbar ist. Die hM kommt daher zur Anwendung des § 24 UmwStG[1]. Soweit sich ein GmbH-Gesellschafter atypisch still beteiligt, ist darauf zu achten, dass es nicht zu Gewinn- bzw. Vermögensverschiebungen zu Lasten der GmbH kommt. Dies wären verdeckte Gewinnausschüttungen[2]. 1537

GmbH → Verein

Eine Umwandlung ist **ausgeschlossen.** 1538

GmbH → VVaG

Eine Umwandlung ist **ausgeschlossen** (§§ 109, 291 UmwG). 1539

GmbH & Co KG → AG, Formwechsel, Spaltung, Verschmelzung

Es gelten die Tz. 1581–1599 *KG → AG* entsprechend[3]. Nachteilig bei diesem Vorgehen ist, dass die Komplementär-GmbH bestehen bleibt. Als Alternative bietet sich daher an, die Kommanditanteile in die Komplementär-GmbH einzubringen (siehe Tz. 1561–1566 *GmbH & Co KG → GmbH*) und anschließend die GmbH durch Formwechsel in eine AG umzuwandeln. 1540

---

1 Siehe Schmitt/Hörtnagl/Stratz, § 24 UmwStG Rz. 106; Widmann in Widmann/Mayer, § 24 UmwStG Rz. 87 (August 2001); Felix, KÖSDI 1990, 8334, mwN; aA Döllerer, DStR 1985, 295.
2 Bordewin, FR 1979, 64.
3 Vertragsmuster zum Formwechsel: Vossius in Widmann/Mayer, Anh. 4, M 176 ff. (März 2004).

GmbH & Co KG ↔ Einzelunternehmen (EU), Verschmelzung

1541 Die **Verschmelzung** einer Personengesellschaft auf einen Gesellschafter ist nicht möglich (§§ 3, 120 UmwStG). Denkbar ist, dass bei einer Einmann-GmbH & Co KG der Kommanditanteil in die GmbH eingebracht (siehe Tz. 1561–1566 *GmbH & Co KG → GmbH*) und sodann die GmbH auf den alleinigen Gesellschafter verschmolzen wird (siehe Tz. 665–688 *GmbH → EU*).

1542 Scheidet die GmbH aus der GmbH & Co KG aus und verbleibt lediglich ein Kommanditist, wächst ihm das Vermögen automatisch zu. Die beschränkte Haftung entfällt zwangsläufig. Anderenfalls führt das **Ausscheiden der Komplementär-GmbH** zur Auflösung und Liquidation.

1543 **Steuerlich** relevant ist lediglich der Vorgang des Ausscheidens der GmbH. Insoweit liegt eine Veräußerung vor. Ist der verbleibende Gesellschafter auch an der GmbH beteiligt, darf die Abfindung nicht zu niedrig sein, da ansonsten eine verdeckte Gewinnausschüttung (Forderungsverzicht der GmbH) vorliegt.

GmbH & Co KG → EWIV

1544 Siehe Tz. 1601 *KG → EWIV*.

GmbH & Co KG → GbR

1545 Ein **Formwechsel** ist nicht möglich (§ 214 UmwG).

1546 Die GmbH & Co KG wird zur GbR, wenn die Kommanditisten in die Rechtsstellung vollhaftender Gesellschafter rücken **(Änderung des Gesellschaftsvertrags)** und kein Handelsgewerbe betrieben wird.

1547 Vgl. auch Tz. 1602–1607 *KG → GbR*.

1548 **Steuerrechtlich** ist der Vorgang ohne Belang, soweit nicht an die Kommanditistenstellung besondere Besteuerungsfolgen geknüpft sind (zB § 15 a EStG).

GmbH & Co KG → Genossenschaft, Formwechsel, Spaltung, Verschmelzung

Es gelten die Tz. 1608–1621 *KG → Genossenschaft*. 1549

GmbH & Co KG → GmbH, Formwechsel, Spaltung, Verschmelzung

A. Übersicht 1550
B. Einbringungsvariante

I. Zivilrecht 1561
II. Steuerrecht 1564

A. Übersicht

Eine GmbH & Co KG kann durch **Formwechsel**[1], **Spaltung** oder **Verschmelzung**[2] in eine GmbH umgewandelt werden. Es gelten grundsätzlich die Tz. 1622–1820 *KG → GmbH*. 1550

Dabei ist zu beachten, dass die **Komplementär-GmbH** grundsätzlich zur Gesellschafterin der übernehmenden GmbH wird und nicht untergeht[3]. Allenfalls kann die Komplementär-GmbH gemäß §§ 29 ff. bzw. § 207 UmwG widersprechen und so gegen Barabfindung ausscheiden. Aber auch dann muss sie gesondert liquidiert oder umgewandelt werden. 1551

Vermieden wird diese Problematik bei einer **Verschmelzung auf die Komplementär-GmbH**,[4] was – entgegen dem UmwG 1969 – zulässig ist (§§ 2, 3 UmwG). 1552

Eine „Umwandlung" im untechnischen Sinn auf die Komplementär-GmbH ist ferner möglich, indem sämtliche Kommanditisten aus der KG ausscheiden (sog. „**Anwachsungsmodell**")[5]. Das Vermögen der 1553

---

1 Vertragsmuster: GREVE in Engl, Formularbuch Umwandlungen, S. 966 ff.; VOSSIUS in Widmann/Mayer, Anh. 4, M 164 ff. (März 2005).
2 Vertragsmuster: KALLMEYER in GmbH-Handbuch, Band V M 510; TRASSL in Formularbuch Umwandlungen, S. 359.
3 Zur Problematik, wie der nicht am Vermögen beteiligten Komplementär-GmbH ein Geschäftsanteil verschafft werden kann, FELIX, BB 1993, 1848, mwN; für ein Ein- oder Austreten der Komplementär-GmbH während der Umwandlung KALLMEYER, GmbHR 2000, 418, 541.
4 Vertragsmuster: ENGL in Formularbuch Recht und Steuern, S. 924 ff.
5 HENNERKES/BINZ in Festschrift für Heinz Meilicke, 1985, S. 31 ff.; HESSELMANN/TILLMANN/MUELLER-THUNS, Handbuch der GmbH & Co. KG, 19. Aufl. 2005, § 12 Rz. 128 ff.; ORTH, DStR 1999, 1011, 1053.

GmbH & Co KG → GmbH

Kommanditisten wächst der Komplementär-GmbH als einzigem verbleibenden Gesellschafter an (§§ 738, 142 HGB).

1554 **Steuerrechtlich** zwingt das „Anwachsungsmodell" nach Ansicht der Finanzverwaltung zur Aufdeckung aller stillen Reserven einschließlich des Geschäfts- oder Firmenwerts[1]. Soweit die Gesellschafter eine Abfindung erhalten, die dem Wert ihrer Beteiligung entspricht, entsteht ein Veräußerungsgewinn oder -verlust in Höhe der Differenz zum jeweiligen Kapitalkonto. Liegt die Abfindung unter dem Wert des Anteils oder wird keine Abfindung gezahlt, liegt eine verdeckte Einlage vor.

1555 Die bisher zum Sonderbetriebsvermögen der Kommanditisten gehörenden **Anteile an der Komplementär-GmbH** gehen mit der Anwachsung in das Privatvermögen der Gesellschafter über, sofern sie nicht einem Betriebsvermögen des Kommanditisten zuzuordnen sind oder in ein solches überführt werden. Durch die Überführung ins Privatvermögen sind auch die stillen Reserven in den Anteilen zu realisieren[2]. Dies gilt auch für sonstiges Sonderbetriebsvermögen.

1556 Der entstehende **Gewinn** ist **begünstigt** (§§ 16, 34 EStG). Die Anschaffungskosten der GmbH-Anteile erhöhen sich um die realisierten stillen Reserven.

1557 **Schenkungsteuer** fällt nicht an[3], ebenso wenig **Umsatzsteuer**[4].

1558 Gehören zum Vermögen der GmbH & Co KG Grundstücke, kann **Grunderwerbsteuer** anfallen (siehe Tz. 1168 *GmbH ↔ GmbH*).

1559 Die Problematik einer verdeckten Einlage wird vermieden bei einer Einbringung der Kommanditanteile in die Komplementär-GmbH im Wege der Kapitalerhöhung **(„Einbringungsvariante")**. Steuerrechtlich liegt eine Einbringung nach § 20 UmwStG vor, womit eine Buchwertfortführung ermöglicht wird.

1560 **Hinweis:** Die „Einbringungsvariante" ist nicht nur dem „Anwachsungsmodell", sondern idR auch dem Formwechsel und der Verschmelzung vorzuziehen. Der grundsätzliche Vorteil der Umwand-

---

1 Tz. 20.04 UmwE; OFD Berlin vom 19. 7. 2002, GmbHR 2004, 1091; OFD Berlin vom 11. 11. 2002, GmbHR 2002, 1264; SfF Bremen vom 25.10.2002, FR 2003, 48; streitig siehe Wacker in L. Schmidt, § 16 EStG Rz. 513; Schmitt/Hörtnagl/ Stratz, § 20 UmwStG Rz. 198; gegen Gewinnrealisierung Schwedhelm in Streck, § 8 KStG Anm. 150 „Anwachsung", jeweils mwN.
2 Wacker in L. Schmidt, § 16 EStG Rz. 513.
3 Widmann in Widmann/Mayer, Anh. 8. Teil Rz. 41 (Juni 1986).
4 Widmann in Widmann/Mayer, Anh. 8. Teil Rz. 45 (Juni 1986).

GmbH & Co KG → GmbH

lung gegenüber der Einbringung, nämlich die Gesamtrechtsnachfolge, spielt hier praktisch keine Rolle. Die Einzelrechtsnachfolge beschränkt sich bei der Einbringung auf die Abtretung des KG-Anteils an die GmbH. Hierzu ist weder eine besondere Form erforderlich noch bedarf es – mit Ausnahme der übrigen Gesellschafter – der Zustimmung eines Dritten. Fallen alle KG-Anteile in der Hand der GmbH zusammen, so wächst bei ihr das Gesamthandsvermögen an. Damit tritt im Ergebnis eine Gesamtrechtsnachfolge ein, ohne dass die Formalien (und die damit verbundenen Kosten) des UmwG erfüllt werden müssten. Auch haftungsrechtlich hat die Einbringung gegenüber der Umwandlung keine Nachteile mehr (siehe § 161 iVm. §§ 159 f. HGB). Allerdings hat die Einbringung einen Nachteil gegenüber dem Formwechsel, wenn Immobilien zum Gesamthandsvermögen gehören, da beim Formwechsel keine GrESt anfällt (siehe Tz. 1273 *GmbH → KG*).

B. Einbringungsvariante

I. Zivilrecht

Es gelten die Tz. 1821–1837 *KG → GmbH*[1]. 1561

Da die KG durch Einbringung aller Kommanditanteile untergeht, ist das **Erlöschen** der Firma zum Handelsregister **anzumelden**. 1562

Soweit zum Vermögen der GmbH & Co KG **Grundstücke** gehören, ist das Grundbuch zu berichtigen. 1563

II. Steuerrecht

Die Einbringung der Mitunternehmeranteile in die Komplementär-GmbH unterfällt steuerrechtlich **§ 20 UmwStG**[2]. Es gelten die Tz. 1838–1841 *KG → GmbH*. Wird Sonderbetriebsvermögen zurückgehalten, kann eine **Betriebsaufspaltung** entstehen (vgl. Tz. 1934–1937 *KG → KG*). 1564

Soweit die **GmbH an Vermögen** der KG **beteiligt** war, ist eine Aufstockung der Buchwerte ausgeschlossen. Hinsichtlich des der GmbH-Beteiligung entsprechenden Anteils an den Wirtschaftsgütern bleibt es beim Buchwert[3]. 1565

---

1 Vertragsmuster: Mayer in Widmann/Mayer, Anh. 4, M 209 ff. (September 2003); Engl in Formularbuch Recht und Steuern, S. 90 ff.; Fox in Engl, Formularbuch Umwandlungen, S. 680 ff.
2 Widmann in Widmann/Mayer, § 20 UmwStG Rz. 446 (Dezember 1986).
3 Widmann in Widmann/Mayer, § 20 UmwStG Rz. 421 ff. (November 1995).

GmbH & Co KG → GmbH

1566 Die zum **Sonderbetriebsvermögen** des Kommanditisten gehörenden „alten" Anteile der Komplementär-GmbH müssen nicht mit in die Komplementär-GmbH eingebracht werden[1]. Sie gelten als einbringungsgeboren, soweit die Kommanditanteile unter dem Teilwert angesetzt werden. Bei einer Einbringung der Mitunternehmeranteile zum Teilwert sind auch die stillen Reserven in den „Alt-Anteilen" zu realisieren. Der Gewinn ist steuerbegünstigt (§ 34 EStG)[2].

GmbH & Co KG → GmbH & Co KG, Spaltung

1567 Es gelten grundsätzlich die Tz. 1856–1937 *KG → KG*[3]. Die Komplementär-GmbH wird man idR jedoch nicht spalten. Einfacher ist es, eine zweite Komplementär-GmbH zu beteiligen und die GmbH-Anteile zu tauschen. Eine **Aufdeckung stiller Reserven** in den Anteilen ist mE bei einer Buchwertfortführung im Übrigen nicht erforderlich[4].

GmbH & Co KG ↔ GmbH & Co KG, Verschmelzung

1568 Es gelten grundsätzlich die Tz. 1938–2024 *KG ↔ KG*. Hinsichtlich der **Komplementär-GmbHs** empfiehlt sich eine Verschmelzung gemäß Tz. 972–1185 *GmbH ↔ GmbH*.

GmbH & Co KG → KG, Spaltung, Verschmelzung

1569 Aus der GmbH & Co KG wird eine reine KG, wenn an die Stelle der Komplementär-GmbH eine natürliche Person tritt **(Änderung des Gesellschaftsvertrags).**

1570 **Steuerrechtlich** ist der Wechsel der Gesellschafterstellung ohne Belang. Scheidet ein Gesellschafter aus, gelten die allgemeinen Besteuerungsregeln[5].

---

1 Widmann in Widmann/Mayer, § 20 UmwStG Rz. 742 (November 1991); Tz. 20.11 UmwE.
2 Widmann in Widmann/Mayer, § 20 UmwStG Rz. 743 ff. (November 1991).
3 Vertragsmuster: Mayer in Widmann/Mayer, Anh. 4, M 92 ff. (September 2004).
4 Siehe BMF vom 9. 2. 1998, DStR 1998, 292; jedoch auch BFH XI R 51/89 vom 8. 7. 1992, BStBl. 1992 II, 946 zum Tausch von Mitunternehmeranteilen; siehe auch Engl in Widmann/Mayer, Anh. 10. Teil Rz. 58 (April 2000).
5 Dazu Wacker in L. Schmidt, § 16 EStG Rz. 450; ferner Lauermann/Protzen, DStR 2001, 647.

GmbH & Co KG → Partnerschaft

Ansonsten kann eine GmbH & Co KG in eine KG **gespalten** oder auf bzw. mit einer anderen Gesellschaft zu einer KG **verschmolzen** werden. Es gelten die Tz. 1856–1937 *KG → KG* bzw. Tz. 1938–2024 *KG ↔ KG*.

1571

GmbH & Co KG → KGaA, Formwechsel, Spaltung, Verschmelzung

Es gelten grundsätzlich die Tz. 2025–2032 *KG → KGaA*. Die GmbH & Co KG kann die Stellung der persönlich haftenden Gesellschafterin übernehmen (siehe Tz. 103 *AG → KGaA*)[1].

1572

GmbH & Co KG → Körperschaft des öffentlichen Rechts (KöR)

Siehe Tz. 2033 *KG → KöR*, die entsprechend gilt.

1573

GmbH & Co KG → OHG, Umwandlung

Die GmbH & Co KG wird zur OHG, wenn die Kommanditisten in die Rechtsstellung vollhaftender Gesellschafter rücken **(Änderung des Gesellschaftsvertrags)**. Steuerrechtlich entfallen die Folgen, die an die beschränkte Haftung des Kommanditisten geknüpft sind **(§ 15 a EStG)**.

1574

Zur Spaltung und Verschmelzung siehe Tz. 1571 *GmbH & Co KG → KG*.

1575

GmbH & Co KG → Partnerschaft

Siehe Tz. 2037 *KG → Partnerschaft*.

1576

---

1 Siehe auch NIEDNER/KUSTERER, DB 1998, 2405.

GmbH & Co KG → Stiftung

GmbH & Co KG → Stiftung

1577 Eine Umwandlung kommt **nicht in Betracht**. Denkbar ist nur die **Übertragung** des Vermögens **im Rahmen eines Stiftungsgeschäfts** (siehe Tz. 454–469 ff. *EU → Stiftung*).

GmbH & Co KG → Stille Gesellschaft

1578 Es gelten die Tz. 536–538 *GbR → Stille Gesellschaft* entsprechend.

GmbH & Co KG → Verein

1579 Eine Umwandlung ist **nicht zulässig**.

GmbH & Co KG → VVaG

1580 Siehe Tz. 2041–2042 *KG → VVaG*.

KG → AG, Formwechsel, Spaltung, Verschmelzung

A. Übersicht 1581	II. Steuerrecht 1594
B. Formwechsel	E. Einbringung
I. Zivilrecht 1582	I. Zivilrecht
II. Steuerrecht 1583	1. Sachgründung 1595
C. Spaltung	2. Nachgründung . . . 1596
I. Zivilrecht 1584	3. Kapitalerhöhung . . . 1597
II. Steuerrecht 1589	II. Steuerrecht 1598
D. Verschmelzung	F. **Verkauf, unentgeltliche**
I. Zivilrecht 1590	Übertragung 1599

A. Übersicht

1581 Siehe Tz. 1622–1645 *KG → GmbH*, die entsprechend gelten.

B. Formwechsel
I. Zivilrecht

Es gelten die Tz. 1646–1714 *KG → GmbH* entsprechend. Zu beachten sind die **Sachgründungsvorschriften** des Aktienrechts. Die Gründung ist prüfungspflichtig (§ 220 Abs. 3 UmwG). Erforderlich ist die Bestellung eines Aufsichtsrats, der die Anmeldung mit vornehmen muss (§ 222 Abs. 1 UmwG). 1582

II. Steuerrecht

Siehe Tz. 1715–1769 *KG → GmbH*. 1583

C. Spaltung
I. Zivilrecht

Es gelten die Tz. 1770–1782, 1785, 1787–1788, 1790 *KG → GmbH* mit folgenden **Besonderheiten**[1]: 1584

Wird der Spaltungs- und Übernahmevertrag in den ersten zwei Jahren nach Eintragung der übernehmenden AG im Handelsregister abgeschlossen, so sind die **Nachgründungsvorschriften** des § 52 Abs. 3, 4, 7–9 AktG zu beachten (§ 125 iVm. § 67 UmwG). 1585

Anstelle des § 125 iVm. § 54 UmwG gilt für die **Kapitalerhöhung** der inhaltsgleiche § 125 iVm. § 68 UmwG. Soweit eine Kapitalerhöhung zulässig ist, erleichtert § 125 iVm. § 69 UmwG die Durchführung. So sind die §§ 182 Abs. 4, 184 Abs. 2, 185, 186, 187 Abs. 1, 188 Abs. 2 und 3 Nr. 1 AktG nicht anzuwenden. Erforderlich ist jedoch eine Prüfung der Sacheinlage gemäß § 183 Abs. 3 AktG (§ 142 UmwG). Auf den Prüfungsbericht ist im Spaltungsbericht hinzuweisen (§ 142 Abs. 2 UmwG). 1586

Der Spaltungs- und Übernahmevertrag ist für eine AG **prüfungspflichtig** (§ 125 iVm. § 60 UmwG), es sei denn, die Gesellschafter verzichten (§ 125 iVm. § 9 Abs. 3 iVm. § 8 Abs. 3 UmwG). 1587

Ein Spaltungs- und Übernahmevertrag ist vor Einberufung der Hauptversammlung, die über die Zustimmung beschließt, zum **Handelsregister** einzureichen und die Einreichung vom Register bekannt zu machen (§ 125 iVm. § 61 UmwG). Befinden sich mindestens 90% des 1588

---

1 Vertragsmuster einer Ausgliederung zur Neugründung: MAYER in Widmann/Mayer, Anh. 4, M 124 ff. (September 2004).

KG → AG

Stammkapitals der GmbH in der Hand der übernehmenden AG, so braucht auf der Ebene der AG kein **Zustimmungsbeschluss** gefasst zu werden (§ 125 iVm. § 62 Abs. 1 UmwG), es sei denn, mindestens 20% des Grundkapitals verlangen dies (§ 125 iVm. § 62 Abs. 2 UmwG). Zur **Vorbereitung der Hauptversammlung** siehe § 125 iVm. §§ 62 Abs. 3, 63 UmwG, zur Durchführung § 125 iVm. § 64 UmwG, zur Beschlussfassung § 125 iVm. § 65 UmwG. Zur Gewährung der Aktien anstelle der untergehenden GmbH-Anteile ist ein **Treuhänder** zu bestellen (§ 125 iVm. §§ 71, 72 UmwG).

II. Steuerrecht

1589 Siehe Tz. 1783–1784, 1786, 1789, 1791 *KG → GmbH*.

D. Verschmelzung

I. Zivilrecht

1590 Es gelten die Tz. 1792–1815, 1817–1819 *KG → GmbH* mit folgenden Besonderheiten:

1591 Bei der Verschmelzung sind in den ersten zwei Jahren nach Eintragung der übernehmenden AG im Handelsregister die **Nachgründungsvorschriften** des § 52 Abs. 3, 4, 7–9 AktG zu beachten. Für die **Kapitalerhöhung** gilt § 68 UmwG. Soweit eine Kapitalerhöhung zulässig ist, erleichtert § 69 UmwG die Durchführung. So sind die §§ 182 Abs. 4, 184 Abs. 2, 185, 186, 187 Abs. 1, 188 Abs. 2 und 3 Nr. 1 AktG nicht anzuwenden. Erforderlich ist jedoch eine Prüfung der Sacheinlage gemäß § 183 Abs. 3 AktG (§ 69 UmwG).

1592 Der Spaltungs- und Übernahmevertrag ist für eine AG **prüfungspflichtig** (§ 60 UmwG), es sei denn, die Gesellschafter verzichten (§ 9 Abs. 3 iVm. § 8 Abs. 3 UmwG) oder die Beteiligungen an der KG befinden sich in der Hand der AG (§ 9 Abs. 2 UmwG).

1593 Der Verschmelzungsvertrag ist vor Einberufung der Hauptversammlung, die über die Zustimmung beschließt, zum **Handelsregister** einzureichen und die Einreichung vom Register bekanntzumachen (§ 61 UmwG). Befinden sich mindestens 90% des Stammkapitals der GmbH in der Hand der übernehmenden AG, so braucht auf der Ebene der AG kein **Zustimmungsbeschluss** gefasst zu werden (§ 62 Abs. 1 UmwG), es sei denn, mindestens 20% des Grundkapitals verlangen dies (§ 62 Abs. 2 UmwG). Zur **Vorbereitung der Hauptversammlung** siehe §§ 62 Abs. 3, 63 UmwG, zur Durchführung § 64 UmwG, zur Beschlussfassung § 65 UmwG. Zur Gewährung der Aktien anstelle der untergehenden GmbH-Anteile ist ein **Treuhänder** zu bestellen (§§ 71, 72 UmwG).

II. Steuerrecht

Siehe Tz. 1816 *KG → GmbH*. 1594

E. Einbringung

I. Zivilrecht

1. Sachgründung

Gesellschaftsanteile einer KG sind **sacheinlagefähig**[1]. Durch Einbringung aller KG-Anteile erlischt die KG. Die AG wird Gesamtrechtsnachfolger. 1595

2. Nachgründung

Die **Einbringung** der KG kann **im Wege der Nachgründung** erfolgen[2]. 1596

3. Kapitalerhöhung

In eine **bestehende AG** kann die KG im Wege der Kapitalerhöhung[3] eingebracht werden. 1597

II. Steuerrecht

Es gelten die Tz. 1838–1841 *KG → GmbH*. 1598

---

[1] KRAFT in Kölner Kommentar zum AktG, § 27 Anm. 22; PENTZ in Münchener Kommentar zum AktG, § 27 Rz. 12. Zur Sachgründung einer AG siehe STRECK/OLBING in Formularbuch Recht und Steuern, S. 21 ff.; HÖLTERS in Münchener Vertragshandbuch, Band 1, V. 9; HOFFMANN-BECKING in Münchener Handbuch des Gesellschaftsrechts, Band 4, S. 22 ff.

[2] Zur Nachgründung vgl. HÖLTERS in Münchener Vertragshandbuch, Band 1, V. 26; HOFFMANN-BECKING in Münchener Handbuch des Gesellschaftsrechts, Band 4, S. 33 f.; NIRK/REUTER/BÄCHLE, Handbuch der Aktiengesellschaft, Teil I Rz. 316 ff. (Juni 2001).

[3] Zur Kapitalerhöhung gegen Sacheinlage vgl. HÖLTERS in Münchener Vertragshandbuch, Band 1, V. 119; KRIEGER in Münchener Handbuch des Gesellschaftsrechts, Band 4, S. 720 ff.

KG → AG

F. Verkauf, unentgeltliche Übertragung

1599 Es gelten die Tz. 1842–1848 *KG → GmbH* entsprechend.

KG → Einzelunternehmen (EU)

1600 Die Umwandlung einer KG in ein Einzelunternehmen ist **ausgeschlossen**. Denkbar ist, dass alle Gesellschafter bis auf einen ausscheiden und damit das Gesamthandsvermögen dem verbleibenden Gesellschafter zuwächst. Steuerlich ist das Ausscheiden Veräußerung der Beteiligung (§§ 16, 34 EStG). Ferner ist eine Realteilung der KG unter Übertragung einzelner Vermögensgegenstände auf die Gesellschafter denkbar (siehe Tz. 1928–1933 *KG → KG*).

KG → EWIV

1601 Auf eine EWIV ist OHG-Recht anwendbar. Es gilt Tz. 2034–2036 *KG → OHG*.

KG → GbR

1602 Eine echte Umwandlung ist **ausgeschlossen**.

1603 Aus der KG wird auch dann keine GbR, wenn ihre Tätigkeit nicht (mehr) auf ein Handelsgewerbe gerichtet ist (§ 105 Abs. 2 HGB). Dies kann nach außen unbemerkt geschehen, etwa wenn die KG ihr Unternehmen im Rahmen einer **Betriebsaufspaltung** (Tz. 1934–1937 *KG → KG*) auf eine Kapitalgesellschaft überträgt und damit kein Gewerbe iSd. HGB mehr betreibt.

1604 Zur GbR wird die KG erst, wenn sie kein Handelsgewerbe betreibt und die Löschung im Handelsregister bewirkt.

1605 Eine KG kann mit einer GbR im Wege der Einbringung der Beteiligungen **verschmolzen** werden[1]. Es gelten die Grundsätze wie zu Tz. 2017–2024 *KG ↔ KG*. Allerdings wird die GbR regelmäßig zur Handelsgesellschaft (OHG).

---

1 BGH II ZR 42/89 vom 19. 2. 1990, DB 1990, 982.

KG → Genossenschaft

Wird die KG gemäß Tz. 1604 zur GbR, so ist dies **steuerlich** ohne Belang, sofern weiterhin ein Gewerbebetrieb besteht. Allenfalls kommt eine Änderung der **Gewinnermittlungsart** (von § 4 Abs. 1 EStG zu § 4 Abs. 3 EStG) in Betracht. 1606

Wechselt die Gesellschaft hingegen ihre Tätigkeit endgültig vom Gewerbebetrieb zur Vermögensverwaltung, so erfolgt eine **Betriebsaufgabe** mit den Besteuerungsfolgen des § 16 EStG. Die Betriebsaufgabe wird nur dann vermieden, wenn die Voraussetzungen einer Betriebsaufspaltung (Tz. 1934–1937 *KG → KG*) oder einer Betriebsverpachtung[1] vorliegen. 1607

KG → Genossenschaft, Formwechsel, Spaltung, Verschmelzung

A. Übersicht 1608
B. Formwechsel
   I. Zivilrecht 1609
   II. Steuerrecht 1613
C. Spaltung
   I. Zivilrecht 1614
   II. Steuerrecht 1615
D. Verschmelzung
   I. Verschmelzung durch Aufnahme
     1. Zivilrecht 1616
     2. Steuerrecht 1619
   II. Verschmelzung durch Neugründung
     1. Zivilrecht 1620
     2. Steuerrecht 1621

A. Übersicht

Eine KG kann in eine Genossenschaft durch **Formwechsel** (§ 214 UmwG), **Spaltung** (§§ 147, 127 iVm. § 3 Abs. 1 UmwG) oder **Verschmelzung** (§§ 3 Abs. 1, 79 UmwG) umgewandelt werden. 1608

B. Formwechsel

I. Zivilrecht

Voraussetzung für den Formwechsel ist die Erstellung eines **Umwandlungsberichts** (§ 192 UmwG, Ausnahme § 192 Abs. 3 und § 215 UmwG) und die Fassung eines Umwandlungsbeschlusses (§ 193 UmwG). Zum Inhalt des Umwandlungsberichts siehe Tz. 1647–1655 1609

---

1 WACKER in L. Schmidt, § 16 EStG Rz. 690 ff.

KG → Genossenschaft

KG → GmbH. Zum Inhalt des Umwandlungsbeschlusses siehe §§ 194, 218 Abs. 2, 3 UmwG. § 4 GenG ist nicht anwendbar (§ 197 S. 2 UmwG), so dass der Formwechsel auch bei weniger als sieben Gesellschaftern möglich ist. Zur Vorbereitung der Beschlussfassung siehe Tz. 1677–1679 *KG → GmbH,* zu Mehrheiten, Form, Barabfindung und Anfechtung Tz. 1680–1685 *KG → GmbH.*

1610 Die **Gründungsvorschriften** der §§ 1–16 GenG – mit Ausnahme des § 4 GenG – sind zu beachten.

1611 Zur **Anmeldung** siehe §§ 198, 222 UmwG.

1612 Zu den **Rechtsfolgen** siehe Tz. 1700–1711 *KG → GmbH.*

II. Steuerrecht

1613 Der Formwechsel einer Personenhandelsgesellschaft in eine Genossenschaft ist vom Wortlaut des § 20 UmwStG nicht erfasst, sodass der Formwechsel zur **Gewinnrealisierung** führt[1].

C. Spaltung

I. Zivilrecht

1614 Es gelten die Tz. 1770–1782, 1785, 1787–1788, 1790 *KG → GmbH* entsprechend. Die **Statuten** der Genossenschaft müssen bei der Spaltung angepasst werden (§ 147 UmwG). Zur Anmeldung siehe § 148 UmwG.

II. Steuerrecht

1615 Da die §§ 20 ff. UmwStG nicht anwendbar sind, führt die Spaltung zur **gewinnrealisierenden Entnahme** bei der KG.

D. Verschmelzung

I. Verschmelzung durch Aufnahme

1. Zivilrecht

1616 Es gelten grundsätzlich die Tz. 1792–1815 *KG → GmbH* entsprechend.

---

[1] Widmann in Widmann/Mayer, § 20 UmwStG Rz. 392 (November 1995); Billigkeitsregelungen ablehnend OFD Magdeburg vom 6. 10. 1999, DB 1999, 2240.

KG → GmbH

Mit der Verschmelzung sind die notwendigen Änderungen des **Status** der Genossenschaft zu beschließen (§ 79 UmwG). Im Verschmelzungsvertrag ist für jeden Gesellschafter der Betrag und die Zahl der **Geschäftsanteile** anzugeben.   1617

Zur **Prüfung** siehe § 81 UmwG, zur **Beschlussfassung** durch die Generalversammlung der Genossenschaft §§ 82–84 UmwG. Zur **Anmeldung** siehe § 86 UmwG, zur **Eintragung** ins Genossenschaftsregister § 89 UmwG.   1618

2. Steuerrecht

Die Verschmelzung führt mangels Anwendbarkeit der §§ 20 ff. UmwStG zur Gewinnrealisierung.   1619

II. Verschmelzung durch Neugründung
1. Zivilrecht

Es gelten die Tz. 1817–1819 *KG → GmbH* entsprechend. Die **Besonderheiten** gemäß Tz. 1817–1818 sind zu berücksichtigen. Das Statut der neuen Genossenschaft ist von den zur Geschäftsführung befugten Gesellschaften der KG aufzustellen und zu unterzeichnen. Ferner ist der erste Aufsichtsrat sowie der Vorstand zu bestellen (§ 97 UmwG). Die Gesellschafter der übertragenden Gesellschaften müssen zustimmen (§ 98 UmwG).   1620

2. Steuerrecht

Es gilt Tz. 1619.   1621

KG → GmbH, Formwechsel, Spaltung, Verschmelzung

A. Übersicht
- I. Umwandlung 1622
- II. Einbringung 1636
- III. Verkauf 1643

B. Formwechsel
- I. Zivilrecht
  1. Voraussetzungen .. 1646
  2. Umwandlungsbericht 1647
  3. Umwandlungsbeschluss
     - a) Inhalt 1656
     - b) Vorbereitung der Beschlussfassung 1677
     - c) Mehrheit, Form des Beschlusses 1680
     - d) Barabfindungsangebot 1682
     - e) Anfechtung 1685

KG → GmbH

4. Sachgründungsbericht	1686
5. Handelsregisteranmeldung	1690
6. Handelsregistereintragung	1697
7. Rechtsfolgen der Eintragung	1700
8. Kosten	1712
II. Steuerrecht	
1. Einbringung	1715
2. Gewährung neuer Anteile	1724
3. Einbringungszeitpunkt	1726
4. Bewertung	
a) Grundsätze	1733
b) Bewertungs-ABC	1735
c) Ausgleich unter den Gesellschaftern	1756
d) Änderung der Bewertung	1760
5. Steuerfolgen bei dem Gesellschafter	1762
6. Steuerfolgen bei der GmbH	1764
7. Sonstige Steuern	
a) Umsatzsteuer	1765
b) Grunderwerbsteuer	1768
c) Schenkungsteuer	1769
C. Spaltung	
I. Aufspaltung zur Aufnahme	
1. Zivilrecht	1770
2. Steuerrecht	1783
II. Aufspaltung zur Neugründung	
1. Zivilrecht	1785
2. Steuerrecht	1786
III. Abspaltung	
1. Zivilrecht	1787
2. Steuerrecht	1789
IV. Ausgliederung	
1. Zivilrecht	1790
2. Steuerrecht	1791
D. Verschmelzung	
I. Verschmelzung durch Aufnahme	
1. Zivilrecht	1792
2. Steuerrecht	1816
II. Verschmelzung durch Neugründung	
1. Zivilrecht	1817
2. Steuerrecht	1820
E. Einbringung	
I. Zivilrecht	
1. Sachgründung	1821
2. Kapitalerhöhung	1832
II. Steuerrecht	1838
F. Verkauf	
I. Zivilrecht	1842
II. Steuerrecht	1846

A. Übersicht

I. Umwandlung

1622 Eine KG kann durch **Formwechsel, Verschmelzung** oder **Spaltung** in eine GmbH umgewandelt werden.

KG → GmbH

Der **Formwechsel** einer KG in eine GmbH beinhaltet die Änderung der Rechtsform des Unternehmens unter Wahrung seiner rechtlichen Identität. Aus der KG wird eine GmbH, ohne dass sich an den Beteiligungsverhältnissen oder dem Vermögen etwas ändert. Ein Vermögensübergang findet nicht statt[1].

1623

Bei der **Spaltung** ist zu differenzieren (§ 123 UmwG): Eine KG kann ihr Vermögen auf mindestens zwei andere Rechtsträger **aufspalten**. Als übernehmender Rechtsträger kommt auch eine GmbH in Betracht. Eine KG kann einen Teil ihres Vermögens auf eine GmbH **abspalten**. Die KG existiert mit dem verbleibenden Vermögen neben der GmbH fort. Eine KG kann einen Teil ihres Vermögens auf eine GmbH **ausgliedern**. Die KG besteht fort. An die Stelle des ausgegliederten Vermögens tritt die Beteiligung an der GmbH. Bei der Spaltung kann das Vermögen sowohl auf eine bestehende GmbH wie auch auf eine mit der Spaltung zu gründende GmbH übergehen.

1624

Eine KG kann – auch gleichzeitig mit anderen Personen- oder Kapitalgesellschaften – auf eine bestehende GmbH verschmolzen werden **(Verschmelzung durch Aufnahme)**. Mit anderen Rechtsträgern kann die KG zu einer neuen GmbH verschmolzen werden **(Verschmelzung durch Neugründung)**. Die Verschmelzung führt zur Übertragung des Vermögens der KG auf die GmbH im Wege der Gesamtrechtsnachfolge. Die KG geht unter. An die Stelle der KG-Beteiligung treten die GmbH-Anteile.

1625

Soweit neben der KG **Rechtsträger anderer Rechtsformen** an der Umwandlung beteiligt sind, sind die für diese Rechtsform geltenden Vorschriften parallel anzuwenden.

1626

Voraussetzung für eine Umwandlung ist, dass die KG ihren Sitz im Inland hat (§ 1 Abs. 1 UmwG). Umwandlungsfähig ist damit jede KG, die in einem deutschen Handelsregister eingetragen ist.

1627

Auch eine bereits **aufgelöste KG** kann umgewandelt werden, wenn deren Fortsetzung beschlossen werden könnte und keine andere Art der Auseinandersetzung als die Abwicklung oder die Umwandlung vereinbart wurde (§§ 191 Abs. 3, 214 Abs. 2 UmwG zum Formwechsel, § 125 iVm. §§ 3 Abs. 3, 39 UmwG zur Spaltung, §§ 3 Abs. 3, 39 UmwG zur Verschmelzung)[2]. Erfolgt die Umwandlung durch Übertragung

1628

---

1 BT-Drucks. 12/6699, 137, 140.
2 Zu den Voraussetzungen eines Fortsetzungsbeschlusses siehe BAUMBACH/HOPT, § 131 HGB Rz. 29 ff. Zu anderen Arten der Auseinandersetzung LUTTER/DRYGALA in Lutter, § 3 UmwG Rz. 18.

KG → GmbH

des Vermögens auf eine bestehende GmbH im Wege der Verschmelzung oder Spaltung, so hindert mE die Auflösung der GmbH die Umwandlung nicht, wenn vor dem Umwandlungsvorgang die Fortsetzung der GmbH beschlossen wird[1].

1629 Zulässig ist die Umwandlung einer KG, die ihren **Betrieb verpachtet** oder einen **Unternehmensnießbrauch** bestellt hat. Bei einem Ertragsnießbrauch ist wegen §§ 1037 Abs. 1, 1041 Abs. 1, 1048 Abs. 1 BGB die Zustimmung des Nießbrauchers erforderlich.

1630 Keine Einschränkung besteht hinsichtlich der an der Umwandlung **beteiligten Personen.** Jeder, der als Gesellschafter einer KG und als Gründer einer GmbH in Betracht kommt (natürliche und juristische Personen, OHG, KG, GbR), kann sich an der Umwandlung beteiligen.

1631 ME hindert die Beteiligung von **Ausländern,** denen aufgrund ihrer Aufenthaltserlaubnis eine selbständige Tätigkeit untersagt ist, die Umwandlung nicht, solange keine echte Umgehung des Gewerbeverbots nachgewiesen ist. Dann wäre die Umwandlung nichtig (§ 134 BGB)[2].

1632 Werden Gesellschaftsanteile treuhänderisch gehalten, ist gesellschaftsrechtlich nur der **Treuhänder** Gesellschafter und als solcher an der Umwandlung beteiligt.

1633 Ausgeschlossen ist der Formwechsel, wenn das Vermögen nicht zur **Deckung des Stammkapitals** ausreicht (§ 220 Abs. 1 UmwG, siehe Tz. 1668).

1634 Die KG kann nur in eine **GmbH deutschen Rechts** umgewandelt werden. Die Umwandlung in eine ausländische Rechtsform ist ausgeschlossen.

1635 **Steuerlich** ist in allen Fällen der Umwandlung eine Buchwertfortführung sowie eine Rückbeziehung möglich, soweit die Voraussetzungen der §§ 20 ff. UmwStG vorliegen. Nach Ansicht der Finanzverwaltung ist bei einem Formwechsel die Fortführung der Buchwerte zwingend[3].

---

1 Streitig, siehe Lutter, § 3 UmwG Rz. 19; OLG Naumburg 10 Wx 1/97 vom 12. 2. 1997, GmbHR 1997, 1152; Bayer, ZIP 1997, 1614; zur Zulässigkeit siehe Ulmer in Hachenburg, § 60 GmbHG Rz. 78.
2 LG Krefeld 7 T 1/82 vom 30. 6. 1982, GmbHR 1983, 48.
3 Tz. 20.29 UmwE.

KG → GmbH

II. Einbringung

Fallen sämtliche Gesellschaftsanteile einer KG in der Hand eines Gesellschafters zusammen, geht die KG unter. Der Gesellschafter tritt die Rechtsnachfolge an[1]. Damit besteht durch **Einbringung sämtlicher Gesellschaftsanteile** in eine GmbH die Möglichkeit, die KG auf eine GmbH „umzuwandeln". 1636

Die KG-Beteiligungen können sowohl in eine neu zu gründende GmbH **(Sachgründung)** als auch in eine bestehende GmbH eingebracht werden **(Kapitalerhöhung)**. Dabei kann es sich auch um eine GmbH handeln, die an der KG beteiligt ist. Notwendig ist allerdings jeweils die Einbringung aller Anteile, da ansonsten die KG (ggf. als OHG) fortbesteht.[2] 1637

Ebenso wie bei der Umwandlung ist die **Buchwertfortführung** sowie eine steuerliche Rückbeziehung grundsätzlich möglich (§ 20 UmwStG). 1638

Von der Umwandlung und der Einbringung der Gesellschaftsanteile zu unterscheiden ist die **Gründung einer GmbH durch die KG** als alleinige Gründerin im Wege der Einbringung des Vermögens der KG. In diesem Fall bleibt die KG als solche bestehen und hält die GmbH-Anteile. Ist die KG nicht weiter gewerblich tätig, besteht die Gefahr, dass steuerlich die stillen Reserven zu realisieren sind. Gesellschaftsrechtlich entspricht der Sachverhalt der Einbringung eines Einzelunternehmens (vgl. Tz. 305–341 *EU → GmbH*). 1639

Die **steuerrechtliche Behandlung** dieses Vorgangs ist äußerst umstritten. Die Finanzverwaltung sieht den einzelnen Gesellschafter als Einbringenden an. Die Bewertungsvorschriften des § 20 UmwStG gelten damit gesondert für jeden Gesellschafter[3]. Die steuerliche Behandlung entspricht der bei einer Umwandlung. ME ist die Personengesellschaft selbst Einbringender[4]. Auch steuerrechtlich ist der Vorgang wie 1640

---

1 K. SCHMIDT, Gesellschaftsrecht, 4. Aufl. 2002, S. 1304 f.; OLG Düsseldorf 16 U 32/99 vom 25. 2. 2000, GmbHR 2000, 1205, zur Haftung für Handelsvertreterprovisionen.
2 Geht die Personengesellschaft nicht unter und übernimmt die GmbH die Mitunternehmerstellung, so wird das Bewertungswahlrecht nach § 20 Abs. 2 UmwStG nicht in der Bilanz der aufnehmenden Kapitalgesellschaft, sondern in der Steuerbilanz der fortbestehenden Personengesellschaft ausgeübt, BFH I R 102/01 vom 30. 4. 2003, BStBl. 2004 II, 804; dazu KUTT, BB 2004, 371.
3 Siehe FRIEDERICHS in Haritz/Benkert, § 20 UmwStG Rz. 12 ff., mwN.
4 Ebenso von WALLIS, StW 1970, Sp. 465, 470; KEUK, StuW 1974, 1, 16; PATT, DStR 1995, 1081; differenzierend HÜBL in Herrmann/Heuer/Raupach, § 20 UmwStG

KG → GmbH

bei Einbringung eines Einzelunternehmens in eine GmbH zu behandeln (Tz. 342–346 *EU → GmbH*).

1641 **Praxisrelevant** wird diese Streitfrage, wenn bei einem der Gesellschafter das Besteuerungsrecht der Bundesrepublik hinsichtlich des Gewinns aus einer Veräußerung der GmbH-Anteile ausgeschlossen ist. Nach Ansicht der Finanzverwaltung ist zwingend der anteilige Teilwert anzusetzen (§ 20 Abs. 3 UmwStG), während bei der Einbringung durch die KG das volle Wahlrecht besteht (§ 20 Abs. 2 UmwStG).

1642 **Hinweis:** Zu den Vorteilen der Einbringung gegenüber der Umwandlung siehe Tz. 1560 *GmbH & Co KG → GmbH*.

III. Verkauf

1643 Der Verkauf des Unternehmens der KG an eine neu gegründete oder bestehende GmbH führt zwar zum Übergang der Vermögenswerte. Die KG bleibt aber als solche bestehen und muss ggf. gesondert liquidiert werden. Zudem besteht die Gefahr einer **verschleierten Sachgründung** (siehe Tz. 347 *EU → GmbH*).

1644 Wird nicht das Unternehmen, sondern werden alle **Gesellschaftsanteile** an die GmbH verkauft, geht zwar die KG unter. Doch auch hier kann eine verschleierte Sachgründung vorliegen.

1645 Der Verkauf des Unternehmens bzw. der Anteile führt zwangsläufig zur **Besteuerung** aller **stillen Reserven**.

B. Formwechsel

I. Zivilrecht

1. Voraussetzungen

1646 Notwendig sind für den Formwechsel

– ein **Umwandlungsbericht** (§ 192 UmwG),

– ein **Umwandlungsbeschluss** (§ 193 UmwG),

– ein **Sachgründungsbericht** (§ 197 UmwG iVm. § 5 Abs. 4 S. 2 GmbHG)

– und die **Anmeldung zum Handelsregister**.

1977 Anm. 61 (Oktober 1982); Widmann in Widmann/Mayer, § 20 UmwStG Rz. 427 (Dezember 1986); Rogal, DB 2005, 410.

KG → GmbH

2. Umwandlungsbericht

Von den **Vertretungsorganen** des formwechselnden Unternehmens ist ein Umwandlungsbericht zu erstellen (§ 192 UmwG). Siehe hierzu Tz. 1219 *GmbH → KG*.   1647

Der Umwandlungsbericht muss einen **Entwurf** des **Umwandlungsbeschlusses** enthalten (§ 192 Abs. 1 UmwG).   1648

Schließlich ist dem Bericht eine **Vermögensaufstellung** beizufügen (siehe Tz. 1221–1222 *GmbH → KG*).   1649

Zur steuerlichen Notwendigkeit der Bilanzerstellung siehe Tz. 1726.   1650

Hinweis: Auch handelsrechtlich wird man ohne Bezugnahme auf eine Bilanz kaum auskommen. Dies gilt jedenfalls dann, wenn das Vermögen nicht vollständig auf das Kapital (Stammkapital plus Rücklagen) angerechnet werden soll (siehe Tz. 1662).   1651

Kein Umwandlungsbericht ist erforderlich, wenn alle Gesellschafter zur Geschäftsführung berechtigt sind (§ 215 UmwG) oder die nicht zur Geschäftsführung berechtigten Gesellschafter in notarieller Form verzichten (§ 192 Abs. 3 UmwG). ME kann der **Verzicht** auch **mit der Beurkundung** des **Umwandlungsvorgangs** erklärt werden (siehe auch Tz. 1225 *GmbH → KG*).   1652

Das Gesetz normiert **keine materiellen Bedingungen** für den Formwechsel (siehe Tz. 1226 *GmbH → KG*).   1653

Einstweilen frei.   1654–1655

3. Umwandlungsbeschluss

a) Inhalt

Der Formwechsel bedarf eines Umwandlungsbeschlusses (§ 193 Abs. 1 UmwG)[1]. In dem Umwandlungsbeschluss muss bestimmt werden,   1656

– dass die KG durch den Formwechsel die **Rechtsform** einer GmbH erhält (§ 194 Abs. 1 Nr. 1 UmwG);
– die **Firma** der GmbH (§ 194 Abs. 1 Nr. 2 UmwG, siehe Tz. 1659);
– das **Beteiligungsverhältnis** der Gesellschafter an der GmbH (§ 194 Abs. 1 Nr. 4 UmwG), das nicht dem bei der KG entsprechen muss;

---

1 Vertragsmuster: KALLMEYER in GmbH-Handbuch, Teil V M 700; ENGL in Formularbuch Recht und Steuern, S. 788 ff.

KG → GmbH

- die Fortgeltung, Änderung oder Aufhebung etwaiger **Sonderrechte** (§ 194 Abs. 1 Nr. 5 UmwG);
- ein **Abfindungsangebot** nach § 207 UmwG (§ 194 Abs. 1 Nr. 6 UmwG);
- die **Folgen** des Formwechsels **für die Arbeitnehmer** und ihre Vertretungen sowie die insoweit vorgesehenen Maßnahmen (§ 194 Abs. 1 Nr. 7 UmwG, siehe dazu Tz. 787–803 *GmbH → GmbH*).

1657 Ferner muss der Umwandlungsbeschluss die **Satzung** feststellen (§ 218 Abs. 1 UmwG). Es gelten die Gründungsvorschriften des GmbHG (§ 197 UmwG). Die Gesellschafter der KG gelten als Gründer (§ 219 UmwG). Der Gesellschaftsvertrag kann entweder in den Umwandlungsbeschluss aufgenommen oder – was die Regel ist – unter Bezugnahme in der Niederschrift als Anlage beigefügt werden.

1658 Der **Mindestinhalt** einer GmbH-Satzung ergibt sich aus § 3 GmbHG (Firma, Sitz, Unternehmensgegenstand, Stammkapital, Stammeinlage).

1659 Die **Firma** der bisherigen KG kann mit dem Zusatz „GmbH" fortgeführt werden[1]. Die Neubildung einer Firma unter Beachtung des § 4 Abs. 1 GmbHG ist zulässig (§ 200 Abs. 1 UmwG).

1660 Der **Sitz** der Gesellschaft kann frei gewählt werden. IdR wird dies der Sitz der bisherigen KG sein.

1661 Auch der **Gegenstand des Unternehmens** kann im Rahmen der Umwandlung gewechselt werden. UU ergeben sich jedoch Folgen für die Firmierung, wenn durch die Änderung eine Sachfirma unzutreffend wird.

1662 Das **Stammkapital** muss auf mindestens 25.000,– Euro festgesetzt werden (§ 318 Abs. 2 UmwG). Die Stammeinlagen müssen in der Satzung erscheinen. IdR entspricht das Verhältnis der Stammeinlagen bei der GmbH den Beteiligungsquoten in der KG. Zwingend ist dies nicht. Steuerlich kann die Änderung der Beteiligungsverhältnisse eine Schenkung oder Veräußerung beinhalten[2].

---

1 Zur Fortführung des Zusatzes „und Partner" OLG Frankfurt/M. 20 W 72/99 vom 19. 2. 1999, DB 1999, 733.
2 Streitig, siehe einerseits Ländererlass vom 15. 3. 1997, BStBl. 1997 I, 350; GOTTSCHALK, DStR 2000, 1798 und andererseits FG Köln 9 K 458/00 vom 16. 12. 2003, EFG 2004, 574, Rev. II R 8/04.

KG → GmbH

Da die **Sachgründungsvorschriften** gelten, muss zudem der Gegenstand der Sacheinlage, der Betrag der Stammeinlage, für den die Sacheinlage geleistet wird (Anrechnungsbetrag) sowie die Person, die die Stammeinlage übernimmt, genannt werden (§ 5 Abs. 4 GmbHG)[1]. Der Wert des Einlagegegenstands braucht hingegen nicht angegeben zu werden.

1663

Zur **Kennzeichnung der Sacheinlage** genügt bei der Umwandlung die Bezeichnung der KG (Firma, Handelsregisternummer).

1664

Der **Anrechnungsbetrag** muss nicht der Stammeinlage entsprechen. Die Verbindung mit einer Bareinlage ist zulässig[2]. Der Gesellschaftsvertrag muss dann die entsprechenden Teilbeträge nennen.

1665

Soll nicht das ganze Reinvermögen auf das Stammkapital angerechnet werden, so muss der Gesellschaftsvertrag den Wertansatz und die **Verwendung des Mehrbetrags** regeln (Darlehen, Rücklagen, Auszahlung; siehe Tz. 317–320 *EU → GmbH*)[3]. Dabei brauchen keine Beträge festgelegt zu werden. Es genügt die Bezugnahme auf die Vermögensaufstellung[4].

1666

Hinweis: Für Kommanditisten besteht dabei die Gefahr der **Einlagenrückgewähr** (§ 172 Abs. 4 HGB, siehe Tz. 1706).

1667

Unterschreitet das Vermögen laut Vermögensaufstellung das Stammkapital, ist ein Formwechsel unzulässig (§ 220 Abs. 1 UmwG). Maßgebend ist der tatsächliche Wert – nicht der Buchwert – des Gesamtvermögens[5]. **Negative Kapitalkonten** einzelner Gesellschafter hindern den Formwechsel nicht. Die Einlage kann aus dem Kapital anderer Gesellschafter mit erbracht werden. Rechtsgrund kann eine Darlehensgewährung oder eine Schenkung sein.

1668

---

1 HUECK/FASTRICH in Baumbach/Hueck, § 5 GmbHG Rz. 44 ff. Ist die Satzung als Anlage dem Umwandlungsbeschluss beigefügt, genügt es nicht, dass der Beschluss diese Angaben enthält, vgl. PRIESTER, DNotZ 1980, 515, 520; aA SUDHOFF/SUDHOFF, NJW 1982, 129, 131.
2 PRIESTER, BB 1978, 1291.
3 WINTER in Scholz, § 5 GmbHG Rz. 83; ULMER in Hachenburg, § 5 GmbHG Rz. 122; JOOST in Lutter, § 218 UmwG Rz. 9; DIRKSEN in Kallmeyer, § 218 UmwG Rz. 8; aA VOSSIUS in Widmann/Mayer, § 220 UmwG Rz. 55 (Juni 1997).
4 Streitig, wie hier WINTER in Scholz, § 5 GmbHG Rz. 83; LG Kiel 16 T 5/88 vom 8. 11. 1988, GmbHR 1989, 341; aA OLG Stuttgart 8 W 295/81 vom 19. 1. 1981, GmbHR 1982, 110.
5 DIRKSEN in Kallmeyer, § 220 UmwG Rz. 8, mwN; VOSSIUS in Widmann/Mayer, § 220 UmwG Rz. 16 (Juni 1997); CARLÉ/BAUSCHATZ, GmbHR 2001, 1153.

KG → GmbH

1669 Zum **Steuerrecht** siehe Tz. 1741.

1670 Eine Unterdeckung kann durch **Einlage** vor Umwandlung ausgeglichen werden. Gesellschafterdarlehen an die KG sind einlagefähig. Unzulässig ist hingegen die Kapitalaufbringung durch **Einbuchen von Forderungen** gegen einen Gesellschafter. Das bloße Leistungsversprechen stellt keine Einlage dar[1]. Selbst bestehende Forderungen der KG gegen den Gesellschafter sind mit dem Kapitalkonto zu saldieren[2], es sei denn, es besteht eine RangrücktrittsvereinbarungEuro [3].

1671 **Hinweis:** Werden bei der Formulierung der Satzung Regelungen des bisherigen Gesellschaftsvertrags übernommen, ist sorgfältig darauf zu achten, dass den Unterschieden in der Rechtsform Rechnung getragen wird. Dies gilt etwa für die Übertragbarkeit und Vererblichkeit von Anteilen. Steuerlich entsteht mit der Umwandlung die Gefahr von verdeckten Gewinnausschüttungen.

1672 Regelungen über die Befreiung von § 181 BGB und über das Wettbewerbsverbot von Gesellschaftern sind hierauf abzustimmen. Regelungen über die Vergütung und die Rechtsstellung des Geschäftsführers gehören nicht in die Satzung, sondern in einen **Geschäftsführervertrag.**

1673 Soll die GmbH den **Umwandlungsaufwand** tragen, muss dies – wie auch sonst bei einer Gründung[4] – in der Satzung ausdrücklich bestimmt werden. Dabei sind die Kosten betragsmäßig festzuschreiben. Ansonsten haben die Gesellschafter die Kosten zu erstatten. Bei Nichtgeltendmachung dieses Anspruchs durch die GmbH droht eine verdeckte Gewinnausschüttung[5].

1674 Weitergehende Regelungen im Umwandlungsbeschluss sind nicht vorgeschrieben. Der Umwandlungsbeschluss muss sich insbesondere nicht mit dem Unternehmensvermögen befassen. Aufgrund der Identität des Rechtsträgers beim Formwechsel findet **keine Vermögensübertragung** statt[6].

---

1 Vossius in Widmann/Mayer, § 220 UmwG Rz. 29 ff. (Juni 1997); Dirksen in Kallmeyer, § 220 UmwG Rz. 8, mwN.
2 Vgl. Priester in Scholz 7, Anh. Umw. § 47 UmwG Anm. 14; Priester, Deutscher Steuerberatertag 1982, S. 124 f.
3 Siehe OLG Naumburg 7 Wx 2/03 vom 1. 8. 2003, GmbHR 2003, 1432.
4 Vgl. BGH II ZB 10/88 vom 20. 2. 1989, DB 1989, 871 = GmbHR 1989, 250.
5 Vgl. BFH I R 12/87 vom 11. 10. 1989, BStBl. 1990 II, 89; BFH I R 42/96 vom 11. 2. 1997, DStRE 1997, 595.
6 Gesetzesbegründung zu § 194 UmwG, BT-Drucks. 12/6699, 140.

KG → GmbH

Ob es zweckmäßig ist, im Umwandlungsbeschluss den **steuerlichen Umwandlungsstichtag** und den **Wertansatz** (Buchwert, Zwischenwert, Teilwert) festzuschreiben, ist eine Frage des Einzelfalls. Steuerlich bindend sind solche Regelungen jedenfalls nicht. Maßgebend ist die tatsächliche Bilanzerstellung. 1675

Für die GmbH muss ein **Geschäftsführer** bestellt werden. Dies kann im Umwandlungsbeschluss geschehen. 1676

b) Vorbereitung der Beschlussfassung

Der Umwandlungsbeschluss kann nur in einer **Versammlung der Anteilsinhaber** gefasst werden (§ 193 UmwG). 1677

Für die **Ladung** gelten die Bestimmungen des Gesellschaftsvertrags, ansonsten die allgemeinen Regeln des Gesellschaftsrechts[1]. Die geschäftsführenden Gesellschafter haben allen von der Geschäftsführung ausgeschlossenen Gesellschaftern spätestens zusammen mit der Einberufung der Gesellschafterversammlung den Formwechsel als Gegenstand der Beschlussfassung schriftlich anzukündigen und den Umwandlungsbericht sowie ggf. ein Abfindungsangebot nach § 207 UmwG zu übersenden. 1678

Der Entwurf des Umwandlungsbeschlusses ist spätestens einen Monat vor dem Tag der Versammlung der Anteilsinhaber, die den Formwechsel beschießen soll, dem zuständigen **Betriebsrat** zuzuleiten (§ 194 Abs. 2 UmwG, siehe Tz. 783–803 *GmbH → GmbH*). 1679

c) Mehrheit, Form des Beschlusses

Der Formwechsel einer KG bedarf grundsätzlich der **Zustimmung** aller Gesellschafter (§ 217 UmwG). Soweit Gesellschafter nicht zur Gesellschafterversammlung erscheinen, müssen sie gesondert zustimmen. Der Umwandlungsbeschluss und die erforderlichen Zustimmungserklärungen bedürfen notarieller Form (§ 193 Abs. 3 UmwG). Eine Vollmacht muss notariell errichtet oder beglaubigt sein (§ 197 UmwG iVm. § 2 Abs. 2 GmbHG). Mitgesellschafter sind im Fall der Bevollmächtigung von § 181 BGB zu befreien. 1680

Eine Umwandlung durch **Mehrheitsbeschluss** ist möglich, wenn der Gesellschaftsvertrag dies vorsieht (§ 217 Abs. 1 S. 2 UmwG). Wirksam ist eine solche Vertragsregelung jedoch nur, wenn sie ein Mehrheits- 1681

---

1 Dazu BAUMBACH/HOPT, § 119 HGB Rz. 29.

KG → GmbH

erfordernis von mindestens ¾ der abgegebenen Stimmen vorsieht (§ 217 Abs. 1 S. 3 UmwG, siehe Tz. 1969 *KG ↔ KG*). Im Fall einer Mehrheitsumwandlung sind die Gesellschafter, die dem Formwechsel zustimmen, in der Niederschrift über den Umwandlungsbeschluss namentlich anzuführen (§ 217 Abs. 2 UmwG).

d) Barabfindungsangebot

1682 Gesellschaftern, die dem Formwechsel nicht zustimmen, aber überstimmt werden, ist ein **Ausscheiden** aus der GmbH gegen eine angemessene Barabfindung anzubieten (§ 207 UmwG). Es gelten die Tz. 1242–1251 *GmbH → KG* entsprechend, wobei hier § 211 UmwG (Tz. 1251 *GmbH → KG*) Bedeutung zukommt. Die Abfindung wird von der GmbH gezahlt und führt ggf. zum Erwerb eigener Anteile, was in den Grenzen des § 33 Abs. 3 GmbHG zulässig ist[1].

1683 **Prüfungspflichtig** ist das Abfindungsangebot nur, wenn einer der Gesellschafter dies verlangt (§ 225 UmwG).

1684 Zur **steuerlichen Behandlung** siehe Tz. 1473–1478, die analog gelten.

e) Anfechtung

1685 Die Wirksamkeit des Umwandlungsbeschlusses kann nur im **Klageweg** angefochten werden. Siehe hierzu Tz. 1252–1253 *GmbH → KG*.

4. Sachgründungsbericht

1686 Da für den Formwechsel die Sachgründungsvorschriften gelten (§ 197 UmwG), ist ein Sachgründungsbericht zu erstellen (§ 5 Abs. 4 S. 2 GmbHG). Darzulegen sind die für die **Werthaltigkeit** des Unternehmens wesentlichen Umstände. Hierzu gehören die Erörterung der Positionen der Vermögensaufstellung und ihre Bewertung. Die Erläuterung ist so abzufassen, dass dem Registergericht die Prüfung der Werthaltigkeit ermöglicht wird[2]. Anzugeben ist ferner das Ergebnis der letzten beiden Geschäftsjahre (Jahresüberschuss oder -fehlbetrag der Handelsbilanz iSd. § 275 HGB). Besteht das Unternehmen weniger als zwei Jahre, muss ein entsprechender Hinweis erfolgen[3]. Ferner

---

1 Dazu LUTTER/HOMMELHOFF, § 33 GmbHG Rz. 12.
2 Vgl. WINTER in Scholz, § 5 GmbHG Rz. 104; Formulierungsbeispiel: ENGL in Formularbuch Recht und Steuern, S. 788 ff.
3 Im Einzelnen WINTER in Scholz, § 5 GmbHG Rz. 105.

sind Angaben über den **Geschäftsverlauf** und zur Lage der KG zu machen (§ 220 Abs. 2 UmwG).

Der Sachgründungsbericht ist **schriftlich** zu erstellen und von allen Gesellschaftern **persönlich zu unterzeichnen**. Eine rechtsgeschäftliche Vertretung ist ausgeschlossen[1]. Damit ist es unzulässig, einen Steuerberater oder Rechtsanwalt mit der Erstellung des Sachgründungsberichts zu beauftragen. Zulässig dürfte es aber sein, einem Berater die Formulierung des Berichts zu überlassen, der durch die persönliche Unterzeichnung zur eigenen Erklärung wird. 1687

Eine **notarielle Beurkundung** des Sachgründungsberichts ist nicht erforderlich[2]. 1688

Falsche Angaben im Sachgründungsbericht führen zur **Haftung** gegenüber der GmbH (§§ 9 a, 9 b GmbHG) und sind **strafbar** (§ 82 Abs. 1 Nr. 1 GmbHG). 1689

5. Handelsregisteranmeldung

Die neue Rechtsform der Gesellschaft ist durch die **Geschäftsführer** der GmbH zum Handelsregister der KG anzumelden (§§ 198, 222 Abs. 1 UmwG). Ist für die GmbH – etwa wegen Sitzverlegung – ein anderes Registergericht zuständig, so hat auch dort die Anmeldung zu erfolgen (§ 198 Abs. 2 UmwG). 1690

Die Anmeldung bedarf **öffentlich beglaubigter Form** (§ 12 Abs. 1 HGB). Eine Vorschrift zur Anmeldung innerhalb einer bestimmten Frist nach Beschlussfassung oder Erstellung der Vermögensübersicht gibt es handelsrechtlich nicht, wohl aber steuerrechtlich, siehe Tz. 1726. 1691

Der Anmeldung sind in Ausfertigung oder in öffentlich beglaubigter Abschrift oder, soweit sie nicht notariell zu beurkunden sind, in Urschrift oder Abschrift beizufügen (§ 199 UmwG): 1692

– die **Niederschrift des Umwandlungsbeschlusses** nebst Gesellschaftsvertrag,

---

1 Einhellige Meinung, vgl. ULMER in Hachenburg, § 5 GmbHG Rz. 138; WINTER in Scholz, § 5 GmbHG Rz. 100; HUECK/FASTRICH in Baumbach/Hueck, § 5 GmbHG Rz. 52.
2 ULMER in Hachenburg, § 5 GmbHG Rz. 139; DIRKSEN in Kallmeyer, § 220 UmwG Rz. 12.

KG → GmbH

- die erforderlichen **Zustimmungserklärungen** einzelner Gesellschafter,
- der **Umwandlungsbericht** oder die Erklärung über den Verzicht auf seine Erstellung,
- ein Nachweis über die rechtzeitige **Zuleitung** des Umwandlungsbeschlusses **an den Betriebsrat** gemäß § 194 Abs. 2 UmwG,
- Beschluss über die **Geschäftsführerbestellung** (§ 8 Abs. 1 Nr. 2 GmbHG),
- den **Sachgründungsbericht** (§ 8 Abs. 1 Nr. 4 GmbHG),
- eine **Gesellschafterliste** (8 Abs. 1 Nr. 3 GmbHG).

1693 Anzumelden sind die **Vertretungsverhältnisse** (§ 8 Abs. 4 GmbHG).

1694 Die Geschäftsführer haben in der Anmeldung zu erklären, dass keine Klage gegen den Umwandlungsbeschluss anhängig ist. Wird nach der Anmeldung eine Klage erhoben, haben die Geschäftsführer dies dem Registergericht mitzuteilen. Der **Erklärung der Geschäftsführer** steht ein rechtskräftiger Beschluss des mit der Anfechtungsklage befassten Gerichts, das die Anfechtung die Eintragung nicht hindert (§ 198 Abs. 2 iVm. § 16 Abs. 3 UmwG), oder eine notarielle Verzichtserklärung der Gesellschafter (§ 198 Abs. 3 iVm. § 16 Abs. 2 S. 2 UmwG) gleich (siehe Tz. 1064 *GmbH ↔ GmbH*).

1695 Die Geschäftsführer haben das Fehlen von **Inkompatibilitätsgründen** zu versichern (§ 8 Abs. 3 GmbHG). Der volle Gesetzeswortlaut ist wiederzugeben.

1696 Gesonderte **Angaben nach § 8 Abs. 2 GmbHG** sind mE nicht erforderlich, da sie in dem Umwandlungsbeschluss enthalten sind[1].

6. Handelsregistereintragung

1697 Das Registergericht prüft, ob die formellen Voraussetzungen für den Formwechsel gegeben sind, insbesondere alle notwendigen Unterlagen vorliegen, sowie die Werthaltigkeit des eingebrachten Unternehmens[2]. Ein weitergehendes materielles **Prüfungsrecht** besteht nicht.

---

1 Ebenso Decher in Lutter, § 198 UmwG Rz. 15, mwN, der allerdings vorsorglich die Angaben empfiehlt.
2 LG München 17 HKT 11 633/95 vom 21. 9. 1995, GmbHR 1996, 128; Timmermanns, DB 1999, 948.

KG → GmbH

Erfolgt die Anmeldung zu **unterschiedlichen Gerichten** (Tz. 1690), so hat die Eintragung in dem Register der GmbH mit dem Vermerk zu erfolgen, dass die Umwandlung erst mit der Eintragung der GmbH wirksam wird. 1698

Das Registergericht hat die Eintragung der neuen Rechtsform **bekanntzumachen** (§ 201 UmwG). 1699

7. Rechtsfolgen der Eintragung

Die Eintragung ist für den Formwechsel konstitutiv. Mit der Eintragung wird aus der KG eine GmbH **(keine Rückwirkung)**. Die Gesellschafter sowie das Vermögen der Gesellschaft bleiben identisch (§ 202 Abs. 1 UmwG). 1700

Hinweis: Wirtschaftsgüter, die nicht Gesamthandsvermögen sind, sondern im Eigentum einzelner Gesellschafter stehen und der KG zur Nutzung überlassen sind (steuerlich Sonderbetriebsvermögen), werden nicht Eigentum der GmbH. Zum Steuerrecht siehe Tz. 1717–1722. 1701

Da die Gesellschaft als Rechtsträger fortbesteht, entfallen die bisher bei der formwechselnden Umwandlung aus der Beendigung der rechtlichen Existenz der KG resultierenden **Rechtsfolgen** (siehe Tz. 1262 *GmbH → KG*). 1702

Rechte Dritter (zB Pfandrechte, Nießbrauch) bleiben bestehen (§ 202 Abs. 1 Nr. 2 UmwG). Ebenso bleiben gesellschaftsrechtliche Verbindungen von dem Formwechsel unberührt. Allenfalls ergeben sich Kündigungsgründe (siehe Tz. 1264 *GmbH ↔ GmbH*). 1703

Gläubiger der Gesellschaft, die noch keinen Anspruch auf Befriedigung haben, können **Sicherheit** für ihre Forderungen verlangen (§ 204 iVm. § 22 UmwG). Voraussetzung ist, dass sie ihr Verlangen innerhalb von sechs Monaten nach Bekanntmachung des Formwechsels gegenüber der Gesellschaft geltend machen. 1704

Der **Umfang der Haftung** für die bisherigen Komplementäre bestimmt sich nach § 128 HGB (unbeschränkte persönliche Haftung, § 224 UmwG)[1]. 1705

Für die Haftung der bisherigen **Kommanditisten** gelten die §§ 171 bis 176 HGB. Haben Kommanditisten ihre Einlage erbracht und nicht 1706

---

1 Zur begrenzten Haftung für Kontokorrentkredite siehe OLG Köln 13 U 244/00 vom 18. 7. 2001, BB 2001, 2444.

KG → GmbH

zurückerhalten, haften sie nicht. Die Umwandlung der KG in eine GmbH als solche stellt keine **Einlagerückgewähr** dar[1]. Zu einer Einlagenrückgewähr iSd. § 172 HGB kann es jedoch kommen, wenn die vom Kommanditisten übernommene Stammeinlage sein Kapitalkonto sowie seine bisherige Haftsumme unterschreitet und die Differenz zwischen Stammeinlage und Kapitalkonto an ihn ausgezahlt wird[2]. Ob auch die Umbuchung der Differenz auf ein Gesellschafterdarlehen zur Rückgewähr führt, ist umstritten[3].

1707 Der **Komplementär** haftet nur für Forderungen, die vor Ablauf von fünf Jahren nach dem Formwechsel fällig und daraus Ansprüche gegen ihn gerichtlich geltend gemacht sind (§ 224 Abs. 2 UmwG)[4].

1708 Wird der Gesellschafter für eine Verbindlichkeit der bisherigen KG in Anspruch genommen, so kann er von der GmbH die **Erstattung** verlangen[5].

1709 Einstweilen frei.

1710 Die **Geschäftsführer** und – falls vorhanden – die Mitglieder des Aufsichtsrats **haften** der Gesellschaft, den Gesellschaftern und Gläubigern der Gesellschaft für einen Schaden, den sie durch den Formwechsel erleiden (§ 205 Abs. 1 UmwG). Diese Ansprüche verjähren fünf Jahre nach der Bekanntgabe des Formwechsels (§ 205 Abs. 2 UmwG).

1711 Durch die Eintragung wird der **Mangel** der notariellen Beurkundung des Umwandlungsbeschlusses und ggf. erforderlicher Zustimmungs- oder Verzichtserklärungen einzelner Anteilseigner geheilt (vgl. § 202 Abs. 1 Nr. 3 UmwG). Sonstige **Mängel des Formwechsels** lassen Wirkungen der Eintragung unberührt (§ 202 Abs. 3 UmwG). Damit ist eine rückwirkende Beseitigung des Formwechsels ausgeschlossen.

8. Kosten

1712 Für die **Beurkundung des Umwandlungsbeschlusses** erhält der Notar eine $^{20}/_{10}$ Gebühr gemäß §§ 141, 47 KostO. Geschäftswert ist das Aktivvermögen der Gesellschaft (§ 41 c Abs. 2 KostO). Die Gebühr darf 5.000,– Euro nicht übersteigen (§ 47 S. 2 KostO).

---

1 H. Schmidt in Lutter, § 45 UmwG Rz. 9.
2 Siehe Joost in Lutter, § 224 UmwG Rz. 8; BGH II ZR 139/89 vom 2. 7. 1990, GmbHR 1990, 390 = DB 1990, 1707 = BB 1990, 1575.
3 Zum alten Recht Widmann/Mayer (alt), Rz. 890.7 (Mai 1994); Priester in Scholz[7], Anh. Umw. § 47 UmwG Rz. 7, mwN.
4 Eingehend Joost in Lutter, § 224 UmwG Rz. 12 ff.
5 Joost in Lutter, § 224 UmwG Rz. 37.

KG → GmbH

Entwirft der Notar die **Anmeldung**, löst dies eine $^5/_{10}$-Gebühr aus (§ 145 Abs. 1 S. 1 iVm. § 38 Abs. 2 Nr. 7 KostO). Der Geschäftswert beträgt 50.000,– Euro (§ 41 a Abs. 3 Nr. 3 KostO). Die erste Beglaubigung ist dann gebührenfrei (§ 145 Abs. 1 S. 4 KostO). Ansonsten fällt für die Beglaubigung eine $^1/_4$-Gebühr, höchstens 130,– Euro an (§ 45 Abs. 1 S. 1 KostO). 1713

Die Kosten der Registereintragung betragen 130,– Euro (Gebühr 1400, § 79 Abs. 1 KostO iVm. § 1 HRegGebV). 1714

II. Steuerrecht

1. Einbringung

Der Formwechsel einer Personenhandelsgesellschaft in eine Kapitalgesellschaft gilt steuerlich als Einbringung iSd. §§ 20 bis 23 UmwStG (§ 25 UmwStG). **Einbringender** ist der einzelne Gesellschafter. Eingebracht wird der jeweilige Mitunternehmeranteil[1]. Jeder Gesellschafter ist somit hinsichtlich der Voraussetzungen der Einbringung und der Bewertung seines Anteils gesondert zu betrachten. 1715

Zivilrechtlich geht mit der Umwandlung das Gesamthandsvermögen der KG auf die GmbH über, nicht aber Wirtschaftsgüter, die im Eigentum eines Gesellschafters stehen und der KG zur Nutzung überlassen werden **(Sonderbetriebsvermögen)**. Hinsichtlich der steuerlichen Beurteilung ist dabei zu differenzieren. 1716

Sollen einzelne **Wirtschaftsgüter** des Gesamthandsvermögens von der Einbringung **ausgenommen** werden, ist deren Entnahme vor der Umwandlung[2] erforderlich. Handelt es sich dabei um nicht wesentliche Betriebsgrundlagen, ist die Anwendung des § 20 UmwStG von der Entnahme nicht tangiert. Gleiches gilt bei der Überführung nicht wesentlicher Betriebsgrundlagen in ein anderes Betriebsvermögen und für nicht wesentliche Betriebsgrundlagen im Sonderbetriebsvermögen, die nicht auf die GmbH übertragen werden. 1717

Je nach Sachlage sind die **stillen Reserven** in den nicht wesentlichen Betriebsgrundlagen zu realisieren (Entnahme; Überführung in das Betriebsvermögen eines anderen, § 6 Abs. 4 EStG; verdeckte Einlage, § 6 Abs. 6 EStG) oder die Buchwerte fortzuführen (§ 6 Abs. 5 EStG). Im 1718

---

1 SCHMITT/HÖRTNAGL/STRATZ, § 20 UmwStG Rz. 1; Tz. 20.02 UmwE; SCHAUMBURG/RÖDDER, UmwG/UmwStG, S. 643; kritisch PATT, DStR 1995, 1081.
2 Maßgebend ist der Tag der Eintragung im Handelsregister. Entnahmen zwischen dem steuerlichen Übertragungsstichtag und Eintragung wirken auf den steuerlichen Übertragungsstichtag zurück, siehe Tz. 1726 ff.

KG → GmbH

Fall der Realisierung der stillen Reserven kommt eine Tarifermäßigung nur unter den Voraussetzungen des § 20 Abs. 5 UmwStG in Betracht (siehe Tz. 1762).

1719 Werden **wesentliche Betriebsgrundlagen** des Gesamthands- oder Sonderbetriebsvermögens von der Einbringung ausgenommen, ist § 20 UmwStG nicht anzuwenden. Die stillen Reserven sind insgesamt aufzudecken[1]. Der Gewinn ist bei natürlichen Personen tarifbegünstigt (§§ 16, 34 EStG).

1720 **Hinweis:** Entsteht durch das Zurückbehalten wesentlicher Betriebsgrundlagen eine Betriebsaufspaltung, so ist dennoch eine Buchwertfortführung nicht möglich (§ 6 Abs. 6 S. 2 EStG)[2].

1721 **Hinweis:** Werden wesentliche Betriebsgrundlagen auf eine gewerblich tätige oder gewerblich geprägte Schwesterpersonengesellschaft (dh. zumindest teilweise personenidentisch) übertragen, sind sie ausschließlich deren Betriebsvermögen und nicht Sonderbetriebsvermögen der nutzenden Gesellschaft[3]. Die Übertragung erfolgt zu Buchwerten (§ 6 Abs. 5 EStG)[4]. Die Anteile der nutzenden Gesellschaft können anschließend unter Anwendung des § 20 UmwStG in eine Kapitalgesellschaft eingebracht werden. Erfolgt die Übertragung in unmittelbarem Zusammenhang mit der Einbringung, soll nach Auffassung der Finanzverwaltung[5] § 20 UmwStG nicht anwendbar sein, womit zwingend sämtliche stille Reserven aufzudecken wären. ME ist die sog. „Gesamtplanrechtsprechung" des BFH auf die hier beschriebenen Sachverhalte nicht anwendbar[6].

---

1 BFH I R 183/94 vom 16. 2. 1996, BStBl. 1996 II, 342; zur Frage, ob ideelle Anteile an Wirtschaftsgütern wesentliche Betriebsgrundlagen sind, GÖTZ, DStZ 1997, 551; zu weiteren Gestaltungen SCHULZE ZUR WIESCHE, GmbHR 1996, 749; WACKER, BB 1996, 2224; GSCHREI/BÜCHELE, BB 1997, 1072; zum Begriff der wesentlichen Betriebsgrundlage PATT, DStR 1998, 190; zu Sonderbetriebsvermögen bei doppelstöckigen Personengesellschaften BEHRENS/QUATMANN, DStR 2002, 481; zu Büro- und Verwaltungsgebäuden OFD Münster vom 25.10.2004, GmbHR 2004, 1488.
2 WACKER in L. Schmidt, § 15 EStG Rz. 877, auch zur zeitlichen Anwendung; zur Zwangsrealisierung eines originären Geschäftswerts BFH X R 34/03 vom 16.6.2004, GmbHR 2004, 1592.
3 BFH VIII R 61/97 vom 24. 11. 1998, BStBl. 1999 II, 483; BMF vom 28. 4. 1998, BStBl. 1998 I, 583.
4 Zur zeitlichen Anwendung § 52 Abs. 16 a EStG.
5 Tz. 20.09 UmwE unter Hinweis auf BFH VIII R 76/87 vom 19. 3. 1991, BStBl. 1991 II, 635; siehe auch BFH IV R 84/96 vom 2. 10. 1997, BStBl. 1998 II, 104 und BFH IV R 18/99 vom 6. 9. 2000, BStBl. 2001 II, 229.
6 Ebenso BEHRENS/SCHMITT, FR 2002, 549.

KG → GmbH

Soll **Sonderbetriebsvermögen** auf die GmbH übergehen, kann dies noch in die KG eingebracht werden, damit es unmittelbar von der Umwandlung erfasst wird (§ 6 Abs. 5 EStG). ME genügt es aber, wenn der Gesellschafter das Wirtschaftsgut im Rahmen der Umwandlung in die GmbH – etwa in Form einer Sachkapitalerhöhung – einbringt[1]. Steuerlich wird damit der Mitunternehmeranteil einschließlich Sonderbetriebsvermögen eingebracht. Demzufolge kann das Bewertungswahlrecht (Tz. 1733) nur einheitlich ausgeübt werden[2]. Zur Grunderwerbsteuer siehe Tz. 1769.

1722

Hinweis: Die Einbringung kann zur nachträglichen Aufdeckung der stillen Reserven nach § 6 Abs. 3 S. 2 EStG, § 6 Abs. 5 S. 6 EStG oder § 16 Abs. 3 S. 3 EStG führen[3].

1722.1

Werden **Verbindlichkeiten** von den Gesellschaftern – etwa zur Vermeidung einer Unterdeckung – übernommen, hindert dies nicht die Anwendung des § 20 UmwStG[4]. Die Verbindlichkeit bleibt Betriebsvermögen, es sei denn, die Verbindlichkeit hätte durch die Verwertung sonstiger zurückbehaltener Wirtschaftsgüter abgedeckt werden können und die GmbH-Anteile sind Privatvermögen[5]. Zinsen für die Verbindlichkeit sind entweder Betriebsausgaben oder Werbungskosten[6].

1723

2. Gewährung neuer Anteile

Durch den Formwechsel treten an die Stelle der KG-Beteiligung GmbH-Anteile. Die Einbringung erfolgt damit **zwangsläufig** gegen Gewährung neuer Anteile iSd. § 20 UmwStG.

1724

Nicht erforderlich ist, dass die Einbringung ausschließlich gegen Gewährung neuer Anteile erfolgt. Neben Anteilen können **andere Wirtschaftsgüter** (zB Darlehen) gewährt werden (siehe Tz. 1666 und Tz. 237 EU → GmbH).

1725

---

1 AA Korn, Harzburger Protokoll 1978, 225, 236.
2 Widmann in Widmann/Mayer, § 20 UmwStG Rz. 677 (November 1991).
3 Eingehend Patt, EStB 2005, 106.
4 Tillmann, StbKongrRep. 1978, 255, 276; von Wallis, StuW 1970, 465, 471; Widmann in Widmann/Mayer, § 20 UmwStG Rz. 56 (Januar 1992).
5 Siehe zur Veräußerung eines überschuldeten Betriebs BFH VIII R 150/79 vom 19. 1. 1982, BStBl. 1982 II, 321.
6 BFH VIII R 5/96 vom 7. 7. 1998, BStBl. 1999 II, 209. Zum Forderungserlass BFH I R 121/88 vom 14. 3. 1990, BStBl. 1990 II, 806.

KG → GmbH

3. Einbringungszeitpunkt

1726 Der Formwechsel wird mit Eintragung im Handelsregister wirksam. Damit ist der Tag der Eintragung grundsätzlich der steuerliche Übertragungsstichtag. Auf Antrag kann der Formwechsel davon abweichend auf einen Stichtag bezogen werden, der maximal acht Monate vor der Anmeldung des Formwechsels zum Handelsregister liegen darf (§ 25 UmwStG iVm. § 20 Abs. 7 und 8 UmwStG)[1]. Auf diesen Stichtag ist eine steuerliche Übertragungsbilanz aufzustellen (§ 25 S. 2 UmwStG). Jede Überschreitung der Frist führt zur Versagung der **Rückbeziehung**[2].

1727 Antragsberechtigt sind sowohl die KG als auch die GmbH. Der Antrag ist formlos an das für die KG zuständige Finanzamt zu richten. Ein konkludenter Antrag – etwa im Rahmen der Steuererklärungen – genügt[3]. Der Antrag kann bis zur Rechtskraft der den Vermögensübergang erfassenden Veranlagung gestellt und zurückgenommen werden. Der **Antrag** kann bei der Umwandlung nur für alle Mitunternehmer einheitlich gestellt werden[4].

1728 Die Rückbeziehung gilt für die Besteuerung des Einkommens[5] und des Vermögens, nicht für die **Grunderwerbsteuer** und die **Umsatzsteuer**. Zur ErbSt siehe Tz. 1344–1345 *GmbH → KG*.

1729 Die Rückbeziehung der Umwandlung erlaubt es nicht, **Verträge mit steuerlicher Rückwirkung** abzuschließen. Bestehende Verträge zwischen der KG und den Gesellschaftern sind hingegen steuerlich anzuerkennen[6].

1730 **Beispiel:** Zwischen der KG und ihrem Kommanditisten besteht ein Geschäftsführervertrag. Ab dem Umwandlungsstichtag sind die Ver-

---

1 Die Gesetzesregelung ist wenig präzise. Weder § 20 Abs. 8 S. 1 noch § 20 Abs. 8 S. 3 UmwStG passen für den Formwechsel. ME ist nur die hier vertretene Auslegung einer „entsprechenden" Anwendung praktikabel. Dubios auch die Formulierung in Tz. 20.18 f. UmwE.
2 BMF vom 15. 4. 1986, BStBl. 1986 I, 164; zur Haftung des Beraters BGH IX ZR 246/00 vom 19. 7. 2001, BB 2001, 1918.
3 Hessisches FG 4 K 4202/87 vom 15. 11. 1994, EFG 1995, 413.
4 WIDMANN in Widmann/Mayer, § 20 UmwStG Rz. 602 ff. (Juli 1985).
5 Zur rückwirkenden Begründung einer Organschaft BFH I R 55/02 vom 17. 9. 2003, BStBl. 2004 II, 534, Anm. LIEBER, FR 2004, 38; SINEWE, GmbHR 2004, 62; FRANZ, GmbHR 2004, 63, gegen Org. 05 ff. UmwE, siehe auch BMF vom 24. 5. 2004, BStBl. 2004 I, 549.
6 Vgl. im Einzelnen STRECK/SCHWEDHELM, BB 1988, 1639; BFH I R 192/82 vom 29. 4. 1987, BStBl. 1987 II, 797; ebenso Tz. 20.21 UmwE.

KG → GmbH

gütungen unter Berücksichtigung der allgemeinen steuerlichen Bedingungen (Angemessenheit, bei beherrschenden Gesellschaftern klare und im Voraus getroffene Vereinbarung und tatsächliche Durchführung) Betriebsausgaben.

Hinweis: Im Fall der Rückbeziehung empfiehlt es sich, rechtzeitig, dh. spätestens zum Umwandlungsstichtag, die Leistungsbeziehungen zwischen Gesellschafter und Gesellschaft schriftlich zu regeln. 1731

Werden im Rückbeziehungszeitraum dem Gesellschafter oder einer nahe stehenden Person Vorteile zugewandt, die körperschaftsteuerrechtlich verdeckte Gewinnausschüttungen wären, sind dies **Entnahmen** (§ 20 Abs. 7 S. 2 UmwStG)[1]. 1732

4. Bewertung

a) Grundsätze

Der Wertansatz des durch die Umwandlung auf die GmbH übergehenden Vermögens bestimmt den steuerpflichtigen Gewinn der Gesellschafter, die Anschaffungskosten der GmbH-Anteile und die Höhe des Abschreibungsvolumens bei der GmbH. Grundsätzlich kann die GmbH das Betriebsvermögen der umgewandelten KG mit dem **Buchwert,** dem **Teilwert** oder einem **Zwischenwert** ansetzen (§ 20 Abs. 2 und 3 UmwStG). Es gelten die Grundsätze wie in Tz. 246–264 *EU → GmbH*, allerdings mit der Besonderheit, dass die Sacheinlage nicht in einem Betrieb, sondern in den einzelnen Mitunternehmeranteilen besteht[2]. Damit kann das Wahlrecht hinsichtlich des Wertansatzes für jeden Mitunternehmer gesondert ausgeübt werden. Nach Ansicht der Finanzverwaltung ist bei einem Formwechsel die Fortführung der Buchwerte zwingend[3]. Diese Rechtsansicht ist unzutreffend[4]. 1733

Entsprechend ist für die Frage, ob ein **Zwang zur Aufstockung** der Buchwerte besteht, jeder Mitunternehmer gesondert zu betrachten. Eine Aufstockung hat somit zu erfolgen 1734

---

1 Im Einzelnen STRECK/SCHWEDHELM, BB 1988, 1639.
2 HM, vgl. WIDMANN in Widmann/Mayer, § 20 UmwStG Rz. 427 (Dezember 1986); Tz. 20.05 UmwE.
3 Tz. 20.29 UmwE; dagegen FG München 7 V 3797/00 vom 5. 10. 2000, EFG 2001, 32.
4 FG München 7 V 3797/00 vom 5. 10. 2000, EFG 2001, 32; FG München 7 K 4036/01 vom 23. 3. 2004, EFG 2004, 1334, Rev. I R 38/04.

KG → GmbH

- wenn das **Besteuerungsrecht der Bundesrepublik** hinsichtlich des Gewinns aus einer Veräußerung der dem Mitunternehmer gewährten Anteile im Zeitpunkt der Umwandlung ausgeschlossen ist (§ 20 Abs. 3 UmwStG);
- wenn ein Mitunternehmer ein **negatives Kapitalkonto** hat (siehe Tz. 1741);
- wenn ein Mitunternehmer neben den Anteilen **Wirtschaftsgüter** von der GmbH erhalten hat, die sein Kapitalkonto übersteigen (siehe Tz. 260–261 *EU → GmbH*).

b) Bewertungs-ABC

1735 **Ausländisches Vermögen** geht durch die Umwandlung auf die GmbH über. Für die Bewertung gilt § 20 UmwStG. UU ist ein Teilwertansatz zweckmäßig[1].

1736 **Ergänzungsbilanz:** Die in der Ergänzungsbilanz eines Mitunternehmers ausgewiesenen Werte gehen in den Buchwert des eingebrachten Betriebsvermögens ein[2]. Durch die Berücksichtigung kann es zu Abweichungen zwischen Handels- und Steuerbilanz[3] sowie zu Vermögensverschiebungen zwischen den Gesellschaftern kommen, die zu einem Ausgleich zwingen (siehe Tz. 1756–1759).

1737 **Firmenwert:** Ein Firmenwert kann bei Aufstockung der Buchwerte angesetzt werden[4]. Erfolgt nur für einzelne Mitunternehmer ein Ansatz über dem Buchwert, kann es zum anteiligen Ansatz des Firmenwerts kommen. Auch hier stellt sich die Frage des Ausgleichs unter den Gesellschaftern.

1738 **Forderungen**[5] und Verbindlichkeiten zwischen der KG und ihrem Gesellschafter sind steuerlich nicht anzuerkennen. Mit der Umwandlung werden diese jedoch steuerlich relevant. Sie sind in der Bilanz der GmbH auszuweisen. Ein Buchgewinn oder -verlust ist außerhalb der

---

1 WIDMANN in Widmann/Mayer, § 20 UmwStG Rz. 733 ff. (November 1991).
2 WIDMANN in Widmann/Mayer, § 20 UmwStG Rz. 752 (November 1991); FISCHER/ OLKUS, DB 1998, 2191.
3 Mit Beispielen ROSER, EStB 2002, 252.
4 Tz. 22.11 UmwE.
5 Zu Forderungen, über deren Erlass zum Zeitpunkt der Einbringung verhandelt wird, vgl. BFH I R 121/88 vom 14. 3. 1990, BStBl. 1990 II, 806 = KFR Fach 12 UmwStG § 20 I/90, S. 337, mit Anm. JUNGBECKER; zum Ausgleichsanspruch eines Handelsvertreters WIDMANN in Widmann/Mayer, § 20 UmwStG Rz. 739 (November 1991).

KG → GmbH

Bilanz auszugleichen[1]. Der spätere Ausgleich einer Verbindlichkeit an den Gesellschafter führt nicht zu einer Erhöhung seines Einkommens, wenn die Verbindlichkeit im Rahmen der KG dem Gesellschafter als Vorabgewinn bereits zugerechnet wurde. Auch ungewisse Verbindlichkeiten gehen über und bleiben Betriebsvermögen[2].

Inventar ist zum Umwandlungsstichtag durch eine körperliche Bestandsaufnahme zu erfassen[3].   1739

Kosten der Umwandlung können entweder dem Einbringenden (Gesellschafter) oder der GmbH auferlegt werden. Sie mindern in beiden Fällen jeweils den laufenden Gewinn[4]. Zur Grunderwerbsteuer siehe Tz. 1768.   1740

Negative Kapitalkonten[5] zwingen zur Aufstockung der Buchwerte (§ 20 Abs. 2 UmwStG). Da die Umwandlung als Einbringung von Mitunternehmeranteilen angesehen wird, ist jeder Gesellschafter gesondert zu betrachten. Unabhängig vom Gesamtkapital zwingt das negative Kapitalkonto eines Gesellschafters zur anteiligen Aufdeckung stiller Reserven[6]. Bei der Frage, ob ein negatives Kapitalkonto vorliegt, sind die Ergänzungsbilanzen und eingebrachtes Sonderbetriebsvermögen mit zu berücksichtigen. Durch Sonderbetriebsvermögen kann ein negatives Kapitalkonto also ausgeglichen werden. Im Übrigen genügt es, die anteiligen Aktiva nur bis zum Wert der anteiligen Passiva aufzustocken (Kapitalkonto 0). Die Aufstockung führt bei dem betreffenden Gesellschafter zu einem Einbringungsgewinn, bei der Gesellschaft ggf. zu einem höheren Abschreibungsvolumen. Zu § 15 a EStG Tz. 1751.   1741

Hinweis: Wegen der nicht unerheblichen praktischen Schwierigkeiten negativer Kapitalkonten kann ein Ausgleich durch Bareinlage oder Übernahme von Verbindlichkeiten zweckmäßig sein.   1742

Pensionsverbindlichkeiten gehen im Wege der Gesamtrechtsnachfolge auf die GmbH über. Sie sind bei der GmbH mit dem versicherungsmathematischen Wert zu passivieren. Zweifelhaft ist, ob   1743

---

1 WIDMANN in Widmann/Mayer, § 20 UmwStG Rz. 758 (November 1991).
2 BFH IV R 131/91 vom 28. 1. 1993, BStBl. 1993 II, 509.
3 WIDMANN in Widmann/Mayer, § 20 UmwStG Rz. 765 (November 1991).
4 Streitig, siehe WIDMANN in Widmann/Mayer, § 20 UmwStG Rz. 771 (November 1991); Tz. 20.01 UmwE.
5 Beim Kommanditisten auch, soweit er für sie nicht haftet, § 167 HGB Abs. 3 HGB; siehe dazu BAUMBACH/HOPT, § 167 HGB Rz. 5.
6 WIDMANN in Widmann/Mayer, § 20 UmwStG Rz. 822 (November 1991).

KG → GmbH

dies auch gilt, soweit sie bis zur Umwandlung steuerlich nicht relevant waren[1]. Im Rahmen der Einbringung wird die Pensionsverpflichtung an den Gesellschafter als Gewährung eines sonstigen Wirtschaftsguts iSd. § 20 Abs. 2 S. 5 und Abs. 4 S. 3 UmwStG angesehen[2]. Bei erstmaliger Pensionszusage an Gesellschafter sind die Bedingungen zur Vemeidung einer verdeckten Gewinnausschüttung zu beachten[3].

1744 **Privatkonten** (Kapitalkonto II) sind zivilrechtlich Schulden der Gesellschaft. Als solche sind sie bei der GmbH zu erfassen. Sie haben keinen Einfluss auf einen etwaigen Einbringungsgewinn. Ein Privatkonto kann (ganz oder teilweise) mit zur Deckung der Stammeinlage eingesetzt werden. Die Möglichkeit zur Buchwertfortführung bleibt hiervon mE unberührt[4].

1745 **Rückstellungen** sind fortzuführen.

1746 **Schulden** siehe Forderungen.

1747 **Sonderbetriebsvermögen** siehe Tz. 1717–1722.

1748 **Steuerfreie Rücklagen** können fortgeführt werden, sofern nicht ein Ansatz des Betriebsvermögens mit dem Teilwert erfolgt. Im Fall der Auflösung ist ein Gewinn tarifbegünstigt[5].

1749 **Steuerschulden** sind, soweit es sich um betriebliche Schulden handelt, in der Einbringungsbilanz anzusetzen. Werden Steuerschulden des Gesellschafters übernommen, bedarf es einer ausdrücklichen Regelung im Umwandlungsbeschluss (sonst verdeckte Gewinnausschüttungen). Steuerlich handelt es sich um die Gewährung anderer Wirtschaftsgüter iSd. § 20 Abs. 2 und 4 UmwStG[6].

---

1 Siehe BFH I R 124/95 vom 9. 4. 1997, BStBl. 1997 II, 799; aA WIDMANN in Widmann/Mayer, § 20 UmwStG Rz. 776 (November 1991); FG Baden-Württemberg 3 K 258/87 vom 21. 6. 1991, BB 1991, 2124; BFH I R 105/91 vom 16. 12. 1992, DB 1993, 1013.
2 Vgl. im Einzelnen Tz. 20.41 ff. UmwE; WIDMANN in Widmann/Mayer, § 20 UmwStG Rz. 777 ff. (November 1991); SCHULZE ZUR WIESCHE, DStR 1996, 2000; zur Berechnung des Teilwertes BFH I R 124/95 vom 9. 4. 1997, GmbHR 1997, 566.
3 Vgl. SCHWEDHELM in Streck, § 8 KStG Anm. 150 „Pensionszusage".
4 Ebenso WIDMANN in Widmann/Mayer, § 20 UmwStG Rz. 794 (November 1991).
5 Tz. 20.38 UmwE.
6 WIDMANN in Widmann/Mayer, § 20 UmwStG Rz. 805 ff. (November 1991).

KG → GmbH

Versorgungsrenten sind Betriebsausgaben und damit zu passivieren, wenn sie von der KG (und nicht etwa von den Gesellschaftern) geschuldet werden[1].   1750

Verlustvortrag nach § 10 d EStG wird von der Umwandlung nicht berührt, da der Verlustabzug bei der KG dem Gesellschafter zusteht[2]. Ein Verlustvortrag des Kommanditisten nach **§ 15 a EStG** geht mit der Umwandlung unter. Er kann nur noch mit dem Einbringungsgewinn verrechnet werden[3].   1751

Hinweis: Bei einem Verlustvortrag nach § 15 a EStG empfiehlt sich eine (ggf. teilweise) Realisierung stiller Reserven.   1752

Ein gewerbesteuerlicher Verlustvortrag nach § 10 a GewStG geht verloren, da die Unternehmeridentität fehlt[4].   1753

Warenbestand ist nach den allgemeinen steuerlichen Gewinnermittlungsvorschriften anzusetzen. Bei Wahl eines Zwischenwerts ist darauf zu achten, dass der Wertansatz den einheitlichen Aufstockungsprozentsatz nicht übersteigt. Ansonsten liegt teilweise nicht tarifbegünstigter Gewinn durch Hinaufschreibung nach § 6 Abs. 1 Nr. 2 EStG vor[5].   1754

Werbeaufwand kann nicht aktiviert werden[6].   1755

c) Ausgleich unter den Gesellschaftern

Werden Mitunternehmeranteile mit **unterschiedlichen Werten** angesetzt, kann sich die Notwendigkeit eines Ausgleichs unter den Gesellschaftern ergeben[7]. Unterbleibt ein Wertausgleich, liegt idR eine Schenkung vor[8].   1756

---

1 BFH I R 28/92 vom 29. 7. 1992, BStBl. 1993 II, 247.
2 Bis zur Änderung des § 22 UmwStG durch das Jahressteuergesetz 1996 (BGBl. 1995 I, 1250) streitig, siehe BMF vom 28. 2. 1995, BB 1995, 660 = DStR 1995, 455; Gesetzesbegründung zu Art. 6 des Jahressteuergesetzes 1996, BT-Drucks. 13/901.
3 WIDMANN in Widmann/Mayer, § 20 UmwStG Rz. 840 (November 1991); WACKER in L. Schmidt, § 15 a EStG Rz. 236; BRANDENBURG ua., JbFSt. 1990/91, 239 ff.
4 MÜTHLING/FOCK, § 10 a GewStG Anm. 21 a (Oktober 1984); GLANEGGER/GÜROFF, § 10 a GewStG Anm. 20; siehe auch § 22 Abs. 3 UmwStG idF des Jahressteuer-Ergänzungsgesetzes 1996, BR-Drucks. 812/95.
5 WIDMANN in Widmann/Mayer, § 20 UmwStG Rz. 816 (November 1991).
6 FG Düsseldorf I 81/69 vom 17. 1. 1974, EFG 1974, 368.
7 Eingehend KORN, KÖSDI 1987, 6843.
8 BFH II R 83/92 vom 19. 6. 1996, DStZ 1997, 165.

KG → GmbH

1757 **Beispiel:** Kommanditist A mit Wohnsitz in Luxemburg ist beschränkt steuerpflichtig. Komplementär B und Kommanditist C sind unbeschränkt steuerpflichtig. Beteiligung je ein Drittel. Buchwert der Anteile je 100.000,–; Teilwert je 200.000,–. A ist zum Teilwertansatz gezwungen (§ 20 Abs. 3 UmwStG; § 49 Abs. 1 Nr. 2 e EStG; Art. 8 Abs. 1 DBA Luxemburg). Bleiben B und C beim Buchwert, würde die volle Verrechnung der Einbringungswerte zu einer Verschiebung der Beteiligung führen (A 200.000,–, B und C je 100.000,–). Durch die Aufdeckung der anteiligen stillen Reserven des A wird Abschreibungsvolumen geschaffen, das allen Gesellschaftern zugute kommt.

1758 Ein **Ausgleich** kann geschaffen werden, indem

– Vorzugsdividenden eingeräumt werden;

– für alle Beteiligten Anteile in Höhe der Teilwerte gewährt werden[1]. Handelsrechtlich besteht dann der Zwang für alle zum Teilwertansatz. Steuerlich erfolgt bei denjenigen, die steuerlich nicht zur Vollaufdeckung verpflichtet sind, der Ansatz eines Ausgleichspostens (vgl. Tz. 249 *EU → GmbH*);

– der Wert des Mitunternehmeranteils nur teilweise mit Anteilen der GmbH belegt wird und der überschießende Wert den Rücklagen zugeführt oder dem Gesellschafter (etwa als Darlehen) zurückgewährt wird (vgl. Tz. 1725).

1759 **Hinweis:** In der Praxis ist die Bemessung eines Wertausgleichs häufig sehr schwierig. IdR ist ein gleichmäßiger Wertansatz vorzuziehen.

d) Änderung der Bewertung

1760 Das Wahlrecht hinsichtlich der Wertansätze kann grundsätzlich nach **Feststellung der Einbringungsbilanz** nicht mehr geändert werden[2].

1761 Ändern sich die Buchwerte der eingebrachten Vermögen – etwa aufgrund einer **Betriebsprüfung** –, so löst dies eine **Folgeberichtigung** der steuerlichen Aufnahmebilanz aus (§ 175 Abs. 1 S. 1 Nr. 2 AO), wenn die GmbH das eingebrachte Vermögen zum Buchwert übernommen hat und der Buchwert nach Änderung über dem bisherigen Ansatz liegt[3]. Gleiches gilt, wenn die GmbH als Zwischen- oder Teilwert einen Wert angesetzt hat, der unter dem geänderten Buchwert

---

1 Siehe Tz. 20.28 UmwE.
2 Eingehend Tz. 20.30 ff. UmwE.
3 Widmann in Widmann/Mayer, § 20 UmwStG Rz. 731 (November 1991).

KG → GmbH

liegt, da der Wertansatz für das eingebrachte Vermögen nicht unter dem Buchwert liegen darf.

5. Steuerfolgen bei dem Gesellschafter

Die Steuerfolgen für den **Mitunternehmer** entsprechen denen bei der Umwandlung eines Einzelunternehmens (vgl. Tz. 265–278 *EU → GmbH*). 1762

Zum **Verlustabzug nach § 15 a EStG** Tz. 1751. 1763

6. Steuerfolgen bei der GmbH

Hier gelten die Ausführungen zur Umwandlung eines Einzelunternehmens entsprechend (Tz. 279–286 *EU → GmbH*). 1764

7. Sonstige Steuern

a) Umsatzsteuer

Der **Formwechsel** unterliegt nach § 1 Abs. 1 a UStG nicht der Umsatzsteuer. 1765

Die **steuerliche Rückbeziehung** nach § 20 Abs. 7 UmwStG gilt nicht für die Umsatzsteuer. Für die KG endet der Besteuerungszeitraum mit Eintragung des Formwechsels. 1766

Als Gesamtrechtsnachfolgerin muss die GmbH die **steuerlichen Pflichten der KG** erfüllen. Sie muss zwei Umsatzsteuererklärungen abgeben, und zwar für die KG bis zum Zeitpunkt der Eintragung der Umwandlung und für die GmbH nach der Eintragung der Umwandlung getätigten Umsätze. Als Rechtsnachfolgerin ist die GmbH berechtigt, für Lieferungen und sonstige Leistungen der untergegangenen KG Rechnungen auszustellen. Andererseits kann die GmbH den Vorsteuerabzug geltend machen, der durch Rechnungserteilung Dritter für die KG ihr nunmehr zusteht. Eventuell bestehende Vorsteuererstattungsansprüche der untergegangenen KG können von der GmbH geltend gemacht werden. Andererseits gehen Steuerschulden der untergegangenen KG auf die GmbH über (§ 45 AO). 1767

KG → GmbH

b) Grunderwerbsteuer

1768 Gehören zum Vermögen der KG **Grundstücke**, fällt keine Grunderwerbsteuer an, da handelsrechtlich keine Vermögensübertragung stattfindet[1]. Der Formwechsel kann die Steuerbefreiung nach § 5 Abs. 1 und 2 GrEStG gefährden (§ 5 Abs. 3 GrEStG)[2].

c) Schenkungsteuer

1769 Zu beachten sind §§ 13a Abs. 5, 19a Abs. 5 ErbStG[3].

C. Spaltung
I. Aufspaltung zur Aufnahme
1. Zivilrecht

1770 Eine KG kann Vermögen im Wege der Aufspaltung (Tz. 1624) auf eine bereits existierende **(Spaltung zur Aufnahme)** GmbH übertragen. **Voraussetzungen** sind:
- Abschluss eines Spaltungs- und Übernahmevertrags (§ 126 UmwG),
- ggf. Erstellung eines Spaltungsberichts (§ 127 UmwG),
- ggf. Spaltungsprüfung,
- ggf. Information des Betriebsrats (§ 126 Abs. 3 UmwG),
- Zustimmungsbeschluss der beteiligten Gesellschaften (§ 125 iVm. § 13 Abs. 1 UmwG), ggf. verbunden mit einem Kapitalerhöhungsbeschluss,
- Erstellung einer Schlussbilanz (§ 125 iVm. § 17 Abs. 2 UmwG),
- Anmeldung der Spaltung (§ 125 iVm. § 16 Abs. 1 UmwG).

1771 Grundlage der Spaltung ist ein **Spaltungs- und Übernahmevertrag** zwischen der zu spaltenden KG und der übernehmenden GmbH (§ 125 iVm. § 4 Abs. 1, 126 UmwG). Zum Inhalt siehe Tz. 746–763 *GmbH → GmbH*.

1772 Da die Spaltung zur Aufnahme durch einen Rechtsträger anderer Rechtsform führt, ist den Gesellschaftern, die der Spaltung widerspre-

---

1 Siehe Tz. 1273.
2 Siehe GOTTWALD, DStR 2004, 341.
3 FinMin Saarl. vom 14. 5. 2001, GmbHR 2001, 687; FinMin Rheinland-Pfalz vom 8. 12. 2000, FR 2001, 609; HARITZ/WISNIEWSKI, GmbHR 2001, 234; JÜLICHER, DStR 1999, 825.

KG → GmbH

chen, ein **Abfindungsangebot** zu unterbreiten (§ 125 iVm. § 29 UmwG, siehe Tz. 1014–1017 *GmbH ↔ GmbH*).

Zur **Aufteilung des Vermögens** siehe Tz. 764–777 *GmbH → GmbH*. 1773

Zu den **Rechtsfolgen für Arbeitnehmer** siehe Tz. 783–803 *GmbH → GmbH*. 1774

Zum **Umtauschverhältnis** gilt Tz. 778–786 *GmbH → GmbH* entsprechend. Bare Zuzahlungen sind nur bis zur Höhe von 10 % des Gesamtnennbetrags der gewährten Geschäftsanteile zulässig (§ 125 iVm. § 54 Abs. 4 UmwG). Damit ist das Handelsrecht strenger als das Steuerrecht, da nach § 20 UmwStG die Gewährung „anderer Wirtschaftsgüter" unschädlich ist (siehe Tz. 1725). Soweit das übergehende Vermögen den Nennwert der Anteile zuzüglich bare Zuzahlungen übersteigt, ist eine Einstellung in die Rücklagen zwingend. 1775

Für die GmbH ist ein **Spaltungsbericht** zu erstellen (§ 127 UmwG), es sei denn, alle Gesellschafter der an der Spaltung beteiligten GmbH verzichten einvernehmlich auf den Bericht (§ 125 iVm. § 8 Abs. 3 UmwG). Bei der Personengesellschaft ist der Bericht nicht erforderlich, wenn alle Gesellschafter dieser Gesellschaft zur Geschäftsführung berechtigt sind (§ 125 iVm. § 49 UmwG). 1776

Eine **Spaltungsprüfung** ist erforderlich, wenn einer der Gesellschafter der an der Spaltung beteiligten GmbH dies verlangt (§ 125 iVm. § 48 UmwG). Die Gesellschafter der Personengesellschaft haben dieses Recht nur, wenn bei dieser Gesellschaft der Spaltungsbeschluss durch Mehrheitsentscheidung gefasst werden kann (§ 125 iVm. § 44 UmwG). 1777

Soweit an der Personengesellschaft Gesellschafter beteiligt sind, die von der Geschäftsführung ausgeschlossen sind, ist der Spaltungs- und Übernahmevertrag und der Spaltungsbericht diesen Gesellschaftern spätestens mit der **Einberufung zur Gesellschafterversammlung,** die über die Zustimmung beschließt, zu übersenden (§ 125 iVm. § 42 UmwG). 1778

Der **Spaltungsbeschluss** bedarf bei der Personengesellschaft der Zustimmung aller Gesellschafter (§ 125 iVm. § 43 UmwG), es sei denn, der Gesellschaftsvertrag sieht eine geringere Mehrheit (mindestens jedoch ¾ der Stimmen) vor (§ 125 iVm. § 43 Abs. 2 S. 1 UmwG, siehe Tz. 1969 *KG ↔ KG*). 1779

Zur **Bilanzaufstellung** siehe Tz. 818–820 *GmbH → GmbH*; zur **Anmeldung** und **Eintragung** Tz. 821–824 *GmbH → GmbH*. 1780

KG → GmbH

1781 Zu den **Rechtsfolgen** siehe Tz. 825–834 *GmbH → GmbH*. Die **Firmenfortführung** ist zulässig (§ 125 iVm. § 18 Abs. 2 UmwG).

1782 Zu den **Kosten** Tz. 835–840 *GmbH → GmbH*.

2. Steuerrecht

1783 Für die Spaltung von Personengesellschaften gibt es keine ausdrücklichen steuerlichen Vorschriften. Offenbar geht der Gesetzgeber jedoch davon aus, dass die Spaltung einer Personengesellschaft auf eine Kapitalgesellschaft wie die Verschmelzung als **Einbringung** von Mitunternehmeranteilen gemäß §§ 20 ff. UmwStG zu qualifizieren ist (siehe § 20 Abs. 8 UmwStG)[1].

1784 **Einbringender** ist der jeweilige Gesellschafter, der – analog zur Verschmelzung – einen Teil seines Mitunternehmeranteils einbringt. Auf die steuerliche Qualifizierung des auf die GmbH übergehenden Teilvermögens als Betrieb oder Teilbetrieb kommt es demnach nicht an. Selbst wenn nur ein einzelnes Wirtschaftsgut im Wege der Spaltung übergeht, gilt § 20 UmwStG. Im Übrigen gelten die Tz. 1715–1769; jedoch mit der Besonderheit, dass eine Tarifermäßigung bei einem Teilwertansatz (§ 20 Abs. 5 UmwStG) wegen § 16 Abs. 1 S. 1 Nr. 2 EStG zweifelhaft ist[2].

II. Aufspaltung zur Neugründung

1. Zivilrecht

1785 Es gelten die Tz. 1770–1782 entsprechend. An die Stelle des Spaltungs- und Übernahmevertrags tritt ein **Spaltungsplan**[3]. Zum Inhalt siehe Tz. 902 *GmbH → GmbH*.

2. Steuerrecht

1786 Es gelten die Tz. 1783–1784.

---

1 Einhellige Auffassung Tz. 20.02 UmwE; SCHMITT/HÖRTNAGL/STRATZ, § 20 UmwStG Rz. 1; WOCHINGER/DÖTSCH, DB 1994, Beilage 14, 32; GLADE, NWB Fach 18, 3383 (16. 1. 1995); SCHAUMBURG/RÖDDER, UmwG/ UmwStG, S. 617.
2 PATT in Dötsch/Eversberg/Jost/Pung/Witt, § 20 UmwStG nF Rz. 234 (März 2002).
3 Vertragsmuster: LANGENFELD, GmbH-Vertragspraxis, Rz. 713.

KG → GmbH

III. Abspaltung
1. Zivilrecht

Eine KG kann einen Teil ihres Vermögens auf eine bestehende oder mit der Spaltung zu gründende GmbH abspalten (Tz. 1624). Es gelten die Tz. 1770–1786 entsprechend. Bei der fortexistierenden KG wird das abgespaltene Vermögen anteilig mit den Kapitalkonten wie eine Entnahme verrechnet. Bei den Kommanditisten kann es hierdurch zu einem Wiederaufleben der **Haftung** gemäß § 172 Abs. 4 HGB kommen. 1787

Bei der Abspaltung geht nur das im Spaltungs- und Übernahmevertrag bzw. Spaltungsplan aufgeführte Vermögen über. Die **Firma** der KG kann von der GmbH mit übernommen werden (§ 125 UmwG schließt § 18 UmwG aus). 1788

2. Steuerrecht

Es gelten die §§ 20 ff. UmwStG (siehe Tz. 1783–1784). 1789

IV. Ausgliederung
1. Zivilrecht

Siehe Tz. 929–939 *GmbH → GmbH*. Für die **Beschlussfassung** gelten §§ 42, 43 UmwG. 1790

2. Steuerrecht

Steuerlich gelten die §§ 20–23 UmwStG. Einbringender ist die KG. Das ausgegliederte Teilvermögen muss aus einem **Betrieb, Teilbetrieb**, einem **Mitunternehmeranteil** oder **Anteilen** an einer **Kapitalgesellschaft** iSd. § 20 Abs. 1 S. 2 UmwStG bestehen. 1791

D. Verschmelzung
I. Verschmelzung durch Aufnahme
1. Zivilrecht

Eine KG kann durch Verschmelzung **auf eine bestehende** GmbH umgewandelt werden (§ 2 Nr. 1 UmwG; Tz. 1625). Notwendig sind folgende Schritte: 1792

– Abschluss eines **Verschmelzungsvertrags**[1] (§§ 4 ff. UmwG),

---

[1] Vertragsmuster: VOLLRATH in Widmann/Mayer, Anh. 4, M 48 (Mai 1996).

KG → GmbH

- ggf. Erstellung eines **Verschmelzungsberichts** (§ 8 UmwG),
- ggf. **Prüfung** der Verschmelzung (§ 9 UmwG),
- **Zustimmungsbeschluss** der Gesellschafter (§ 13 UmwG), ggf. verbunden mit einem Kapitalerhöhungsbeschluss,
- **Anmeldung** der Verschmelzung (§ 16 UmwG).

1793 Grundlage der Verschmelzung ist ein Verschmelzungsvertrag zwischen der übertragenden KG und der übernehmenden GmbH (§ 4 Abs. 1 UmwG). Der Vertrag wird von den jeweils zur Vertretung der Gesellschaften befugten Personen (bei der GmbH idR die **Geschäftsführer**, bei der KG die nach dem Gesetz bzw. dem Gesellschaftsvertrag geschäftsführungsbefugten Gesellschafter) abgeschlossen.

1794 Sind mehrere Gesellschafter an der Verschmelzung beteiligt, ist ein **einheitlicher Vertrag** von allen Parteien abzuschließen. Er kann vor oder nach der Beschlussfassung durch die Gesellschafter abgeschlossen werden. Wird die Beschlussfassung vorgezogen, ist zunächst ein Vertragsentwurf zu erstellen (§ 4 Abs. 2 UmwG).

1795 Der Vertrag bedarf **notarieller Beurkundung** (§ 6 UmwG).

1796 Als Mindestinhalt muss der Vertrag die beteiligten Gesellschaften mit **Firma, Sitz** und **gesetzlichen Vertretern** bezeichnen (§ 5 Abs. 1 Nr. 1 UmwG). Ferner muss in der Erklärung enthalten sein, dass das Vermögen der übertragenden KG gegen Gewährung von Anteilen an der GmbH auf die GmbH übertragen wird (§ 5 Abs. 1 Nr. 2 UmwG).

1797 Diese Angaben entfallen, wenn sich alle Anteile der KG in der Hand der GmbH befinden (§ 5 Abs. 2 UmwG). Eine Kapitalerhöhung ist unzulässig (§ 54 Abs. 1 Nr. 1 UmwG). Maßgebend ist die zivilrechtliche Eigentümerstellung.

1798 In dem Verschmelzungsvertrag sind die jeweiligen Anteile, die den Gesellschaftern der KG gewährt werden, festzulegen (§ 5 Abs. 1 Nr. 3 und 4 UmwG). Ferner ist festzulegen

- der **Verschmelzungsstichtag** (§ 5 Abs. 1 Nr. 6 UmwG), der nicht mehr als acht Monate vor der Anmeldung der Verschmelzung zum Handelsregister liegen darf (§ 17 Abs. 2 S. 4 UmwG). Ab diesem Stichtag gelten die Handlungen der KG als für Rechnung der übernehmenden GmbH vorgenommen (Tz. 992 *GmbH ↔ GmbH*);
- der (idR mit dem Verschmelzungsstichtag identische) Tag, ab dem die Gesellschafter der KG am Gewinn der GmbH beteiligt sind, sowie die Höhe des **Gewinnanteils** (§ 5 Abs. 1 Nr. 5 UmwG);

KG → GmbH

– ob und in welchem Umfang Gesellschaftern **Sonderrechte** (Gewinnvorab, Geschäftsführungsrechte etc.) eingeräumt werden (§ 5 Abs. 1 Nr. 7 UmwG);
– **Vorteilsgewährungen** an Geschäftsführer, Aufsichtsräte oder Prüfer (§ 5 Abs. 1 Nr. 8 UmwG, siehe Tz. 991 *GmbH* ↔ *GmbH*);
– die **Folgen** der Verschmelzung **für die Arbeitnehmer** und ihre Vertretungsorgane sowie die insoweit vorgesehenen Maßnahmen (§ 5 Abs. 1 Nr. 9 UmwG).

Letztlich ist für den Fall, dass Gesellschafter der Verschmelzung widersprechen, im Verschmelzungsvertrag ein **Barabfindungsgebot** zu unterbreiten (§ 29 UmwG). 1799

Die GmbH kann die **Firma** der KG fortführen (§ 18 UmwG). Dies ist im Verschmelzungsvertrag zu regeln. 1800

Darüber hinaus empfehlen sich Regelungen zur **Kostenfrage** sowie die Festlegung etwaiger Änderungen des Gesellschaftsvertrags der GmbH. 1801

Zu einem **bedingten Abschluss** des Verschmelzungsvertrags siehe Tz. 1001–1002 *GmbH* ↔ *GmbH*, zum **Anteilsübergang** während des Verschmelzungsvorgangs Tz. 1004 *GmbH* ↔ *GmbH*. 1802

Hinsichtlich des Umtauschverhältnisses gelten die Tz. 1006–1013 *GmbH* ↔ *GmbH* entsprechend. **Bare Zuzahlungen** sind nur bis zur Höhe von 10% des Gesamtnennbetrags der gewährten Geschäftsanteile zulässig (§ 54 Abs. 4 UmwG, siehe Tz. 1775). 1803

Für den **Verschmelzungsbericht** gilt Tz. 1018–1020 *GmbH* ↔ *GmbH* entsprechend. Für die KG ist kein Verschmelzungsbericht erforderlich, wenn alle Gesellschafter der KG zur Geschäftsführung berechtigt sind (§ 41 UmwG). 1804

Der Verschmelzungsvertrag ist prüfungspflichtig, wenn ein Gesellschafter der GmbH dies verlangt (§ 48 UmwG). Gesellschafter der KG können die **Prüfung** verlangen, wenn der Gesellschaftsvertrag der KG eine Mehrheitsentscheidung hinsichtlich der Zustimmung zur Verschmelzung vorsieht (§ 44 UmwG). 1805

Für die **Beschlussfassung** bei der GmbH gilt Tz. 1030–1051 *GmbH* ↔ *GmbH*. 1806

Auch bei der KG muss der Verschmelzungsbeschluss in der **Gesellschafterversammlung** gefasst werden (§ 13 Abs. 1 UmwG), obwohl das 1807

KG → GmbH

Handelsrecht für Personengesellschaften grundsätzlich keine Notwendigkeit zur Beschlussfassung in einer Gesellschafterversammlung kennt.

1808 Für die **Einberufung** der Gesellschafterversammlung gelten, sofern vorhanden, die durch den Gesellschaftsvertrag vorgegebenen Formen und Fristen, ansonsten ist mit angemessener Frist (mE mindestens ein Monat analog § 123 AktG) schriftlich unter Angabe der Tagesordnung von den zur Geschäftsführung befugten Gesellschaftern zu laden[1]. Der Verschmelzungsvertrag und der Verschmelzungsbericht sind den Gesellschaftern, die von der Geschäftsführung ausgeschlossen sind, spätestens mit der Einberufung der Gesellschafterversammlung zu übersenden.

1809 Der Verschmelzungsbeschluss bedarf der **Zustimmung aller Gesellschafter** der KG. Gesellschafter, die nicht zur Gesellschafterversammlung erschienen sind, müssen ihre Zustimmung gesondert erklären.

1810 Eine **Mehrheitsentscheidung** ist nur zulässig, wenn der Gesellschaftsvertrag der KG dies für den Fall der Umwandlung vorsieht. Wirksam ist allerdings nur eine Vereinbarung, die eine Mehrheit von mindestens ¾ aller Stimmen (nicht etwa nur der abgegebenen Stimmen) vorsieht (§ 43 Abs. 2 UmwG). Dabei kommt es auf die Zahl der Stimmen, nicht auf die Zahl der Gesellschafter an.

1811 Der Beschluss und etwaige Zustimmungen außerhalb der Gesellschafterversammlung sind **notariell zu beurkunden.** Zur Beurkundung mehrerer Beschlüsse in einer Urkunde siehe Tz. 1098.

1812 Zur **Anfechtung** des Beschlusses siehe Tz. 1049–1051 *GmbH ↔ GmbH*.

1813 Zur **Bilanzierung** siehe Tz. 1052–1058 *GmbH ↔ GmbH*.

1814 Die Vertretungsorgane der GmbH (Geschäftsführer) und der KG (geschäftsführende Gesellschafter) haben die Verschmelzung zur Eintragung in das **Handelsregister** des jeweiligen Sitzes anzumelden (§ 16 Abs. 1 S. 1 UmwG). Für die KG können auch die Vertretungsorgane der GmbH die Anmeldung vornehmen (§ 16 Abs. 1 S. 2 UmwG). Im Übrigen gelten die Tz. 1059–1071 *GmbH ↔ GmbH*.

---

1 EMMERICH in Heymann, § 119 HGB Rz. 7; MARTENS in Schlegelberger, § 119 HGB Rz. 6.

KG → GmbH

Zu den **Rechtsfolgen** siehe Tz. 1072–1097 *GmbH* ↔ *GmbH*. Zu den **Kosten** siehe Tz. 1098–1101 *GmbH* ↔ *GmbH*.

2. Steuerrecht

Steuerlich gilt die Verschmelzung als Einbringung von Mitunternehmeranteilen gemäß § 20 UmwStG. Es gelten die Tz. 1715–1769, jedoch mit der **Besonderheit,** dass die Einbringung wahlweise nur auf den Verschmelzungsstichtag zurückbezogen werden kann (§ 20 Abs. 8 UmwStG) und es fällt Grunderwerbsteuer an, wenn zum übergehenden Vermögen Immobilien gehören. Die Grunderwerbsteuer gehört zu den aktivierungspflichtigen Anschaffungsnebenkosten[1]. Nach Ansicht der Finanzverwaltung sind ferner die Grundsätze des Mantelkaufs zu beachten (§ 8 Abs. 4 KStG)[2].

Problematisch ist die steuerliche Behandlung, wenn die KG auf den **alleinigen Kommanditisten verschmolzen** wird und dieser die Rechtsform einer **Kapitalgesellschaft** hat. Bei der Kapitalgesellschaft ist eine Kapitalerhöhung ausgeschlossen (§ 68 Abs. 1 UmwG). Steuerlich fehlt damit die Gewährung von Gesellschaftsrechten als Gegenleistung für die Einbringung des Mitunternehmeranteils. § 20 Abs. 1 S. 1 UmwStG findet damit keine Anwendung. ME liegt aber ein Fall des § 6 Abs. 5 EStG vor, so dass eine Buchwertfortführung zwingend ist.

II. Verschmelzung durch Neugründung
1. Zivilrecht

Mit anderen Rechtsträgern kann eine KG zu einer GmH verschmolzen werden (§ 2 Nr. 1 UmwG). Notwendig sind folgende Schritte:

- Abschluss eines **Verschmelzungsvertrags** (§ 26 iVm. §§ 4 ff. UmwG),
- ggf. Erstellung eines **Verschmelzungsberichts** (§ 36 iVm. § 8 UmwG)
- ggf. **Prüfung** der Verschmelzung (§ 36 iVm. § 9 UmwG),
- **Zustimmung der Gesellschafter** (§ 36 iVm. § 13 UmwG),
- **Anmeldung** der Verschmelzung (§ 36 iVm. § 16 UmwG).

---

1 BFH I R 97/02 vom 17. 9. 2003, BStBl. 2004 II, 686.
2 Tz. 22.03 UmwE.

KG → GmbH

1818 Es gelten die Tz. 1792–1815 entsprechend. Der Verschmelzungsvertrag[1] muss den **Gesellschaftsvertrag** der durch die Verschmelzung zu gründenden GmbH enthalten oder ihn feststellen (§ 37 UmwG). Seit dem 1. 1. 2002 besteht die Verpflichtung zur Umstellung des Kapitals auf durch zehn teilbare Eurobeträge (§ 318 UmwG, § 86 Abs. 2 GmbHG). Das Stammkapital muss mindestens 25.000,– Euro, die Stammeinlage mindestens 100,– Euro betragen.

1819 Die Verschmelzung ist zum Register der übertragenden Gesellschaften wie auch zum **Register** der neuen GmbH anzumelden (§ 38 UmwG). Im Übrigen gilt Tz. 1186–1190 *GmbH ↔ GmbH* entsprechend.

2. Steuerrecht

1820 Es gilt die Tz. 1816 entsprechend.

E. Einbringung

I. Zivilrecht

1. Sachgründung

1821 Gesellschaftsanteile einer KG sind sacheinlagefähig[2]. Die **Einbringung aller Gesellschaftsanteile** einer KG in eine GmbH im Wege der Sachgründung führt zum Erlöschen der KG. Die GmbH wird Gesamtrechtsnachfolgerin[3].

1822 Erforderlich ist der Abschluss eines notariellen **Gesellschaftsvertrags,** der die Verpflichtung zur Abtretung der KG-Anteile an die GmbH als Sacheinlage enthielt[4]. Gründer sind die bisherigen KG-Gesellschafter. **Dritte** können sich an der Gründung beteiligen, indem sie eigene Bar- oder Sacheinlagen erbringen.

1823 Für die Beteiligung **Minderjähriger** gilt Tz. 1038 *GmbH ↔ GmbH*.

1824 Zum Inhalt der **Satzung** vgl. Tz. 1658–1673.

---

1 Vertragsmuster: LANGENFELD, GmbH-Vertragspraxis, Rz. 697.
2 WINTER in Scholz, § 5 GmbHG Rz. 50.
3 K. SCHMIDT, Gesellschaftsrecht, 3. Aufl. 1997, S. 1312.
4 Ansonsten ist die Gründung unwirksam, siehe OLG Dresden 2 U 546/96 vom 17. 6. 1996, GmbHR 1997, 746.

KG → GmbH

Es empfiehlt sich, in der Satzung den **Zeitpunkt der Sacheinlage** festzulegen. Zulässig ist es, die Einbringung auf einen vor der Anmeldung liegenden Stichtag zu beziehen. Das Unternehmen gilt dann schuldrechtlich ab diesem Tag für Rechnung der GmbH geführt. Zweifelhaft ist, bis zu welchem Zeitraum eine Rückbeziehung möglich ist[1]. Zum Steuerrecht siehe Tz. 1841. Auf den Stichtag ist eine Einbringungsbilanz zu erstellen[2].   1825

Die Satzung begründet lediglich schuldrechtliche Verpflichtungen hinsichtlich des einzubringenden Vermögens. Der dingliche Vollzug erfordert die **Abtretung der KG-Beteiligungen** von dem Gesellschafter an die GmbH. Die Abtretung muss spätestens bis zur Anmeldung der Eintragung erfolgen[3]. Sie ist an keine Form gebunden.   1826

Zur **Kapitalaufbringung** und zur Frage der **Wertansätze** gelten die Tz. 1662–1670 entsprechend.   1827

Die **Sachgründungsvorschriften** sind zu beachten (§ 5 Abs. 4 GmbHG; zum Sachgründungsbericht Tz. 1686–1689).   1828

Der **Handelsregisteranmeldung** sind die nach § 8 GmbHG erforderlichen Unterlagen und Erklärungen beizufügen (vgl. Tz. 1692–1696).   1829

Die bisherigen Gesellschafter **haften** neben der GmbH für die bis zur Eintragung entstandenen Verbindlichkeiten im bisherigen Umfang (§ 128 HGB, Komplementär; §§ 171 bis 176 HGB, Kommanditist). Die Ansprüche **verjähren** grundsätzlich fünf Jahre nach Eintragung (§§ 161 Abs. 2, 159, 160 HGB).   1830

Hinsichtlich der **Kosten** gelten die Tz. 327–331 *EU → GmbH* mit der Abweichung, dass für die Beurkundung der Satzung eine $^{20}/_{10}$ Gebühr anfällt (§ 36 Abs. 2 KostO).   1831

2. Kapitalerhöhung

Bei der Kapitalerhöhung kann die Einlage in **Sachleistungen** bestehen. Der Beschluss muss den Betrag der Stammeinlage, der durch Leistung der Sacheinlage erbracht wird, nennen (§ 56 GmbHG).   1832

---

1 Siehe ULMER in Hachenburg, § 5 GmbHG Rz. 73.
2 PRIESTER, BB 1980, 21; ULMER in Hachenburg, § 5 GmbHG Rz. 121; CREZELIUS in Scholz, Anh. § 42 a GmbHG Rz. 42.
3 WINTER in Scholz, § 7 GmbHG Rz. 21; ULMER in Hachenburg, § 7 GmbHG Rz. 44.

KG → GmbH

1833 Durch den Erhöhungsbeschluss sind die zur Übernahme berechtigten Personen zu bestimmen. Als Übernehmer kommen die alten oder neuen Gesellschafter in Betracht. Damit ist die Einbringung der KG sowohl in eine GmbH möglich, an der die KG-Gesellschafter bisher nicht beteiligt waren, als auch in eine GmbH, an der bereits **Beteiligungen** bestanden.

1834 Die Kapitalerhöhung ist **Satzungsänderung**. Sie bedarf notarieller Beurkundung und einer Mehrheit von drei Viertel der abgegebenen Stimmen, sofern die Satzung keine größere Mehrheit vorschreibt (§ 53 GmbHG)[1].

1835 Die Erstellung einer **Bilanz** auf den Stichtag der Einbringung ist handelsrechtlich nicht vorgeschrieben[2], aber empfehlenswert.

1836 Im Übrigen gelten die Vorschriften für die **Sachgründung** entsprechend (§ 56 GmbHG).

1837 Umstritten ist, ob ein **Sachkapitalerhöhungsbericht** erstattet werden muss, da § 5 Abs. 4 S. 2 GmbHG in § 56 GmbHG nicht genannt wird[3]. Gleiches gilt für die **Wertnachweisunterlagen** gemäß § 8 Abs. 1 Nr. 5 GmbHG (vgl. § 57 Abs. 3 GmbHG)[4]. Empfehlenswert ist eine Abstimmung mit dem Registergericht.

II. Steuerrecht

1838 Die **Einbringung** der Mitunternehmeranteile – gleichgültig, ob im Wege der Sachgründung oder Kapitalerhöhung – unterfällt § 20 UmwStG. Es gelten somit die Tz. 1715–1769.

1839 Gehören zu dem Betriebsvermögen der KG Anteile der GmbH, in die die Mitunternehmeranteile eingebracht werden, kann die GmbH die **eigenen Anteile** in der steuerlichen Einbringungsbilanz ansetzen. Für die Bewertung gilt das allgemein ausgeübte Wahlrecht. Zweifelhaft

---

1 Vgl. im Einzelnen zum Kapitalerhöhungsbeschluss STRECK/SCHWEDHELM in Formularbuch Recht und Steuern, S. 269 ff.
2 MAYER in Widmann/Mayer, Anh. 5 Rz. 112 (Dezember 2004).
3 Verneinend: ULMER in Hachenburg, § 56 GmbHG Rz. 49; HAPP, BB 1985, 1927; bejahend: OLG Stuttgart 8 W 295/81 vom 19. 1. 1982, BB 1982, 397; LUTTER, DB 1980, 1319; PRIESTER, DNotZ 1980, 515; GESSLER, BB 1980, 1385; TIMM, GmbHR 1980, 286.
4 Vgl. PRIESTER in Scholz, § 57 GmbHG Rz. 21, mwN.

KG → GmbH

ist, ob der Ansatz handelsrechtlich zulässig ist, da eigene Anteile nicht Gegenstand einer Sacheinlage sein können[1].

Werden Anteile von der Einbringung ausgenommen, ist umstritten, ob eine gewinnrealisierende **Entnahme** vorliegt[2]. Nach Ansicht der Finanzverwaltung rücken diese Anteile bei Einbringung der KG-Anteile unter Teilwert in den Status einbringungsgeborener Anteile (§§ 21, 22 UmwStG)[3]. Um zur Anwendung des § 20 UmwStG zu kommen, darf auch bei Zurückbehaltung dieser Anteile nicht auf die Gewährung neuer Anteile verzichtet werden.

1840

Zur **steuerlichen Rückbeziehung** vgl. Tz. 345–346 EU → GmbH; zu § 8 Abs. 4 KStG Tz. 1816.

1841

F. Verkauf

I. Zivilrecht

Wird das Vermögen einer KG auf eine GmbH übertragen, indem die Gesellschafter der KG die Bargründung einer GmbH vornehmen und sodann die Anteile der KG an die GmbH verkaufen, kann eine **verschleierte Sachgründung** vorliegen (siehe Tz. 347 EU → GmbH).

1842

Gleiches gilt bei einer **Kapitalerhöhung** aus Barmitteln mit anschließendem Erwerb der Gesellschaftsanteile (§ 56 GmbHG).

1843

Entsprechendes gilt, wenn nicht Gesellschaftsanteile, sondern das **Unternehmen der KG** verkauft wird. In diesem Fall bleibt die KG auch nach dem Verkauf des Unternehmens bestehen. Sie kann wegen der Unwirksamkeit der schuldrechtlichen Verträge die Rückübertragung verlangen (§§ 812 ff. BGB).

1844

Keine verschleierte Sachgründung, wohl aber eine verdeckte Einlage ist die **unentgeltliche Übertragung** der KG-Anteile auf die bar gegründete GmbH.

1845

---

1 Siehe Priester in Scholz, § 56 GmbHG Rz. 15 ff. Zumindest muss das Stammkapital durch das übrige Vermögen der KG gedeckt sein, § 33 Abs. 2 GmbHG.
2 Vgl. die Meinungsübersicht bei Widmann in Widmann/Mayer, § 20 UmwStG Rz. 740 ff. (November 1991); ferner Hardt, DStZ 1990, 62.
3 Tz. 20.11 UmwE; ebenso FG Nürnberg V 287/92 vom 19. 12. 1995, EFG 1996, 297.

KG → GmbH

II. Steuerrecht

1846 Die Einbringung der KG-Anteile im Rahmen einer **verschleierten Sachgründung** unterfällt nicht § 20 UmwStG und führt daher zur Realisierung der stillen Reserven. Erfolgt die **Veräußerung unter dem Teilwert** (einschließlich Geschäftswert) des Mitunternehmeranteils, liegt insoweit eine verdeckte Einlage vor. Die Differenz zwischen Kaufpreis und Teilwert ist als Entnahme Bestandteil des ggf. nach §§ 16, 34 EStG begünstigten Veräußerungsgewinns. Die Anschaffungskosten der GmbH-Anteile sind entsprechend zu erhöhen (siehe Tz. 350 *EU → GmbH*).

1847 Erfolgt der Verkauf der KG-Anteile **über dem Teilwert**, liegt eine verdeckte Gewinnausschüttung vor.

1848 Auch die **unentgeltliche Übertragung** der Anteile auf die GmbH führt zur Betriebsaufgabe und damit zur Besteuerung nach §§ 16, 34 EStG (siehe Tz. 352 *EU → GmbH*).

KG → GmbH & Co KG, Formwechsel, Spaltung, Verschmelzung

1849 Der **Formwechsel** einer KG zur GmbH & Co KG ist nicht möglich, da auch die GmbH & Co KG eine Kommanditgesellschaft ist, so dass kein Wechsel der Rechtsform erfolgt.

1850 Die KG wird zur GmbH & Co. KG, wenn eine GmbH die **Komplementärstellung** übernimmt[1].

1851 **Steuerrechtlich** führt die Aufnahme eines Gesellschafters zur Anwendung des § 24 UmwStG[2].

1852 Die bisherigen Gesellschafter bringen ihre **Mitunternehmeranteile** in die neue, um die GmbH als Gesellschafterin erweiterte KG ein. Es gelten die Tz. 1977–2009 *KG ↔ KG*.

---

1 Generell zur GmbH & Co. KG Binz/Sorg, Die GmbH & Co. KG, 10. Aufl. 2005; Hesselmann/Tillmann/Mueller-Thuns, Handbuch der GmbH & Co. KG, 19. Aufl. 2005; Wagner/Rux, Die GmbH & Co. KG, 10. Aufl. 2004. Zum Steuerrecht Fichtelmann, Die GmbH & Co. KG im Steuerrecht, 8. Aufl. 1999. Zur Erbringung der Einlage in die GmbH aus dem Vermögen der KG OLG Koblenz 6 U 1236/87 vom 9. 2. 1989, DB 1989, 518; zu § 15 a EStG beim Wechsel vom Komplementär zum Kommanditisten BFH VIII R 81/02 vom 14. 10. 2003, DStR 2004, 29; BFH VIII R 38/02 vom 14. 10. 2003, DStR 2004, 31.

2 BFH IV R 210/83 vom 23. 5. 1985, BStBl. 1985 II, 695.

KG → KG

Hinweis: Im Hinblick auf BFH VIII R 5/92[1] sollte bei der Formulierung der Vereinbarung über den Beitritt der GmbH klargestellt werden, dass eine Einbringung der bisherigen KG-Anteile in eine neue GmbH & Co KG erfolgt, wenn die Anwendung des § 24 UmwStG zur Aufdeckung stiller Reserven gewollt ist. 1853

Eine KG kann auf eine GmbH & Co KG **gespalten** werden. Es gelten die Tz. 1856–1937 *KG → KG*. 1854

Auch die **Verschmelzung** mit bzw. mit einem anderen Rechtsträger zu einer GmbH & Co KG ist möglich. Es gelten die Tz. 1938–2016 *KG ↔ KG*. 1855

KG → KG, Spaltung, Realteilung

A. Übersicht 1856
B. **Aufspaltung zur Aufnahme**
  I. Zivilrecht
    1. Voraussetzungen . . 1861
    2. Spaltungs- und Übernahmevertrag 1862
    3. Aufteilung des Vermögens 1879
    4. Überleitung von Arbeitsverhältnissen und Mitbestimmung . 1881
    5. Umtauschverhältnis . 1882
    6. Spaltungsbericht und Prüfung 1885
    7. Zustimmungsbeschlüsse 1886
    8. Bilanzierung 1895
    9. Anmeldung und Eintragung 1898
    10. Rechtsfolgen der Spaltung 1900
    11. Kosten 1901
  II. Steuerrecht 1902
C. **Aufspaltung zur Neugründung**
  I. Zivilrecht 1914
  II. Steuerrecht 1915
D. **Abspaltung**
  I. Zivilrecht 1916
  II. Steuerrecht 1917
E. **Ausgliederung**
  I. Zivilrecht 1918
  II. Steuerrecht 1927
F. **Realteilung**
  I. Zivilrecht 1928
  II. Steuerrecht 1933
G. **Betriebsaufspaltung** 1934

A. Übersicht

Schon nach altem Recht war die Spaltung einer KG durch Naturalteilung des Gesellschaftsvermögens (sog. **Realteilung**) als beson- 1856

---

1 BFH VIII R 5/92 vom 21. 6. 1994, BStBl. 1994 II, 856.

dere Form der Liquidation möglich. Anstelle der Liquidation (§§ 145 ff. HGB) wird das Gesellschaftsvermögen im Wege der Einzelrechtsnachfolge auf einzelne Gesellschafter oder Gesellschaftsgruppen, die ihrerseits eine Personengesellschaft bilden, aufgeteilt.

1857 Durch das UmwG wurde die Möglichkeit zur **Spaltung** im Wege der partiellen Gesamtrechtsnachfolge geschaffen. Zulässig sind die Aufspaltung, die Abspaltung und die Ausgliederung (siehe Tz. 726–738 *GmbH* → *GmbH*). Spaltungsfähig ist jede KG mit Sitz in der Bundesrepublik. Auch eine aufgelöste KG kann gespalten werden, sofern die Gesellschafter nicht eine andere Art der Auseinandersetzung als bei Abwicklung nach § 145 HGB vereinbart haben (§ 125 iVm. § 39 UmwG).

1858 **Steuerlich** besteht sowohl für die Spaltung wie für die Realteilung grundsätzlich ein Zwang zur Buchwertfortführung (§ 16 Abs. 3 S. 2 EStG).

1859 Keine Realteilung und damit gewinnrealisierend ist der **Tausch von Mitunternehmeranteilen**[1]

1860 Zur **Betriebsaufspaltung** siehe Tz. 1934–1937.

B. Aufspaltung zur Aufnahme

I. Zivilrecht

1. Voraussetzungen

1861 Zur Aufspaltung einer KG im Wege der Aufnahme durch bestehende KGs sind folgende **Schritte** notwendig:
- Abschluss eines **Spaltungs- und Übernahmevertrags** (§ 126 UmwG),
- ggf. Erstellung eines **Spaltungsberichts** (§ 127 UmwG),
- ggf. **Spaltungsprüfung** (§ 125 iVm. § 44 UmwG),
- ggf. **Information des Betriebsrats** (§ 126 Abs. 3 UmwG),
- **Zustimmungsbeschluss** der beteiligten Gesellschaften (§ 125 iVm. § 13 Abs. 1 UmwG),
- Erstellung einer **Schlussbilanz** (§ 125 iVm. § 17 Abs. 2 UmwG),
- **Anmeldung** der Spaltung (§ 125 iVm. § 16 Abs. 1 UmwG).

---

1 WACKER in L. Schmidt, § 16 EStG Rz. 560.

2. Spaltungs- und Übernahmevertrag

Grundlage der Spaltung ist ein Vertrag zwischen der zu **spaltenden** (übertragenden) **KG** und den **übernehmenden Gesellschaften** (§ 125 iVm. §§ 4 Abs. 1, 126 UmwG). Firma, Sitz und Vertreter der an der Spaltung beteiligten Gesellschaften sind im Vertrag zu nennen (§ 126 Abs. 1 Nr. 1 UmwG). 1862

Für die **Vertretungsbefugnis** gelten die jeweiligen gesellschaftsvertraglichen Regelungen, ansonsten die gesetzlichen (§ 164 HGB) Regelungen. 1863

An dem Vertrag sind bei Aufspaltung auf bestehende Gesellschaften notwendig mindestens **drei Parteien** beteiligt, die zu spaltende KG und mindestens zwei aufnehmende Gesellschaften. Unzulässig ist es, mit den aufnehmenden Gesellschaften jeweils getrennte Verträge abzuschließen. Der einheitliche Vertrag soll garantieren, dass alle Beteiligten den gesamten Vorgang kennen[1]. Wird gleichzeitig auf bestehende und neu zu gründende Gesellschaften aufgespalten, ist der Spaltungsplan (siehe Tz. 1914) in den Spaltungs- und Übernahmevertrag aufzunehmen. 1864

Der Spaltungs- und Übernahmevertrag bedarf **notarieller Beurkundung** (§ 125 iVm. § 6 UmwG). 1865

Der Vertrag kann **vor oder nach Beschlussfassung** durch die Gesellschaft (dazu Tz. 1886–1894) abgeschlossen werden (§ 125 iVm. § 4 Abs. 2 UmwG). 1866

Der Vertrag muss die Erklärung enthalten, dass das **Vermögen** der übertragenden KG **gegen Gewährung von Beteiligungen** auf die übernehmenden Gesellschaften übertragen wird (§ 126 Abs. 1 Nr. 2 UmwG). Die jeweiligen Gegenstände des Aktiv- und Passivvermögens sind genau zu bezeichnen (§ 126 Abs. 1 Nr. 9 UmwG; siehe Tz. 1880). 1867

Festzulegen ist, ob die Gesellschafter der zu spaltenden KG in den übernehmenden Gesellschaften die **Rechtsstellung** eines Komplementärs oder eines Kommanditisten erhalten sowie die Höhe der Einlage (§ 125 iVm. § 40 Abs. 1 UmwG) und der Umfang der Beteiligung eines jeden Gesellschafters (§ 126 Abs. 1 Nr. 3 und 10 UmwG). Die **Hafteinlage** eines jeden Kommanditisten kann frei bestimmt werden. Soweit bereits eine Beteiligung an der übernehmenden Gesellschaft besteht, ist eine Erhöhung der Hafteinlage nicht erforderlich. 1868

---

1 Gesetzesbegründung zu § 126 UmwG, BT-Drucks. 12/6699.

KG → KG

1869 Die Einräumung und Erhaltung von **Vorzugsrechten** für einzelne Gesellschafter ist aufzunehmen (§ 126 Abs. 1 Nr. 7 UmwG). Gleiches gilt für besondere **Vorteilsgewährungen** an Geschäftsführer, Aufsichtsräte oder Prüfer (§ 126 Abs. 1 Nr. 8 UmwG)[1].

1870 Festzulegen ist der **Spaltungsstichtag** (siehe Tz. 1896) und der Tag, ab dem die neuen Gesellschaftsanteile gewinnbezugsberechtigt sind (§ 126 Abs. 1 Nr. 5, 6 UmwG).

1871 Gesellschaftern, die der Spaltung widersprechen, ist ein **Abfindungsangebot** nach § 125 iVm. § 29 Abs. 1 S. 2 UmwG zu unterbreiten, obwohl Anteile an einer Personengesellschaft grundsätzlich nicht frei übertragbar sind[2].

1872 § 126 UmwG enthält im Gegensatz zu § 15 Abs. 2 UmwG keine Erleichterung für den Mindestinhalt des Spaltungs- und Übernahmevertrags für den Fall, dass den übernehmenden Gesellschaften bzw. einer von ihr alle Beteiligungen an der übertragenden KG gehören. Die Angaben über die Aufteilung der Anteile und deren Umtausch sind also auch bei der **Spaltung von Tochterunternehmen** notwendig.

1873 Zwingend ist letztendlich, die individual- und kollektivarbeitsrechtlichen **Folgen der Spaltung für die Arbeitnehmer** und ihre Vertretungen sowie die insoweit vorgesehenen Maßnahmen im Vertrag darzustellen (§ 126 Abs. 1 Nr. 11 UmwG, siehe dazu Tz. 783–803 *GmbH↔GmbH*).

1874 Darüber hinaus ist es zweckmäßig, im Spaltungs- und Übernahmevertrag alle Fragen zu regeln, die über den zwingenden Inhalt hinaus für die Gesellschafter von Bedeutung sind. Dies gilt beispielsweise für Regelungen hinsichtlich der **Geschäftsführung,** der **Firma** (siehe § 125 iVm. § 18 UmwG), des **Unternehmensgegenstands** etc. Der Spaltungs- und Übernahmevertrag kann die übernehmenden Gesellschaften insoweit zu entsprechenden Änderungen des Gesellschaftsvertrags verpflichten.

1875 Der Vertrag sollte auch regeln, wer die **Kosten** der Spaltung (dazu Tz.1901) zu tragen und wer die steuerlichen Pflichten der untergehenden KG zu erfüllen hat (siehe Tz. 757 *GmbH ↔ GmbH*).

---

[1] Gemeint sind etwa Abfindungen für vorzeitige Vertragsaufhebungen.
[2] VOLLRATH in Widmann/Mayer, § 29 UmwG Rz. 4, 16 ff. (August 2000); siehe auch Tz. 1985 *KG ↔ KG*.

KG → KG

Zum **bedingten Vertragsabschluss** siehe Tz. 760 *GmbH → GmbH*. 1876

Ein **Verkauf von Beteiligungen** zwischen Abschluss des Spaltungs- 1877
und Übernahmevertrags und dessen Wirksamwerden beeinträchtigt
die Spaltung nicht. Der Erwerber tritt an die Rechtsstellung des Verkäufers[1].

Bis zum Zustimmungsbeschluss der Gesellschafter kann der Vertrag 1878
in notarieller Form **geändert** oder formfrei **aufgehoben** werden[2].

3. Aufteilung des Vermögens

Hinsichtlich der Vermögensaufteilung sind die Beteiligten frei, da für 1879
die übernehmenden Gesellschaften keine Kapitalaufbringungsvorschriften gelten.

Selbst die Zuweisung nur von Verbindlichkeiten ist demnach möglich. 1880
Ggf. kann eine **Einlagerückzahlung** iSd. § 172 Abs. 4 HGB vorliegen[3].
Siehe im Übrigen zur Vermögensaufteilung sowie zur Kennzeichnung
Tz. 764–777 *GmbH → GmbH*.

4. Überleitung von Arbeitsverhältnissen und Mitbestimmung

Siehe Tz. 783–803 *GmbH → GmbH*. 1881

5. Umtauschverhältnis

Den Gesellschaftern der übertragenden KG ist für den Verlust ihrer 1882
Beteiligungen eine entsprechende Beteiligung an den übernehmenden KGs zu gewähren. Grundsätzlich ist dabei der **Gleichbehandlungsgrundsatz** zu wahren. Die Spaltung darf weder bei den Gesellschaftern der übertragenden noch bei den Gesellschaftern der übernehmenden KGs zu Einbußen an bestehenden Mitgliedschaftsrechten führen. Zum Schutz der Inhaber von Sonderrechten siehe § 125 iVm. § 23 UmwG.

Das Gesetz geht davon aus, dass auch die bisherigen **Beteiligungsver-** 1883
hältnisse bei der Spaltung gewahrt bleiben, die Gesellschafter der
übertragenden KG untereinander also im gleichen Verhältnis an den

---

1 Siehe Winter in Lutter, § 46 UmwG Rz. 6.
2 Priester in Lutter, § 126 UmwG Rz. 96.
3 Siehe Tz. 1706 *KG → GmbH*.

KG → KG

übernehmenden Gesellschaften beteiligt werden wie bei der untergehenden KG. Für die Beteiligungsquote im Verhältnis zu den bisherigen Gesellschaftern der übernehmenden Gesellschaften ist der Anteil des übergegangenen Vermögens am entstehenden Gesamtvermögen entscheidend (§ 128 S. 2 UmwG).

1884　Diese Regelung ist jedoch nicht zwingend. Stimmen alle Gesellschafter der übertragenden KG zu, so können abweichende Beteiligungsverhältnisse vereinbart werden (§ 128 UmwG). Damit wird die **Trennung von Gesellschaftern oder Gesellschaftergruppen** ermöglicht.

6. Spaltungsbericht und Prüfung

1885　Ein **Spaltungsbericht** ist für diejenigen Gesellschafter nicht erforderlich, bei denen alle Gesellschafter zur Geschäftsführung befugt sind (§ 125 iVm. § 41 UmwG). **Prüfungspflichtig** ist der Spaltungs- und Übernahmevertrag nur bei einer Mehrheitsumwandlung, wenn dies einer der Gesellschafter verlangt (§ 125 iVm. § 44 UmwG). Im Übrigen gelten die Tz. 804–806 *GmbH → GmbH*.

7. Zustimmungsbeschlüsse

1886　Der Spaltungs- und Übernahmevertrag bedarf der Zustimmung der Gesellschafter der beteiligten Gesellschaften. Der Beschluss kann nur in einer **Gesellschafterversammlung** gefasst werden, auch wenn die jeweilige Satzung Beschlussfassungen außerhalb der Gesellschafterversammlung zulässt (§ 125 iVm. § 13 Abs. 1 UmwG).

1887　Der **Spaltungs- und Übernahmevertrag** und der Spaltungsbericht sind den Gesellschaftern, die von der Geschäftsführung ausgeschlossen sind, spätestens mit der Einladung zu **übersenden** (§ 125 iVm. § 42 UmwG).

1888　Dem **Betriebsrat** ist der Spaltungs- und Übernahmevertrag einen Monat vor der Gesellschafterversammlung zuzuleiten (§ 126 Abs. 3 UmwG).

1889　Der Spaltungsbeschluss bedarf grundsätzlich der Zustimmung aller Gesellschafter (§ 125 iVm. § 43 Abs. 1 UmwG), es sei denn, der Gesellschaftsvertrag lässt eine Mehrheitsentscheidung zu. Voraussetzung für die Wirksamkeit einer solchen Vertragsregelung ist ein Mehrheitserfordernis von mindestens drei Viertel aller Stimmen (§ 125 iVm. § 43 UmwG).

Ist eine Mehrheitsentscheidung zulässig, so müssen dennoch bei der 1890
übertragenden Gesellschaft **alle Gesellschafter** zustimmen, wenn die
Beteiligung an den übernehmenden Gesellschaften nicht den bisherigen Beteiligungsverhältnissen entspricht (§ 128 UmwG).

Ferner müssen Gesellschafter zustimmen, die bisher **Kommanditisten** 1891
waren und nunmehr eine Komplementärstellung übernehmen sollen
(§ 125 iVm. § 40 Abs. 2 UmwG).

Widerspricht ein **Komplementär** der Spaltung, ohne sie damit verhin- 1892
dern zu können, ist ihm eine Kommanditistenstellung zu gewähren
(§ 125 iVm. § 43 Abs. 2 UmwG).

Hinweis: Im Fall der Mehrheitsentscheidung haben widersprechende 1893
Gesellschafter die Möglichkeit zum Ausscheiden (siehe Tz. 1871).

Siehe im Übrigen zur **Beschlussfassung** Tz. 807–817 *GmbH → GmbH*. 1894

8. Bilanzierung

Die Geschäftsführer der übertragenden KG haben für den Spaltungs- 1895
stichtag eine (handelsrechtliche) **Schlussbilanz** aufzustellen (§ 125
iVm. § 17 Abs. 2 UmwG; siehe Tz. 1052 *GmbH ↔ GmbH*)[1].

Bei der Wahl des **Spaltungsstichtags** ist darauf zu achten, dass zwi- 1896
schen Bilanzstichtag und Anmeldung nicht mehr als acht Monate liegen dürfen (§ 125 iVm. § 17 Abs. 2 S. 4 UmwG). Wird die Frist überschritten, ist die Anmeldung abzulehnen. Eine Eintragung trotz Fristüberschreitung führt zur Heilung des Mangels (§ 125 iVm. § 20 Abs. 2
UmwG).

Zur **Bilanzierung** bei den übernehmenden Gesellschaften siehe Tz. 1897
1055–1058 *GmbH ↔ GmbH*.

9. Anmeldung und Eintragung

Die Geschäftsführer der an der Spaltung beteiligten Gesellschaften 1898
haben die Spaltung bei dem Handelsregister des Sitzes ihrer Gesellschaft anzumelden (§ 125 iVm. § 16 Abs. 1 S. 1 UmwG). Für die übertragende Gesellschaft können auch die Geschäftsführer jeder der
übernehmenden Gesellschaften die **Anmeldung** vornehmen (§ 129

---

1 ME genügt bei einer Abspaltung oder Ausgliederung die Erstellung einer Teilbilanz, ebenso KALLMEYER/MÜLLER in Kallmeyer, § 125 UmwG Rz. 23.

KG → KG

UmwG). Zu den beizufügenden Unterlagen siehe § 125 iVm. § 17 UmwG. Die Anmeldung bedarf öffentlich beglaubigter Form (§ 12 Abs. 1 HGB).

1899 Zur **Eintragung** siehe Tz. 824 *GmbH* → *GmbH*.

10. Rechtsfolgen der Spaltung

1900 Zu den Rechtsfolgen siehe Tz. 825–834 *GmbH* → *GmbH*[1].

11. Kosten

1901 Zu den Kosten siehe Tz. 835–840 *GmbH* → *GmbH*.

II. Steuerrecht

1902 Für die Besteuerung der Aufspaltung fehlt eine ausdrückliche gesetzliche Regelung. Anwendung finden daher die Grundsätze der **Realteilung**[2].

1903 Voraussetzung für eine **Buchwertfortführung** ist die Gewährleistung einer späteren Besteuerung der stillen Reserven (§ 16 Abs. 3 S. 2 EStG). Das ist bei Übertragung in ein inländisches Betriebsvermögen der Fall[3]. Dabei ist nicht erheblich, ob jeweils Betriebe, Teilbetriebe oder nur einzelne Wirtschaftsgüter auf die übernehmenden Gesellschaften übergehen[4]. Sonderbetriebsvermögen hindert die Realteilung nicht[5]. Unschädlich ist auch, wenn einzelne Wirtschaftsgüter anlässlich der Spaltung ins Privatvermögen eines Gesellschafters überführt werden. Ein insoweit entstehender Entnahmegewinn ist als laufender Gewinn zu versteuern[6].

---

1 Speziell zur Haftung von Kommanditisten bei der Spaltung Naraschewski, DB 1995, 1265.
2 Tz. 24.19 UmwE; Röhrig, EStB 2002, 231. Zu einzelnen Problemfragen: Winkelmann, BB 2004, 130; Rogal, DStR 2005, 992.
3 Das gilt auch für land- und forstwirtschaftliche oder freiberufliche Betriebe, Wacker in L. Schmidt, § 16 EStG Rz. 538; Engl in Widmann/Mayer, Anh. 10. Teil Rz. 51 (April 2000); Stephany, INF 2002, 718.
4 Wacker in L. Schmidt, § 16 EStG Rz. 544; zu ungewissen Verbindlichkeiten BFH IV R 131/91 vom 28. 1. 1993, BB 1993, 1118.
5 BFH IV R 93/93 vom 23. 3. 1995, BStBl. 1995 II, 700.
6 Wacker in L. Schmidt, § 16 EStG Rz. 551.

KG → KG

Ist die Besteuerung der stillen Reserven sichergestellt, so sind in der steuerlichen Schlussbilanz der zu spaltenden Gesellschaft die Wirtschaftsgüter grundsätzlich (Ausnahmen siehe Tz. 1907 und 1908) mit dem **Buchwert** anzusetzen. Die übernehmende Gesellschaft hat die Buchwerte fortzuführen (§ 16 Abs. 3 S. 2 2. HS. EStG)[1]. Sie tritt in vollem Umfang in die Rechtsstellung der übertragenden KG ein[2]. 1904

Entspricht der Buchwert der neuen Beteiligung nach Zuordnung der einzelnen Wirtschaftsgüter nicht den bisherigen **Kapitalkonten,** so sind diese in der Eröffnungsbilanz der übernehmenden Gesellschaften anzupassen[3]. Ergänzungsbilanzen sind aufzulösen[4]. 1905

Werden unterschiedliche stille Reserven außerhalb der Gesellschaft durch Barzahlung oder Sachwerte ausgeglichen (sog. „**Spitzenaus-Spitzenausgleich**"), steht dies einer gewinnneutralen Realteilung nicht entgegen, führt aber hinsichtlich der Ausgleichszahlung zu einer Gewinnrealisierung[5]. Der Empfänger hat Betriebseinnahmen, der Zahlende Anschaffungskosten. 1906

Soweit bei der Spaltung keine Teilbetriebe oder Mitunternehmeranteile, sondern **einzelne wesentliche Betriebsgrundlagen,** Gebäude oder Grund und Boden übertragen werden, die innerhalb einer Sperrfrist von drei Jahren veräußert oder entnommen werden, sind diese rückwirkend mit dem gemeinen Wert anzusetzen (§ 16 Abs. 3 S. 3 EStG)[6]. Die Sperrfrist endet drei Jahre nach Abgabe der Steuererklärung der Mitunternehmerschaft für den Veranlagungszeitraum der Realteilung[7]. 1907

---

1 Zur zeitlichen Anwendung § 52 Abs. 34 S. 4 EStG; zur Rechtslage vor 1999 siehe Wacker in L. Schmidt, § 16 EStG Rz. 531; Gebhardt, GmbHR 2000, 313; Sonneborn, DStZ 2001, 579; Engl, DStR 2001, 1725.
2 Wacker in L. Schmidt, § 16 EStG Rz. 547.
3 BFH VIII R 69/86 vom 10. 12. 1991, BStBl. 1992 II, 385; BFH IV B 144/89 vom 31. 1. 1991, BFH/NV 1991, 536; Engl in Widmann/Mayer, Anh. 10. Teil Rz. 158 (April 2000); Engl, DStR 2002, 119.
4 BFH IV R 20/94 vom 18. 5. 1995, BStBl. 1996 II, 70; Wacker in L. Schmidt, § 16 EStG Rz. 547.
5 BFH VIII R 57/90 vom 1. 12. 1992, BStBl. 1994 II, 607; Reiss, DStR 1995, 1129; Carlé/Bauschatz, KÖSDI 2002, 13 143; Wacker in L. Schmidt, § 16 EStG Rz. 548 f., insbesondere zur Frage, wie der Gewinn zu ermitteln ist, ob der Gewinn gem. §§ 16, 34 EStG begünstigt ist und zu Ausgleichsgestaltungen.
6 Dazu Paus, FR 2002, 866.
7 Eingehend zu dieser Regelung Wacker in L. Schmidt, § 16 EStG Rz. 554; Engl, DStR 2002, 119; Carlé/Bauschatz, KÖSDI 2002, 13 133, auch mit Gestaltungen zur Vermeidung der Sperrfrist.

KG → KG

1908 Der gemeine Wert ist auch dann anzusetzen, wenn bei einer Realteilung, bei der einzelne Wirtschaftsgüter unmittelbar oder mittelbar auf eine **Körperschaft**, Personenvereinigung oder Vermögensmasse übertragen werden (§ 16 Abs. 3 S. 4 EStG). Maßgebend ist, ob sich die Beteiligungsquote der Kapitalgesellschaft an den Wirtschaftsgütern erhöht.

1909 **Beispiel:** An der KG-1 ist die X-GmbH mit 25% beteiligt. Das Vermögen der KG-1 wird auf die KG-2 und die KG-3 aufgespaltet. Die X-GmbH ist nur noch an der KG-2, hier aber mit 50% beteiligt. Ein Viertel der stillen Reserven aus den auf die KG-2 übergehenden Wirtschaftsgüter sind zu realisieren. Das gilt allerdings nur, soweit einzelne Wirtschaftsgüter übergehen, nicht soweit ein Betrieb, Teilbetrieb, Mitunternehmeranteil oder 100% Beteiligung an einer Kapitalgesellschaft übertragen wird[1].

1910 Ist bei der oder den übernehmenden Gesellschaften die Besteuerung der stillen Reserven nicht sichergestellt oder hat diese Gesellschaft kein Betriebsvermögen (zB bei einer vermögensverwaltenden KG), so entsteht ein nach §§ 16, 34 EStG begünstigter, nicht gewerbesteuerpflichtiger (§ 7 S. 2 Nr. 1 GewStG) **Aufgabegewinn**[2].

1911 **Gewerbesteuerliche Verluste** der KG gehen grds. nicht auf die neuen Unternehmen über. Ausnahmen gelten ggf. bei Aufteilung nach Teilbetrieben[3].

1912 **Umsatzsteuer** fällt seit dem 1.1.1994 nicht mehr an, da die Spaltung als Geschäftsveräußerung nicht mehr steuerbar ist (§ 1 Abs. 1 a UStG).

1913 Gehören zum übertragenen Vermögen Grundstücke, fällt **Grunderwerbsteuer** an (siehe Tz. 1168 *GmbH ↔ GmbH*). In Höhe der Beteiligung des übernehmenden Gesellschafters an der KG greift die Befreiung des § 6 Abs. 2 GrEStG. Bemessungsgrundlage ist der gemeine Wert.

---

1 Wacker in L. Schmidt, § 16 EStG Rz. 553.
2 Wacker in L. Schmidt, § 16 EStG Rz. 551.
3 Siehe BFH X R 20/89 vom 5. 9. 1990, BStBl. 1991 II, 25; Bordewin, DStR 1995, 313; Mahlow, DStR 1995, 1986; Herzig/Förster/Förster, DStR 1996, 1025.

C. Aufspaltung zur Neugründung

I. Zivilrecht

Es gelten die Regelungen zur Spaltung durch Aufnahme entsprechend. An die Stelle des Spaltungs- und Übernahmevertrags tritt ein **Spaltungsplan** (§ 13 b UmwG). Er bedarf notarieller Form (§ 125 iVm. § 6 UmwG). Zum notwendigen Inhalt gehört der Abschluss der Gesellschaftsverträge für die übernehmenden Gesellschaften, die in dem Spaltungsplan enthalten bzw. als Bestandteil beigefügt sein müssen (§ 125 iVm. § 37 UmwG). Wie beim Spaltungs- und Übernahmevertrag (siehe Tz. 1862–1879) ist das Vermögen aufzuteilen und die Zuordnung der Beteiligungen zu regeln. Anzugeben sind der Spaltungsstichtag und die Folgen für die Arbeitnehmer. Festzulegen ist die jeweilige Gesellschafterstellung. 1914

II. Steuerrecht

Es gelten die Tz. 1902–1913. 1915

D. Abspaltung

I. Zivilrecht

Eine KG kann einen Teil ihres Vermögens auf eine oder mehrere KGs abspalten (§ 123 Abs. 2 UmwG). Ist die das Vermögen übernehmende Gesellschaft eine **bestehende KG,** gelten die Tz. 1861–1901, bei Abspaltung **zur Gründung** die Tz. 1914 entsprechend. 1916

II. Steuerrecht

Es gelten die Tz. 1902–1913. 1917

E. Ausgliederung

I. Zivilrecht

Die Ausgliederung entspricht der Abspaltung, jedoch mit der Besonderheit, dass die von der übernehmenden Gesellschaft zu gewährenden Beteiligungen in das Vermögen der übertragenden KG übergehen. Durch die Übertragung von Vermögen erwirbt also die zu spaltende KG eine **Beteiligung.** 1918

Auch außerhalb des UmwG kann eine KG durch Einlage von Vermögen eine Beteiligung an einer anderen Gesellschaft erwerben. 1919

KG → KG

Jedoch bietet nur das UmwG die Möglichkeit, das Vermögen im Wege der **Gesamtrechtsnachfolge** zu übertragen. Steuerlich werden beide Vorgänge identisch behandelt.

1920 Für den **Inhalt** des Ausgliederungsvertrags (bei Ausgliederung auf eine bestehende Gesellschaft) bzw. des Ausgliederungsplans (bei Ausgliederung auf eine neu zu gründende Gesellschaft) gelten die Tz. 1862–1879 bzw. 1914. Überflüssig sind jedoch die Angaben zum Umtauschverhältnis (§ 126 Abs. 1 Nr. 3, 4 und 10 UmwG)[1].

1921 Das auszugliederne **Vermögen** ist genau zu bezeichnen. In der Zuordnung des Vermögens besteht Gestaltungsfreiheit.

1922 Ausgeschlossen ist die Fortführung der **Firma** der übertragenden GmbH durch die aufnehmende Gesellschaft (§ 125 UmwG).

1923 Nicht anwendbar sind ferner die §§ 14 Abs. 2, 15 UmwG **(Verbesserung des Umtauschverhältnisses)**.

1924 Zum **Spaltungsbericht** und einer **Prüfung** Tz. 1885.

1925 Der Ausgliederung müssen die Gesellschafter entsprechend Tz. 1886–1894 **zustimmen**[2].

1926 Zur **Bilanzierung, Anmeldung** und **Eintragung** sowie hinsichtlich der **Rechtsfolgen** gelten die Tz. 1895–1900 entsprechend.

II. Steuerrecht

1927 Wird ein **Betrieb, Teilbetrieb** oder **Mitunternehmeranteil** ausgegliedert, so gilt § 24 UmwStG (siehe Tz. 380–411 *EU → KG*). Werden nur **einzelne Wirtschaftsgüter** ausgegliedert, so besteht auch hier die Möglichkeit, die Buchwerte fortzuführen (§ 6 Abs. 5 EStG)[3].

---

1 Missverständlich sind die Regelungen in § 126 Abs. 1 Nr. 7 und § 133 Abs. 2 UmwG, die den Eindruck erwecken, als seien auch bei der Ausgliederung den Inhabern von Sonderrechten entsprechende Rechte an der übernehmenden Gesellschaft einzuräumen, § 125 iVm. § 23 UmwG, siehe hierzu auch FEDDERSEN/KIEM, ZIP 1994, 1078.

2 Zum Vergleich mit einer „Ausgliederung" außerhalb des UmwG siehe FEDDERSEN/KIEM, ZIP 1994, 1078.

3 Eingehend GLANEGGER in L. Schmidt, § 6 EStG Rz. 530 ff.; zu Gestaltungsmöglichkeiten mit § 6 b EStG siehe KORN/STRAHL, Stbg. 2002, 300; SCHIFFERS, GmbH-StB 2002, 133.

F. Realteilung

I. Zivilrecht

Voraussetzung der Realteilung ist ein **Beschluss der Gesellschafter**[1], die KG aufzulösen und die Liquidation abweichend von §§ 145 ff. HGB bzw. §§ 730 ff. BGB durch Realteilung zu vollziehen[2]. | 1928

Die Realteilung führt nicht zur Gesamtrechtsnachfolge[3]. Erforderlich ist damit die **Einzelübertragung** sämtlicher Vermögensgegenstände. Dabei sind etwaige Formvorschriften (zB notarielle Beurkundung bei Grundstücken und GmbH-Anteilen) zu beachten. Verbindlichkeiten und Vertragsverhältnisse gehen nur mit Zustimmung des Gläubigers bzw. des Vertragspartners über[4]. Im Teilungsvertrag sollte für den Fall, dass keine Zustimmung erteilt wird, die interne Freistellung vereinbart werden. | 1929

Für **Arbeitsverhältnisse** gilt mE § 613 a BGB[5]. | 1930

Bis zur Vollbeendigung **haften** die Gesellschafter (beschränkt oder unbeschränkt) für die bis dahin begründeten Verbindlichkeiten. Die Ansprüche verjähren spätestens fünf Jahre nach Beendigung der KG (§ 159 HGB). | 1931

Soweit das Vermögen nicht auf einzelne Gesellschafter (Einzelunternehmer), sondern auf eine Gesellschaft übertragen werden soll, ist der **Abschluss eines Gesellschaftsvertrages** (OHG, KG) erforderlich. | 1932

II. Steuerrecht

Es gelten die Tz. 1902–1913. | 1933

---

1 Vertragsmuster: ENGL/FOX in Engl, Formularbuch Umwandlungen, S. 525 ff.
2 Die Grundsätze zur Realteilung gelten mE auch dann, wenn Gesellschafter an mehreren der Nachfolgegesellschaften beteiligt sind, siehe FELIX/STRAHL, BB 1996, 2221; zur Notwendigkeit, die steuerliche Behandlung vertraglich zu regeln, BGH II ZR 41/93 vom 18. 10. 1993, DStR 1993, 1675, m. Anm. GOETTE.
3 SCHULZE-OSTERLOH, ZHR 149 (1985), 615.
4 RAUPACH ua., JbFSt. 1990/91, 319.
5 Siehe zum vergleichbaren Fall der Betriebsaufspaltung BAG 3 AZR 263/86 vom 19. 1. 1988, GmbHR 1988, 339; zu den betriebsverfassungsrechtlichen Folgen VOGELSANG, DB 1990, 1329.

KG → KG

G. Betriebsaufspaltung

1934 Bei der Betriebsaufspaltung wird das Unternehmen in einen aktiven Teil und einen passiven Teil geteilt. Der aktive Teil, idR eine GmbH oder eine GmbH & Co KG, führt das Unternehmen (**Betriebsgesellschaft**), der passive Teil (**Besitzunternehmen**) verwaltet die wesentlichen Betriebsgrundlagen, idR das Betriebsgrundstück und verpachtet es an die Betriebsgesellschaft. Betriebsgesellschaft und Besitzunternehmen werden von den gleichen Personen oder gleichen Personengruppen beherrscht.

1935 Während die Betriebsaufspaltung für die Betriebsgesellschaft keine besonderen Steuerfolgen hat, wird das Besitzunternehmen als **Gewerbebetrieb** qualifiziert, obwohl eine Tätigkeit vorliegt, die als Vermietung und Verpachtung zu werten wäre[1].

1936 Die **Teilung des Unternehmens** kann vielfältig gestaltet werden. Typischerweise wird die Betriebskapitalgesellschaft im Wege der Bar- oder Sachgründung konstituiert. Die Übertragung des Betriebsvermögens mit Ausnahme der zu verpachtenden Anlagegüter (wesentliche Betriebsgrundlagen) erfolgt im Wege des Verkaufs oder der (offenen oder verdeckten) Einlage. Verkauf oder Einlage können seit dem 1. 1. 1999 nicht mehr zu Buchwerten erfolgen (§ 6 Abs. 6 S. 2 EStG)[2].

1937 Denkbar ist, das zu verpachtende Anlagevermögen auf ein neu gegründetes Besitzunternehmen auszugliedern und die verbleibende Betriebsgesellschaft in eine GmbH umzuwandeln. Für die **Ausgliederung** besteht die Möglichkeit zur Buchwertfortführung (Tz. 1927). Für die Umwandlung gelten die Tz. 1646–1769 *KG → GmbH*.

1937.1 Zur **Beendigung einer Betriebsaufspaltung**[3] kann das Besitzunternehmen auf die Betriebskapitalgesellschaft verschmolzen oder in

---

1 Eingehend zur Betriebsaufspaltung: BRANDMÜLLER, Die Betriebsaufspaltung nach Handels- und Steuerrecht, 7. Aufl. 1997; FICHTELMANN, Betriebsaufspaltung im Steuerrecht, 10. Aufl. 1999; KALIGIN, Die Betriebsaufspaltung, 5. Aufl. 2005; SÖFFING, Die Betriebsaufspaltung, 3. Aufl. 2005; zur Rückabwicklung einer Betriebsaufspaltung DIERS, GmbHR 1992, 90; WINTER, GmbHR 1994, 313; zur zivilrechtlichen Gestaltung APP, BWNotZ 1995, 15; zu Haftungsrisiken STAHL, KÖSDI 1993, 9508; zu aktueller Rechtsprechung MÄRKLE, DStR 2002, 1109.
2 WACKER in L. Schmidt, § 15 EStG Rz. 877, mwN.
3 Zur Beendigung durch Verschmelzung der Betriebskapitalgesellschaft und Einbringung des Besitzunternehmens in eine Dritt-Kapitalgesellschaft siehe BFH VIII R 25/98 vom 24. 10. 2000, BStBl. 2001 II, 321; DÖRNER, INF 2001, 397.

KG ↔ KG

diese eingebracht werden. Soweit das Besitzunternehmen ein Einzelunternehmen ist, gilt Tz. 290–304 oder alternativ Tz. 332–341 *EU* → *GmbH*. Bei einer Personengesellschaft als Besitzunternehmen können die Mitunternehmeranteile gemäß Tz. 1561–1566 *GmbH & Co KG* → *GmbH* eingebracht werden.

Soll bei der Beendigung eine **Personengesellschaft** entstehen, kann die Betriebskapitalgesellschaft durch Formwechsel in eine Personenhandelsgesellschaft (zB GmbH & Co KG) umgewandelt werden (siehe Tz. 1192–1198 *GmbH* → *GmbH & Co KG*). Das Besitzunternehmen wird entweder automatisch Sonderbetriebsvermögen oder kann gem. Tz. 1949–2005 *KG* ↔ *KG* verschmolzen werden. 1937.2

KG ↔ KG, Verschmelzung

A. Übersicht 1938	C. **Verschmelzung durch Neugründung**
B. **Verschmelzung durch Aufnahme**	I. Zivilrecht
I. Zivilrecht	1. Voraussetzungen . . 2006
1. Voraussetzungen . . 1949	2. Verschmelzungsvertrag 2007
2. Verschmelzungsvertrag	3. Verschmelzungsbericht und Prüfung . 2010
a) Inhalt, Form . . . 1951	4. Zustimmungsbeschlüsse 2011
b) Umtauschverhältnis 1962	5. Bilanzierung 2012
3. Verschmelzungsbericht und Prüfung . 1963	6. Anmeldung und Eintragung 2013
4. Zustimmungsbeschlüsse 1965	7. Rechtsfolgen 2014
5. Bilanzierung 1973	8. Kosten 2015
6. Anmeldung und Eintragung 1974	II. Steuerrecht 2016
7. Rechtsfolgen der Verschmelzung . . . 1975	D. **Einbringung**
8. Kosten 1976	I. Zivilrecht 2017
II. Steuerrecht 1977	II. Steuerrecht 2024

A. Übersicht

Eine KG kann – auch gleichzeitig mit anderen Personenhandels- oder Kapitalgesellschaften – auf eine bestehende KG verschmolzen werden (Verschmelzung durch Aufnahme, §§ 2 Nr. 1, 3 UmwG). Mit anderen 1938

KG ↔ KG

Rechtsträgern kann die KG zu einer neuen KG verschmolzen werden (Verschmelzung durch Neugründung, §§ 2 Nr. 2, 3 UmwG). Die **Verschmelzung** führt zur Übertragung des Vermögens der KG im Wege der Gesamtrechtsnachfolge. Die übertragende KG geht unter. An die Stelle der Beteiligung an der übertragenden Gesellschaft tritt die Beteiligung an der übernehmenden KG.

1939 Neben der Verschmelzung nach dem UmwG lässt sich die Fusion von Personengesellschaften durch **Ein- und Austritt von Gesellschaftern** bzw. Übertragung der Beteiligungen erreichen.

1940 **Weg 1:** Die Gesellschafter der KG1 bringen ihre Gesellschaftsanteile/Mitunternehmeranteile in die KG2 ein und erhalten hierfür einen Gesellschaftsanteil/Mitunternehmeranteil an der KG2. Die KG1 geht unter, da alle Anteile in der Hand eines Gesellschafters – der KG2 – zusammenfallen.

1941 **Weg 2:** Die Gesellschafter der KG1 und der KG2 übertragen ihre(n) Beteiligung/Mitunternehmeranteil gegen Gewährung von Gesellschaftsrechten auf eine neu zu gründende KG3. Hier gehen KG1 und KG2 unter.

1942 **Weg 3:** KG2 tritt der KG1 als Gesellschafterin bei. Anschließend scheiden die bisherigen Gesellschafter der KG1 aus, womit das Vermögen allein auf die KG2 übergeht und die KG1 erlischt. Die aus der KG1 ausscheidenden Gesellschafter werden an der KG2 beteiligt, indem sie ihren Abfindungsanspruch gegen die KG2 einbringen.

1943 **Weg 4:** Besteht das gesamte Vermögen einer KG1 in einem Betrieb, kann der **Betrieb** auf die KG2 gegen Gewährung von Beteiligungen an der KG2 **übertragen** werden. Werden die Beteiligungen an der KG2 nicht der KG1, sondern deren Gesellschaftern gewährt, soll die KG1 untergehen[1]. ME ist Weg 4 eine zivilrechtlich nicht ganz saubere Lösung. Auch ihre steuerliche Anerkennung erscheint nicht gesichert[2]. Diese **Gestaltung** ist daher **nicht zu empfehlen.**

1944 Alle Wege sind auch dann gangbar, wenn hinsichtlich der Gesellschaften KG1 und KG2 ganz oder teilweise **gleiche Personen** beteiligt sind.

---

1 Widmann in Widmann/Mayer, § 24 UmwStG Rz. 110 (August 2001).
2 Widmann in Widmann/Mayer, § 24 UmwStG Rz. 93 (August 2001).

Für die dargestellten Gestaltungen wird allgemein vertreten, dass sie steuerlich § 24 UmwStG unterfallen[1]. Zweifelsfrei ist dies für die Verschmelzung nach dem UmwG sowie für die Wege 1 und 2. 1945

Die Behandlung als Einbringung nach § 24 UmwStG gestattet die **Buchwertfortführung** oder eine (ganz oder teilweise) Aufstockung der stillen Reserven bis zum **Teilwert** der Mitunternehmeranteile. 1946

Zur **steuerlichen Rückbeziehung** siehe Tz. 1978. 1947

Hinweis: In der Praxis wird die Einbringung von KG-Beteiligungen gemäß Tz. 1940 der Verschmelzung nach dem UmwG häufig vorzuziehen sein. Zwar bietet nur das UmwG die Vermögensübertragung durch Gesamtrechtsnachfolge. Bei der Einbringung beschränkt sich die Einzelrechtsnachfolge jedoch auf die Abtretung der KG-Beteiligung, die formfrei erfolgen kann. Durch das Zusammenfallen sämtlicher Beteiligungen in der Hand der übernehmenden KG wächst dieser das gesamte Vermögen der untergehenden Gesellschaft an, ohne dass hier eine Übertragung von Wirtschaftsgütern oder Vertragsverhältnissen erforderlich ist. Damit tritt praktisch hinsichtlich des Gesellschaftsvermögens Gesamtrechtsnachfolge ein. Damit hat die Einbringung zivilrechtlich keine Nachteile gegenüber der Umwandlung. Vermieden werden jedoch die Formalien des UmwG, insbesondere die Notwendigkeit der notariellen Beurkundung. Steuerlich bestehen lediglich hinsichtlich der Rückbeziehung Unterschiede (siehe Tz. 2024). 1948

B. Verschmelzung durch Aufnahme

I. Zivilrecht

1. Voraussetzungen

Eine KG kann durch Verschmelzung **auf eine bestehende** KG umgewandelt werden (§ 2 Nr. 1 UmwG). Nicht erforderlich ist, dass die übertragende KG oder ihre Gesellschafter an der übernehmenden KG beteiligt sind. Es können auch bisher nicht verbundene Unternehmen verschmolzen werden. 1949

Notwendig sind folgende Schritte: 1950

– Abschluss eines **Verschmelzungsvertrags** (§§ 4 ff. UmwG),
– ggf. Erstellung eines **Verschmelzungsberichts** (§ 8 UmwG),

---

1 WIDMANN in Widmann/Mayer, § 24 UmwStG Rz. 110 (August 2001), mwN; SCHULZE ZUR WIESCHE, DStR 1993, 381.

KG ↔ KG

- ggf. **Prüfung** der Verschmelzung (§ 9 UmwG),
- **Zustimmungsbeschluss** der Gesellschafter (§ 13 UmwG),
- **Anmeldung** der Verschmelzung (§ 16 UmwG).

2. Verschmelzungsvertrag

a) Inhalt, Form

1951 Grundlage der Verschmelzung ist ein Verschmelzungsvertrag zwischen der übertragenden KG und der übernehmenden KG (§ 4 Abs. 1 UmwG). Der Vertrag wird von den jeweils zur **Vertretung** der Gesellschaften befugten Personen (idR die nach dem Gesetz bzw. dem Gesellschaftsvertrag geschäftsführungsbefugten Gesellschafter) abgeschlossen.

1952 Sind mehrere Gesellschafter an der Verschmelzung beteiligt, ist ein **einheitlicher Vertrag** von allen Parteien abzuschließen. Er kann vor oder nach der Beschlussfassung durch die Gesellschafter abgeschlossen werden. Wird die Beschlussfassung vorgezogen, ist zunächst ein Vertragsentwurf zu erstellen (§ 4 Abs. 2 UmwG).

1953 Der Vertrag bedarf **notarieller Beurkundung** (§ 6 UmwG).

1954 Als Mindestinhalt muss der Vertrag die beteiligten Gesellschaften mit **Firma, Sitz** und **gesetzlichen Vertretern** bezeichnen (§ 5 Abs. 1 Nr. 1 UmwG). Ferner muss in der Erklärung enthalten sein, dass das Vermögen der übertragenden KG gegen Gewährung einer Beteiligung an der übernehmenden KG übertragen wird (§ 5 Abs. 1 Nr. 2 UmwG).

1955 Der **Verzicht auf eine Beteiligungsgewährung** (§ 5 Abs. 2 UmwG) dürfte bei der Verschmelzung von Personenhandelsgesellschaften nicht in Betracht kommen, da Personengesellschaften notwendig mindestens zwei Gesellschafter haben. Folglich kann eine KG nicht alle Anteile der übertragenden Personenhandelsgesellschaft halten. Fälle, in denen die Gesellschafter der übernehmenden KG die Anteile halten (Schwestergesellschaften)[1] oder die übernehmende KG alleinige Gesellschafterin einer GmbH & Co KG ist, unterfallen nicht § 5 Abs. 2 UmwG[2]. Soweit die übernehmende Gesellschaft an der übertragenden beteiligt ist, entfällt allerdings die Gewährung von Gesellschaftsrechten. Zum Steuerrecht siehe Tz. 1977. Zur „Verschmelzung" durch Einbringung der Beteiligungen siehe Tz. 2017.

---

1 LUTTER/DRYGALA in Lutter, § 5 UmwG Rz. 95.
2 Selbst wenn sie dort Sonderbetriebsvermögen sind.

KG ↔ KG

In dem Verschmelzungsvertrag ist die jeweilige **Beteiligung**, die den Gesellschaftern der übernehmenden KG gewährt wird, festzulegen (§ 5 Abs. 1 Nr. 3, 4 UmwG). Hierzu gehört 1956

- in welchem quotalen Verhältnis das Vermögen der übertragenden KG den **Kapitalkonten der Gesellschafter** bei der übernehmenden KG gutzuschreiben ist (hierbei ist zu berücksichtigen, dass handelsrechtlich ein Wahlrecht hinsichtlich der Bilanzierung besteht; § 24 UmwG);
- in welchem Verhältnis die Gesellschafter der übertragenden KG zukünftig am **Vermögen der übernehmenden KG** beteiligt sind (hierbei sind die Regeln des bestehenden Gesellschaftsvertrags der KG zu beachten, auf die ggf. Bezug genommen werden kann);
- ob die Gesellschafter der übertragenden KG im Rahmen der übernehmenden KG die Stellung eines **Komplementärs** oder eines **Kommanditisten** erhalten (§ 40 Abs. 1 UmwG; dabei ist darauf zu achten, dass Gesellschaftern, die bereits an der KG beteiligt sind, nur eine einheitliche Rechtsstellung eingeräumt wird; ein Komplementär kann nicht gleichzeitig Kommanditist und ein Kommanditist nicht gleichzeitig Komplementär sein);
- die **Höhe der Haftungssumme** der Kommanditisten (§ 40 Abs. 1 S. 2 UmwG; diese kann höher oder geringer als die Einlage sein).

Ferner ist festzulegen 1957

- der **Verschmelzungsstichtag** (§ 5 Abs. 1 Nr. 6 UmwG), der nicht mehr als acht Monate vor der Anmeldung der Verschmelzung zum Handelsregister liegen darf (§ 17 Abs. 2 S. 4 UmwG). Ab diesem Stichtag gelten die Handlungen der GmbH als für Rechnung der übernehmenden KG vorgenommen (Tz. 992 *GmbH ↔ GmbH*);
- der (idR mit dem Verschmelzungsstichtag identische) Tag, ab dem die Gesellschafter der GmbH am Gewinn der KG beteiligt sind, sowie die Höhe des **Gewinnanteils** (§ 5 Abs. 1 Nr. 5 UmwG);
- ob und in welchem Umfang Gesellschaftern **Sonderrechte** (Gewinnvorab, Geschäftsführungsrechte etc.) eingeräumt werden (§ 5 Abs. 1 Nr. 7 UmwG);
- **Vorteilsgewährungen** an Geschäftsführer, Aufsichtsräte oder Prüfer (§ 5 Abs. 1 Nr. 8 UmwG, bei Personenhandelsgesellschaften kaum von praktischer Relevanz);
- die **Folgen** der Verschmelzung **für die Arbeitnehmer** und ihre Vertretungsorgane sowie die insoweit vorgesehenen Maßnahmen (§ 5 Abs. 1 Nr. 9 UmwG).

KG ↔ KG

1958 Bis Juli 1998 war ein **Barabfindungsgebot** bei der Verschmelzung von KGs nicht zu unterbreiten, da das Vermögen weder von einem Rechtsträger anderer Rechtsform übernommen wird (§ 29 Abs. 1 S. 1 UmwG) noch statutarische Verfügungsbeschränkungen hinsichtlich der Beteiligung in Betracht kommen (§ 29 Abs. 1 S. 2 UmwG), weil die KG-Beteiligungen schon nach dem Gesetz nicht frei veräußerbar sind. Seit August 1998[1] gilt das Gebot eines Barabfindungsangebotes auch bei gesetzlichen Verfügungsbeschränkungen (§ 29 Abs. 1 S. 2 UmwG)[2].

1959 Die übernehmende KG kann die **Firma** der übertragenden KG fortführen (§ 18 UmwG). Dies ist im Verschmelzungsvertrag zu regeln.

1960 Darüber hinaus empfehlen sich Regelungen zur **Kostenfrage** sowie die Festlegung etwaiger Änderungen des Gesellschaftsvertrags der KG.

1961 Zu einem **bedingten Abschluss** des Verschmelzungsvertrags siehe Tz. 1001–1002 *GmbH* ↔ *GmbH*, zum **Anteilsübergang** während des Verschmelzungsvorgangs Tz. 1004 *GmbH* ↔ *GmbH*.

b) Umtauschverhältnis

1962 Hinsichtlich des **Umtauschverhältnisses** gelten die Tz. 1006–1013 *GmbH* ↔ *GmbH* entsprechend. **Bare Zuzahlungen** sind nicht zulässig.

3. Verschmelzungsbericht und Prüfung

1963 Für den **Verschmelzungsbericht** gelten die Tz. 1018–1029 *GmbH* ↔ *GmbH* entsprechend. Kein Verschmelzungsbericht ist erforderlich, wenn alle Gesellschafter der jeweiligen KG zur Geschäftsführung berechtigt sind (§ 41 UmwG).

1964 Gesellschafter der KG können die **Prüfung** verlangen, wenn der Gesellschaftsvertrag der KG eine Mehrheitsentscheidung hinsichtlich der Zustimmung zur Verschmelzung vorsieht (§ 44 UmwG)[3].

4. Zustimmungsbeschlüsse

1965 Für die Vorbereitung der **Beschlussfassung** gelten die Tz. 1030–1033 *GmbH* ↔ *GmbH* entsprechend.

---

1 Siehe Gesetz zur Änderung des UmwG vom 22. 7. 1998, BGBl. 1998 I, 1878.
2 MARSCH-BARNER in Kallmeyer, § 29 UmwG Rz. 5; GRUNEWALD in Lutter, § 29 UmwG Rz. 4.
3 Siehe hierzu – auch zur Frage, bis wann ein Prüfungsverlangen geltend gemacht werden kann – SCHMIDT in Lutter, § 44 UmwG Rz. 5 ff.

KG ↔ KG

Der Verschmelzungsbeschluss muss in der **Gesellschafterversammlung** gefasst werden (§ 13 Abs. 1 UmwG), obwohl das Handelsrecht für Personengesellschaften grundsätzlich keine Notwendigkeit zur Beschlussfassung in einer Gesellschafterversammlung kennt.

1966

Für die **Einberufung** der Gesellschafterversammlung gelten, sofern vorhanden, die durch den Gesellschaftsvertrag vorgegebenen Formen und Fristen, ansonsten ist mit angemessener Frist (mE mindestens ein Monat analog § 123 AktG) schriftlich unter Angabe der Tagesordnung von den zur Geschäftsführung befugten Gesellschaftern zu laden[1]. Der Verschmelzungsvertrag und der Verschmelzungsbericht sind den Gesellschaftern, die von der Geschäftsführung ausgeschlossen sind, spätestens mit der Einberufung der Gesellschafterversammlung zu übersenden.

1967

Der Verschmelzungsbeschluss bedarf der **Zustimmung aller Gesellschafter** der KG. Gesellschafter, die nicht zur Gesellschafterversammlung erschienen sind, müssen ihre Zustimmung gesondert erklären.

1968

Eine **Mehrheitsentscheidung** ist nur zulässig, wenn der Gesellschaftsvertrag der KG dies für den Fall der Umwandlung vorsieht. Wirksam ist eine Vereinbarung, die eine Mehrheit von mindestens drei Viertel der abgegebenen Stimmen vorsieht (§ 43 Abs. 2 UmwG)[2]. Dabei kommt es auf die Zahl der Stimmen, nicht auf die Zahl der Gesellschafter an.

1969

Der Beschluss und etwaige Zustimmungen außerhalb der Gesellschafterversammlung sind **notariell zu beurkunden**. Zur Beurkundung mehrerer Beschlüsse in einer Urkunde siehe Tz. 1098.

1970

Ist bei der KG eine Mehrheitsentscheidung möglich, haben die Komplementäre der übernehmenden KG ein besonderes **Widerspruchsrecht** (§ 43 Abs. 2 S. 2 UmwG). Sie können verlangen, in die Stellung eines Kommanditisten zu treten.

1971

Zur **Anfechtung** des Beschlusses siehe Tz. 1049–1051 *GmbH* ↔ *GmbH*.

1972

---

1 EMMERICH in Heymann, § 119 HGB Rz. 7; MARTENS in Schlegelberger, § 119 HGB Rz. 6.
2 Klargestellt durch Gesetz zur Änderung des Umwandlungsgesetzes vom 22. 7. 1998, BGBl. 1998 I, 1878; siehe die Gesetzesbegründung BT-Drucks. 13/8808, 12; zur Frage einer materiellen Beschlusskontrolle BINNEWIES, GmbHR 1997, 727.

KG ↔ KG

5. Bilanzierung

1973 Es gelten die Tz. 1052–1058 *GmbH* ↔ *GmbH* entsprechend.

6. Anmeldung und Eintragung

1974 Die **Vertretungsorgane** der Gesellschaften haben die Verschmelzung zur Eintragung in das Handelsregister des jeweiligen Sitzes anzumelden (§ 16 Abs. 1 S. 1 UmwG). Für die übertragende KG können auch die Vertretungsorgane der übernehmenden KG die Anmeldung vornehmen (§ 16 Abs. 1 S. 2 UmwG). Im Übrigen gelten die Tz. 1059–1071 *GmbH* ↔ *GmbH*.

7. Rechtsfolgen der Verschmelzung

1975 Es gelten die Tz. 1072–1097 *GmbH* ↔ *GmbH* entsprechend.

8. Kosten

1976 Siehe Tz. 1098–1101 *GmbH* ↔ *GmbH*.

II. Steuerrecht

1977 Die Verschmelzung von Personengesellschaften unterfällt § 24 UmwStG[1]. Die Gesellschafter der übertragenden KG bringen steuerlich ihre Mitunternehmeranteile in die übernehmende KG ein. Als Gegenleistung für die **Einbringung** erhalten sie einen Mitunternehmeranteil an der übernehmenden KG. Soweit der einbringende Gesellschafter bereits an der übernehmenden KG beteiligt ist, erhöht sich seine Beteiligung[2]. ME ist § 24 UmwStG auch dann und insoweit anwendbar, wie die übernehmende KG an der übertragenden beteiligt ist (Tz. 1955). Dies gilt sowohl hinsichtlich des Wahlrechts (Tz. 1979)[3] als auch bezüglich der Rückbeziehung (Tz. 1978). Zur Gewährung sonstiger Gegenleistungen siehe Tz. 385 *EU → KG*.

---

1 Einhellige Auffassung, siehe zB SCHMITT/HÖRTNAGL/STRATZ, § 24 UmwStG Rz. 16.
2 BFH IV R 93/85 vom 29. 10. 1987, BStBl. 1988 II, 374.
3 AA SCHULZE ZUR WIESCHE in Bordewin/Brandt, § 24 UmwStG Rz. 96 (Mai 2002).

KG ↔ KG

§ 24 UmwStG enthält für die Verschmelzung die Möglichkeit der steuerlichen **Rückbeziehung** (§ 24 Abs. 4 UmwStG, siehe hierzu Tz.1726–1732 *KG → GmbH*)[1]. 1978

Die aufnehmende KG kann die eingebrachten Beteiligungen mit dem Buchwert, dem Teilwert oder einem Zwischenwert ansetzen. Maßgebend ist der Ansatz in der auf den Einbringungszeitpunkt zu erstellenden (Zwischen-)Bilanz. Das **Wahlrecht** kann hinsichtlich jeden Mitunternehmeranteils unterschiedlich ausgeübt werden. Dies gilt nicht nur für die Beteiligungen der Gesellschafter der untergehenden KG, sondern auch für die Gesellschafter der aufnehmenden KG. Rechtlich bringen beide Personengruppen ihre Mitunternehmeranteile in die neu geformte Personengesellschaft ein[2]. 1979

Buchwert ist der Wert, mit dem der Mitunternehmeranteil nach den **steuerlichen Gewinnermittlungsvorschriften** bei dem Einbringenden auszuweisen ist (§ 6 EStG). Der Buchwert darf nicht unterschritten werden. Es besteht eine strenge Bindung an die in der Schlussbilanz der eingebrachten KG enthaltenen Wertansätze[3]. 1980

Bei Ansatz eines **Zwischenwerts** sind alle Wirtschaftsgüter – mit Ausnahme des Firmenwerts – gleichmäßig aufzustocken. Ein Firmenwert ist erst anzusetzen, wenn die übrigen stillen Reserven aufgedeckt sind. 1981

Wertobergrenze ist der **Teilwert**. Der Teilwertansatz führt grundsätzlich zur Realisierung aller stillen Reserven einschließlich Firmenwert. 1982

Anders als bei der Einbringung in Kapitalgesellschaften gibt es bei der Einbringung in eine Personengesellschaft **keinen Zwang zur Aufstockung** der Buchwerte. Selbst bei einem negativen Kapitalkonto des Einbringenden oder beschränkter Steuerpflicht gelten keine besonderen Bewertungsgrundsätze[4]. 1983

Sonderbetriebsvermögen eines seinen Mitunternehmeranteil einbringenden Gesellschafters behält seinen Statuts. Wird nicht zu den wesentlichen Betriebsgrundlagen gehörendes Sonderbetriebsvermögen anlässlich der Einbringung an Dritte veräußert oder in das Privatvermögen überführt, sind die enthaltenen stillen Reserven zu realisieren. Ein daraus resultierender Veräußerungsgewinn ist **tarif-** 1984

---

1 Siehe OFD Frankfurt a. M. vom 5. 9. 1996, GmbHR 1997, 96; eingehend auch PATT, FR 1996, 365.
2 BFH IV R 210/83 vom 23. 5. 1985, BStBl. 1985 II, 695.
3 BFH VIII R 296/82 vom 7. 6. 1988, BStBl. 1988 II, 886.
4 FG Rheinland-Pfalz 2 K 2326/89 vom 10. 11. 1992, EFG 1993, 482.

begünstigt (§§ 16, 34 EStG), wenn die Einbringung zum Teilwert erfolgt. § 24 Abs. 3 S. 3 UmwStG iVm. § 16 Abs. 2 S. 3 EStG (Besteuerung als laufender Gewinn) findet mE Anwendung, wenn eine Veräußerung an eine andere Personengesellschaft erfolgt, an der der Veräußernde beteiligt ist[1]. Er unterliegt auch bei einer Einbringung unter dem Teilwert nicht der **Gewerbeertragsteuer**[2].

1985 Ein **Verlustabzug nach § 10 d EStG**, der nicht durch einen Einbringungsgewinn ausgeglichen wird, bleibt von der Einbringung unberührt, da er an die Person des Mitunternehmers geknüpft ist[3].

1986 Nicht ausgleichsfähige **Verluste nach § 15 a EStG** bleiben mE – sofern sie nicht durch einen Gewinn aus der Einbringung aufgezehrt werden – bestehen. Sie können mit zukünftigen Gewinnen aus der neuen Beteiligung verrechnet werden[4].

1987 Ein **Verlustvortrag** der untergehenden Gesellschaft gemäß § 10 a GewStG wird durch einen Veräußerungsgewinn aufgrund Aufdeckung stiller Reserven nicht ausgeglichen, da der Veräußerungsgewinn nach hM von der Gewerbesteuer befreit ist[5]. Der Verlustvortrag kann mit zukünftigen Gewinnen der aufnehmenden KG verrechnet werden, wenn **Unternehmensidentität** und **Unternehmeridentität** gegeben sind[6]. Hinsichtlich der Unternehmeridentität stellt der BFH dabei auf die Gesellschafter und nicht auf die Gesellschaft ab. Sind diese beiden Gesellschaften identisch, liegt Unternehmeridentität vor. Besteht nur teilweise Identität, so kann der Fehlbetrag nur von dem auf die Gesellschafter, die den Verlust erzielt haben, entfallenden Teil des Gewerbeertrags abgezogen werden[7]. Unternehmensidentität ist

---

1 WACKER in L. Schmidt, § 16 EStG Rz. 3; SCHIFFERS, BB 1994, 1469; SCHULZE ZUR WIESCHE, DB 1994, 344; aA DEHMER, DStR 1994, 1753.
2 BFH IV R 93/85 vom 29. 10. 1987, BStBl. 1988 II, 374.
3 Zur Rechtslage vor Änderung des § 22 UmwStG durch das Jahressteuergesetz 1996 (BGBl. 1995 II, 1250) siehe BMF vom 28. 2. 1995, DStR 1995, 455 = BB 1995, 660.
4 BFH IV R 44/93 vom 11. 5. 1995, BB 1995, 1520; WIDMANN in Widmann/Mayer, § 24 UmwStG Rz. 407 (August 2001); RÖDDER/SCHUMACHER, DB 1998, 99.
5 BFH IV R 93/85 vom 29. 10. 1987, BStBl. 1988 II, 374.
6 BFH GrS 3/92 vom 3. 5. 1993, BStBl. 1993 II, 616; BFH VIII R 84/90 vom 14. 9. 1993, BStBl. 1994 II, 764; BORDEWIN, DStR 1995, 313; MAHLOW, DStR 1995, 1986; HERZIG/FÖRSTER/FÖRSTER, DStR 1996, 1025; PYSZKA, DStR 1997, 1073; zur doppelstöckigen Personengesellschaft STEGMANN, INF 2004, 785.
7 BORDEWIN, DStR 1995, 313; siehe auch BFH XI R 50/88 vom 16. 2. 1994, BStBl. 1994 II, 364; Ländererlass vom 16. 12. 1996, BStBl. 1996 I, 1392; BFH VIII R 41/95 vom 26. 6. 1996, HFR 1996, 749.

gegeben, wenn die Aktivitäten des verschmolzenen Unternehmens im Wesentlichen unverändert fortgeführt werden[1].

Im Übrigen gelten für die **Bewertung** der einzelnen Wirtschaftsgüter die gleichen Grundsätze wie bei der Einbringung in eine Kapitalgesellschaft (Tz. 1733–1755 *KG → GmbH*). 1988

Der Ansatz in der Bilanz der aufnehmenden KG bestimmt den Veräußerungspreis des Mitunternehmeranteils. Ein **Veräußerungsgewinn** ist bei einer natürlichen Person tarifbegünstigt, wenn alle stillen Reserven (einschl. Firmenwert und Sonderbetriebsvermögen[2]) steuerlich erfasst werden (§ 24 Abs. 3 S. 2 UmwStG) und nur, soweit der Einbringende nicht selbst an der KG beteiligt ist (§ 24 Abs. 3 S. 3 UmwStG iVm. § 16 Abs. 2 S. 3 EStG)[3]. Siehe Tz. 1997. 1989

Umstritten ist, ob der Gewinn der **Gewerbeertragsteuer** unterliegt. ME ist das nicht der Fall[4]. 1990

Zulässig ist es, den über dem Buchwert liegenden Ansatz in der Bilanz der aufnehmenden Gesellschaft durch eine **Ergänzungsbilanz** ganz oder teilweise zu neutralisieren[5]. Ein Veräußerungsgewinn entsteht nur, wenn der Bilanzansatz einschließlich Ergänzungsbilanz den Buchwert übersteigt. ME ist es zulässig, den Ausgleich in der Ergänzungsbilanz auf den nicht begünstigten Gewinn zu beschränken[6]. 1991

Hinweis: Da die aufnehmende Gesellschaft den Wertansatz und damit die steuerlichen Folgen für den Einbringenden bestimmt, empfiehlt es sich, zum Schutz des Einbringenden und zur Vermeidung von Streitigkeiten zwischen den Gesellschaftern die Bewertung in dem **Verschmelzungsvertrag** festzustellen. 1992

Hinweis: Für die Ausübung des Wahlrechts gibt es keine allgemeinen Regeln. Zu beachten ist, dass selbst bei einem Teilwertansatz ein Ver- 1993

---

1 BFH IV R 137/91 vom 27. 1. 1994, BStBl. 1994 II, 477; BFH VIII R 84/90 vom 14. 9. 1993, BStBl. 1994 II, 764.
2 BFH III R 39/91 vom 26. 1. 1994, BStBl. 1994 II, 458.
3 Eingehend hierzu STRECK/SCHWEDHELM, BB 1993, 2420; BREIDENBACH, DB 1995, 296; BREIDENBACH, DB 1994, 1212; RICHTER, DB 1994, 2410; SCHULZE ZUR WIESCHE, DB 1994, 344; SCHIFFERS, BB 1994, 1469.
4 Ebenso SCHMITT/HÖRTNAGL/STRATZ, § 24 UmwStG Rz. 266 mwN; SCHULTZ, DStR 1994, 521; SCHIFFERS, BB 1994, 1469; aA Tz. 18.09 und 24.17 UmwE.
5 Tz. 24.13 ff. UmwE; SÖFFING, StVj 1991, 32; WIDMANN in Widmann/Mayer, § 24 UmwStG Rz. 205 ff. (August 2001); NEUFANG, INF 1995, 364; PFALZGRAF/MEYER, DStR 1994, 1329; LEY, KÖSDI 2001, 12 982; NIEHUS, StuW 2002, 116.
6 STRECK/SCHWEDHELM, BB 1993, 2420; zustimmend WACKER in L. Schmidt, § 16 EStG Rz. 562; BREIDENBACH, DB 1995, 296; aA PFALZGRAF/MEYER, DStR 1994, 1329.

KG ↔ KG

äußerungsgewinn nur teilweise begünstigt ist (§ 24 Abs. 3 UmwStG). Gleichzeitig bestimmt der Wertansatz das Abschreibungsvolumen der aufnehmenden Gesellschaft, womit ein Teilwertansatz attraktiv sein kann, wenn erhebliche stille Reserven in kurzfristig abzuschreibenden Wirtschaftsgütern enthalten sind. Eine **Aufdeckung stiller Reserven** ist ferner dann in Betracht zu ziehen, wenn Verlustabzüge (§ 10 d EStG) oder – bei einem Kommanditisten – Verluste nach § 15 a EStG bestehen. Letztendlich ist zu beachten, dass die Aufdeckung stiller Reserven den Ausweis eines höheren Kapitalkontos ermöglicht, was bei einem Kommanditisten dazu führt, dass höhere Verluste ausgleichsfähig sind.

1994 Kernproblem der Verschmelzung von zwei Personengesellschaften ist die Festlegung der neuen **Beteiligungsverhältnisse** in der verschmolzenen Gesellschaft und die damit verbundene Notwendigkeit, einen Wertausgleich für unterschiedliche Mitunternehmeranteile zu schaffen[1].

1995 **Beispiel 1**: A und B sind Gesellschafter der KG1. Buchwert ihrer Anteile je 10.000,– Euro; Teilwert 40.000,– Euro. C und D sind Gesellschafter der KG2. Buchwert der Anteile je 20.000,– Euro; Teilwert je 40.000,– Euro; KG1 soll mit KG2 verschmolzen werden, indem A und B ihre Beteiligung in KG2 einbringen.

1996 **Lösung 1**: Die **Einbringung erfolgt zum Teilwert** durch alle Gesellschafter. Die Bilanz nach Aufnahme würde für jeden Gesellschafter eine Beteiligung von 40.000,– Euro ausweisen. Unerheblich ist, ob dabei eine Aufteilung in feste und variable Kapitalkonten erfolgt. Denkbar ist etwa, die Haftsumme der Kommanditisten auf nur 10.000,– Euro festzulegen und entsprechend feste Kapitalkonten von je 10.000,– Euro zu bilden.

1997 Die Gesellschafter haben die aus der Aufdeckung der stillen Reserven resultierenden Veräußerungsgewinne zu 75% gemäß §§ 16, 34 EStG, begünstigt im Übrigen als laufender Gewinn, zu versteuern[2]. Soll die sofortige Versteuerung vermieden werden, kann der Gesellschafter eine **Ergänzungsbilanz** mit einem entsprechenden Minderkapital aufstellen[3]. Dieser Weg erscheint aber zumindest dann wenig sinnvoll,

---

1 Siehe auch KORN, KÖSDI 1987, 6841.
2 AA Tz. 24.16 UmwE, wonach es auf die gesamthänderisch verbundenen Gesellschafter ankommt, womit im Beispielsfall nur 50% des Gewinns begünstigt wären.
3 Vgl. WIDMANN in Widmann/Mayer, § 24 UmwStG Rz. 167 (August 2001); Tz. 24.13 UmwE; siehe ferner die Fn. zu Tz. 432 EU → GmbH.

wenn die aufgedeckten stillen Reserven auf **abschreibungsfähige Wirtschaftsgüter** entfallen und die Tarifermäßigung gem. § 34 Abs. 3 EStG greift. Zwar wird die sofortige Besteuerung vermieden. Damit entfällt aber auch die Tarifermäßigung, obwohl die stillen Reserven über den Abschreibungszeitraum realisiert werden.

Lösung 2: Die **Einbringung** erfolgt **zu Buchwerten.** Zur Herstellung der Beteiligungsidentität werden die **Kapitalkonten angepasst** (A und B Erhöhung auf 15.000,– Euro; C und D Reduzierung auf 15.000,– Euro). Zum Ausgleich werden positive und negative Ergänzungsbilanzen gebildet[1]. Ein Veräußerungsgewinn entsteht nicht[2]. 1998

Lösung 3: Die Einbringung erfolgt zum Buchwert. Zum Ausgleich der Wertdifferenzen **zahlen** C und D an A und B 13.333,– Euro **außerhalb der Gesellschaft.** Der BFH[3] und die Finanzverwaltung[4] sehen in der Zahlung den Verkauf von Mitunternehmeranteilen (A und B verkaufen je ein Drittel ihrer Beteiligung). Die Zahlung führt zu einem Veräußerungsgewinn von 10.000,– Euro (13.333 ./. 3.300 [$^1/_3$ des Buchwerts der Beteiligung]). Seit dem 1. 1. 2002 handelt es sich um einen laufenden und idR gewerbesteuerpflichtigen Gewinn[5]. Eine Neutralisierung durch Ergänzungsbilanzen wird von der Finanzverwaltung und dem BFH nicht zugelassen werden. 1999

Lösung 4: Die Einbringung erfolgt zu Buchwerten. Die Gesellschafter vereinbaren, dass der jeweilige Buchwert bis zur Höhe von 10.000,– Euro auf ein **festes Kapitalkonto,** darüber hinaus auf einem variablen Kapitalkonto verbucht wird. Maßgeblich für die Beteiligung an Gewinn, Verlust und stillen Reserven ist allein das feste Kapitalkonto. Diese Lösung ist steuerneutral und gewährleistet eine den tatsächlichen Werten entsprechende Beteiligung an den zukünftigen Gewinnen, nicht jedoch hinsichtlich der unterschiedlichen stillen Reserven. 2000

Lösung 5: Die Einbringung erfolgt zu Buchwerten. Die Beteiligungsverhältnisse entsprechen den Buchwerten. A und B erhalten einen jährlichen **Vorabgewinn** von je 12,5%. Gleiches soll für den Fall der Liquidation gelten. Auch diese Lösung ist steuerneutral und führt hinsichtlich der Erträge zu gleichen Anteilen. Sind die Vorabvergütungen hingegen betragsmäßig festgelegt, besteht die Gefahr, dass eine Ver- 2001

---

1 Tz. 24.13 UmwE.
2 Positive und negative Ergänzungsbilanzen sind kongurent aufzulösen, BFH IV R 57/94 vom 28. 9. 1995, BStBl. 1996 II, 68; KELLERSMANN, DB 1997, 2047.
3 BFH IV R 82/92 vom 8. 12. 1994; BFH IV B 73/95 vom 29. 1. 1996, BFH/NV 1996, 549.
4 Tz. 24.09 UmwE.
5 WACKER in L. Schmidt, § 16 EStG Rz. 563.

KG ↔ KG

äußerung gegen Ratenzahlung angenommen wird[1]. Wird kein Ausgleich vorgenommen, liegt uU eine Schenkung vor[2].

2002 **Sachverhaltsvarianten:** Die Einbringung erfolgt von allen Gesellschaftern zum Teilwert. Die Aufdeckung stiller Reserven wird durch Ergänzungsbilanzen der Gesellschafter neutralisiert. Kurze Zeit nach der Verschmelzung **entnehmen** A und B zu Lasten ihrer Kapitalkonten 35.000,– Euro. Der Vorgang ist grundsätzlich steuerneutral. Nach Ansicht der Finanzverwaltung könnte jedoch eine verdeckte Veräußerung vorliegen, wenn für die Gewinnverteilung auf die verbleibenden Kapitalanteile abgestellt wird[3].

2003 Die Verschmelzung unterliegt nicht der **Umsatzsteuer** (§ 1 Abs. 1 a UStG).

2004 Gehört zum Vermögen der eingebrachten KG ein Grundstück, fällt **Grunderwerbsteuer** an, da sich der Rechtsträger (KG2 statt KG1) ändert[4]. Soweit die Beteiligung der Gesellschafter der eingebrachten KG1 an der aufnehmenden KG2 reicht, tritt Befreiung ein (§ 6 Abs. 3 und 1 GrEStG)[5]. Zur Bemessungsgrundlage und steuerlichen Behandlung siehe Tz. 1168 *GmbH ↔ GmbH*.

2005 **Hinweis:** Hat nur eine Gesellschaft Grundvermögen, wird vorbehaltlich § 1 Abs. 2 a GrEStG Grunderwerbsteuer vermieden, wenn auf diese verschmolzen wird.

C. Verschmelzung durch Neugründung

I. Zivilrecht

1. Voraussetzungen

2006 Eine KG kann mit einem anderen Rechtsträger (in Betracht kommen Personenhandels- und Kapitalgesellschaften sowie Genossenschaften und Vereine, siehe Tz. 1484 *GmbH → KG*) zu einer neuen KG verschmolzen werden. Notwendig ist

---

1 Vgl. FG München 16 K 10133/81 vom 30. 11. 1989, EFG 1990, 319, rkr.
2 WIDMANN in Widmann/Mayer, § 24 UmwStG Rz. 168 (August 2001).
3 § 42 AO, siehe Tz. 24.12 UmwE; WIDMANN in Widmann/Mayer, § 24 UmwStG Rz. 101.8 ff. (August 2001).
4 FG Niedersachsen III 504/87 vom 18. 8. 1988, NWB Fach 8, S. 972; aA DURCHLAUB, DB 1981, 1012.
5 Gefahr für eine Befreiung besteht bei anschließender Umwandlung in eine Kapitalgesellschaft, siehe FinMin. Baden-Württemberg vom 10. 7. 1998, DB 1998, 1491.

KG ↔ KG

- Abschluss eines **Verschmelzungsvertrags** (§ 36 iVm. §§ 4 ff. UmwG),
- ggf. Erstellung eines **Verschmelzungsberichts** (§ 36 iVm. § 8 UmwG),
- ggf. **Prüfung** der Verschmelzung (§ 36 iVm. § 9 UmwG),
- **Zustimmung der Gesellschafter** (§ 36 iVm. § 13 UmwG),
- **Anmeldung** der Verschmelzung (§ 36 iVm. § 16 UmwG).

2. Verschmelzungsvertrag

Es gelten die Tz. 1951–1962 entsprechend. 2007

Der Verschmelzungsvertrag muss den **Gesellschaftsvertrag** der durch die Verschmelzung zu gründenden KG enthalten oder ihn feststellen (§ 37 UmwG). Damit ist der Gesellschaftsvertrag der KG, der nach allgemeinen Vorschriften idR nicht formgebunden ist[1], zwingend notariell zu beurkunden. Zukünftige Änderungen des Gesellschaftsvertrags sind hingegen wieder formfrei möglich[2]. 2008

Hinweis: Der Verschmelzungsvertrag ist dem Betriebsrat vorzulegen (§ 5 Abs. 3 UmwStG). Damit erlangt der Betriebsrat auch Kenntnis vom Inhalt des Gesellschaftsvertrags. 2009

3. Verschmelzungsbericht und Prüfung

Es gelten die Tz. 1963–1964. 2010

4. Zustimmungsbeschlüsse

Es gelten die Tz. 1965–1972. 2011

5. Bilanzierung

Siehe Tz. 1052–1058 *GmbH* ↔ *GmbH*. 2012

---

1 BAUMBACH/HOPT, § 105 HGB Rz. 54.
2 Siehe ULMER in Staub, § 105 HGB Rz. 192.

KG ↔ KG

6. Anmeldung und Eintragung

2013 Die Verschmelzung ist zum Register der übertragenden Gesellschaften wie auch zum **Register** der neuen KG anzumelden (§ 38 UmwG). Im Übrigen gilt Tz. 1974.

7. Rechtsfolgen
2014 Siehe Tz. 1975.

8. Kosten
2015 Siehe Tz. 1098–1101 *GmbH* ↔ *GmbH*.

II. Steuerrecht
2016 Es gelten die Tz. 1977–2005.

D. Einbringung
I. Zivilrecht

2017 Erfolgt die **Verschmelzung durch Einbringung** der KG-Beteiligung in eine bestehende oder neu zu gründende KG (siehe Tz. 1940–1941), so ist dies zivilrechtlich der Abschluss eines neuen bzw. die Änderung eines bestehenden Gesellschaftsvertrags.

2018 Der Vertrag ist **zwischen allen Beteiligten** abzuschließen, es sei denn, vertraglich sind einzelne Gesellschafter oder die Gesellschaft selbst zum Abschluss des Aufnahmevertrags ermächtigt[1].

2019 Der Abschluss des Vertrages bedarf keiner besonderen **Form,** sofern der zu ändernde Gesellschaftsvertrag nichts anderes vorschreibt.

2020 Zum **Inhalt** des Vertrags gehört im Wesentlichen
– welche Personen der Gesellschaft beitreten;
– die Höhe der Einlagen bzw. – bei Kommanditisten – der Haftsumme;
– in welchem Verhältnis die Gesellschafter beteiligt sind;
– dass die Einlage durch Einbringung der Beteiligungen erfolgt;
– mit welchem Wert die eingebrachte Beteiligung anzusetzen ist.

---

1 BGH II ZR 120/74 vom 17. 11. 1975, BB 1976, 154; BGH II ZR 95/76 (KG) vom 14. 11. 1977, NJW 1978, 1000.

KG → KGaA

Im Übrigen kann auf den bestehenden Gesellschaftsvertrag verwiesen werden, sofern eine Änderung nicht aus sonstigen Gründen notwendig oder zweckmäßig ist[1].

Soweit die neuen Gesellschafter als **Kommanditisten** beitreten, ist die Einbringung der Beteiligung nur haftungsbefreiend, wenn der Wert der Beteiligung die Haftsumme deckt. Maßgebend ist der tatsächliche Wert, nicht der bilanzierte Ansatz (Buchwert, Zwischenwert, Teilwert). Soweit der tatsächliche Wert über dem Wert liegt, mit dem die Beteiligung in der Handels- oder Steuerbilanz angesetzt wird, führt dies nicht zu einer Haftungserweiterung des Eintretenden[2]. 2021

Entsteht durch die Verschmelzung eine **GmbH & Co KG,** muss eine entsprechende Firmenänderung erfolgen. Die bloße Nachstellung „GmbH & Co" als Klammerzusatz genügt nicht[3]. 2022

Der Beitritt ist von allen Gesellschaftern (alte und neue) zur **Eintragung in das Handelsregister** anzumelden (§§ 161 Abs. 2, 107, 108, 162 HGB). Ebenso ist die Auflösung der eingebrachten KG1 anzumelden (§§ 161 Abs. 2, 143, 31 HGB). Anmeldepflichtig sind die bisherigen Gesellschafter und die übernehmende KG[4]. 2023

II. Steuerrecht

Es gelten die Tz. 1977–2005. ME gelten auch bei einem **Teilwertansatz** die Wirtschaftsgüter nicht als angeschafft iSd. §§ 24 Abs. 4, 22 Abs. 3 UmwStG, da sie durch Anwachsung und nicht durch Einzelrechtsnachfolge übergehen. 2024

KG → KGaA, Formwechsel, Spaltung, Verschmelzung

I. Zivilrecht

Eine KG kann durch Formwechsel[5], Spaltung und Verschmelzung in eine KGaA umgewandelt werden. Es gelten die Tz. 1581–1594 *KG → AG* mit folgenden **Besonderheiten:** 2025

---

1 Zur Formulierung eines Aufnahmevertrags RIEGGER in Münchener Vertragshandbuch, Band 1, III. 15.
2 Vgl. FELIX, NJW 1973, 491; BAUMBACH/HOPT, § 171 HGB Rz. 6.
3 OLG Oldenburg 5 W 136/89 vom 1. 12. 1989, DB 1990, 519.
4 Vgl. BAUMBACH/HOPT, § 143 HGB Rz. 3.
5 Vertragsmuster: GREVE in Engl, Formularbuch Umwandlungen, S. 866 ff.

KG → KGaA

2026 Beim Formwechsel muss der Beschluss vorsehen, dass sich mindestens ein Gesellschafter der KG als **persönlich haftender Gesellschafter** beteiligt (§ 218 Abs. 2 UmwG). Zulässig ist es auch, dass der Gesellschaft eine bisher nicht beteiligte Person als persönlich haftender Gesellschafter beitritt (§ 218 Abs. 2 UmwG). Die Gesellschafter, die in der KGaA die persönliche Haftung übernehmen, müssen der Umwandlung zustimmen (§ 217 Abs. 3 UmwG). Der **Beitritt** eines persönlich haftenden Gesellschafters im Rahmen des Formwechsels muss notariell beurkundet werden (§ 211 S. 1 UmwG). Die Satzung der KGaA ist von den beitretenden Gesellschaftern zu genehmigen (§ 221 S. 2 UmwG).

2027 Ferner ist es bei einer KGaA zulässig, dass ein Gesellschafter gleichzeitig **Komplementär und Kommanditaktionär** wird.

2028 Einstweilen frei.

2029 Auch eine **juristische Person** oder eine **Personengesellschaft**, insbesondere eine GmbH & Co KG, kann die Stellung des Komplementärs übernehmen[1].

2030 Bei der **Verschmelzung** und Spaltung (§ 125 UmwG) auf eine KGaA sind die Besonderheiten des § 78 UmwG zu beachten.

2031 Neben der Umwandlung kommen die **Einbringung** und der **Verkauf** an eine zuvor bar gegründete KGaA in Betracht. Es gelten die Tz. 1595–1599 *KG → AG*.

II. Steuerrecht

2032 Es gelten die Tz. 1838–1841 *KG → GmbH*.

KG → Körperschaft des öffentlichen Rechts (KöR)

2033 Die Umwandlung einer KG in eine Körperschaft des öffentlichen Rechts ist weder durch **Formwechsel** (siehe § 214 UmwG) noch durch **Spaltung** (siehe §§ 124, 168 UmwG) oder **Verschmelzung** (§ 3 UmwG) möglich. Auch die **Vermögensübertragung** ist ausgeschlossen (§ 175 UmwG). Denkbar ist die Umwandlung der KG in eine AG mit

---

[1] BGH II ZB 11/96 vom 24. 2. 1997, GmbHR 1997, 595; HALASZ/KLOSTER/KÖSTER, GmbHR 2002, 310; KUSTERER, DB 2000, 250; siehe ferner die Nachweise zu Tz.1517.

anschließender Übertragung des Vermögens auf die öffentliche Hand (siehe Tz. 110–127 *AG → KöR*).

KG → OHG, Spaltung, Verschmelzung

Der **Formwechsel** einer KG in eine OHG ist ausgeschlossen (§ 214 UmwG). Allerdings wird die KG zur OHG, wenn die Kommanditisten ihre beschränkte Haftung aufgeben. Steuerlich hat der Vorgang nur Bedeutung für die Anwendung des § 15 a EStG[1].   2034

Für die **Spaltung** einer KG auf eine OHG gelten die Tz. 1856–1937 *KG → KG*, für eine **Verschmelzung** die Tz. 1938–2016 *KG ↔ KG*.   2035

Zur Umwandlung einer KG durch **Einbringung** der Mitunternehmeranteile in eine (bestehende oder neu zu gründende) OHG wird auf Tz. 2017–2024 *KG ↔ KG* verwiesen.   2036

KG → Partnerschaft, Spaltung, Verschmelzung

Ein Formwechsel ist **ausgeschlossen.** Möglich ist die Spaltung und die Verschmelzung. Es gelten die Tz. 1856–1927 *KG → KG* bzw. 1938–2024 *KG ↔ KG*.   2037

KG → Stiftung

Eine Umwandlung kommt nicht in Betracht. Denkbar ist nur die Übertragung des Vermögens im Rahmen eines **Stiftungsgeschäfts** (siehe Tz. 454–469 *EU → Stiftung*).   2038

KG → Stille Gesellschaft

Siehe Tz. 536–538 *GbR → Stille Gesellschaft*.   2039

---

1 Siehe WACKER in L. Schmidt, § 15 a EStG Rz. 61; FG Münster XII 8678/88 F vom 12. 9. 1989, EFG 1990, 112; OFD Kiel vom 21. 6. 1996, DStR 1996, 1689.

KG → Verein

2040 Eine Umwandung ist **ausgeschlossen**.

KG → VVaG

2041 Eine **Umwandlung** kommt nicht in Betracht.

2042 Da das VAG keine „Sachgründung" für einen VVaG zulässt (vgl. § 22 VAG), kommt auch keine **Einbringung** in Betracht.

KGaA → AG, Formwechsel, Spaltung, Verschmelzung

I. Zivilrecht

2043 Es gelten die Tz. 100–108 *AG → KGaA* entsprechend mit folgenden **Besonderheiten**[1].

2044 Für den **Formwechsel** einer KGaA in eine AG kann die Satzung eine geringere **Mehrheit** als drei Viertel der abgegebenen Stimmen vorsehen (§ 240 Abs. 1 UmwG). Notwendig ist jedoch in jedem Fall die **Zustimmung** der persönlich haftenden Gesellschafter zum Formwechsel (§ 240 Abs. 3 UmwG). Zu beachten sind die aktienrechtlichen **Gründungsvorschriften**, wobei die persönlich haftenden Gesellschafter als Gründer gelten (§§ 245 Abs. 3, 220 UmwG), obwohl sie zwangsläufig ausscheiden (§ 247 Abs. 3 UmwG). Für sie gelten jedoch nicht die umwandlungsrechtlichen Abfindungsregeln (§§ 227, 250 UmwG). Die **Abfindung** bestimmt sich in erster Linie nach der Satzung, ansonsten nach dem tatsächlichen Wert der Beteiligung (§ 278 Abs. 2 AktG iVm. §§ 161 Abs. 2, 105 Abs. 2 HGB)[2]. Für die **Haftung** der persönlich haftenden Gesellschafter gilt § 224 UmwG (§ 249 UmwG; Haftungsverjährung nach fünf Jahren).

2045 Für die **Spaltung** oder **Verschmelzung** ist die **Zustimmung** der persönlich haftenden Gesellschafter erforderlich. Die Satzung kann eine Mehrheitsentscheidung dieser Gesellschafter vorsehen (§ 125 iVm. § 78 S. 3 UmwG). Soweit gegenseitige Beteiligungen bestehen, ist ein

---

1 Siehe auch Krug, AG 2000, 510.
2 Siehe BGH II ZR 142/76 vom 13. 3. 1978, BGHZ 71, 40; Semler/Perlitt in Münchener Kommentar zum AktG, § 289 Rz. 189 ff.

KGaA → Genossenschaft

Abfindungsanspruch gemäß § 29 UmwG ausgeschlossen (§ 78 S. 4 UmwG).

II. Steuerrecht

Steuerliche Besonderheiten gelten bezüglich eines ausscheidenden persönlich haftenden Gesellschafters. Da er Mitunternehmer ist, gelten insoweit die §§ 16, 34 EStG. Ein Veräußerungs- bzw. Aufgabegewinn ist steuerpflichtig. Dies gilt auch für Sonderbetriebsvermögen[1].

2046

KGaA ↔ Einzelunternehmen (EU), Verschmelzung

Es gelten die Tz. 49–54 *AG* ↔ *EU* entsprechend. § 78 UmwG hat hier keine Bedeutung.

2047

KGaA → EWIV

Siehe Tz. 689 *GmbH → EWIV*.

2048

KGaA → GbR, Formwechsel, Spaltung, Verschmelzung

Eine KGaA kann nur durch **Formwechsel** in eine GbR umgewandelt werden (§ 226 UmwG). Es gelten die Tz. 2055–2056 *KGaA → KG*. Eine **Spaltung** oder **Verschmelzung** ist ausgeschlossen.

2049

KGaA → Genossenschaft, Formwechsel, Spaltung, Verschmelzung

Eine KGaA kann durch **Formwechsel** in eine Genossenschaft umgewandelt werden (§ 225 UmwG). Es gelten die Tz. 695–701 *GmbH → Genossenschaft* entsprechend mit den Besonderheiten gemäß §§ 251, 252 Abs. 3, 255 Abs. 3, 257 UmwG.

2050

---

1 Siehe BALSER ua., Umwandlung, S. 172; zu Anteilen des persönlich haftenden Gesellschafters am Grundkapital BFH X R 14/88 vom 21. 6. 1989, BStBl. 1989 II, 881.

KGaA → Genossenschaft

2051 Für die **Spaltung**, die zulässig ist (§ 124 UmwG), gelten die Tz. 702–714 *GmbH → Genossenschaft* mit den Besonderheiten gemäß §§ 141–146 UmwG. Erforderlich ist die Zustimmung des persönlich haftenden Gesellschafters (§ 125 iVm. § 78 UmwG).

2052 Zur **Verschmelzung** einer KGaA mit bzw. zu einer Genossenschaft wird auf Tz. 61–63 *AG → Genossenschaft* verwiesen. Zudem zu beachten ist § 78 UmwG.

KGaA → GmbH, Formwechsel, Spaltung, Verschmelzung

2053 Es gelten die Tz. 64–93 *AG → GmbH* entsprechend. Als **Besonderheit** ist zu beachten, dass der persönlich haftende Gesellschafter der KGaA der Umwandlung jeweils zustimmen muss (§ 240 Abs. 3; § 125 iVm. § 78 UmwG; § 78 UmwG).

KGaA → GmbH & Co KG, Formwechsel, Spaltung, Verschmelzung

2054 Es gelten die Tz. 2055–2058 *KGaA → KG*.

KGaA → KG, Formwechsel, Spaltung, Verschmelzung

2055 Es gelten die Tz. 95–99 *AG → KG* entsprechend mit folgenden Besonderheiten:

2056 Bei einem **Formwechsel** gilt für die Vermögensaufstellung § 229 UmwG. Die persönlich haftenden Gesellschafter müssen dem Formwechsel zustimmen. Dabei kann die Satzung für den Formwechsel in eine KG eine Mehrheitsentscheidung der persönlich haftenden Gesellschafter vorsehen (§ 233 Abs. 3 S. 1, 2 UmwG). Jeder persönlich haftende Gesellschafter kann sein Ausscheiden erklären (§§ 233 Abs. 3 S. 3, 236 UmwG). Ihr Abfindungsanspruch richtet sich nicht nach dem UmwG (§ 227 UmwG), sondern nach allgemeinem Recht (Tz. 2044 *KGaA → AG*). Die Fortdauer der persönlichen Haftung ist auf fünf Jahre begrenzt (§ 237 iVm. § 224 UmwG).

2057 Für die **Spaltung** und **Verschmelzung** gelten die Besonderheiten des § 78 UmwG.

2058 Zum **Steuerrecht** siehe Tz. 2046 *KGaA → AG*.

KGaA → KGaA, Spaltung

Es gelten die Tz. 1–29 *AG* → *AG* entsprechend, unter Beachtung der §§ 125, 78 UmwG.   2059

KGaA ↔ KGaA, Verschmelzung

Es gelten die Tz. 30–48 *AG* ↔ *AG* entsprechend, unter Beachtung des § 78 UmwG[1].   2060

KGaA → Körperschaft des öffentlichen Rechts (KöR), Vermögensübertragung

Es gelten die Tz. 110–127 *AG* → *KöR* entsprechend.   2061

KGaA → OHG, Formwechsel, Spaltung, Verschmelzung

Es gelten die Tz. 2055–2058 *KGaA* → *KG* entsprechend.   2062

KGaA → Partnerschaft

Es gilt Tz. 1521 *GmbH* → *Partnerschaft* entsprechend.   2063

KGaA → Stiftung

Siehe Tz. 1522–1528 *GmbH* → *Stiftung*, die entsprechend gelten.   2064

KGaA → Stille Gesellschaft

Tz. 1529–1537 *GmbH* → *Stille Gesellschaft* gelten entsprechend.   2065

---

[1] Zur „Umwandlung" einer atypischen KGaA in eine typische KGaA KUSTERER, FR 2001, 865.

KGaA → Verein

2066 Eine Umwandlung ist **nicht möglich**.

KGaA → VVaG, Vermögensübergang

2067 Siehe Tz. 133–135 AG → VVaG, die entsprechend gelten.

Körperschaft des öffentlichen Rechts (KöR) → AG, Formwechsel, Ausgliederung

2068 Der **Formwechsel** einer KöR in eine AG ist zulässig, soweit das für die KöR geltende Bundes- oder Landesrecht dies zulässt (§ 301 UmwG). Es gelten die §§ 190–213 UmwG, mit den Besonderheiten der §§ 303, 304 UmwG, soweit das jeweilige Bundes- oder Landesrecht keine abweichenden Regelungen enthält (§ 302 UmwG). Steuerlich ist der Formwechsel ohne Belang, sofern die Körperschaft oder Anstalt des öffentlichen Rechts vor der Umwandlung gemäß § 1 Abs. 1 Nr. 6 KStG körperschaftsteuerpflichtig war. Ansonsten übernimmt die AG das Vermögen zum Teilwert[1]. Noch nicht geklärt ist, mit welchem Wert die entstehenden Aktien anzusetzen sind. Richtig dürfte ein Ansatz mit dem gemeinen Wert sein[2].

2069 Eine **Spaltung** ist nur in Form einer Ausgliederung aus dem Vermögen von Gebietskörperschaften oder Zusammenschlüssen von Gebietskörperschaften möglich[3]. Es gelten die §§ 123–137 UmwG mit den Besonderheiten der §§ 168–173 UmwG. Steuerlich gilt ggf. § 20 UmwStG[4].

2070 Eine **Verschmelzung** ist nicht möglich (siehe § 3 UmwG).

2071 Öffentlich-rechtliche Versicherungsunternehmen können durch **Vermögensübertragung** auf eine Versicherungs-AG umgewandelt werden (§§ 188, 189 UmwG).

---

1 So zum UmwStG 77 Widmann/Mayer (alt), Rz. 6510 (Oktober 1981).
2 So Balser ua., Umwandlung, S. 171.
3 Hierzu Steuck, NJW 1995, 2887; Strahl, KÖSDI 2000, 12527; Schindhelm/Stein, DB 1999, 1375; zur Ausgliederung hoheitlicher und wirtschaftlicher Tätigkeiten durch staatliche Hochschulen Strahl, FR 2004, 72; zur Ausgliederung kirchlicher Unternehmen Borsch, DNotZ 2005, 10.
4 BFH I R 6/01 vom 5. 6. 2002, GmbHR 2003, 50.

Körperschaft des öffentlichen Rechts (KöR) → EU, Umwandlung

Die Umwandlung einer KöR in ein Einzelunternehmen ist **ausgeschlossen**. 2072

Körperschaft des öffentlichen Rechts (KöR) → EWIV

Die EWIV gilt als OHG (§ 1 EWIVG). Siehe Tz. 2083 *KöR → OHG*. 2073

Körperschaft des öffentlichen Rechts (KöR) → GbR, Umwandlung

Die Umwandlung einer KöR in eine GbR ist **ausgeschlossen** (siehe §§ 301 Abs. 1, 168 UmwG). 2074

Körperschaft des öffentlichen Rechts (KöR) → Genossenschaft, Ausgliederung

Der **Formwechsel** oder die **Verschmelzung** einer KöR auf eine Genossenschaft ist – sofern bundes- oder landesrechtlich nichts anderes bestimmt ist – nicht möglich (siehe § 301 und § 3 UmwStG). 2075

Zulässig ist die **Ausgliederung** aus dem Vermögen von Gebietskörperschaften oder Zusammenschlüssen von Gebietskörperschaften auf eine Genossenschaft (§ 168 UmwG). Es gelten die §§ 123–137 UmwG mit den §§ 168–173 UmwG. 2076

Körperschaft des öffentlichen Rechts (KöR) → GmbH, Formwechsel, Ausgliederung

Siehe Tz. 2068–2071 *KöR → AG*, die entsprechend gelten[1]. 2077

---

1 Vertragsmuster zur Ausgliederung eines kommunalen Eigenbetriebs: HECKSCHEN in Widmann/Mayer, Anh. 4, M 120 ff. (Juni 1997).

KöR → GmbH & Co KG

Körperschaft des öffentlichen Rechts (KöR) → GmbH & Co KG, Ausgliederung

2078 Siehe Tz. 2079–2080 *KöR → KG*.

Körperschaft des öffentlichen Rechts (KöR) → KG, Ausgliederung

2079 Zulässig ist nur die **Ausgliederung** aus dem Vermögen von Gebietskörperschaften oder Zusammenschlüssen von Gebietskörperschaften auf eine bestehende KG (§ 168 UmwG). Es gelten die §§ 123–137 UmwG mit den Besonderheiten der §§ 168–173 UmwG.

2080 **Steuerlich** handelt es sich um eine Einbringung iSd. § 24 UmwStG.

Körperschaft des öffentlichen Rechts (KöR) → KGaA, Formwechsel, Ausgliederung

2081 Es gelten die Tz. 2068–2071 *KöR → AG* entsprechend.

Körperschaft des öffentlichen Rechts (KöR) → KöR, Spaltung, Verschmelzung

2082 Eine **Spaltung** oder **Verschmelzung** auf Körperschaften des öffentlichen Rechts nach dem UmwG ist nicht möglich[1].

Körperschaft des öffentlichen Rechts (KöR) → OHG, Ausgliederung

2083 Es gelten die Tz. 2079–2080 *KöR → KG* entsprechend.

---

1 Zur Verschmelzung von Sparkassen des öffentlichen Rechts siehe Schweyer/ Tschesche, BB 2005, 183.

OHG → GbR

Körperschaft des öffentlichen Rechts (KöR) → Partnerschaft

Eine Umwandlung ist **ausgeschlossen**. 2084

Körperschaft des öffentlichen Rechts (KöR) → Stiftung

Eine Umwandlung ist **ausgeschlossen**. 2085

Körperschaft des öffentlichen Rechts (KöR) → Verein

Eine Umwandlung ist **ausgeschlossen**. 2086

Körperschaft des öffentlichen Rechts (KöR) → VVaG, Vermögensübertragung

Öffentlich-rechtliche Versicherungsunternehmen können durch Vermögensübertragung in eine VVaG **umgewandelt** werden (§§ 188, 189 UmwG). 2087

OHG → AG, Formwechsel, Spaltung, Verschmelzung

Es gelten die Tz. 1581–1599 *KG → AG* entsprechend. 2088

OHG → Einzelunternehmen (EU)

Es gilt Tz. 1600 *KG → EU* entsprechend. 2089

OHG → EWIV

Ein EWIV mit Sitz in Deutschland gilt als OHG (§ 1 EWIVG). Es gelten die Tz. 2099–2100 *OHG → OHG*. 2090

OHG → GbR

Es gelten die Tz. 1602–1607 *KG → GbR* entsprechend. 2091

OHG → Genossenschaft

OHG → Genossenschaft, Formwechsel, Spaltung, Verschmelzung

2092 Es gelten die Tz. 1608–1621 *KG → Genossenschaft* entsprechend.

OHG → GmbH, Formwechsel, Spaltung, Verschmelzung

2093 Es gelten die Tz. 1622–1848 *KG → GmbH* entsprechend[1].

OHG → GmbH & Co KG, Formwechsel, Spaltung, Verschmelzung

2094 Ein Formwechsel ist ausgeschlossen (§ 214 UmwG). Allerdings kann eine OHG durch **Änderung des Gesellschaftsvertrags** zur GmbH & Co KG werden. Die bisherigen Gesellschafter werden Kommanditisten, eine GmbH übernimmt die Komplementärstellung. Gewechselt wird nur die Rechtsform, nicht die Rechtsträgerschaft. Mit Ausnahme der Haftungsverhältnisse gibt es zivilrechtlich keine Veränderungen. **Steuerlich** hat der Vorgang – abgesehen von § 15 a EStG – keine Bedeutung.

2095 Im Übrigen gelten die Tz. 1849–1855 *KG → GmbH & Co KG* entsprechend.

OHG → KG, Formwechsel, Spaltung, Verschmelzung

2096 Es gelten die Tz. 2094–2095 *OHG → GmbH & Co KG* entsprechend.

OHG → KGaA, Formwechsel, Spaltung, Verschmelzung

2097 Es gelten die Tz. 2025–2032 *KG → KGaA* entsprechend.

---

1 Vertragsmuster eines Formwechsels: Vossius in Widmann/Mayer, Anh. 4, M 155 ff. (März 2005).

OHG → Körperschaft des öffentlichen Rechts (KöR)

Es gilt die Tz. 2033 *KG → KöR* entsprechend. 2098

OHG → OHG, Spaltung

Es gelten die Tz. 1856–1937 *KG → KG* entsprechend. 2099

OHG ↔ OHG, Verschmelzung

Es gelten die Tz. 1938–2024 *KG ↔ KG* entsprechend. 2100

OHG → Partnerschaft

Siehe Tz. 2037 *KG → Partnerschaft*. 2101

OHG → Stiftung

Es gilt Tz. 2038 *KG → Stiftung* entsprechend. 2102

OHG → Stille Gesellschaft

Siehe Tz. 536–538 *GbR → Stille Gesellschaft*. 2103

OHG → Verein

Eine Umwandlung ist **ausgeschlossen.** 2104

OHG → VVaG

Siehe Tz. 2041–2042 *KG → VVaG*. 2105

Partnerschaft → AG

Partnerschaft → AG, Formwechsel, Spaltung, Verschmelzung

2105.1　Es gelten die Tz. 2105.6–2105.9 *Partnerschaft* → *GmbH*.

Partnerschaft → Einzelunternehmen (EU)

2105.2　Eine Umwandlung ist **ausgeschlossen**. Es gilt Tz. 1600 *KG* → *EU*. Das Ausscheiden eines Partners sowie die Auflösung der Partnerschaft müssen gemäß § 9 Abs. 1 PartGG iVm. § 143 HGB in das Partnerschaftsregister eingetragen werden. Eine solche Eintragung hat jedoch nur deklaratorische Bedeutung, dh. auch ohne Eintragung kann ein Partner ausscheiden bzw. die Partnerschaft aufgelöst werden[1]. Auf die eingetretene Rechtsänderung können sich die Partner ohne Eintragung jedoch gegenüber Dritten nicht berufen (§ 5 PartGG iVm. § 15 Abs. 1 HGB). Steuerlich gilt Tz. 498 *GbR* → *EU*.

Partnerschaft → EWIV

2105.3　Siehe Tz. 2105.11–2105.13 *Partnerschaft* → *KG*.

Partnerschaft → GbR

2105.4　Eine Umwandlung ist nicht möglich. Durch **Löschung im Partnerschaftsregister** kann die Gesellschaft jedoch ihre Stellung als Partnerschaft aufgeben und zur GbR werden. Ertragsteuerlich ist der Vorgang ohne Belang, solange sich die Tätigkeit nicht ändert.

Partnerschaft → Genossenschaft, Formwechsel, Spaltung, Verschmelzung

2105.5　Eine Partnerschaft kann seit dem 1. 8. 1998[2] durch **Formwechsel** (§§ 225 a–c UmwG), **Spaltung** (§§ 125, 135, 147 f. UmwG) und **Verschmelzung** (§§ 45 a–e, 79–98 UmwG) in eine Genossenschaft umgewandelt werden. Es gelten die Tz. 1608 ff. *KG* → *GmbH* entsprechend mit den Sonderregelungen gemäß Tz. 2105.6–2105.9 *Partnerschaft* → *GmbH*.

---

1 Vgl. dazu BAUMBACH/HOPT, § 143 HGB Rz. 6.
2 Gesetz zur Änderung des Umwandlungsgesetzes vom 22. 7. 1998, BGBl. 1998 I, 1878.

Partnerschaft → GmbH, Formwechsel, Spaltung, Verschmelzung

Eine Partnerschaft steht einer Personenhandelsgesellschaft gleich (§§ 3 Abs. 1 Nr. 1, 191 Abs. 1 Nr. 1 UmwG)[1]. Damit ist der **Formwechsel** in, die **Verschmelzung** mit sowie die **Spaltung**[2] auf eine bzw. mehrere GmbH möglich. Hierbei gelten grundsätzlich die Vorschriften für eine Umwandlung einer Personenhandelsgesellschaft in bzw. auf eine GmbH (§§ 45 e und 225 c UmwG; Tz. 1646–1820 *KG → GmbH*).

2105.6

Bei der **Verschmelzung** sind jedoch folgende **Besonderheiten** zu berücksichtigen: Nach § 45 c UmwG ist ein Verschmelzungsbericht für eine an der Verschmelzung beteiligte Partnerschaft nur dann erforderlich, wenn ein Partner gemäß § 6 Abs. 2 PartGG von der Geschäftsführung ausgeschlossen ist. Von der Geschäftsführung ausgeschlossene Partner sind entsprechend § 42 UmwG zu unterrichten. Nach § 45 d UmwG bedarf der Verschmelzungsbeschluss der Zustimmung aller anwesenden Partner; ihm müssen auch die nicht erschienenen Partner zustimmen. Der Partnerschaftsvertrag kann jedoch eine Mehrheitsentscheidung der Partner vorsehen. Die Mehrheit muss mindestens drei Viertel der abgegebenen Stimmen betragen. Über § 125 UmwG gelten diese Änderungen auch für die Spaltung.

2105.7

Beim **Formwechsel** ist die Sonderbestimmung des § 225 b UmwG zu beachten. Danach ist ein **Umwandlungsbericht** nur erforderlich, wenn ein Partner der formwechselnden Partnerschaft gemäß § 6 Abs. 2 PartGG von der Geschäftsführung ausgeschlossen ist. Von der Geschäftsführung ausgeschlossene Partner sind entsprechend § 216 UmwG zu unterrichten.

2105.8

Steuerlich gelten die Tz. 1715 ff. *KG → GmbH*.

2105.9

Partnerschaft → GmbH & Co KG

Siehe Tz. 2105.11 *Partnerschaft → KG*.

2105.10

---

1 Gesetz zur Änderung des Umwandlungsgesetzes vom 22. 7. 1998, BGBl. 1998 I, 1878.
2 Vertragsmuster: ENGL/FOX in Engl, Formularbuch Umwandlungen, S. 547 ff.

Partnerschaft → KG

Partnerschaft → KG, Spaltung, Verschmelzung

2105.11 Die Umwandlung einer Partnerschaft in eine Personengesellschaft durch **Formwechsel** ist nicht möglich (§ 225 a UmwG).

2105.12 Zulässig ist die **Spaltung** in bzw. auf Personenhandelsgesellschaften (§§ 125, 135 UmwG). Es gelten die Tz. 1856–1937 *KG → KG*.

2105.13 Ebenso kann eine Partnerschaft zu einer KG **verschmolzen** werden. Es gelten die Tz. 1938–2016 *KG → KG* mit den **Besonderheiten** gemäß Tz. 2105.6 *Partnerschaft → GmbH* (§§ 45 a–e UmwG).

Partnerschaft → KGaA

2105.14 Es gilt Tz. 2105.6 *Partnerschaft → GmbH* entsprechend.

Partnerschaft → Körperschaft des öffentlichen Rechts (KöR)

2105.15 Eine Umwandlung ist **ausgeschlossen.**

Partnerschaft → OHG

2105.16 Es gelten die Tz. 2105.11–2105.13 *Partnerschaft → KG*.

Partnerschaft → Partnerschaft, Spaltung

2105.17 Die Partnerschaft ist **spaltungsfähig** (§§ 125, 135, 3 Abs. 1 Nr. 1 UmwG[1]). Es gelten die Tz. 1856–1927 *KG → KG*.

Partnerschaft ↔ Partnerschaft, Verschmelzung

2105.18 Es gelten die Tz. 1938–2024 *KG ↔ KG* mit den **Besonderheiten** gemäß §§ 45 c, 45 d UmwG[2].

---

1 Gesetz zur Änderung des Umwandlungsgesetzes vom 22. 7. 1998, BGBl. 1998 I, 1878.

2 Gesetz zur Änderung des Umwandlungsgesetzes vom 22. 7. 1998, BGBl. 1998 I, 1878.

SE → AG

Partnerschaft → Stiftung

Eine Umwandlung ist **ausgeschlossen**, siehe Tz. 2038 *KG → Stiftung*. 2105.19

Partnerschaft → Stille Gesellschaft

Siehe Tz. 536–538 *GbR → Stille Gesellschaft*. 2105.20

Partnerschaft → Verein

Eine Umwandlung ist **ausgeschlossen**. 2105.21

Partnerschaft → VVaG

Eine Umwandlung ist **ausgeschlossen**. 2105.22

SE → AG, Formwechsel, Spaltung, Verschmelzung

Eine in Deutschland ansässige SE kann in eine AG umgewandelt werden, vorausgesetzt, die SE ist seit mindestens zwei Jahren im Handelsregister eingetragen (Art. 66 Abs. 1 SE-VO). Die **Umwandlung** entspricht einem Formwechsel (siehe Art. 66 Abs. 2 SE-VO). Vom Vorstand (dualistische SE) bzw. Verwaltungsrat (monistische SE) ist ein Umwandlungsplan sowie ein Umwandlungsbericht zu erstellen (Art. 66 Abs. 3 SE-VO). Im Übrigen gelten gemäß Art. 9 Abs. 1 c ii SE-VO die §§ 190 ff. UmwG, so dass auf Tz. 68 – 77 *AG → GmbH* verwiesen werden kann. Steuerrechtlich ist der Vorgang ohne Relevanz. 2105.23

Die **Spaltung** einer im Inland ansässigen SE ist zulässig[1]. Es gelten die Tz. 1 – 29 *AG → AG*. 2105.24

Die **Verschmelzung** einer bestehenden inländischen SE mit einer AG ist zulässig[2]. Es gilt nationales Recht (Art. 9 Abs. 1 c ii SE-VO) und damit Tz. 30 – 44 *AG ↔ AG*. 2105.25

---

1 Umstritten, wie hier Vossius, ZIP 2005, 741; aA Veil in Jannott/Frodermann, S. 334 ff.
2 Vossius, ZIP 2005, 741; Veil in Jannott/Frodermann, S. 337, mwN.

SE ↔ EU

SE ↔ Einzelunternehmen (EU), Verschmelzung

2105.26 Inwieweit eine SE mit Sitz im Inland nach den Regeln des UmwG umgewandelt werden kann, ist streitig[1]. Wenn, dann wird die SE wie eine AG behandelt, so dass auf die Ausführungen zur AG verwiesen werden kann.

SE → EWIV

2105.27 Siehe Tz. 2105.26.

SE → GBR

2105.28 Siehe Tz. 2105.26.

SE → Genossenschaft

2105.29 Siehe Tz. 2105.26.

SE → GmbH

2105.30 Siehe Tz. 2105.26.

SE → GmbH & Co KG

2105.31 Siehe Tz. 2105.26.

SE → KG

2105.32 Siehe Tz. 2105.26.

---

[1] Dafür Vossius, ZIP 2005, 741; dagegen Veil in Jannott/Frodermann, S. 334 ff.

SE → KGaA

Siehe Tz. 2105.26. 2105.33

SE → Körperschaft des öffentlichen Rechts (KöR)

Siehe Tz. 2105.26. 2105.34

SE → OHG

Siehe Tz. 2105.26. 2105.35

SE → Partnerschaft

Siehe Tz. 2105.26. 2105.36

SE → SE, Spaltung

Siehe Tz. 2105.26. 2105.37

SE ↔ SE, Verschmelzung

Die Verschmelzung zweier SE mit Sitz in Deutschland ist zulässig[1]. Es gilt nationales Recht (Art. 9 Abs. 1 c ii SE-VO) und damit die Tz. 31 – 44 AG ↔ AG. 2105.38

SE → Stiftung

Siehe Tz. 2105.26. 2105.39

SE → Stille Gesellschaft

Siehe Tz. 2105.26. 2105.40

---

1 VEIL in Jannott/Frodermann, 343; VOSSIUS, ZIP 2005, 741.

SE → Verein

SE → Verein

2105.41 Siehe Tz. 2105.26.

SE → VVaG

2105.42 Siehe Tz. 2105.26.

Stiftung → AG, Ausgliederung

2106 Siehe Tz. 2118–2120 *Stiftung → GmbH.*

Stiftung → Einzelunternehmen (EU)

2107 Die **rechtstechnische Umwandlung** einer Stiftung in ein Einzelunternehmen ist ausgeschlossen.

2108 Nur bei der **Auflösung** oder **Aufhebung** der Stiftung kann es zum Vermögensanfall bei einer Einzelperson als Anfallberechtigtem kommen. Mit Ausnahme des Fiskus als Anfallberechtigtem (§§ 88, 46 BGB) tritt jedoch keine Gesamtrechtsnachfolge ein. Vielmehr ist gemäß §§ 46–53 BGB die Liquidation durchzuführen (§ 88 BGB). Der Anfallberechtigte erwirbt einen schuldrechtlichen Anspruch gegen die Stiftung auf Auszahlung des nach Liquidation verbleibenden Überschusses[1].

2109 Grundsätzlich sind im Rahmen der **Liquidation** die laufenden Geschäfte abzuwickeln, die Gläubiger zu befriedigen, Forderungen einzuziehen und das Vermögen zur Auskehrung an den Anfallberechtigten in Geld umzusetzen (§§ 88, 49 BGB). Forderungseinziehung und Vermögensveräußerung stehen jedoch unter dem Vorbehalt, dass dies zur Liquidation erforderlich ist (§ 49 Abs. 1 S. 3 BGB). Können die Gläubiger aus vorhandenen Geldmitteln befriedigt werden, kann das Vermögen der Stiftung an den Anfallberechtigten – wenn er einverstanden ist – in Natur übertragen werden[2].

2110 **Steuerlich** unterfällt die Liquidation nicht § 11 KStG. Es gelten die allgemeinen Vorschriften über die Besteuerung des Gewinns bei der

---

1 HEINRICHS in Palandt, § 88 BGB Rz. 1; NEUHOFF in Soergel, § 88 BGB Rz. 3.
2 HADDING in Soergel, § 49 BGB Rz. 6; WEICK in Staudinger (1995), § 49 BGB Rz. 10.

Stiftung → EU

Veräußerung und **Aufgabe** eines Betriebs (§§ 14, 16 EStG). Gewinne aus der Veräußerung von Betriebsvermögen sind körperschaftsteuer- und gewerbesteuerpflichtig. Der Betriebsaufgabe- oder Veräußerungsgewinn ist gemäß § 16 Abs. 4 EStG begünstigt und gewerbeertragsteuerfrei[1].

Bei einer **unentgeltlichen Übertragung** eines Betriebs, Teilbetriebs oder Mitunternehmeranteils auf den Anfallberechtigten realisiert die Stiftung keinen Gewinn (§ 6 Abs. 3 EStG)[2]. Denkbar ist dies, wo die Verwertung dieses Vermögens zur Befriedigung von Gläubigern im Rahmen der Liquidation nicht erforderlich ist. Die unentgeltliche Übertragung (verbleibender) einzelner Wirtschaftsgüter führt hingegen zur Gewinnrealisierung[3]. 2111

Soweit von der Stiftung **Privatvermögen** veräußert oder unentgeltlich übertragen wird, ist dies für die Stiftung steuerfrei, soweit nicht § 23 EStG (Spekulationsgeschäft) eingreift[4]. 2112

Bei Aufhebung einer **steuerbefreiten Stiftung** ist darauf zu achten, dass die **Vermögensbindung** nicht entfällt (§ 55 Abs. 1 Nr. 2, 4 AO). Bleibt die Vermögensbindung erhalten, hat die Aufhebung der Stiftung keine Folgen hinsichtlich der Steuerbefreiung[5]. 2113

Bei dem **Anfallberechtigten** entsteht regelmäßig keine Ertragsteuerpflicht. Soweit der Wert des übernommenen Vermögens steuerlich von Bedeutung ist, gelten die allgemeinen Regeln (Buchwert bei unentgeltlichem Erwerb, ansonsten Anschaffungskosten oder niedriger Teilwert). Der Erwerb bei Aufhebung einer Stiftung gilt als **Schenkung** (§ 7 Abs. 1 Nr. 9 ErbStG). Als Schenker gilt der Stifter. Es ist mindestens die Steuerklasse II zugrunde zu legen (§ 15 Abs. 2 S. 2 ErbStG). Fällt das Stiftungsvermögen an den Stifter selbst zurück, so fehlt es an einem steuerpflichtigen Erwerb[6]. 2114

---

1 PÖLLATH in Seifart/v. Campenhausen, Handbuch des Stiftungsrechts, S. 744.
2 SCHICK, DB 1983, 1733; PÖLLATH in Seifart/v. Campenhausen, Handbuch des Stiftungsrechts, S. 744.
3 PÖLLATH in Seifart/v. Campenhausen, Handbuch des Stiftungsrechts, S. 744.
4 Zu den Folgen, wenn bei Aufhebung der Stiftung auch die Steuerbefreiung endet, PÖLLATH in Seifart/v. Campenhausen, Handbuch des Stiftungsrechts, S. 746.
5 PÖLLATH in Seifart/v. Campenhausen, Handbuch des Stitungsrechts, S. 746.
6 BFH III 211/52 S vom 23. 4. 1954, BStBl. 1954 III, 178; JÜLICHER in Troll/Gebel/Jülicher, § 15 ErbStG Rz. 121 (Oktober 2004); zweifelnd PÖLLATH in Seifart/v. Campenhausen, Handbuch des Stiftungsrechts, S. 743.

Stiftung → EWIV

Stiftung → EWIV

2115 Siehe Tz. 2129 *Stiftung → OHG* (§ 1 EWIVG).

Stiftung → GbR

2116 Eine Umwandlung ist ausgeschlossen. Denkbar ist ein Vermögensanfall. Siehe Tz. 2108–2114 *Stiftung → EU*.

Stiftung → Genossenschaft

2117 Eine Umwandlung ist ausgeschlossen. Denkbar wäre ein **Vermögensanfall** bei Auflösung der Stiftung. Dazu Tz. 2108–2114 *Stiftung → EU*.

Stiftung → GmbH, Ausgliederung

2118 Die Umwandlung einer Stiftung in eine GmbH ist nur in Form der Ausgliederung[1] von Betrieben oder Teilbetrieben auf eine bestehende oder mit der Ausgliederung zu gründende Kapitalgesellschaft möglich (§ 161 Umwg). Es gelten die **Besonderheiten** der §§ 162–167 UmwG.

2119 **Steuerlich** handelt es sich um eine Einbringung gemäß §§ 20 ff. UmwStG.

2120 Zum **Vermögensanfall** siehe Tz. 2108–2114 *Stiftung → EU*.

Stiftung → GmbH & Co KG, Ausgliederung

2121 Siehe Tz. 2122–2124 *Stiftung → KG*.

Stiftung → KG, Ausgliederung

2122 Die Umwandlung einer Stiftung in eine KG ist nur in Form der Ausgliederung[2] von Betrieben oder Teilbetrieben auf eine bestehende Personenhandelsgesellschaft möglich (§ 161 UmwG). Es gelten die **Besonderheiten** der §§ 162–167 UmwG:

---

1 Zum Begriff siehe Tz. 730 *GmbH → GmbH*.
2 Zum Begriff Tz. 730 *GmbH → GmbH*.

Steuerlich gilt § 24 UmwStG. 2123

Zum **Vermögensanfall** siehe Tz. 2108–2114 *Stiftung → EU*. 2124

Stiftung → KGaA, Ausgliederung

Siehe Tz. 2118–2120 *Stiftung → GmbH*. 2125

Stiftung → Körperschaft des öffentlichen Rechts (KöR)

Mit der Neufassung des **Stiftungsgesetzes von Rheinland-Pfalz**[1] ist die bis dahin bestehende Möglichkeit der Umwandlung einer Stiftung des bürgerlichen Rechts in eine Stiftung des öffentlichen Rechts[2] entfallen. 2126

Bei Aufhebung einer Stiftung tritt der **Fiskus** mangels abweichender Bestimmung in der Verfassung die Gesamtrechtsnachfolge an (§§ 88, 46 BGB). 2127

Eine Körperschaft öffentlichen Rechts kann durch die Verfassung als **Anfallberechtigter** bestimmt werden. 2128

Stiftung → OHG, Ausgliederung

Siehe Tz. 2122–2124 *Stiftung → KG*. 2129

Stiftung → Partnerschaft

Eine Umwandlung ist **ausgeschlossen**. 2130

Stiftung → Stiftung

Die Spaltung einer Stiftung nach dem UmwG ist **ausgeschlossen**. 2131

---

1 Landesstiftungsgesetz vom 19. 7. 2004.
2 Siehe PÖLLATH in Seifart/v. Campenhausen, Handbuch des Stiftungsrechts, S. 749 ff.

Stiftung → Stiftung

Stiftung → Stiftung, Zweckumwandlung, Zusammenschluss

A. Verschmelzung 2132
B. Zweckumwandlung 2133
C. Zusammenschluss/Zusammenlegung 2137

A. Verschmelzung

2132 Eine Verschmelzung nach dem UmwG ist **ausgeschlossen** (§ 3 UmwG).

B. Zweckumwandlung

2133 Als „Umwandlung" wird im Stiftungsrecht die **Zweckänderung** verstanden[1]. Grundsätzlich besteht zwar eine Bindung an den vom Stifter vorgegebenen Zweck. Ist dieser Zweck jedoch obsolet geworden, ist eine Zweckumwandlung an Stelle einer Aufhebung zulässig, ggf. sogar geboten[2]. Dabei sind zunächst die Vorgaben der Stiftungssatzung zu berücksichtigen. Fehlen Satzungsregelungen, kann die Änderung durch staatlichen Eingriff erfolgen (§ 87 BGB).

2134 Umstritten sind die **steuerlichen Folgen** einer „Zweckumwandlung". Die Finanzverwaltung unterstellt die Aufhebung und Neugründung einer Stiftung mit der Folge doppelter Schenkungsteuerpflicht (§ 7 Abs. 1 Nr. 9, 8 ErbStG)[3]. Diese Ansicht ist abzulehnen[4]. Die Zweckumwandlung ist eine Satzungsänderung, die nicht in eine Auflösung und Neugründung umgedeutet werden kann. Für eine solche Umdeutung fehlen zivilrechtlich wie steuerrechtlich die gesetzlichen Grundlagen. Gerade § 87 Abs. 1 BGB zeigt, dass die Zweckumwandlung der Erhaltung der Stiftung dient. Die Zweckumwandlung ist somit weder schenkungsteuerlich noch ertragsteuerlich Auflösung und Neugründung.

---

1 Siehe WACHTER, Stiftungen, S. 246 f.; PÖLLATH in Seifart/v. Campenhausen, Handbuch des Stiftungsrechts, S. 436; BRANDMÜLLER, Gewerbliche Stiftungen, 2. Aufl. 1998, S. 141; NEUHOFF in Soergel, § 87 BGB Rz. 6.
2 NEUHOFF in Soergel, § 87 BGB Rz. 6 ff.; REUTER in Münchener Kommentar zum BGB, § 87 Rz. 2; O. WERNER in Erman, § 87 BGB Rz. 1 ff.; zu den landesrechtlichen Regelungen RAWERT in Staudinger (1995), § 87 BGB Rz. 2 ff.
3 FinMin. Niedersachsen vom 6. 12. 1983, BB 1984, 259; FinMin. Baden-Württemberg vom 28. 10. 1983, DStR 1983, 744.
4 Ebenso JÜLICHER in Troll/Gebel/Jülicher, § 15 ErbStG Rz. 125 ff. (Oktober 2004); PÖLLATH in Seifart/v. Campenhausen, Handbuch des Stiftungsrechts, S. 748 ff.

Stiftung → Stiftung

Bei „Umwandlung" einer **Familienstiftung** in eine gewöhnliche Stiftung entfällt die Erbschaftsteuer (§ 9 Abs. 1 Nr. 4 ErbStG)[1]. 2135

Entfällt durch die „Zweckumwandlung" die **Steuerbegünstigung** (§ 5 Abs. 1 Nr. 9 KStG, § 3 Abs. 1 Nr. 12 VStG, § 13 Abs. 1 Nr. 16 b ErbStG), tritt rückwirkende Steuerpflicht ein (§ 61 Abs. 3 AO). Zur Vermeidung empfiehlt sich die Abstimmung der Satzungsänderung mit der Finanzverwaltung[2]. 2136

C. Zusammenschluss/Zusammenlegung

Um die Auflösung einer Stiftung zu vermeiden, können Stiftungsorgane die Vereinigung mit einer anderen Stiftung beschließen (**Zusammenschluss**). Voraussetzung sind gleiche oder sehr ähnliche Zwecksetzungen sowie die Zustimmung der Aufsichtsbehörden[3]. Im Rahmen des § 87 BGB kann auch die Aufsichtsbehörde die **Zusammenlegung** bewirken. Einzelheiten regeln die Stiftungsgesetze der Länder[4]. 2137

Rechtstechnisch ist zwischen Zusammenschluss bzw. Zusammenlegung und **Zulegung** zu unterscheiden. 2138

Bei einem Zusammenschluss (Beschluss der Stiftungsorgane) oder einer Zusammenlegung (Maßnahme der Aufsichtsbehörde) entsteht, ähnlich einer **Verschmelzung durch Neugründung,** eine neue Stiftung. Die Alt-Stiftungen erlöschen (§ 14 Stiftungsgesetz NRW; Art. 16 Abs. 1 S. 3 Stiftungsgesetz Bayern). Das Vermögen der zusammengelegten Stiftungen geht im Wege der Gesamtrechtsnachfolge auf die neue Stiftung über (siehe § 14 Abs. 2 S. 4 Stiftungsgesetz BaWürt.; § 5 Abs. 3 Stiftungsgesetz Berlin)[5]. 2139

Bei der **Zulegung** geht das Vermögen einer Stiftung auf eine andere bestehende Stiftung über. Die übertragende Stiftung erlischt (§ 14 2140

---

1 FinMin. Niedersachsen vom 6.12 1983, BB 1984, 259; FinMin. Baden-Württemberg vom 28. 10. 1983, DStR 1983, 744; Sorg, BB 1983, 1620.
2 FinMin. NRW vom 20. 3. 1987, StEK AO 1977 § 52 Nr. 46.
3 Hof in Seifart/v. Campenhausen, Handbuch des Stiftungsrechts, S. 358 f.
4 Siehe Neuhoff in Soergel, § 87 BGB Rz. 5; Rawert in Staudinger (1995), § 87 BGB Rz. 10; Reuter in Münchener Kommentar zum BGB, § 87 Rz. 9.
5 So auch Neuhoff in Soergel, § 87 BGB Rz. 5; aA Wachter, Stiftungen, S. 245; Hof in Seifart/v. Campenhausen, Handbuch des Stiftungsrechts, S. 359, der unter Hinweis auf die Ausführungsrichtlinien zum niedersächsischen Stiftungsgesetz von einer Liquidation der alten Stiftungen und einer Einzelrechtsnachfolge ausgeht.

Stiftung → Stiftung

Abs. 3 Stiftungsgesetz BaWürt.). ME tritt auch hier Gesamtrechtsnachfolge ein.

2141 Die **steuerlichen Folgen** sind weitgehend ungeklärt[1]. ME führt die Verschmelzung nicht zur **Schenkungsteuerpflicht**. Die Verschmelzung im Wege der Gesamtrechtsnachfolge ist weder Errichtung noch Auflösung einer Stiftung iSd. § 7 Nr. 8 u. 9 ErbStG[2]. Ebenso ist der Verschmelzung mangels Entgeltlichkeit **ertragsteuerlich** unbeachtlich[3].

2142 Soweit Verbindlichkeiten auf die neue oder übernehmende Stiftung übergehen, kann **Umsatzsteuer** anfallen[4].

Stiftung → Stille Gesellschaft

2143 Die stille Beteiligung an einer Stiftung ist **ausgeschlossen.**

Stiftung → Verein

2144 Eine Umwandlung ist **ausgeschlossen.**

Stiftung → VVaG

2145 Eine Umwandlung ist **nicht möglich.**

Stille Gesellschaft → AG

2146 Siehe Tz. 2156–2158 *Stille Gesellschaft → GmbH.*

---

1 Eingehend nur Pöllath in Seifart/v. Campenhausen, Handbuch des Stiftungsrechts, S. 748 ff.
2 Ebenso Pöllath in Seifart/v. Campenhausen, Handbuch des Stiftungsrechts, S. 754.
3 Pöllath in Seifart/v. Campenhausen, Handbuch des Stiftungsrechts, S. 754.
4 FG Hamburg II 57/80 vom 22. 9. 1983, EFG 1984, 314, rkr.

Stille Gesellschaft → Einzelunternehmen (EU)

Eine stille Beteiligung ist nur am Handelsgewerbe eines anderen möglich (§ 230 HGB). Die **Umformung** kann sich also nur so vollziehen, dass entweder der stille Gesellschafter ausscheidet oder der bisherige stille Gesellschafter das Einzelunternehmen übernimmt. Dabei ist zu differenzieren, ob es sich um eine typische oder atypische (mitunternehmerische) stille Beteiligung handelt. 2147

Scheidet der **typische stille Gesellschafter** aus, so handelt es sich um die Auflösung der stillen Gesellschaft. Die **zivilrechtlichen** Rechtsfolgen bestimmen sich nach § 235 HGB. 2148

Steuerrechtlich ist die Rückgewähr der Einlage irrelevant, da Einkünfte nach § 20 EStG bezogen werden. 2149

Übernimmt der stille Gesellschafter das Einzelunternehmen, liegt zivilrechtlich ein **Unternehmenserwerb** vor. 2150

Steuerrechtlich ist der Vorgang für den Ausscheidenden Betriebsveräußerung (§§ 16, 34 EStG), für den Stillen ein Anschaffungsgeschäft. Die stille Beteiligung wird Eigenkapital. 2151

Für eine **atypische** (mitunternehmerische) **stille Gesellschaft** gelten die Tz. 2163–2171 *Stille Gesellschaft → OHG* entsprechend. 2152

Stille Gesellschaft → EWIV

Siehe Tz. 2163–2171 *Stille Gesellschaft → OHG* (§ 1 EWIVG). 2153

Stille Gesellschaft → GbR

Siehe Tz. 2163–2171 *Stille Gesellschaft → OHG*. 2154

Stille Gesellschaft → Genossenschaft

Die Umformung ist praktisch **ausgeschlossen**; siehe Tz. 171–173 *EU → Genossenschaft*. 2155

Stille Gesellschaft → GmbH

2156 Die „Umwandlung" einer stillen Gesellschaft in eine GmbH erfolgt **zivilrechtlich** durch **Einbringung** der stillen Beteiligung und des Handelsunternehmens in eine (bestehende oder neu gegründete) GmbH im Wege der Sachgründung oder Sachkapitalerhöhung[1].

2157 **Steuerrechtlich** handelt es sich bei einer atypischen stillen Gesellschaft um die **Einbringung von Mitunternehmeranteilen** gemäß § 20 UmwStG.

2158 Bei der **typischen stillen Gesellschaft** bringt der Inhaber des Handelsgeschäfts seinen Betrieb ein (§ 20 UmwStG), der stille Gesellschafter eine Forderung aus dem Privatvermögen.

Stille Gesellschaft → GmbH & Co KG

2159 Siehe Tz. 2163–2171 *Stille Gesellschaft → OHG*.

Stille Gesellschaft → KG

2160 Siehe Tz. 2163–2171 *Stille Gesellschaft → OHG*.

Stille Gesellschaft → KGaA

2161 Siehe Tz. 2156–2158 *Stille Gesellschaft → GmbH*.

Stille Gesellschaft → Körperschaft des öffentlichen Rechts (KöR)

2162 Eine Umwandlung ist **ausgeschlossen**. Denkbar wäre *Stille Gesellschaft → AG* mit anschließender Übertragung des Vermögens auf die öffentliche Hand (§ 359 AktG, siehe Tz. 110–127 *AG → KöR*).

---

1 BLAUROCK, Handbuch der stillen Gesellschaft, S. 422 f.

Stille Gesellschaft → OHG

Die **"Umwandlung"** einer stillen Gesellschaft in eine OHG ist zivilrechtlich die Auflösung der stillen Gesellschaft und die **Neugründung** einer OHG[1]. Allerdings findet keine Auseinandersetzung (§ 235 HGB) statt. Die Einlage des stillen Gesellschafters wird zu seinem Anteil am Betriebsvermögen der OHG. Intern erfolgt die Umbuchung seines Guthabens auf sein Kapitalkonto. Das Einlagekonto, das bisher den Charakter eines Gläubigerkontos hatte, wird Kapitalkonto[2].

2163

Steuerrechtlich ist zwischen einer typischen und einer atypischen (mitunternehmerischen) stillen Gesellschaft zu differenzieren.

2164

Obwohl zivilrechtlich keine Identität zwischen einer atypischen stillen Gesellschaft und einer OHG besteht, ist der Vorgang **einkommensteuerrechtlich** einer formwechselnden Umwandlung gleichzustellen. Die Mitunternehmerschaft besteht als solche fort. Daher kommt es weder zur Betriebsveräußerung oder Betriebsaufgabe noch zur Betriebsgründung[3]. Damit ist der Vorgang auch nicht als Einbringung zu werten, sodass mE § 24 UmwStG keine Anwendung findet. Die Buchwerte sind fortzuführen[4].

2165

Verfahrensrechtlich besteht hingegen keine Identität zwischen der stillen Gesellschaft und der OHG. Daher umfasst eine Prüfungsanordnung für die KG nicht die steuerlichen Verhältnisse der stillen Gesellschaft[5].

2166

Bei der **Gewerbesteuer** tritt die OHG an die Stelle des Inhabers des Handelsunternehmens als Steuersubjekt. Ungeachtet dessen bleibt ein Verlustvortrag nach § 10 a GewStG erhalten, wenn man der bisherigen Rechtsprechung des BFH zur Frage der Unternehmenseinheit folgt[6]. Unternehmer sind danach die Gesellschafter. Ohne Zweifel ist aber auch der atypische stille Gesellschafter (Mit-)Unternehmer.

2167

---

1 BAUMBACH/HOPT, Einl. v. 105 HGB Rz. 27; vgl. auch RG II 47/42 vom 29. 10. 1942, RGZ 170, 98, zum umgekehrten Fall der Umwandlung einer Kommanditbeteiligung in eine stille Beteiligung.
2 Sacheinlage, vgl. BLAUROCK, Handbuch der stillen Gesellschaft, S. 421 f.
3 BFH VIII R 40/84 vom 28. 11. 1989, BStBl. 1990 II, 561, mwN.
4 So auch WACKER in L. Schmidt, § 15 EStG Rz. 174 und § 16 EStG Rz. 420.
5 BFH IV R 12/88 vom 11. 5. 1989, BFH/NV 1990, 545.
6 Vgl. BFH IV R 117/88 vom 14. 12. 1989, BStBl. 1990 II, 436; BFH IV R 116/88 vom 14. 12. 1989, BFH/NV 1991, 112; BFH X R 20/89 vom 5. 9. 1990, HFR 1991, 161 = DB 1991, 25, mit Anm. STÖCKER, DStZ 1991, 61; zur Kritik SCHÜTZEBERG, DB 1991, 619.

Stille Gesellschaft → OHG

2168 Unternehmer iSd. **Umsatzsteuerrechts** ist der Inhaber des Handelsgeschäfts. Die Übertragung des Geschäfts auf die OHG/KG ist ein nach § 1 Abs. 1 a UStG nicht umsatzsteuerbarer Vorgang[1].

2169 Bei einer typischen stillen Gesellschaft handelt es sich hinsichtlich der **Einkommensteuer** um die Gründung einer Mitunternehmerschaft. Der Inhaber des Handelsgeschäfts bringt seinen Betrieb ein. Es gilt § 24 UmwStG. Der typische stille Gesellschafter bringt aus seinem Privatvermögen die Auseinandersetzungsforderung aus der Auflösung der stillen Gesellschaft ein[2].

2170 Bei der **Gewerbesteuer** gilt Tz. 2167, jedoch mit dem Unterschied, dass nur hinsichtlich des Inhabers des Handelsgeschäfts Unternehmeridentität gegeben ist.

2171 Zur **Umsatzsteuer** hinsichtlich der Einbringung des Betriebes siehe Tz. 2168.

Stille Gesellschaft → Partnerschaft

2172 Es gelten die Tz. 2163–2171 *Stille Gesellschaft → OHG*.

Stille Gesellschaft → Stiftung

2173 Siehe Tz. 2038 *KG → Stiftung*.

Stille Gesellschaft (typische) → Stille Gesellschaft (atypische)

2174 Der **Wechsel** von der typischen zur atypischen (mitunternehmerischen) stillen Gesellschaft vollzieht sich zivilrechtlich rein im Innenverhältnis durch Ausweitung der gesellschaftsvertraglichen Rechte des stillen Gesellschafters. Es handelt sich um die Änderung des Gesellschaftsvertrags[3].

---

1 Anders bis zum 31. 12. 1993, siehe BALSER ua., Umwandlung, S. 248.
2 Zur Problematik der Einlage von Forderungen HEINICKE in L. Schmidt, § 4 EStG Rz. 217 ff.
3 Zur Abgrenzung typische-atypische stille Gesellschaft vgl. BLAUROCK, Handbuch der stillen Gesellschaft, S. 66 ff.; SCHWEDHELM, Die GmbH & Still als Mitunternehmerschaft, 1987, S. 14 ff.

Verein → EU

Werden dem stillen Gesellschafter Rechte eingeräumt, die ihn zum **Unternehmer** machen[1], bezieht der stille Gesellschafter Einkünfte aus Gewerbebetrieb (§ 15 EStG). Es ist eine **einheitliche** und **gesonderte Gewinnfeststellung** durchzuführen. Im Übrigen ändert sich an der Besteuerung nichts. Es bleibt bei einer Steuerbilanz des Inhabers des Handelsunternehmens[2]. Die Buchwerte werden fortgeführt. — 2175

Werden anlässlich der Umgestaltung weitere **Einlagen** erbracht, gelten die Tz. 470–474 *EU → Stille Gesellschaft*. — 2176

Subjekt der **Gewerbesteuer** bleibt der Inhaber des Handelsgeschäfts. Die Besteuerung ändert sich nur insoweit, dass die Gewinnanteile und Vergütungen des atypischen stillen Gesellschafters zu den Einkünften des Gewerbebetriebs gehören[3]. — 2177

Umsatz- und Grunderwerbsteuer fallen nicht an[4]. — 2178

Stille Gesellschaft → Verein

Eine Umwandlung ist **ausgeschlossen**. — 2179

Stille Gesellschaft → VVaG

Eine stille Beteiligung an einer VVaG ist **nicht möglich**. — 2180

Verein → AG, Formwechsel, Spaltung, Verschmelzung

Es gelten die Tz. 2186–2202 *Verein → GmbH* entsprechend. — 2181

Verein → Einzelunternehmen (EU)

Eine Umwandlung ist **ausgeschlossen**. — 2182

---

1 Dazu BLAUROCK, Handbuch der stillen Gesellschaft, S. 484 ff.
2 DÖLLERER, DStR 1985, 295.
3 BFH VIII R 364/83 vom 12. 11. 1985, BStBl. 1986 II, 311.
4 BALSER ua., Umwandlung, S. 247.

Verein → EWIV

2183 Es gelten die Tz. 2209 *Verein → OHG* (§ 1 EWIV).

Verein → GbR

2184 Eine Umwandlung ist **ausgeschlossen**.

Verein → Genossenschaft, Formwechsel, Spaltung, Verschmelzung

2185 Es gelten die Tz. 2186–2202 *Verein → GmbH* entsprechend. Bei einem Formwechsel sind die **Besonderheiten** der §§ 283–290 UmwG zu beachten.

Verein → GmbH, Formwechsel, Spaltung, Verschmelzung

A. Übersicht	2186	**C. Spaltung**	
B. Formwechsel		I. Zivilrecht	2199
I. Zivilrecht	2189	II. Steuerrecht	2200
II. Steuerrecht	2198	**D. Verschmelzung**	
		I. Zivilrecht	2201
		II. Steuerrecht	2202

A. Übersicht

2186 Ein rechtsfähiger Verein, gleichgültig, ob nicht wirtschaftlicher (§ 21 BGB) oder wirtschaftlicher Verein (§ 22 BGB), kann durch **Formwechsel** in eine GmbH umgewandelt werden, sofern die Satzung oder Vorschriften des Landesrechts nicht entgegenstehen (§ 272 UmwG).

2187 Ebenso kann ein rechtsfähiger Verein – sofern Satzung oder Landesrecht nicht entgegenstehen – in GmbHs **auf-** oder **abgespalten** werden. Auch die **Ausgliederung**[1] von Vermögensteilen auf eine GmbH ist zulässig (§§ 149, 124 UmwG).

---

1 Eingehend HEERMANN, ZIP 1998, 1249; speziell zu Fußballvereinen BALZER, ZIP 2001, 175.

Verein → GmbH

Ferner kann ein rechtsfähiger Verein, ebenfalls vorbehaltlich Satzung oder Landesrecht, auf eine bestehende GmbH oder mit einem anderen Verein zu einer neuen GmbH **verschmolzen** werden (§ 99 UmwG). 2188

B. Formwechsel

I. Zivilrecht

Zum Formwechsel[1] eines rechtsfähigen Vereins in eine GmbH ist notwendig: 2189

– ein **Umwandlungsbericht** (§ 192 UmwG),
– ein **Umwandlungsbeschluss** (§ 193 UmwG),
– ein **Sachgründungsbericht** (§ 197 UmwG),
– die **Anmeldung zum Handelsregister.**

Zum **Umwandlungsbericht** siehe § 192 UmwG sowie Tz. 1647–1655 *KG → GmbH*. Auf den Bericht kann verzichtet werden (§ 274 Abs. 1 S. 2 iVm. § 192 Abs. 3 UmwG). 2190

Für den **Inhalt** des Umwandlungsbeschlusses gilt grundsätzlich § 194 UmwG. Ferner muss der Beschluss die Satzung der GmbH feststellen (§ 218 iVm. § 276 UmwG). Bei der Festlegung der Nennbeträge der Anteile sowie der Verteilung der Anteile sind §§ 243 Abs. 3, 244 Abs. 2, 273, 276 UmwG zu beachten. Der Gesellschaftsvertrag braucht von den Gesellschaftern nicht unterzeichnet zu werden (§ 218 iVm. § 244 Abs. 2 UmwG). 2191

Für die Vorbereitung und Durchführung der **Mitgliederversammlung** gelten die §§ 229, 230 Abs. 2, 231 S. 1, 239, 260 Abs. 1 UmwG entsprechend (§ 274 UmwG). 2192

Zu den **Mehrheitserfordernissen** siehe § 275 UmwG. 2193

Zum **Abfindungsangebot** siehe § 282 UmwG. 2194

Zum **Sachgründungsbericht** siehe Tz. 1686–1689 *KG → GmbH*. Allerdings sind nicht die Vereinsmitglieder, sondern der Vorstand zur Erstellung verpflichtet (§ 27 iVm. § 264 Abs. 2 UmwG). 2195

Zur **Anmeldung** siehe § 278 UmwG, zur Bekanntmachung § 279 UmwG. 2196

---

1 Vertragsmuster: Vossius in Widmann/Mayer, Anh. 4, M 182 ff. (März 2005).

Verein → GmbH

2197 Mit der **Eintragung** werden die Mitglieder Gesellschafter der GmbH.

II. Steuerrecht

2198 Der Formwechsel selbst hat **keine steuerlichen Folgen,** da sowohl der rechtsfähige Verein wie die GmbH Körperschaften sind (§ 1 KStG). Das Steuersubjekt wechselt also nicht[1], wohl die Art der Besteuerung. So hat die GmbH ausschließlich gewerbliche Einkünfte (§ 8 Abs. 2 KStG), während der Verein Einkünfte anderer Einkunftsarten (zB VuV) haben kann (§ 8 Abs. 1 KStG). Schenkungsteuer fällt mE nicht an[2].

C. Spaltung

I. Zivilrecht

2199 Für die Spaltung von Vereinen gelten **keine Sondervorschriften** (siehe § 149 UmwG). Es gelten somit die §§ 123–137 UmwG iVm. den §§ 99–104 a UmwG.

II. Steuerrecht

2200 Es gelten die Tz. 841–899 *GmbH → GmbH* entsprechend.

D. Verschmelzung

I. Zivilrecht

2201 Es gelten grundsätzlich die Tz. 983–1101 *GmbH ↔ GmbH* entsprechend mit den **Besonderheiten** gemäß §§ 100–104 a UmwG.

II. Steuerecht

2202 Es gelten die §§ 11–13 UmwStG und somit die Tz. 1102–1185 *GmbH ↔ GmbH* entsprechend. Ist der Verein **körperschaftsteuerfrei,** so sind die übergehenden Wirtschaftsgüter bei der GmbH mit dem Teilwert anzusetzen (§ 12 Abs. 1 S. 2 UmwStG).

---

1 Siehe Begründung zu § 14 UmwStG, BR-Drucks. 132/94.
2 Siehe PETERSEN, BB 1997, 1981, mwN; aA Ländererlass vom 7. 12. 2000, DStR 2000, 2189; dagegen GRÜTER/MITSCH, DStR 2001, 1827.

Verein → GmbH & Co KG, Spaltung, Verschmelzung

Siehe Tz. 2204–2206 *Verein → KG* sowie Tz. 1192–1198 *GmbH → GmbH & Co KG* zur Beteiligung der Komplementär-GmbH.   2203

Verein → KG, Spaltung, Verschmelzung

Der **Formwechsel** eines rechtsfähigen Vereins in eine Personenhandelsgesellschaft ist ausgeschlossen (§ 272 UmwG).   2204

Eine **Spaltung** ist zulässig (§ 149 UmwG). Es gelten die allgemeinen Vorschriften (siehe Tz. 1274–1287 *GmbH → KG*). Zum Steuerrecht gelten die Tz. 1288–1300 *GmbH → KG* entsprechend.   2205

Ein rechtsfähiger Verein kann zu oder auf eine KG **verschmolzen** werden (§ 94 UmwG). Es gelten die Tz. 1305–1336 *GmbH → KG* entsprechend, mit den Besonderheiten gemäß §§ 100–104 a UmwG. Steuerlich gelten die Tz. 1337–1483 *GmbH → KG* entsprechend.   2206

Verein → KGaA, Formwechsel, Spaltung, Verschmelzung

Sieht Tz. 2186–2202 *Verein → GmbH*.   2207

Verein → Körperschaft des öffentlichen Rechts (KöR)

Eine Umwandlung ist **nicht möglich**.   2208

Verein → OHG, Spaltung, Verschmelzung

Siehe Tz. 2204–2206 *Verein → KG*.   2209

Verein → Partnerschaft

Es gelten die Tz. 2204–2206 *Verein → KG* entsprechend mit den **Besonderheiten** gemäß §§ 45 a–e UmwG.   2210

Verein → Stiftung

Verein → Stiftung

2211 Eine Umwandlung ist **nicht möglich**.

Verein → Stille Gesellschaft

2212 Eine stille Beteiligung an einem Verein ist **nicht möglich**.

Verein → Verein, Spaltung

2213 Die Spaltung von Vereinen auf Vereine kommt nur bei **eingetragenen Vereinen** in Betracht (siehe §§ 124, 149 UmwG). Für die Spaltung gelten die Tz. 726–946 *GmbH → GmbH* entsprechend, unter Beachtung der §§ 99–104 UmwG[1].

Verein ↔ Verein, Verschmelzung

2214 Eine Verschmelzung zu oder auf Vereine kommt nur bei **eingetragenen Vereinen** in Betracht. Es gelten die Tz. 972–1191 *GmbH ↔ GmbH* mit den Besonderheiten gemäß §§ 99–104 a UmwG[2].

Verein → VVaG

2215 Eine Umwandlung ist **ausgeschlossen**.

VVaG → AG, Formwechsel, Spaltung, Verschmelzung, Vermögensübertragung

A. Formwechsel	2216	D. Vermögensübertragung	
B. Spaltung	2218	I. Vollübertragung	2221
C. Verschmelzung	2220	II. Teilübertragung	2224

---

1 Vertragsmuster: MAYER in Widmann/Mayer, Anh. 4, M 96 ff. (September 2004); FRENZ in Neye/Limmer/Frenz/Harnacke, S. 441 ff.
2 Vertragsmuster: HECKSCHEN in Widmann/Mayer, Anh. 4, M 79.1 ff. und M 79.6 ff. (Oktober 2000); FRENZ in Neye/Limmer/Frenz/Harnacke, S. 289 ff.

VVaG → AG

A. Formwechsel

Ein VVaG, der kein kleiner Verein iSd. § 53 VAG ist, kann durch Formwechsel in eine AG umgewandelt werden (§ 291 UmwG). Es gelten die **Besonderheiten** der §§ 292–300 UmwG.   2216

Steuerlich ist der Vorgang ohne Belang, da sowohl VVaG wie auch AG körperschaftsteuerpflichtig sind.   2217

B. Spaltung

Ein VVaG kann auf bestehende oder mit der Spaltung zu gründende Versicherungs-AG auf- oder abgespalten[1] werden (§ 151 UmwG). Es gelten die **allgemeinen Regeln** zur Spaltung (siehe Tz. 726–840 GmbH → GmbH).   2218

Steuerlich gelten die Tz. 841–946 GmbH → GmbH entsprechend.   2219

C. Verschmelzung

Ein VVaG kann auf eine bestehende Versicherungs-AG verschmolzen werden (§ 109 UmwG). Es gelten die **Besonderheiten** der §§ 110–113 UmwG. **Steuerlich** gelten die Tz. 1102–1185 GmbH → GmbH.   2220

D. Vermögensübertragung

I. Vollübertragung

Ein VVaG kann im Wege der Vollübertragung (§ 174 Abs. 1 UmwG) auf eine **bestehende Versicherungs-AG** umgewandelt werden (§ 175 Nr. 2 b UmwG). Das gesamte Vermögen geht im Wege der Gesamtrechtsnachfolge auf die AG über. Der VVaG erlischt. Der Vorgang entspricht damit der Verschmelzung. Der Unterschied besteht darin, dass die Gegenleistung für die untergehenden Mitgliedschaftsrechte bei dem VVaG nicht in Aktien, sondern in einer sonstigen Leistung, idR in einer Geldzahlung, besteht (§ 174 Abs. 1 UmwG).   2221

Grundsätzlich sind auf die Vollübertragung die **Verschmelzungsvorschriften** anzuwenden (§ 180 Abs. 1 UmwG). Besonderheiten sind in den §§ 180–183 UmwG, für den kleinen VVaG in §§ 185–187 UmwG, geregelt.   2222

---

[1] Zu den Begriffen Tz. 728–729 GmbH → GmbH.

VVaG → AG

2223   **Steuerlich** gelten die §§ 11–13, 17, 19 UmwStG (§ 1 Abs. 2 UmwStG). Da eine Gegenleistung erbracht wird, die nicht in Gesellschaftsrechten besteht, sind in der Schlussbilanz des VVaG die Wirtschaftsgüter mit dem Wert der Gegenleistung anzusetzen (§ 1 Abs. 2 UmwStG).

II. Teilübertragung

2224   Die Teilübertragung entspricht der **Spaltung** (§§ 174 Abs. 2, 184 UmwG). Sie ist für den kleinen VVaG ausgeschlossen (§ 185 UmwG).

2225   Ein VVaG kann unter Auflösung ohne Abwicklung sein Vermögen **aufspalten**. Gleichzeitig überträgt er diese Vermögensteile jeweils als Gesamtheit auf bestehende Versicherungs-AGs (oder VVaGs). Die Mitglieder des VVaG erhalten die Gegenleistung.

2226   Ein VVaG kann von seinem Vermögen einen Teil oder mehrere Teile **abspalten**. Dieser Vermögensteil bzw. diese Vermögensteile werden jeweils als Gesamtheit auf einen oder mehrere bestehende Versicherungs-AGs (oder VVaGs) übertragen. Der VVaG bleibt mit dem Restvermögen bestehen. Die Mitglieder des VVaG erhalten die Gegenleistung.

2227   Ein VVaG gliedert einen Teil seines Vermögens auf eine **Versicherungs-AG** aus. Hier wird die Gegenleistung nicht den Mitgliedern übertragen, sondern dem VVaG selbst gewährt. Insoweit besteht auch eine Ähnlichkeit zum Unternehmensverkauf, der weiterhin neben der Teilübertragung zulässig ist. Vorteil der Teilübertragung ist, dass die Vermögensgegenstände nicht einzeln übertragen werden müssen.

2228   Dem **UmwStG** unterfallen **nur** solche **Teilübertragungen, bei denen** die **Anteilsinhaber** der übertragenden Körperschaft eine **Gegenleistung erhalten.** Nach § 1 Abs. 4 UmwStG sind hier die §§ 15, 17, 19 UmwStG anzuwenden. Durch die Verweisung des § 15 Abs. 1 UmwStG auf § 11 UmwStG besteht **bei der übertragenden Körperschaft kein Wahlrecht.** Es sind in der zum Übertragungsstichtag aufzustellenden Steuerbilanz die zu übertragenden Wirtschaftsgüter mit dem Wert der auf diese entfallenden Gegenleistung anzusetzen.

2229   Soweit die **übertragende Körperschaft selbst die Gegenleistung erhält, ist das UmwStG nicht anwendbar.** Steuerrechtlich liegt eine Veräußerung von einzelnen Wirtschaftsgütern bzw. Teilbetrieben vor, die der regulären Besteuerung unterliegen.

VVaG → GmbH, Ausgliederung

Ein VVaG kann durch Ausgliederung[1] einen Vermögensteil auf eine bestehende oder neu zu gründende GmbH übertragen, sofern damit **keine Übertragung von Versicherungsverträgen** verbunden ist. Es gelten die Tz. 929–946 *GmbH* → *GmbH* entsprechend. 2230

VVaG → Öffentlich-rechtliches Versicherungsunternehmen

Zulässig ist nur eine **Vermögensübertragung.** Es gelten die Tz. 2221–2229 *VVaG* → *AG* entsprechend. 2231

VVaG → Partnerschaft

Eine Umwandlung ist **ausgeschlossen.** 2232

VVaG → VVaG, Spaltung

Eine Spaltung ist in Form der **Aufspaltung** oder **Abspaltung** möglich (§ 151 UmwG). Es gelten die Tz. 2218–2219 *VVaG* → *AG* entsprechend. 2233

VVaG ↔ VVaG, Verschmelzung

VVaGs können im Wege der **Aufnahme** oder der **Neugründung** verschmolzen werden (§ 109 UmwG). Es gelten die Tz. 983–1191 *GmbH* ↔ *GmbH* entsprechend. 2234

---

1 Zum Begriff Tz. 730 *GmbH* → *GmbH*.

Stichwortverzeichnis

Die Zahlen beziehen sich auf die Textziffern.

Abfindung ausscheidender Gesellschafter s. Barabfindung
Abschlussprüfer 129.19
Abschreibung 1128, 1293, 1415
Abspaltung, nicht verhältniswahrende 729
Abspaltung zu Null 926.1
Addition des Eigenkapitals 1147 ff.
Änderung des Beteiligungsverhältnisses 1411
Änderung der Bewertung 1760
Änderung der Gewinnermittlung 366
Änderung der Schlussbilanz 1412
AG & Still 131
Alleinaktionär 53
Anfechtung 74, 817, 1049 ff., 1252 ff., 1329, 1685, 1812, 1972
Angleichung 1151.1
Anlagen im Bau 1355
Anpassung, Nennkapital 877
Anrechnungsbetrag 313
Ansparrücklage 343
Anteile, einbringungsgeborene 264, 276.3, 682.1, 683
Anteilstausch 757
Anteilsveräußerung, mittelbare 867
Anteilsvereinigung 1169
Antragsbesteuerung 276.4
Anwachsungsmodell 1553 f.
Anzahlung 1356
Arbeitnehmer 72, 129.14, 758, 783 ff., 999, 1227, 1279, 1313, 1774, 1873, 1957
Arbeitsverhältnis 932, 1080, 1930, s.a. Arbeitnehmer

Atypisch stille Gesellschaft 2164
Aufgelöste GmbH 976
Aufsichtsrat 76, 129.17, 614
Aufsichtsratsvergütung 1342, 1357
Aufteilung der Anschaffungskosten 892
Aufteilung des Vermögens 764 ff., 1278
Aufteilung des Eigenkapitals 874 ff.
Ausgleichsanspruch 1358
Ausgliederung 730, 929 ff.
Ausgliederungsbericht 292
Ausgliederungserklärung 197 ff.
Ausgliederungsplan 931
Ausgliederungsverbot 180
Ausgliederungsvertrag 290, 931
Auskunft 809
Ausländer 1631
Ausländisches Unternehmen 189
Auslandsvermögen 1073, 1120, 1359, 1735
Ausscheiden von Gesellschaftern 1473 ff.
Ausstehende Einlagen 1360

Barabfindung 628, 755, 806, 894, 934, 995, 1014 ff., 1044, 1163, 1242 ff., 1352, 1409, 1682, 1871, 1958
Bareinlage 157
Bare Zuzahlung 727, 1010, 1145, 1162, 1318, 1962
Bauten auf fremdem Grund und Boden 1361
Bedingte Spaltung 760

435

Stichwortverzeichnis

Bedingung 1001
Befreiung von § 181 BGB
s. Selbstkontrahieren
Beherrschungs- und Gewinnabführungsverträge 1082
Bekanntmachung 24, 47
Berufsunfähigkeitsentschädigung 688
Beschränkte Steuerpflicht 255, 1120
Besitzunternehmen 1934
Besitzzeit 280, 1129
Besondere Mitgliedschaftsrechte 811
Bestandteile 766
Betrieb gewerblicher Art 122, 126
Betriebliche Mitbestimmung 797 ff.
Betriebsänderung 797, 801
Betriebsaufgabe 1607
Betriebsaufspaltung 232, 832, 1603, 1934 ff.
Betriebsausgaben, nachträgliche 267
Betriebsgesellschaft 1934
Betriebsgrundlage 232
Betriebsprüfung 1761
Betriebsrat 199, 618, 786, 797, 800, 810, 1033, 1081, 1234, 1679, 1888
Betriebsstilllegung 787
Betriebsübernahme 442
Betriebsvereinbarung 787, 797, 802
Betriebsverpachtung 1629
Bewertungswahlrecht 394
Bilanzierung 674, 818 ff., 906, 939, 1052 ff., 1285, 1330 ff.
Bodenschätze 1365
Börsenkurs 1009
Buchwertfortführung 845 ff.

Darlehen 260
Datenschutz 1084
Dauernde Lasten 1165, 1458
Delisting 18
Downstream merger 1125, 1142
Durchschnittssatz-Gewinnermittlung 163

Eigenbetrieb 2077
Eigene Aktien 12
Eigene Anteile 344, 781, 1011, 1141, 1366
Einbringung 142, 149, 229 ff., 929, 1636 ff., 1715 ff., 1821 ff.
Einbringungsgeborene Anteile 275 ff., 682, 888, 1159, 1434, 1477
Einbringungsvariante 1559 f., 1561 ff.
Einbringungszeitpunkt 241 ff., 386 ff., 1726 ff.
Einbuchen von Forderungen 1670
Einlagenkonto, steuerliches 237, 354, 875, 878, 1292, 1299, 1467
Einlagenrückgewähr 1667, 1706, 1880
Einpersonen-GmbH 1207
Eintragungshindernis 1210, 1253
Entnahme von Wirtschaftsgütern 381
Erben 181, 625, 1240
Erbschaftsteuer 1344
Ergänzungsbilanz 403, 432 ff., 1736, 1991
Erhöhungsbetrag 1438
Erlaubnisse, öffentlich-rechtliche 1262
Euro 72, 203, 334, 550, 613, 752, 902, 1013, 1662, 1818

Stichwortverzeichnis

Firma 72, 202, 219, 421, 613, 667, 746, 759, 829, 933, 1000, 1089, 1232, 1286, 1310, 1315, 1659, 1796, 1800, 1922, 1959
Firmenfortführung 1335
Firmenwert 253, 397, 777, 1367, 1376, 1737
Fortsetzungsbeschluss 736
Freiberufler 154
Freiberufler-GmbH 355 ff., 688, 692, 1214
Freiberufliche Einzelpraxis 355 ff.
Freiberuflicher Betrieb 518
Freibetrag 266
Fristüberschreitung 946
Früchte 766

Gebäudeabschreibung 1417
Gebietskörperschaft 2076, 2079
Gebrauchsmuster 772
Gegenseitige Beteiligungen 1037
Gegenstand des Unternehmens 203
Gemischte Bar- und Sachgründung 358
Gemischte Spaltung 734
Genossenschaftliche Prüfungs-Verbände 570, 574
Genossenschaftsregister 551
Genussrechte 1076
Genussschein 1370
Gesamtplanrechtsprechung 1721
Geschäftsausstattung 1371
Geschäftsführerbestellung 212
Geschäftswert s. Firmenwert
Geschmacksmuster 772
Gesellschafterliste 1066
Gestaltungsmissbrauch 869
Gewerbesteuer 235, 264, 270, 285, 408, 688, 871, 895, 1103, 1126, 1164 ff., 1297, 1304, 1338, 1372, 1397, 1452 ff., 1911, 1990, 2167, 2170
Gewerbesteuervorauszahlung 1106
Gewinnausschüttung 1339
Gewinnbezugsrecht 993
Gläubigerschutz 830 ff.
Gleichbehandlungsgrundsatz 1006
Gliederung des verwendbaren Eigenkapitals 1400 ff.
GmbH, steuerbegünstigte 942
GmbH & Still 186, 1078, 1532
Grenzüberschreitende Spaltung 738
Gründerhaftung 646
Gründungsaufwand 72
Gründungsbericht 23, 46, 639, 658
Gründungsprüfung 23, 46, 639, 658
Gründungsvorschriften 699
Grunderwerbsteuer 288, 411, 467, 521, 898 f., 1111, 1168, 1273, 1343, 1374, 1460, 1558, 1728, 1768, 1913, 2004
Grundstück 1074
Gütergemeinschaft 181

Hafteinlage 1868
Haftung 220, 422 ff., 828, 832, 1705, 1931
Halbeinkünfteverfahren 264, 276.1, 277, 682.1, 683, 1476
Handelsregistereintragung, bedingte 1001
Handelsregistereintragung, befristete 1001
Hinausverschmelzung 129.38 f.
Hineinverschmelzung 129.40 f.
Holdinggesellschaft 730
Hypothek 767

437

Stichwortverzeichnis

Immaterielle Wirtschaftsgüter 253, 1362, 1376
Inkompatibilitätsgrund 1695
Interessenausgleich 797
Inventar 1739
Investitionszulage 1414

Kapitalaufbringung 215, 777
Kapitalerhaltung 777
Kapitalerhöhung 10 ff., 33, 42, 190, 278, 332 ff., 348, 357, 651, 935, 1012, 1062, 1188, 1471, 1586, 1591, 1637, 1832 ff.
Kapitalerhöhung aus Gesellschaftsmitteln 335
Kapitalerhöhung nach Spaltung 866
Kapitalertragsteuer 1340, 1468
Kapitalherabsetzung 26, 87, 644, 915
Kapitalkonto 1312, 1956
Kleinbetrieb 676
Körperschaftsteuererhöhung 874, 1147, 1400
Körperschaftsteuerguthaben 123, 134, 874, 1147, 1400
Körperschaftsteuerminderung 682, 1107, 1396
Körperschaftsteuermoratorium 1401.3
Körperschaftsteuervorauszahlung 1106
Konzession 1086
Kosten 223 ff., 328, 405, 835 ff., 1098 ff., 1268 ff., 1287, 1378, 1712 ff.

Ladung 617
Lagebericht 38
Land- oder forstwirtschaftlicher Betrieb 151, 154, 162, 518

Liebhabereibetrieb 231
Liquidation 2109
Liquidationsbesteuerung 854

Mängelheilung 834 ff., 1097
Maßgeblichkeit der Handelsbilanz 248
Materielle Beschlusskontrolle 1049
Mehrfachstimmrecht 811
Mehrheitsentscheidung 619, 811, 1681, 1810, 1969
Minderjähriger 198, 339, 420, 624, 814, 1038, 1238, 1823
Missbrauch 845, 1291
Mitbestimmung 802
Mitbestimmungsbeibehaltung 803

Nachgründungsvorschriften 3, 15, 19, 32, 80, 137, 650, 1585, 1591
Nachschusspflicht 1035
Nachsteuerregelung § 37 Abs. 3 KStG 1401.3
Negatives Kapitalkonto 1668, 1741
Nennwertberichtigung 613
Nießbrauch 182, 767, 1264, 1703
Notargebühren s. Kosten
Nutzungen 766

Offene Rücklage 1383
Optionsrecht 767
Organhaftung 1095, 1266
Organschaft 1082
Outsourcing 930

Pächter 185
Partnerschaft s. Einleitung S. 32
Patente 772, 1380

Stichwortverzeichnis

Pensionsrückstellung 686, 1341, 1381
Pensionsverbindlichkeit 1743
Persönliche Dienstbarkeiten 767
Persönlich haftender Gesellschafter 2026
Pfandrecht 1264, 1703
Pflichtangebot 31
Pflichtteilsansprüche 459
Pflichtteilsergänzungsansprüche 459
Praxiswert 164
Privatkonto 1744
Privates Veräußerungsgeschäft 1160, 1478
Prüfung 4, 213, 292, 671, 937, 1016, 1246, 1964
Prüfungsbericht 38, 1029
Prüfungspflicht 4, 20, 34, 81, 91, 140, 652, 716, 1592, 1683
Prüfungsverband 547

Rangrücktrittsvereinbarung 1670
Realteilung 497, 501, 1902 ff., 1928 ff.
Rechnungsabgrenzungsposten 1382
Rechtsanwalts-GmbH 355
Registerkosten siehe Kosten
Rente 1165, 1458
Rückdeckungsversicherung 1381
Rückdeckversicherung 1407
Rückkauf, eigener Aktien 33
Rücklagen 254
Rückstellung 1385, 1745
Rückwirkung 194, 945

Sachgründung 190, 204, 305 ff., 1637
Sachgründungsbericht 70, 213, 321, 904, 1686

Sachkapitalerhöhung 512
Sachkapitalerhöhungsbericht 1837
Satzung 205
Schadensersatzansprüche 16, 833
Schenkung 926.1
Schenkungsteuer 278, 468, 1557
Schwesterfusion 996
Selbstkontrahieren 244, 291, 666, 746, 1037
Sicherheitsleistung 1094, 1704
Sitz 203, 975, 1205, 1310, 1660, 1796
Sonderabschreibung 280
Sonderausweis gem. § 28 KStG 878, 1299, 1467
Sonderbetriebsvermögen 382, 1566, 1717 ff., 1984
Sonderrechte 72, 613, 1313, 1957
Sozialplan 797, 832
Sozietät 522, 692
Spaltung, nicht verhältniswahrende 729, 780
Spaltungsbericht 804 ff., 919, 937, 1281, 1776, 1885
Spaltungsbeschluss 1779
Spaltungsplan 901, 1276, 1785, 1914
Spaltungsprüfung 805, 1282, 1777
Spaltungsstichtag 210, 754, 1870
Spaltungs- und Übernahmevertrag 746 ff.
Spaltung von Tochterunternehmen 756, 1872
Sparkassen 2082
Sperrbetrag iSd. § 50 c EStG 682.1, 1438, 1442
Sperrfrist 276.1 ff., 277, 1907
Spitzenausgleich 1906, 1999
Spruchstellenverfahren 1047, 1050, 1250

Stichwortverzeichnis

Staatliche Genehmigung 775
Steuerfreie Rücklage 1384, 1748
Steuerliche Rückwirkung 841 ff., 1102, 1288, 1337 ff.
Steuerlicher Übertragungsstichtag 841
Steuersatz, ermäßigter 266
Stiftungsgeschäft 455, 460 ff., 535, 1523
Stille Beteiligung 186
Stimmrechtslose Anteile 1008
Stuttgarter Verfahren 1363

Tarifvertrag 787, 797
Teilbetrieb 517, 764, 846, 854, 923, 1791
Teilübertragung 110 ff.
Teilwertabschreibung 396, 1136, 1462
Teilwertansatz 343
Testamentsvollstreckung 183, 1093
Trennung von Gesellschafterstämmen 781, 860, 868, 1289, 1884
Treuhänder 13, 43, 184, 656, 1217, 1588, 1593, 1632
Treuhandanstalt 744

Übernahmefolgegewinn 1447 ff.
Übernahmegewinn 873, 1127, 1295, 1296, 1422, 1461 ff.
Übernahmeverlust 684, 873, 1127, 1295, 1422, 1438, 1442 ff.
Übernahmevertrag 1276
Übertragung an Mitgesellschafter 866
Übertragungsbilanz 1272
Übertragungsgewinn 871 ff., 1395 ff.
Übertragungsverlust 1395 ff.

Übertragungsvertrag 114, 116
Umsatzsteuer 287, 410, 467, 520, 843, 897, 1103, 1113, 1167, 1343, 1459, 1557, 1728, 1912, 2003, 2168
Umtauschverhältnis 703, 752, 778 ff., 904, 990, 1006 ff., 1280, 1318, 1775, 1882, 1962
Umtausch von Geschäftsanteilen 645
Umwandlungen, Rücklagen in Nennkapital 1400.3
Umwandlungsaufwand 206, 1673
Umwandlungsbericht 69, 129.11, 611, 695, 1219 ff., 1647 ff.
Umwandlungsbeschluss 71 ff., 613 ff., 695, 1227 ff., 1656
Umwandlungsplan 129.9
Umwandlungsstichtag 1675
Unbedenklichkeitsverfahren 1064
Unfertige Bauten 1390
Unterbeteiligung 1077
Unternehmenserwerb 1443
Unternehmensgegenstand 759, 1000
Unternehmensidentität 1987
Unternehmensmitbestimmung 787
Unternehmensnießbrauch 1629
Unternehmeridentität 1987

Veräußerung von Anteilen 1251
Veräußerung an außenstehende Personen 860, 1289
Veräußerungsgeschäft, privates 1160
Verbesserung des Umtauschverhältnisses 934
Verbleibender Verlustabzug 883, 1152 ff., 1294, 1421
Verbleibfrist 286
Verbundene Unternehmen 805

Stichwortverzeichnis

Verdeckte Einlage 196, 350, 444, 446, 511
Verdeckte Gewinnausschüttung 259, 351, 363, 882
Verfügungsbeschränkung 995, 1048, 1251
Verjährung 191, 1709
Verlust, verrechenbarer 883.1, 944, 1155
Verlustabzug 284, 1985
Verlustvortrag 264, 404, 944, 1392, 1751, 1987
Verlustvortrag, gewerbesteuerlicher 883.1, 944, 1155
Vermögensanfall 2117, 2124
Vermögensaufstellung 612, 1221, 1649
Vermögensauswahl 208
Vermögensübernahme 442
Vermögensverzeichnis 776
Verschleierte Sachgründung 196, 347, 356, 511, 1643, 1842
Verschmelzung durch Aufnahme 972, 983 ff., 1625
Verschmelzung durch Neugründung 972, 1186 ff., 1484 ff., 1625
Verschmelzungsbericht 38, 671, 716, 1018, 1320, 1963
Verschmelzungsbeschluss 1322
Verschmelzungsprüfung 1018, 1320
Verschmelzungsstichtag 669, 992, 1313, 1798
Verschmelzungsvertrag 666, 715, 984 ff., 1307 ff.
Versicherung 1393
Versicherungs-AG 2227
Versorgungsrente 1750
Versorgungszusage 848
Vertreter 623

Vertretungsbefugnis 746
Vinkulierte Aktien 768
Vollübertragung 110 ff.
Vor-GmbH 608, 737, 977, 1209
Vorbesitzseiten 868
Vorkaufsrecht 767
Vorstand 129.18
Vorteilsgewährung 753, 991, 1313, 1869, 1957
Vorweg-Veräußerung 1469
Vorzugsdividende 1758
Vorzugsrechte 753, 991, 1869

Warenbestand 1754
Warenzeichen 772
Wechsel 1394
Werbeaufwand 1755
Wertaufholungsgebot 1415.1
Wertausgleich 406, 1994 ff.
Wertermittlung 1009
Wettbewerbsverbot 1035
Widerspruchsrecht 816, 1328, 1971
Widerspruchsrecht der Arbeitnehmer 795
Wirtschaftsausschuss 797

Zubehör 766
Zugewinngemeinschaft 198, 624, 1239
Zulegung 2137 ff.
Zurückbehaltung einzelner Wirtschaftsgüter 231 ff., 267
Zusammenlegung 2137 ff.
Zusammenschluss 2137 ff.
Zuschreibung 1462
Zustimmungsbeschluss 807 ff., 1030 ff.
Zuzahlung, bar 878
Zweckbetriebe 929
Zweckumwandlung 2133 ff.

Stichwortverzeichnis

Zweigniederlassung 188
„Zweistufige" Gesellschaftsgründung 436

Zwischenbilanz 38
Zwischenwertansatz 1349, 1908,
  1981

Kallmeyer
Umwandlungsgesetz

Verschmelzung, Spaltung und Formwechsel bei Handelsgesellschaften. Von RA Dr. *Dirk Dirksen*, RA Dr. *Harald Kallmeyer*, RA Prof. Dr. *Reinhard Marsch-Barner*, RA und Notar Dr. *Burkhardt W. Meister*, RA und Notar Dr. *Ingo Klöcker*, RA, WP und StB Dr. *Welf Müller*, RA Prof. Dr. *Heinz Josef Willemsen* und Notar Dr. *Norbert Zimmermann*. 3., komplett überarbeitete und erweiterte Auflage 2006, rd. 1.500 Seiten DIN A 5, gbd. 129,– € [D]. ISBN 3-504-37012-2

Kurz und gut: Das ist die neue Auflage des Praxiskommentars zum Thema. Kompakt, präzise, lösungsorientiert. Hier finden Sie auf Anhieb genau das, was Sie suchen. Nämlich anwendungsfertige Lösungen für alle gängigen Umwandlungsfälle. Problemdiskussionen werden auf ihren Kern reduziert.

Der Kommentar informiert Sie umfassend über das Umwandlungsrecht der Kapital- und Personenhandelsgesellschaften, das den Beratungsalltag prägt. Dabei geben Ihnen die Autoren auch stets die nötigen Gestaltungshinweise. Die Rechtsgebiete, die mit den einzelnen Umwandlungsformen in engem Zusammenhang stehen und von großer praktischer Bedeutung sind, werden ebenfalls intensiv kommentiert: Arbeitsrecht, Bilanzrecht, Registerrecht.

Das glänzend aufeinander abgestimmte Autorenteam besteht ausschließlich aus Praktikern: Beratende Anwälte, Notare, Unternehmensjuristen, deren praktische Erfahrungen in das gesamte Werk einfließen.

Doch bei aller Praxisbezogenheit sind die Kommentierungen auch wissenschaftlich fundiert und meinungsbildend. Kallmeyer, Umwandlungsgesetz. In der Kürze liegt die Würze.

Verlag Dr. Otto Schmidt · Köln